EBS 방송교재

★★★★★
공인중개사 신뢰도 1위

공인중개사
답은 하나
랜드하나

2025

# 랜드하나 공인중개사 기본서

## 2차 중개사법령 및 실무

랜드하나 수험연구소

랜드하나

PREFACE

# 머리말

공인중개사 시험이 올해로 제36회를 맞이한다. 공인중개사시험의 난이도가 점차 올라가고 있어서 수험생들이 마음도 무거워지고 있다. 최근에는 공인중개사법이 전세사기 등 현실적 요구에 따라 매년 개정되고 있다. 또한 공인중개사법은 공인중개사시험 합격의 열쇠가 되는 중요한 과목이다.

이러한 상황에 맞추어 본 교재는 최근에 개정된 내용을 충실하게 반영하면서도 불필요한 내용은 과감하게 삭제하여 시험준비에 적합하도록 하였다. 특히 선세사기와 관련된 공인중개사법령과 주택임대차보호법의 개정 내용이 눈이 들어온다. 나아가 출제 가능성이 있는 최근 판례도 빠짐없이 수록했다. 반면에 시험에 불필요한 내용은 수험생의 짐만 될 뿐이므로 교재에서 언급도 하지 않았다. 특히 중개실무부분에서 시험에 나오지 않는 많은 부분을 삭제했다. 반면에 개별적 실무부분 위주로 재편했다. 따라서 본 교재는 수험공부에 꼭 필요한 부분만 선정하였다고 자부한다. 문제도 기출문제 중에서 최근에 출제되었던 문제를 선정해서 내용 이해에 도움이 되도록 했다.

수험생 여러분들이 본 교재로 반복해서 공부한다면 공인중개사법 점수를 고득점할 수 있다. 시험은 반복을 많이 한 사람이 고득점하게 된다. 공인중개사법의 시험은 본 교재 한권으로 모든 준비가 끝난다.

본 교재 출간에 많은 도움을 주신 EBS 관계자와 랜드하나 출판사 대표님을 비롯한 담당자에게 깊은 감사를 드린다.

**편저자 배상**

# 시험안내 GUIDE

## 1. 공인중개사 기본정보

### 1 공인중개사 개요

부동산 중개업을 건전하게 지도, 육성하고 공정하고 투명한 부동산 거래질서를 확립함으로써 국민경제에 이바지함을 목적으로 함(관계법령 : 공인중개사법)

### 2 수행직무

중개업의 공신력을 높이기 위해 도입된 자격증으로 부동산 중개업무, 관리대행, 컨설팅, 중개업 경영정보 제공, 상가분양 대행, 경매 매수신청 대리 업무 등을 수행

### 3 **실시기관 홈페이지** : 한국산업인력공단 국가자격시험 홈페이지(www.Q-net.or.kr)

### 4 **소관부처명** : 국토교통부(부동산산업과)

## 2. 시험정보

### 1 응시자격

- **제한없음(학력, 나이, 내외국인 불문)**

※ 단, 「① 공인중개사법 제4조 3에 따라 시험부정행위로 처분 받은 자의 그 제한기간이 시험 시행일 전일까지 경과되지 않은 자 ② 제6조에 따라 자격이 취소된 자 ③ 시행규칙 제2조에 따른 기자격취득자」는 응시할 수 없음

- **결격사유**

1. 부정한 방법으로 공인중개사의 자격을 취득한 경우
2. 제7조 제1항의 규정을 위반하여 다른 사람에게 자기의 성명을 사용하여 중개업무를 하게 하거나 공인중개사 자격증을 양도 또는 대여한 경우
3. 제36조의 규정에 의한 자격정지처분을 받고 그 자격정지기간 중에 중개업무를 행한 경우(다른 개업공인중개사의 소속공인중개사, 중개보조원 또는 법인인 개업공인중개사의 사원, 임원이 되는 경우를 포함)
4. 이 법을 위반하여 징역형의 선고를 받은 경우
5. 시험에서 부정한 행위를 한 응시자로 그 시험시행일로부터 5년간 시험응시자격을 정지 받은자

### 2 시험과목 및 배점

| 구분 | 시험 과목 | 문항수 | 시험시간 | 시험방법 |
|---|---|---|---|---|
| 제1차시험<br>1교시(2과목) | 1 부동산학개론(부동산감정평가론 포함)<br>2 민법 및 민사특별법 중 부동산 중개에 관련되는 규정 | 과목당 40문항<br>(1번~80번) | 100분<br>(09:30~11:10) | 객관식<br>5지<br>선택형 |
| 제2차시험<br>1교시(2과목) | 1 공인중개사의 업무 및 부동산 거래신고 등에 관한 법령 및 중개실무<br>2 부동산공법 중 부동산중개에 관련되는 규정 | 과목당 40문항<br>(1번~80번) | 100분<br>(13:00~14:40) | |
| 제2차시험<br>2교시(1과목) | 1 부동산공시에 관한 법령(부동산등기법, 공간정보의 구축 및 관리 등에 관한 법률) 및 부동산 관련 세법 | 40문항<br>(1번~40번) | 50분<br>(15:10~16:00) | |

※ 답안작성 시 법령이 필요한 경우는 시험시행일 현재 시행되고 있는 법령을 기준으로 작성

## 3. 시험과목별 시험범위 및 출제비율

| 구분 | 시험과목 | 시험 범위 | 출제비율 |
|---|---|---|---|
| 1차 시험<br>(2과목) | ■ 부동산학개론<br>(부동산감정평가론 포함) | 1 부동산학개론 | 85% 내외 |
| | | 2 부동산 감정평가론 | 15% 내외 |
| | ■ 민법 및 민사특별법 중 부동산 중개에 관련되는 규정 | 1 민법의 범위<br>1) 총칙 중 법률행위<br>2) 질권을 제외한 물권법<br>3) 계약법 중 총칙·매매·교환·임대차 | 85% 내외 |
| | | 2 민사특별법의 범위<br>1) 주택임대차보호법<br>2) 상가건물임대차보호법<br>3) 가등기담보 등에 관한 법률<br>4) 집합건물의 소유 및 관리에 관한 법률<br>5) 부동산 실권리자 명의등기에 관한 법률 | 15% 내외 |
| 2차 시험<br>(3과목) | ■ 공인중개사의 업무 및 부동산 거래신고에 관한 법령 및 중개실무 | 1 공인중개사의 업무 및 부동산 거래신고에 관한 법령 | 70% 내외 |
| | | 2 중개실무 | 30% 내외 |
| | ■ 부동산공법 중 부동산중개에 관련 되는 규정 | 1 국토의 계획 및 이용에 관한 법률 | 30% 내외 |
| | | 2 도시개발법 3 도시 및 주거환경정비법 | 30% 내외 |
| | | 4 주택법 5 건축법 6 농지법 | 40% 내외 |
| | ■ 부동산공시에 관한 법령 및 부동산 관련 세법 | 1 부동산등기법 | 30% 내외 |
| | | 2 공간정보의 구축 및 관리 등에 관한 법률 | 30% 내외 |
| | | 3 부동산 관련 세법(상속세, 증여세, 법인세, 부가가치세 제외) | 40% 내외 |

# 시험안내 GUIDE

## 4. 합격기준

### 1 합격기준

| 구분 | 합격결정기준 |
|---|---|
| 1,2차시험 공통 | 매 과목 100점을 만점으로 하여 매 과목 40점 이상, 전 과목 평균 60점 이상 득점한 자 |

※ 제1차 시험에 불합격한 자의 제2차 시험에 대해여는 「공인중개사법」 시행령 제5조 제3항에 따라 이를 무효로 함

### 2 응시수수료(공인중개사법 제8조)

- 1차 : 13,700원
- 2차 : 14,300원
- 1, 2차 동시 응시자 : 28,000원

### 3 취득방법

**• 원서접수방법**

Q-net을 통해 하거나 공단 지역본부 및 지사에서 인터넷접수 도우미서비스를 제공받을 수 있음

※ 내방시 준비물 : 사진(3.5*4.5) 1매, 전자결재 수단(신용카드, 계좌이체, 가상계좌)

※ 수험자는 응시원서에 반드시 본인 사진을 첨부하여야 하며, 타인의 사진 첨부 등으로 인하여 신분확인이 불가능할 경우 시험에 응시할 수 없음

**• 자격증발급**

응시원서접수일 현재 주민등록상 주소지의 시, 도지사명의로 시, 도지사가 교부
(사진(여권용 사진) 3.5*4.5cm 2매, 신분증, 도장 지참, 시·도별로 준비물이 다를 수 있음)

# 출제경향 빈도표 및 수험대책

## 1. 출제경향 빈도표

| 구분 | 차례 | 24회 | 25회 | 26회 | 27회 | 28회 | 29회 | 30회 | 31회 | 32회 | 33회 | 34회 | 35회 |
|---|---|---|---|---|---|---|---|---|---|---|---|---|---|
| 공인 중개사법령 | 제1장 총칙 | 2 | 3 | 2 | 2 | 2 | 2 | 2 | 1 | 1 | 2 | 2 | |
| | 제2장 공인중개사제도 | 2 | 1 | 3 | 3 | 3 | 1 | 2 | 2 | 1 | 2 | 2 | 1 |
| | 제3장 중개사무소의 개설등록 | 3 | 2 | 2 | 3 | 4 | 3 | 1 | 2 | 1 | 2 | 2 | 1 |
| | 제4장 중개업무 | 5 | 6 | 6 | 5 | 8 | 6 | 6 | 11 | 8 | 2 | 7 | 4 |
| | 제5장 중개계약과 부동산거래정보망 | 2 | 1 | 3 | 2 | 2 | 2 | 2 | 2 | 2 | 3 | 1 | 2 |
| | 제6장 개업공인중개사 등의 의무 | 5 | 4 | 5 | 3 | 4 | 5 | 3 | 4 | 5 | 1 | 6 | 6 |
| | 제7장 중개보수 및 실비 | 1 | 1 | 2 | 1 | 2 | 2 | | 2 | | 3 | 1 | 1 |
| | 제8장 공인중개사협회 | 1 | 3 | | 1 | | 1 | 3 | | 1 | 1 | 1 | 2 |
| | 제9장 업무위탁, 포상금제도 및 수수료 | 1 | 2 | 1 | 2 | | | 2 | | 1 | 1 | | 1 |
| | 제10장 지도·감독 및 벌칙 | 6 | 5 | 6 | 5 | 4 | 7 | 4 | 4 | 7 | 4 | 4 | 3 |
| | 소계 | 28 | 28 | 30 | 27 | 29 | 29 | 25 | 28 | 27 | 21 | 26 | 21 |
| 부동산 거래 신고 등에 관한 법령 | 제1장 총칙 | | | | | | | | | | | | |
| | 제2장 부동산거래신고제도 | 1 | 2 | 2 | 2 | 3 | 2 | 3 | 2 | 2 | 1 | 1 | 3 |
| | 제3장 주택 임대차 계약의 신고 | | | | | | | | | | | 1 | 1 |
| | 제4장 외국인 등의 부동산 취득 등에 관한 특례 | 1 | | 1 | 1 | 1 | 1 | 1 | 1 | 1 | 2 | 1 | 1 |
| | 제5장 토지거래허가제 | (1) | (1) | (1) | (1) | 1 | 1 | 3 | 2 | 4 | 5 | 3 | 2 |
| | 제6장 부동산 정보관리 | | | | | | | | | | 1 | 1 | |
| | 소계 | 2 | 2 | 3 | 3 | 5 | 4 | 7 | 5 | 8 | 9 | 7 | 7 |
| 중개 실무 | 제1장 중개실무과정 | | | | | | | 1 | 1 | | 1 | | |
| | 제2장 중개대상물의 조사·확인 | 3 | 4 | 3 | 5 | 1 | 3 | 2 | 1 | 2 | 4 | 2 | |
| | 제3장 중개활동 | | | | | | | | | | | | |
| | 제4장 거래계약의 체결 | 2 | 1 | | | | | 1 | | | | | |
| | 제5장 개별적 중개실무 | 5 | 5 | 4 | 5 | 5 | 4 | 4 | 5 | 3 | 5 | 5 | 12 |
| | 소계 | 10 | 10 | 7 | 10 | 6 | 7 | 8 | 7 | 5 | 10 | 7 | 12 |
| 합계 | | 40 | 40 | 40 | 40 | 40 | 40 | 40 | 40 | 40 | 40 | 40 | 40 |

# 시험안내 GUIDE

## 2. 수험대책

### 1 출제경향

최근 제15회 시험 이후 본 과목의 시험문제는 제21회 시험을 제외하고 기본적인 내용을 숙지하고 꾸준히 학습한 수험생이라면 고득점 할 수 있는 무난한 문제로 출제되어 왔다. 그러나 최근 5개년의 시험을 분석해볼 때, 법령부분은 이론의 숙지를 전제로 한 응용된 문제가 다수 출제되고 있고, 실무부분은 중개실무와 관련된 단행법들이 주로 출제되나, 단순 암기식의 단답형 문제보다는 암기를 기초로 한 응용된 문제를 출제하고 있어 어려움이 가중되고 있다. 시험은 대체로 공인중개사법령에서 70%, 부동산거래신고 등에 관한 법령에서 약 15%, 중개실무에서 15%를 출제한다.

### 2 학습전략

본 과목은 제2차 시험에서 합격의 당락을 좌우하는 고득점 과목이므로 여전히 기본을 중심으로 충실한 이론정리를 할 필요가 있다고 본다. 시험문제는 수험생들이 비교적 기본내용을 숙지하고 있다면 쉽게 풀 수 있는 문제로 구성되는 것이 일반적이지만, 시험의 횟수가 누적되다보니 새로운 문제를 내기가 곤란하여 정확한 이해를 하여야만 해결할 수 있는 문제, 박스형의 문제, 자주 출제되는 부분이 아닌 곳의 문제, 판례를 응용 또는 다른 과목(특히 민법)과 연계된 문제들이 점차 늘어가는 특징을 보이고 있어 전체 내용을 세밀하게 학습할 필요가 있다. 따라서 암기사항(숫자, 제재 등)은 정확하게 암기해야하고, 이론은 기본서를 통하여 숙지한 다음 요약정리집을 통하여 전체 내용을 정리하여야 한다. 또한, 종국에는 문제집, 모의고사 등을 통하여 많은 문제를 풀어봄으로서 문제해결능력을 배양해야 한다.

CONTENTS 차례

PART 1 공인중개사법령

# 차례 CONTENTS

# 차례 CONTENTS

## PART 2 부동산거래신고등에 관한 법률

# 차례 CONTENTS

## PART 3 중개실무

2025 랜드하나 공인중개사 기본서

# PART 1
# 공인중개사법령

# 01 CHAPTER 총설

**단원별 학습포인트**

- 매년 2문제가 출제된다. 용어와 중개대상물이 1문제씩 출제된다. 제정목적은 출제비중이 낮다. 용어에 대한 문제는 난이도가 높게 출제되므로 문제풀이를 통해서 정확하게 알아 두어야 한다.

## 제1절 연혁 및 제정목적

### 1 연혁

#### (1) 가쾌

조선초기의 가옥을 알선했던 직업인을 가쾌라고 하는데 오늘날 개업공인중개사의 조상으로 볼 수 있다.

#### (2) 객주거간 규칙

1890년에 거간업을 하는 사람을 규제하는 법으로 '중개업'을 규제하기 시작한 최초의 법이라고 할 수 있다. 이 당시에는 주로 퇴직관료들에게 관청의 인가를 받아 거간업을 할 수 있도록 규제하던 법이다.

#### (3) 소개영업취체규칙

1922년에 소개영업 취체 규칙은 소개영업을 규제하기 위해서 만든 법으로 관청의 허가를 얻은 사람만 소개영업을 할 수 있도록 했다.

#### (4) 소개영업법

1961년 해방 후 박정희 정권 때 일제 강점기의 일본의 법을 기초로 소개영업을 규제하기 위해서 만든 법이다. 이 법에서는 소개영업행위를 할려면 관청에 신고만 하면 누구든지 할 수 있도록 했다. 특히 이 당시의 소개영업소에서는 부동산소개 뿐만 아니라 직업소개, 배우자 소개도 했다.

#### (5) 부동산중개업법 제정

1983년 전두환 정권이 들어선 이 후에 부동산 중개업 시장을 정화하기 위해서 공인중개사 시험제도를 도입하고 중개업을 하기 위해서는 중개사무소의 개설등록을 하도록 부동산중개업법을 만들었다. 오늘 날 공인중개사법의 모태가 된 법이다.

### (6) 부동산중개업법 제7차개정

1999년 부동산중개업법 제7차 개정에서 중개업에 대해서 규제를 완화하기 위해서 '허가제'를 '등록제'로 개정하였다. IMF를 극복하기 위해서 규제 완화차원에서 제도를 개선한 것이다.

※ 공인중개사의 업무 및 부동산거래신고에관한법률 ( 2005년 )

※ 공인중개사법 / 부동산거래신고등에관한법률 ( 2014년 )



## 2 구성 및 법적성격

### (1) 구성

① 공인중개사법

공인중개사법은 법률 제19423호로 2023년 6월 1일에 일부개정되어 시행되고 있는 법률로 전체 7장 51개 조문과 부칙으로 구성되어 있다. 이 법은 공인중개사의 업무 등에 관한 사항을 정하여 그 전문성을 제고하고 부동산중개업을 건전하게 육성하여 국민경제에 이바지함을 목적으로 한다(법 제1조).

② 공인중개사법 시행령

공인중개사법 시행령은 「공인중개사법」에서 위임된 사항과 그 시행에 필요한 사항을 규정함을 목적으로 한다. 공인중개사법 시행령은 대통령령 제33321호로 2023년 3월 7일에 개정된 시행령으로 전체 7장 38개 조문 및 부칙으로 이루어져 있다.

③ 공인중개사법 시행규칙

이 규칙은 「공인중개사법」 및 같은 법 시행령에서 위임된 사항과 그 시행에 관하여 필요한 사항을 규정함을 목적으로 한다. 공인중개사법 시행규칙은 국토교통부령 제1238호로 2023년 7월. 28일에 일부개정된 것으로 전체 6장과 29개 조문 및 부칙으로 이루어져 있다.

### (2) 성격

① 부동산중개업에 관한 일반법

공인중개사법령은 부동산중개업을 할 때 지켜야 할 내용을 법으로 만든 것이어서 부동산중개업을 하는 자는 누구든지 지켜야 할 가장 기본이 되는 법이다.

② 민법 및 상법에 대한 특별법

공인중개사법은 개업공인중개사와 중개의뢰인의 관계를 규율하기 위해서 만든 법이다 따라서 기본적으로는 사법 영역에 속하는 법이다. 개인간의 사법관계를 규율하는 가장 대표적인 법이 민법이므로 개업공인중개사와 중개의뢰인의 관계에서도 민법도 적용된다. 나아가 개업공인중개사는 상인에 해당하기도 하기 때문에 상법도 적용된다. 그러나 개업공인중개사는 자연인 이전에 상인에 해당하기 때문에 상법이 먼저 적용되고 민법은 그 다음에 적용된다. 민법과 상법 두가지 법만 비교하면 상법은 민법에 대해서 먼적 적용되는 특별법인 것이다. 그런데 개업공인중개사는 상인중에서도 중개업을 하는 상인이므로 공인중개사법령이 상법보다 먼적 적용되어야 한다.

③ 사회법

공인중개사법령은 공법의 성격을 가진 조문과 사법의 성격을 가진 조문이 혼재된 성격을 띈다. 원래 공인중개사법은 사법 영역의 법률관계를 규정하는 데에서 출발하였다고 볼 수 있으나 점차 공인중개사의 역할와 책임을 규제하는 목적으로 공법적 성격을 가진 조문도 같이 존재한다. 국가에서 사법 영역에 개입하지 않는다면 소비자인 국민들의 권익을 보호하기 힘들어 지기 때문이다. 예를 들어 소개해주는 개업공인중개사와 소개를 받는 중개의뢰인이 알아서 중개보수를 정하는 것이 합리적이지만 중개의뢰인을 보호하기 위해서 중개보수를 합의할 때 지켜야 할 법정 한도를 별도로 정하고 있는 것이다.

④ 국내법

공인중개사법령은 국내의 부동산을 알선하는 행위를 하는 자를 규제하기 위해서 만든 법이므로 해외 부동산을 알선하는 행위에 대해서는 적용은 없다.

## 제 2 절 제정목적 제20회 제21회

### (1) 공인중개사법의 제정목적

| 이 법은 공인중개사의 업무 등에 관한 사항을 정하여 그 전문성을 제고하고 부동산중개업을 건전하게 육성하여 국민경제에 이바지함을 목적으로 한다. 법 제1조 제1조(목적) |
|---|

① 공인중개사의 업무 등에 관한 사항을 정함

공인중개사법은 공인중개사의 업무에 관하여 규정함을 목적으로 만들었다는 것이다. 공인중개사의 업무는 부동산중개업을 의미하므로 부동산중개업을 어떻게 하도록 할 것인지 법으로 정한다는 것이다. 부동산중개업을 할 때 중개사무소는 어떻게 갖추고 할 것인지, 해서는 안 되는 행위는 무엇인지, 물건을 소개할 때 무엇을 확인 설명해야 할 지 등을 정하기 위해서 이 법을 만들었다는 것이다.

② 그 전문성을 제고

공인중개사 자격증은 전문 자격증이므로 그 자격증 소지자가 전문성을 높이기 위한 방안에 대해서 법으로 정한다는 것이다. 공인중개사 자격증 소지자에게 주기적으로 관련 법 제도에 대해서 교육을 받도록 한다든지 중개의뢰인들에게 일정한 행위는 하지 못한다든지 거래계약서나 확인

설명서 작성요령도 엄격하게 하는 법 규정을 둔다든지 해서 공인중개중개사의 전문성을 높이는 것이 이 법의 제정목적 중에 하나이다.

③ 부동산중개업을 건전하게 육성

공인중개사법의 제정목적 중에 하나는 공인중개사의 업무에 해당하는 부동산중개업에 대해서 세부적으로 정해서 부동산중개업을 건전하게 육성하는 것이다. 중개업을 할 때 사전에 중개사고에 대비해서 보증설정하도록 한다든지 공인중개사협회를 만들고 그 협회를 지원 또는 규제하는 등의 방법으로 부동산중개업을 건전하게 육성하고자 하는 것이다.

④ 국민경제에 이바짐 함

공인중개사법을 만들어서 부동산 시장에서 일하는 공인중개사를 지원 또는 규제함으로서 국민경제에 보탬이 되도록 하겠다는 의지가 담겨져 있다. 개인이든 국가든 모든 활동의 목적은 민생안정과 개인들이 경제적으로 더 나은 삶을 누릴 수 있도록 하는 것이다. 따라서 공인중개사법도 부동산시장의 활동 주체 중의 하나인 공인중개사들의 업무를 건전하게 육성해서 궁극적으로 국민경제에 이바지함을 목적으로 한다.

목적에 해당하지 않는 것

| | |
|---|---|
| (2) 목적 × | 국민의 재산권 보호(×)<br>부동산중개업무의 적절한 규율(×)<br>개업공인중개사의 공신력을 제고(×)<br>부동산 투기억제(×)<br>공정하고 투명한 부동산 거래질서확립(×)<br>개업공인중개사의 권익 옹호(×)<br>부동산 수급조절(×)<br>부동산개업공인중개사의 건전한 지도 육성(×)<br>전문직업인 육성(×)<br>부동산업의 건전한 지도 육성(×)<br>부동산거래업의 건전한 지도 육성(×)<br>국가경제에 이바지함(×) |

### (2) 공인중개사법 시행령의 제정목적

이 영은 「공인중개사법」에서 위임된 사항과 그 시행에 필요한 사항을 규정함을 목적으로 한다(시행령 제1조).

### (3) 공인중개사법 시행규칙의 제정목적

이 규칙은 「공인중개사법」 및 같은 법 시행령에서 위임된 사항과 그 시행에 관하여 필요한 사항을 규정함을 목적으로 한다(시행규칙 제1조).

## 제3절 용어 제27회 제28회 제29회 제30회 제31회 제32회 제33회 제34회

### 1 중개

"중개"라 함은 제3조에 따른 중개대상물에 대하여 거래당사자간의 매매·교환·임대차 그 밖의 권리의 득실변경에 관한 행위를 알선하는 것을 말한다.

#### (1) 제3조에 따른 중개대상물

① 중개대상물에 해당하는 것

공인중개사법 제3조에 규정된 중개대상물은 토지, 건축물 그 밖의 토지의 정착물, 「입목에 관한 법률」에 따른 입목, 공장 및 광업재단 저당법」에 따른 공장재단 및 광업재단이다. 이 5가지 중개대상물에 대해서 거래행위를 알선하는 것이 중개에 해당한다. 따라서 입목의 매매를 알선하거나 상가건물의 임대차계약을 알선하면 중개에 해당한다.

② 중개대상물 아닌 것

그러나 제3조에 규정된 중개대상물에 해당하지 않는 것의 거래행위를 알선하면 중개에 해당하지 않는다. 금전은 제3조에 규정된 중개대상물에 해당하지 않으므로 금전소비대차계약을 체결하도록 알선한 행위는 중개에 해당하지 않는다. 영업권도 중개대상물에 해당하지 않으므로 상가점포 양도인과 양수인이 영업권 양도 양수계약을 체결하도록 하는 것을 알선한 행위는 중개에 해당하지 않는다.

#### (2) 거래당사자간의 매매·교환·임대차 그 밖의 권리의 득실변경에 관한 행위를

① 법률행위

거래당사자간의 매매·교환·임대차 그 밖의 권리의 득실변경에 관한 행위는 민법상 법률행위를 의미한다. 매매계약, 임대차계약이 실무적으로 많이 발생하는 법률행위이다. 따라서 제3조에 규정된 중개대상물에 대해서 매매계약을 체결하게 알선하면 중개에 해당하고, 상가에 대한 임대차계약을 체결하게 알선하면 중개에 해당한다. 이러한 법률행위는 교환계약, 지상권설정계약, 저당권설정계약, 지역권설정계약, 전세권설정계약 등 다양하다. 따라서 토지에 대해서 지상권설정계약을 알선하면 중개에 해당하고 아파트에 대한 저당권설정계약을 알선해도 중개에 해당한다.

② 법률규정

그러나 권리변동이 발생하는 원인 중에는 법률행위 이외에 법률규정에 의해서 권리변동이 발생하는 경우가 있다. 법에 규정되어 있어서 권리변동이 발생하는 대표적인 경우로 상속, 경매가 있다. 상속을 통해서 상속인으로 소유권 변동이 발생하는 것인데 이전등기 없이도 상속개시일에 즉시 소유권변동이 발생하므로 제3자가 개입할 여지가 없어서 중개행위가개입될 여지가 없는 것이다. 법원 경매도 낙찰 받은 매수인은 매각대금을 납부함으로써 경매대상 부동산에 대한 소유권을 취득하게 되는 것이므로 제3자가 개입해서 계약서를 작성하는 것이 아니어서 중개에 해당할 수 없다. 주의 할 것은 법원 경매 대상 부동산에 대한 권리분석 및 취득의 알선행위는 개업공인중개사가 할 수 있는 행위이지만 대상 부동산에 대해서 계약서를 작성하게 하는 것이 아니므로 공인중개사법상의 중개행위에 해당하지는 않는다는 점이다.



### (3) 알선

① 소개

중개에 해다하기 위해서는 제3조에 따른 중개대상물에 대해서 거래행위 하는 것을 알선해야 한다. 알선이라 함은 중간에서 각종 계약을 체결하도록 소개 주선하는 행위를 말한다.

② 분양대행

그러나 신축상가나 신축빌라를 분양하는 행위를 알선하는 것이 아니라 대신해서 대행하면 알선이라고 할 수 없어 중개에 해당하지 않는다. 분양대행은 단순히 의뢰인들을 연결시켜주는 것이 아니라 의뢰인을 대신해서 계약을 체결해주는 것이므로 중개라고 볼 수 없다.

**판례보기**

**쌍방의뢰 일방의뢰 포함**

중개가 성립되기 위해서는 개업공인중개사가 거래의 쌍방 당사자로부터 중개의뢰 받은 경우 뿐만아니라 거래의 일방당사자의 의뢰에 의하여 중개대상물의 매매 교환 임대차 기타 권리의 득실변경에 관한 행위를 알선 중개하는 경우도 포함되는 것이다(대판 1995. 9. 29, 선고94다47261 판결).

**참고학습** 중개의 성격

**타인간의 법률행위 성립에 조력하는 보조적 사실행위**

중개행위는 중개대상물에 대하여 의뢰 받고 조사하고 설명하고 현장안내 하는 등 중개의뢰인간에 거래계약을 체결하도록 도와 주는 사실행위에 해당한다. 심지어 중개한 개업공인중개사가 계약서를 작성해주는 행위도 계약당사자가 아니므로 계약서를 대신 작성해주는 사실행위일 뿐이다. 이러한 행위만으로는 법률적 효과가 발생하지는 않는다. 그러나 이러한 중개활동으로 중개의뢰인간에 체결하는 매매계약이나 임대차계약은 벌률효과가 발생하는 법률행위이다. 즉 중개활동 자체는 사실행위이지만 중개의 대상은 법률행위인 것이다.

**참고학습** 중개의 종류

1. 상사중개와 민사중개
   거래당사자간의 상행위(영업하는 형위)를 중개하는 것을 상사중개라 한다. 거래당사자간의 상행위 이외의 행위를 알선하는 것을 민사중개라 한다. 부동산중개는 상행위 이외의 행위를 알선하는 것이므로 일반적으로 민사중개에 해당한다. 부동산중개행위는 일반적으로 민사중개에 해당한다.
2. 지시중개와 참여중개
   중개대상물의 정보를 전시를 하고 거래당사자가 이를 기초로 계약에 이르도록 정보만 전시해주는 역할을 하는 중개를 지시중개라고 하고, 거래당사자간의 계약체결하는 부분까지 개입하여 알선하는 것을 참여중개라고 한다. 실무적으로는 참여중개가 대부분이다.
3. 단독중개와 공동중개
   계약체결을 위해 1인의 개업공인중개사가 중간에 개입된 경우를 단독중개라고 하고 2인 이상이 개입된 경우를 공동중개라고 하는 데 실무적으로 공동중개가 대부분이다.

## 2 중개업

“중개업”이라 함은 다른 사람의 의뢰에 의하여 일정한 보수를 받고 중개를 업으로 행하는 것을 말한다. 이러한 중개업을 하기 위해서는 중개사무소의 개설등록이 필요하다. 만약 중개사무소의 개설등록 없이 중개업을 하게 되면 무등록중개업자로 형사처벌 대상이 된다. 다만, 등록하지 않은 자가 다른 사람의 의뢰에 의하여 일정한 보수를 받고 중개를 업으로 행하였다면 처벌 받겠지만 그 사람이 한 행위는 중개업에 해당한다.

### (1) 다른 사람의 의뢰

다른 사람의 중개의뢰를 받아서 활동할 때 중개업이 될 수 있다. 다른 사람은 중개의뢰인이 의미하고 일방으로부터 의뢰 받아 활동하든 쌍방으로부터 의뢰받아 활동하든 중개업에 해당할 수 있다. 만약 중개의뢰를 받지 않은 상황에서 중개대상물을 중개한 경우에는 중개업에 해당하지 않는다.

### (2) 일정한 보수

① 일정한 보수를 받고 중개한 경우에 중개업에 해당할 수 있다. 따라서 중개보수를 받지 않고 중개행위를 반복적으로 했다고 해도 중개업에 해당할 수 없다.

② 보수를 현실적으로 받지 않고 단지 보수 받을 것을 약속하거나 거래당사자에게 보수 받을 것을 약속하는 데 그친 경우에는 중개업에 해당하지 않는다(대법원 2011. 5. 13. 선고 2010도16970 판결).

판례보기

**보수를 받을 것을 약속하거나 요구하는 데 그친 경우에는 위 법조에서 정한 '중개업'에 해당한다고 할 수 없다.**
**법원 2011. 5. 13. 선고 2010도16970 판결**

[1] '공인중개사의 업무 및 부동산 거래신고에 관한 법률' 제9조 제1항(이하 '법'이라 한다)에 의하면 '중개업'을 영위하려는 자는 중개사무소를 두려는 지역을 관할하는 시장·군수 또는 구청장에게 중개사무소의 개설등록을 하여야 하며, 이러한 중개사무소의 개설등록을 하지 아니하고 '중개업'을 하는 행위는 법 제48조 제1호에 의하여 처벌의 대상이 된다. 그런데 법 제2조 제3호가 '중개업'이란 다른 사람의 의뢰에 의하여 일정한 보수를 받고 중개를 업으로 행하는 것을 말한다고 규정하고 있으므로, 중개대상물의 거래당사자들에게서 보수를 현실적으로 받지 아니하고 단지 보수를 받을 것을 약속하거나 요구하는 데 그친 경우에는 위 법조에서 정한 '중개업'에 해당한다고 할 수 없어 법 제48조 제1호에 의한 처벌대상이 아니라고 할 것이고, 또한 위와 같은 보수의 약속·요구행위를 별도로 처벌하는 규정 또는 법 제48조 제1호 위반죄의 미수범을 처벌하는 규정도 존재하지 않으므로, 죄형법정주의의 원칙상 중개사무소 개설등록을 하지 아니하고 부동산 거래를 중개하면서 그에 대한 보수를 약속·요구하는 행위를 위 법 위반죄로 처벌할 수는 없다.

[2] 관할관청에 중개사무소 개설등록을 하지 아니한 피고인이 보수를 현실적으로 받지 아니한 상태에서 매수인의 의뢰에 따라 부동산매매를 알선만 한 사안에서, 피고인에게 '공인중개사의 업무 및 부동산 거래신고에 관한 법률' 제48조 제1호, 제9조 제1항 위반죄를 인정한 원심판단에 법리오해의 위법이 있다고 한 사례.

③ 중개의뢰시 중개보수에 대한 약정을 하지 않았다고 하더라도 중개완성시에 당연히 중개보수를 받을 수 있다. 따라서 중개보수에 대한 약정을 하지 않았다고 해도 중개보수를 받았다면 중개업에 해당할 수 있다.

④ 중개계약이 체결되었는데도 중개보수를 받지 않은 것은 개업공인중개사가 스스로 권리를 포기한 것이기 때문에 공인중개사법 위반으로 볼 수 없다.

⑤ 중개보수를 받지 않은 경우에는 중개업에 해당하지 않지만 공인중개사법의 규율 대상이 될 수 있는 경우가 있다. 예를 들어 무상의 중개행위를 했지만 잘못된 중개행위로 거래당사자에게 재산산손해를 입혔다면 공인중개사법령상의 손해배상책임이 있는 경우가 있다.

### (3) 중개

"중개"라 함은 제3조에 따른 중개대상물에 대하여 거래당사자간의 매매·교환·임대차 그 밖의 권리의 득실변경에 관한 행위를 알선하는 것을 말한다.

### (4) 업

"업"으로 한다고 하는 것은 영리목적으로 불특정다수인을 상대로 계속 반복적 성향으로 활동하는 것을 말한다.

① 영리목적

중개대상물에 대한 중개행위를 영리를 목적으로 했을 때 중개업에 해당할 수 있다. 따라서 동사무소에서 동네 주민들을 상대로 해서 전세계약을 알선하는 행위를 하여도 영리목적으로 하는 것이 아니어서 중개업에 해당한다고 할 수 없다.

② 불특정다수인

특정인이 아닌 여러 사람들을 상대로 중개활동을 했을 때 중개업에 해당할 수 있다. 한정된 몇사람을 상대로 중개한다면 중개업이라고 할 수 없다. 반면에 대학가 앞에서 학생들을 주 대상으로 해서 원룸을 중개하고 있다면 학생들을 특정할 수 없기 때문에 중개업을 한다고 할 수 있다.

그러나 특정 물건을 반복적으로 중개한다면 중개업에 해당할 수 있다. 예를 들어 공장, 상가, 토지를 전문적으로 취급해서 중개해준다면 중개업에 해당할 수 있다.

③ 계속 반복성

계속반복적으로 중개한 경우에 중개업에 해당할 수 있다. 만약에 계속반복성 없이 우연히 중개 1건을 한 경우에는 중개업을 한다고 할 수 없다. 우연히 전세 1건을 중개했다면 비록 중개보수를 받았다고 할지라도 중개업에 해당한다고 할 수 없다. 따라서 등록하지 않은 자가 보수를 받았지만 우연히 전세 1건을 한 것이라면 무등록중개업자로 형사처벌 대상이 되지는 않는다.

**판례보기**

**우연히 전세 1건 한 것은 중개업이 아니다.**

부동산중개업법 제2조 제1호 소정의 "알선·중개를 업으로 한다"함은 반복 계속하여 영업으로 알선·중개를 하는 것을 의미한다고 해석하여야 할 것이므로 알선·중개를 업으로 하였는지의 여부는 알선·중개행위의 반복 계속성, 영업성등의 유무와 그 행위의 목적이나 규모, 회수, 기간, 태양 등 여러 사정을 종합적으로 고려하여 사회통념에 따라 판단하여야 할 것인 즉 우연한 기회에 단 1회 건물전세계약의 중개를 하고 수수료를 받은 사실만으로는 알선·중개를 업으로 한 것이라고 볼수 없다(대법원 1988. 8. 9. 선고 88도998 판결).

**판례보기**

**금전소비대차계약 + 저당권설정계약**

부동산중개업법 제2조 제1호에서 말하는 '기타 권리'에는 저당권 등 담보물권도 포함되고, 따라서 타인의 의뢰에 의하여 일정한 수수료를 받고 저당권의 설정에 관한 행위의 알선을 업으로 하는 경우에는 같은 법 제2조 제2호가 정의하는 중개업에 해당하고, 그 행위가 금전소비대차의 알선에 부수하여 이루어졌다 하여 달리 볼 것도 아니다 (대법원 1996. 9. 24. 선고 96도1641 판결).

**판례보기**

**부동산컨설팅에 부수해서 중개해도 중개업이 될 수 있다.**

부동산 중개행위가 부동산 컨설팅행위에 부수하여 이루어졌다고 하여 이를 구 부동산중개업법(2005. 7. 29. 법률 제7638호로 전문 개정되기 전의 것, 이하 같다) 제2조 제2호 소정의 중개업에 해당하지 않는다고 볼 것은 아니라고 할 것이다(대법원 2007. 1. 11. 선고 2006도7594 판결).

## 3 공인중개사

### (1) 정의

"공인중개사"라 함은 이법에 의한 공인중개사자격을 취득한 자를 말한다. 이 법 이라함은 한국의 공인중개사법을 의미하므로 한국인이 미국의 자격증을 취득하였다면 공인중개사가 될 수 없다. 반대로 외국국적을 갖고 있는 외국인이라도 한국의 공인중개사법에 따른 공인중개사 자격증을 취득한 경우에는 공인중개사에 해당한다.

### (2) 공인중개사의 종류

① 공인중개사인 개업공인중개사

공인중개사 자격증을 취득하여 중개사무소의 개설등록 한 자를 공인중개사인 개업공인중개사라고 한다. 공인중개사 자격을 취득한 자에 해당하기 때문에 공인중개사에 포함된다.

② 소속공인중개사

공인중개사 자격을 취득한 후 개업공인중개사 소속되어 중개업무를 수행하거나 개업공인중개사의 중개업무를 보조하는 자를 소속공인중개사라고 한다. 역시 공인중개사 자격을 취득한 자에 해당하므로 공인중개사의 종류 중에 하나이다.

③ (농속)공인중개사

공인중개사 자격을 취득한 후에 중개사무소의 개설등록도 하지 않고 개업공인중개사에 소속되지 않고 아직 중개업 시장에서 일하고 있지 않는 자를 말한다.

### (3) 개업공인중개사와 구별

공인중개사는 이 법에 의하여 공인중개사 자격을 취득한 자를 말하는 데 개업공인중개사는 공인중개사 자격증은 기준이 아니어서 공인중개사 자격이 있든 없든 중개사무소의 개설등록한 자를 말한다. 공인중개사라고 모두 개업공인중개사가 되는 것은 아니다. 개업공인중개사 중에는 자격증 없는 자도 있다.

## 4 개업공인중개사

### (1) 정의

"개업공인중개사"라 함은 이 법에 의하여 중개사무소의 개설등록을 한 자를 말한다. 따라서 개업공인중개사라고 해서 모두 다 공인중개사 자격증을 가지고 있는 것은 아니다. 부칙상의 개업공인중개사는 공인중개사는 아니지만 개업공인중개사에는 포함된다. 또한 개업공인중개사는 이 법에 따라 중개사무소의 개설등록을 하고 나아가 등록증을 교부 받아야만 비로소 개업공인중개사가 되는 것은 아니다. 나아가 중개사무소의 개설등록 한자가 중개사무소에서 중개업을 영위하고 있어야만 개업공인중개사 되는 것도 아니다.

**참고학습** 개업공인중개사에 용어의 정의 중 틀린 지문예시

① 개업공인중개사 라함은 공인중개사로서 이 법에 의하여 중개사무소의 개설등록을 한 자를 말한다. (×)
② 개업공인중개사 라함은 이 법에 의하여 중개사무소의 개설등록을 하고 등록증을 교부 받은 자를 말한다. (×)
③ 개업공인중개사 라함은 이 법에 의하여 중개업을 영위하는 자를 말한다. (×)

### (2) 종류

① 공인중개사인 개업공인중개사

공인중개사 자격을 취득한 후 이 법에 의하여 중개사무소의 개설등록한 자가 공인중개사인 개업공인중개사이다.

② 부칙 상의 개업공인중개사

공인중개사아닌 자이지만 종전에 중개업신고 또는 허가를 받아 영업하고 있는 자는 제도변경에도 불구하고 중개사무소의 개설등록을 한 것으로 본다. 이에 따라 공인중개사 자격증이 없는 자이지만 중개사무소의 개설등록을 한 자이므로 개업공인중개사에는 포함된다.
이 점 때문에 개업공인중개사라고 해서 반드시 공인중개사 자격증 소지자는 아닌 것이다.

**부칙 제6조 【중개사무소의 개설등록 등에 관한 경과조치】** ① 이 법 시행 당시 종전의 「부동산중개업법」 제4조의 규정에 의하여 중개사무소의 개설등록을 한 자(법률 제5957호 부동산중개업법중개정법률 부칙 제2조의 규정에 의하여 중개사무소의 개설등록을 한 것으로 보는 자를 포함한다)는 제9조의 규정에 의하여 중개사무소의 개설등록을 한 것으로 본다.

③ 법인인 개업공인중개사(일반법인/특수법인)

법인이 공인중개사법령이 정한 요건을 갖추어 중개사무소의 개설등록을 한 경우에 법인인 개업공인중개사라고 말한다. 중개법인은 중개업을 본업으로 하는 것은 맞는데 중개업 외에 할 수 있는 업무가 법 제14조에 명시적으로 규정된 점에서 법인이 아닌 개업공인중개사와 구별된다.

### (3) 부칙상의 개업공인중개사

부칙 규정에 의하여 이 법에 의한 중개사무소의 개설등록을 한 것으로 보는 자는 공인중개사인 개업공인중개사 및 법인인 개업공인중개사와 차별을 받는다.

① 경매·공매 알선 대리업무를 수행할 수 없다.

법률 제5957호 부동산중개업법 중 개정법률 부칙 제2조의 규정에 의하여 중개사무소의 개설등록을 한 것으로 보는 자(공인중개사와 법인을 제외한다)로서 제1항의 규정에 의하여 이 법에 의한 중개사무소의 개설등록을 한 것으로 보는 자는 제14조 제2항의 규정에 불구하고 동항의 업무를 할 수 없다(부칙 제6조 제2항).

② 사무소 명칭에 "공인중개사사무소"라는 문자를 사용할 수 없다.

부칙 제6조 제2항에 규정된 중개업자는 그 사무소의 명칭에 "공인중개사사무소"라는 문자를 사용하여서는 아니된다(부칙 제6조 3항). 제3항의 규정을 위반하여 사무소의 명칭에 "공인중개사사무소"의 문자를 사용한 자에 대하여는 100만원 이하의 과태료에 처하되, 등록관청이 대통령령이 정하는 바에 따라 부과·징수한다. 이 경우 제51조 제5항 내지 제7항의 규정은 그 부과 및 불복절차에 관하여 이를 준용한다(부칙 제6조 제5항).

③ 업무지역 범위가 제한된다.

부칙 제6조 제2항에 규정된 개업공인중개사의 업무지역은 당해 중개사무소가 소재하는 특별시·광역시·도의 관할 구역으로 하며, 그 관할 구역 안에 있는 중개대상물에 한하여 중개행위를 할 수 있다. 다만, 제24조의 규정에 의한 부동산거래정보망에 가입하고 이를 이용하여 중개하는 경우에는 당해 정보망에 공개된 관할 구역 외의 중개대상물에 대하여도 이를 중개할 수 있다(부칙 제6조 제6항). 부칙 제6조 제2항에 규정된 개업공인중개사의 중개사무소 소재지를 관할하는 등록관청은 제2항에 규정된 중개업자가 제6항에 규정된 업무지역의 범위를 위반하여 중개행위를 한 경우에는 6월의 범위 안에서 기간을 정하여 업무의 정지를 명할 수 있다(부칙 제6조 제7항).

### (4) 특수법인

① 정의 및 종류

특수법인은 다른 법률의 규정에 의하여 중개업을 할 수 있는 법인을 말한다. 이러한 특수법인의 사례로는 농업협동조합법에 따른 지역농업협동조합, 산업집적활성화 및 공장설립에 관한법률에 따른 산업단지관리기관, 산림조합법에 따른 산림조합중앙회 및 지역산림조합, 한국자산관리공사 설립 등에관한 법률에 의한 한국자산관리공사가 있다.

② 다른 법률에 근거해서 중개업

일반중개법인은 공인중개사법에서 중개업을 할 수 있다고 규정되어 있지만 특수법인은 다른법률에서 중개업을 할 수 있다고 규정되어 있는 점이 특징이다. 즉 지역농업협동조합은 농업협동조합법에 중개업을 할 수 있다고 규정되어 있다.

**농업협동조합법 제57조 【사업】** ① 지역농협은 그 목적을 달성하기 위하여 다음 각 호의 사업의 전부 또는 일부를 수행한다.
2. 경제사업
바. 농지의 매매·임대차·교환의 중개

③ 다른 법률이 먼저 적용

특수법인은 근거법률이 먼저 적용되고 나중에 공인중개사법 규정이 적용된다. 공인중개사법은 특수법인에 대한 특별 규정을 둔 것이 있다. 예를 들어 지역농업협동조합은 2천만원 이상 보증 설정하여야 한다.

일반법인과 특수법인의 비교

| | 법인인 개업공인중개사 | 특수법인(지역농협) |
|---|---|---|
| 인정근거 | 공인중개사법 | 다른 법률(농업협동조합법) |
| 중개대상물 | 법정중개대상물 모두가능 | 농지에 한하여(매매교환 임대차) |
| 등록여부 | 등록○ | 등록× |
| 등록기준 | 적용○ | 적용× |
| 분사무소 책임자 | 공인중개사 일것 | 일반인도 가능 |
| 보증설정 | 4억 이상(분사무소 마다 2억원 이상) | 2천만원 이상 |

## 5 소속공인중개사

### (1) 정의

"소속공인중개사"라 함은 개업공인중개사에 소속된 공인중개사(개업공인중개사인 법인의 사원 또는 임원으로서 공인중개사인 자를 포함한다)로서 중개업무를 수행하거나 개업공인중개사의 중개업무를 보조하는 자를 말한다.

### (2) 업무

① 중개업무

소속공인중개사는 중개보조원과는 다르게 중개업무를 수행할 수 있다. 중개업무가 무엇인가에 관련해서는 법 규정이나 판례는 없으나 국토교통부 유권해석에 따르면 중개대상물에 대한 확인 설명, 확인설명서 작성, 거래계약서 작성이 중개업무에 해당한다. 이러한 중개업무는 개업공인중개사가 할 업무이지만 소속공인중개사도 전문 공인중개사 자격증 소지자에 해당하므로 중개업무를 수행할 수 있다.

② 보조업무

소속공인중개사는 보조업무도 할 수 있다. 보조업무는 중개업무를 제외한 업무로서 현장안내 일반서무 등 중개업무와 관련된 모든 활동이 포함된다. 이러한 보조업무는 소속공인중개사나 중개보조원 모두 할 수 있는 업무이다. 주의할 것은 공인중개사 자격을 취득한 자가 현실적으로 중개사무소에서 보조업무만 하고 있다고 해도 법률상 지위는 소속공인중개사에 해당한다.



### (3) 법인의 임원 또는 사원

법인인 개업공인중개사의 공인중개사인 임원 또는 사원도 공인중개사 자격을 취득한 자라면 소속공인중개사에 해당한다. 따라서 공인중개사인 법인의 임원 사원은 중개업무를 수행할 수 있다, 반면에 법인인 개업공인중개사의 공인중개사가 아닌 임원 사원은 중개보조원에 불과하다. 따라서 공인중개사가 아닌 임원 사원은 중개업무를 수행할 수 없다.

## 6 중개보조원

### (1) 정의

"중개보조원"이라 함은 공인중개사가 아닌 자로서 개업공인중개사에 소속되어 중개대상물에 대한 현장안내 및 일반서무 등 개업공인중개사의 중개업무와 관련된 단순한 업무를 보조하는 자를 말한다. 중개보조원은 보조업무만 할 수 있다는 점에서 보조업무 뿐만아니라 중개업무도 할 수 있는 소속공인중개사와 구별된다.

### (2) 보조업무

보조업무는 중개업무를 제외한 업무로서 현장안내 일반서무 등 중개업무와 관련된 모든 활동이 포함된다. 이러한 보조업무는 소속공인중개사나 중개보조원 모두 할 수 있는 업무이다.

## 제4절 중개대상물 제27회 제28회 제29회 제30회 제31회 제32회 제33회 제34회

### 1 법정 중개대상물일 것

① 토지
② 건축물 그 밖의 토지의 정착물
③ 입목에 관한 법률에 의한 입목
④ 광업재단 및 공장재단 저당법에 의한 광업재단
⑤ 광업재단 및 공장재단 저당법에 의한 공장재단

**참고학습** 민법상 부동산과 공인중개사법 제3조 중개대상물

민법상 부동산은 '토지와 그 정착물'이므로 토지, 건축물, 입목은 포함되지만 광업재단, 공장재단은 포함되지 않는다. 반면에 공인중개사법 제3조의 중개대상물에는 토지, 건축물, 입목 이외에 광업재단, 공장재단까지 포함되므로 민법상 부동산의 범위보다 넓다. 제3조 중개대상물 〉 민법상 부동산

**참고학습** 중개대상물의 의미

공인중개사법 제3조의 중개대상물에 해당하는 것을 중개업을 하기 위해서는 법적으로 등록관청에 개설등록하는 것이 필요하다. 반면에 중개대상물에 해당하지 않는 것을 중개업을 할 때에는 등록관청에 개설등록할 필요가 없다.

### 2 토지

#### (1) 토지의 일부

① 농지, 임야 등 토지는 중개대상물이 될 수 있다. 토지의 일부가 분필되기 전이라고 해도 지상권설정계약, 지역권설정계약, 전세권설정계약이나 임차권설정계약의 목적물로 삼을 수 있기 때문에 일필 토지의 일부라도 중개대상물이 될 수 있다.
② 그러나 분필 전의 일필 토지의 일부는 매매계약, 저당권설정계약의 목적물로 삼을 수 없기 때문에 일필 토지의 일부인 상태에서 위의 거래(매매계약, 저당권설정계약)인 경우에는 중개대상물이 될 수 없다.

#### (2) 대토권

대토권은 이 사건 주택이 철거될 경우 일정한 요건하에 택지개발지구 내에 이주자택지를 공급받을 지위에 불과하고 특정한 토지나 건물 기타 정착물 또는 법 시행령이 정하는 재산권 및 물건에 해당한다고 볼 수 없으므로 법 제3조에서 정한 중개대상물에 해당하지 않는다고 볼 것이다(대판 2011.5.26. 선고 2011다23682 판결).

## 3 건축물 그 밖의 토지의 정착물

### (1) 건축물

① 민법상 건축물

중개대상물로서의 건축물은 민법상 부동산에 해당하는 건축물을 의미하므로 토지의 정착물로서 기둥과 지붕 그리고 주벽을 갖추어야 한다(대판 2009.1.15. 선고 2008도9427 판결). 건축법상의 건축물과는 구별된다.

> ※ 건축법상의 "건축물"이란 토지에 정착(定着)하는 공작물 중 지붕과 기둥 또는 벽이 있는 것과 이에 딸린 시설물, 지하나 고가(高架)의 공작물에 설치하는 사무소·공연장·점포·차고·창고, 그 밖에 대통령령으로 정하는 것을 말한다.

② 세차장구조물

콘크리트 지반 위에 볼트조립방식으로 철제 파이프 또는 철골 기둥을 세우고 지붕을 덮은 다음 삼면에 천막이나 유리를 설치한 세차장구조물이 민법상 부동산인 '토지의 정착물'에 해당하지 않는다.

> **판례보기**
>
> **세차장구조물은 중개대상물이 아니다.**
>
> 이 사건 각 세차장구조물은 콘크리트 지반 위에 볼트조립방식 등을 사용하여 철제 파이프 또는 철골의 기둥을 세우고 그 상부에 철골 트러스트 또는 샌드위치 판넬 지붕을 덮었으며, 기둥과 기둥 사이에 차량이 드나드는 쪽을 제외한 나머지 2면 또는 3면에 천막이나 유리 등으로 된 구조물로서 주벽이라고 할 만한 것이 없고, 볼트만 해체하면 쉽게 토지로부터 분리·철거가 가능하므로 이를 토지의 정착물이라 볼 수는 없다고 할 것이다(대법원 1966. 5. 31. 선고 66다551 판결 참조).

③ 미등기건물 무허가건물

중개대상물은 민법상의 건축물을 의미하므로 토지의 정착물로서 기둥과 지붕 그리고 주벽을 갖추어져 있으면 된다. 따라서 이러한 요건을 갖추었다면 보존등기 안 된 미등기건물도 중개대상물이 될 수 있다. 나아가 무허가 불법 건축물이라도 건축법상의 제재의 대상은 되겠지만 민법상 건축물에 해당하기 때문에 중개대상물이 된다.

④ 건물의 일부

집합건물의 일부(아파트 1채)도 매매계약이나 전세계약의 대상이 될 수 있으므로 중개대상물이 될 수 있다. 건물의 일부로서의 방1칸도 전세계약의 대상이 될 수 있으므로 중개대상물이 될 수 있다.

⑤ APT분양권

공인중개사법 제3조 제2호에 규정된 중개대상물 중 '건물'에는 기존의 건축물 뿐만 아니라, 장차 건축될 특정의 건물도 포함된다고 볼 것이므로 아파트의 특정 동, 호수에 대하여 피분양자가 선정되거나 분양계약이 체결된 후에는 그 특정아파트가 완성되기 전이라 하여도 이에 대한 매매 등 거래를 중개하는 것은 '건물'의 중개에 해당한다(대법원 2005. 5. 27. 선고 2004도62 판결).

⑥ 철거민입주권

특정한 아파트에 입주할 수 있는 권리가 아니라 아파트에 대한 추첨기일에 신청을 하여 당첨이 되면 아파트의 분양예정자로 선정될 수 있는 지위를 가리키는 데에 불과한 입주권은 공인중개사법 제3조 제2호 소정의 중개대상물인 건물에 해당한다고 보기 어렵다(대법원 1991.4.23. 선고 90도1287 판결).

⑦ 특정 동·호수에 대하여 피분양자가 선정되거나 분양계약이 체결되지는 아니하였다고 하더라도, 장차 예정된 동·호수의 추첨이 분양 대상으로 정하여져 있는 세대들을 특정 피분양자에 대한 분양 목적물로 확정하여 주는 절차에 불과한 경우 중개대상물로 정한 '건축물의 중개'에 해당한다(대법원 2013.01.24. 선고 2010다16519).

### (2) 토지의 정착물

토지의 정착물은 토지에 부착되어 쉽게 토지로부터 분리 철거되기 힘든 것을 말하는 것으로 다음 두가지로 구별된다.

① 토지의 구성부분

토지의 정착물 중에는 토지의 구성부분으로 취급되어 토지와 일체로 거래되는 것이다. 예를 들어 토지 위의 식재된 나무, 담장, 암석, 토지 포장부분 등은 독립된 부동산이 될 수 없으므로 중개대상물이 될 수 없다.

② 토지와 별개 부동산

다만, 토지의 정착물 중 토지와는 별개의 부동산으로 취급되는 건물과 입목, 명인방법을 갖춘 수목의 집단은 중개대상물이 될 수 있다.

### (3) 토지의 정착물이 아닌 것

가식의 수목, 토지로부터 분리된 수목이나 볼트로 조립한 세차장 구조물은 토지의 정착물이 아닌 것으로 중개대상물이 될 수 없다.

## 4 입목에 관한 법률에 의한 입목

### (1) 입목등기

① 모든수종

"입목"이란 토지에 부착된 수목의 집단으로서 그 소유자가 이 법에 따라 소유권보존의 등기를 받은 것을 말한다. 「입목에 관한 법률」 제2조에 따른 입목으로 등기를 받을 수 있는 수목의 집단의 범위는 1필의 토지 또는 1필의 토지의 일부분에 생립(生立)하고 있는 모든 수종(樹種)의 수목으로 한다(입목법시행령 제1조).

② 입목등록원부
소유권보존의 등기를 받을 수 있는 수목의 집단은 이 법에 따른 입목등록원부에 등록된 것으로 한정한다(입목법 제8조 제1항). 입목등록을 받으려는 자는 그 소재지를 관할하는 특별자치도지사, 시장, 군수 또는 자치구청장에게 신청하여야 한다. 등록된 사항의 변경등록을 받으려 할 때에도 또한 같다(입목법 제8조 제2항).

③ 부동산등기법 준용
입목에 대한 등기에 관하여 이 법에 특별한 규정이 있는 경우 및 「부동산등기법」 제24조 제1항 제2호를 제외하고는 「부동산등기법」을 준용한다(입목법 제23조).

### (2) 별개의 부동산

① 입목 매매
입목은 부동산으로 본다(입목법3조 제1항). 입목의 소유자는 토지와 분리하여 입목을 양도하거나 저당권의 목적으로 할 수 있다(법3조 제2항). 토지소유권 또는 지상권 처분의 효력은 입목에 미치지 아니한다(법3조 제3항).

② 입목 저당
입목을 저당권의 목적으로 하려는 자는 그 입목에 대하여 보험(「농업협동조합법」, 「산림조합법」에 따른 공제를 포함한다.)에 가입하여야 한다(입목법 제22조). 입목을 목적으로 하는 저당권의 효력은 입목을 베어 낸 경우에 그 토지로부터 분리된 수목에도 미친다(입목법 제4조). 저당권자는 채권의 기한이 되기 전이라도 분리된 수목을 경매할 수 있다. 다만, 그 매각대금을 공탁하여야 한다(입목법 제4조 제2항). 지상권자 또는 토지의 임차인에게 속하는 입목이 저당권의 목적이 되어 있는 경우에는 지상권자 또는 임차인은 저당권자의 승낙 없이 그 권리를 포기하거나 계약을 해지할 수 없다(입목법 제7조).

### (3) 법정지상권

① 입목의 경매나 그 밖의 사유로 토지와 그 입목이 각각 다른 소유자에게 속하게 되는 경우에는 토지소유자는 입목소유자에 대하여 지상권을 설정한 것으로 본다(입목법 제6조 제1항). 이 경우에 지료(地料)에 관하여는 당사자의 약정에 따른다.

② 법 제19조 제1항에 따라 토지의 등기기록 중 표제부에 입목등기기록을 표시할 때에는 수목이 부착된 토지의 소재지번을 기록하여야 한다. 이 경우 하나의 토지에 여러 개의 입목등기가 있는 경우에는 입목번호도 함께 기록하여야 한다(시행령 제9조).

## 5 광업재단

### (1) 광업재단 개념

광업재단은 광업권과 그 광업권에 기하여 광물을 채굴 취득하기 위한 제 설비 및 이에 부속하는 사업의 제 설비로 구성되는 일단의 기업재산으로 구성된다. 광업재단의 소유권보존등기의 효력은 소유권보존등기를 한 날로부터 10개월 이내에 저당권설정등기를 하지 아니하면 상실된다. 주의할 것은 광업권은 광업재단에 속한다 할지라도 중개대상물이 아니다. 광업재단을 기초로 필요한 자금을 융통할 수 있도록 만든 제도이다.

### (2) 별개의 부동산

광업재단은 소유권과 저당권의 목적이 된다. 광업재단에 속하게 된 것으로 등기부가 있는 것은 그 등기용지 중 상당구 사항란에 광업재단에 속하였다는 취지가 기재된다.

## 6 공장재단

### (1) 공장재단의 의미

공장재단은 공장에 속하는 일정한 기업용 재산으로 구성되는 일단의 기업재산을 말한다.
공장 소유자는 하나 또는 둘 이상의 공장으로 공장재단을 설정하여 저당권의 목적으로 할 수 있다. 이 때 공장재단에 속한 공장이 둘 이상일 때에 각 공장 소유자가 다르더라도 공장재단을 만들 수 있다. 공장재단의 소유권보존등기의 효력은 소유권보존등기를 한 날로부터 10개월 이내에 저당권설정등기를 하지 아니하면 상실된다. 공장재단을 기초로 필요한 자금을 융통할 수 있도록 만든 제도이다.

### (2) 별개 부동산

공장재단은 소유권과 저당권의 목적이 된다. 공장재단에 속하게 된 것으로 등기부가 있는 것은 그 등기용지 중 상당구 사항란에 공장재단에 속하였다는 취지가 기재된다. 공장재단의 구성물은 공장재단과 분리하여 양도하거나 소유권 외의 권리, 압류, 가압류 또는 가처분의 목적으로 하지 못한다. 다만, 저당권자가 동의한 경우에는 임대차의 목적물로 할 수 있다.

### 중개대상물이 되기 위한 요건

| | 중개대상물 ○ | 중개대상물 × |
|---|---|---|
| (1) 법정중개 대상물 일 것 | ① 토지<br>② 건축물 그 밖의 토지의 정착물<br>③ 입목<br>④ 광업재단<br>⑤ 공장재단 | 어업권·건설기계·어업재단·항만운송사업재단·자동차·선박·항공기·광업권·공업소유권·철거민입주권·동산·금전·영업권(영업용 건물의 영업시설·비품 등 유형물이나 거래처, 신용, 영업상의 노하우 또는 점포 위치에 따른 영업상의 이점 등 무형의 재산적 가치)·상가권리금·가식의 수목·조립한 세차장 구조물·대토권 |
| (2) 사유물 일 것 | ① 공법상 제한이 있는 중개대상물<br>예 개발제한구역 내의 토지·건물, 군사시설보호구역 내의 토지·건물, 토지거래허가구역안의 토지, 사도, 사유하천<br>② 사법상 권리행사를 제한하는 등기가 있는 중개대상물<br>예 경매등기 된 주택, 가압류된 건물, 법정지상권 성립된 토지, 가처분등기된 아파트 | 국유 공유 재산은 중개대상물이 될 수 없다.<br>예 행정관청청사, 청와대, 시청건물, 경복궁, 독립문, 국유하천, 바다, 포락지, 무주부동산, 공도<br>※ **공용폐지되지 아니한 행정재산은 중개대상물이 될 수 없다.** |
| (3) 중개가 개입할 수 있을 것 | 법률행위를 원인으로 권리변동이 발생하는 경우<br>예 매매계약, 지상권설정계약 | ① 법률의 규정에 의한 권리변동이 발생하는 경우 예 상속, 경매, 법정지상권<br>② 성격상 개입여지가 없는 경우<br>예 증여, 기부채납<br>※ **상속 받은 아파트, 경매에서 낙찰 받은 토지, 증여 받은 주택은 중개대상물이 될 수 있다.** |

### 중개대상권리

| 중개대상권리에 해당하는 것 | | 중개대상권리가 아닌 것 | |
|---|---|---|---|
| • 소유권<br>• 저당권<br>• 부동산환매권 | • 용익물권<br>• 부동산임차권<br>• 가등기담보권 | • 동산질권<br>• 영업권<br>• 대토권 | • 상속권<br>• 분묘기지권 |
| 점유권, 유치권, 법정지상권, 법정저당권 | | | |

※ **중개대상권리에는 물권 뿐만 아니라 채권도 해당하는 경우가 있다.**

※ **유치권, 법정지상권, 법정저당권은 성립의 경우에는 개입할 여지가 없으나 이러한 권리를 이전하는 경우에는 개입할 여지가 있다.**

01 CHAPTER

# 기출 및 예상문제

**01 공인중개사법상 명문으로 규정된 목적을 모두 고른 것은?** (제20회 수정)

> ㉠ 공인중개사의 업무에 관한 사항을 정함
> ㉡ 부동산업의 건전한 지도·육성
> ㉢ 공정하고 투명한 부동산거래질서의 확립
> ㉣ 개업공인중개사의 공신력 제고
> ㉤ 국민경제에 이바지

① ㉠, ㉣  ② ㉠, ㉤  ③ ㉡, ㉢  ④ ㉡, ㉣  ⑤ ㉢, ㉤

해설 ㉠, ㉤이 타당한 표현이다.

정답 ②

**02 공인중개사법령상 용어와 관련된 설명으로 옳은 것을 모두 고른 것은?** (제27회)

> ㉠ 개업공인중개사란 공인중개사법에 의하여 중개사무소의 개설등록을 한 자이다.
> ㉡ 소속공인중개사에는 개업공인중개사인 법인의 사원 또는 임원으로서 중개업무를 수행하는 공인중개사인 자가 포함된다.
> ㉢ 공인중개사로서 개업공인중개사에 고용되어 그의 중개업무를 보조하는 자도 소속공인중개사이다.
> ㉣ 우연한 기회에 단 1회 임대차계약의 중개를 하고 보수를 받은 사실만으로는 중개를 업으로 한 것이라고 볼 수 없다.

① ㉠, ㉡  ② ㉠, ㉢  ③ ㉠, ㉡, ㉣
④ ㉡, ㉢, ㉣  ⑤ ㉠, ㉡, ㉢, ㉣

해설 ㉢ 공인중개사로서 개업공인중개사에 고용되어 그의 중개업무를 보조하는 자도 소속공인중개사에 포함된다.

정답 ⑤

**03 공인중개사법령상 용어의 설명으로 틀린 것은?**

① 중개는 중개대상물에 대하여 거래당사자 간의 매매·교환·임대차 그 밖의 권리의 득실변경에 관한 행위를 알선하는 것을 말한다.
② 개업공인중개사는 이 법에 의하여 중개사무소의 개설등록을 한 자를 말한다.
③ 중개업은 다른 사람의 의뢰에 의하여 일정한 보수를 받고 중개를 업으로 행하는 것을 말한다.
④ 개업공인중개사인 법인의 사원 또는 임원으로서 공인중개사인 자는 소속공인중개사에 해당하지 않는다.
⑤ 중개보조원은 공인중개사가 아닌 자로서 개업공인중개사에 소속되어 개업공인중개사의 중개업무와 관련된 단순한 업무를 보조하는 자를 말한다.

해설 ④ "소속공인중개사"라 함은 개업공인중개사에 소속된 공인중개사(개업공인중개사인 법인의 사원 또는 임원으로서 공인중개사인 자를 포함한다)로서 중개업무를 수행하거나 개업공인중개사의 중개업무를 보조하는 자를 말한다 (법 제2조 제5호).

정답 ④

**04 공인중개사법령에 관한 내용으로 틀린 것은?** (제30회 수정)

① 개업공인중개사에 소속된 공인중개사로서 중개업무를 수행하거나 개업공인중개사의 중개업무를 보조하는 자는 소속공인중개사이다.
② 개업공인중개사인 법인의 사원으로서 중개업무를 수행하는 공인중개사는 소속공인중개사이다.
③ 타인의 의뢰에 의하여 일정한 보수를 받고 부동산에 대한 저당권설정 행위의 알선을 업으로 하는 경우, 그 행위의 알선이 금전소비대차의 알선에 부수하여 이루어졌다면 중개업에 해당하지 않는다.
④ 중개사무소 개설등록을 하지 않고 부동산 거래를 중개한 자가 거래당사자들에게서 단지 보수를 받을 것을 약속하거나 요구하는데 그친 경우 공인중개사법령상 처벌대상이 되지 않는다.
⑤ 거래당사자 간 지역권의 설정과 취득을 알선하는 행위는 중개에 해당한다.

해설 타인의 의뢰에 의하여 일정한 보수를 받고 부동산에 대한 저당권설정 행위의 알선을 업으로 하는 경우, 그 행위의 알선이 금전소비대차의 알선에 부수하여 이루어졌어도 중개업에 해당한다.

정답 ③

02 CHAPTER

# 공인중개사 제도

단원별 학습포인트

- 이 장의 내용 중 최근에 잘 출제되는 것은 정책심의위원회 부분이다. 공인중개사시험제도에 관한 사항은 간간히 출제된다. 공인중개사 자격증 양도 대여에 대한 판례 내용을 공부하여야 한다.

## 제1절 공인중개사 시험제도 제22회 제23회 제30회 제31회 제33회

### 1 시행기관

#### (1) 원칙

공인중개사가 되려는 자는 시·도지사가 시행하는 공인중개사자격시험에 합격하여야 한다(법 제4조 제1항).

#### (2) 예외

국토교통부장관은 공인중개사자격시험 수준의 균형유지 등을 위하여 필요하다고 인정하는 때에는 대통령령으로 정하는 바에 따라 직접 시험문제를 출제하거나 시험을 시행할 수 있다(법 제4조 제2항). 국토교통부장관이 법 제4조 제2항에 따라 직접 시험문제를 출제하거나 시험을 시행하려는 경우에는 심의위원회의 의결을 미리 거쳐야 한다(시행령 제3조).

#### (3) 위탁시행

시험시행기관장은 법 제45조에 따라 법 제4조에 따른 시험의 시행에 관한 업무를 「공공기관의 운영에 관한 법률」 제5조 제3항에 따른 공기업, 준정부기관 또는 협회에 위탁할 수 있다.

### 2 응시 자격

#### (1) 응시자격

공인중개사시험은 연령제한이 없으므로 미성년자도 공인중개사 시험에 응시할 수 있다. 외국인도 얼마든지 시험 응시자격이 있다. 나아가 등록 결격사유에 해당하더라도 원칙적으로는 공인중개사 시험에 응시할 수 있다. 따라서 피한정후견인이나 파산자도 얼마든지 시험응시가 가능하다.

### (2) 응시자격 제한

① 자격취소 된 자

제35조 제1항에 따라 공인중개사의 자격이 취소된 후 3년이 지나지 아니한 자는 공인중개사가 될 수 없다(법 제6조). 이 경우 시도지사는 5일 이내에 국토교통부장관과 다른 시도지사에게 통보하여야 한다.

② 시험부정행위자

제4조 제1항 및 제2항에 따라 시험을 시행하는 시·도지사 또는 국토교통부장관(이하 "시험시행기관장"이라 한다)은 시험에서 부정한 행위를 한 응시자에 대하여는 그 시험을 무효로 하고, 그 처분이 있은 날부터 5년간 시험응시자격을 정지한다. 이 경우 시험시행기관장은 지체 없이 이를 다른 시험시행기관장에게 통보하여야 한다(법 제4조의3).

## 3 시험 시행

### (1) 시험실시시기

시험은 매년 1회 이상 시행한다. 다만, 시험시행기관장은 시험을 시행하기 어려운 부득이한 사정이 있는 경우에는 심의위원회의 의결을 거쳐 당해연도의 시험을 시행하지 아니할 수 있다(시행령 제7조 제1항).

### (2) 시험방법

① 1차와 2차 구분시행

시험은 제1차시험 및 제2차시험으로 구분하여 시행한다. 이 경우 제2차시험은 제1차시험에 합격한 자를 대상으로 시행한다(시행령 제5조 제1항).

② 동시시행

시행령 제5조 제1항에도 불구하고 법 제4조 제1항 또는 같은 조 제2항에 따라 시험을 시행하는 특별시장·광역시장·도지사·특별자치도지사 또는 국토교통부장관이 필요하다고 인정하는 경우에는 제1차시험과 제2차시험을 구분하되 동시에 시행할 수 있으며, 이 경우 제2차시험의 시험방법은 제4항에 따른다(시행령 제5조 제2항). 제2항의 규정에 따라 제1차시험과 제2차시험을 동시에 시행하는 경우에는 제1차시험에 불합격한 자의 제2차시험은 무효로 한다(시행령 제5조 제3항).

③ 출제방식

제1차시험은 선택형으로 출제하는 것을 원칙으로 하되, 주관식 단답형 또는 기입형을 가미할 수 있다(시행령 제5조 제4항). 제2차시험은 논문형으로 출제하는 것을 원칙으로 하되, 주관식 단답형 또는 기입형을 가미할 수 있다(시행령 제5조 제5항).

### (3) 시험의 일부면제

제1차시험에 합격한 자에 대하여는 다음 회의 시험에 한하여 제1차시험을 면제한다(시행령 제5조 제6항).

## 4 원서 접수

### (1) 응시원서 제출

시험에 응시하고자 하는 자는 국토교통부령이 정하는 바에 따라 응시원서를 제출하여야 한다(시행령 제8조 제1항). 「공인중개사법 시행령」 제8조 제1항의 규정에 따른 공인중개사자격시험(이하 "시험"이라 한다)의 응시원서는 별지 제1호서식에 따른다(시행규칙 제2조 제1항).

### (2) 수수료 반환

① 전부 또는 일부반환

시험시행기관장은 응시수수료를 납부한 자가 다음 각 호의 어느 하나에 해당하는 경우에는 국토교통부령으로 정하는 바에 따라 응시수수료의 전부 또는 일부를 반환하여야 한다(시행령 제8조 제2항).

1. 수수료를 과오납(過誤納)한 경우
2. 시험시행기관의 귀책사유로 시험에 응하지 못한 경우
3. 시험시행일 10일 전까지 응시원서 접수를 취소하는 경우

② 반환기준

제8조 제2항의 규정에 따른 응시수수료의 반환기준은 다음 각 호와 같다(시행규칙 제2조 제2항).

1. 수수료를 과오납한 경우에는 그 과오납한 금액의 전부
2. 시험시행기관의 귀책사유로 시험에 응하지 못한 경우에는 납입한 수수료의 전부
3. 응시원서 접수기간 내에 접수를 취소하는 경우에는 납입한 수수료의 전부
4. 응시원서 접수마감일의 다음 날부터 7일 이내에 접수를 취소하는 경우에는 납입한 수수료의 100분의 60
5. 제4호에서 정한 기간을 경과한 날부터 시험시행일 10일 전까지 접수를 취소하는 경우에는 납입한 수수료의 100분의 50

③ 반환절차 및 반환방법

수수료의 반환절차 및 반환방법 등은 영 제7조 제3항의 규정에 따른 시험시행공고에서 정하는 바에 따른다(시행규칙 제2조 제3항).

## 5 시험과목

시행령 제6조(시험과목) 제1차시험 및 제2차시험의 시험과목은 별표 1과 같다.

■ 공인중개사법 시행령 [별표 1] <개정 2017. 1. 17.>

### 공인중개사자격시험의 시험과목(제6조관련)

| 구 분 | 시 험 과 목 |
|---|---|
| 제1차시험 | ○ 부동산학개론(부동산감정평가론을 포함한다)<br>○ 「민법」(총칙 중 법률행위, 질권을 제외한 물권법, 계약법 중 총칙·매매·교환·임대차) 및 민사특별법 중 부동산 중개에 관련되는 규정 |
| 제2차시험 | ○ 공인중개사의 업무 및 부동산 거래신고에 관한 법령(「공인중개사법」, 「부동산 거래신고 등에 관한 법률」) 및 중개실무<br>○ 부동산공시에 관한 법령(「부동산등기법」, 「공간정보의 구축 및 관리 등에 관한 법률」 제2장제4절 및 제3장) 및 부동산 관련 세법<br>○ 부동산공법(「국토의 계획 및 이용에 관한 법률」·「건축법」·「도시개발법」·「도시 및 주거환경정비법」·「주택법」·「농지법」) 중 부동산 중개에 관련되는 규정 |

## 6 시험의 시행공고

### (1) 예정공고

시험시행기관장은 법 제4조에 따라 시험을 시행하려는 때에는 예정 시험일시·시험방법 등 시험시행에 관한 개략적인 사항을 매년 2월 말일까지 「신문 등의 진흥에 관한 법률」 제2조 제1호 가목에 따른 일반일간신문(이하 "일간신문"이라 한다), 관보, 방송 중 하나 이상에 공고하고, 인터넷 홈페이지 등에도 이를 공고해야 한다(시행령 제7조 제2항).

### (2) 정식공고

시험시행기관장은 제2항에 따른 공고(예정 공고) 후 시험을 시행하려는 때에는 시험일시, 시험장소, 시험방법, 합격자 결정방법 및 응시수수료의 반환에 관한 사항 등 시험의 시행에 필요한 사항을 시험시행일 90일 전까지 일간신문, 관보, 방송 중 하나 이상에 공고하고, 인터넷 홈페이지 등에도 이를 공고해야 한다(시행령 제7조 제3항).

## 7 출제 및 채점

### (1) 출제위원의 임명 또는 위촉

시험시행기관장은 부동산중개업무 및 관련 분야에 관한 학식과 경험이 풍부한 자 중에서 시험문제의 출제·선정·검토 및 채점을 담당할 자(이하 이 조 및 제11조에서 "출제위원"이라 한다)를 임명 또는 위촉한다(시행령 제9조 제1항).

### (2) 출제위원의 준수사항

① 제1항의 규정에 따라 출제위원으로 임명 또는 위촉된 자는 시험시행기관장이 요구하는 시험문제의 출제·선정·검토 또는 채점상의 유의사항 및 준수사항을 성실히 이행하여야 한다(시행령 제9조 제2항).

② 시험시행기관장은 제2항의 규정을 위반함으로써 시험의 신뢰도를 크게 떨어뜨리는 행위를 한 출제위원이 있는 때에는 그 명단을 다른 시험시행기관장 및 그 출제위원이 소속하고 있는 기관의 장에게 통보하여야 한다(시행령 제9조 제3항).

③ 국토교통부장관 또는 시·도지사는 제3항의 규정에 따라 시험시행기관장이 명단을 통보한 출제위원에 대하여는 그 명단을 통보한 날부터 5년간 시험의 출제위원으로 위촉하여서는 아니 된다(시행령 제9조 제4항).

### (3) 수당 및 여비 지급

출제위원 및 시험시행업무 등에 종사하는 자에 대하여는 예산의 범위 안에서 수당 및 여비를 지급할 수 있다(시행령 제11조).

## 8 시험합격자 공고

### (1) 시험합격자 결정 - 절대평가

① 제1차시험에 있어서는 매과목 100점을 만점으로 하여 매과목 40점 이상, 전과목 평균 60점 이상 득점한 자를 합격자로 한다(시행령 제10조 제1항).

② 제2차시험에 있어서는 매과목 100점을 만점으로 하여 매과목 40점 이상, 전과목 평균 60점 이상 득점한 자를 합격자로 한다.

### (2) 시헙합격자 결정 - 상대평가

① 시험시행기관장이 공인중개사의 수급상 필요하다고 인정하여 심의위원회의 의결을 거쳐 선발예정인원을 미리 공고한 경우에는 매과목 40점 이상인 자 중에서 선발예정인원의 범위 안에서 전과목 총득점의 고득점자순으로 합격자를 결정한다(시행령 제10조 제2항).

② 제2항 단서 및 제5항의 규정에 따라 합격자를 결정함에 있어서 동점자로 인하여 선발예정인원을 초과하는 경우에는 그 동점자 모두를 합격자로 한다(시행령 제10조 제3항).

### (3) 최소선발인원 또는 최소선발비율

① 시험시행기관장은 응시생의 형평성 확보 등을 위하여 필요하다고 인정하는 경우에는 심의위원회의 의결을 거쳐 최소선발인원 또는 응시자 대비 최소선발비율을 미리 공고할 수 있다(시행령 제10조 제4항).

② 제4항의 규정에 따라 최소선발인원 또는 최소선발비율을 공고한 경우 제2차시험에서 매과목 40점 이상, 전과목 평균 60점 이상 득점한 자가 최소선발인원 또는 최소선발비율에 미달되는 경우에는 매과목 40점 이상인 자 중에서 최소선발인원 또는 최소선발비율의 범위 안에서 전과목 총득점의 고득점자순으로 합격자를 결정한다(시행령 제10조 제5항).

### (4) 시험합격자 결정 공고

제4조 제1항 및 제2항에 따라 공인중개사자격시험을 시행하는 시험시행기관의 장은 공인중개사자격시험의 합격자가 결정된 때에는 이를 공고하여야 한다(법 제5조 제1항).

## 9 자격증 교부 및 재교부

### (1) 자격증 교부

① 시·도지사

시·도지사는 공인중개사자격시험의 합격자에게 국토교통부령으로 정하는 바에 따라 공인중개사자격증을 교부하여야 한다(법 제5조 제2항). 특별시장·광역시장·도지사·특별자치도지사는 「공인중개사법」 제5조 제1항에 따른 시험합격자의 결정 공고일부터 1개월 이내에 시험합격자에 관한 사항을 별지 제2호서식의 공인중개사자격증교부대장에 기재한 후, 시험 합격자에게 별지 제3호서식의 공인중개사자격증을 교부하여야 한다(시행규칙 제3조 제1항).

② 자격증교부대장

공인중개사자격증교부대장은 전자적 처리가 불가능한 특별한 사유가 없으면 전자적 처리가 가능한 방법으로 작성·관리하여야 한다(시행규칙 제3조 제3항).

### (2) 자격증 재교부

공인중개사자격증을 교부받은 자는 공인중개사자격증을 잃어버리거나 못쓰게 된 경우에는 국토교통부령으로 정하는 바에 따라 시·도지사에게 재교부를 신청할 수 있다(법 제5조 제3항). 법 제5조 제3항의 규정에 따라 공인중개사자격증의 재교부를 신청하는 자는 별지 제4호서식의 재교부신청서를 자격증을 교부한 시·도지사에게 제출하여야 한다(시행규칙 제3조 제2항).

## 제2절 공인중개사정책심의위원회 제27회 제28회 제30회 제32회 제33회 제34회 제35회

### 1 설치 및 심의사항

#### (1) 국토교통부에 설치

공인중개사의 업무에 관한 다음 각 호의 사항을 심의하기 위하여 국토교통부에 공인중개사 정책심의위원회를 둘 수 있다(법 제2조의2 제1항).

1. 공인중개사의 시험 등 공인중개사의 자격취득에 관한 사항
2. 부동산 중개업의 육성에 관한 사항
3. 중개보수 변경에 관한 사항
4. 손해배상책임의 보장 등에 관한 사항

#### (2) 시·도지사의 준수의무

공인중개사 정책심의위원회에서 심의한 사항 중 "공인중개사의 시험 등 공인중개사의 자격취득에 관한 사항"의 경우에는 특별시장·광역시장·도지사·특별자치도지사는 이에 따라야 한다(법 제2조의2 제3항).

### 2 구성

#### (1) 숫자

공인중개사법 제2조의2제1항에 따른 공인중개사 정책심의위원회는 위원장 1명을 포함하여 7명 이상 11명 이내의 위원으로 구성한다(시행령 제1조의2 제1항).

#### (2) 위원장

심의위원회 위원장은 국토교통부 제1차관이 되고 (시행령 제1조의2 제2항) 위원장은 심의위원회를 대표하고, 심의위원회의 업무를 총괄한다(시행령 제1조의4 제1항). 위원장이 부득이한 사유로 직무를 수행할 수 없을 때에는 위원장이 미리 지명한 위원이 그 직무를 대행한다(시행령 제1조의4 제2항).

#### (3) 위원

① 위원자격

위원은 다음 각 호의 어느 하나에 해당하는 사람 중에서 국토교통부장관이 임명하거나 위촉한다(시행령 제1조의2 제2항).

> 1. 국토교통부의 4급 이상 또는 이에 상당하는 공무원이나 고위공무원단에 속하는 일반직공무원
> 2. 「고등교육법」 제2조에 따른 학교에서 부교수 이상의 직(職)에 재직하고 있는 사람
> 3. 변호사 또는 공인회계사의 자격이 있는 사람
> 4. 법 제41조에 따른 공인중개사협회에서 추천하는 사람
> 5. 법 제45조에 따라 법 제4조에 따른 공인중개사자격시험(이하 "시험"이라 한다)의 시행에 관한 업무를 위탁받은 기관의 장이 추천하는 사람
> 6. 「비영리민간단체 지원법」 제4조에 따라 등록한 비영리민간단체에서 추천한 사람
> 7. 「소비자 기본법」 제29조에 따라 등록한 소비자단체 또는 같은 법 제33조에 따른 한국소비자원의 임직원으로 재직하고 있는 사람
> 8. 그 밖에 부동산·금융 관련 분야에 학식과 경험이 풍부한 사람

③ **임기**

제2항 제2호부터 제8호까지의 규정에 따른 위원의 임기는 2년으로 하되, 위원의 사임 등으로 새로 위촉된 위원의 임기는 전임위원 임기의 남은 기간으로 한다(시행령 제1조의2 제3항).

### (4) 위원의 제척 회피 기피

① **제척**

심의위원회의 위원이 다음 각 호의 어느 하나에 해당하는 경우에는 심의위원회의 심의·의결에서 제척(除斥)된다(시행령 제1조의3 제1항).

> 1. 위원 또는 그 배우자나 배우자이었던 사람이 해당 안건의 당사자(당사자가 법인·단체 등인 경우에는 그 임원을 포함한다. 이하 이 호 및 제2호에서 같다)가 되거나 그 안건의 당사자와 공동권리자 또는 공동의무자인 경우
> 2. 위원이 해당 안건의 당사자와 친족이거나 친족이었던 경우
> 3. 위원이 해당 안건에 대하여 증언, 진술, 자문, 조사, 연구, 용역 또는 감정을 한 경우
> 4. 위원이나 위원이 속한 법인·단체 등이 해당 안건의 당사자의 대리인이거나 대리인이었던 경우

② **기피**

해당 안건의 당사자는 위원에게 공정한 심의·의결을 기대하기 어려운 사정이 있는 경우에는 심의위원회에 기피 신청을 할 수 있고, 심의위원회는 의결로 이를 결정한다. 이 경우 기피 신청의 대상인 위원은 그 의결에 참여하지 못한다(시행령 제1조의3 제2항).

③ **회피**

위원 본인이 제1항 각 호에 따른 제척 사유에 해당하는 경우에는 스스로 해당 안건의 심의·의결에서 회피(回避)하여야 한다(시행령 제1조의3 제3항).

④ 해촉

국토교통부장관은 위원이 제1항 각 호의 어느 하나에 해당하는 데에도 불구하고 회피하지 아니한 경우에는 해당 위원을 해촉(解囑)할 수 있다(시행령 제1조의3 제3항).

### (5) 위원회 운영

① 위원장은 심의위원회의 회의를 소집하고, 그 의장이 된다(시행령 제1조의5 제1항).

② 심의위원회의 회의는 재적위원 과반수의 출석으로 개의(開議)하고, 출석위원 과반수의 찬성으로 의결한다(시행령 제1조의5(심의위원회의 운영) 제2항).

③ 위원장은 심의위원회의 회의를 소집하려면 회의 개최 7일 전까지 회의의 일시, 장소 및 안건을 각 위원에게 통보하여야 한다. 다만, 긴급하게 개최하여야 하거나 부득이한 사유가 있는 경우에는 회의 개최 전날까지 통보할 수 있다(시행령 제1조의5 제3항).

④ 위원장은 심의에 필요하다고 인정하는 경우 관계 전문가를 출석하게 하여 의견을 듣거나 의견 제출을 요청할 수 있다(시행령 제1조의5 제4항).

⑤ 심의위원회에 심의위원회의 사무를 처리할 간사 1명을 둔다(시행령 제1조의6 제1항).

⑥ 간사는 심의위원회의 위원장이 국토교통부 소속 공무원 중에서 지명한다(시행령 제1조의6 제2항).

⑦ 심의위원회에 출석한 위원 및 관계 전문가에게는 예산의 범위에서 수당과 여비를 지급할 수 있다. 다만, 공무원인 위원이 그 소관 업무와 직접적으로 관련되어 심의위원회에 출석하는 경우에는 그러하지 아니하다(시행령 제1조의7).

⑧ 이 시행령에서 규정한 사항 외에 심의위원회의 운영 등에 필요한 사항은 심의위원회 의결을 거쳐 위원장이 정한다(시행령 제1조의8).

## 제3절 가격증 양도 대여 금지 제26회 제27회 제28회 제31회 제32회 제33회 제34회

### 1 양도 대여 한 자

#### (1) '양도 대여'의 의미

공인중개사는 다른 사람에게 자기의 성명을 사용하여 중개업무를 하게 하거나 자기의 공인중개사 자격증을 양도 또는 대여하여서는 아니된다(법 제7조 제1항). '공인중개사자격증의 대여'란 다른 사람이 그 자격증을 이용하여 공인중개사로 행세하면서 공인중개사의 업무를 행하려는 것을 알면서도 그에게 자격증 자체를 빌려주는 것을 말한다(대법원 2007.3.29. 선고 2006도9334 판결).

#### (2) 관련 판례

① 무자격자가 공인중개사의 업무를 수행하였는지 여부는 외관상 공인중개사가 직접 업무를 수행하는 형식을 취하였는지 여부에 구애됨이 없이 실질적으로 무자격자가 공인중개사의 명의를 사용하여 업무를 수행하였는지 여부에 따라 판단하여야 한다(대법원 2007.3.29. 선고 2006도9334 판결).

② 공인중개사가 비록 스스로 몇 건의 중개업무를 직접 수행한 바 있다 하더라도, 적어도 무자격자가 성사시킨 거래에 관해서는 무자격자가 거래를 성사시켜 작성한 계약서에 자신의 인감을 날인하는 방법으로 자신이 직접 공인중개사 업무를 수행하는 형식만 갖추었을 뿐, 실질적으로는 무자격자로 하여금 자기 명의로 공인중개사 업무를 수행하도록 한 것이므로, 이는 공인중개사자격증의 대여행위에 해당한다(대법원 2007.3.29. 선고 2006도9334 판결).

③ 만일 공인중개사가 무자격자로 하여금 그 공인중개사 명의로 개설등록을 마친 중개사무소의 경영에 관여하거나 자금을 투자하고 그로 인한 이익을 분배받도록 하는 경우라도 공인중개사 자신이 그 중개사무소에서 공인중개사의 업무인 부동산거래 중개행위를 수행하고 무자격자로 하여금 공인중개사의 업무를 수행하도록 하지 않는다면, 이를 가리켜 등록증·자격증의 대여를 한 것이라고 말할 수는 없다(대법원 2007.3.29. 선고 2006도9334 판결).

#### (3) 위반시 제재

① 공인중개사는 다른 사람에게 자기의 성명을 사용하여 중개업무를 하게 하거나 자기의 공인중개사자격증을 양도 또는 대여한 자는 1년 이하의 징역이나 1천만원 이하의 벌금에 처한다(제49조 제1항 제1호).

② 공인중개사는 다른 사람에게 자기의 성명을 사용하여 중개업무를 하게 하거나 자기의 공인중개사자격증을 양도 또는 대여한 자는 자격취소 하여야 한다(제35조 제1항 제2호).

### 2 양도 대여 받은 자

누구든지 다른 사람의 공인중개사자격증을 양수하거나 대여받아 이를 사용하여서는 아니된다(법 제7조 제2항). 이를 위반하면 1년 이하의 징역이나 1천만원 이하의 벌금에 처한다(제49조 제1항 제1호).

### 3 알선한 자

누구든지 제1항 및 제2항에서 금지한 행위를 알선하여서는 아니 된다(법 제7조 제3항). 이를 위반하면 1년 이하의 징역이나 1천만원 이하의 벌금에 처한다(법 제490조 제1항 제1호의2).

## 제 4 절 공인중개사 아닌 자의 공인중개사 명칭 사용 금지

### 1 법 제8조

공인중개사가 아닌 자는 공인중개사 또는 이와 유사한 명칭을 사용하지 못한다(법 제8조).

### 2 판례

(1) 무자격자가 자신의 명함에 '부동산뉴스 대표'라는 명칭을 기재하여 사용한 것(대판 2006도9334 판결)
(2) 공인중개사가 아닌 자가 "발품부동산 및 부동산cafe" 간판 설치한 경우(대판 2014도12437 판결)

### 3 제재

위반시에는 1년 이하의 징역이나 1천만원 이하의 벌금에 처한다.

# 기출 및 예상문제



**01 공인중개사법령상 공인중개사 자격시험에 관한 설명으로 옳은 것을 모두 고른 것은?** (제23회)

> ㉠ 공인중개사 정책심의위원회에서 시험에 관한 사항을 정하는 경우에는 시·도지사는 이에 따라야 한다.
> ㉡ 국토교통부장관이 시험문제를 출제하려는 경우에는 공인중개사정책심의위원회의 사후 의결을 거쳐야 한다.
> ㉢ 시험시행기관장은 시험을 시행하기 어려운 부득이한 사정이 있는 경우에는 공인중개사정책심의위원회의 의결을 거쳐 당해 연도의 시험을 시행하지 않을 수 있다.
> ㉣ 국토교통부장관은 공인중개사시험의 합격자에게 공인중개사 자격증을 교부하여야 한다.

① ㉠, ㉡ ② ㉠, ㉢ ③ ㉡, ㉢ ④ ㉢, ㉣ ⑤ ㉠, ㉢, ㉣

해설 ㉡ 국토교통부장관이 직접 시험문제를 출제하려는 경우에는 사전에 공인중개사정책심의위원회의 의결을 거쳐야 한다.
㉣ 시·도지사는 공인중개사시험의 합격자에게 공인중개사자격증을 교부하여야 한다.

정답 ②

**02 공인중개사법령상 공인중개사 정책심의위원회**(이하 '위원회'라 함)**에 관한 설명으로 <u>틀린</u> 것은?** (제34회)

① 위원은 위원장이 임명하거나 위촉한다.
② 심의사항에는 중개보수 변경에 관한 사항이 포함된다.
③ 위원회에서 심의한 사항 중 공인중개사의 자격취득에 관한 사항의 경우 시·도지사는 이에 따라야 한다.
④ 위원장 1명을 포함하여 7명 이상 11명 이내의 위원으로 구성한다.
⑤ 위원이 속한 법인이 해당 안건의 당사자의 대리인이었던 경우 그 위원은 위원회의 심의·의결에서 제척된다.

해설 ① 심의위원회 위원장은 국토교통부 제1차관이 되고, 위원은 다음 각 호의 어느 하나에 해당하는 사람 중에서 국토교통부장관이 임명하거나 위촉한다. (시행령 제1조의2 제2항)

정답 ①

# 03 CHAPTER 등록제도

단원별 학습포인트

- 제3장 내용은 최소 2문제정도 출제된다. 매년 등록기준과 결격사유가 출제된다. 결격사유 부분은 제1편 내용 중 가장 어려운 내용이다. 결격사유 부분은 경험하지 못한 내용이 많아서 이해하기 쉽지않다.

## 제1절 등록기준 제26회 제27회 제28회 제29회 제31회 제32회 제33회 제34회 제35회

### 1 공인중개사가 중개사무소를 개설하고자 하는 경우

#### (1) 공인중개사

#### (2) 법 제34조 제1항의 규정에 따른 실무교육을 받았을 것

중개사무소 개설등록 하려는 자는 등록신청일 전 1년 이내 시·도지사가 실시하는 실무 교육을 이수하여야 한다.

#### (3) 사무소

건축물대장(「건축법」 제20조 제5항에 따른 가설건축물대장은 제외한다. 이하 같다)에 기재된 건물(준공검사, 준공인가, 사용승인, 사용검사 등을 받은 건물로서 건축물대장에 기재되기 전의 건물을 포함한다. 이하 같다)에 중개사무소를 확보(소유·전세·임대차 또는 사용대차 등의 방법에 의하여 사용권을 확보하여야 한다)할 것

① **건축물대장에 기재된 건물에 중개사무소를 확보 할 것(원칙)**

중개사무소를 개설등록하려면 사무소가 건축물대장에 기재된 건물어야 하므로 무허가건물이나 가설건축물인 경우에는 중개사무소의 개설등록이 불가능하다. 건축물대장에 기재된 건물이라면 아직 보존등기가 안 된 미등기건물이라도 중개사무소의 개설등록이 가능하다. 건축물대장에 기재되지 않은 건물이라도 준공검사, 준공인가, 사용승인, 사용검사 등을 받은 건물은 실질적으로 사용할 수 있는 상태에 이른 것 이므로 중개사무소로 사용할 수 있다. 따라서 반드시 건축물대장에 기재된 건물만 중개사무소로 사용할 수 있는 것은 아니다.

② **소유·전세·임대차 또는 사용대차 등의 방법에 의하여 사용권을 확보하여야 한다.**

중개사무소로 개설등록하기 위해서는 어떠한 방법으로라도 사무실에 대한 사용권한을 확보하여야 한다. 자기 소유 건물이든 전세계약으로 확보한 사무실이든 월세를 지불하면서 임대차계약으로 확보하든 사무소의 사용권한을 확보하면 중개사무소 개설등록은 가능하다. 나아야 월세를

지불하지 않고 무상으로 사용권한을 확보하는 사용대차계약을 확보하더라도 중개사무소 개설등록이 가능하다. 현장에서 보면 자격증 소지자가 중개사무소를 얻은 자와 동업형태로 중개사무소를 합법적으로 운영하는 경우가 있는 데 중개사무소를 얻은 자가 자격증 소지자와 사용대차계약을 체결하고 자격증 소지자 명의로 중개사무소를 개설등록한다. 따라서 반드시 등록신청자 명의로 소유하거나 임대차계약이 체결되어야 하는 것은 아니다.

③ 건축물의 용도가 중개사무소로 사용하기에 적합할 것

중개사무소의 개설등록을 위해서는 확보한 건축물의 용도가 건축법상 중개사무소로 사용하기에 적합하여야 한다. 즉 건축물의 용도가 제2종 근린생활시설이나 일반업무시설에 해당하여야 한다. 나아가 제1종 근린생활시설도 바닥면적의 합계가 30㎡ 미만인 경우에는 중개사무소로 사용할 수 있고 중개사무소 개설등록이 가능하다.

**참고학습 | 변호사도 중개사무소 개설등록기준은 적용된다.**

변호사의 직무(법률사무)에 부동산중개행위가 당연히 포함된다고 해석할 수도 없고, 변호사는 구 부동산중개업법 제4조 제1항, 제4항, 같은 법 시행령 제5조에 규정된 중개사무소개설등록의 기준을 적용받지 않는다고 할 수는 없다(대법원 2006.5.11. 선고 2003두14888 판결).

## 2 법인이 중개사무소를 개설하려는 경우

(1) 「상법」상 회사 또는 「협동조합 기본법」 제2조 제1호에 따른 협동조합(같은 조 제3호에 따른 사회적협동조합은 제외한다)으로서 자본금이 5천만원 이상일 것

**참조조문 | 협동조합기본법**

**제2조 【정의】** 이 법에서 사용하는 용어의 뜻은 다음과 같다. 〈개정 2020. 3. 31.〉

1. "협동조합"이란 재화 또는 용역의 구매·생산·판매·제공 등을 협동으로 영위함으로써 조합원의 권익을 향상하고 지역 사회에 공헌하고자 하는 사업조직을 말한다.
3. "사회적협동조합"이란 제1호의 협동조합 중 지역주민들의 권익·복리 증진과 관련된 사업을 수행하거나 취약계층에게 사회서비스 또는 일자리를 제공하는 등 영리를 목적으로 하지 아니하는 협동조합을 말한다.

① 상법상 회사 또는 협동조합

법인인 개업공인중개사로 등록하기 위해서는 상법상 회사 또는 협동조합 둘 중에 하나에 해당해야 한다. 반드시 상법상 회사에 해당하여야만 법인인 개업공인중개사로 등록할 수 있는 것은 아니다. 협동조합도 자본금이 5천만원 이상이면 법인인 개업공인중개사로 등록할 수 있다. 상법상 회사의 종류는 주식회사, 유한책임회사, 유한회사, 합명회사, 합자회사 5가지 이므로 이 중 하나에 해당하고 자본금이 5천만원이상이면 중개사무소의 개설등록이 가능하다. 반드시 상법상 주식회사이어야만 중개사무소의 개설등록할 수 있는 것도 아니다.

② 사회적 협동조합은 제외
사회적 협동조합은 비영리 성격의 단체이므로 영리활동인 중개업과 어울리지 않아서 사회적협동조합은 자본금이 5천만원 이상 이더라도 중개사무소의 개설등록이 불가능하다.

③ 자본금이 5천만원 이상 일 것
상법상 회사인 유한회사인데 자본금이 3천만원이면 중개사무소의 개설등록이 불가능하다.

### (2) 법 제14조에 규정된 업무만을 영위할 목적으로 설립된 법인일 것

법인인 개업공인중개사는 공인중개사법 제14조에 규정된 업무만 할 수 있다. 따라서 법인도 중개사무소의 개설등록을 하기 위해서는 공인중개사법 제14조에 규정된 업무에 해당하는 것을 설립목적으로 정해야 한다. 따라서 법인의 설립목적이 '중개업과 주택에 대한 분양대행'인 경우에 법인이 법인인 개업공인중개사로 개설등록이 가능하다. 반면에 법인의 설립목적이 '중개업과 동물미용업'인 경우에 법인이 법인인 개업공인중개사로 개설등록이 불가능하다.

### (3) 대표자는 공인중개사이어야 하며, 대표자를 제외한 임원 또는 사원(합명회사 또는 합자회사의 무한책임사원을 말한다. 이하 이 조에서 같다)의 3분의 1 이상은 공인중개사일 것

법인이 법인인 개업공인중개사로 개설등록할려면 법인의 대표자는 공인중개사 자격증이 있어야 한다. 공인중개사가 아닌 자는 법인인 개업공인중개사의 대표자가 될 수 없다.
법인이 대표자를 제외한 임원 또는 사원 수의 3분의 1이상이 공인중개사이어야 법인인 개업공인중개사로 개설등록 할 수 있다. 만약 법인이 주식회사이고 대표자 1명, 나머지 임원이 6명 있다면 대표자를 제외한 임원 6명 중 2명 이상이 공인중개사이어야 개업공인중개사의 법인으로 등록할 수 있다. 따라서 공인중개사 아닌 자도 법인의 임원이 될 수 있다.

### (4) 대표자, 임원 또는 사원 전원 및 분사무소의 책임자(법 제13조 제3항에 따라 분사무소를 설치하려는 경우에만 해당한다)가 법 제34조 제1항에 따른 실무교육을 받았을 것

법인이 법인인 개업공인중개사로 개설등록할 수 있으려면 대표자, 임원 또는 사원 전원이 법 제34조 제1항에 따른 실무교육을 받아야 한다. 공인중개사가 아닌 자도 법인의 임원이 될 수 있는데 공인중개사가 아닌 임원도 실무교육을 이수하여야 개업공인중개사의 법인으로 중개사무소의 개설등록이 가능하다. 분사무소 설치할려면 분사무소의 책임자가 실무교육을 받아야 한다.

### (5) 건축물대장에 기재된 건물에 중개사무소를 확보(소유·전세·임대차 또는 사용대차 등의 방법에 의하여 사용권을 확보하여야 한다)할 것

법인이 법인인 개업공인중개사로 개설등록할려면 건축물대장에 기재된 건물에 중개사무소를 확보하여야 한다. 무허가건물이나 가설건축물에 중개사무소를 확보한 경우에는 중개사무소의 개설등록 할 수 없다. 나아가 중개사무소를 확보하는 방법이 소유·전세·임대차 또는 사용대차 등 어떤 것이든 중개사무소의 개설등록할 수 있다.

**참고학습 | 특수법인**

다른 법률의 규정에 따라 부동산중개업을 할 수 있는 경우에는 법인인 개업공인중개사의 등록기준을 적용하지 아니한다. 즉, 특수법인이 중개사무소의 개설등록을 하려고할 때 공인중개사법 제14조에 규정된 업무만 할 목적으로 설립될 필요가 없다. 또한 특수법인의 대표자는 공인중개사가 아니어도 된다.

# 제 2 절 등록절차

## 1 등록신청 제25회 제26회 제28회 제29회 제35회

### (1) 등록신청자

공인중개사(소속공인중개사는 제외한다) 또는 법인이 아닌 자는 중개사무소의 개설등록을 신청할 수 없다(법 9조 제2항). 공인중개사 또는 법인만 등록신청 자격이 있다. 따라서 비법인 사단은 등록신청할 수 없다. 소속공인중개사는 이중소속금지규정 때문에 등록신청할 수 없다. 외국인도 공인중개사인 경우에는 등록신청 자격이 있다.

### (2) 구비서류

법 제9조 제1항에 따라 중개사무소의 개설등록을 하려는 자는 별지 제5호서식의 부동산중개사무소 개설등록신청서에 다음 각 호의 서류(전자문서를 포함한다)를 첨부하여 등록관청에게 신청하여야 한다(시행규칙 제4조 제1항).

1. 삭제 〈2012. 6. 27.〉
2. 삭제 〈2006. 8. 7.〉
3. 법 제34조 제1항의 규정에 따른 실무교육의 수료확인증 사본(영 제36조 제1항에 따라 실무교육을 위탁받은 기관 또는 단체가 실무교육 수료 여부를 등록관청이 전자적으로 확인할 수 있도록 조치한 경우는 제외한다)
4. 여권용 사진
5. 건축물대장에 기재된 건물(준공검사, 준공인가, 사용승인, 사용검사 등을 받은 건물로서 건축물대장에 기재되기 전의 건물을 포함한다. 이하 같다)에 중개사무소를 확보(소유·전세·임대차 또는 사용대차 등의 방법에 의하여 사용권을 확보하여야 한다)하였음을 증명하는 서류. 다만, 건축물대장에 기재되지 아니한 건물에 중개사무소를 확보하였을 경우에는 건축물대장 기재가 지연되는 사유를 적은 서류도 함께 내야 한다.

6. 다음 각 목의 서류(외국인이나 외국에 주된 영업소를 둔 법인의 경우에 한한다)
   가. 법 제10조 제1항 각 호의 어느 하나에 해당되지 아니함을 증명하는 다음의 어느 하나에 해당하는 서류
      1) 외국 정부나 그 밖에 권한 있는 기관이 발행한 서류 또는 공증인(법률에 따른 공증인의 자격을 가진 자만 해당한다. 이하 이 목에서 같다)이 공증한 신청인의 진술서로서 「재외공관 공증법」에 따라 그 국가에 주재하는 대한민국공관의 영사관이 확인한 서류
      2) 「외국공문서에 대한 인증의 요구를 폐지하는 협약」을 체결한 국가의 경우에는 해당 국가의 정부나 공증인, 그 밖의 권한이 있는 기관이 발행한 것으로서 해당 국가의 아포스티유(Apostille) 확인서 발급 권한이 있는 기관이 그 확인서를 발급한 서류
   나. 「상법」 제614조의 규정에 따른 영업소의 등기를 증명할 수 있는 서류

### (3) 등록관청의 확인사항

등록관청은 법 제5조 제2항에 따라 공인중개사 자격증을 발급한 시·도지사에게 개설등록을 하려는 자(법인의 경우에는 대표자를 포함한 공인중개사인 임원 또는 사원을 말한다)의 공인중개사 자격 확인을 요청하여야 하고, 「전자정부법」 제36조 제1항에 따라 행정정보의 공동이용을 통하여 법인 등기사항증명서(신청인이 법인인 경우에만 해당한다)과 건축물대장(「건축법」 제20조 제5항에 따른 가설건축물대장은 제외한다. 이하 같다)을 확인하여야 한다(시행규칙 제4조 제1항).

※ 공인중개사자격증 사본, 법인 등기사항증명서, 건축물대장, 사업자등록증, 보증설정증명서류는 구비서류에 해당하지 않는다.

### (4) 수수료

등록신청자는 지방자치단체조례가 정하는 수수료를 납부하여야 한다. 등록관청은 시 군 구청장이므로 시 군 자치구조례가 정하는 수수료를 납부하여야 한다.

### (5) 업무정지 중인 개업공인중개사

업무정지 중인 개업공인중개사는 그 기간 중 중개업을 폐업 한 후 그 기간 중에 신규등록신청 할 수 없다. 반면에 휴업 중인 자는 그 기간 중에 폐업과 신규등록이 자유롭다.

### (6) 종별변경

#### ① 신규등록

중개사무소의 개설등록을 한 개업공인중개사가 종별을 달리하여 업무를 하고자 하는 경우에는 등록신청서를 다시 제출하여야 한다. 이 경우 종전에 제출한 서류 중 변동사항이 없는 서류는 제출하지 아니할 수 있으며, 종전의 등록증은 이를 반납하여야 한다(시행규칙 제4조 제3항).

② 등록증 재교부

개업공인중개사가 등록증의 기재사항의 변경으로 인하여 다시 등록증을 교부받고자 하거나, 법 제7638호 부칙 제6조 제2항의 규정에 따라 이 법에 따른 중개사무소의 개설등록을 한 것으로 보는 자가 공인중개사 자격을 취득하여 그 등록관청의 관할구역 안에서 공인중개사인 개업공인중개사로서 업무를 계속하고자 하는 경우에는 별지 제4호서식의 신청서에 이미 교부받은 등록증과 변경사항을 증명하는 서류를 첨부하여 등록증의 재교부를 신청하여야 한다(시행규칙 제5조 제4항).



## 2 등록관청

중개업을 영위하려는 자는 국토교통부령으로 정하는 바에 따라 중개사무소(법인의 경우에는 주된 중개사무소를 말한다)를 두려는 지역을 관할하는 시장(구가 설치되지 아니한 시의 시장과 특별자치도 행정시의 시장을 말한다. 이하 같다)·군수 또는 구청장(이하 "등록관청"이라 한다)에게 중개사무소의 개설등록을 하여야 한다(법 제9조 제1항).

■ 공인중개사법 시행규칙[별지 제5호서식] <개정 2016. 12. 30.>

# [ ] 부동산중개사무소 개설등록신청서
# [ ] 개업공인중개사 인장등록 신고서

※ [ ]에는 해당하는 곳에 √표를 합니다.

| 접수번호 | 접수일 | 처리기간 7일 |
|---|---|---|

|  |  | |
|---|---|---|
| 신청인 | 성명(대표자) | 주민등록번호(외국인등록번호) |
| | 주소(체류지)<br>(전화번호: 휴대전화: ) | |
| | 공인중개사 자격증 발급 시·도 | |
| 개업공인중개사 종별 | [ ] 법인 [ ] 공인중개사 | |
| 사무소 | 명칭 | 전화번호(휴대전화) |
| | 소재지 | |

「공인중개사법」 제9조·제16조 및 같은 법 시행규칙 제4조·제9조에 따라 위와 같이 [ ] 부동산중개사무소 개설등록 신청서를 / [ ] 개업공인중개사 인장등록 신고서를 제출합니다.

년 월 일

신청인 (서명 또는 인)

**시장·군수·구청장** 귀하

| 구분 | 내용 | 수수료 |
|---|---|---|
| 신청인 제출서류 | 1. 「공인중개사법」 제34조 제1항에 따른 실무교육의 수료확인증 사본 1부(영 제36조 제1항에 따라 실무교육을 위탁받은 기관 또는 단체가 실무교육 수료 여부를 등록관청이 전자적으로 확인할 수 있도록 조치한 경우는 제외합니다)<br>2. 여권용(3.5cm×4.5cm) 사진 1매<br>3. 건축물대장(「건축법」 제20조 제5항에 따른 가설건축물대장은 제외합니다)에 기재된 건물(준공검사, 준공인가, 사용승인, 사용검사 등을 받은 건물로서 건축물대장에 기재되기 전의 건물을 포함합니다)에 중개사무소를 확보하였음을 증명하는 서류 1부(건축물대장에 기재되지 않은 건물에 중개사무소를 확보하였을 경우에는 건축물대장 기재가 지연되는 사유를 적은 서류도 함께 내야 합니다).<br>4. 다음 각 목의 서류 각 1부(외국인이나 외국에 주된 영업소를 둔 법인의 경우로 한정합니다)<br>가. 「공인중개사법」 제10조 제1항 각 호의 어느 하나에 해당되지 아니함을 증명하는 다음의 어느 하나에 해당하는 서류<br>1) 외국 정부나 그 밖의 권한 있는 기관이 발행한 서류 또는 공증인(법률에 따른 공증인의 자격을 가진 자만 해당합니다. 이하 이 목에서 같습니다)이 공증한 신청인의 진술서로서 「재외공관 공증법」에 따라 그 국가에 주재하는 대한민국공관의 영사관이 확인한 서류<br>2) 「외국공문서에 대한 인증의 요구를 폐지하는 협약」을 체결한 국가의 경우에는 해당 국가의 정부나 공증인, 그 밖의 권한이 있는 기관이 발행한 것으로서 해당 국가의 아포스티유(Apostille) 확인서 발급 권한이 있는 기관이 그 확인서를 발급한 서류<br>나. 「상법」 제614조에 따른 영업소의 등기를 증명할 수 있는 서류 | 시·군·구 조례로 정하는 금액<br><br>(등록인장 인) |
| 담당 공무원 확인사항 | 1. 법인 등기사항증명서<br>2. 건축물대장(「건축법」 제20조 제5항에 따른 가설건축물대장은 제외합니다) | |

**유의사항**

1. 시장·군수·구청장은 「공인중개사법」 제5조 제2항에 따라 공인중개사 자격증을 발급한 시·도지사에게 개설등록을 하려는 자(법인의 경우에는 대표자를 포함한 공인중개사인 임원 또는 사원을 말합니다)의 공인중개사 자격 확인을 요청하여야 합니다.
2. 개설등록 통지 시 개업공인중개사는 손해배상책임 보증증명서류를 등록관청에 신고 후 등록증을 발급받습니다.

210mm×297mm[백상지 80g/㎡(재활용품)]

## 3 등록처분

### (1) 등록의 통지

중개사무소 개설등록의 신청을 받은 등록관청은 다음 각 호의 개업공인중개사의 종별에 따라 구분하여 개설등록을 하고, 개설등록 신청을 받은 날부터 7일 이내에 등록신청인에게 서면으로 통지하여야 한다(시행규칙 제4조 제2항).

> 1. 법인인 개업공인중개사
> 2. 공인중개사인 개업공인중개사

### (2) 등록이 거부되는 경우

시장(구가 설치되지 아니한 시의 시장과 특별자치도의 행정시장을 말한다. 이하 같다)·군수 또는 구청장은 법 제9조에 따른 개설등록 신청이 다음 각 호의 어느 하나에 해당하는 경우에는 등록을 하여서는 아니된다(시행령 제13조 제2항).

> 1. 공인중개사 또는 법인이 아닌 자가 중개사무소의 개설등록을 신청한 경우
> 2. 중개사무소의 개설등록을 신청한 자가 법 제10조 제1항 각 호의 어느 하나에 해당하는 경우
> 3. 제1항의 개설등록 기준에 적합하지 아니한 경우
> 4. 그 밖에 이 법 또는 다른 법령에 따른 제한에 위반되는 경우

## 4 보증 설정

개업공인중개사는 중개사무소의 개설 등록한 때에는 업무시작 전에 보증을 설정한 후 그 증명서류를 갖추어 등록관청에 신고하여야 한다. 보증설정은 중개사무소의 개설등록 요건이 아니라 등록증을 교부받기 위한 요건에 해당한다. 따라서 보증설정증명서류를 등록신청할 때 제출할 구비서류에 해당하지 않는다.

## 5 등록증 교부 제24회 제25회 제26회 제28회 제29회

### (1) 지체없이 교부

등록관청은 제9조에 따라 중개사무소의 개설등록을 한 자에 대하여 국토교통부령으로 정하는 바에 따라 중개사무소등록증을 교부하여야 한다(법 제11조 제1항). 등록관청은 중개사무소의 개설등록을 한 자가 영 제24조 제2항의 규정에 따른 보증을 설정하였는지 여부를 확인한 후 법 제11조 제1항의 규정에 따라 별지 제6호 서식의 중개사무소등록증을 지체 없이 교부하여야 한다(시행규칙 제5조 제1항).

### (2) 등록대장

① 등록관청이 중개사무소등록증을 교부하는 때에는 별지 제7호서식의 부동산중개사무소등록대장에 그 등록에 관한 사항을 기록한 후 중개사무소등록증을 교부하여야 한다(시행규칙 제5조 제2항).

② 부동산중개사무소등록대장은 전자적 처리가 불가능한 특별한 사유가 없으면 전자적 처리가 가능한 방법으로 작성·관리하여야 한다(시행규칙 제5조 제5항).

### (3) 등록증 재교부

법 제11조 제2항의 규정에 따른 중개사무소등록증의 재교부신청은 별지 제4호서식에 따른다(시행규칙 제5조 제3항).

■ 공인중개사법 시행규칙 [별지 제6호서식] <개정 2016. 12. 30.>

제　　　호

# 중개사무소 등록증

사진(여권용 사진)
(3.5cm×4.5cm)

| 성명(대표자) | | 생 년 월 일 | |
|---|---|---|---|
| 개업공인중개사 종별 | [ ] 법인　[ ] 공인중개사　[ ] 법 제7638호 부칙 제6조 제2항에 따른 개업공인중개사 | | |
| 중개사무소 명칭 | | | |
| 중개사무소 소재지 | | | |
| 등록인장<br>(중개행위 시 사용) | | <변경 인장> | |

「공인중개사법」 제9조 제1항에 따라 위와 같이 부동산중개사무소 개설등록을 하였음을 증명합니다.

년　　월　　일

**시장·군수·구청장**　직인

210mm×297mm[백상지(1종) 120g/㎡]

## 6 협회 통보 제29회

### (1) 협회 통보사항

등록관청은 다음 각 호의 어느 하나에 해당하는 때에는 그 사실을 국토교통부령이 정하는 바에 따라 법 제41조에 따른 공인중개사협회에 통보하여야 한다(시행령 제14조).

> 1. 법 제11조 제1항의 규정에 따라 중개사무소등록증을 교부한 때
> 2. 법 제13조 제3항(분사무소설치신고)·법 제20조 제1항(중개사무소이전신고) 또는 법 제21조 제1항(휴업 폐업 재개 변경신고)의 규정에 따른 신고를 받은 때
> 3. 법 제15조 제1항에 따라 소속공인중개사 또는 중개보조원의 고용이나 고용관계 종료의 신고를 받은 때
> 4. 법 제38조 또는 법 제39조에 따른 행정처분을 한 때

### (2) 다음 달 10일까지

등록관청은 영 제14조의 규정에 따라 매월 중개사무소의 등록·행정처분 및 신고 등에 관한 사항을 별지 제8호서식의 중개사무소등록·행정처분등통지서에 기재하여 다음달 10일까지 공인중개사협회에 통보하여야 한다(시행규칙 제6조).

## 7 업무개시

등록한 개업공인중개사는 보증설정하고 등록증을 교부 받아 중개사무소에 게시한 이후에 업무를 개시하여야 한다. 개업공인중개사는 업무개시전까지 사용할 인장을 등록하여야 한다.

# 제3절 무등록중개업 금지

## 1 무등록중개업자의 유형

(1) 등록하지 않고 부수적으로 중개업을 한 경우

(2) 등록증 양도 대여 받아 중개업을 하는 경우

(3) 법인의 해산 후 중개업을 한 경우

(4) 폐업신고 후 중개업을 한 경우

(5) 중개업 등록이 취소 된 후 중개업을 한 경우

**참고학습** 무등록중개업자가 아닌 경우

① 등록의 통지를 받고 보증설정의무를 이행하지 않고 바로 업무를 개시한 경우
② 등록취소처분사유는 있으나, 등록관청으로부터 등록취소처분을 받지 않은 자가 중개업무를 영위한 경우
  예 결격사유에 해당하는 자가 중개업을 한 경우
③ 무등록 상태에서 중개하면서 보수를 약속하거나 요구하는 데 그친 경우

## 2 제재 및 효과

### (1) 행정형벌

무등록중개업을 영위한 자는 3년 이하의 징역이나 3천만원 이하의 벌금에 처해진다(법 제48조 제1호). 거래당사자가 개설등록을 하지 아니한 개업공인중개사에게 중개를 의뢰 행위 자체는 처벌 대상이 될 수 없다(대판 2013도3246).

### (2) 사법상 효력

무등록중개업자의 중개로 거래당사자간 체결된 거래계약의 효력은 영향을 받지 않기 때문에 유효로 될 수 있다. 왜냐 하면 중개사무소의 개설등록은 중개업을 적법하게 할 수 있는 요건이지 계약을 유효로 하는 요건은 아니기 때문이다.

### (3) 보수청구권

무등록중개업자와 거래당사자간에 체결된 중개보수 지급약정은 무효이므로 무등록중개업자의 보수청구권은 인정되지 않는다.

**참고학습** 우연히 1건 한 경우의 보수약정의 효력

공인중개사 자격이 없는 자가 우연한 기회에 단 1회 타인 간의 거래행위를 중개한 경우 등과 같이 '중개를 업으로 한' 것이 아니라면 그에 따른 중개보수 지급약정이 강행법규에 위배되어 무효라고 할 것은 아니다(대판 2010다86525 판결).

# 제4절 부정등록금지 등

## 1 부정등록금지

거짓이나 그 밖의 부정한 방법으로 중개사무소의 개설등록을 하면 안 된다. 거짓이나 그 밖의 부정한 방법으로 중개사무소의 개설등록을 한 자는 중개사무소의 개설등록을 취소하여야 한다(법 제38조 제1항 제2호). 나아가 3년 이하의 징역이나 3천만원 이하의 벌금형으로 처벌된다(제법 48조 제2호).

## 2 등록증 양도 대여금지

중개사무소의 개설등록은 일신전속적인 성격을 갖고 있기 때문에 제19조 제1항 또는 제2항을 위반하여 다른 사람에게 자기의 성명 또는 상호를 사용하여 중개업무를 하게 하거나 중개사무소등록증을 다른 사람에게 양도·대여한 자는 1년 이하의 징역이나 1천만원 이하의 벌금형에 처한다(법 제49조 제1항 7호). 제19조 제1항의 규정을 위반하여 다른 사람에게 자기의 성명 또는 상호를 사용하여 중개업무를 하게 하거나 중개사무소등록증을 양도 또는 대여한 경우에는 등록관청은 개업공인중개사의 등록을 취소하여야 한다(법 제38조 제1항 6호).

## 3 이중등록금지

개업공인중개사는 이중으로 중개사무소의 개설등록을 하여 중개업을 할 수 없다(법 제12조 제1항). 이를 위반하면 개업공인중개사의 등록을 취소하여야 한다(법 제38조 제1항 4호). 나아가 1년이하의 징역이나 1천만원 이하의 벌금형에 처한다(법 제49조 제1항 3호).

## 4 이중소속금지

### (1) 개념

개업공인중개사·소속공인중개사·중개보조원 및 법인의 사원·임원은 다른 개업공인중개사의 소속공인중개사, 중개보조원, 또는 개업공인중개사인 법인의 임원 또는 사원이 될 수 없다(법 제12조 제2항).

### (2) 사례

① 휴업중인 개업공인중개사도 다른 개업공인중개사의 고용인이 될 수 없다.
② 소속공인중개사는 등록신청 할 수 없다.
③ 개업공인중개사는 법인의 임원 또는 사원이 될 수 없다.

### (3) 제재

| 이중소속금지 | 행정처분 | 형벌 |
|---|---|---|
| ① 개업공인중개사 | 절대적 등록취소사유 | 1/1 |
| ② 소속공인중개사 | 자격정지 사유 | 1/1 |
| ③ 중개보조원 | × | 1/1 |



# 제5절 결격사유 제25회 제26회 제27회 제28회 제29회 제30회 제31회 제32회 제33회

## 1 결격사유 제도

### (1) 제도의 취지

중개업 시장에서 일하는 자가 중개업을 하기에 하자가 있어서 중개의뢰인에게 피해를 줄 우려가 있는 경우에 이들을 중개업시장에 진입하지 못하게 하거나 시장에서 일하고 있는 자를 배제시켜서 중개의뢰인의 재산을 보호하는 것을 목적으로 만든 제도이다. 중개의뢰인은 개업공인중개사 등 중개업 시장에서 근무하는 자들을 신뢰하고 자신의 재산인 부동산의 거래를 맡기는 것이므로 이러한 업무에 적합하지 않는 자를 중개업 시장에서 발 붙이지 못하게 하는 것이 필요하다.

### (2) 적용대상

결격사유 제도는 중개업 시장에서 일하려는 모든 자에게 적용된다. 개업공인중개사로 등록관청에 등록하려는 자, 소속공인중개사나 중개보조원으로 취직하려는 자, 법인인 개업공인중개사에서 임원 또는 사원으로 근무하려는 자 모두에게 적용된다. 등록관청은 개업공인중개사·소속공인중개사·중개보조원 및 개업공인중개사인 법인의 사원·임원(이하 "개업공인중개사등"이라 한다)이 제1항 제1호부터 제11호까지의 어느 하나에 해당하는지 여부를 확인하기 위하여 관계 기관에 조회할 수 있다(법 제10조 제3항).

### (3) 효과

① 진입금지

법 제10조에 규정된 결격사유에 해당하는 자가 개업공인중개사로 중개사무소 개설등록하려는 경우에는 등록을 거부한다. 법제10조의 각 호의 어느 하나에 해당하는 자는 중개사무소의 개설등록을 할 수 없다(법 제10조 제1항).

결격사유에 해당하는 자가 소속공인중개사나 중개보조원으로 취직할려고 해도 고용될 수 없다. 법제10조 제1항 제1호부터 제11호까지의 어느 하나에 해당하는 자는 소속공인중개사 또는 중개보조원이 될 수 없다(법 제10조 제2항).

② 시장 참여 배제

중개사무소의 개설등록을 할 때에는 법 제10조의 결격사유에 해당하지 않아서 개업공인중개사로 등록이 되었으나 중개사무소 개설등록 후 일하는 중에 결격사유에 해당하게 된 경우에는 중개업 시장에서 배제되도록 하고 있다. 개업공인중개사가 제10조 제1항 제2호부터 제6호까지 또는 같은 항 제11호·제12호에 따른 결격사유에 해당하게 된 경우에는 등록관청은 중개사무소의 개설등록을 취소하여야 한다(법 제38조 제1항 제3호). 개업공인중개사가 결격사유에 해당하더라도 등록의 효력이 자동으로 소멸되는 것은 아니라 등록관청의 등록취소 처분이 있어야 등록의 효력이 소멸된다.

소속공인중개사나 중개보조원으로 고용될 때에는 법 제10조의 결격사유에 해당하지 않아서 문제가 없었으나 일하는 중에 결격사유에 해당하게 되었다면 개업공인중개사는 해당 소속공인중개사나 중개보조원을 해고하여야 한다. 만약 개업공인중개사가 결격사유에 해당하는 소속공인중개사나 중개보조원을 2개월 이내에 해고하지 않으면 업무정지 사유에 해당하게 된다.

## 2 미성년자

### (1) 19세미만

사람은 19세로 성년에 이르게 된다(민법 제4조). 따라서 19세미만인 사람은 미성년자에 해당하다. 이러한 미성년자는 독자적인 판단능력이 없다고 봐서 중개업시장에서 배제한다.

### (2) 법정대리인 동의 얻어도 결격자

다만, 민법에서는 미성년자라도 법정대리인의 동의를 얻어 법률행위를 할 수 있다. 그러나 민법 규정에도 불구하고 공인중개사법상의 해석은 법정대리인의 동의를 얻었다고 하더라도 미성년자의 판단능력이 달라지는 것이 아니므로 중개의뢰인의 재산인 부동산을 취급하여 중개업을 하는 것은 허용될 수 없다.

### (3) 성년의제 되어도 결격자

혼인한 미성년자는 민법 제826조의 2 규정에 따라서 성년자로 취급한다. 따라서 혼인한 미성년자는 독자적으로 법률행위를 할 수 있다. 그러나 미성년자가 혼인하였다고 해서 판단능력이 중개업을 할 정도로 향상된다고 볼 수는 없으므로 여전히 공인중개사법상으로는 결격사유에 해당한다. 따라서 혼인한 미성년자는 개업공인중개사나 소속공인중개사 및 중개보조원이 될 수 없다. 미성년자는 어떠한 경우에도 (부모의 동의를 얻거나 혼인하는 일이 발생해도) 결격사유에 해당하므로 개업공인중개사나 소속공인중개사 및 중개보조원이 될 수 없다.

참고로 미성년자는 법 제10조의 결격사유에 해당하지만 공인중개사시험에 응시할 자격은 있으므로 공인중개사가 되는 데에는 문제가 없다.

## 3 피한정후견인

### (1) 개념

질병, 장애, 노령, 그 밖의 사유로 인한 정신적 제약으로 사무를 처리할 능력이 부족한 사람을 법원이 피한정후견인으로 결정하면 일정한 행위는 후견인의 동의를 받아야 할 수 있다. 피한정후견인을 보호하기 위한 민법 규정이다. 이러한 피한정후견인은 중개의뢰인의 부동산을 취급하여 중개업을 하기에는 사무처리능력이 부족하므로 결격사유로 규정하고 있다.

### (2) 후견인의 동의를 얻어도 결격자

피한정후견인은 정신적 제약으로 사무를 처리할 능력이 부족한 사람으로 후견인의 동의를 얻었다고 해서 본인의 사무처리능력이 달라질 것은 아니므로 여전히 결격사유에 해당하는 것으로 취급한다.

### (3) 한정후견종료심판

피한정후견인이 한정후견개시의 원인 소멸된 경우에 가정법원은 본인, 배우자, 4촌 이내의 친족, 한정후견인, 한정후견감독인, 검사 또는 지방자치단체의 장의 청구에 의하여 한정후견종료의 심판을 한다. 그 종료심판의 결과 후견종료결정을 받으면 결격사유에서 벗어난다. 주의할 것은 아무리 한정후견개시의 원인이 소멸되었어도 가정법원으로부터 후견종료 결정을 받지 않으면 여전히 결격사유에 해당한다는 점이다.

## 4 피성년후견인

### (1) 개념

피성년후견인은 질병, 장애, 노령, 그 밖의 사유로 인한 정신적 제약으로 사무를 처리할 능력이 지속적으로 결여된 사람을 의미한다. 이러한 사람이 가정법원으로부터 성년후견개시심판을 받고 피성년후견개시결정을 받으면 정식으로 피성년후견인이 된다. 피성년 후견인이 되면 피성년후견인을 보호하기 위해서 일정한 법률행위를 후견인이 취소할 수 있다.

### (2) 피성년후견종료 심판

성년후견개시의 원인이 소멸된 경우에는 가정법원은 본인, 배우자, 4촌 이내의 친족, 성년후견인, 성년후견감독인, 검사 또는 지방자치단체의 장의 청구에 의하여 성년후견종료의 심판을 한다. 이 심판의 결과 성년후견종료 결정을 받으면 정상인으로 되어서 공인중개사법상의 결격사유에도 해당하지 않게 된다. 주의할 것은 성년후견개시의 원인이 소멸되었다고하더라도 가정법원으로부터 정식으로 성년후견종료결정을 받지 않았다면 여전히 결격사유에 해당한다는 점이다.

**참고학습** 피특정후견인 (주의 결격자 아님)

피특정후견인은 일반적으로 법률행위를 독자적으로 할 수 있는 능력이 있는 자에 해당하므로 결격사유에 해당하지 않는다. 그 점에서 일반적인 판단능력이 없거나 부족한 제한능력자 3명과는 구별된다.

## 5 파산선고를 받고 복권되지 아니한 자

### (1) 파산제도

파산은 채무자가 경제적 파탄으로 그 채무를 완전히 갚을 수 없는 상태에 빠졌을 경우, 그 채무자의 총재산을 나누어 모든 채권자에게 공평히 갚도록 하는 것을 목적으로 하는 재판 절차를 말한다. 채권자의 신청에 의하여 법원이 선고하면 선고된 후는 파산법에 규정된 절차에 의하여 집행된다. 채무자 회생 및 파산에 관한 법률은 주로 사업가가 되는 채무자에게 유한책임을 지게 하여 채무자를 보호함으로써 재기의 발판을 마련해 주고자하는 제도이다.

특히 파산 선고 후에는 공무원, 공기업, 금융기관 등의 취업이 금지된다. 사기업도 파산자는 채용하지 않는 경우가 많아서 경제적활동이 거의 불가능해진다는 단점이다. 면책 결정을 받으면 이러한 제약이 없어지는 경우가 많으나 그래도 일정한 불이익을 받는다.

### (2) 면책결정

파산선고가 먼저 이뤄지고, 모든 파산절차가 종결되어야지만 비로소 채무자들이 희망하는 면책의 효과가 면책결정을 통해 발생한다. 즉, 파산결정이 난 채무자라고 하더라도, 법원의 면책 결정이 있기 전까지는 그 채무를 탕감받는 게 아니다. 최악의 경우 파산 선고를 받았으나 면책 결정이 나지 않아서 재산만 모조리 다 환가당하고 채무는 채무대로 그대로 유지되는 경우가 있을 수 있다.

**참조조문** 채무자 회생 및 파산에 관한 법률

**제294조 【파산신청권자】** ① 채권자 또는 채무자는 파산신청을 할 수 있다.
② 채권자가 파산신청을 하는 때에는 그 채권의 존재 및 파산의 원인인 사실을 소명하여야 한다.

**제566조【면책의 효력】** 면책을 받은 채무자는 파산절차에 의한 배당을 제외하고는 파산채권자에 대한 채무의 전부에 관하여 그 책임이 면제된다.

**제574조【당연복권】** ① 파산선고를 받은 채무자는 다음 각호의 어느 하나에 해당하는 경우에는 복권된다.
1. 면책의 결정이 확정된 때
2. 제538조의 규정에 의한 신청에 기한 파산폐지의 결정이 확정된 때
3. 파산선고를 받은 채무자가 파산선고 후 제650조의 규정에 의한 사기파산으로 유죄의 확정판결을 받음이 없이 10년이 경과한 때

**제575조【신청에 의한 복권】** ① 제574조의 규정에 의하여 복권될 수 없는 파산선고를 받은 채무자가 변제 그 밖의 방법으로 파산채권자에 대한 채무의 전부에 관하여 그 책임을 면한 때에는 파산계속법원은 파산선고를 받은 채무자의 신청에 의하여 복권의 결정을 하여야 한다. 〈개정 2016. 12. 27.〉
② 파산선고를 받은 채무자는 제1항의 규정에 의하여 복권의 신청을 하는 때에는 그 책임을 면한 사실을 증명할 수 있는 서면을 제출하여야 한다.

**참고학습** | 회생(결격자 아님)

개인회생제도란, 일정한 소득이 있는 채무자가 채권을 변제하기 어려울 때 채무자가 일정한 정도의 소득이 있는 것이 증명되면 법원에서 채무자가 갚을 수 있을 정도로 채무를 감면해 주고 최저생계비 등의 공제하고 나머지 소득으로 장기간 갚아나가도록 하는 제도이다. 이 제도를 통해서 채무자가 다시 재기할 수 있는 기회를 제공하고자 하는 것이다. 파산제도와는 다르게 결격사유자는 아니다.

## 6 금고 이상의 형의 집행유예를 받고 그 유예기간이 만료된 날부터 2년이 지나지 아니한 자

### (1) 금고이상의 형

범죄자에 대한 형벌의 종류는 9가지가 있지만 그 중에서 금고 이상의 형법을 선고 받는 경우에는 결격사유에 해당할 수 있다. 형법 제41조 형의 종류는 형의 경중에 따라 순서대로 규정한 것이므로 금고 이상의 형벌이라함은 금고, 징역, 사형에 해당하는 경우를 말한다. 따라서 법 제41조의 4호 이하의 형벌의 경우에는 원칙적으로 결격사유와 관계없다.

**참조조문** | 형법

**제41조【형의 종류】** 형의 종류는 다음과 같다.

1. 사형　2. 징역　3. 금고　4. 자격상실　5. 자격정지
6. 벌금　7. 구류　8. 과료　9. 몰수

### (2) 집행유예

① 개념

비교적 가벼운 범죄(3년 이하의 징역이나 금고 또는 500만원 이하의 벌금의 형)에 대해서 선고를 할 때 정상에 참작할 만한 사유가 있는 때에 선고에 대해서 일정기간 형의 집행을 유예하는 제도이다. 집행유예의 선고를 받은 후 그 선고의 실효 또는 취소됨이 없이 유예기간을 경과한 때에는 형의 선고는 효력을 잃는다. 따라서 집행유예 받은 자는 선고 받은 형을 집행받지 않아도 된다.

② 집행유예기간 만료 후 2년동안 결격자

집행유예를 받은 자는 집행유예를 받게 되면 집행유예기간 만료되고 2년이 경과하여야 결격사유에서 벗어난다. 따라서 도로교통법을 위반하여 징역 2년에 집행유예 4년을 받는 경우에는 집행유예기간 4년과 집행유예기간 만료 후 2년 합산한 총 6년간 결격사유에 해당하게 된다. 공인중개사법 위반으로 집행유예를 받든 형법 등 다른 법률 위반으로 집행유예를 받든 모두 포함한다.

**참고학습** 선고유예(결격자 아님)

범정(犯情)이 경미한 범인에 대하여 일정한 기간 형(刑)의 선고를 유예하고, 그 유예기간을 사고 없이 지내면 형의 선고를 면하게 하는 제도로서 법죄자를 교도소로 보내는 폐해를 방지하고, 형을 집행하지 아니하고서도 형벌의 목적을 달성하려는 취지로 만들어진 제도이다. 선고유예를 받은 날로부터 2년을 경과한 때에는 유죄판결의 선고가 없었던 것과 같이 된다. 그러나 선고유예를 받은 자가 유예기간 중 자격정지 이상의 형에 처한 판결이 확정되거나, 자격정지 이상의 형에 처한 전과가 발견된 때에는 유예한 형을 선고한다.

## 7 금고 이상의 실형의 선고를 받고 그 집행이 종료(집행이 종료된 것으로 보는 경우를 포함한다)되거나 집행이 면제된 날부터 3년이 지나지 아니한 자

### (1) 집행종료

① 만기석방

금고 이상의 실형의 선고를 받고 그 집행이 종료된 자는 3년간 결격사유에 해당되어서 개업공인중개사나 고용인으로 일 할 수 없다. 범죄를 저지른 자가 공소제기 되어 재판과정에서 판사에 의하여 유죄의 확정판결을 받고 교도소에서 선고 받은 금고, 징역형의 형기를 마치고 만기석방 되었다면 다시 3년이 경과하여야 결격사유에서 벗어난다.

② 가석방

징역이나 금고의 집행 중에 있는 사람이 행상(行狀)이 양호하여 뉘우침이 뚜렷한 때에는 무기형은 20년, 유기형은 형기의 3분의 1이 지난 후 행정처분으로 가석방을 할 수 있다. 가석방의 처분을 받은 후 그 처분이 실효 또는 취소되지 아니하고 가석방기간을 경과한 때에는 형의 집행을 종료한 것으로 본다. 따라서 가석방된 자가 3년이 경과하였다고 해서 결격사유에서 벗어나는

게 아니고 가석방된 자는 잔여형기가 남아 있기 때문에 잔여형기가 끝나고 3년이 경과하여야 결격사유에서 벗어난다.

### (2) 집행면제

① 특별사면 등(+3년)

범죄의 성립 후 형을 선고 받았으나 형의 집행이 면제된 경우를 말한다. 형법과 사면법에서 이를 규정하고 있다. 예를 들어 범죄가 성립한 이 후에 재판이 확정된 후 법률이 변경되어 그 행위가 범죄를 구성하지 아니한 경우, 형(사형은 제외한다)을 선고받은 자에 대해서는 시효가 완성된 경우, 특별사면 받은 경우, 외국에서 저지른 범죄행위이지만 해당 외국법에서 따라서 집행면제를 받은 경우가 이에 해당한다. 이렇게 형의 집행이 면제된 경우에는 잔여형기가 없어지는 것이므로 집행면제를 받고 3년만 경과하면 결격사유에서 벗어난다.

② 일반사면(즉시)

특별사면과는 다르게 일반사면은 형 선고의 효력이 상실되게 하거나 형을 선고받지 아니한 자에 대하여는 공소권(公訴權)이 상실된다. 따라서 일반사면을 받은 자는 형의 선고의 효력이 상실되어 형 집행의 근거가 없어지는 것이므로 즉시 결격사유에서 벗어난다.

반면에 특별사면은 형의 선고의 효력은 살아 있고 나머지 형의 집행을 면제 받는 것이므로 3년이 경과하여야 결격사유에서 벗어난다.

## 8 이 법을 위반하여 300만원 이상의 벌금형의 선고를 받고 3년이 지나지 아니한 자

① 공인중개사법 위반으로 300만원 이상 벌금형

공인중개사법을 위반하여 벌금 300만원 이상을 선고 받은 자는 3년 동안은 결격사유에 해당하여 개업공인중개사로 신규등록을 할 수 없고 소속공인중개사나 중개보조원으로 중개업 시장에서 일할 수 없다. 그러나 공인중개사법 위반이 아닌 형법이나 도로교통법을 위반하여 벌금 300만원 이상을 받은 자는 결격사유에 해당하지 않는다. 또한 공인중개사법 위반으로 300만원 미만의 벌금형을 받은 경우에는 결격사유에 해당하지 않는다. 나아가 공인중개사법 위반으로 과태료 처분을 받은 경우에는 금액에 상관없이 결격사유에 해당하지 않는다.

② 선고유예

공인중개사법 위반으로 300만원 이상 벌금형의 선고유예를 받은 경우에는 정식으로 선고를 받은 것이 아니어서 결격사유에 해당하지 않는다.

③ 고용인의 행위 때문에 벌금형을 받은 경우

고용인이 업무상행위하면서 공인중개사법 위반행위로 징역이나 벌금형으로 처벌 받는 경우에 개업공인중개사에게 지휘 감독 책임을 물어 공인중개사법 제50조 양벌규정에 따라 개업공인중개사도 벌금형으로 처벌 받게 된다. 이런 경우에는 개업공인중개사가 공인중개사법 위반으로 300만원 이상의 벌금형으로 처벌 받는 경우에 해당하느냐가 문제가 되는 데 판례는 제10조 제1항 제11호에 규정된 '이 법을 위반하여 벌금형의 선고를 받고 3년이 경과되지 아니한 자'에는 중개보조인 등이 중개업무에 관하여 같은 법 제8조를 위반하여 그 사용주인 중개업자가 같은 법 제50조의 양벌규정으로 처벌받는 경우는 포함되지 않는다고 해석한다.

**판례보기**

**양벌규정에 따른 벌금형은 결격자 아님**

공인중개사의 업무 및 부동산 거래신고에 관한 법률 제10조 제1항 제1호 내지 제12호, 제2항, 제38조 제1항 제3호의 입법취지 및 양벌규정은 형사법상 자기책임주의의 원칙에 대한 예외로서 그러한 양벌규정을 행정처분의 근거로 규정한 법규를 해석함에 있어서는 그 문언에 맞게 엄격하게 해석할 것이 요구되는 점 등에 비추어, 같은 법 제10조 제1항 제11호에 규정된 '이 법을 위반하여 벌금형의 선고를 받고 3년이 경과되지 아니한 자'에는 중개보조인 등이 중개업무에 관하여 같은 법 제8조를 위반하여 그 사용주인 중개업자가 같은 법 제50조의 양벌규정으로 처벌받는 경우는 포함되지 않는다고 해석하여야 한다(대법원 2008. 5. 29. 선고 2007두26568 판결).

④ 경합범의 분리선고

개업공인중개사 등의 범죄행위가 공인중개사법 위반행위와 다른 법 위반행위가 여러 개 있는 경우에 형법」 제38조에도 불구하고 제48조 및 제49조에 규정된 죄와 다른 죄의 경합범(競合犯)에 대하여 벌금형을 선고하는 경우에는 이를 분리 선고하여야 한다(법 제10조의2(벌금형의 분리 선고)). 공인중개사법 위반행위로 인한 결격사유 여부를 판단할 때 벌금형의 금액이 중요하기 때문에 분리하여 선고하도록 규정하고 있다.

## 9 제35조 제1항에 따라 공인중개사의 자격이 취소된 후 3년이 지나지 아니한 자

① 공인중개사가 공인중개사법 제35조에 따른 공인중개사 자격취소 된 자는 3년간 결격사유에 해당한다. 공인중개사 자격이 취소된 자는 3년 이내에는 중개보조원이나 중개법인의 임원 또는 사원으로 중개사무소에서 근무할 수 없다.

**참조조문** | 공인중개사법

**제35조 【자격의 취소】** ① 시·도지사는 공인중개사가 다음 각 호의 어느 하나에 해당하는 경우에는 그 자격을 취소하여야 한다. 〈개정 2014. 1. 28., 2020. 6. 9., 2023. 6. 1.〉

1. 부정한 방법으로 공인중개사의 자격을 취득한 경우
2. 제7조 제1항의 규정을 위반하여 다른 사람에게 자기의 성명을 사용하여 중개업무를 하게 하거나 공인중개사자격증을 양도 또는 대여한 경우

3. 제36조에 따른 자격정지처분을 받고 그 자격정지기간 중에 중개업무를 행한 경우(다른 개업공인중개사의 소속공인중개사·중개보조원 또는 법인인 개업공인중개사의 사원·임원이 되는 경우를 포함한다)

② 자격취소된 자는 3년간 결격사유에 해당함과 동시에 공인중개사 자격 시험에 응시할 수 없다.



**참조조문** 공인중개사법

**제6조 【결격사유】** 제35조 제1항에 따라 공인중개사의 자격이 취소된 후 3년이 지나지 아니한 자는 공인중개사가 될 수 없다. 〈개정 2020. 6. 9.〉

## 10 제36조 제1항에 따라 공인중개사의 자격이 정지된 자로서 자격정지기간중에 있는 자

소속공인중개사가 공인중개사법 제38조 제1항에 따른 자격정지 처분을 받은 경우에는 정지 기간 동안은 결격사유에 해당되어 중개사무실에서 근무할 수 없다. 만약 소속공인중개사가 매매계약서를 거짓 기재해 준 사실이 적발되어 자격정지 5개월을 받았다면 5개월간은 해당 중개사무실 뿐만 아니라 다른 중개사무소에서도 중개업무에 종사활 수 없게 된다.

## 11 제38조 제1항 제2호·제4호부터 제8호까지, 같은 조 제2항 제2호부터 제11호까지에 해당하는 사유로 중개사무소의 개설등록이 취소된 후 3년(제40조 제3항에 따라 등록이 취소된 경우에는 3년에서 같은 항 제1호에 따른 폐업기간을 공제한 기간을 말한다)이 지나지 아니한 자

### (1) 3년이 붙는 경우(원칙)

공인중개사법 제38조와 39조에 따른 등록취소사유(일부제외)에 해당하여 등록취소처분을 받은 개업공인중개사는 등록취소 된 후 3년간은 중개업무를 할 수 없는 결격사유에 해당하는 기간이다.

### (2) 3년 안 붙는 경우(예외)

등록취소 사유 중 다음 세가지의 경우에는 등록취소 사유에 해당하여 등록관청으로부터 등록취소처분을 받아도 등록취소처분을 받은 것 때문에 별도의 3년의 결격사유기간이 발생하지는 않는다.

① 개인인 개업공인중개사가 사망하거나 개업공인중개사인 법인이 해산한 경우
② 제9조 제3항에 따른 등록기준에 미달하게 된 경우
③ 제10조 제1항 제2호부터 제6호까지 또는 같은 항 제11호·제12호에 따른 결격사유에 해당하게 된 경우.

**참고학습** 결격사유에 해당하여 등록취소처분을 받은 경우

개업공인중개사가 결격사유에 해당하여 등록취소처분을 받은 경우 등록취소처분을 받은 날로부터 3년간 별도로 결격자가 되는 것이 아니라 등록취소의 원인에 해당하는 결격사유의 결격사유기간 동안 결격자가 된다. 예를 들어 개업공인중개사가 파산선고를 받고 이것이 원인이 되어 등록취소 된 경우에 그 개업공인중개사는 등록취소된 때부터 3년간 결격자가 되는 것이 아니고 원인이 되는 파산선고 받고 복권되기 전까지 결격사유에 해당한다.

## 12 제39조에 따라 업무정지처분을 받고 제21조에 따른 폐업신고를 한 자로서 업무정지기간(폐업에도 불구하고 진행되는 것으로 본다)이 지나지 아니한 자

공인중개사법 제39조에 따른 업무정지처분을 받고 폐업신고를 하였다고 하더라도 받은 업무정지 기간 동안은 결격사유에 해당하여 당해 중개사무소에서도 중개업을 할 수 없고 다른 중개사무소에 취직하여 소속공인중개사는 중개보조원으로 중개관련 업무에 종사할 수 없다. 업무정지를 받은 개업공인중개사가 폐업하지 않는다고 하더라도 받은 업무정지 기간 동안 결격사유에 해당하게 됨은 당연하다. 주의할 것은 개업공인중개사가 업무정지를 받고 폐업신고를 하였다고 하더라도 폐업기간 중에 받은 업무정지 기간은 진행된다는 점이다.

## 13 제39조에 따라 업무정지처분을 받은 개업공인중개사인 법인의 업무정지의 사유가 발생한 당시의 사원 또는 임원이었던 자로서 해당 개업공인중개사에 대한 업무정지기간이 지나지 아니한 자

법인인 개업공인중개사가 공인중개사법 제39조에 따른 업무정지 사유에 해당하여 업무정지처분을 받은 경우에 해당 법인의 업무정지 사유 발생 당시의 사원 또는 임원으로 일하고 있던 자는 법인인 개업공인중개사의 업무정지 기간 동안 같이 결격사유에 해당한다. 따라서 법인인 개업공인중개사가 공인중개사법 제39조에 따른 업무정지를 받은 경우에 업무정지 사유 발생당시에는 없었는 데 업무정지 처분 당시에는 임원 또는 사원으로 근무한 자는 결격사유에 해당하지 않게 된다.

## 14 사원 또는 임원 중 제1호부터 제11호까지의 어느 하나에 해당하는 자가 있는 법인

### (1) 법인의 등록 불가능

법인의 사원 또는 임원은 법인의 의사결정기구에 참여하고 결정함으로써 법인의 의사결정을 하는 경영진에 해당하므로 이들 중에 1명이라도 결격사유에 해당하는 자가 있는 경우에는 해당 법인도 결격사유에 해당한 것으로 간주하여 개업공인중개사의 법인으로 개설등록이 불가능하다.

### (2) 법인의 등록취소

법인인 개업공인중개사의 사원 또는 임원으로 근무하던 중 공인중개사법 제10조의 결격사유에 해당하게 되면 법인인 개업공인중개사도 결격사유에 해당한 것이 된다. 이런 경우에는 법인인 개업공인중개사가 결격사유에 해당하는 임원 또는 사원을 2개월이내에 개임하지 않으면 등록관청은 법인인 개업공인중개사의 등록을 취소하여야 한다.

**참고학습 | 시험응시자격과 결격사유**

(1) 원칙 : 결격자도 시험응시 가능

공인중개사법 제10조의 등록의 결격사유에 해당하는 자라도 원칙적으로 공인중개사 시험에 응시할 수 있다. 예를 들어 미성년자, 파산자, 집행유예를 받은 자, 금고 이상의 실형의 선고 받은 자 등은 등록결격사유에 해당하여 중개업 시장에 종사할 수 없지만 공인중개사 시험 응시자격은 있다. 즉 미성년자인 경우에 공인중개사 자격을 취득할 수 있지만 소속공인중개사나 중개보조원으로 근무할 수는 없다.

(2) 예외 : 결격자이면서 시험응시 불가능

공인중개사법 제10조의 등록결격사유에 해당하는 자 중에서 유일하게 공인중개사 자격취소된 자는 3년간 등록의 결격사유에 해당하고 동시에 공인중개사 시험 응시 자격도 없다.

**참고학습 | 시험부정행위자는 결격자 아님**

제4조 제1항 및 제2항에 따라 시험을 시행하는 시·도지사 또는 국토교통부장관은 시험에서 부정한 행위를 한 응시자에 대하여는 그 시험을 무효로 하고, 그 처분이 있은 날부터 5년간 시험응시자격을 정지한다(법 제4조의3). 그러나 공인중개사법 제10조의 등록 결격사유에는 해당하지 않기 때문에 중개업 시장에서 중개보조원이나 법인의 사원 또는 임원으로 일 할 수 있다.

CHAPTER 03

# 기출 및 예상문제

**01 공인중개사법령상 중개사무소의 개설등록에 관한 설명으로 틀린 것은?** (제35회)

① 금고 이상의 형의 집행유예를 받고 그 유예기간이 만료된 날부터 2년이 지나지 아니한 자는 개설등록을 할 수 없다.

② 공인중개사협회는 매월 중개사무소의 등록에 관한 사항을 중개사무소등록·행정처분등통지서에 기재하여 다음달 10일까지 시·도지사에게 통보하여야 한다.

③ 외국에 주된 영업소를 둔 법인의 경우에는 「상법」상 외국회사 규정에 따른 영업소의 등기를 증명할 수 있는 서류를 제출하여야 한다.

④ 개설등록의 신청을 받은 등록관청은 개업공인중개사의 종별에 따라 구분하여 개설등록을 하고, 개설등록 신청을 받은 날부터 7일 이내에 등록신청인에게 서면으로 통지하여야 한다.

⑤ 공인중개사인 개업공인중개사가 법인인 개업공인중개사로 업무를 하고자 개설등록신청서를 다시 제출하는 경우 종전의 등록증은 이를 반납하여야 한다.

해설 ② 공인중개사협회는 매월 중개사무소의 등록에 관한 사항을 중개사무소등록·행정처분등통지서에 기재하여 다음달 10일까지 국토교통부장관에게 통보하여야 한다.

정답 ②

**02 공인중개사법령상 중개사무소 개설등록에 관한 설명으로 옳은 것을 모두 고른 것은?** (제32회)

> ㉠ 피특정후견인은 중개사무소의 등록을 할 수 없다.
> ㉡ 금고 이상의 형의 집행유예를 받고 그 유예기간 중에 있는 자는 중개사무소의 등록을 할 수 없다.
> ㉢ 자본금이 5천만원 이상인 「협동조합 기본법」상 사회적협동조합은 중개사무소의 등록을 할 수 있다.

① ㉠ ② ㉡ ③ ㉠, ㉡ ④ ㉠, ㉢ ⑤ ㉡, ㉢

**해설** ㉠ 피특정후견인은 결격사유에 해당하지 않으므로 중개사무소의 등록을 할 수 있다.
㉡ 금고 이상의 형의 집행유예를 받고 그 유예기간 중에 있는 자는 결격사유에 해당하므로 중개사무소의 등록을 할 수 없다.
㉢ 「협동조합 기본법」상 사회적협동조합은 비영리성격을 띄므로 중개사무소를 개설등록할 수 있는 협동조합에서 제외된다.

**정답** ②

**03 공인중개사법령상 법인이 중개사무소를 개설하려는 경우 개설등록 기준에 부합하는 것을 모두 고른 것은?** (단, 다른 법률의 규정은 고려하지 않음) (제33회)

> ㉠ 대표자가 공인중개사이다.
> ㉡ 건축물대장(「건축법」에 따른 가설건축물대장은 제외)에 기재된 건물에 전세로 중개사무소를 확보하였다.
> ㉢ 중개사무소를 개설하려는 법인이 자본금 5천만원 이상인 「협동조합 기본법」상 사회적 협동조합이다.

① ㉠ ② ㉢ ③ ㉠, ㉡ ④ ㉡, ㉢ ⑤ ㉠, ㉡, ㉢

**해설** ㉢ 「협동조합 기본법」상 비영리적 조합인 "사회적 협동조합"은 등록이 불가하다.

**정답** ③

**04 공인중개사법령상 중개사무소 개설등록에 관한 설명으로 틀린 것은?** (단, 다른 법률의 규정은 고려하지 않음) (제29회)

① 법인은 주된 중개사무소를 두려는 지역을 관할하는 등록관청에 중개사무소 개설등록을 해야 한다.
② 대표자가 공인중개사가 아닌 법인은 중개사무소를 개설할 수 없다.
③ 법인의 임원 중 공인중개사가 아닌 자도 분사무소의 책임자가 될 수 있다.
④ 소속공인중개사는 중개사무소 개설등록을 신청할 수 없다.
⑤ 등록관청은 개설등록을 하고 등록신청을 받은 날부터 7일 이내에 등록신청인에게 서면으로 통지해야 한다.

해설 분사무소의 책임자는 특수법인에 해당하지 않는 한 공인중개사이어야 한다.

정답 ③

**05 공인중개사법령상 甲이 중개사무소의 개설등록을 할 수 있는 경우에 해당하는 것은?** (제28회)

① 甲이 부정한 방법으로 공인중개사의 자격을 취득하여 그 자격이 취소된 후 2년이 경과되지 않은 경우
② 甲이 「도로교통법」을 위반하여 금고 이상의 실형을 선고받고 그 집행이 종료된 날부터 3년이 경과되지 않은 경우
③ 甲이 등록하지 않은 인장을 사용하여 공인중개사의 자격이 정지되고 그 자격정지기간 중에 있는 경우
④ 甲이 대표자로 있는 개업공인중개사인 법인이 해산하여 그 등록이 취소된 후 3년이 경과되지 않은 경우
⑤ 甲이 중개대상물 확인·설명서를 교부하지 않아 업무정지처분을 받고 폐업신고를 한 후 그 업무정지기간이 경과되지 않은 경우

해설
① 부정취득으로 자격취소처분을 받은 경우에는 3년간 결격사유에 해당한다.
② 금고 이상의 실형을 선고 받고 그 집행이 종료된 날로부터 3년간 결격사유에 해당한다.
③ 공인중개사자가 자격정지를 받고 그 기간 중에 있는 자는 결격사유에 해당한다.
④ 개인의 사망 또는 법인의 해산으로 등록취소 된 경우에는 3년의 결격사유 기간은 발생하지 않는다.

정답 ④

# 04 CHAPTER 중개사무소 관리업무



단원별 학습포인트

❑ 이 장은 제1편에서 가장 출제 비중이 높은 단원 중에 하나이다. 분사무소, 중개사무소 이전, 표시광고, 업무범위, 인장, 휴업폐업, 고용인, 중개사무소 명칭이 한문제씩 출제된다. 학습내용이 어렵지는 않기 때문에 조금만 노력하면 맞출 수 있다.

## 제1절 중개사무소 설치 제25회 제26회 제27회 제28회 제29회 제30회 제31회 제32회 제33회 제34회

### 1 중개사무소 설치 원칙

#### (1) 1등록 1사무소 원칙

**제13조 【중개사무소의 설치기준】** ① 개업공인중개사는 그 등록관청의 관할 구역안에 중개사무소를 두되, 1개의 중개사무소만을 둘 수 있다.

개업공인중개사가 서울특별시 동작구에 등록을 하였다면 동작구 안에 중개사무소를 설치하여야 하고 1개의 중개사무소 만을 설치할 수 있다.

#### (2) 이중사무소 설치금지

개업공인중개사는 등록관청 내외를 불문하고 둘 이상의 중개사무소를 설치할 수 없다. 개업공인중개사가 중개사무소 바로 옆에 또 중개사무소를 얻은 경우도 이중사무소에 해당한다. 개업공인중개사가 둘 이상의 중개사무소를 설치하고 운영한다면 중개사무소를 직접 운영하지 않고 대여할 가능성이 있으므로 이를 사전에 억제하기 위한 것이다.

#### (3) 임시중개시설물 설치금지

개업공인중개사는 천막 그 밖에 이동이 용이한 임시 중개시설물을 설치하여서는 아니된다(법 제13조 제2항). 개업공인중개사가 중개사무소를 둔 상태에서 다른 곳에 천막이나 대형파라솔을 치고 영업을 한다면 한명의 개업공인중개사가 두 군데의 영업장소를 확보하여 중개업을 할 수 있는 상황이 되므로 이를 금지한다.

### (4) 위반시 제재

개업공인중개사가 둘 이상의 중개사무소를 설치하였거나 천막 등 임시중개시설물을 설치한 경우에는 등록관청은 그 개업공인중개사의 중개사무소 개설등록을 취소할 수 있다(법 제38조 제2항 제2호 제3호). 또한 이러한 법 위반행위자는 동시에 1년 이하의 징역이나 1천만원 이하의 벌금형에 처한다(법 제49조 제1항 제4호 제5호).

## 2 법인인 개업공인중개사의 분사무소

### (1) 중개사무소가 둘 이상인 경우

① 법인인 개업공인중개사는 대통령령으로 정하는 기준과 절차에 따라 등록관청에 신고하고 그 관할 구역 외의 지역에 분사무소를 둘 수 있다. 따라서 법인인 개업공인중개사는 분사무소를 설치할 수 있어서 여러개의 중개사무소를 설치할 수 있는 예외적인 경우이다. 다른 법률에 규정에 따라서 중개업을 할 수 있는 특수법인도 필요하다면 분사무소를 설치할 수 있다. 그러나 공인중개사인 개업공인중개사나 부칙 제6조 제2항의 개업공인중개사는 어떠한 경우에도 분사무소를 설치할 수 없다.

② 공인중개사를 책임자로 둘 것
분사무소는 법인인 개업공인중개사의 주된 중개사무소와 별개의 독자적인 영업장소에 해당하므로 개업공인중개사의 역할을 해서 계약서나 확인설명서 작성 등 중개업무를 수행할 책임자가 필요하다. 그러한 역할을 수행하여야 하므로 책임자는 공인중개사 자격증 소지자여야 한다.

### (2) 분사무소 설치요건

① 공인중개사

㉠ 공인중개사법상 개업공인중개사의 법인
분사무소를 설치하고자 하는 경우에 분사무소에서 개업공인중개사 역할을 하게 되는 책임자를 두어야 하고 그 책임자는 공인중개사 자격증 소지자이어야 한다. 분사무소 책임자가 거래계약서 작성, 확인설명, 확인설명서 작성 등 중요한 중개업무를 수행하게 돼서 공인중개사이어야 한다. 다만, 다른 법률의 규정에 따라 중개업을 할 수 있는 법인의 분사무소인 경우에는 책임자가 공인중개사가 아니어도 된다. 분사무소는 필요하다면 책임자 이외의 소속공인중개사나 중개보조원을 고용할 수 있지만 책임자가 혼자 운영하는 것도 가능하다.

㉡ 특수법인
다만, 다른 법률의 규정에따라 중개업을 할 수 있는 법인은 중개업을 부업으로 하는 것이므로 그 책임자가 공인중개사가 아니어도 상관없다(시행령 제15조 제2항).

② 실무교육
법인인 개업공인중개사가 분사무소를 설치하고자 하는 경우에는 분사무소 책임자가 분사무소

설치신고전에 미리 시·도지사가 실시하는 실무교육을 받아야 한다. 분사무소 설치하기 위해서는 설치신고일 전 1년 이내에 받은 실무교육만 유효하다.

③ 분사무소

㉠ 건축물대장에 기재된 건축물에 분사무소를 확보할 것

분사무소는 별도의 영업장소이므로 분사무소 설치신고 하기 전에 미리 분사무소를 확보하여야 한다. 분사무소도 일반적인 중개사무소 개설등록할 때 필요한 "중개사무소의 요건"을 갖추어야 한다. 건축물대장에 기재된 건물에 분사무소를 확보하여야 한다. 따라서 무허가 불법건축물이나 가설건축물에는 분사무소를 설치할 수 없다. 다만, 건축물대장에 기재되기 전의 건축물도 사용승인, 준공검사, 준공인가 등을 받은 건축물은 예외적으로 분사무소로 사용할 수 있다. 그리고 분사무소의 건축물의 용도가 제2종근린생활시설이나 일반업무시설에 해당하는 공간이어야 한다.

㉡ 주된 사무소 소재지 제외

법 제13조 제3항에 따른 분사무소는 주된 사무소의 소재지가 속한 시(구가 설치되지 아니한 시와 특별자치도의 행정시를 말한다.)·군·구를 제외한 시·군·구별로 설치할 수 있다. 만약 법인인 개업공인중개사가 서울특별시 노원구에 주된 사무소를 설치하였다면 노원구에는 분사무소를 설치할 수 없다. 즉 모든 개업공인중개사는 등록관청 관할구역 안에는 1개의 중개사무소만을 설치할 수 있다.

㉢ 시 군 구 별로 1개를 초과 금지

법인인 개업공인중개사의 분사무소는 시·군·구별로 1개소를 초과할 수 없다. 예를 들어 법인인 개업공인중개사의 주된 중개사무소가 서울특별시 노원구에 설치된 경우에 나머지 시 군 구 별로 1개씩 설치할 수 있다. 따라서 법인인 개업공인중개사는 인근 도봉구에 분사무소를 설치할 수 있다. 그러나 도봉구에 두 개의 분사무소를 설치할 수는 없다.

④ 보증설정

법인인 개업공인중개사는 분사무소를 설치하게 되면 독자적인 영업 장소가 늘어 남으로써 사고위험성이 올라가므로 분사무소 1개당 2억원 이상을 추가로 보증설정하여야 한다. 이 때 법인인 개업공인중개사는 "업무개시전까지" 보증설정하는 것이 아니라 "분사무소 설치신고 하기 전"에 미리 보증을 설정해야 한다. 일반적인 중개사무소의 개설등록 한 때에는 등록 후 업무개시전까지 보증설정신고를 하는 것이지만 분사무소는 설치신고전까지 보증설정신고를 하여야 한다.

### (3) 분사무소 설치절차

① 분사무소 설치신고

㉠ 주된 사무소 소재지 등록관청

법 제13조 제3항에 따라 분사무소의 설치신고를 하려는 자는 국토교통부령으로 정하는 분사무소설치신고서에 아래 ㉡의 서류를 첨부하여 주된 사무소의 소재지를 관할하는 등록관청에 제출하여야 한다(시행령 제15조 제3항). 영 제15조 제3항의 규정에 따른 분사무소설치신고서는 별지 제9호서식에 따른다(시행규칙 제7조 제1항).

ⓑ 제출서류

1. 삭제 〈2012. 6. 29.〉
2. 삭제 〈2006. 6. 12.〉
3. 분사무소 책임자의 법 제34조 제1항의 규정에 따른 실무교육의 수료확인증 사본
4. 제25조의 규정에 따른 보증의 설정을 증명할 수 있는 서류
5. 건축물대장에 기재된 건물에 분사무소를 확보(소유·전세·임대차 또는 사용대차 등의 방법에 의하여 사용권을 확보하여야 한다)하였음을 증명하는 서류. 다만, 건축물대장에 기재되지 아니한 건물에 분사무소를 확보하였을 경우에는 건축물대장 기재가 지연되는 사유를 적은 서류도 함께 내야 한다.

ⓒ 책임자의 공인중개사 자격증 사본(제출서류×)

주의할 것은 책임자의 공인중개사 자격증 사본은 제출서류에 해당하지 않는다. 책임자가 공인중개사 이어야 하는 것은 맞지만 이 경우 등록관청은 법 제5조 제2항에 따라 공인중개사 자격증을 발급한 시·도지사에게 분사무소 책임자의 공인중개사 자격 확인을 요청하여 확인하게 되어 있다.

ⓓ 책임자의 실무교육 수료확인증 사본(제출서류○)

분사무소 설치신고할 때 제출할 서류로서 실무교육 수료확인증 사본은 책임자의 것만 제출하면 되고 책임자가 아닌 소속공인중개사의 실무교육 수료확인증 사본은 제출서류에 해당하지 않는다. 분사무소의 책임자가 아닌 소속공인중개사도 근무하려면 실무교육을 받아야 하는 것은 맞지만 분사무소 설치신고할 때 제출서류에는 해당하지 않는다.

ⓔ 법인등기사항증명서(제출서류 ×)

등록관청은 「전자정부법」 제36조 제1항에 따른 행정정보의 공동이용을 통하여 법인 등기사항증명서를 확인하여야 한다.

ⓕ 수수료

분사무소 설치신고할 때에는 지방자치단체 조례가 정하는 수수료를 납부하여야 한다. 분사무소 설치신고는 주된 중개사무소 소재지 등록관청에 하므로 주된 중개사무소 소재지 시 군 구 조례가 정하는 수수료를 납부하여야 한다.

② 신고확인서 교부

분사무소 설치신고를 받은 등록관청은 그 신고내용이 적합한 경우에는 국토교통부령으로 정하는 신고확인서를 교부하여야 한다(법 제13조 제4항). 법 제13조 제4항에 따른 분사무소설치신고확인서는 별지 제10호서식에 따른다.

③ 통보

㉠ 예정지역 시 군 구청장

분사무소 설치신고를 받은 등록관청은 국토교통부령으로 정하는 신고확인서를 교부하고 지체 없이 그 분사무소설치예정지역을 관할하는 시장·군수 또는 구청장에게 이를 통보하여야 한다(법 제13조 ④항).

㉡ 협회통보

등록관청은 분사무소 설치신고를 받은 때에는 다음 달 10일까지 공인중개사협회에 통보하여야 한다.



### (4) 신고확인서의 재교부

① 재교부신청

신고확인서를 잃어버리거나 못쓰게 된 경우에는 국토교통부령이 정하는 바에 따라 등록관청에 재교부신청을 할 수 있다. 법 제13조 제5항에 따른 분사무소설치신고확인서의 재교부 신청은 별지 제4호서식에 따른다. 이 경우 분사무소설치신고확인서의 기재사항이 변경되어 재교부를 받으려면 분사무소설치신고확인서를 첨부해야 한다(시행규칙 제7조 ③).

② 수수료

분사무소설치신고확인서의 재교부신청을 시 군 구청에 할 때 지방자치단체 조례가 정하는 수수료를 수수료를 납부하여야 한다.

## 3 중개사무소의 공동사용

### (1) 개념

중개사무소의 공동사용은 둘 이상의 개업공인중개사가 동일 중개사무소를 공동으로 사용하는 것을 말한다. 개업공인중개사는 그 업무의 효율적인 수행을 위하여 다른 개업공인중개사와 중개사무소를 공동으로 사용할 수 있다(법 제16조 제6항). 개업공인중개사의 종류를 불문하고 공동사용할 수 있으므로 공인중개사인 개업공인중개사와 부칙상의 개업공인중개사가 하나의 중개사무소를 공동으로 사용할 수도 있다. 공동사용하는 개업공인중개사의 수에 제한도 없다.

### (2) 절차

① 신규등록

둘 이상의 자가 하나의 중개사무소를 확보하여 각각 신규등록하거나 기존의 개업공인중개사의 중개사무소를 다른 개업공인중개사가 기존 개업공인중개사의 승낙을 받아서 기존의 중개사무소로 신규등록하여 중개사무소를 공동으로 사용할 수 있다. 이 때에는 그 중개사무소를 사용할 권리가 있는 다른 개업공인중개사의 승낙서를 첨부하여야 한다. 시행령 제16조 중개사무소를 공동으로 사용한다고 해서 별도로 등록관청에 중개사무소 공동사용신고서를 제출하여야 하는 것은 아니다.

② 이전신고

기존의 개업공인중개사의 중개사무소로 다른 개업공인중개사가 중개사무소를 이전하여 공동으로 사용할 수 있다. 법 제13조 제6항 본문에 따라 중개사무소를 공동으로 사용하려는 개업공인중개사는 법 제20조에 따른 중개사무소의 이전신고를 하는 때에 그 중개사무소를 사용할 권리가 있는 다른 개업공인중개사의 승낙서를 첨부하여야 한다.

### (3) 법률관계

중개사무소의 공동사용은 업무의 효율적 수행을 위해서 공동사용하는 것이고 개업공인중개사로서의 의무와 책임은 구성 개업공인중개사에게 각각 개별적으로 적용된다. 중개사무소의 개설등록, 보증의 설정, 인장등록, 등록증 등 게시의무, 거래계약서 사본 보존의무, 휴업, 폐업신고, 손해배상책임 등은 구성 개업공인중개사에게 개별적으로 적용된다. 특히 공동사용하는 중개사무소의 이전도 각각 개별적으로 이전하여야 하고 대표자를 선임하여 일괄적으로 이전하는 방법은 없다.

### (4) 업무정지 기간 중 공동사용제한

법 제39조에 따른 업무의 정지기간 중에 있는 개업공인중개사는 다른 개업공인중개사와 중개사무소를 공동으로 사용할 수 없다.

① 법 제39조에 따른 업무의 정지기간 중에 있는 개업공인중개사가 다른 개업공인중개사에게 중개사무소의 공동사용을 위하여 승낙서를 주는 방법으로 신규등록신청을 하게 하여 공동사용하려는 경우에는 등록관청은 등록신청을 거부한다.

② 법 제39조에 따른 업무의 정지기간 중에 있는 개업공인중개사가 다른 개업공인중개사의 중개사무소를 공동으로 사용하기 위하여 중개사무소의 이전신고를 하는 경우에는 이전신고를 등록관청은 거부한다.

### (5) 업무정지 기간 중 공동사용 허용

업무정지 받기 전부터 중개사무소를 공동으로 사용하고 있는 중에 한명의 개업공인중개사가 업무정지 처분을 받았다고 하더라도 다른 개업공인중개사가 불이익을 받으면 공평하지 않으므로 다른 개업공인중개사는 중개사무소를 이전하지 않고 계속해서 공동사용할 수 있다.

## 제2절 중개사무소의 이전 제34회

### 1 등록관청 관할 지역 내에서 이전한 경우

개업공인중개사는 중개사무소를 이전한 때에는 이전한 날부터 10일 이내에 국토교통부령으로 정하는 바에 따라 등록관청에 이전사실을 신고하여야 한다(법 제20조 제1항).

#### (1) 중개사무소의 이전

중개사무소를 이전할 때에는 중개사무소로 사용하기 적합한 건물로 이전하여야 한다. 무허가건물이나 건축물의 용도가 적합하지 않는 건물로 이전한 경우에는 법 위반이 된다.

#### (2) 이전신고

① 10일이내 이전신고

개업공인중개사는 중개사무소를 이전한 때에는 이전한 날부터 10일 이내에 국토교통부령으로 정하는 바에 따라 등록관청에 이전사실을 신고하여야 한다(법 제20조 제1항). 동일한 등록관청 관할 구역내에서 이전한 경우에도 중개사무소 이전신고를 하여야한다. 개업공인중개사가 바로 옆 점포로 이전한 경우에도 중개사무소 이전신고를 하여야 한다. 만약 중개사무소를 이전하고 이전신고를 하지 않으면 100만원 이하의 과태료 사유에 해당한다.

② 제출서류

법 제20조 제1항에 따라 중개사무소의 이전신고를 하려는 자는 별지 제12호서식의 중개사무소 이전신고서에 다음 각 호의 서류를 첨부하여 등록관청에 제출해야 한다(시행규칙 제11조).

> 1. 중개사무소등록증
> 2. 건축물대장에 기재된 건물에 중개사무소를 확보(소유·전세·임대차 또는 사용대차 등의 방법에 의하여 사용권을 확보하여야 한다)하였음을 증명하는 서류. 다만, 건축물대장에 기재되지 아니한 건물에 중개사무소를 확보하였을 경우에는 건축물대장 기재가 지연되는 사유를 적은 서류도 함께 내야 한다.

③ 등록증 또는 분사무소설치 신고확인서 재교부

중개사무소의 이전신고를 받은 등록관청은 그 내용이 적합한 경우에는 중개사무소등록증 또는 분사무소설치신고확인서를 재교부해야 한다. 다만, 개업공인중개사가 등록관청의 관할지역 내로 이전한 경우에는 등록관청은 중개사무소등록증 또는 분사무소설치신고확인서에 변경사항을 적어 교부할 수 있다.

④ 간판철거(지체없이)

개업공인중개사가 중개사무소 이전사실을 신고한 경우에 지체없이 철거하여야 한다(법 21조의 2 제1항 1호). 만약 개업공인중개사가 중개사무소를 이전하고 철거하지 아니하면 행정대집행법에 따라서 대집행할 수 있다.

⑤ 협회통보

개업공인중개사가 중개사무소를 이전하고 등록관청에 이전신고를 하면 등록관청은 다음 달 10일까지 공인중개사협회에 통보하여야 한다(시행령 제14조 제2호).

### (3) 등록증 재교부

중개사무소의 이전신고를 받은 등록관청은 그 내용이 적합한 경우에는 중개사무소등록증을 재교부해야 한다. 다만, 개업공인중개사가 등록관청의 관할지역 내로 이전한 경우에는 등록관청은 중개사무소등록증에 변경사항을 적어 교부할 수 있다(시행규칙 제11조 제2항). 중개사무소 이전신고에 따른 처리기간은 중개사무소 이전신고서 서식상 7일이내이다.

## 2 등록관청 관할 지역외의 지역으로 중개사무소를 이전한 경우

### (1) 이전

중개사무소를 이전할 때에는 중개사무소로 사용하기 적합한 건물로 이전하여야 한다. 무허가건물이나 건축물의 용도가 적합하지 않는 건물로 이전한 경우에는 법 위반이 된다.

### (2) 이전신고

① 10일이내 이전신고

개업공인중개사는 중개사무소를 이전한 때에는 이전한 날부터 10일 이내에 국토교통부령으로 정하는 바에 따라 이전 후 등록관청에 이전사실을 신고하여야 한다(법 제20조 제1항). 만약 중개사무소를 이전하고 이전신고를 하지 않으면 100만원 이하의 과태료 사유에 해당한다.

② 첨부서류

법 제20조 제1항에 따라 중개사무소의 이전신고를 하려는 자는 별지 제12호서식의 중개사무소 이전신고서에 다음 각 호의 서류를 첨부하여 등록관청에 제출해야 한다(시행규칙 제11조).

> 1. 중개사무소등록증
> 2. 건축물대장에 기재된 건물에 중개사무소를 확보(소유·전세·임대차 또는 사용대차 등의 방법에 의하여 사용권을 확보하여야 한다)하였음을 증명하는 서류. 다만, 건축물대장에 기재되지 아니한 건물에 중개사무소를 확보하였을 경우에는 건축물대장 기재가 지연되는 사유를 적은 서류도 함께 내야 한다.

③ 간판철거(지체없이)

개업공인중개사가 중개사무소 이전사실을 신고한 경우에 지체없이 철거하여야 한다(법 21조의 2 제1항 1호). 만약 개업공인중개사가 중개사무소를 이전하고 철거하지 아니하면 행정대집행법에 따라서 대집행활 수 있다.

④ 협회통보

개업공인중개사가 중개사무소를 이전하고 등록관청에 이전신고를 하면 등록관청은 다음 달 10일까지 공인중개사협회에 통보하여야 한다(시행령 제14조 제2호).



### (3) 등록증 재교부

시행규칙 제11조 ②제1항에 따라 중개사무소의 이전신고를 받은 등록관청은 그 내용이 적합한 경우에는 중개사무소등록증을 재교부해야 한다. 중개사무소 이전신고에 따른 처리기간은 중개사무소 이전신고서 서식상 7일이내이다.

### (4) 송부요청

중개사무소 이전신고를 받은 이전 후 등록관청은 종전 등록관청에 관련서류를 송부요청 한다.

### (5) 송부

① 송부서류

법 제20조 제2항의 규정에 따라 관련서류를 송부하여 줄 것을 요청받은 종전의 등록관청이 이전 후의 등록관청에 송부하여야 하는 서류는 다음 각 호와 같다. 주의할 것은 송부서류에는 등록증은 포함되지 않는다(시행규칙 제11조 제4항).

1. 이전신고를 한 중개사무소의 부동산중개사무소등록대장
2. 부동산중개사무소 개설등록 신청서류
3. 최근 1년간의 행정처분 및 행정처분절차가 진행 중인 경우 그 관련서류

② 행정처분

중개사무소를 이전하고 이전신고한 경우 이전신고 전에 발생한 사유로 인한 개업공인중개사에 대한 행정처분은 이전 후 등록관청이 이를 행한다. 예를 들어 강남구의 중개사무소를 용산구로 이전한 경우에 강남구에서 활동할 때 저지른 법 위반행위에 대해서는 용산구청장이 업무정지나 등록취소처분을 한다.

## 3 분사무소 이전의 경우

### (1) 이전

분사무소를 이전한 법인인 개업공인중개사는 분사무소를 분사무소 소재지 관할구역 안이든 밖으로든 이전할 수 있다. 다만 새로운 분사무소도 중개사무소 사용하기에 적합하여야 한다.

### (2) 이전신고

① 10일이내 주된 사무소 소재지 등록관청

분사무소를 이전한 법인인 개업공인중개사는 10일 이내에 주된 중개사무소 소재지 등록관청에 이전신고를 하여야 한다. 예를 들어 서울특별시 강남구에 주된 사무소를 둔 법인인 개업공인중개사가 서초구에 설치된 분사무소를 종로구로 이전한 경우에는 강남구청장에게 분사무소 이전신고를 하여야 한다.

② 첨부서류

시행규칙 제11조 제1항 따라 중개사무소의 이전신고를 하려는 자는 별지 제12호서식의 중개사무소이전신고서에 다음 각 호의 서류를 첨부하여 주된 사무소의 소재지를 관할하는 등록관청에 제출해야 한다.

1. 분사무소설치신고확인서
2. 건축물대장에 기재된 건물에 중개사무소를 확보(소유·전세·임대차 또는 사용대차 등의 방법에 의하여 사용권을 확보하여야 한다)하였음을 증명하는 서류. 다만, 건축물대장에 기재되지 아니한 건물에 중개사무소를 확보하였을 경우에는 건축물대장 기재가 지연되는 사유를 적은 서류도 함께 내야 한다.

### (3) 신고확인서 재교부

중개사무소의 이전신고를 받은 등록관청은 그 내용이 적합한 경우에는 분사무소설치신고확인서를 재교부해야 한다. 다만, 개업공인중개사가 등록관청의 관할지역 내로 이전한 경우에는 등록관청은 분사무소설치신고확인서에 변경사항을 적어 교부할 수 있다(시행규칙 제11조 제2항).

### (4) 통보

① 지체없이 통보

등록관청은 분사무소의 이전신고를 받은 때에는 지체 없이 그 분사무소의 이전 전 및 이전 후의 소재지를 관할하는 시장·군수 또는 구청장에게 이를 통보하여야 한다. 분사무소 이전의 경우에는 등록관청이 변경되지 않으므로 송부라는 절차는 필요 없다(시행규칙 제11조 제3항).

② 협회 통보

분사무소 이전신고를 받은 주된 사무소 소재지 등록관청은 다음 달 10일까지 공인중개사협회에 통보하여야 한다.

## 4 위반시 제재

중개사무소를 이전하고 이전신고를 10일 이내에 이전신고를 하지 않으면 100만원 이하의 과태료 사유에 해당한다. 법인인 개업공인중개사가 분사무소를 이전하고 이전신고하지 않아도 100만원 이하의 과태료 사유에 해당한다.

**참고학습** 중개사무소 이전 관련 사항정리

① 부칙 제6조 제2항의 개업공인중개사도 등록관청 관할구역 외의 지역으로 이전할 수 있다.
② 휴업 중인 개업공인중개사도 중개사무소이전이 가능하다.
③ 업무정지 개업공인중개사도 이전이 가능하지만 이전하여 다른 개업공인중개사와 중개사무소를 공동으로 사용하는 것은 위법하다.
④ 공동사용 중인 중개사무소를 이전하는 방법은 개별적 이전만 가능하다.

# 제 3 절 중개사무소의 명칭 사용 의무 등 제25~34회

## 1 명칭사용 의무

### (1) 개업공인중개사

개업공인중개사는 그 사무소의 명칭에 "공인중개사사무소" 또는 "부동산중개"라는 문자를 사용하여야 한다(법 제18조 제1항). 따라서 공인중개사인 개업공인중개사는 중개사무소 명칭인 상호를 사용할 때 "대박부동산중개" 또는 "행운공인중개사사무소"라고 사용할 수는 있다. 그러나 개업공인중개사 명칭을 사용할 때 "대박부동산" 또는 "행운공인중개사"라는 명칭은 사용할 수 없다. 개업공인중개사의 명칭만 보고도 중개업에 종사하는 자인 것을 국민들이 바로 인식할 수 있게 하기 위함이다.

**참고학습** 명칭사용 위반사례

① 대박부동산 ② 행운공인중개사 ③ 세계부동산사무소 ④ JK부동산컨설팅사무소

### (2) 부칙 제6조 제2항의 개업공인중개사

법 부칙 제6조 제2항의 개업공인중개사는 공인중개사 아니므로 그 사무소 명칭에 "공인중개사 사무소"라는 문자를 사용하면 안 된다. 따라서 법 부칙 제6조 제2항의 개업공인중개사는 "부동산중개"라는 문자를 사용하여야 한다.

### (3) 위반시 제재

① 100만원 이하의 과태료

개업공인중개사가 중개사무소의 명칭을 사용할 때 법이 정한 명칭을 사용하지 않으면 등록관청은 100만원 이하의 과태료에 처한다.

② 철거명령 및 대집행

등록관청은 중개사무소 명칭사용에서 규정을 위반한 사무소의 간판 등에 대하여 철거를 명할 수 있다. 이 경우 그 명령을 받은 자가 철거를 이행하지 아니하는 경우에는 「행정대집행법」에 의하여 대집행을 할 수 있다(법 18조 제5항).

**참고학습**

개업공인중개사가 아닌 자는 "공인중개사사무소", "부동산중개" 또는 이와 유사한 명칭을 사용하여서는 아니된다(18조 제2항). 위반시에는 1년 이하의 징역이나 1천만원 이하의 벌금형에 처한다.

## 2 간판실명제

### (1) 취지

개업공인중개사가 옥외광고물에 자신의 성명을 표기함으로써 중개의뢰인들로 하여금 중개활동하는 개업공인중개사가 누구인지 인식할 수 있도록 한다. 개업공인중개사가 자신의 성명을 공개함으로써 책임감 있는 중개활동을 기대할 수 있다.

### (2) 옥외광고물

① 3가지 간판

개업공인중개사는 법 제18조 제3항에 따라 옥외광고물을 설치하는 경우 「옥외광고물 등의 관리와 옥외광고산업 진흥에 관한 법률 시행령」 제3조에 따른 옥외광고물 중 벽면 이용간판, 돌출간판 또는 옥상간판에 개업공인중개사 성명을 표기하여야 한다(시행규칙 제10조의2). 따라서 개업공인중개사가 모든 옥외광고물에 성명을 표기하여야 하는 것은 아니다. 주의할 것은 옥외광고물에 개업공인중개사의 성명을 표기하라는 것이지 반드시 중개사무소 명칭에 개업공인중개사의 성명이 포함되어야 하는 것은 아니다.

② 간판설치의무 없음

개업공인중개사는 반드시 옥외광고물을 설치할 의무가 있는 것은 아니다. 만약 개업공인중개사가 옥외광고물을 설치했다면 반드시 개업공인중개사의 성명을 표기해야 한다는 것이다.

### (3) 개업공인중개사의 성명

개업공인중개사가 「옥외광고물 등의 관리와 옥외광고산업 진흥에 관한 법률」 제2조 제1호에 따른 옥외광고물을 설치하는 경우 중개사무소등록증에 표기된 개업공인중개사의 성명을 표기하여야 한다(법 제18조 제3항). 법인의 경우에는 대표자, 법인 분사무소의 경우에는 제13조 제4항의 규정에 따른 신고확인서에 기재된 책임자의 성명을 표기하여야 한다. 옥외광고물에 표기되는 성명은 중개의뢰인 등이 개업공인중개사의 성명을 인식할 수 있는 정도의 크기로 표기해야 한다.



### (4) 제재

① 100만원 이하의 과태료

개업공인중개사가 「옥외광고물 등의 관리와 옥외광고산업 진흥에 관한 법률」 제2조 제1호에 따른 옥외광고물을 설치하는 경우 중개사무소등록증에 표기된 개업공인중개사의 성명을 표기하지 않은 경우에는 100만원 이하의 과태료 사유에 해당한다.

② 철거명령 및 대집행

등록관청은 개업공인중개사 또는 개업공인중개사가 아닌 자가 간판실명제를 위반한 사무소의 간판 등에 대하여 철거를 명할 수 있다. 이 경우 그 명령을 받은 자가 철거를 이행하지 아니하는 경우에는 「행정대집행법」에 의하여 대집행을 할 수 있다.

## 제4절 중개대상물의 표시·광고 제30회 제31회 제32회 제33회

### 1 표시 광고의 주체

개업공인중개사만 중개대상물에 대한 표시광고를 할 수 있다. 개업공인중개사 아닌 자는 중개대상물에 대한 표시 광고를 할 수 없다. 소속공인중개사나 중개보조원은 독자적인 표시 광고행위의 주체가 될 수 없다. 나아가 중개사무소 개설등록을 하지 아니한 부동산컨설팅업체 등도 중개대상물에 대한 표시 광고를 해서는 안 된다. 이를 위반하면 1년 이하의 징역이나 1천만원 벌금형에 처해진다.

**참고학습** | 개업공인중개사 아닌 자가 중개대상물에 대한 표시 광고행위를 한 경우

① 1년 이하의 징역이나 1천만원 이하의 벌금형에 처한다.
② 포상금

### 2 표시 광고 명시의무

#### (1) 명시사항

개업공인중개사가 의뢰받은 중개대상물에 대하여 표시·광고(「표시·광고의 공정화에 관한 법률」 제2조에 따른 표시·광고를 말한다.)를 하려면 중개사무소, 개업공인중개사에 관한 사항으로서 대통령령으로 정하는 사항을 명시하여야 한다. 법 제18조의2 제1항에서 "대통령령으로 정하는 사항"이란 다음 각 호의 사항을 말한다(시행령 제17조의2).

1. 중개사무소의 명칭, 소재지, 연락처 및 등록번호
2. 개업공인중개사의 성명(법인인 경우에는 대표자의 성명)

※ 개업공인중개사가 의뢰 받은 중개대상물에 대하여 표시광고 할 때 명시할 개업공인중개사에 관한 사항은 "개업공인중개사의 성명"이다. "소속공인중개사의 성명"은 표시 광고할 때 명시할 의무사항은 아니다.

#### (2) 중개보조원에 관한 사항 명시 금지

중개대상물에 대한 표시 광고할 때 "중개보조원에 관한 사항"은 명시하여서는 안 된다. 표시 광고할 때 개업공인중개사의 성명과 함께 중개보조원에 관한 사항을 명시해서 광고하면 실질적으로 중개보조원이 표시 광고해서 중개활동할 수 있기 때문에 금지하고 있다.

#### (3) 표시광고 방법

중개대상물에 대한 제1항에 따른 사항의 구체적인 표시·광고(「표시·광고의 공정화에 관한 법률」 제2조

제1호 및 제2호에 따른 표시·광고를 말한다. 이하 같다) 방법에 대해서는 국토교통부장관이 정하여 고시한다(시행령 제17조의2 제3항).

### (4) 명시의무 위반

개업공인중개사가 법령상의 명시사항을 명시하지 않은 경우에는 100만원 이하의 과태료 사유에 해당한다.



## 3 인터넷표시광고

### (1) 명시사항

① 제18조의 2 제1항 명시사항(시행령 제17조의2 제1항)

1. 중개사무소의 명칭, 소재지, 연락처 및 등록번호
2. 개업공인중개사의 성명(법인인 경우에는 대표자의 성명)

② 대통령령이 정하는 사항(시행령 제17조의2 제2항)

1. 중개대상물 소재지
2. 중개대상물 면적
3. 중개대상물 가격
4. 중개대상물 종류
5. 거래 형태
6. 건축물 및 그 밖의 토지의 정착물인 경우 다음 각 목의 사항
   가. 총 층수
   나. 「건축법」 또는 「주택법」 등 관련 법률에 따른 사용승인·사용검사·준공검사 등을 받은 날
   다. 해당 건축물의 방향, 방의 개수, 욕실의 개수, 입주가능일, 주차대수 및 관리비

### (2) 표시광고 방법

중개대상물에 대한 제1항 및 제2항에 따른 사항의 구체적인 표시·광고(「표시·광고의 공정화에 관한 법률」 제2조 제1호 및 제2호에 따른 표시·광고를 말한다. 이하 같다) 방법에 대해서는 국토교통부장관이 정하여 고시한다(시행령 제17조의2 제3항).

### (3) 명시의무 위반

개업공인중개사가 명시사항을 명시하지 않은 경우에는 100만원 이하의 과태료 사유에 해당한다.

## 4 부당한 표시광고금지

### (1) 부당한 표시 광고 유형

① 법률상 부당한 표시 광고 유형

개업공인중개사는 중개대상물에 대하여 다음 각 호의 어느 하나에 해당하는 부당한 표시·광고를 하여서는 아니 된다(제18조의2 제4항).

> 1. 중개대상물이 존재하지 않아서 실제로 거래를 할 수 없는 중개대상물에 대한 표시·광고
> 2. 중개대상물의 가격 등 내용을 사실과 다르게 거짓으로 표시·광고하거나 사실을 과장되게 하는 표시·광고
> 3. 그 밖에 표시·광고의 내용이 부동산거래질서를 해치거나 중개의뢰인에게 피해를 줄 우려가 있는 것으로서 대통령령으로 정하는 내용의 표시·광고

② "대통령령"으로 정하는 내용의 부당한 표시·광고

> 1. 중개대상물이 존재하지만 실제로 중개의 대상이 될 수 없는 중개대상물에 대한 표시·광고
> 2. 중개대상물이 존재하지만 실제로 중개할 의사가 없는 중개대상물에 대한 표시·광고
> 3. 중개대상물의 입지조건, 생활여건, 가격 및 거래조건 등 중개대상물 선택에 중요한 영향을 미칠 수 있는 사실을 빠뜨리거나 은폐·축소하는 등의 방법으로 소비자를 속이는 표시·광고

③ 국토교통장관의 고시

부당한 표시·광고의 세부적인 유형 및 기준 등에 관한 사항은 국토교통부장관이 정하여 고시한다.

### (2) 위반시 제재

개업공인중개사가 법 제18조의 2 제4항에 따른 부당한 표시 광고 금지 의무를 위반한 경우에는 500만원 이하의 과태료 사유에 해당한다.

## 5 인터넷표시광고에 대한 모니터링

### (1) 권한

① 국토교통부장관

국토교통부장관은 인터넷을 이용한 중개대상물에 대한 표시·광고가 제18조의2의 규정을 준수하는지 여부를 모니터링 할 수 있다(법 제18조의3 제1항).

② 자료제출 요구

국토교통부장관은 제1항에 따른 모니터링을 위하여 필요한 때에는 정보통신서비스 제공자(「정보

통신망 이용촉진 및 정보보호 등에 관한 법률」 제2조 제1항 제3호에 따른 정보통신서비스 제공자를 말한다. 이하 이 조에서 같다)에게 관련 자료의 제출을 요구할 수 있다(법 제18조의3 제2항). 이 경우 관련 자료의 제출을 요구받은 정보통신서비스 제공자는 정당한 사유가 없으면 이에 따라야 한다. 국토교통부장관은 제1항에 따른 모니터링 결과에 따라 정보통신서비스 제공자에게 이 법 위반이 의심되는 표시·광고에 대한 확인 또는 추가정보의 게재 등 필요한 조치를 요구할 수 있다. 이 경우 필요한 조치를 요구받은 정보통신서비스 제공자는 정당한 사유가 없으면 이에 따라야 한다(법 제18조의3 제3항). 이를 위반한 경우에는 500만원 이하의 과태료 사유에 해당한다.

### (2) 모니터링 업무의 위탁

① 업무위탁

국토교통부장관은 법 제18조의3제4항에 따라 다음 각 호의 어느 하나에 해당하는 기관에 같은 조 제1항에 따른 모니터링 업무를 위탁할 수 있다(시행령 제17조의3 제1항).

1. 「공공기관의 운영에 관한 법률」 제4조에 따른 공공기관
2. 「정부출연연구기관 등의 설립·운영 및 육성에 관한 법률」 제2조에 따른 정부출연연구기관
3. 「민법」 제32조에 따라 설립된 비영리법인으로서 인터넷 표시·광고 모니터링 또는 인터넷 광고 시장 감시와 관련된 업무를 수행하는 법인
4. 그 밖에 인터넷 표시·광고 모니터링 업무 수행에 필요한 전문인력과 전담조직을 갖췄다고 국토교통부장관이 인정하는 기관 또는 단체

② 관련 고시

국토교통부장관은 제1항에 따라 업무를 위탁하는 경우에는 위탁받는 기관 및 위탁업무의 내용을 고시해야 한다(시행령 제17조의3 제2항).

③ 예산지원

국토교통부장관은 제4항에 따른 업무위탁기관에 예산의 범위에서 위탁업무 수행에 필요한 예산을 지원할 수 있다(시행령 제17조의3 제5항).

### (3) 모니터링의 종류

① 기본모니터링

㉠ 기본모니터릴이란 제2항 제1호에 따른 모니터링 기본계획서에 따라 분기별로 실시하는 모니터링을 말한다.

㉡ 모니터링 대상, 모니터링 체계 등을 포함한 다음 연도의 모니터링 기본계획서를 매년 12월 31일까지 국토교통부장관에게 제출하여야 한다.

㉢ 모니터링 기관은 기본모니터링 업무를 수행한 경우 해당 업무에 따른 결과보고서를 매 분기의 마지막 날부터 30일 이내 국토교통부장관에게 제출해야 한다.

② 수시모니터링

㉠ 수시 모니터링 이란 법 제18조의2를 위반한 사실이 의심되는 경우 등 국토교통부장관이 필요하다고 판단하여 실시하는 모니터링을 말한다.

㉡ 모니터링의 기간, 내용 및 방법 등을 포함한 계획서를 국토교통부장관에게 제출해야 한다.

㉢ 모니터링 기관은 수시모니터링 업무를 수행한 경우 해당 업무에 따른 결과보고서를 해당 모니터링 업무를 완료한 날부터 15일 이내 국토교통부장관에게 제출해야 한다.

모니터링 종류

| | 기본 모니터링 | 수시 모니터링 |
|---|---|---|
| 시기 | 분기별 | 수시 |
| 기본계획서 제출 | 12월 31일까지 | 수시 |
| 결과보고서 제출 | 매 분기의 마지막 날부터 30일 이내 | 해당 모니터링 업무를 완료한 날부터 15일 이내 |

### (4) 모니터링 사후 조치

① 조사 및 조치 요구

국토교통부장관은 제3항에 따라 제출받은 결과보고서를 시·도지사 및 등록관청 등에 통보하고 필요한 조사 및 조치를 요구할 수 있다(시행규칙 제10조의3 제4항).

② 조사 및 조치 내용 통보

시·도지사 및 등록관청 등은 제4항에 따른 요구를 받으면 신속하게 조사 및 조치를 완료하고, 완료한 날부터 10일 이내에 그 결과를 국토교통부장관에게 통보해야 한다(시행규칙 제10조의3 제5항).

③ 제1항부터 제5항까지에서 규정한 사항 외에 모니터링의 기준, 절차 및 방법 등에 관한 세부적인 사항은 국토교통부장관이 정하여 고시한다.

**참고학습** 아닌 자(위반시 1년이하의 징역이나 1천만원 이하의 벌금)

1. 개업공인중개사 아닌 자의 중개사무소 명칭 사용 금지
   개업공인중개사 아닌 자는 "공인중개사사무소" "부동산중개" 또는 이와 유사한 명칭을 사용하여서는 안 된다.
2. 개업공인중개사 아닌 자의 표시 광고 금지
   개업공인중개사가 아닌 자는 중개대상물에 대한 표시·광고를 하여서는 아니 된다.
3. 공인중개사 아닌 자의 공인중개사 명칭 사용
   공인중개사가 아닌 자는 공인중개사 또는 이와 유사한 명칭을 사용하지 못한다(법 제8조).
   (1) 무자격자가 자신의 명함에 '부동산뉴스 대표'라는 명칭을 기재하여 사용한 것(대판 2006도9334 판결)
   (2) 공인중개사가 아닌 자가 "발품부동산 및 부동산cafe" 간판 설치한 경우(대판 2014도12437 판결)

## 제5절 중개사무소의 간판철거 제26회 제27회 제30회 제31회 제32회

### (1) 철거사유

개업공인중개사는 다음 각 호의 어느 하나에 해당하는 경우에는 지체 없이 사무소의 간판을 철거하여야 한다(법 제21조의2 제1항).

> 1. 제20조 제1항에 따라 등록관청에 중개사무소의 이전사실을 신고한 경우
> 2. 제21조 제1항에 따라 등록관청에 폐업사실을 신고한 경우
> 3. 제38조 제1항 또는 제2항에 따라 중개사무소의 개설등록 취소처분을 받은 경우

※ 철거사유 아닌 것 – 휴업신고 / 업무정지

### (2) 위반시 제재

등록관청은 제1항에 따른 간판의 철거를 개업공인중개사가 이행하지 아니하는 경우에는 「행정대집행법」에 따라 대집행을 할 수 있다(법 제21조의2). 주의할 것은 개업공인중개사가 간판철거 사유가 있음에도 철거하지 아니한 경우에는 100만원 이하의 과태료 사유에 해당하지 않는다는 점이다.

## 제6절 게시의무 제35회

### 1 게시의무

개업공인중개사는 중개사무소등록증·중개보수표 그 밖에 국토교통부령으로 정하는 사항을 해당 중개사무소 안의 보기 쉬운 곳에 게시하여야 한다(법 제17조). 중개사무소를 운영하는 개업공인중개사가 공인중개사 자격증은 있는지, 등록을 하고 중개업을 하는지를 중개의뢰인이 알 수 있게 관련 서류를 걸어 놓도록 하여 중개의뢰인을 보호하기 위한 제도이다.

### 2 게시 서류(시행규칙 제10조)

(1) 중개사무소등록증 원본(법인인 개업공인중개사의 분사무소의 경우에는 분사무소설치신고확인서 원본을 말한다)

(2) 중개보수·실비의 요율 및 한도액표

(3) 개업공인중개사 및 소속공인중개사의 공인중개사자격증 원본(해당되는 자가 있는 경우로 한정한다)

(4) 보증의 설정을 증명할 수 있는 서류

(5) 「부가가치세법 시행령」 제11조에 따른 사업자등록증

**참고학습** 게시서류 아닌 것

실무교육 수료증, 협회 등록증, 공인중개사 자격증 사본

## 3 위반시 제재

개업공인중개사가 시행규칙 제10조에 규정된 5가지 게시서류를 게시하지 않은 경우에는 100만원 이하의 과태료 사유에 해당한다.

# 제7절 업무 영역(업무범위) 제26회 제28회 제29회 제30회 제31회 제32회 제35회

## 1 법인인 개업공인중개사의 업무 범위

### (1) 중개업

### (2) 상업용 건축물 및 주택의 임대관리 등 부동산의 관리대행

① 법인인 개업공인중개사의 업무에 해당하는 부동산 관리대행의 대표적인 사례가 상업용 건축물 및 주택의 임대관리업이다. 즉 부동산의 관리대행업과 임대관리업은 동일한 의미이다.

② 법인인 개업공인중개사가 임대관리업을 할 수 있는 대상은 상업용 건축물 및 주택이다. 따라서 공업용건축물이나 농업용건축물의 임대관리업은 법인인 개업공인중개사의 업무에 해당하지 않는다.

③ 법인인 개업공인중개사는 상업용 건축물 및 주택의 임대관리업을 할 수 있지만 상업용 건축물 및 주택의 임대업을 할 수 있는 것은 아니다. 상가나 주택을 소유자를 대신하여 임대차 등을 관리해주는 것과 상가나 주택의 임대업은 구별된다.

### (3) 부동산의 이용·개발 및 거래에 관한 상담

법인인 개업공인중개사는 부동산 이용, 개발 및 거래에 관한 상담업을 할 수 있다. 부동산 이용, 개발 및 거래에 관한 상담은 대상 고객에 제한이 없다. 일반인을 대상으로 하든, 중개의뢰인을 대상으로 하든, 개업공인중개사를 대상으로 하든 부동산이용, 개발 및 거래에 관한 상담은 법인인 개업공인중개사의 업무에 해당한다. 그러나 부동산개발업은 법인인 개업공인중개사의 업무에 해당하지 않는다.

### (4) 개업공인중개사를 대상으로 한 중개업의 경영기법 및 경영정보의 제공

① 중개사무소를 운영하는 개업공인중개사를 대상으로 중개업 경영기법 및 경영 정보를 제공하는 것이 법인인 개업공인중개사의 업무에 해당한다. 중개업소 운영에 대한 노우하우를 제공해서 개업공인중개사의 중개사무소 경영에 도움을 주는 업무를 법인인 개업공인중개사가 할 수 있다.

② 개업공인중개사를 상대로 부동산정보를 제공하는 것은 법인인 개업공인중개사의 업무에 해당하지 않는다. 또한 공인중개사를 대상으로 한 중개업의 경영기법 및 경영 정보의 제공은 법인인 개업공인중개사의 업무에 해당하지 않는다.



### (5) 상업용 건축물 및 주택의 분양대행

① 분양대행

법인인 개업공이중개사는 상업용 건축물이나 주택의 분양계약 체결을 대신해주는 분양대행을 업무로 할 수 있다. 상업용 건축물이나 주택에 대한 분양계약 체결을 알선 한 것이라면 중개에 해당하지만 상업용 건축물이나 주택에 대한 분양대행은 중개에 해당하지 않는다. 따라서 상가나 주택의 분양대행해주고 받은 보수는 중개보수가 아니어서 법정한도가 없어서 많이 받아도 금지행위에 해당하지 않는다.

② 상업용 건축물 및 주택

상업용 건축물이나 주택에 대한 분양대행은 법인인 개업공인중개사의 업무에 해당하지만 토지에 대한 분양대행이나 공업용건축물에 대한 분양대행은 법인인 개업공인중개사의 업무에 해당하지 않는다. 따라서 택지에 대한 분양대행이나 상업용지에 대한 분양대행은 법인인 개업공인중개사의 업무에 해당하지 않는다.

### (6) 중개의뢰인의 의뢰에 따른 도배·이사업체의 소개 등 주거이전에 부수되는 용역의 알선

① 법인인 개업공인중개사는 중개의뢰인의 의뢰를 받고 주거 이전에 부수되는 용역의 알선을 할 수 있다. 주거이전에 부수되는 대표적인 사례가 도배 이사업체의 소개이다.

② 중개의뢰인의 부탁을 받고 도배나 이사업체를 소개해주는 것은 법인인 개업공인중개사의 업무에 해당한다. 중개의뢰인의 필요에 의하여 도배업체나 포장이사업체 및 인테리어업체 등을 소개를 부탁 받고 법인인 개업공인중개사가 도배업체나 이사업체를 알선해줄 수 있다. 주의 할 것은 법인인 개업공인중개사가 도배업이나 이사업에 종사할 수 없다는 점이다.

③ 법인인 개업공인중개사는 주거이전에 부수되는 용역의 제공을 할 수 없다.

### (7) 「민사집행법」에 의한 경매 및 「국세징수법」 그 밖의 법령에 의한 공매대상 부동산에 대한 권리분석 및 취득의 알선과 매수신청 또는 입찰신청의 대리

① 경매 알선 대리

법인인 개업공인중개사는 민사집행법」에 의한 경매대상 부동산에 대한 권리분석 및 취득의 알선을 할 수 있다. 법인인 개업공인중개사가 경매 대상 부동산에 입찰하는 데 경매 물건에 대한 권리분석을 해주는 등 투자자가 직접 입찰하는 데 도움을 주는 소극적인 활동을 의미한다. 법인인 개업공인중개사는 적극적으로 민사집행법」에 의한 경매대상 부동산에 대한 매수신청 또는 입찰신청의 대리를 할 수 있다.

② 공매 알선 대리

개업공인중개사는 「국세징수법」 그 밖의 법령에 의한 공매대상 부동산에 대한 권리분석 및 취득의 알선과 매수신청 또는 입찰신청의 대리를 할 수 있다.

③ 부칙상 개업공인중개사

이 법에 의한 중개사무소의 개설등록을 한 것으로 보는 자는 제14조 제2항의 업무를 할 수 없다(부칙 제6조 제2항). 부칙상의 개업공인중개사는「민사집행법」에 의한 경매 및 「국세징수법」 그 밖의 법령에 의한 공매대상 부동산에 대한 권리분석 및 취득의 알선과 매수신청 또는 입찰신청의 대리를 할 수 없다.

④ 법원 등록이 필요한 경우 - 경매 매수신청 대리

개업공인중개사가 제2항의 규정에 따라 「민사집행법」에 의한 경매대상 부동산의 매수신청 또는 입찰신청의 대리를 하고자 하는 때에는 대법원규칙으로 정하는 요건을 갖추어 법원에 등록을 하고 그 감독을 받아야 한다(법 제14조 제3항). 주의할 것은 민사집행법」에 의한 경매대상 부동산에 대한 권리분석 및 취득의 알선 행위를 할 때에는 법원에 등록하지 않고도 할 수 있다는 점이다. 나아가 국세징수법」 그 밖의 법령에 의한 공매대상 부동산에 대한 권리분석 및 취득의 알선과 매수신청 또는 입찰신청의 대리행위도 법원에 등록하지 않고도 할 수 있다.

**참고학습 | 법인인 개업공인중개사의 제14조 위반**

법인인 개업공인중개사는 원칙적으로 중개업과 공인중개사법 제14조에 규정된 업무만 겸업할 수 있고 그 밖의 업무를 겸업할 수 없다. 따라서 법인인 개업공인중개사는 대부업, 운송업, 도배업, 감정평가업, 문구점업 등은 겸업할 수 없다. 만약 이를 위반하면 등록관청의 법인인 개업공인중개사의 중개사무소 개설등록을 취소할 수 있다(법 제38조 제2황 4호).

법인인 개업공인중개사의 14조에 규정된 업무영역 비교

| | 중개 | 보수규제 |
|---|---|---|
| ① 중개업 | ○ | ○(국령/조례) |
| ② ~ ⑥ | × | ×(협의결정) |
| ⑦ 경매·공매 알선 및 대리 | × | ○(대법원예규) 경매알선대리 |

## 2 공인중개사인 개업공인중개사

### (1) 원칙 : 겸업허용

공인중개사인 개업공인중개사는 업무범위에 대한 규정은 없지만 해석상 공인중개사법 및 다른 법률에서 금지 또는 제한하지 않는 업종은 중개업을 하면서 얼마든지 겸업할 수 있다. 따라서 공인중개사인 개업공인중개사는 법 제14조에 규정된 법인인 개업공인중개사의 업무를 모두 겸업할 수 있다. 따라서 부동산컨설팅업, 분양대행, 관리대행, 도배업체 소개, 경영정보의 제공 등의 업무를 중개업을 하면서 같이 겸업할 수 있다. 나아가 공인중개사인 개업공인중개사는 문구점, 담배소매업, 이사업, 도배업 등 다양한 업무를 겸업할 수 있다.

### (2) 예외 : 겸업제한

공인중개사인 개업공인중개사는 다른 법률에서 금지 또는 제한하는 업무는 할 수 없다. 공무원법상 공무원은 영리행위가 금지되므로 공무원으로 근무하면서 영리활동인 중개업을 겸업할 수 없다.

## 3 부칙 제6조의 개업공인중개사

### (1) 원칙 : 겸업허용

부칙 제6조의 개업공인중개사는 업무범위에 대한 규정은 없지만 해석상 공인중개사법 및 다른 법률에서 금지 또는 제한하지 않는 업종은 중개업을 하면서 얼마든지 겸업할 수 있다. 따라서 공인중개사인 개업공인중개사는 법 제14조에 규정된 법인인 개업공인중개사의 업무 중 경 공매 업무를 제외한 나머지 업무를  모두 겸업할 수 있다. 나아가 부칙상의 개업공인중개사는 문구점, 담배소매업, 이사업, 도배업 등 다양한 업무를 겸업할 수 있다.

### (2) 예외 : 겸업제한

부칙 제6조의 개업공인중개사는 공인중개사법 또는 다른 법률에서 금지 또는 제한하는 업무는 할 수 없다. 공인중개사법 규정에 의하여 부칙상의 개업공인중개사는 경매 공매 업무는 일체 할 수 없다.

## 보충학습

1. 업무지역

(1) 법인 및 공인중개사인 개업공인중개사

법인인 개업공인중개사 및 공인중개사인 개업공인중개사는 업무지역은 전국이다. 개업공인중개사의 중개사무소가 서울특별시 강남구에 있다고해도 전국의 모든 지역의 중개대상물을 중개할 수 있다.

특히 법인인 개업공인중개사의 분사무소의 업무지역도 전국이다 법인의 분사무소가 서울특별시 강남구에 있을 때 업무지역이 서울특별시로 제한되는 것이 아니고 전국의 중개대상물을 모두 중개할 수 있다.

(2) 부칙 제6조의 개업공인중개사

① 특별시·광역시·도

㉠ 부칙 제6조 제2항에 규정된 중개업자의 업무지역은 당해 중개사무소가 소재하는 특별시·광역시·도의 관할 구역으로 하며, 그 관할 구역 안에 있는 중개대상물에 한하여 중개행위를 할 수 있다(부칙 제6조 제6항). 부칙 제6조 제2항의 개업공인중개사가 공인중개사를 고용하거나, 공인중개사인 개업공인중개사와 중개사무소를 공동으로 사용하여도 업무지역이 전국으로 되지는 않는다. 부칙 제6조 제2항의 개업공인중개사도 업무지역 밖으로 중개사무소를 이전할 수 있다. 다만, 사무소를 이전한 경우에는 이전 후의 중개사무소를 관할하는 특별시·광역시·도의 관할구역내로 업무지역이 제한된다.

㉡ 다만, 제24조의 규정에 의한 부동산거래정보망에 가입하고 이를 이용하여 중개하는 경우에는 당해 정보망에 공개된 관할 구역 외의 중개대상물에 대하여도 이를 중개할 수 있다(부칙 제6조 제6항).

② 위반시 업무정지

부칙 제6조 제2항에 규정된 중개업자의 중개사무소 소재지를 관할하는 등록관청은 제2항에 규정된 중개업자가 제6항에 규정된 업무지역의 범위를 위반하여 중개행위를 한 경우에는 6월의 범위 안에서 기간을 정하여 업무의 정지를 명할 수 있다(부칙 제6조 제7항).

2. 중개대상물의 범위

(1) 개업공인중개사가 취급할 수 있는 중개대상물의 범위 등을 법령으로 정하고 있지 않다. 따라서 모든 개업공인중개사는 법제3조에 규정된 중개대상물을 차이없이 취급할 수 있다. 부칙 제6조 제2항에 규정된 개업공인중개사도 토지, 건축물 그 밖의 토지의 정착물, 입목, 광업재단, 공장재단을 모두 중개할 수 있다. 따라서 개업공인중개사의 종별에 따라서 취급할 수 있는 중개대상물의 범위는 동일하다.

(2) 다만, 특수법인으로서의 지역농업협동조합은 취급할 수 있는 중개대상물이 농지로 제한된다.

## 제8절 고용인 제28회 제29회 제30회 제31회 제32회 제34회 제35회

### 1 고용인의 고용 및 해고

#### (1) 고용인의 종류

개업공인중개사에 소속된 고용인은 소속공인중개사와 중개보조원이 있다.

① 소속공인중개사

"소속공인중개사"라 함은 개업공인중개사에 소속된 공인중개사(개업공인중개사인 법인의 사원 또는 임원으로서 공인중개사인 자를 포함한다)로서 중개업무를 수행하거나 개업공인중개사의 중개업무를 보조하는 자를 말한다. 중개업무에는 거래계약서작성, 확인설명, 확인설명서 작성 업무가 포함된다. 따라서 소속공인중개사는 거래계약서작성, 확인설명, 확인설명서 작성 업무를 할 수 있다. 그런데 소속공인중개사가 중개업무이외에 보조업무도 할 수 있으므로 공인중개사 자격을 갖고 단순보조 활동만 하더라고 소속공인중개사에 포함된다. 소속공인중개사가 되려는 자는 시·도지시가 실시하는 실무교육을 수료하여야 한다.

② 중개보조원

"중개보조원"이라 함은 공인중개사가 아닌 자로서 개업공인중개사에 소속되어 중개대상물에 대한 현장안내 및 일반서무 등 개업공인중개사의 중개업무와 관련된 단순한 업무를 보조하는 자를 말한다. 중개보조원은 소속공인중개사와 다르게 중개업무를 할 수 없다. 따라서 중개보조원은 거래계약서작성, 확인설명, 확인설명서 작성 업무를 할 수 없다. 중개보조원이 되려는 자는 시·도지사 또는 등록관청이 실시하는 직무교육을 수료하여야 한다.

**소속공인중개사와 중개보조원의 비교**

| | 소속공인중개사 | 중개보조원 |
|---|---|---|
| 공인중개사 자격 | ○ | × |
| 중개업무 수행 | ○ | × |
| 서명 및 날인의무 | ○ | × |
| 인장등록(사용)의무 | ○ | × |
| 자격정지 대상 | ○ | × |
| 부동산거래계약신고서 제출대행 | ○ | × |
| 품위유지 신의 성실 공정 | ○ | × |
| 고지의무 | × | ○ |
| 교육 | 실무교육 | 직무교육 |

### (2) 고용인의 고용

① 중개보조원 숫자제한

개업공인중개사는 자신이 영업을 위해서 필요하면 소속공인중개사 및 중개보조원을 고용할 수 있다. 개업공인중개사가 소속공인중개사를 고용하는 경우에는 숫자의 제한이 없으나 중개보조원을 고용하는 경우에는 법정채용한도가 있다. 개업공인중개사가 고용할 수 있는 중개보조원의 수는 개업공인중개사와 소속공인중개사를 합한 수의 5배를 초과하여서는 아니 된다(법 제15조 제3항). 즉, 혼자 중개사무소를 운영하는 공인중개사인 개업공인중개사인 경우에는 중개보조원을 5명을 초과하여 고용할 수 없다. 이를 위반한 경우에는 등록관청은 개업공인중개사의 중개사무소의 개설등록을 취소하여야 한다. 또한 법정한도를 초과하여 중개보조원을 고용한 개업공인중개사는 1년 이하의 징역이나 1천만원 이하의 벌금형에 처한다.

② 등록의 결격사유등에 해당하는 자 고용금지

개업공인중개사는 결격사유에 해당자를 소속공인중개사나 중개보조원으로 고용하면 안 된다. 만약 이를 위반하여 결격사유에 해당하는 자를 개업공인중개사가 고용한 경우에는 등록관청은 그 개업공인중개가 2개월이내에 해고하지 않으면 업무정지를 명할 수 있다.

③ 고용신고

개업공인중개사는 소속공인중개사 또는 중개보조원을 고용한 경우에는 법 제34조 제2항 또는 제3항에 따른 교육을 받도록 한 후 법 제15조 제1항에 따라 업무개시 전까지 등록관청에 신고(전자문서에 의한 신고를 포함한다)하여야 한다(시행규칙 제8조 제1항). 소속공인중개사 또는 중개보조원의 고용신고는 별지 제11호서식에 따른다. 만약 개업공인중개사가 고용인을 고용하였음에도 등록관청에 고용신고를 하지 않은 경우에는 업무정지 사유에 해당한다.

④ 등록관청의 확인사항 3가지

개업공인중개사로부터 고용 신고를 받은 등록관청은 법 제5조 제2항에 따라 공인중개사 자격증을 발급한 시·도지사에게 그 소속공인중개사의 공인중개사 자격 확인을 요청하여야 한다(시행규칙 제8조 제2항). 특히 소속공인중개사에 대한 고용신고를 할 때에는 공인중개사 자격증 사본을 첨부하여야 하는 것은 아니다. 고용 신고를 받은 등록관청은 법 제10조 제2항에 따른 결격사유 해당 여부와 법 제34조 제2항 또는 제3항에 따른 교육 수료 여부를 확인하여야 한다(시행규칙 제8조 제3항).

소속공인중개사 또는 중개보조원으로 외국인을 고용하는 경우에는 제4조 제1항 제6호가목의 서류(결격사유에 해당하지 아니함을 증명하는 서류)를 첨부하여야 한다.

### (3) 고용관계 종료

개업공인중개사는 소속공인중개사 또는 중개보조원과의 고용관계가 종료된 때에는 법 제15조 제1항에 따라 고용관계가 종료된 날부터 10일 이내에 등록관청에 신고하여야 한다(시행규칙 제8조 제4

항). 소속공인중개사 또는 중개보조원의 고용용관계종료 신고는 별지 제11호서식에 따른다(시행규칙 제8조 제5항).

### (4) 협회 통보

소속공인중개사 또는 중개보조원의 고용이나 고용관계 종료신고를 받은 등록관청은 그 사실을 다음 달 10일까지 공인중개사협회에 통보하여야 한다(영 제14조 제3호).



## 2 개업공인중개사의 고용인 업무상 행위에 따른 책임

### (1) 민사책임

① 법 제15조 제2항

소속공인중개사 또는 중개보조원의 업무상 행위는 그를 고용한 개업공인중개사의 행위로 본다(법 제15조 제2항). 고용인의 모든 행위에 대하여 개업공인중개사가 책임을 지는 것은 아니다. 개업공인중개사는 고용인의 업무상 행위에 한하여 책임지도록 하는 것이 바람직하기 때문이다. 그러나 개업공인중개사의 업무상 행위에 대하여 고용인이 책임지는 것은 아니다.

> 주의할 점은 소속공인중개사 또는 중개보조원의 업무상행위는 개업공인중개사의 행위로 "본다".
> **※ 본다 = 의제한다= 간주한다 ≠ 추정한다.**

② 업무상행위

판례는 고용인의 "업무상 행위"를 외형상 객관적으로 판단하고 있고 넓게 인정하고 있다.고용인의 업무상 행위는 중개대상물의 거래행위에 관한 알선 업무 뿐만 아니라 위 업무와 관련이 있고, 외형상 객관적으로 중개업무 또는 그와 관련된 것으로 보여지는 행위도 포함 된다(서울남부지원 1993.11. 17 92가합14350). 권리의 득실변경에 관한 행위를 알선하는 업무 뿐만 아니라 중개보조원이 의뢰인이 맡겼던 계약금을 횡령한 경우에도 중개업무와 관련된 것으로 본다(대판 67다2222).

③ 부진정연대책임

고용인의 고의 또는 과실로 거래당사자에게 재산상 손해를 발생하게 하였으면 개업공인중개사가 함께 손해배상책임을 진다. 재산상 손해를 입은 거래당사자는 고용인과 개업공인중개사에게 선택적으로 또는 공동으로 손해배상청구가 가능하다. 개업공인중개사가 손해배상책임을 진다고 하여 고용인 자신의 책임이 면책되는 것은 아니다(대판 2006다29945 판결). 그러나 피해자인 거래당사자에게 과실이 있다면 과실상계(대판 2008다22276 판결)의 법리에 의하여 피해자에 대한 손해배상금액을 정할 때 피해자의 과실을 참작하여야 한다. 고용인의 고의 또는 과실로 개업공인중개사가 손해배상을 한 경우에 개업공인중개사는 고용인에게 구상권을 행사할 수 있다.

④ 무과실책임

고용인의 업무상 행위에 대하여 개업공인중개사에게 고의 과실이 없는 경우에도 거래당사자의 재산상 손해에 대해서 개업공인중개사는 손해배상책임을 진다. 거래당사자의 재산상 손해를 배상 받는 데 있어서 손 쉽게 배상 받을 수 있도록 해서 거래당사자를 두텁게 보호하기 위한 제도 장치이다. 나아가 고용인이 고의로 사고를 냈어도 거래당사자의 재산상 손해에 대해서 개업공인중개사는 손해배상책임 있다. 개업공인중개사가 고용인에게 대하여 지휘 감독을 철저히 했다 하더라도 고용인이 고의 과실로 거래당사자에게 재산상 손해를 발생하게 한 경우에 개업공인중개사는 그 손해를 배상할 책임 있다.

## (2) 형사책임

① 벌금형(원칙)

소속공인중개사·중개보조원 또는 개업공인중개사인 법인의 사원·임원이 중개업무에 관하여 행정형벌에 해당하는 위반행위를 한 때에는 그 행위자를 벌하는 외에 그 개업공인중개사에 대하여도 해당 조에 규정된 벌금형을 과한다(법 제50조). 개업공인중개사의 고용인의 업무상 활동에 대해서 지휘 감독 책임을 물어 벌금형으로 처벌한다. 이 때 개업공인중개사를 이러한 지휘 감독 책임을 물어 징역형으로 처벌하는 것은 지나치다고 보아 벌금형으로 규정하고 있다. 그리고 개업공인중개사가 법제50조에 규정된 양벌규정으로 처벌 받았을 때 고용인에게 구상권을 행사할 수 없다.

② 등록의 결격사유 등 ×

공인중개사법상 '이 법을 위반하여 벌금형의 선고를 받고 3년이 경과되지 아니한 자'는 결격사유에 해당한다는 것은 같은 법 제50조의 양벌규정으로 처벌받은 개업공인중개사는 포함되지 않는다(대판 2007두26568 판결). 즉 고용인이 공인중개사법 위반으로 벌금형을 받은 경우에 개업공인중개사는 결격사유에 해당하지 않는다.

③ 등록취소 ×

양벌규정에 따라 벌금형을 선고 받은 개업공인중개사는 결격사유에 해당하지 않으므로 등록관청은 개업공인중개사의 중개사무소의 개설등록을 취소하여서는 안 된다.

④ 불처벌(예외)

다만, 그 개업공인중개사가 그 위반행위를 방지하기 위하여 해당업무에 관하여 상당한 주의와 감독을 게을리하지 아니한 경우에는 벌금형으로 처벌하지 않는다(법 제50조).

## (3) 행정적책임

① 고용인이 금지행위를 한 경우에 그를 고용한 개업공인중개사의 등록이 취소되거나 업무정지 처분을 받을 수 있다.

② 이 때 고용인 중 소속공인중개사는 자격정지의 행정처분 대상이 된다. 반면에 중개보조원은 금지행위를 하더라도 행정처분 대상은 아니다.

개업공인중개사의 고용상책임

| | 고용인 | 개업공인중개사 | 성 격 |
|---|---|---|---|
| 민사적 책임 | 손해배상책임 | 손해배상책임 | 연대책임/무과실책임 |
| 형사적 책임 | 3/3, 1/1 | /3, /1 | 양벌규정(제50조) |
| 행정적 책임 | 소공 : 자격정지<br>중개보조원 : × | 업무정지/<br>등록취소 | |

## 제9절 인장 제27회 제28회 제29회 제30회 제31회 제34회

### 1 인장등록

#### (1) 등록의무자

개업공인중개사 및 소속공인중개사는 중개행위에 사용할 인장을 등록관청에 등록(전자문서에 의한 등록 포함)하여야 한다. 소속공인중개사도 중개행위에 사용할 인장을 등록할 의무가 있다. 분사무소의 소속공인중개사도 인장 등록의무가 있다. 반면에 중개보조원은 인장을 등록할 의무가 없다.

#### (2) 등록할 인장

① 자연인

개업공인중개사 및 소속공인중개사가 등록하여야 할 인장은 공인중개사인 개업공인중개사, 법 제7638호 부칙 제6조 제2항에 규정된 개업공인중개사 및 소속공인중개사의 경우에는 「가족관계의 등록 등에 관한 법률」에 따른 가족관계등록부 또는 「주민등록법」에 따른 주민등록표에 기재되어 있는 성명이 나타난 인장을 등록하여야 한다(시행규칙 제9조 제3항). 자연인의 경우에 인감증명법에 따라 신고한 인장을 등록하여야 하는 것은 아니다. 등록할 인장의 크기는 가로·세로 각각 7밀리미터 이상 30밀리미터 이내인 인장이어야 한다(시행규칙 제9조 제3항).

② 법인인 개업공인중개사

법인인 개업공인중개사의 경우에는 「상업등기규칙」에 따라 신고한 법인의 인장이어야 한다. 즉 법인인 개업공인중개사가 법인의 대표자의 인장을 등록해야 하는 것은 아니다. 따라서 법인인 개업공인중개사의 인장 등록은 「상업등기규칙」에 따른 인감증명서의 제출로 갈음한다(시행규칙 제9조 제4항).

③ 분사무소

분사무소에서 사용할 인장의 경우에는 「상업등기규칙」에 따라 신고한 법인의 인장을 등록하거나 「상업등기규칙」 제35조 제3항에 따라 법인의 대표자가 보증하는 인장을 등록할 수 있다(시행규칙).

### (3) 등록장소

개업공인중개사는 사용할 인장을 등록관청에 등록하여야 한다. 분사무소에서 사용할 인장도 주된 사무소 소재지 관할 등록관청에 등록하여야 한다.

### (4) 등록방법

① 인장등록신고서

인장의 등록은 별지 제11호의2 서식에 따른다(시행규칙 제9조 제5항).

② 인장의 등록은 다음 각 호의 신청이나 신고와 같이 할 수 있다(시행규칙 제9조 제6항).

| 1. 제4조에 따른 중개사무소 개설등록신청<br>2. 제8조에 따른 소속공인중개사·중개보조원에 대한 고용 신고 |
|---|

### (5) 등록시기

① 최초

개업공인중개사 및 소속공인중개사는 법 제16조 제1항의 규정에 따라 업무를 개시하기 전에 중개행위에 사용할 인장을 등록관청에 등록(전자문서에 의한 등록을 포함한다)하여야 한다(시행규칙 제9조 제1항).

② 변경

등록한 인장을 변경한 경우에는 개업공인중개사 및 소속공인중개사는 변경일부터 7일 이내에 그 변경된 인장을 등록관청에 등록(전자문서에 의한 등록을 포함한다)하여야 한다(시행규칙 제9조 제2항).

## 2 등록인장 사용

개업공인중개사 및 소속공인중개사는 거래계약서, 확인설명서, 일반중개계약서, 전속중개계약서 등 중개행위에 관련된 일체의 문서에 날인하여야 한다. 소속공인중개사는 당해 중개행위를 한 경우에 확인설명서와 거래계약서에 서명 및 날인할 의무가 있지만 일반중개계약서나 전속중개계약서에는 서명 및 날인할 의무가 없다.

## 3 위반시 제재

### (1) 개업공인중개사

개업공인중개사가 사용할 인장을 등록하지 않거나 등록된 인장을 사용하지 않은 경우에는 등록관청은 개업공인중개사에 대하여 6개월 이하의 범위내에서 업무정지를 명할 수 있다.

### (2) 소속공인중개사

소속공인중개사가 사용할 인장을 등록하지 않거나 등록된 인장을 사용하지 않은 경우에는 시·도지사는 소속공인중개사에 대하여 6개월 이하의 범위내에서 자격정지를 명할 수 있다.

※ 개업공인중개사나 소속공인중개사가 등록한 인장을 사용하지 않은 경우에는 제재를 받지만 서류의 사법상 효력은 유효로 될 수 있다.

# 제10절 휴업 폐업 제28회 제29회 제30회 제31회 제32회 제34회 제35회

## 1 휴업신고

### (1) 3개월 초과 휴업

① 3개월 초과 휴업

개업공인중개사는 3개월을 초과하는 휴업하고자 하는 때에는 등록관청에 그 사실을 신고하여야 한다(제21조 제1항). 장기간 휴업하면서 중개사무소를 무등록자에게 맡기는 등 탈법행위 하는 것을 규제하기 위한 법규정이다. 따라서 개업공인중개사가 3개월 이하 기간 동안 휴업을 하고자 하는 경우에 등록관청에 휴업신고할 의무는 없다. 중개사무소의 개설등록 후 업무를 개시하지 아니하는 경우도 휴업으로 간주한다. 따라서 중개사무소의 개설등록 후 3개월을 초과하여 업무를 개시하지 아니 할 경우에는 미리 등록관청에 휴업신고를 하여야 한다.

② 등록증 첨부

개업공인중개사는 법 제21조 제1항에 따라 휴업신고 하고자 하는 때에는 국토교통부령으로 정하는 신고서에 중개사무소등록증을 첨부하여 등록관청에 미리 신고해야 한다(시행령 제18조 제1항). 등록관청에서 휴업신고한 개업공인중개사의 등록증을 보관함으로써 등록증 대여를 방지하기 위한 것이다.

③ 전자문서에 의한 신고 불가능

개업공인중개사는 법 제21조 제1항에 따라 휴업신고 하고자 하는 때에는 중개사무소등록증을 첨부하여야 하므로 등록관청에 방문신고는 가능하지만 전자문서로 휴업신고하는 경우에는 등록증을 첨부할 수 없으므로 개업공인중개사의 휴업신고는 전자문서로 할 수 없다.

④ 분사무소별 휴업신고

법인인 개업공인중개사는 법 제13조 제3항에 따라 분사무소를 둔 경우에는 휴업신고를 분사무소별로 할 수 있다. 이 경우 법 제13조 제4항에 따른 신고확인서를 첨부해야 한다(시행령 18조 제2항).

⑤ 휴업신고서

영 제18조 제1항 및 제2항에 따른 부동산중개업휴업(폐업·재개·휴업기간변경)신고서는 별지 제13호서식에 따른다(시행규칙 제12조).

### (2) 6개월 초과 휴업

① 원칙

휴업은 6개월을 초과할 수 없다.

② 예외

질병으로 인한 요양등 대통령령으로 정하는 부득이한 사유가 있는 경우에는 6개월을 초과하여 휴업할 수 있다. 즉 부득이한 사유만 있다면 개업공인중개사는 1년간이라도 휴업할 수 있다. 법 제21조 제2항에서 "대통령령으로 정하는 부득이한 사유"란 다음 각 호의 어느 하나에 해당하는 사유를 말한다(시행령 제18조 제6항).

1. 질병으로 인한 요양
2. 징집으로 인한 입영
3. 취학
4. 임신 또는 출산
5. 그 밖에 제1호부터 제4호까지의 규정에 준하는 부득이한 사유로서 국토교통부장관이 정하여 고시하는 사유

**참고학습** 휴업관련 내용 정리

① 휴업사실 표시 의무 없음
② 간판 철거의무 없음 : 휴업신고한 개업공인중개사는 중개사무소의 간판을 철거할 의무는 없다.
③ 이중소속금지 : 휴업기간 중인 개업공인중개사는 그 기간 중에 다른 개업공인중개사의 고용인이 될 수 없다. 휴업기간 중이지만 개업공인중개사인 것은 사실이므로 이중소속금지 규정에 따라 휴업기간 중에 다는 개업공인중개사의 사무실에서 근무할 수 없다.

## 2 재개신고

### (1) 휴업신고자

개업공인중개사는 3개월을 초과하여 휴업한 부동산중개업을 재개하려는 경우 등록관청에 그 사실을 신고하여야 한다(법 제21조 제1항). 따라서 2개월을 신고 없이 휴업 중인 개업공인중개사는 영업을

재개하고자 하는 경우에 등록증을 보관한 게 없으므로 재개신고의무가 없다. 그러나 4월을 휴업하고자 휴업신고 했던 자가 2월 후에 영업을 재개하고자 하는 경우에 등록관청에 등록증을 보관한 것이 있으므로 이를 회수해 오는 것이 필요하니까 휴업기간이 2개월에 불과하지만 재개 신고하여야 한다.



### (2) 등록증(분사무소의 경우 설치신고서) 첨부 안 함

3개월을 초과하여 휴업한 개업공인중개사가 등록관청에 재개신고하는 것이므로 등록증을 가지고 있지 않아서 재개신고를 할 때에는 등록증을 첨부하지 않는다.

### (3) 전자문서 가능

개업공인중개사가 재개신고를 할 때 등록증을 첨부하지 않으므로 방문신고도 가능하지만 전자문서로 신고하는 것도 가능하다.

### (4) 등록증(분사무소의 경우 설치신고확인서) 즉시 반환

중개사무소재개신고를 받은 등록관청은 보관중인 중개사무소등록증을 즉시 반환해야 한다. 재개신고한 개업공인중개사가 반환 받은 등록증을 게시하고 영업으르 하여야 한다.

## 3 변경신고

### (1) 휴업신고자

개업공인중개사는 3개월을 초과하여 휴업한 기간을 변경하고자 하는 때에도 등록관청에 그 사실을 신고하여야 한다(법 제21조 제1항). 예를 들어 4개월을 휴업하고자 휴업신고 했던 개업공인중개사가 1개월을 연장하여 휴업하고자 하는 때에는 신고한 휴업기간의 만료 전에 미리 등록관청에 변경신고를 하여야 한다.

### (2) 등록증(분사무소의 경우 설치신고서) 첨부 안 함

휴업신고 한 자가 신고한 휴업기간을 변경하고자 하는 때에는 변경신고를 할 때에는 등록증을 가지고 있지 않은 상태이므로 등록증을 첨부하지 않는다.

### (3) 전자문서 가능

휴업기간의 변경신고를 하는 개업공인중개사는 등록증을 첨부하지 않기 때문에 방문신고도 가능하지만 전자문서에 의한 신고도 가능하다.

## 4 폐업신고

### (1) 사전신고

개업공인중개사는 폐업하고자 하는 때에는 등록관청에 그 사실을 신고하여야 한다(법 제21조 제1항). 휴업중인 개업공인중개사나 업무정지 기간 중에 있는 개업공인중개사도 폐업할 수 있다.

### (2) 등록증 첨부

개업공인중개사는 폐업신고 하려는 자는 국토교통부령으로 정하는 신고서에 중개사무소등록증을 첨부 하여 등록관청에 미리 신고 해야 한다.

### (3) 전자문서 불가능

개업공인중개사가 폐업신고할 때에는 등록증을 첨부하여야 하므로 방문신고는 가능하지만 전자문서로 할 수 없다.

### (4) 개업공인중개사의 사망

개업공인중개사가 사망한 경우에는 세대를 같이하는 자가 등록관청에 폐업신고하는 규정은 없다. 다만, 개업공인중개사가 사망한 경우에 등록관청은 사망한 개업공인중개사의 등록을 취소하여야 한다.

### (5) 분사무소별 폐업신고

법인인 개업공인중개사는 분사무소를 둔 경우에는 폐업신고를 분사무소별로 할 수 있다. 이 경우 신고확인서를 첨부해야 한다.

**참고학습** 폐업관련 정리

① 폐업한 후 1년 이내에 재등록하는 경우에는 실무교육을 면제 받는다
② 간판철거사유

## 5 부가가치세법상의 휴업 폐업신고

### (1) 등록관청에 신고

① 공인중개사법상의 휴업 폐업신고를 하려는 자가 「부가가치세법」 제8조 제8항에 따른 신고를 같이 하려는 경우에는 공인중개사법상의 휴업 폐업신고서에 부가가치세법 시행령 제13조 제1항에 따른 신고서를 함께 제출해야 한다(시행령 18조 제3항).

② 등록관청은 함께 제출받은 신고서를 지체 없이 관할 세무서장에게 송부(정보통신망을 이용한 송부를 포함한다.)해야 한다(시행령 18조 제4항).

### (2) 관할 세무서에 신고

개업공인중개사가 부가가치세법 제13조 제5항에 따라 관할 세무서장에 공인중개사법상의 휴업 폐업신고를 한 경우에 휴업 폐업신고를 받은 관할 세무서장이 해당 등록관청에 송부한 경우에는 개업공인중개사는 등록관청에 공인중개사법상의 휴업 폐업신고서를 제출한 것으로 본다.



## 6 협회 통보

개업공인중개사가 등록관청에 휴업신고, 재개신고, 변경신고, 폐업신고를 한 경우에 신고를 받은 등록관청은 다음 달 10일까지 공인중개사협회에 통보하여야 한다(시행령 제14조 제2호).

## 7 위반시 제재

### (1) 100만원 이하의 과태료

개업공인중개사가 휴업·폐업·재개·변경 신고를 하지 아니한 경우에는 100만원 이하의 과태료 사유에 해당한다. 중개사무소의 개설등록 후 3개월 이내에 업무개시를 하지 않으면서 휴업신고를 하지 않은 경우에도 3개월을 초과하는 휴업임에도 신고하지 않은 위반행위에 해당함으로 100만원 이하의 과태료 사유에 해당한다.

### (2) 임의적 등록취소

부득이한 사유없이 6개월을 초과하여 휴업한 개업공인중개사에 대해서 등록관청은 중개사무소의 개설등록을 취소할 수 있다. 개업공인중개사가 등록 후 6개월 이내에 부득이한 사유없이 업무를 개시하지 아니한 경우에는 등록관청은 중개사무소의 개설등록을 취소할 수 있다.

**참고학습** 휴업 폐업 관련 정리

① 분사무소별로 휴업 폐업 재개 변경신고 할 수 있다.
② 휴업, 폐업, 재개, 변경신고를 받은 등록관청은 다음 달 10일까지 공인중개사협회에 이를 통보하여야 한다.
③ 휴업 폐업신고를 할 때에는 등록증을 첨부하지만 재개나 변경신고를 하고자 하는 경우에는 등록증을 첨부하지 않는다.
④ 휴업 폐업신고를 할 때에는 전자문서로 할 수 없지만 재개나 변경신고를 할 때에는 전자문서로 할 수 있다.
⑤ 휴업신고한 때에는 간판을 철거할 의무가 없지만 폐업신고를 한 때에는 간판을 철거하여야 한다.

## 04 CHAPTER 기출 및 예상문제

**01 공인중개사법령상 중개사무소의 설치에 관한 설명으로 틀린 것은?** (제34회)

① 개업공인중개사는 그 등록관청의 관할 구역 안에 1개의 중개사무소만을 둘 수 있다.
② 개업공인중개사는 이동이 용이한 임시 중개시설물을 설치하여서는 아니된다.
③ 주된 사무소의 소재지가 속한 군에는 분사무소를 설치할 수 없다.
④ 법인이 아닌 개업공인중개사가 그 관할 구역 외의 지역에 분사무소를 설치하기 위해서는 등록관청에 신고하여야 한다.
⑤ 분사무소 설치신고를 받은 등록관청은 그 신고내용이 적합한 경우에는 신고확인서를 교부하여야 한다.

해설 ④ 법인인 개업공인중개사가 그 관할 구역 외의 지역에 분사무소를 설치하기 위해서는 등록관청에 신고하여야 한다. 법인이 아닌 개업공인중개사는 분사무소를 설치할 수 없다.

정답 ④

**02 중개사법령상 공인중개사인 개업공인중개사가 중개사무소를 등록관청의 관할 지역 내로 이전한 경우에 관한 설명으로 틀린 것을 모두 고른 것은?** (제32회)

㉠ 중개사무소를 이전한 날부터 10일 이내에 신고해야 한다.
㉡ 등록관청이 이전신고를 받은 경우, 중개사무소등록증에 변경사항만을 적어 교부할 수 없고 재교부해야 한다.
㉢ 이전신고를 할 때 중개사무소등록증을 제출하지 않아도 된다.
㉣ 건축물대장에 기재되지 않은 건물로 이전신고를 하는 경우, 건축물대장 기재가 지연되는 사유를 적은 서류도 제출해야 한다.

① ㉠, ㉡　② ㉠, ㉣　③ ㉡, ㉢　④ ㉢, ㉣　⑤ ㉡, ㉢, ㉣

해설 ㉡ 등록관청이 이전신고를 받은 경우, 중개사무소등록증에 변경사항을 적어 교부하거나 등록증을 재교부할 수도 있다.
㉢ 이전신고를 할 때 중개사무소등록증을 제출하여야 한다.

정답 ③

**03 공인중개사법령상 중개사무소의 명칭 및 등록증 등의 게시에 관한 설명으로 틀린 것은?** (제34회)

① 공인중개사인 개업공인중개사는 공인중개사자격증 원본을 해당 중개사무소 안의 보기 쉬운 곳에 게시하여야 한다.
② 개업공인중개사는 「부가가치세법 시행령」에 따른 사업자등록증을 해당 중개사무소 안의 보기 쉬운 곳에 게시 하여야 한다.
③ 법인인 개업공인중개사는 그 사무소의 명칭에 '공인중개사사무소' 또는 '부동산중개'라는 문자를 사용하여야 한다.
④ 법인인 개업공인중개사의 분사무소에 옥외광고물을 설치하는 경우 분사무소설치 신고확인서에 기재된 책임자의 성명을 표기하여야 한다.
⑤ 법 제7638호 부칙 제6조 제2항에 따른 개업공인중개사는 그 사무소의 명칭에 '공인중개사사무소' 및 '부동산중개'라는 문자를 사용하여서는 아니된다.

해설 ⑤ 법 제7638호 부칙 제6조 제2항에 따른 개업공인중개사는 그 사무소의 명칭에 '공인중개사사무소'라는 문자를 사용하여서는 아니된다. 따라서 법 제7638호 부칙 제6조 제2항에 따른 개업공인중개사는 그 사무소의 명칭에 '부동산중개'라는 문자를 사용하여야 한다.

정답 ⑤

**04 공인중개사법령상 중개대상물의 표시·광고 및 모니터링에 관한 설명으로 틀린 것은?** (제32회)

① 개업공인중개사는 의뢰받은 중개대상물에 대하여 표시·광고를 하려면 개업공인중개사, 소속공인중개사 및 중개보조원에 관한 사항을 명시해야 한다.
② 개업공인중개사는 중개대상물이 존재하지 않아서 실제로 거래를 할 수 없는 중개대상물에 대한 광고와 같은 부당한 표시·광고를 해서는 안 된다.
③ 개업공인중개사는 중개대상물의 가격 등 내용을 과장되게 하는 부당한 표시·광고를 해서는 안 된다.
④ 국토교통부장관은 인터넷을 이용한 중개대상물에 대한 표시·광고의 규정준수 여부에 관하여 기본 모니터링과 수시 모니터링을 할 수 있다.
⑤ 국토교통부장관은 인터넷 표시·광고 모니터링 업무 수행에 필요한 전문인력과 전담조직을 갖췄다고 국토교통부장관이 인정하는 단체에게 인터넷 표시·광고 모니터링 업무를 위탁할 수 있다.

해설 ① 개업공인중개사는 의뢰받은 중개대상물에 대하여 표시·광고를 하려면 개업공인중개사에 관한 사항을 명시해야 한다. 반면에 중개보조원에 대한 사항을 명시하여서는 안 된다.

정답 ①

**05 공인중개사법령상 개업공인중개사가 의뢰받은 중개대상물에 대하여 표시·광고를 하려는 경우 '중개사무소, 개업공인중개사에 관한 사항'으로서 명시해야 하는 것을 모두 고른 것은?** (제30회)

| | |
|---|---|
| ㉠ 중개사무소의 연락처 | ㉡ 중개사무소의 명칭 |
| ㉢ 소속공인중개사의 성명 | ㉣ 개업공인중개사의 성명 |

① ㉠, ㉡ ② ㉡, ㉢ ③ ㉢, ㉣ ④ ㉠, ㉡, ㉣ ⑤ ㉠, ㉢, ㉣

해설 소속공인중개사의 성명이 표시광고에 명시해야 하는 것이 아니고 개업공인중개사의 성명을 명시하여야 한다.

정답 ④

**06 공인중개사법령상 개업공인중개사가 지체 없이 사무소의 간판을 철거해야 하는 사유를 모두 고른 것은?** (제32회)

㉠ 등록관청에 중개사무소의 이전사실을 신고한 경우
㉡ 등록관청에 폐업사실을 신고한 경우
㉢ 중개사무소의 개설등록 취소처분을 받은 경우
㉣ 등록관청에 6개월을 초과하는 휴업신고를 한 경우

① ㉣ ② ㉠, ㉢ ③ ㉡, ㉢ ④ ㉠, ㉡, ㉢ ⑤ ㉠, ㉡, ㉢, ㉣

해설 ㉣ 등록관청에 폐업신고하는 경우에는 간판철거의무가 발생하지만 휴업신고 하는 경우에는 기간에 관계없이 철거의무가 없다.

정답 ④

**07 공인중개사법령상 소속공인중개사를 둔 개업공인중개사가 중개사무소 안의 보기 쉬운 곳에 게시하여야 하는 것을 모두 고른 것은?** (제35회)

ㄱ. 소속공인중개사의 공인중개사자격증 원본
ㄴ. 보증의 설정을 증명할 수 있는 서류
ㄷ. 소속공인중개사의 고용신고서
ㄹ. 개업공인중개사의 실무교육 수료확인증

① ㄱ, ㄴ ② ㄱ, ㄹ ③ ㄴ, ㄷ ④ ㄷ, ㄹ ⑤ ㄱ, ㄴ, ㄹ

**해설** ㄷ. ㄹ. 은 게시할 서류에 해당하지 않는다.

정답 ①

**08 공인중개사법령상 법인인 개업공인중개사가 겸업할 수 있는 것을 모두 고른 것은?** (단, 다른 법률의 규정은 고려하지 않음) (제31회)

㉠ 주택용지의 분양대행
㉡ 주상복합 건물의 분양 및 관리의 대행
㉢ 부동산의 거래에 관한 상담 및 금융의 알선
㉣ 국세징수법상 공매대상 동산에 대한 입찰신청의 대리
㉤ 법인인 개업공인중개사를 대상으로 한 중개업의 경영기법 제공

① ㉠, ㉡ ② ㉡, ㉤ ③ ㉢, ㉣ ④ ㉠, ㉡, ㉤ ⑤ ㉡, ㉢, ㉣, ㉤

**해설** ㉠ 주택용지의 분양대행 - 토지에 대한 분양대행은 업무에 해당하지 않는다.
㉢ 부동산의 거래에 관한 상담 및 금융의 알선 - 금융 알선은 업무에 해당하지 않는다.
㉣ 국세징수법상 공매대상 동산에 대한 입찰신청의 대리 - 동산에 대한 입찰신청대리는 업무에 해당하지 않는다.

정답 ②

**09 공인중개사법령상 고용인의 신고 등에 관한 설명으로 옳은 것은?** (제35회)

① 등록관청은 중개보조원의 고용 신고를 받은 경우 이를 공인중개사협회에 통보하지 않아도 된다.
② 개업공인중개사는 소속공인중개사를 고용한 경우에는 소속공인중개사가 업무를 개시한 날부터 10일 이내에 등록관청에 신고하여야 한다.
③ 개업공인중개사가 고용할 수 있는 중개보조원의 수는 개업공인중개사와 소속공인중개사를 합한 수의 5배를 초과하여서는 아니 된다.
④ 개업공인중개사는 소속공인중개사와의 고용관계가 종료된 때에는 고용관계가 종료된 날부터 30일 이내에 등록관청에 신고하여야 한다.
⑤ 소속공인중개사에 대한 고용 신고를 받은 등록관청은 공인중개사협회에게 그 소속공인중개사의 공인중개사 자격 확인을 요청하여야 한다.

해설
① 등록관청은 중개보조원의 고용 신고를 받은 경우 이를 공인중개사협회에 통보하여야 한다.
② 개업공인중개사는 소속공인중개사를 고용한 경우에는 소속공인중개사가 업무를 개시하기 전에 등록관청에 신고하여야 한다.
④ 개업공인중개사는 소속공인중개사와의 고용관계가 종료된 때에는 고용관계가 종료된 날부터 10일 이내에 등록관청에 신고하여야 한다.
⑤ 소속공인중개사에 대한 고용 신고를 받은 등록관청은 시 도지사에게 그 소속공인중개사의 공인중개사 자격 확인을 요청하여야 한다.

정답 ③

**10 공인중개사법령상 개업공인중개사의 고용인에 관한 설명으로 틀린 것은?** (제32회)

① 개업공인중개사는 중개보조원과 고용관계가 종료된 경우 그 종료일부터 10일 이내에 등록관청에 신고해야 한다.
② 소속공인중개사의 고용신고를 받은 등록관청은 공인중개사 자격증을 발급한 시·도지사에게 그 소속공인중개사의 공인중개사 자격 확인을 요청해야 한다.
③ 중개보조원뿐만 아니라 소속공인중개사의 업무상 행위는 그를 고용한 개업공인중개사의 행위로 본다.
④ 개업공인중개사는 중개보조원을 고용한 경우, 등록관청에 신고한 후 업무개시 전까지 등록관청이 실시하는 직무교육을 받도록 해야 한다.
⑤ 중개보조원의 고용신고를 받은 등록관청은 그 사실을 공인중개사협회에 통보해야 한다.

해설
④ 개업공인중개사는 중개보조원을 고용하는 경우에 시·도지사 또는 등록관청이 실시하는 직무교육을 고용신고 전에 받도록 해야 한다.

정답 ④

**11 공인중개사법령상 인장등록 등에 관한 설명으로 틀린 것은?** (제34회)

① 개업공인중개사는 중개사무소 개설등록 후에도 업무를 개시하기 전이라면 중개행위에 사용할 인장을 등록할 수 있다.

② 소속공인중개사의 인장등록은 소속공인중개사에 대한에 대한 고용 신고와 같이 할 수 있다.

③ 분사무소에서 사용할 인장의 경우에는 「상업등기규칙」에 따라 법인의 대표자가 보증하는 인장을 등록할 수 있다.

④ 소속공인중개사가 등록하여야 할 인장의 크기는 가로·세로 각각 7밀리미터 이상 30밀리미터 이내이어야 한다.

⑤ 소속공인중개사가 등록한 인장을 변경한 경우에는 변경 일부터 10일 이내에 그 변경된 인장을 등록해야 한다.

해설 ⑤ 소속공인중개사가 등록한 인장을 변경한 경우에는 변경 일부터 7일 이내에 그 변경된 인장을 등록해야 한다.

정답 ⑤

**12 공인중개사법령상 개업공인중개사의 휴업의 신고 등에 관한 설명으로 틀린 것은?** (제35회)

① 법인인 개업공인중개사가 4개월간 분사무소의 휴업을 하려는 경우 휴업신고서에 그 분사무소 설치 신고확인서를 첨부하여 분사무소의 휴업신고를 해야 한다.

② 개업공인중개사가 신고한 휴업기간을 변경하려는 경우 휴업기간 변경신고서에 중개사무소등록증을 첨부하여 등록관청에 미리 신고해야 한다.

③ 관할 세무서장이 「부가가치세법 시행령」에 따라 공인중개사법령상의 휴업신고서를 함께 받아 이를 해당 등록관청에 송부한 경우에는 휴업신고서가 제출된 것으로 본다.

④ 등록관청은 개업공인중개사가 대통령령으로 정하는 부득이한 사유가 없음에도 계속하여 6개월을 초과하여 휴업한 경우 중개사무소의 개설등록을 취소할 수 있다.

⑤ 개업공인중개사가 휴업한 중개업을 재개하고자 등록관청에 중개사무소재개신고를 한 경우 해당 등록관청은 반납받은 중개사무소등록증을 즉시 반환해야 한다.

해설 개업공인중개사가 신고한 휴업기간을 변경신고하는 경우에 중개사무소등록증을 첨부하지 않는다.

정답 ②

05 CHAPTER

# 중개계약 및 부동산거래정보망

단원별 학습포인트

- 중개계약과 부동산거래정보망 각각 1문제씩 출제된다. 전속중개계약은 전속중개계약을 체결한 경우에 발생하는 정보공개의무에 관한 사항이 핵심사항이다. 정보공개사항을 반드시 암기하여야 한다. 거래정보사업자는 지정요건이 중요하다.

## 1 일반중개계약 제34회 제35회

### (1) 의의

중개의뢰인이 불특정 다수의 개업공인중개사에게 중개의뢰하는 계약형태로서 구두로 체결하는 하는 것이 일반적인 형태이다. 그러나 중개의뢰인과 개업공인중개사가 합의하여 서면으로 하는 것도 가능하다. 일반중개계약은 불특정 다수의 개업공인중개사에게 중개의뢰하는 것이므로 개업공인중개사의 책임있는 중개활동을 기대하기 어렵다. 그러나 실무적으로 대부분 일반중개계약이 체결되고 있다.

### (2) 일반중개계약서

① 작성 요청

중개의뢰인은 중개의뢰내용을 명확하게 하기 위하여 필요한 경우에는 개업공인중개사에게 일반중개계약서의 작성을 요청할 수 있다(법 제22조). 이 경우에 개업공인중개사는 일반중개계약서를 작성 교부해야할 의무가 있는 것은 아니다.

② 법정서식

국토교통부장관은 법 제22조의 규정에 따른 일반중개계약의 표준이 되는 서식을 정하여 그 사용을 권장할 수 있다(시행령 제19조). 영 제19조의 규정에 따른 일반중개계약서는 별지 제14호서식(법정서식)에 따른다(시행규칙 제13조). 그렇지만 이러한 법정서식은 권장사항에 불과하므로 개업공인중개사는 일반중개계약서를 반드시 사용하여야 하는 것은 아니다.

③ 필수기재사항

중개의뢰인은 중개의뢰내용을 명확하게 하기 위하여 필요한 경우에는 개업공인중개사에게 다음 각 호의 사항을 기재한 일반중개계약서의 작성을 요청할 수 있다.

| 1. 중개대상물의 위치 및 규모<br>2. 거래예정가격<br>3. 거래예정가격에 대하여 제32조에 따라 정한 중개보수<br>4. 그 밖에 개업공인중개사와 중개의뢰인이 준수하여야 할 사항 |
|---|

④ 유효기간

일반중개계약의 유효기간은 서식에 따르면 특별한 약정이 없는 경우에는 3개월이다. 다만, 중개의뢰인과 개업공인중개사가 다르게 약정할 수 있다.

■ 공인중개사법 시행규칙 [별지 제14호서식] <개정 2014.7.29>

(앞쪽)

# 일 반 중 개 계 약 서

## ( [ ] 매도 [ ] 매수 [ ] 임대 [ ] 임차 [ ] 그 밖의 계약( ) )

※ 해당하는 곳의 [ ]란에 v표를 하시기 바랍니다.

중개의뢰인(갑)은 이 계약서에 의하여 뒤쪽에 표시한 중개대상물의 중개를 개업공인중개사(을)에게 의뢰하고 을은 이를 승낙한다.

1. 을의 의무사항

을은 중개대상물의 거래가 조속히 이루어지도록 성실히 노력하여야 한다.

2. 갑의 권리·의무 사항

1) 갑은 이 계약에도 불구하고 중개대상물의 거래에 관한 중개를 다른 개업공인중개사에게도 의뢰할 수 있다.

2) 갑은 을이 「공인중개사법」(이하 "법"이라 한다) 제25조에 따른 중개대상물의 확인·설명의무를 이행하는데 협조하여야 한다.

3. 유효기간

이 계약의 유효기간은 년 월 일까지로 한다.

※ 유효기간은 3개월을 원칙으로 하되, 갑과 을이 합의하여 별도로 정한 경우에는 그 기간에 따른다.

4. 중개보수

중개대상물에 대한 거래계약이 성립한 경우 갑은 거래가액의 ( )%(또는 원)을 중개보수로 을에게 지급한다.

※ 뒤쪽 별표의 요율을 넘지 않아야 하며, 실비는 별도로 지급한다.

5. 을의 손해배상 책임

을이 다음의 행위를 한 경우에는 갑에게 그 손해를 배상하여야 한다.

1) 중개보수 또는 실비의 과다수령: 차액 환급

2) 중개대상물의 확인·설명을 소홀히 하여 재산상의 피해를 발생하게 한 경우: 손해액 배상

6. 그 밖의 사항

이 계약에 정하지 않은 사항에 대하여는 갑과 을이 합의하여 별도로 정할 수 있다.

이 계약을 확인하기 위하여 계약서 2통을 작성하여 계약 당사자 간에 이의가 없음을 확인하고 각자 서명 또는 날인한 후 쌍방이 1통씩 보관한다.

년 월 일

계약자

| | | | | |
|---|---|---|---|---|
| 중개의뢰인 (갑) | 주소(체류지) | | 성명 | (서명 또는 인) |
| | 생년월일 | | 전화번호 | |
| 개업 공인중개사 (을) | 주소(체류지) | | 성명 (대표자) | (서명 또는 인) |
| | 상호(명칭) | | 등록번호 | |
| | 생년월일 | | 전화번호 | |

210mm×297mm[일반용지 60g/㎡(재활용품)]

(뒤쪽)

※ 중개대상물의 거래내용이 권리를 이전(매도·임대 등)하려는 경우에는 「Ⅰ. 권리이전용(매도·임대 등)」에 적고, 권리를 취득(매수·임차 등)하려는 경우에는 「Ⅱ. 권리취득용(매수·임차 등)」에 적습니다.

## Ⅰ. 권리이전용(매도·임대 등)

<table>
<tr><td>구분</td><td colspan="5">[ ] 매도 [ ] 임대 [ ] 그 밖의 사항( )</td></tr>
<tr><td rowspan="2">소유자 및<br>등기명의인</td><td colspan="3">성명</td><td colspan="2">생년월일</td></tr>
<tr><td colspan="5">주소</td></tr>
<tr><td rowspan="5">중개대상물의 표시</td><td rowspan="2">건축물</td><td colspan="2">소재지</td><td>건축연도</td></tr>
<tr><td>면적 ㎡</td><td>구조</td><td>용도</td></tr>
<tr><td rowspan="2">토지</td><td colspan="2">소재지</td><td>지 목</td></tr>
<tr><td>면적 ㎡</td><td>지역·지구 등</td><td>현재 용도</td></tr>
<tr><td colspan="4">은행융자·권리금·제세공과금 등(또는 월임대료·보증금·관리비 등)</td></tr>
<tr><td>권리관계</td><td colspan="4"></td></tr>
<tr><td>거래규제 및 공법상<br>제한사항</td><td colspan="4"></td></tr>
<tr><td>중개의뢰 금액</td><td colspan="4"></td></tr>
<tr><td>그 밖의 사항</td><td colspan="4"></td></tr>
</table>

## Ⅱ. 권리취득용(매수·임차 등)

<table>
<tr><td>구분</td><td colspan="2">[ ] 매수 [ ] 임차 [ ] 그 밖의 사항( )</td></tr>
<tr><td>항목</td><td>내용</td><td>세부 내용</td></tr>
<tr><td>희망물건의 종류</td><td></td><td></td></tr>
<tr><td>취득 희망가격</td><td></td><td></td></tr>
<tr><td>희망 지역</td><td></td><td></td></tr>
<tr><td>그 밖의 희망조건</td><td colspan="2"></td></tr>
</table>

| 첨부서류 | 중개보수 요율표(「공인중개사법」 제32조 제4항 및 같은 법 시행규칙 제20조에 따른 요율표를 수록합니다)<br>※ 해당 내용을 요약하여 수록하거나, 별지로 첨부합니다. |
|---|---|

| 유의사항 |
|---|
| [개업공인중개사 위법행위 신고안내]<br>개업공인중개사가 중개보수 과다수령 등 위법행위 시 시·군·구 부동산중개업 담당 부서에 신고할 수 있으며, 시·군·구에서는 신고사실을 조사한 후 적정한 조치를 취하게 됩니다. |

# 제1절 전속중개계약 제25회 제26회 제27회 제28회 제29회 제30회 제31회 제32회 제33회 제34회 제35회

## 1 의의 및 유효기간

### (1) 의의

① 중개의뢰인은 중개대상물의 중개를 의뢰하는 경우 특정한 개업공인중개사를 정하여 그 개업공인중개사에 한정하여 해당 중개대상물을 중개하도록 하는 계약을 체결할 수 있다(법 제23조 제1항). 실무적으로 전속중개계약을 체결하는 경우는 드물다.

② 장점

전속중개계약을 체결하면 개업공인중개사의 보수를 보장함으로써 개업공인중개사의 책임있는 중개활동을 보장할 수 있다. 나아가 중개의뢰인의 입장에서도 개업공인중개사의 책임 있는 중개활동을 기대할 수 있어서 양질의 중개서비스를 받을 기회를 얻을 수 있다.

### (2) 유효기간

법 제23조 제1항의 규정에 따른 전속중개계약의 유효기간은 3개월로 한다. 다만, 당사자간에 다른 약정이 있는 경우에는 그 약정에 따른다. 따라서 시행령 제20조 제1항 의하여 개업공인중개사와 중개의뢰인이 유효기간을 자유롭게 정할 수 있다.

## 2 개업공인중개사의 의무

### (1) 서면 작성 및 보존의무

① 전속중개계약서

전속중개계약은 국토교통부령으로 정하는 계약서에 의하여야 하며, 개업공인중개사는 전속중개계약을 체결한 때에는 해당 계약서를 국토교통부령으로 정하는 기간(3년) 동안 보존하여야 한다(법 제23조 제2항). 법 제23조 제2항 이를 위반하여 법정서식인 전속중개계약서를 사용하여 전속중개계약을 체결하지 않거나 전속중개계약서를 3년 동안 보존하지 아니한 경우에는 업무정지 사유에 해당한다.

② 서명 또는 날인

개업공인중개사는 전속중개계약서를 작성하는 경우에 전속중개계약서에 서명 또는 날인한다. 전속중개계약은 중개의뢰인과 개업공인중개사가 체결하는 것이므로 소속공인중개사는 전속중개계약서에 서명 또는 날인할 의무가 없다.

### (2) 정보공개의무

① 거래정보망 또는 일간신문

개업공인중개사는 전속중개계약을 체결한 때에는 제24조에 따른 부동산거래정보망 또는 일간신문에 해당 중개대상물에 관한 정보를 공개하여야 한다(법 제23조 제3항). 전속중개계약을 체결한 경우에 일간신문에 공개할 수 있으므로 반드시 부동산거래정보망에 정보를 공개하여야 하는 것은 아니다. 전속중개계약서 서식에서는 전속중개계약을 체결한 개업공인중개사는 7일 이내에 중개대상물에 관한 정보를 공개하도록하고 있다. 만약 전속중개계약을 체결한 개업공인중개사가 7일이내 부동산거래정보망 등에 중개대상물에 관한 정보를 공개하지 않으면 등록관청은 그 개업공인중개사의 등록을 취소할 수 있다.

② 정보공개내용

전속중개계약을 체결한 개업공인중개사가 법 제23조 제3항의 규정에 따라 공개하여야 할 중개대상물에 관한 정보의 내용은 다음 각 호와 같다(시행령 제20조 제2항). 전속중개계약을 체결한 경우에 개업공인중개사가 공개해야할 중개대상물에 대한 정보에는 "권리를 취득함에 따라 부담할 조세의 종류 및 세율"과 "중개보수 및 실비의 금액과 산출내역"은 포함되지 않는다. 전속중개계약을 체결한 개업공인중개사는 "소유권·전세권·저당권·지상권 및 임차권 등 중개대상물의 권리관계에 관한 사항"에 관한 사항을 공개하여야 하지만 각 권리자의 주소·성명 등 인적 사항에 관한 정보는 공개하여서는 아니 된다.

1. 중개대상물의 종류, 소재지, 지목 및 면적, 건축물의 용도·구조 및 건축연도 등 중개대상물을 특정하기 위하여 필요한 사항
2. 벽면 및 도배의 상태
3. 수도·전기·가스·소방·열공급·승강기 설비, 오수·폐수·쓰레기 처리시설 등의 상태
4. 도로 및 대중교통수단과의 연계성, 시장·학교 등과의 근접성, 지형 등 입지조건, 일조(日照)·소음·진동 등 환경조건
5. 소유권·전세권·저당권·지상권 및 임차권 등 중개대상물의 권리관계에 관한 사항. 다만, 각 권리자의 주소·성명 등 인적 사항에 관한 정보는 공개하여서는 아니 된다.
6. 공법상의 이용제한 및 거래규제에 관한 사항
7. 중개대상물의 거래예정금액 및 공시지가. 다만, 임대차의 경우에는 공시지가를 공개하지 아니할 수 있다.

③ 공개금지

다만, 전속중개계약을 체결한 중개의뢰인이 비공개를 요청한 경우에는 이를 공개하여서는 아니 된다(법 제23조 제3항). 중개대상물에 대한 정보공개는 중개의뢰인이 상대방을 신속하게 찾도록 하는 제도이므로 중개의뢰인이 정보공개를 원하지 않는다면 개업공인중개사는 중개대상물에 관한 정보를 공개하여서는 안 된다. 이를 위반한 경우에 등록관청은 그 개업공인중개사의 등록을 취소할 수 있다.

### (3) 정보공개사실 통보의무

전속중개계약을 체결한 개업공인중개사가 중개대상물에 대한 정보를 공개한 때에는 지체 없이 중개의뢰인에게 그 내용을 문서로 통지하여야 한다. 일반중개계약과는 다르게 전속중개계약을 체결하고 정보를 공개한 경우에는 중개의뢰인에게 공개된 중개대상물의 내용을 문서로 통지하여 알려주도록 하고 있다. 전속중개의뢰인은 정보공개사실을 중개의뢰인에게 문서로 통지하도록 하고 있기 때문에 구두로 통지하면 법 위반이 된다.

### (4) 업무처리상황통지의무

개업공인중개사는 중개의뢰인에게 계약체결 후 2주일에 1회 이상 중개업무 처리상황을 문서로 통지하여야 한다. 전속중개계약을 체결한 개업공인중개사는 책임감 있는 중개활동을 하기 위해서 중간 중간에 업무처리상황을 중개의뢰인에게 문서로 통지하도록 하고 있다. 만약 개업공인중개사가 업무처리상황을 구두로 통지하면 법 위반이 된다.

## 3 개업공인중개사의 권리

### (1) 위약금청구권

① 전속중개계약의 유효기간 내에 개업공인중개사 외의 다른 개업공인중개사에게 중개를 의뢰하여 거래한 경우에는 중개의뢰인은 그가 지불하여야 할 중개보수에 해당하는 금액을 개업공인중개사에게 위약금으로 지불하여야 한다.

② 전속중개계약의 유효기간 내에 개업공인중개사의 소개에 의하여 알게 된 상대방과 개업공인중개사를 배제하고 거래당사자 간에 직접 거래한 경우에는 중개의뢰인은 그가 지불하여야 할 중개보수에 해당하는 금액을 개업공인중개사에게 위약금으로 지불하여야 한다.

### (2) 비용청구권

① 중개보수의 50퍼센트에 해당하는 금액의 범위

전속중개의뢰인은 유효기간 내에 스스로 발견한 상대방과 거래조건을 교섭하여 거래하더라도 전속중개계약 위반은 아니므로 스스로 발견한 상대방과 거래계약을 체결할 수 있다. 따라서 전속중개계약의 유효기간 내에 중개의뢰인이 스스로 발견한 상대방과 거래한 경우에 개업공인중개사에게 위약금을 지불할 의무는 없다. 다만, 전속중개계약을 체결한 개업공인중개사가 이를 바탕으로 활동을 시작하면서 지출한 비용이 있다면 이를 전속중개의뢰인이 보전해 주는 것이 합리적이다. 따라서 전속중개계약의 유효기간 내에 중개의뢰인이 스스로 발견한 상대방과 거래한 경우 중개보수의 50퍼센트에 해당하는 금액의 범위에서 개업공인중개사가 중개행위를 할 때 소요된 비용(사회통념에 비추어 상당하다고 인정되는 비용을 말한다)을 지불한다.

② 사례

전속중개계약을 체결한 중개의뢰인과 개업공인중개사 중개보수로 90만원을 약정한 경우에 전속중개의뢰한 의뢰인이 스스로 발견한 상대방과 거래계약을 체결한 경우에 개업공인중개사가 이미 중개활동으로 70만원을 이미 지출하였고 전속중개의뢰인이 스스로 발견한 상대방과 거래계약을 체결한 경우에 약정한 중개보수인 90만원의 50퍼센트인 45만원만 개업공인중개사에게 지불하면 된다. 만약 개업공인중개사가 이미 중개활동으로 10만원을 이미 지출하였다면 전속중개의뢰인은 개업공인중개사에게 10만원만 지불하면 된다.



## 4 제재

### (1) 업무정지

① 개업공인중개사 전속중개계약을 체결하면서 전속중개계약서를 작성하지 않거나 3년간 보존하지 아니한 경우

② 전속중개계약을 체결한 개업공인중개사가 공개한 중개대상물의 내용을 중개의뢰인에게 지체없이 통보하지 않은 경우

③ 전속중개계약을 체결한 개업공인중개사가 업무처리상황을 중개의뢰인에게 통지하지 아니한 경우

### (2) 임의적 등록취소

전속중개계약을 체결한 개업공인중개사가 의뢰 받은 중개대상물에 관한 정보를 7일이내에 공개하지 않거나 전속중개의뢰인의 비공개 요청을 받고도 중개대상물에 관한 정보를 공개한 개업공인중개사에 대해서는 등록관청은 중개사무소의 개설등록을 취소할 수 있다.

## 5 일반중개계약과 전속중개계약의 비교

### (1) 서면 작성 및 보존의무

전속중개계약을 체결한 경우에는 전속중개계약서를 작성 교부하고 보존하여야 하지만 일반중개계약을 체결한 경우에는 일반중개계약서를 작성 교부할 의무는 없다. 다만, 일반중개계약을 체결하면서 일반중개계약서라는 법정서식을 사용할 수 있다.

### (2) 정보공개의무

전속중개계약을 체결한 경우에는 중개대상물에 정보를 공개하여야 하지만 일반중개계약을 체결한 경우에는 중개대상물에 관한 정보를 공개할 의무는 없다. 다만, 일반중개계약을 체결한 경우에도 중개의뢰인의 동의를 얻어 중개대상물에 관한 정보를 공개할 수 있다.

### (3) 공개사실통보의무

전속중개계약을 체결한 경우에는 중개대상물에 관한 정보를 공개한 경우에 지체없이 중개대상물에 관한 정보를 공개하여야 하지만, 일반중개계약을 체결한 경우에는 공개한 중개대상물의 내용을 중개의뢰인에게 통지할 의무가 없다.

### (4) 업무처리상황통지의무

전속중개계약을 체결한 경우에 중개의뢰인에게 업무처리상황을 통지할 의무가 있지만, 일반중개계약을 체결한 경우에 중개의뢰인에게 업무처리상황을 통지할 의무가 없다.

**일반중개계약과 전속중개계약의 비교**

| 일반중개계약 | 전속중개계약 |
| --- | --- |
| 의무 × | 서면 작성의무 ○<br>3년 보존의무 ○ |
| 의무 × | 정보공개의무 ○ |
| 의무 × | 공개사실통보의무(문서) ○ |
| 의무 × | 업무처리상황통지의무(문서) ○ |

■ 공인중개사법 시행규칙 [별지 제15호서식] <개정 2014.7.29>

# 전 속 중 개 계 약 서

## ( [ ] 매도 [ ] 매수 [ ] 임대 [ ] 임차 [ ] 그 밖의 계약( ) )

※ 해당하는 곳의 [ ]란에 v표를 하시기 바랍니다. (앞쪽)

중개의뢰인(갑)은 이 계약서에 의하여 뒤쪽에 표시한 중개대상물의 중개를 개업공인중개사(을)에게 의뢰하고 을은 이를 승낙한다.

1. 을의 의무사항
   ① 을은 갑에게 계약체결 후 2주일에 1회 이상 중개업무 처리상황을 문서로 통지하여야 한다.
   ② 을은 이 전속중개계약 체결 후 7일 이내 「공인중개사법」(이하 "법"이라 한다) 제24조에 따른 부동산거래정보망 또는 일간신문에 중개대상물에 관한 정보를 공개하여야 하며, 중개대상물을 공개한 때에는 지체 없이 갑에게 그 내용을 문서로 통지하여야 한다. 다만, 갑이 비공개를 요청한 경우에는 이를 공개하지 아니한다.
   (공개 또는 비공개 여부: )
   ③ 법 제25조 및 같은 법 시행령 제21조에 따라 중개대상물에 관한 확인·설명의무를 성실하게 이행하여야 한다.
2. 갑의 권리·의무 사항
   ① 다음 각 호의 어느 하나에 해당하는 경우에는 갑은 그가 지불하여야 할 중개보수에 해당하는 금액을 을에게 위약금으로 지불하여야 한다. 다만, 제3호의 경우에는 중개보수의 50퍼센트에 해당하는 금액의 범위에서 을이 중개행위를 할 때 소요된 비용(사회통념에 비추어 상당하다고 인정되는 비용을 말한다)을 지불한다.
   1. 전속중개계약의 유효기간 내에 을 외의 다른 개업공인중개사에게 중개를 의뢰하여 거래한 경우
   2. 전속중개계약의 유효기간 내에 을의 소개에 의하여 알게 된 상대방과 을을 배제하고 거래당사자 간에 직접 거래한 경우
   3. 전속중개계약의 유효기간 내에 갑이 스스로 발견한 상대방과 거래한 경우
   ② 갑은 을이 법 제25조에 따른 중개대상물 확인·설명의무를 이행하는데 협조하여야 한다.
3. 유효기간
   이 계약의 유효기간은 년 월 일까지로 한다.
   ※ 유효기간은 3개월을 원칙으로 하되, 갑과 을이 합의하여 별도로 정한 경우에는 그 기간에 따른다.
4. 중개보수
   중개대상물에 대한 거래계약이 성립한 경우 갑은 거래가액의 ( )%(또는 원)을 중개보수로 을에게 지급한다.
   ※ 뒤쪽 별표의 요율을 넘지 않아야 하며, 실비는 별도로 지급한다.
5. 을의 손해배상 책임
   을이 다음의 행위를 한 경우에는 갑에게 그 손해를 배상하여야 한다.
   1) 중개보수 또는 실비의 과다수령 : 차액 환급
   2) 중개대상물의 확인·설명을 소홀히 하여 재산상의 피해를 발생하게 한 경우 : 손해액 배상
6. 그 밖의 사항
   이 계약에 정하지 않은 사항에 대하여는 갑과 을이 합의하여 별도로 정할 수 있다.

이 계약을 확인하기 위하여 계약서 2통을 작성하여 계약 당사자 간에 이의가 없음을 확인하고 각자 서명 또는 날인한 후 쌍방이 1통씩 보관한다.

년 월 일

계약자

| | | | | |
|---|---|---|---|---|
| 중개의뢰인 (갑) | 주소(체류지) | | 성명 | (서명 또는 인) |
| | 생년월일 | | 전화번호 | |
| 개업 공인중개사 (을) | 주소(체류지) | | 성명 (대표자) | (서명 또는 인) |
| | 상호(명칭) | | 등록번호 | |
| | 생년월일 | | 전화번호 | |

210mm×297mm[일반용지 60g/㎡(재활용품)]

(뒤쪽)

※ 중개대상물의 거래내용이 권리를 이전(매도·임대 등)하려는 경우에는 「Ⅰ. 권리이전용(매도·임대 등)」에 적고, 권리를 취득(매수·임차 등)하려는 경우에는 「Ⅱ. 권리취득용(매수·임차 등)」에 적습니다.

Ⅰ. 권리이전용(매도·임대 등)

<table>
<tr><td>구분</td><td colspan="6">[ ] 매도 [ ] 임대 [ ] 그 밖의 사항( )</td></tr>
<tr><td rowspan="2">소유자 및 등기명의인</td><td colspan="4">성명</td><td colspan="2">생년월일</td></tr>
<tr><td colspan="6">주소</td></tr>
<tr><td rowspan="5">중개대상물의 표시</td><td rowspan="2">건축물</td><td colspan="3">소재지</td><td colspan="2">건축연도</td></tr>
<tr><td>면 적 ㎡</td><td colspan="2">구 조</td><td colspan="2">용 도</td></tr>
<tr><td rowspan="2">토지</td><td colspan="3">소재지</td><td colspan="2">지 목</td></tr>
<tr><td>면 적 ㎡</td><td colspan="2">지역·지구 등</td><td colspan="2">현재 용도</td></tr>
<tr><td colspan="6">은행융자·권리금·제세공과금 등(또는 월임대료·보증금·관리비 등)</td></tr>
<tr><td>권리관계</td><td colspan="6"></td></tr>
<tr><td>거래규제 및 공법상 제한사항</td><td colspan="6"></td></tr>
<tr><td>중개의뢰 금액</td><td colspan="6">원</td></tr>
<tr><td>그 밖의 사항</td><td colspan="6"></td></tr>
</table>

Ⅱ. 권리취득용(매수·임차 등)

<table>
<tr><td>구분</td><td colspan="2">[ ] 매수 [ ] 임차 [ ] 그 밖의 사항( )</td></tr>
<tr><td>항목</td><td>내용</td><td>세부내용</td></tr>
<tr><td>희망물건의 종류</td><td></td><td></td></tr>
<tr><td>취득 희망가격</td><td></td><td></td></tr>
<tr><td>희망 지역</td><td></td><td></td></tr>
<tr><td>그 밖의 희망조건</td><td colspan="2"></td></tr>
</table>

| 첨부서류 | 중개보수 요율표(「공인중개사법」 제32조 제4항 및 같은 법 시행규칙 제20조에 따른 요율표를 수록합니다)<br>※ 해당 내용을 요약하여 수록하거나, 별지로 첨부합니다. |
|---|---|

| 유의사항 |
|---|
| [개업공인중개사 위법행위 신고안내]<br>개업공인중개사가 중개보수 과다수령 등 위법행위 시 시·군·구 부동산중개업 담당 부서에 신고할 수 있으며, 시·군·구에서는 신고사실을 조사한 후 적정한 조치를 취하게 됩니다. |

## 제2절 부동산거래정보망 제26회 제27회 제29회 제30회 제31회 제32회 제33회 제35회



### 1 의의

#### (1) 개업공인중개사 상호간

국토교통부장관은 개업공인중개사 상호간에 부동산매매 등에 관한 정보의 공개와 유통을 촉진하고 공정한 부동산거래질서를 확립하기 위하여 부동산거래정보망을 설치·운영할 자를 지정할 수 있다. 법 제24조 제1항 부동산거래정보망은 개업공인중개사로부터 의뢰받은 정보만 공개하도록 하고 있기 때문에 중개의뢰인은 부동산거래정보망을 이용할 수 없다. 개업공인중개사가 전속중개계약을 체결한 경우 뿐만 아니라 일반중개계약을 체결한 경우에도 부동산거래정보망을 차별없이 이용할 수 있다.

#### (2) 국토교통부장관의 지정

부동산거래정보망은 개업공인중개사들이 서로 매물 정보를 공유하는 것인데 국토교통부장관의 지정이 있을 때에만 공인중개사법상의 부동산거래정보망에 해당한다. 국토교통부장관의 지정을 받지 않은 사설거래정보망과 구별된다. 국토교통부장관의 지정을 받지 않은 사설거래정보망이라고 해서 불법이거나 이용할 수 없는 것은 아니다.

#### (3) 기능

부동산거래정보망을 활용하면 개업공인중개사와 다른 개업공인중개사가 공동으로 중개활동을 해서 거래계약체결하게 되는 것이므로 공동중개의 주요한 수단이다. 부동산거래정보망을 이용하게 되면 매물에 대한 정보가 공개되어 공정한 가격형성과 부동산투기를 방지하는 데 도움이 된다. 나아가 부동산거래정보망을 이용하면 신속한 중개완성에 유리하고 원격지에 있는 매물도 부동산거래정보망을 이용하면 쉽게 정보접근이 가능하다.

### 2 지정요건

#### (1) 부가통신사업자

부동산거래정보사업자로 지정을 받을 수 있는 자는 「전기통신사업법」의 규정에 의한 부가통신사업자로서 국토교통부령으로 정하는 요건을 갖춘 자로 한다(법 제24조 제2항).

### (2) 개업공인중개사 500명이상 가입

부동산거래정보사업자로 지정 받으려면 부동산거래정보망의 가입·이용신청을 한 개업공인중개사의 수가 5백명 이상이고 2개 이상의 특별시·광역시·도 및 특별자치도에서 각각 30인 이상의 개업공인중개사가 가입·이용신청을 하여야 한다(시행규칙 제15조 제2항 1호). 부동산거래정보망은 다수의 회원인 개업공인중개사가 가입되어 있어야 부동산거래정보망의 역할을 할 수 있기 때문에 전국적으로는 500명 이상의 개업공인중개사가 회원으로 가입되어 있어야 부동산거래정보사업자로 지정을 받을 수 있다. 원격지의 매물도 중개할 수 있으려면 전국에 개업공인중개사가 골고루 가입되어 있어야 하므로 2개 이상의 특별시·광역시·도 및 특별자치도에서 각각 30인 이상의 개업공인중개사가 가입·이용신청을 하여야 한다.

### (3) 컴퓨터 설비

부동산거래정보사업자로 지정을 받으려면 부동산거래정보망의 가입자가 이용하는데 지장이 없는 정도로서 국토교통부장관이 정하는 용량 및 성능을 갖춘 컴퓨터설비를 확보하여야 한다. 다수의 회원인 개업공인중개사가 동시에 접속해서 이용하기 위해서는 컴퓨터 설비의 용량과 성능이 국토교통부장관이 정하는 정도로 좋아야 한다.

### (4) 공인중개사

거래정보사업자로 지정 받으려면 공인중개사 1명 이상을 확보하여야 한다. 거래정보망이 부동산에 관련된 부동산거래정보망이므로 직원이나 임원 중에서 공인중개사 자격증 소지자 1명 이상을 확보하여야 한다.

### (5) 정보처리기사

거래정보사업자로 지정 받으려면 정보처리기사 1명 이상을 확보하여야 한다. 거래정보망은 컴퓨터 설비와 관련되어 있으므로 직원이나 임원 중에서 정보처리기사 1명 이상을 확보하여야 한다.

## 3 지정절차

지정절차

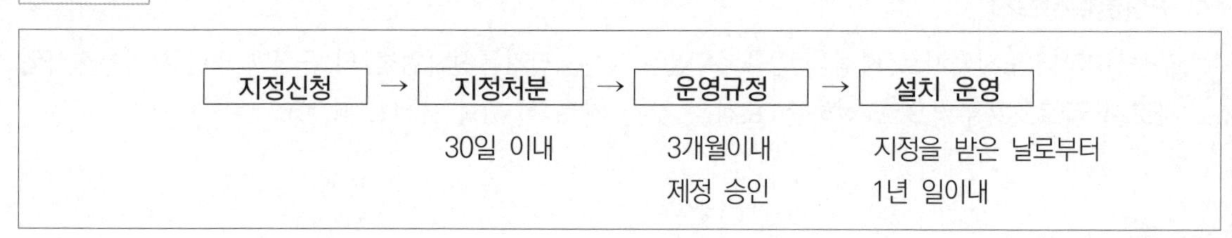

### (1) 지정신청

① 지정신청서

법 제24조 제1항에 따라 부동산거래정보망을 설치·운영할 자로 지정받으려는 자는 별지 제16호서식의 거래정보사업자지정신청서에 다음 각 호의 서류를 첨부하여 국토교통부장관에게 제출하여야 한다(시행규칙 제15조 제1항).

② 구비서류

> 1. 삭제 〈2006. 8. 7.〉
> 2. 제2항 제1호에 따른 수 이상의 개업공인중개사로부터 받은 별지 제17호서식의 부동산거래정보망가입·이용신청서 및 그 개업공인중개사의 중개사무소등록증 사본
> 3. 정보처리기사 자격증 사본
> 4. 공인중개사 자격증 사본
> 5. 주된 컴퓨터의 용량 및 성능 등을 확인할 수 있는 서류
>    ※ 개업공인중개사가 보유하는 컴퓨터 관련 서류가 아니라 지전신청자가 보유하는 컴퓨터 관련 서류를 의미한다.
> 6. 「전기통신사업법」에 따라 부가통신사업신고서를 제출하였음을 확인할 수 있는 서류

※ 구비서류 아닌 것 : 당해 개업공인중개사의 인감증명서, 부동산 거래정보망의 이용 및 정보제공 방법 등에 관한 사항을 정한 운영규정

③ 국토교통부장관의 확인서류

국토교통부장관은 「전자정부법」 제36조 제1항에 따라 행정정보의 공동이용을 통하여 법인 등기사항증명서(신청인이 법인인 경우로 한정한다)을 확인하여야 한다(시행규칙 제15조 제1항).

④ 수수료 없음

부동산거래정보사업자가 되기 위해서는 지정신청할 때 수수료를 납부하는 규정은 없다.

⑤ 법인 또는 개인

부가통신사업자이기만 하면 법인 뿐만아니라 개인사업자도 거래정보사업자로 지정신청할 수 있다. 다만, 법인인 개업공인중개사는 공인중개사법 제14조 규정된 업무만 할 수 있으므로 거래정보사업자로 지정을 받을 수 없다.

### (2) 지정처분

① 30일 이내

국토교통부장관은 지정신청을 받은 때에는 지정신청을 받은 날부터 30일 이내에 이를 검토하여 지정기준에 적합하다고 인정되는 경우에는 거래정보사업자로 지정한다(시행규칙 제15조 제3항).

② 지정대장 기재 및 지정서 교부

다음 각 호의 사항을 별지 제18호서식의 거래정보사업자지정대장에 기재한 후에 별지 제19호서식의 거래정보사업자지정서를 교부하여야 한다(시행규칙 제15조 제3항). 제3항의 거래정보사업자지정대장은 전자적 처리가 불가능한 특별한 사유가 없으면 전자적 처리가 가능한 방법으로 작성·관리하여야 한다(시행규칙 제15조 제5항).

| 1. 지정 번호 및 지정 연월일<br>2. 상호 또는 명칭 및 대표자의 성명<br>3. 사무소의 소재지<br>4. 주된 컴퓨터설비의 내역<br>5. 전문자격자의 보유에 관한 사항 |
|---|

### (3) 운영규정 승인

① 3개월 이내

지정을 받은 자는 지정받은 날부터 3개월 이내에 부동산거래정보망의 이용 및 정보제공방법 등에 관한 운영규정을 정하여 국토교통부장관의 승인을 얻어야 한다. 이를 변경하고자 하는 때에도 또한 같다(법 제24조 제3항).

② 운영규정 필수 기재사항

법 제24조 제3항의 규정에 따른 운영규정에는 다음 각 호의 사항을 정하여야 한다(시행규칙 제15조 제4항).

| 1. 부동산거래정보망에의 등록절차<br>2. 자료의 제공 및 이용방법에 관한 사항<br>3. 가입자에 대한 회비 및 그 징수에 관한 사항<br>4. 거래정보사업자 및 가입자의 권리·의무에 관한 사항<br>5. 그 밖에 부동산거래정보망의 이용에 관하여 필요한 사항 |
|---|

### (4) 설치운영

지정신청한 자는 거래정보사업자로 지정 받은 날로부터 1년 이내에 거래정보망을 설치운영하여야 한다. 주의할 것은 거래정보사업자가 운영규정을 승인 받은 날로부터 1년 이내에 설치 운영하여야 하는 것은 아니라는 점이다.

## 4 의무

### (1) 거래정보사업자의 의무

거래정보사업자는 개업공인중개사로부터 공개를 의뢰받은 중개대상물의 정보에 한정하여 이를 부동산거래정보망에 공개하여야 하며, 의뢰받은 내용과 다르게 정보를 공개하거나 어떠한 방법으로든지 개업공인중개사에 따라 정보가 차별적으로 공개되도록 하여서는 아니된다(법 제24조 제4항). 거래정보사업자가 위의 의무를 위반하면 지정취소사유에 해당하고 1년 이하의 징역이나 1천만원 이하의 벌금형에 처한다(법 제49조 제1항 8호).

### (2) 개업공인중개사의 의무

개업공인중개사는 부동산거래정보망에 중개대상물에 관한 정보를 거짓으로 공개하여서는 아니되며, 해당 중개대상물의 거래가 완성된 때에는 지체 없이 이를 해당 거래정보사업자에게 통보하여야 한다(법24조 제7항). 만약 개업공인중개사가 이를 위반한 경우에 등록관청은 업무정지를 명할 수 있다(법 제39조 제1항 4호).

## 5 지정취소 제25회 제26회 제31회 제33회

① 지정 취소 사유

국토교통부장관은 거래정보사업자가 다음 각 호의 어느 하나에 해당하는 경우에는 그 지정을 취소할 수 있다(24조 제5항).

1. 거짓이나 그 밖의 부정한 방법으로 지정을 받은 경우
2. 제3항의 규정을 위반하여 운영규정의 승인 또는 변경승인을 받지 아니하거나 운영규정을 위반하여 부동산거래정보망을 운영한 경우
3. 제4항의 규정을 위반하여 정보를 공개한 경우
4. 정당한 사유 없이 지정받은 날부터 1년 이내에 부동산거래정보망을 설치·운영하지 아니한 경우
5. 개인인 거래정보사업자의 사망 또는 법인인 거래정보사업자의 해산 그 밖의 사유로 부동산거래정보망의 계속적인 운영이 불가능한 경우

② 청문

국토교통부장관은 법 제24조 제5항 제1호부터 제4호까지의 규정에 의하여 거래정보사업자 지정을 취소하고자 하는 경우에는 청문을 실시하여야 한다(법 24조 제6항). 다만, 법 제24조 제5항 제5호인 개인인 거래정보사업자의 사망 또는 법인인 거래정보사업자의 해산 그 밖의 사유로 부동산거래정보망의 계속적인 운영이 불가능한 경우에 지정취소 할 때에는 청문을 거치지 않는다.

# 05 CHAPTER 기출 및 예상문제

**01 중개의뢰인 甲은 자신 소유의 X부동산에 대한 임대차계약을 위해 개업공인중개사 乙과 전속중개계약을 체결하였다. X부동산에 기존 임차인 丙, 저당권자 丁이 있는 경우 乙이 부동산거래정보망 또는 일간신문에 공개해야만 하는 중개대상물에 관한 정보를 모두 고른 것은?** (단, 중개의뢰인이 비공개 요청을 하지 않음) 제30회

> ㉠ 丙의 성명
> ㉡ 丁의 주소
> ㉢ X부동산의 공시지가
> ㉣ X부동산에 대한 일조(日照)·소음·진동 등 환경조건

① ㉣ ② ㉠, ㉡ ③ ㉢, ㉣ ④ ㉠, ㉡, ㉣ ⑤ ㉠, ㉡, ㉢, ㉣

해설 임대차의 경우에 주소 성명 같은 인적사항은 공개하여서는 안 된다. 또한 공시지가는 임대차의 경우에는 공개하지 아니할 수 있다.

정답 ①

**02 중개의뢰인 甲과 개업공인중개사 乙은 공인중개사법령에 따른 전속중개계약을 체결하고 전속중개계약서를 작성하였다. 이에 관한 설명으로 틀린 것은?** 제33회

① 甲과 乙이 전속중개계약의 유효기간을 4개월로 약정한 것은 유효하다.
② 乙은 전속중개계약서를 3년 동안 보존해야 한다.
③ 甲은 乙이 공인중개사법령상의 중개대상물 확인·설명 의무를 이행하는 데 협조해야 한다.
④ 전속중개계약에 정하지 않은 사항에 대하여는 甲과 乙이 합의하여 별도로 정할 수 있다.
⑤ 전속중개계약의 유효기간 내에 甲이 스스로 발견한 상대방과 거래한 경우, 甲은 乙에게 지급해야 할 중개보수 전액을 위약금으로 지급해야 한다.

해설 ⑤ 중개의뢰인이 전속중개계약의 유효기간 내에 스스로 발견한 상대방과 거래한 경우에는 중개보수의 50% 범위 내에서 개업공인중개사의 소요된 비용을 지불해야 한다. 이때에 비용은 사회통념에 비추어 상당하다고 인정되는 비용을 의미한다(별지 제15호 서식).

정답 ⑤

06 CHAPTER

# 개업공인중개사의 의무



단원별 학습포인트

- 6문제 이상 출제되는 단원이다. 확인설명의무, 확인설명서 작성, 거래계약서, 보증설정제도, 금지행위, 교육이 출제되는 내용이다. 확인설명서 서식 4가지는 복잡한 내용으로 공부할 때 반복횟수를 늘려야 한다. 확인설명 사항과 거래계약서의 필수 기재사항을 반드시 암기하여야 한다. 금지행위 중에 교란행위 부분이 신설된 조항이므로 특히 유의해서 공부하여야 한다.

## 제1절 개업공인중개사 등의 기본윤리 제23회 제25회 제32회

### 1 공정의무

개업공인중개사 및 소속공인중개사는 전문직업인으로서 지녀야 할 품위를 유지하고 신의와 성실로써 공정하게 중개 관련 업무를 수행하여야 한다(법 제29조 제1항). 따라서 중개보조원은 품위를 유지할 의무나 공정하게 중개관련 업무를 수행할 의무는 없다.

### 2 비밀준수의무

#### (1) 개업공인중개사 등

개업공인중개사 등은 이 법 및 다른 법률에 특별한 규정이 있는 경우를 제외하고는 그 업무상 알게 된 비밀을 누설하여서는 아니된다(법 제29조 제2항). "개업공인중개사 등"의 의무에 해당하므로 개업공인중개사, 소속공인중개사, 중개보조원 등 모든 중개업 종사자가 비밀을 누설하여서는 안 된다.

#### (2) 비밀누설이 허용되는 경우

① 공인중개사법

이 법 및 다른 법률에 특별한 규정이 있는 경우에는 비밀누설죄로 처벌하지 않는다. 공인중개사법상 개업공인중개사는 권리 취득의뢰인에게 확인 설명의무가 있으므로 부동산의 하자도 확인 설명하여야 한다. 그런데 개업공인중개사가 부동산의 하자를 설명했다고 해서 비밀누설죄로 처벌한다면 개업공인중개사의 역할을 다할 수 없으므로 부동산의 하자를 설명해도 비밀누설죄로 처벌되지 않는다.

② 다른 법률

형사소송법상으로 개업공인중개사 등이 재판에서 증인으로 소환되어 증언거부를 하지 않고 중대한 공익상 필요로 증언한 내용이 업무상 알게 된 비밀인 경우에도 처벌되지 않는다.

**참조조문**

**형사소송법 제149조 【업무상비밀과 증언거부】** 변호사, 변리사, 공증인, 공인회계사, 세무사, 대서업자, 의사, 한의사, 치과의사, 약사, 약종상, 조산사, 간호사, 종교의 직에 있는 자 또는 이러한 직에 있던 자가 그 업무상 위탁을 받은 관계로 알게 된 사실로서 타인의 비밀에 관한 것은 증언을 거부할 수 있다. 단, 본인의 승낙이 있거나 중대한 공익상 필요있는 때에는 예외로 한다. 〈개정 1980. 12. 18., 1997. 12. 13.〉

### (3) 시기

개업공인중개사 등이 그 업무를 떠난 후에도 또한 같다(법 제29조 제2항). 개업공인중개사 등이 중개업무 중에 업무상 알게 된 비밀을 누설한 경우에도 처벌 받지만 중개업을 그만 둬에 업무상 알게 된 비밀을 누설한 경우에도 형사처벌이 된다.

### (4) 위반시 제재

개업공인중개사 등이 업무상 알게 된 비밀을 누설한 경우에는 1년 이하의 징역이나 1천만원 이하의 벌금에 처한다(법 제49조 제1항 9호). 이 때 업무상 알게 된 비밀을 누설당한 피해자인 중개의뢰인의 의사에 반하여 처벌되지 않는다. 개업공인중개사 등의 비밀누설죄는 고소가 있어야 처벌되는 범죄는 아니다.

## 3 선량한 관리자의 주의의무

명문의 규정이 없지만 중개계약이 위임계약과 유사하므로 해석상 개업공인중개사는 중개활동 하는 과정에서 선량한 관리자의 주의의무가 있다.

**판례보기**

**중개대상물 외 물건을 중개한 경우의 선관주의의무**

부동산중개업자와 중개의뢰인의 법률관계는 민법상 위임관계와 유사하므로 중개의뢰를 받은 중개업자는 선량한 관리자의 주의로 중개대상물의 권리관계 등을 조사·확인하여 중개의뢰인에게 설명할 의무가 있고, 이는 부동산중개업자나 중개보조원이 구 부동산중개업법(2005. 7. 29. 법률 제7638호로 전부 개정되기 전의 것)에서 정한 중개대상물의 범위 외의 물건이나 권리 또는 지위를 중개하는 경우에도 다르지 않다(대법원 2015. 1. 29. 선고 2012다74342 판결).

## 제2절 확인·설명의무 등 제26회 제28회 제29회 제30회 제31회 제32회 제34회

### 1 확인·설명의무

#### (1) 설명의무자

개업공인중개사는 중개를 의뢰받은 경우에는 중개가 완성되기 전에 중개대상물에 대한 확인·설명사항을 설명하여야 한다. "중개대상물에 대한 확인·설명"은 개업공인중개사가 하는 중개업무에 해당하는 것으로 개업공인중개사가 중개의뢰 받은 경우에 의무적으로 수행할 업무에 해당한다. 소속공인중개사는 중개대상물에 대한 확인·설명 의무의 주체는 아니다. 다만, 소속공인중개사는 중개업무를 수행할 수 있다고 해석되므로 중개대상물에 대한 확인·설명을 할 수 있다. 반면에 중개보조원은 확인·설명의무도 없고, 확인설명할 수도 없다.

#### (2) 시기

개업공인중개사는 중개를 의뢰받은 경우에는 중개가 완성되기 전에 중개대상물에 대한 확인·설명사항을 설명하여야 한다. 중개대상물에 대하여 거래계약을 체결할지 여부를 판단할 수 있도록 중개대상물에 대한 정보를 제공하는 것이므로 거래계약이 체결되기 전에 확인 설명하여야 한다.

#### (3) 확인·설명 사항

① 일반적인 매물

제25조 제1항에 따라 개업공인중개사가 확인·설명해야 하는 사항은 다음 각 호와 같다(시행령 제21조 제1항). 다만, 제3호의2 및 제10호부터 제12호까지의 사항은 주택 임대차 중개의 경우에만 적용한다.

1. 중개대상물의 종류·소재지·지번·지목·면적·용도·구조 및 건축연도 등 중개대상물에 관한 기본적인 사항
2. 소유권·전세권·저당권·지상권 및 임차권 등 중개대상물의 권리관계에 관한 사항
3. 거래예정금액·중개보수 및 실비의 금액과 그 산출내역

3의 2 관리비 금액과 산출내역

4. 토지이용계획, 공법상의 거래규제 및 이용제한에 관한 사항
5. 수도·전기·가스·소방·열공급·승강기 및 배수 등 시설물의 상태
6. 벽면·바닥면 및 도배의 상태
7. 일조·소음·진동 등 환경조건
8. 도로 및 대중교통수단과의 연계성, 시장·학교와의 근접성 등 입지조건
9. 중개대상물에 대한 권리를 취득함에 따라 부담하여야 할 조세의 종류 및 세율

10. 「주택임대차보호법」 제3조의7에 따른 임대인의 정보 제시 의무 및 같은 법 제8조에 따른 보증금 중 일정액의 보호에 관한 사항
11. 「주민등록법」 제29조의2에 따른 전입세대확인서의 열람 또는 교부에 관한 사항
12. 「민간임대주택에 관한 특별법」 제49조에 따른 임대보증금에 대한 보증에 관한 사항(중개대상물인 주택이 같은 법에 따른 민간임대주택인 경우만 해당한다)

※ 확인설명사항 아닌 것 : 권리를 이전함에 따라 부담할 조세의 종류 및 세율, 조세의 세액

② 주택 임대차 알선시 추가 설명사항

개업공인중개사는 주택의 임대차계약을 체결하려는 중개의뢰인에게 다음 각 호의 사항을 설명하여야 한다(법 제25조의3).

1. 「주택임대차보호법」 제3조의6 제4항에 따라 확정일자부여기관에 정보제공을 요청할 수 있다는 사항
2. 「국세징수법」 제109조 제1항·제2항 및 「지방세징수법」 제6조 제1항·제3항에 따라 임대인이 납부하지 아니한 국세 및 지방세의 열람을 신청할 수 있다는 사항

**판례보기**

**권리자에 관한 사항**

중개의뢰를 받은 개업공인중개사가 설명해야할 권리관계에는 중개대상물의 권리자에 관한 사항도 포함된다고 할 것이므로, 개업공인중개사는 선량한 관리자의 주의와 신의성실로써 매도 등 처분을 하려는 자가 진정한 권리자인지 여부를 조사·확인할 의무가 있다(대판 2007다44156 판결).

**판례보기**

**직접적인 위탁관계가 없는 경우**

직접적인 위탁관계가 없다고 하더라도 개업공인중개사의 개입을 신뢰하여 거래를 하기에 이른 거래 상대방에 대하여도 개업공인중개사는 신의성실의 원칙상 목적부동산의 하자, 권리자의 진위, 대리관계의 적법성 등에 대하여 각별한 주의를 기울여야 할 업무상의 일반적인 주의의무를 부담한다(대판 2007다73611).

### (4) 상대방

개업공인중개사는 확인·설명 사항을 확인하여 이를 해당 중개대상물에 관한 권리를 취득하고자 하는 중개의뢰인에게 성실·정확하게 설명하여야 한다. 매매 계약을 알선하는 경우에는 매수인에게 중개대상물에 대하여 확인·설명하여야 한다. 중개대상물에 대한 확인·설명은 거래당사자 쌍방 모두에게 확인·설명하여야 하는 것은 아니다.

### (5) 설명 방법

① 성실 정확한 설명

개업공인중개사는 중개대상물에 대한 확인·설명 사항을 확인하여 이를 해당 중개대상물에 관한 권리를 취득하고자 하는 중개의뢰인에게 성실·정확하게 설명하여야 한다(법 제25조 제1항). 개업공인중개사가 법령에서 정한 확인·설명 사항을 설명해주지 않거나 부정확하게 확인·설명하였다면 공인중개사법위반으로 500만원 이하의 과태료 사유에 해당한다.

② 근거 자료 제시

개업공인중개사는 중개대상물에 대한 확인·설명 사항을 확인하여 이를 해당 중개대상물에 관한 권리를 취득하고자 하는 중개의뢰인에게 성실·정확하게 설명하고, 토지대장 등본 또는 부동산종합증명서, 등기사항증명서 등 설명의 근거자료를 제시하여야 한다(법 제25조 제1항). 개업공인중개사가 확인·설명할 때 제시할 근거자료에는 등기사항증명서, 부동산종합증명서, 등기권리증, 지적도, 임야도, 토지대장, 임야대장, 토지이용계획확인서, 환지예정지증명원, 분양계약서 등이 있다. 그러나 확인·설명서는 개업공인중개사가 확인하여 기재한 서류로서 공적인 자료가 아니어서 근거자료가 될 수 없다. 보증관계증서 사본은 중개대상물에 대한 정보를 담고 있지 않아서 근거자료로 볼 수 없다.

## 2 상태에 관한 자료 요구

### (1) 상태에 관한 자료

① 상대방

개업공인중개사는 확인·설명을 위하여 필요한 경우에는 중개대상물의 매도의뢰인·임대의뢰인 등에게 해당 중개대상물의 상태에 관한 자료를 요구할 수 있다(법 제25조 제2항). 상태에 관한 자료는 개업공인중개사가 직접 조사하기 어려운 정보를 매도의뢰인 임대의뢰인에게 자료를 제공 받아서 조사 확인할 수 있도록 만든 제도이다.

② 상태에 관한 자료

개업공인중개사가 직접 조사하기 어려운 것으로 “확인·설명서” 서식의 “세부확인사항”을 의미한다. 즉 확인·설명서 기재사항 중 실제권리관계 또는 공시되지 아니한 물건의 권리에 관한사항, 내 외부 시설물의 상태, 벽면 바닥면 및 도배, 환경조건이 이에 해당한다.

③ 임의사항

개업공인중개사는 확인·설명을 위하여 필요한 경우에는 중개대상물의 매도의뢰인·임대의뢰인 등에게 해당 중개대상물의 상태에 관한 자료를 요구할 수 있다. 따라서 개업공인중개사가 매도의뢰인 임대의뢰인 등에게 상태에 관한 자료를 요구하여야 할 의무는 없다. 개업공인중개사가 상태에 관한 자료를 요구하지 않고 직접 조사한다고 해도 법위반은 아니다.

### (2) 자료 요구에 대한 반응

① 자료요구에 응한 경우

개업공인중개사가 매도의뢰인 임대의뢰인 등에게 상태에 관한 자료를 요구하였을 때 매도 또는 임대의뢰인이 자료를 제공한 경우에도 개업공인중개사는 자신이 직접 확인하고 설명하여야 한다.

② 자료요구에 불응한 경우

개업공인중개사는 매도의뢰인·임대의뢰인 등이 법 제25조 제2항의 규정에 따른 중개대상물의 상태에 관한 자료요구에 불응한 경우에는 그 사실을 매수의뢰인·임차의뢰인 등에게 설명하고, 제3항의 규정에 따른 중개대상물확인·설명서에 기재하여야 한다(시행령 21조 제2항). 매도 또는 임대의뢰인이 개업공인중개사의 상태에 관한 자료 요구에 불응한 경우에도 개업공인중개사는 조사 및 설명할 의무가 여전히 있다.

## 3 신분증 제시 요구

개업공인중개사는 중개업무의 수행을 위하여 필요한 경우에는 중개의뢰인에게 주민등록증(모바일 주민등록증을 포함한다) 등 신분을 확인할 수 있는 증표를 제시할 것을 요구할 수 있다. 개업공인중개사는 선량한 관리자의 주의와 신의성실로써 매도 등 처분을 하려는 자가 진정한 권리자인지 여부를 조사·확인할 의무가 있다(대판 2007다44156 판결).

## 4 확인·설명서 작성 교부 보존

### (1) 작성

① 개업공인중개사

개업공인중개사는 중개가 완성되어 거래계약서를 작성하는 때에는 확인·설명사항을 대통령령으로 정하는 바에 따라 서면으로 작성하여야 한다(법 제25조 제3항). 소속공인중개사는 확인·설명서를 작성할 의무는 없지만 개업공인중개사는 대신하여 확인·설명서를 작성할 수는 있다. 중개보조원은 중개업무를 수행할 자격이 없으므로 확인·설명서 작성의무도 없고, 작성할 수도 없다. 그리고 확인·설명서 작성은 확인 설명 사실에 대해서 증거를 남기는 의미가 있으므로 중개완성되어 거래계약서를 작성하는 때 확인·설명서도 작성하도록 하고 있다.

② 서식

개업공인중개사가 작성하는 확인·설명서는 확인·설명의무 이행에 대한 증거자료의 성격을 가지므로 반드시 서면으로 작성하여야 한다. 개업공인중개사가 작성하는 확인·설명서는 법정서식인 시행규칙 별지서식을 반드시 사용하여야 한다.

**시행규칙 제16조 【중개대상물의 확인·설명서의 서식】** 영 제21조 제3항에 따른 중개대상물 확인·설명서(영문서식을 포함한다)는 다음 각 호의 구분에 따른다. 〈개정 2012. 6. 27.〉

1. 중개대상물 확인·설명서[Ⅰ](주거용건축물) : 별지 제20호서식
2. 중개대상물 확인·설명서[Ⅱ](비주거용 건축물) : 별지 제20호의2서식
3. 중개대상물 확인·설명서[Ⅲ](토지) : 별지 제20호의3서식
4. 중개대상물 확인·설명서[Ⅳ](입목·광업재단·공장재단) : 별지 제20호의4서식

③ 서명 및 날인

㉠ 법 제25조 제4항

확인·설명서에는 개업공인중개사가 서명 및 날인하되, 해당 중개행위를 한 소속공인중개사가 있는 경우에는 소속공인중개사가 함께 서명 및 날인하여야 한다(법 제25조 제4항).

㉡ 개업공인중개사

개업공인중개사는 확인·설명서에 서명 및 날인하여야한다. "서명 및 날인"은 자필로 서명도 하고 동시에 등록된 인장으로 날인도 하여야 한다는 것이다. 따라서 개업공인중개사가 서명 또는 날인하는 것은 법 위반이 된다.

㉢ 법인

확인·설명서에 법인의 경우에는 대표자가 서명 및 날인하고 분사무소의 경우에는 책임자가 서명 및 날인하여야 한다. 특히 법인의 경우에 임원 사원 전원이 서명 및 날인하여야 하는 것이 아니고 대표자만 서명 및 날인하면 된다.

㉣ 소속공인중개사

소속공인중개사자는 확인·설명서를 작성하는 등 해당 중개행위를 한 경우에는 소속공인중개사만 확인·설명서에 서명 및 날인하면 안 되고, 소속공인중개사와 개업공인중개사가 함께 확인·설명서에 서명 및 날인하여야 한다. 중개보조원은 확인·설명서에 서명 및 날인할 의무는 없으나 서명 및 날인하는 것이 금지되는 것은 아니다.

### (2) 교부

① 거래당사자 쌍방

개업공인중개사는 중개가 완성되어 거래계약서를 작성하는 때에는 확인·설명사항을 대통령령으로 정하는 바에 따라 서면으로 작성하여 거래당사자에게 교부하여야 한다(제25조 제3항). 중개대상물에 대한 확인·설명은 권리취득의뢰인에게 하면 되지만 확인·설명서의 교부는 증거를 남기는 것이므로 거래당사자 모두에게 교부하여야 한다. 개업공인중개사는 법 제25조 제3항 본문에 따라 국토교통부령으로 정하는 중개대상물 확인·설명서에 제1항 각 호의 사항을 적어 거래당사자에게 발급해야 한다(시행령 21조 제3항).

② 거래당사자의 서명 또는 날인

이 때 확인·설명서를 교부 받는 거래당사자는 받았다는 의미로 확인·설명서에 서명 또는 날인하도록 하고 있다. 개업공인중개사의 입장에서는 확인·설명서에 거래당사자의 날인을 받아 두는 것은 확인·설명서를 교부한 증거가 되니까 반드시 받아 두어야 한다.

### (3) 보존

① 3년

개업공인중개사는 중개가 완성되어 거래계약서를 작성하는 때에는 확인·설명서를 작성하여 대통령령으로 정하는 기간동안 그 원본, 사본 또는 전자문서를 보존하여야 한다. 법 제25조 제3항 본문에서 "대통령령이 정하는 기간"이란 3년을 말한다(시행령 21조 제4항). 확인·설명서의 보관장소에 대해 별도의 규정은 없지만 중개사무소에 보존하여야 한다.

② 보존의무 면제

다만, 확인·설명사항이 「전자문서 및 전자거래 기본법」 제2조 제9호에 따른 공인전자문서센터에 보관된 경우에는 별도로 중개사무소에 보존할 의무는 없다(법 제25조 ③).

## 5 위반시 제재

### (1) 행정처분 등

① 개업공인중개사

㉠ 500만원 이하 과태료

개업공인중개사가 중개대상물에 대한 확인·설명 사항을 설명 하지 않거나, 확인·설명 사항을 부정확하게 설명하거나, 확인·설명 사항에 대하여 정확하게 설명하였으나 근거자료를 제시하지 않은 경우에는 500만원 이하의 과태료 사유에 해당한다.

㉡ 업무정지

개업공인중개사가 중개대상물에 대한 확인·설명서에 서명 및 날인하지 않거나, 확인·설명서를 거래당사자에게 교부하지 않거나, 중개대상물에 대한 확인·설명서를 보존하지 아니한 경우에는 업무정지 사유에 해당한다.

② 소속공인중개사

소속공인중개사가 중개대상물에 대한 확인·설명 사항을 설명하지 않거나, 확인·설명 사항을 부정확하게 설명하거나, 확인·설명 사항에 대하여 정확하게 설명하였으나 근거자료를 제시하지 않은 경우에는 자격정지 사유에 해당한다.

### (2) 민사책임

① 확인·설명의무 소홀 책임

확인·설명의무를 게을리 한 과실로 인하여 매매계약이 성립되었다가 해제된 경우에 개업공인중개사는 매수인으로부터 이미 수령한 수수료를 반환하여야 하고 또 매수인에게 재산상 손해가 발생한 경우에는 그 손해를 배상할 책임이 있다(대구지법 86가합1663).

② 무상중개행위

중개의뢰인이 개업공인중개사에게 소정의 보수를 지급하지 아니하였다고 하여 확인·설명의무 위반에 따른 손해배상책임이 당연히 소멸되는 것은 아니다(대판 2001다71484 판결).

③ 설명의무 사항 아닌 경우

개업공인중개사는 비록 의뢰인에게 설명할 의무를 부담하지 않는 사항이더라도 그릇된 정보를 제대로 확인하지도 않은 채 마치 그것이 진실인 것처럼 의뢰인에게 그대로 전달하여 의뢰인이 그 정보를 믿고 상대방과 계약에 이르게 되었다면, 개업공인중개사의 의무에 위반된다(대판 2008다42836 판결).

④ 실제권리관계에 대한 자료 요구

임차의뢰인에게 부동산 등기부상에 표시된 중개대상물의 권리관계 등을 확인·설명하는 데 그쳐서는 아니 되고, 임대의뢰인에게 다가구주택 내에 이미 거주해서 살고 있는 다른 임차인의 임대차계약내역 중 개인정보에 관한 부분을 제외하고 임대차보증금, 임대차의 시기와 종기 등에 관한 부분의 자료를 요구하여 이를 확인한 다음 임차의뢰인에게 설명하고 자료를 제시하여야 한다(대판 2012.1.26. 선고 2011다63857 판결).

확인·설명 의무와 확인·설명서 작성 교부

| 확인·설명의무 | 확인·설명서 작성/ 교부 |
|---|---|
| 중개의뢰~중개완성 전 | 중개 완성시 |
| 권리취득의뢰인에게 | 거래당사자에게 |

## 제3절 확인설명서 서식 제27회 제28회 제29회 제31회 제32회 제34회 제35회

■ 공인중개사법 시행규칙 [별지 제20호서식] <개정 2024. 7. 2.> (6쪽 중 제1쪽)

# 중개대상물 확인·설명서[Ⅰ] (주거용 건축물)

**( 주택 유형: [ ]단독주택 [ ]공동주택 [ ]주거용 오피스텔 )**
**( 거래 형태: [ ]매매·교환 [ ]임대 )**

| 확인·설명 자료 | 확인·설명 근거자료 등 | [ ]등기권리증[ ]등기사항증명서[ ]토지대장[ ]건축물대장 [ ]지적도<br>[ ]임야도[ ]토지이용계획확인서[ ]확정일자 부여현황[ ]전입세대확인서<br>[ ]국세납세증명서[ ]지방세납세증명서[ ]그 밖의 자료( ) |
|---|---|---|
| | 대상물건의 상태에 관한 자료요구 사항 | |

| 유의사항 | |
|---|---|
| 개업공인중개사의 확인·설명 의무 | 개업공인중개사는 중개대상물에 관한 권리를 취득하려는 중개의뢰인에게 성실·정확하게 설명하고, 토지대장 등본, 등기사항증명서 등 설명의 근거자료를 제시해야 합니다. |
| 실제 거래가격 신고 | 「부동산 거래신고 등에 관한 법률」 제3조 및 같은 법 시행령 별표 1 제1호마목에 따른 실제 거래가격은 매수인이 매수한 부동산을 양도하는 경우 「소득세법」 제97조제1항 및 제7항과 같은 법 시행령 제163조제11항제2호에 따라 취득 당시의 실제 거래가액으로 보아 양도차익이 계산될 수 있음을 유의하시기 바랍니다. |

**Ⅰ. 개업공인중개사 기본 확인사항**

| ① 대상물건의 표시 | 토지 | 소재지 | | | | |
|---|---|---|---|---|---|---|
| | | 면적(㎡) | | 지목 | 공부상 지목 | |
| | | | | | 실제 이용 상태 | |
| | 건축물 | 전용면적(㎡) | | | 대지지분(㎡) | |
| | | 준공년도 (증개축년도) | | 용도 | 건축물대장상 용도 | |
| | | | | | 실제 용도 | |
| | | 구조 | | 방향 | | (기준: ) |
| | | 내진설계 적용여부 | | 내진능력 | | |
| | | 건축물대장상 위반건축물 여부 | [ ]위반[ ]적법 | 위반내용 | | |

| ② 권리관계 | 등기부 기재사항 | 소유권에 관한 사항 | | 소유권 외의 권리사항 | |
|---|---|---|---|---|---|
| | | 토지 | | 토지 | |
| | | 건축물 | | 건축물 | |

| ③ 토지이용계획, 공법상 이용제한 및 거래규제에 관한 사항(토지) | 지역·지구 | 용도지역 | | 건폐율 상한 | 용적률 상한 |
|---|---|---|---|---|---|
| | | 용도지구 | | % | % |
| | | 용도구역 | | | |
| | 도시·군계획 시설 | | 허가·신고 구역 여부 | [ ]토지거래허가구역 | |
| | | | 투기지역 여부 | [ ]토지투기지역 [ ]주택투기지역 [ ]투기과열지구 | |
| | 지구단위계획구역, 그 밖의 도시·군관리계획 | | | 그 밖의 이용제한 및 거래규제사항 | |

(6쪽 중 제2쪽)

<table>
<tr><td rowspan="9">④ 임대차 확인 사항</td><td colspan="2">확정일자 부여현황 정보</td><td colspan="3">[ ] 임대인 자료 제출 [ ] 열람 동의</td><td>[ ] 임차인 권리 설명</td></tr>
<tr><td colspan="2">국세 및 지방세 체납정보</td><td colspan="3">[ ] 임대인 자료 제출 [ ] 열람 동의</td><td>[ ] 임차인 권리 설명</td></tr>
<tr><td colspan="2">전입세대 확인서</td><td colspan="4">[ ] 확인(확인서류 첨부) [ ] 미확인(열람·교부 신청방법 설명)<br>[ ] 해당 없음</td></tr>
<tr><td colspan="2">최우선변제금</td><td colspan="4">소액임차인범위: 만원 이하 최우선변제금액: 만원 이하</td></tr>
<tr><td rowspan="3">민간 임대 등록 여부</td><td rowspan="2">등록</td><td colspan="3">[ ] 장기일반민간임대주택 [ ] 공공지원민간임대주택<br>[ ] 그 밖의 유형( )</td><td rowspan="2">[ ] 임대보증금 보증 설명</td></tr>
<tr><td>임대의무기간</td><td></td><td>임대개시일</td></tr>
<tr><td colspan="5">미등록 [ ]</td></tr>
<tr><td colspan="2">계약갱신 요구권 행사 여부</td><td colspan="4">[ ] 확인(확인서류 첨부) [ ] 미확인 [ ] 해당 없음</td></tr>
</table>

| 개업공인중개사가 “④ 임대차 확인사항”을 임대인 및 임차인에게 설명하였음을 확인함 | 임대인 | (서명 또는 날인) |
|---|---|---|
| | 임차인 | (서명 또는 날인) |
| | 개업공인중개사 | (서명 또는 날인) |
| | 개업공인중개사 | (서명 또는 날인) |

※ 민간임대주택의 임대사업자는 「민간임대주택에 관한 특별법」 제49조에 따라 임대보증금에 대한 보증에 가입해야 합니다.
※ 임차인은 주택도시보증공사(HUG) 등이 운영하는 전세보증금반환보증에 가입할 것을 권고합니다.
※ 임대차 계약 후 「부동산 거래신고 등에 관한 법률」 제6조의2에 따라 30일 이내 신고해야 합니다(신고 시 확정일자 자동부여).
※ 최우선변제금은 근저당권 등 선순위 담보물권 설정 당시의 소액임차인범위 및 최우선변제금액을 기준으로 합니다.

<table>
<tr><td rowspan="8">⑤ 입지 조건</td><td>도로와의 관계</td><td colspan="2">( m × m )도로에 접함<br>[ ] 포장 [ ] 비포장</td><td>접근성</td><td>[ ] 용이함 [ ] 불편함</td></tr>
<tr><td rowspan="2">대중교통</td><td>버스</td><td colspan="3">( ) 정류장, 소요시간: ( [ ] 도보 [ ] 차량 ) 약 분</td></tr>
<tr><td>지하철</td><td colspan="3">( ) 역, 소요시간: ( [ ] 도보 [ ] 차량 ) 약 분</td></tr>
<tr><td>주차장</td><td colspan="4">[ ] 없음 [ ] 전용주차시설 [ ] 공동주차시설<br>[ ] 그 밖의 주차시설 ( )</td></tr>
<tr><td rowspan="3">교육시설</td><td>초등학교</td><td colspan="3">( ) 학교, 소요시간: ( [ ] 도보 [ ] 차량 ) 약 분</td></tr>
<tr><td>중학교</td><td colspan="3">( ) 학교, 소요시간: ( [ ] 도보 [ ] 차량 ) 약 분</td></tr>
<tr><td>고등학교</td><td colspan="3">( ) 학교, 소요시간: ( [ ] 도보 [ ] 차량 ) 약 분</td></tr>
</table>

<table>
<tr><td rowspan="2">⑥ 관리에 관한 사항</td><td>경비실</td><td>[ ] 있음 [ ] 없음</td><td>관리주체</td><td>[ ] 위탁관리 [ ] 자체관리 [ ] 그 밖의 유형</td></tr>
<tr><td>관리비</td><td colspan="3">관리비 금액: 총 원<br>관리비 포함 비목: [ ] 전기료 [ ] 수도료 [ ] 가스사용료 [ ] 난방비 [ ] 인터넷 사용료 [ ] TV 수신료 [ ] 그 밖의 비목( )<br>관리비 부과방식: [ ] 임대인이 직접 부과 [ ] 관리규약에 따라 부과 [ ] 그 밖의 부과 방식( )</td></tr>
</table>

| ⑦ 비선호시설(1km이내) | [ ] 없음 [ ] 있음 (종류 및 위치: ) |
|---|---|

<table>
<tr><td rowspan="2">⑧ 거래예정금액 등</td><td>거래예정금액</td><td colspan="3"></td></tr>
<tr><td>개별공시지가 (㎡당)</td><td></td><td>건물(주택) 공시가격</td><td></td></tr>
</table>

<table>
<tr><td rowspan="2">⑨ 취득 시 부담할 조세의 종류 및 세율</td><td>취득세</td><td>%</td><td>농어촌특별세</td><td>%</td><td>지방교육세</td><td>%</td></tr>
<tr><td colspan="6">※ 재산세와 종합부동산세는 6월 1일 기준으로 대상물건 소유자가 납세의무를 부담합니다.</td></tr>
</table>

(6쪽 중 제3쪽)

## Ⅱ. 개업공인중개사 세부 확인사항

⑩ 실제 권리관계 또는 공시되지 않은 물건의 권리 사항

| 구분 | 항목 | 세부 | 내용 | | |
|---|---|---|---|---|---|
| ⑪ 내부·외부 시설물의 상태(건축물) | 수도 | 파손 여부 | [ ] 없음 [ ] 있음 (위치: ) | | |
| | | 용수량 | [ ] 정상 [ ] 부족함 (위치: ) | | |
| | 전기 | 공급상태 | [ ] 정상 [ ] 교체 필요 (교체할 부분: ) | | |
| | 가스(취사용) | 공급방식 | [ ] 도시가스 [ ] 그 밖의 방식 ( ) | | |
| | 소방 | 단독경보형 감지기 | [ ] 없음<br>[ ] 있음(수량: 개) | ※「소방시설 설치 및 관리에 관한 법률」제10조 및 같은 법 시행령 제10조에 따른 주택용 소방시설로서 아파트(주택으로 사용하는 층수가 5개층 이상인 주택을 말한다)를 제외한 주택의 경우만 적습니다. | |
| | 난방방식 및 연료공급 | 공급방식 | [ ] 중앙공급<br>[ ] 개별공급<br>[ ] 지역난방 | 시설작동 | [ ] 정상 [ ] 수선 필요 ( )<br>※ 개별 공급인 경우 사용연한 ( )[ ] 확인불가 |
| | | 종류 | [ ] 도시가스 [ ] 기름 [ ] 프로판가스 [ ] 연탄<br>[ ] 그 밖의 종류 ( ) | | |
| | 승강기 | [ ] 있음 ( [ ] 양호 [ ] 불량) [ ] 없음 | | | |
| | 배수 | [ ] 정상 [ ] 수선 필요 ( ) | | | |
| | 그 밖의 시설물 | | | | |

| 구분 | 항목 | 세부 | 내용 |
|---|---|---|---|
| ⑫ 벽면·바닥면 및 도배 상태 | 벽면 | 균열 | [ ] 없음 [ ] 있음 (위치: ) |
| | | 누수 | [ ] 없음 [ ] 있음 (위치: ) |
| | 바닥면 | [ ] 깨끗함 [ ] 보통임 [ ] 수리 필요 (위치: ) | |
| | 도배 | [ ] 깨끗함 [ ] 보통임 [ ] 도배 필요 | |

| 구분 | 항목 | 내용 | 항목 | 내용 |
|---|---|---|---|---|
| ⑬ 환경조건 | 일조량 | [ ] 풍부함 [ ] 보통임 [ ] 불충분 (이유: ) | | |
| | 소음 | [ ] 아주 작음 [ ] 보통임 [ ] 심한 편임 | 진동 | [ ] 아주 작음 [ ] 보통임 [ ] 심한 편임 |

| 구분 | 항목 | 내용 |
|---|---|---|
| ⑭ 현장안내 | 현장안내자 | [ ] 개업공인중개사 [ ] 소속공인중개사 [ ] 중개보조원(신분고지 여부: [ ] 예 [ ] 아니오)<br>[ ] 해당 없음 |

※ "중개보조원"이란 공인중개사가 아닌 사람으로서 개업공인중개사에 소속되어 중개대상물에 대한 현장안내 및 일반서무 등 개업공인중개사의 중개업무와 관련된 단순한 업무를 보조하는 사람을 말합니다.

※ 중개보조원은 「공인중개사법」 제18조의4에 따라 현장안내 등 중개업무를 보조하는 경우 중개의뢰인에게 본인이 중개보조원이라는 사실을 미리 알려야 합니다.

**III. 중개보수 등에 관한 사항**

<table>
<tr><td rowspan="4">⑮ 중개보수 및 실비의 금액과 산출내역</td><td>중개보수</td><td></td><td rowspan="4"><산출내역><br>중개보수:<br>실 비:<br>※ 중개보수는 시·도 조례로 정한 요율한도에서 중개의뢰인과 개업공인중개사가 서로 협의하여 결정하며 부가가치세는 별도로 부과될 수 있습니다.</td></tr>
<tr><td>실비</td><td></td></tr>
<tr><td>계</td><td></td></tr>
<tr><td>지급시기</td><td></td></tr>
</table>

「공인중개사법」 제25조제3항 및 제30조제5항에 따라 거래당사자는 개업공인중개사로부터 위 중개대상물에 관한 확인·설명 및 손해배상책임의 보장에 관한 설명을 듣고, 같은 법 시행령 제21조제3항에 따른 본 확인·설명서와 같은 법 시행령 제24조제2항에 따른 손해배상책임 보장 증명서류(사본 또는 전자문서)를 수령합니다.

년 월 일

<table>
<tr><td rowspan="2">매도인<br>(임대인)</td><td>주소</td><td></td><td>성명</td><td>(서명 또는 날인)</td></tr>
<tr><td>생년월일</td><td></td><td>전화번호</td><td></td></tr>
<tr><td rowspan="2">매수인<br>(임차인)</td><td>주소</td><td></td><td>성명</td><td>(서명 또는 날인)</td></tr>
<tr><td>생년월일</td><td></td><td>전화번호</td><td></td></tr>
<tr><td rowspan="3">개업<br>공인중개사</td><td>등록번호</td><td></td><td>성명(대표자)</td><td>(서명 및 날인)</td></tr>
<tr><td>사무소 명칭</td><td></td><td>소속공인중개사</td><td>(서명 및 날인)</td></tr>
<tr><td>사무소 소재지</td><td></td><td>전화번호</td><td></td></tr>
<tr><td rowspan="3">개업<br>공인중개사</td><td>등록번호</td><td></td><td>성명(대표자)</td><td>(서명 및 날인)</td></tr>
<tr><td>사무소 명칭</td><td></td><td>소속공인중개사</td><td>(서명 및 날인)</td></tr>
<tr><td>사무소 소재지</td><td></td><td>전화번호</td><td></td></tr>
</table>

## 1 확인설명서 서식 비교

### (1) 4가지 서식 기재사항 비교

| | 환경조건 단독경보형감지기 | 비선호시설 | 입지조건 | 공법상 규제 | 벽면 바닥변 도배 내 외부 시설물의 상태 관리에 관한 사항 |
|---|---|---|---|---|---|
| 확인·설명서 Ⅰ | ○ | ○ | ○ 도대차교 | ○ | ○ |
| 확인·설명서 Ⅱ | × | × | ○ 도대차 | ○ | ○ 도배× |
| 확인·설명서 Ⅲ | × | ○ | ○ 도대 | ○ | × |
| 확인·설명서 Ⅳ | × | × | × | × | × |

- 주거용 : 단독경보형감지기
- 비주거용 : 소화전 비상벨

### (2) 공통 기재사항

모든 확인·설명서의 공통 기재사항은 다음과 같다.

① 대상물건의 표시
② 거래예정금액
③ 중개보수 및 실비의 금액과 산출내역
④ 권리를 취득함에 따라 부담할 조세의 종류 및 세율
⑤ 권리관계
⑥ 실제권리관계 또는 공시되지 아니한 물건의 권리에 관한 사항

## 2 확인설명서 서식

■ 공인중개사법 시행규칙 [별지 제20호의2서식] <개정 2021. 12. 31.> (4쪽 중 제1쪽)

# 중개대상물 확인·설명서[II] (비주거용 건축물)
# ([ ]업무용 [ ]상업용 [ ]공업용[ ]매매·교환 [ ]임대 [ ]그 밖의 경우)

| 확인·설명 자료 | 확인·설명 근거자료 등 | [ ]등기권리증 [ ]등기사항증명서 [ ]토지대장 [ ]건축물대장 [ ]지적도<br>[ ]임야도 [ ]토지이용계획확인서 [ ]그 밖의 자료( ) |
|---|---|---|
| | 대상물건의 상태에 관한 자료요구 사항 | |

| 유의사항 | |
|---|---|
| 개업공인중개사의 확인·설명 의무 | 개업공인중개사는 중개대상물에 관한 권리를 취득하려는 중개의뢰인에게 성실·정확하게 설명하고, 토지대장 등본, 등기사항증명서 등 설명의 근거자료를 제시해야 합니다. |
| 실제 거래가격 신고 | 「부동산 거래신고 등에 관한 법률」 제3조 및 같은 법 시행령 별표 1 제1호마목에 따른 실제 거래가격은 매수인이 매수한 부동산을 양도하는 경우 「소득세법」 제97조 제1항 및 제7항과 같은 법 시행령 제163조 제11항 제2호에 따라 취득 당시의 실제 거래가액으로 보아 양도차익이 계산될 수 있음을 유의하시기 바랍니다. |

## Ⅰ. 개업공인중개사 기본 확인사항

| | | | | | | |
|---|---|---|---|---|---|---|
| ① 대상물건의 표시 | 토지 | 소재지 | | | | |
| | | 면적(㎡) | | 지목 | 공부상 지목 | |
| | | | | | 실제이용 상태 | |
| | 건축물 | 전용면적(㎡) | | | 대지지분(㎡) | |
| | | 준공년도 (증개축년도) | | 용도 | 건축물대장상 용도 | |
| | | | | | 실제 용도 | |
| | | 구조 | | 방향 | | (기준: ) |
| | | 내진설계 적용여부 | | 내진능력 | | |
| | | 건축물대장상 위반건축물 여부 | [ ]위반 [ ]적법 | 위반내용 | | |

| | | | | | | |
|---|---|---|---|---|---|---|
| ② 권리관계 | 등기부 기재사항 | | 소유권에 관한 사항 | | 소유권 외의 권리사항 | |
| | | | 토지 | | 토지 | |
| | | | 건축물 | | 건축물 | |
| | 민간임대등록여부 | 등록 | [ ] 장기일반민간임대주택 [ ] 공공지원민간임대주택<br>[ ] 그 밖의 유형( ) | | | |
| | | | 임대의무기간 | | 임대개시일 | |
| | | 미등록 | [ ] 해당사항 없음 | | | |
| | 계약갱신 요구권 행사여부 | | [ ] 확인(확인서류 첨부) [ ] 미확인 [ ] 해당 없음 | | | |

| | | | | | | |
|---|---|---|---|---|---|---|
| ③ 토지이용계획, 공법상 이용제한 및 거래규제에 관한 사항(토지) | 지역·지구 | 용도지역 | | | 건폐율 상한 | 용적률 상한 |
| | | 용도지구 | | | % | % |
| | | 용도구역 | | | | |
| | 도시·군 계획시설 | | 허가·신고 구역 여부 | [ ]토지거래허가구역 | | |
| | | | 투기지역 여부 | [ ]토지투기지역 [ ]주택투기지역 [ ]투기과열지구 | | |
| | 지구단위계획구역, 그 밖의 도시·군관리계획 | | 그 밖의 이용제한 및 거래규제사항 | | | |

210mm×297mm[백상지(80g/㎡) 또는 중질지(80g/㎡)]

(4쪽 중 제2쪽)

| | | | | | | |
|---|---|---|---|---|---|---|
| ④ 입지조건 | 도로와의 관계 | ( m × m )도로에 접함 [ ] 포장 [ ] 비포장 | | 접근성 | [ ] 용이함 [ ] 불편함 | |
| | 대중교통 | 버스 | ( ) 정류장, 소요시간: ( [ ] 도보 [ ] 차량) 약 분 | | | |
| | | 지하철 | ( ) 역, 소요시간: ( [ ] 도보 [ ] 차량) 약 분 | | | |
| | 주차장 | [ ] 없음 [ ] 전용주차시설 [ ] 공동주차시설 [ ] 그 밖의 주차시설 ( ) | | | | |
| ⑤ 관리에 관한사항 | 경비실 | [ ] 있음 [ ] 없음 | 관리주체 | [ ] 위탁관리 [ ] 자체관리 [ ] 그 밖의 유형 | | |

| | | | | |
|---|---|---|---|---|
| ⑥ 거래예정금액 등 | 거래예정금액 | | | |
| | 개별공시지가(㎡당) | | 건물(주택)공시가격 | |

| | | | | | | |
|---|---|---|---|---|---|---|
| ⑦ 취득 시 부담할 조세의 종류 및 세율 | 취득세 | % | 농어촌특별세 | % | 지방교육세 | % |
| | ※ 재산세와 종합부동산세는 6월 1일 기준 대상물건 소유자가 납세의무를 부담 | | | | | |

## II. 개업공인중개사 세부 확인사항

⑧ 실제 권리관계 또는 공시되지 않은 물건의 권리 사항

| | | | |
|---|---|---|---|
| ⑨ 내부·외부 시설물의 상태 (건축물) | 수도 | 파손 여부 | [ ] 없음 [ ] 있음(위치: ) |
| | | 용수량 | [ ] 정상 [ ] 부족함(위치: ) |
| | 전기 | 공급상태 | [ ] 정상 [ ] 교체 필요(교체할 부분: ) |
| | 가스(취사용) | 공급방식 | [ ] 도시가스 [ ] 그 밖의 방식( ) |
| | 소방 | 소화전 | [ ] 없음 [ ] 있음(위치: ) |
| | | 비상벨 | [ ] 없음 [ ] 있음(위치: ) |
| | 난방방식 및 연료공급 | 공급방식 | [ ] 중앙공급 [ ] 개별공급 / 시설작동: [ ] 정상 [ ] 수선 필요 ( ) ※개별공급인 경우 사용연한 ( ) [ ] 확인불가 |
| | | 종류 | [ ] 도시가스 [ ] 기름 [ ] 프로판가스 [ ] 연탄 [ ] 그 밖의 종류( ) |
| | 승강기 | [ ] 있음 ( [ ] 양호 [ ] 불량 [ ] 없음 | |
| | 배수 | [ ] 정상 [ ] 수선 필요( ) | |
| | 그 밖의 시설물 | | |

| | | | |
|---|---|---|---|
| ⑩ 벽면 및 바닥면 | 벽면 | 균열 | [ ] 없음 [ ] 있음(위치: ) |
| | | 누수 | [ ] 없음 [ ] 있음(위치: ) |
| | 바닥면 | [ ] 깨끗함 [ ] 보통임 [ ] 수리 필요 (위치: ) | |

(4쪽 중 제3쪽)

## III. 중개보수 등에 관한 사항

| ⑪ 중개보수 및 실비의 금액과 산출내역 | 중개보수 | | <산출내역><br><br>중개보수:<br>실　비: |
|---|---|---|---|
| | 실비 | | |
| | 계 | | |
| | 지급시기 | | |

「공인중개사법」 제25조 제3항 및 제30조 제5항에 따라 거래당사자는 개업공인중개사로부터 위 중개대상물에 관한 확인·설명 및 손해배상책임의 보장에 관한 설명을 듣고, 같은 법 시행령 제21조 제3항에 따른 본 확인·설명서와 같은 법 시행령 제24조 제2항에 따른 손해배상책임 보장 증명서류(사본 또는 전자문서)를 수령합니다.

년　　월　　일

| | | | | |
|---|---|---|---|---|
| 매도인<br>(임대인) | 주소 | | 성명 | (서명 또는 날인) |
| | 생년월일 | | 전화번호 | |
| 매수인<br>(임차인) | 주소 | | 성명 | (서명 또는 날인) |
| | 생년월일 | | 전화번호 | |
| 개업<br>공인중개사 | 등록번호 | | 성명<br>(대표자) | (서명 및 날인) |
| | 사무소 명칭 | | 소속<br>공인중개사 | (서명 및 날인) |
| | 사무소 소재지 | | 전화번호 | |
| 개업<br>공인중개사 | 등록번호 | | 성명<br>(대표자) | (서명 및 날인) |
| | 사무소 명칭 | | 소속<br>공인중개사 | (서명 및 날인) |
| | 사무소 소재지 | | 전화번호 | |

(4쪽 중 제4쪽)

## 작성방법(비주거용 건축물)

**<작성일반>**

1. "[ ]"있는 항목은 해당하는 "[ ]"안에 √로 표시합니다.
2. 세부항목 작성 시 해당 내용을 작성란에 모두 작성할 수 없는 경우에는 별지로 작성하여 첨부하고, 해당란에는 "별지 참고"라고 적습니다.

**<세부항목>**

1. 「확인·설명자료」 항목의 "확인·설명 근거자료 등"에는 개업공인중개사가 확인·설명 과정에서 제시한 자료를 적으며, "대상물건의 상태에 관한 자료요구 사항"에는 매도(임대)의뢰인에게 요구한 사항 및 그 관련 자료의 제출 여부와 ⑧ 실제 권리관계 또는 공시되지 않은 물건의 권리 사항부터 ⑩ 벽면까지의 항목을 확인하기 위한 자료의 요구 및 그 불응 여부를 적습니다.
2. ① 대상물건의 표시부터 ⑦ 취득 시 부담할 조세의 종류 및 세율까지는 개업공인중개사가 확인한 사항을 적어야 합니다.
3. ① 대상물건의 표시는 토지대장 및 건축물대장 등을 확인하여 적습니다.
4. ② 권리관계의 "등기부 기재사항"은 등기사항증명서를 확인하여 적습니다.
5. ② 권리관계의 "민간임대 등록여부"는 대상물건이 「민간임대주택에 관한 특별법」에 따라 등록된 민간임대주택인지 여부를 같은 법 제60조에 따른 임대주택정보체계에 접속하여 확인하거나 임대인에게 확인하여 "[ ]"안에 √로 표시하고, 민간임대주택인 경우 「민간임대주택에 관한 특별법」에 따른 권리·의무사항을 임차인에게 설명해야 합니다.

> * 민간임대주택은 「민간임대주택에 관한 특별법」 제5조에 따른 임대사업자가 등록한 주택으로서, 임대인과 임차인간 임대차 계약(재계약 포함)시 다음과 같은 사항이 적용됩니다.
> ① 같은 법 제44조에 따라 임대의무기간 중 임대료 증액청구는 5퍼센트의 범위에서 주거비 물가지수, 인근 지역의 임대료 변동률 등을 고려하여 같은 법 시행령으로 정하는 증액비율을 초과하여 청구할 수 없으며, 임대차계약 또는 임대료 증액이 있은 후 1년 이내에는 그 임대료를 증액할 수 없습니다.
> ② 같은 법 제45조에 따라 임대사업자는 임차인이 의무를 위반하거나 임대차를 계속하기 어려운 경우 등에 해당하지 않으면 임대의무기간 동안 임차인과의 계약을 해제·해지하거나 재계약을 거절할 수 없습니다.

6. ② 권리관계의 "계약갱신요구권 행사여부"는 대상물건이 「주택임대차보호법」 및 「상가건물 임대차보호법」의 적용을 받는 임차인이 있는 경우 매도인(임대인)으로부터 계약갱신요구권 행사 여부에 관한 사항을 확인할 수 있는 서류를 받으면 "확인"에 √로 표시하여 해당 서류를 첨부하고, 서류를 받지 못한 경우 "미확인"에 √로 표시합니다. 이 경우 「주택임대차보호법」 및 「상가건물 임대차보호법」에 따른 임대인과 임차인의 권리·의무사항을 매수인에게 설명해야 합니다.
7. ③ 토지이용계획, 공법상 이용제한 및 거래규제에 관한 사항(토지)의 "건폐율 상한 및 용적률 상한"은 시·군의 조례에 따라 적고, "도시·군계획시설", "지구단위계획구역, 그 밖의 도시·군관리계획"은 개업공인중개사가 확인하여 적으며, "그 밖의 이용제한 및 거래규제사항"은 토지이용계획확인서의 내용을 확인하고, 공부에서 확인할 수 없는 사항은 부동산종합공부시스템 등에서 확인하여 적습니다(임대차의 경우에는 생략할 수 있습니다).
8. ⑥ 거래예정금액 등의 "거래예정금액"은 중개가 완성되기 전 거래예정금액을, "개별공시지가(㎡당)" 및 "건물(주택)공시가격"은 중개가 완성되기 전 공시된 공시지가 또는 공시가격을 적습니다[임대차의 경우에는 "개별공시지가(㎡당)" 및 "건물(주택)공시가격"을 생략할 수 있습니다].
9. ⑦ 취득 시 부담할 조세의 종류 및 세율은 중개가 완성되기 전 「지방세법」의 내용을 확인하여 적습니다(임대차의 경우에는 제외합니다).
10. ⑧ 실제 권리관계 또는 공시되지 않은 물건의 권리 사항은 매도(임대)의뢰인이 고지한 사항(법정지상권, 유치권, 「상가건물 임대차보호법」에 따른 임대차, 토지에 부착된 조각물 및 정원수, 계약 전 소유권 변동여부, 도로의 점용허가 여부 및 권리·의무 승계 대상여부 등)을 적습니다. 「건축법 시행령」 별표 1 제2호에 따른 공동주택(기숙사는 제외합니다) 중 분양을 목적으로 건축되었으나 분양되지 않아 보존등기만 마쳐진 상태인 공동주택에 대해 임대차계약을 알선하는 경우에는 이를 임차인에게 설명해야 합니다.
    ※ 임대차계약의 경우 임대보증금, 월 단위의 차임액, 계약기간, 장기수선충당금의 처리 등을 확인하고, 근저당 등이 설정된 경우 채권최고액을 확인하여 적습니다. 그 밖에 경매 및 공매 등의 특이사항이 있는 경우 이를 확인하여 적습니다.
11. ⑨ 내부·외부 시설물의 상태(건축물) 및 ⑩ 벽면 및 바닥면은 중개대상물에 대하여 개업공인중개사가 매도(임대)의뢰인에게 자료를 요구하여 확인한 사항을 적고, ⑨ 내부·외부 시설물의 상태(건축물)의 "그 밖의 시설물"에는 건축물이 상업용인 경우에는 오수정화시설용량, 공업용인 경우에는 전기용량, 오수정화시설용량 및 용수시설의 내용에 대하여 개업공인중개사가 매도(임대)의뢰인에게 자료를 요구하여 확인한 사항을 적습니다.
12. ⑪ 중개보수 및 실비의 금액과 산출내역은 개업공인중개사와 중개의뢰인이 협의하여 결정한 금액을 적되 "중개보수"는 거래예정금액을 기준으로 계산하고, "산출내역(중개보수)"은 "거래예정금액(임대차의 경우에는 임대보증금 + 월 단위의 차임액 × 100) × 중개보수 요율"과 같이 적습니다. 다만, 임대차로서 거래예정금액이 5천만원 미만인 경우에는 "임대보증금 + 월 단위의 차임액 × 70"을 거래예정금액으로 합니다.
13. 공동중개 시 참여한 개업공인중개사(소속공인중개사를 포함합니다)는 모두 서명·날인해야 하며, 2명을 넘는 경우에는 별지로 작성하여 첨부합니다.

■ 공인중개사법 시행규칙 [별지 제20호의3서식] <개정 2020. 10. 27.>

(3쪽 중 제1쪽)

# 중개대상물 확인·설명서[III] (토지)
## ( [ ] 매매·교환 [ ] 임대 )

| 확인·설명 자료 | 확인·설명 근거자료 등 | [ ] 등기권리증 [ ] 등기사항증명서 [ ] 토지대장 [ ] 건축물대장 [ ] 지적도<br>[ ] 임야도 [ ] 토지이용계획확인서 [ ] 그 밖의 자료( ) |
|---|---|---|
| | 대상물건의 상태에 관한 자료요구 사항 | |

| 유의사항 | |
|---|---|
| 개업공인중개사의 확인·설명 의무 | 개업공인중개사는 중개대상물에 관한 권리를 취득하려는 중개의뢰인에게 성실·정확하게 설명하고, 토지대장등본, 등기사항증명서 등 설명의 근거자료를 제시해야 합니다. |
| 실제 거래가격 신고 | 「부동산 거래신고 등에 관한 법률」 제3조 및 같은 법 시행령 별표 1 제1호마목에 따른 실제 거래가격은 매수인이 매수한 부동산을 양도하는 경우 「소득세법」 제97조 제1항 및 제7항과 같은 법 시행령 제163조 제11항 제2호에 따라 취득 당시의 실제 거래가액으로 보아 양도차익이 계산될 수 있음을 유의하시기 바랍니다. |

## Ⅰ. 개업공인중개사 기본 확인사항

| ① 대상물건의 표시 | 토지 | 소재지 | | | | |
|---|---|---|---|---|---|---|
| | | 면적(㎡) | | 지목 | 공부상 지목 | |
| | | | | | 실제이용 상태 | |

| ② 권리관계 | 등기부 기재사항 | 소유권에 관한 사항 | | 소유권 외의 권리사항 | |
|---|---|---|---|---|---|
| | | 토지 | | 토지 | |

| ③ 토지이용계획, 공법상 이용 제한 및 거래규제에 관한 사항(토지) | 지역·지구 | 용도지역 | | | 건폐율 상한 | 용적률 상한 |
|---|---|---|---|---|---|---|
| | | 용도지구 | | | % | % |
| | | 용도구역 | | | | |
| | 도시·군 계획 시설 | | 허가·신고 구역 여부 | [ ] 토지거래허가구역 | | |
| | | | 투기지역 여부 | [ ] 토지투기지역 [ ] 주택투기지역 [ ] 투기과열지구 | | |
| | 지구단위계획구역, 그 밖의 도시·군관리계획 | | | 그 밖의 이용제한 및 거래규제사항 | | |

| ④ 입지조건 | 도로와의 관계 | ( m × m )도로에 접함 [ ] 포장 [ ] 비포장 | 접근성 | [ ] 용이함 [ ] 불편함 |
|---|---|---|---|---|
| | 대중교통 | 버스 | ( ) 정류장, | 소요시간: ( [ ] 도보, [ ] 차량) 약 분 |
| | | 지하철 | ( ) 역 , | 소요시간: ( [ ] 도보, [ ] 차량) 약 분 |

| ⑤ 비 선호시설(1km이내) | [ ] 없음 [ ] 있음(종류 및 위치: ) |
|---|---|

| ⑥ 거래예정금액 등 | 거래예정금액 | | | |
|---|---|---|---|---|
| | 개별공시지가(㎡당) | | 건물(주택)공시가격 | |

| ⑦ 취득 시 부담할 조세의 종류 및 세율 | 취득세 | % | 농어촌특별세 | % | 지방교육세 | % |
|---|---|---|---|---|---|---|
| | ※ 재산세는 6월 1일 기준 대상물건 소유자가 납세의무를 부담 | | | | | |

210mm×297mm[백상지(80g/㎡) 또는 중질지(80g/㎡)]

(3쪽 중 제2쪽)

## II. 개업공인중개사 세부 확인사항

| ⑧ 실제 권리관계 또는 공시되지 않은 물건의 권리 사항 | |
|---|---|

## III. 중개보수 등에 관한 사항

| ⑨ 중개보수 및 실비의 금액과 산출내역 | 중개보수 | | <산출내역><br>중개보수:<br><br>실 비:<br><br>※ 중개보수는 거래금액의 1천분의 9 이내에서 중개의뢰인과 개업공인중개사가 서로 협의하여 결정하며, 부가가치세는 별도로 부과될 수 있습니다. |
|---|---|---|---|
| | 실비 | | |
| | 계 | | |
| | 지급시기 | | |

「공인중개사법」 제25조 제3항 및 제30조 제5항에 따라 거래당사자는 개업공인중개사로부터 위 중개대상물에 관한 확인·설명 및 손해배상책임의 보장에 관한 설명을 듣고, 같은 법 시행령 제21조 제3항에 따른 본 확인·설명서와 같은 법 시행령 제24조 제2항에 따른 손해배상책임 보장 증명서류(사본 또는 전자문서)를 수령합니다.

년 월 일

| 매도인<br>(임대인) | 주소 | | 성명 | (서명 또는 날인) |
|---|---|---|---|---|
| | 생년월일 | | 전화번호 | |
| 매수인<br>(임차인) | 주소 | | 성명 | (서명 또는 날인) |
| | 생년월일 | | 전화번호 | |
| 개업<br>공인중개사 | 등록번호 | | 성명<br>(대표자) | (서명 및 날인) |
| | 사무소 명칭 | | 소속<br>공인중개사 | (서명 및 날인) |
| | 사무소 소재지 | | 전화번호 | |
| 개업<br>공인중개사 | 등록번호 | | 성명<br>(대표자) | (서명 및 날인) |
| | 사무소 명칭 | | 소속<br>공인중개사 | (서명 및 날인) |
| | 사무소 소재지 | | 전화번호 | |

## 작성방법(토지)

**<작성일반>**

1. “ [ ] ”있는 항목은 해당하는 “ [ ] ”안에 √로 표시합니다.
2. 세부항목 작성 시 해당 내용을 작성란에 모두 작성할 수 없는 경우에는 별지로 작성하여 첨부하고, 해당란에는 “별지 참고”라고 적습니다.

**<세부항목>**

1. 「확인·설명 자료」 항목의 “확인·설명 근거자료 등”에는 개업공인중개사가 확인·설명 과정에서 제시한 자료를 적으며, “대상물건의 상태에 관한 자료요구 사항”에는 매도(임대)의뢰인에게 요구한 사항 및 그 관련 자료의 제출 여부와 ⑧ 실제 권리관계 또는 공시되지 않은 물건의 권리 사항의 항목을 확인하기 위한 자료요구 및 그 불응 여부를 적습니다.
2. ① 대상물건의 표시부터 ⑦ 취득 시 부담할 조세의 종류 및 세율까지는 개업공인중개사가 확인한 사항을 적어야 합니다.
3. ① 대상물건의 표시는 토지대장 등을 확인하여 적습니다.
4. ② 권리관계의 “등기부 기재사항”은 등기사항증명서를 확인하여 적습니다.
5. ③ 토지이용계획, 공법상 이용제한 및 거래규제에 관한 사항(토지)의 “건폐율 상한” 및 “용적률 상한”은 시·군의 조례에 따라 적고, “도시·군계획시설”, “지구단위계획구역, 그 밖의 도시·군관리계획”은 개업공인중개사가 확인하여 적으며, 그 밖의 사항은 토지이용계획확인서의 내용을 확인하고, 공부에서 확인할 수 없는 사항은 부동산종합공부시스템 등에서 확인하여 적습니다(임대차의 경우에는 생략할 수 있습니다).
6. ⑥ 거래예정금액 등의 “거래예정금액”은 중개가 완성되기 전 거래예정금액을, “개별공시지가”는 중개가 완성되기 전 공시가격을 적습니다(임대차의 경우에는 “개별공시지가”를 생략할 수 있습니다).
7. ⑦ 취득 시 부담할 조세의 종류 및 세율은 중개가 완성되기 전 「지방세법」의 내용을 확인하여 적습니다(임대차의 경우에는 제외합니다).
8. ⑧ 실제 권리관계 또는 공시되지 않은 물건의 권리 사항은 매도(임대)의뢰인이 고지한 사항(임대차, 지상에 점유권 행사여부, 구축물, 적치물, 진입로, 경작물, 계약 전 소유권 변동여부 등)을 적습니다.
   ※ 임대차계약이 있는 경우 임대보증금, 월 단위의 차임액, 계약기간 등을 확인하고, 근저당 등이 설정된 경우 채권최고액을 확인하여 적습니다. 그 밖에 경매 및 공매 등의 특이사항이 있는 경우 이를 확인하여 적습니다.
9. ⑨ 중개보수 및 실비의 금액과 산출내역의 “중개보수”는 거래예정금액을 기준으로 계산하고, “산출내역(중개보수)”은 “거래예정금액(임대차의 경우에는 임대보증금 + 월 단위의 차임액 × 100) × 중개보수 요율”과 같이 적습니다. 다만, 임대차로서 거래예정금액이 5천만원 미만인 경우에는 “임대보증금 + 월 단위의 차임액 × 70”을 거래예정금액으로 합니다.
10. 공동중개 시 참여한 개업공인중개사(소속공인중개사를 포함합니다)는 모두 서명·날인해야 하며, 2명을 넘는 경우에는 별지로 작성하여 첨부합니다.

■ 공인중개사법 시행규칙 [별지 제20호의4서식] <개정 2020. 10. 27.>

(3쪽 중 제1쪽)

# 중개대상물 확인·설명서[IV](입목·광업재단·공장재단)

## ( [ ] 매매·교환 [ ] 임대 )

| 확인·설명 자료 | 확인·설명 근거자료 등 | [ ] 등기권리증 [ ] 등기사항증명서 [ ] 토지대장 [ ] 건축물대장 [ ] 지적도<br>[ ] 임야도 [ ] 토지이용계획확인서 [ ] 그 밖의 자료( ) |
|---|---|---|
| | 대상물건의 상태에 관한 자료요구 사항 | |

| 유의사항 | |
|---|---|
| 개업공인중개사의 확인·설명 의무 | 개업공인중개사는 중개대상물에 관한 권리를 취득하려는 중개의뢰인에게 성실·정확하게 설명하고, 토지대장등본, 등기사항증명서 등 설명의 근거자료를 제시해야 합니다. |
| 실제 거래가격 신고 | 「부동산 거래신고 등에 관한 법률」 제3조 및 같은 법 시행령 별표 1 제1호마목에 따른 실제 거래가격은 매수인이 매수한 부동산을 양도하는 경우 「소득세법」 제97조 제1항 및 제7항과 같은 법 시행령 제163조 제11항 제2호에 따라 취득 당시의 실제 거래가액으로 보아 양도차익이 계산될 수 있음을 유의하시기 바랍니다. |

## Ⅰ. 개업공인중개사 기본 확인사항

| ① 대상물건의 표시 | 토지 | 대상물 종별 | [ ] 입목 [ ] 광업재단 [ ] 공장재단 | |
|---|---|---|---|---|
| | | 소재지 (등기·등록지) | | |
| ② 권리관계 | 등기부 기재사항 | 소유권에 관한 사항 | 성명 | |
| | | | 주소 | |
| | | 소유권 외의 권리사항 | | |
| ③ 재단목록 또는 입목의 생육상태 | | | | |
| ④ 그 밖의 참고사항 | | | | |
| ⑤ 거래예정금액 등 | 거래예정금액 | | | |
| | 개별공시지가(㎡당) | | 건물(주택)공시가격 | |

210mm×297mm[백상지(80g/㎡) 또는 중질지(80g/㎡)]

(3쪽 중 제2쪽)

| ⑥ 취득 시 부담할 조세의 종류 및 세율 | 취득세 | % | 농어촌특별세 | % | 지방교육세 | % |
|---|---|---|---|---|---|---|
| | ※ 재산세는 6월 1일 기준 대상물건 소유자가 납세의무를 부담 | | | | | |

## II. 개업공인중개사 세부 확인사항

| ⑦ 실제 권리관계 또는 공시되지 않은 물건의 권리 사항 | |
|---|---|

## III. 중개보수 등에 관한 사항

| ⑧ 중개보수 및 실비의 금액과 산출내역 | 중개보수 | | <산출내역><br>중개보수:<br>실　　비:<br><br>※ 중개보수는 거래금액의 1천분의 9 이내에서 중개의뢰인과 개업공인중개사가 서로 협의하여 결정하며 부가가치세는 별도로 부과될 수 있습니다. |
|---|---|---|---|
| | 실비 | | |
| | 계 | | |
| | 지급시기 | | |

「공인중개사법」 제25조 제3항 및 제30조 제5항에 따라 거래당사자는 개업공인중개사로부터 위 중개대상물에 관한 확인·설명 및 손해배상책임의 보장에 관한 설명을 듣고, 같은 법 시행령 제21조 제3항에 따른 본 확인·설명서와 같은 법 시행령 제24조 제2항에 따른 손해배상책임 보장 증명서류(사본 또는 전자문서)를 수령합니다.

년　　월　　일

| 매도인 (임대인) | 주소 | | 성명 | (서명 또는 날인) |
|---|---|---|---|---|
| | 생년월일 | | 전화번호 | |
| 매수인 (임차인) | 주소 | | 성명 | (서명 또는 날인) |
| | 생년월일 | | 전화번호 | |
| 개업 공인중개사 | 등록번호 | | 성명 (대표자) | (서명 및 날인) |
| | 사무소 명칭 | | 소속공인중개사 | (서명 및 날인) |
| | 사무소 소재지 | | 전화번호 | |
| 개업 공인중개사 | 등록번호 | | 성명 (대표자) | (서명 및 날인) |
| | 사무소 명칭 | | 소속공인중개사 | (서명 및 날인) |
| | 사무소 소재지 | | 전화번호 | |

(3쪽 중 제3쪽)

## 작성방법(입목·광업재단·공장재단)

**<작성일반>**

1. “ [ ] ”있는 항목은 해당하는 “ [ ] ”안에 √로 표시합니다.
2. 세부항목 작성 시 해당 내용을 작성란에 모두 작성할 수 없는 경우에는 별지로 작성하여 첨부하고, 해당란에는 “별지 참고”라고 적습니다.

**<세부항목>**

1. 「확인·설명 자료」 항목의 “확인·설명 근거자료 등”에는 개업공인중개사가 확인·설명 과정에서 제시한 자료를 적으며, “대상물건의 상태에 관한 자료요구 사항”에는 매도(임대)의뢰인에게 요구한 사항 및 그 관련 자료의 제출 여부와 ⑦ 실제 권리관계 또는 공시되지 않은 물건의 권리 사항의 항목을 확인하기 위한 자료요구 및 그 불응 여부를 적습니다.
2. ① 대상물건의 표시부터 ⑥ 취득 시 부담할 조세의 종류 및 세율까지는 개업공인중개사가 확인한 사항을 적어야 합니다.
3. ① 대상물건의 표시는 대상물건별 등기사항증명서 등을 확인하여 적습니다.
4. ② 권리관계의 “등기부 기재사항”은 등기사항증명서를 확인하여 적습니다.
5. ③ 재단목록 또는 입목의 생육상태는 공장재단의 경우에는 공장재단 목록과 공장재단 등기사항증명서를, 광업재단의 경우에는 광업재단 목록과 광업재단 등기사항증명서를, 입목의 경우에는 입목등록원부와 입목 등기사항증명서를 확인하여 적습니다.
6. ⑤ 거래예정금액 등의 “거래예정금액”은 중개가 완성되기 전의 거래예정금액을 적으며, “개별공시지가” 및 “건물(주택)공시가격”은 해당하는 경우에 중개가 완성되기 전 공시된 공시지가 또는 공시가격을 적습니다[임대차계약의 경우에는 “개별공시지가” 및 “건물(주택)공시가격”을 생략할 수 있습니다].
7. ⑥ 취득 시 부담할 조세의 종류 및 세율은 중개가 완성되기 전 「지방세법」의 내용을 확인하여 적습니다(임대차의 경우에는 제외합니다).
8. ⑦ 실제 권리관계 또는 공시되지 않은 물건의 권리 사항은 매도(임대)의뢰인이 고지한 사항(임대차, 법정지상권, 법정저당권, 유치권, 계약 전 소유권 변동여부 등)을 적습니다.
   ※ 임대차계약이 있는 경우 임대보증금, 월 단위의 차임액, 계약기간 등을 확인하고, 근저당 등이 설정된 경우 채권최고액을 확인하여 적습니다. 그 밖에 경매 및 공매 등의 특이사항이 있는 경우 이를 확인하여 적습니다.
9. ⑧ 중개보수 및 실비의 금액과 산출내역의 “중개보수”는 거래예정금액을 기준으로 계산하고, “산출내역(중개보수)”은 “거래예정금액(임대차의 경우에는 임대보증금 + 월 단위의 차임액 × 100) × 중개보수 요율”과 같이 적습니다. 다만, 임대차로서 거래예정금액이 5천만원 미만인 경우에는 “임대보증금 + 월 단위의 차임액 × 70”을 거래예정금액으로 합니다.
10. 공동중개 시 참여한 개업공인중개사(소속공인중개사를 포함합니다)는 모두 서명·날인해야 하며, 2명을 넘는 경우에는 별지로 작성하여 첨부합니다.

## 제4절 거래계약서 제25회 제26회 제27회 제28회 제29회 제30회 제31회 제32회 제33회 제35회

### 1 거래계약서 작성

#### (1) 작성의무자

① 개업공인중개사

개업공인중개사는 중개대상물에 관하여 중개가 완성된 때에는 대통령령으로 정하는 바에 따라 거래계약서를 작성하여야 한다(법 제 26조 제1항). 개업공인중개사의 중개활동으로 계약이 체결된 경우에는 중개서비스로 계약서를 작성해 줄 의무가 있다. 개업공인중개사는 중개가 완성된 때에만 거래계약서 등을 작성·교부하여야 하고 중개를 하지 아니하였음에도 함부로 거래계약서 등을 작성·교부하여서는 아니된다. 법인의 경우에 대표자, 분사무소의 경우에는 책임자가 거래계약서를 작성하여야 한다.

**판례보기**

**중개완성 된 때에만**

개업공인중개사는 중개가 완성된 때에만 거래계약서 등을 작성·교부하여야 하고 중개를 하지 아니하였음에도 함부로 거래계약서 등을 작성·교부하여서는 아니된다(대판 2009다78863 78870).

**판례보기**

**대부업체**

개업공인중개사가 자신의 중개로 전세계약이 체결되지 않았음에도 실제 계약당사자가 아닌 자에게 전세계약서와 중개대상물 확인·설명서 등을 작성 교부해 줌으로써 이를 담보로 제공 받아 금전을 대여한 대부업자가 대여금을 회수하지 못하는 손해를 입은 사안에서 개업공인중개사의 주의의무 위반에 따른 손해배상책임이 인정된다(대판 2009다78863 78870).

② 소속공인중개사

소속공인중개사는 거래계약서 작성의무는 없지만 거래계약서를 작성할 수는 있다. 중개보조원은 거래계약서를 작성의무도 없고, 거래계약서 작성할 수도 없다. 법인의 임원 또는 사원 중 공인중개사인 자는 소속공인중개사에 포함되므로 거래계약서를 작성할 수 있다. 그러나 법인의 임원 또는 사원 중 공인중개사가 아닌 자는 중개보조원으로 취급하므로 거래계약서를 작성할 수 없다. 따라서 법인인 개업공인중개사의 모든 임원은 거래계약서를 작성할 수 있는 것은 아니다.

### (2) 서식

① 표준서식

국토교통부장관은 개업공인중개사가 작성하는 거래계약서의 표준이 되는 서식을 정하여 그 사용을 권장할 수 있다(시행령 제22조 제3항). 그러나 실제로 국토교통부장관이 권장한 법정서식은 없다.

② 서면

거래계약서 작성의무는 분쟁을 예방하기 위해서 반드시 서면 또는 전자문서로 작성하여야 한다.

### (3) 계약서 필수 기재사항

법 제26조 제1항의 규정에 따른 거래계약서에는 다음 각 호의 사항을 기재하여야 한다(시행령 제22조 제1항).

1. 거래당사자의 인적 사항
2. 물건의 표시
3. 계약일
4. 거래금액·계약금액 및 그 지급일자 등 지급에 관한 사항
5. 물건의 인도일시
6. 권리이전의 내용
7. 계약의 조건이나 기한이 있는 경우에는 그 조건 또는 기한
8. 중개대상물확인·설명서 교부일자
9. 그 밖의 약정내용

• 거래계약서의 필수 기재사항이 아닌 것 : 중개보수 및 실비의 금액 및 산출내역 영수증 교부일자 공법상 이용제한 및 거래규제 사항, 거래예정금액

### (4) 거짓기재 등 금지

① 개업공인중개사는 거래계약서를 작성하는 때에는 거래금액 등 거래내용을 거짓으로 기재하거나 서로 다른 둘 이상의 거래계약서를 작성하여서는 아니 된다(법 제26조 제3항). 이를 위반한 경우에 개업공인중개사에 대해서 등록관청은 등록을 취소할 수 있다.

② 소속공인중개사가 거래계약서를 작성하는 때에 거래금액 등 거래내용을 거짓으로 기재하거나 서로 다른 둘 이상의 거래계약서를 작성하여서는 아니된다. 이를 위반하면 자격정지 사유에 해당한다.

(5) **서명 및 날인**

① 법 제26조 제2항

거래계약서에는 개업공인중개사가 서명 및 날인하되, 해당 중개행위를 한 소속공인중개사가 있는 경우에는 소속공인중개사가 함께 서명 및 날인하여야 한다(법 제26조 제2항).

② 개업공인중개사

개업공인중개사는 거래계약서에 서명 및 날인하여야한다. "서명 및 날인"은 자필로 서명도 하고 동시에 등록된 인장으로 날인도 하여야 한다는 것이다. 따라서 개업공인중개사가 서명 또는 날인하는 것은 법 위반이 된다.

③ 법인

거래계약서에 법인의 경우에는 대표자가 서명 및 날인하고 분사무소의 경우에는 책임자가 서명 및 날인하여야 한다. 특히 법인의 경우에 임원 사원 전원이 서명 및 날인하여야 하는 것이 아니라 대표자만 서명 및 날인하면 된다.

④ 소속공인중개사

소속공인중개사자는 거래계약서를 작성하는 등 해당 중개행위를 한 경우에는 소속공인중개사만 거래계약서에 서명 및 날인하면 안 되고, 소속공인중개사와 개업공인중개사가 함께 거래계약서에 서명 및 날인하여야 한다.

## 2 거래계약서 교부

개업공인중개사는 중개대상물에 관하여 중개가 완성된 때에는 대통령령으로 정하는 바에 따라 거래계약서를 작성하여 거래당사자에게 교부하여야 한다(제26조 제1항). 개업공인중개사는 거래계약서를 작성 교부할 때 확인설명서, 보증관계증서 사본을 함께 교부하여야 한다.

## 3 거래계약서 보관

개업공인중개사는 거래계약서를 작성하여 거래당사자에게 교부하고 대통령령으로 정하는 기간(5년) 동안 그 원본, 사본 또는 전자문서를 보존하여야 한다. 다만, 거래계약서가 공인전자문서센터에 보관된 경우에는 중개사무소에 별도로 보존하지 않아도 된다(법 제 26조 제1항).

## 4 위반시 제재

(1) **서명 및 날인**

① 개업공인중개사가 거래계약서에 서명 및 날인을 하지 않은 경우에는 업무정지 사유에 해당한다.

② 소속공인중개사가 해당 중개행위를 한 경우에 거래계약서에 서명 및 날인 하지 않은 경우에는 자격정지 사유에 해당한다.

### (2) 거짓 기재

① 개업공인중개사
개업공인중개사 거래계약서에 거래금액 등을 거짓으로 기재하거나 서로 다른 2이상의 거래계약서를 작성한 경우에는 등록관청은 개업공인중개사의 등록을 취소할 수 있다.

② 소속공인중개사
소속공인중개사 거래계약서에 거래금액 등을 거짓으로 기재하거나 서로 다른 2이상의 거래계약서를 작성한 경우에는 자격정지 사유에 해당한다.

## 제 5 절 전자계약 제30회

## 1 전자계약의 개념

### (1) 개념

① 부동산거래 전자계약시스템(IRTS)은 부동산거래계약서를 정보통신기술과 접목하여 공인인증 및 전자서명을 통해 작성할 수 있도록 한 시스템을 말한다.

② 전자계약은 종이계약서를 대신하여 온라인으로 거래계약서를 작성하고 전자서명을 하여 계약을 체결하는 것을 말한다.

③ 전자계약 절차를 기존의 부동산거래절차와 비교해보면 종이계약서를 대신하여 컴퓨터로 작성하고 태블릿pc, 스마트폰 등을 사용하여 전자서명을 하는 것이 기존의 부동산거래절차와 다른 점이다.

### (2) 법적근거

① 국토교통부장관은 효율적인 정보의 관리 및 국민의 편익증진을 위하여 부동산거래의 계약 신고 허가 관리 등의 업무와 관련된 정보체계를 구축 운영할 수 있다(부동산거래신고등에관한법률 제25조).

② 부동산거래계약관련 정보 시스템을 통하여 부동산거래계약을 체결한 경우에는 부동산거래계약이 체결된 때 거래당사자 공동신고, 국가 등의 신고, 개업공인중개사에 의한 부동산거래계약신고서를 제출한 것으로 본다.

## 2 전자계약의 장점

### (1) 전자계약의 편리성

① 공인중개사 신분 확인 및 계약결과 안내 서비스
② 주택임대차 확정일자 자동부여
③ 부동산실거래가 신고의무 면제
④ 확인설명서와 거래계약서는 공인전자문서 센터에 보관 함으로써 종이계약서 보관 불필요

### (2) 경제성

① 대출시 대출이율 0.2% 우대
② 전자등기신청시 등기수수료 30% 할인
③ 부동산관련 서류 발급 최소화
정부 및 지방자치단체가 보유하는 등기사항 증명서 등 공적장부를 활용할 수 있게 됨으로써 민원 첨부서류를 최소화하고 부동산의 표시 및 권리관계 등을 계약서에 자동으로 기록하는 편리성을 가져 올 수 있다.
④ 시간 및 경제적 비용 절감
종이 없는 전자계약시스템이 정착되면 신청서류 간소화, 원스톱 행정으로 문서유통비, 교통비 및 시간 등이 절감되는 효과가 있다.
⑤ 대학생 등 임차인 중개보수 바우처 지원

### (3) 안정성

① 계약서의 위조 변조 등 방지
계약서를 작성한 후 계약서에 타임스탬프 기술을 적용하여 부여함으로써 계약서의 위조 변조 이중계약서의 작성 및 이중매매 등을 방지 할 수 있다.
② 무자격 무등록 불법 중개행위 방지
중개사무소의 개설등록을 하지 않고 중개업을 한 자는 전자계약서를 작성할 수 없으므로 무자격자의 중개업을 방지 할 수 있다
③ 중개사고 예방
거래당사자의 휴대폰인증, 전자서명 등을 통하여 거래당사자의 진위 여부를 확인할 수 있도록 하여 중개사고를 사전에 방지할 수 있다.
④ 개인정보 암호화로 안심거래지원

## 3 전자계약의 준비

① 개업공인중개사
개업공인중개사는 부동산거래전자계약시스템 회원 가입하고 공인인증서를 등록한 후 본인인증을 위한 휴대폰을 준비한다.

② 중개의뢰인
중개의뢰인은 본인인증을 위한 신분증과 휴대폰을 준비한다.

## 4 전자계약의 절차

### (1) 당사자의 계약에 대한 합의

개업공인중개사의 중개로 거래당사자가 계약 내용을 확정한다.

### (2) 계약서 및 확인·설명서 작성

개업공인중개사가 부동산거래계약시스템에 접속하여 계약서(매매 임대차)와 확인·설명서를 작성하여 전자서명을 위한 계약서를 생성한다.

### (3) 계약자의 전자서명

거래당사자는 부동산거래계약시스템에 접속하여 계약서를 선택한 후 신분증, 휴대폰 본인인증을 거치고 계약내용과 확인·설명서를 확인한 후 전자서명을 한다.

### (4) 개업공인중개사의 전자서명

개업공인중개사가 부동산거래계약시스템에 접속하여 마이페이지에서 확정대기 중인 계약서을 조회한 후 계약내용, 중개의뢰인의 서명을 확인한다. 그리고 개업공인중개사의 휴대폰본인인증 후 전자서명을 마친다.

### (5) 계약서 확인·설명서 보관

전자계약문서는 공인전자문서센터에 5년간 보관된다. 개업공인중개사는 부동동산거래신고필증을 출력한다. 임대차계약의 경우에 관계 기관에서 계약서를 확인한 후 확정일자를 부여한다.

# 제6절 손해배상책임 및 보증설정 제26회 제27회 제28회 제29회 제31회 제32회 제33회 제34회

## 1 개업공인중개사의 손해배상책임

### (1) 중개행위 책임

① 법 제30조 제1항(과실책임)

개업공인중개사는 중개행위를 하는 경우 고의 또는 과실로 인하여 거래당사자에게 재산상의 손해를 발생하게 한 때에는 그 손해를 배상할 책임이 있다(법 제30조 제1항). 법 제30조 제1항은 '개업공인중개사가 중개행위를 함에 있어서 그에 기하여 손해배상책임을 부담하는 자는 '개업공인중개사'에 한정되므로, 개업공인중개사나 그 보조원이 아닌 제3자에게 법 제30조 제1항에 의한 손해배상책임을 물을 수는 없다고 할 것이다(대판 2007다44156 판결).

② 중개행위 여부 판단 기준

어떠한 행위가 중개행위에 해당하는지 여부는 거래당사자의 보호에 목적을 법 규정의 취지에 비추어 볼 때 개업공인중개사가 진정으로 거래당사자를 위하여 거래를 알선 중개하려는 의사를 갖고 있었느냐고 하는 개업공인중개사의 주관적 의사에 의하여 결정할 것이 아니라 개업공인중개사의 행위를 객관적으로 보아 사회통념상 거래의 알선 중개를 위한 행위라고 인정되는 지 여부에 의하여 결정하여야 한다(대판 2005. 10.17).

③ 중개행위에 해당하는 사례

- 전세보증금 편취(사기)행위(서울고법 2010.10.20.)
- 잔금 횡령행위(대판 2005, 10. 7, 선고 2005다32197 판결)
- 경매 알선행위(대판 2007.4.12. 선고 2005다40853 판결)
- 계약 체결 후의 행위(대판2007.2.8., 2005다55008)

**판례보기**

**금전편취행위 대법원 1995. 9. 29. 선고 94다47261 판결**

부동산중개업자가 대지 소유자로부터 매매의뢰를 받은 사실이 없음에도 원고에게 위 대지가 싸게 나와 있으니 매수하라고 기망하여 이에 속은 원고로부터 매수의뢰를 받은 후, 매도인을 위 대지 소유자로 하고 자신은 매수인인 원고의 대리인 겸 중개인으로 하는 매매계약서를 작성하고, 위 소유자에게 매매대금을 전달한다는 명목으로 판시 금원을 편취한 것이라면 이는 부동산중개업법 제30조 제1항 소정의 "중개업자가 중개행위를 함에 있어서" 거래당사자에게 재산상의 손해를 발생하게 한 경우에 해당한다.

**전세보증금 편취(사기)행위(서울고법 2010.10.20. 2010나44387)**

한국공인중개사협회의 공제사업에 가입한 부동산 중개회사의 대표이사 갑이 다세대주택의 소유자인 을로부터 건물 관리 및 월세 임대차 계약의 체결 등에 관한 업무를 위임받았을 뿐 전세계약을 체결할 아무런 권한이 없었음에도 임대인 을의 대리인이라고 기망하여 임차인 병 등과 채권적 전세계약을 체결하고 그 전세보증금을 편취함으로써 병 등에게 손해를 입힌 사안에서, 갑의 행위는 사회통념상 중개에 해당한다.

**잔금 횡령행위(대판 2005, 10. 7, 선고 2005다32197 판결)**

부동산 매매계약 체결을 중개하고 계약체결 후 계약금 및 중도금 지급에도 관여한 부동산 중개업자가 잔금 중 일부를 횡령한 경우, 부동산중개업법 제19조 제1항이 정한 '중개업자가 중개행위를 함에 있어서 거래당사자에게 재산상의 손해를 발생하게 한 경우'에 해당한다.

**경매 알선행위(대판 2007.4.12. 선고 2005다40853 판결)**

공인중개사법 제14조 제2항 소정의 '경매 대상 부동산에 대한 권리분석 및 취득의 알선'이라 함은 비록 그 행위가 공인중개사법 제2조 제1호의 '중개' 그 자체에 해당되는 것은 아니라 하여도 실질적인 내용은 결국 개업공인중개사가 중개대상물에 관하여 행하는 공인중개사법 시행령 제22조 제1항 소정의 '거래의 알선'과 전혀 다를 바 없고 다만 목적물에 있어서만 차이가 있을 뿐이며, 경매는 목적물의 강제환가라는 특징이 있기는 하나 본질적으로 매매의 성격을 지니고 있는 것이어서, 거래당사자의 보호에 목적을 둔 위 법규정과 보증보험 또는 공제제도의 취지를 감안하면, 결국 공인중개사법 제14조 소정의 '경매 대상 부동산에 대한 권리분석 및 취득의 알선'을 위한 행위도 사회통념상 거래의 알선, 중개를 위한 행위라고 인정되기에 충분하므로 공인중개사법 제30조 제1항의 '중개행위'에 해당한다고 해석함이 타당하다 할 것이다.

**계약 체결 후의 행위(대판2007.2.8., 2005다55008)**

임대차계약을 알선한 중개업자가 계약 체결 후에도 보증금의 지급, 목적물의 인도, 확정일자의 취득 등과 같은 거래당사자의 계약상 의무의 실현에 관여함으로써 계약상 의무가 원만하게 이행되도록 주선할 것이 예정되어 있는 때에는 그러한 중개업자의 행위는 객관적으로 보아 사회통념상 거래의 알선·중개를 위한 행위로서 중개행위의 범주에 포함된다.

(출처: 대법원 2007. 2. 8. 선고 2005다55008 판결 [손해배상] 〉 종합법률정보 판례)

④ 중개행위에 해당하지 않는 다는 사례

- 대토권 매매 알선행위 (대판 2011다23682 판결)
- 오피스텔 직접거래 (대판 2010다101486)

**판례보기**

**대토권 매매 알선행위**

대토권이 법이 규율하는 중개대상물에서 제외되는 이상 이 사건 대토권의 매매 등을 알선한 행위가 법 제19조 제1항, 제2항, 제35조의2의 규정에 따라 공제사업자를 상대로 개업공인중개사의 손해배상책임을 물을 수 있는 중개행위에 해당한다고 할 수 없다(대판 2011다23682 판결).

**오피스텔 직접거래**

갑이 공인중개사 자격증과 중개사무소 등록증을 대여받아 중개사무소를 운영하던 중 오피스텔을 임차하기 위하여 위 중개사무소를 방문한 을에게 자신이 오피스텔을 소유하고 있는 것처럼 가장하여 직접 거래당사자로서 임대차계약을 체결한 사안에서, 갑의 위 행위를 객관적으로 보아 사회통념상 거래당사자 사이의 임대차를 알선·중개하는 행위에 해당한다고 볼 수 없다(대판 2010다101486).



### (2) 중개사무소 제공책임

① 법 제30조 제2항 무과실책임

개업공인중개사는 자기의 중개사무소를 다른 사람의 중개행위의 장소로 제공함으로써 거래당사자에게 재산상의 손해를 발생하게 한 때에는 그 손해를 배상할 책임이 있다(법 제30조 ②). 이 조문상의 중개사무소 제공책임은 개업공인중개사에게 고의 과실이 없다고 해도 거래당사자에게 재산상손해를 발생하게 한 때에는 그 손해를 배상할 책임이 있다.

② 중개사무소 제공책임 인정되는 사례

개업공인중개사가 자신의 사무소를 타인의 중개행위의 장소로 제공하여 그 타인이 중개사무소에서 임대차계약을 중개하면서 거래당사자로부터 종전 임차인에게 임대차보증금의 반환금을 전달하여 달라는 부탁을 받고 금원을 수령한 다음 이를 횡령할 경우 개업공인중개사는 법 제30조 제2항에 따라 거래당사자가 입은 손해를 배상할 책임이 있다고 본다(대판2000.12.22).

### (3) 거래당사자의 재산상손해

① 거래당사자

법 제30조 제1항 및 제2항에 의한 개업공인중개사의 손해배상책임은 "거래당사자"가 입은 재산상 손해를 배상할 책임이 있으므로 거래당사자가 아닌 "제3자"의 손해에 대해서는 손해배상책임이 없다.

② 재산상손해

법 제30조 제1항 및 제2항에 의한 개업공인중개사의 손해배상책임은 거래당사자의 "재산상 손해"에 한정되므로 거래당사자의 "정신적 손해"에 대해서는 손해배상책임이 없다.

### (4) 인과관계

개업공인중개사의 중개행위 또는 중개사무소 제공행위 때문에 거래당사자의 재산상 손해가 발생하여야 한다. 이에 대한 입증책임은 손해배상을 주장하는 거래당사자에게 있다.

### (5) 과실상계

① 중개의뢰인에게 거래관계를 조사·확인할 책임을 게을리한 부주의가 인정되고 그것이 손해 발생 및 확대의 원인이 되었다면, 피해자인 중개의뢰인에게 과실이 있는 것으로 보아 과실상계를

할 수 있다(대판 2012다69654 판결).

② 피해자의 부주의를 이용하여 고의로 불법행위를 저지른 자가 바로 그 피해자의 부주의를 이유로 자신의 책임을 감하여 달라고 주장하는 것은 허용될 수 없다(대판 2005다32197 판결).

③ 중개보조원을 고용하였을 뿐 이러한 불법행위에 가담하지 아니한 개업공인중개사에게 책임을 묻고 있는 피해자에 과실이 있다면, 법원은 과실상계의 법리에 좇아 손해배상책임 및 그 금액을 정하면서 이를 참작하여야 한다(대판 2011다21143 판결).

## 2 보증설정의무

### (1) 보증설정시기

① 업무개시전

개업공인중개사는 업무를 개시하기 전에 제1항 및 제2항에 따른 손해배상책임을 보장하기 위하여 대통령령으로 정하는 바에 따라 보증보험 또는 제42조에 따른 공제에 가입하거나 공탁을 하여야 한다(법 제30조 제3항).

② 보증설정신고

㉠ 개업공인중개사는 중개사무소 개설등록을 한 때에는 업무를 시작하기 전에 제1항의 규정에 따른 손해배상책임을 보장하기 위한 조치를 한 후 그 증명서류를 갖추어 등록관청에 신고하여야 한다(시행령 제24조 제2항). 영 제24조 제2항의 규정에 따른 보증의 설정신고는 별지 제25호서식에 따른다(시행규칙 제18조 제1항).

㉡ 영 제24조 제2항에서 "증명서류"라 함은 다음 각 호의 어느 하나에 해당하는 서류(전자문서를 포함한다)를 말한다(시행규칙 제18조 제2항).

| 1. 보증보험증서 사본 | 2. 공제증서 사본 | 3. 공탁증서 사본 |
|---|---|---|

㉢ 다만, 보증보험회사·공제사업자 또는 공탁기관이 보증사실을 등록관청에 직접 통보한 경우에는 신고를 생략할 수 있다(시행령 제24조 제2항).

③ 특수법인

다른 법률에 따라 부동산중개업을 할 수 있는 자가 부동산중개업을 하려는 경우에는 중개업무를 개시하기 전에 보장금액 2천만원 이상의 보증을 보증기관에 설정하고 그 증명서류를 갖추어 등록관청에 신고해야 한다(시행령 제24조 제3항).

### (2) 보증설정방법

개업공인중개사는 법 제30조 제3항에 따라 일정한 금액을 보장하는 보증보험 또는 공제에 가입하거나 공탁을 해야 한다(시행령 제24조 제1항). 개업공인중개사는 보증보험, 공제 또는 공탁의 세가지 방법중에 최소한 하나를 선택하여 보증설정하여야 한다.

① 공제

공인중개사협회가 손해배상책임을 보장하기 위해서 공제사업을 할 수 있다(법 제42조 제1항). 협회의 공제사업은 개업공인중개사의 손해배상책임을 보장하기 위한 사업으로 회원상호간에 상호부조를 목적으로 하는 비영리사업이다(시행령 제31조 제6호). 일반적으로 1년 단위로 가입하고 공제료를 납부하면 개업공인중개사의 중개사고로 피해를 입은 거래당사자에게 일정금액을 손해배상금으로 지급하는 것을 보장함으로써 개업공인중개사에 대한 신뢰도를 높이는 효과도 있다.

**판례보기**

**공제는 보증보험적 성격**

구 부동산중개업법(1993.12.27. 법률 제4628호로 개정되기 전의 것) 제19조 제2항(현행 제3항), 부동산중개업법 제35조의2에 근거하여 전국부동산중개업협회가 운영하는 공제제도는 중개업자가 그의 불법행위 또는 채무불이행으로 인하여 거래 당사자에게 부담하게 되는 손해배상 책임을 보증하는 보증보험적 성격을 가진 제도라고 보아야 할 것이다(대법원 1995. 9. 29. 선고 94다47261 판결).

**공제성립요건**

중개업자와 한국공인중개사협회가 체결한 공제계약이 유효하게 성립하려면 공제계약 당시 공제사고 발생 여부가 확정되어 있지 않아야 하는지 여부(적극) (대법원 2014. 10. 27. 선고 2014다212926 판결)

② 보증보험

개업공인중개사가 중개행위를 함에 있어서 고의 또는 과실로 인하여 중개의뢰인에게 재산상의 손해를 입힌 경우 그 손해를 보상하기 위하여 체결된 이른바 타인을 위한 손해보험계약으로서 일정한 보험료를 받은 보험회사가 피해자인 거래당사자에게 손해배상으로 보험금을 지급하는 것이다(대법원 1999. 3. 9. 선고 98다61913 판결).

③ 공탁

공탁은 일정한 금액을 손해배상금 지급을 담보하는 목적으로 현금이나 유가증권으로 법원의 공탁기관에 예치해두는 제도이다. 개업공인중개사가 자신의 손해배상책임을 보장하기 위해서 스스로 일정금액을 법원의 공탁기관에 예치하는 것이다. 보증설정 방법 중 보증보험, 공제와는 다르게 일정금액을 공탁기관에 묻어 두는 것이므로 개업공개업공인중개사가 공탁한 공탁금은 개업공인중개사가 폐업 또는 사망한 날부터 3년 이내에는 이를 회수할 수 없다(법 제30조 제4항). 거래당사자의 손해배상채권을 일정기간 보장하기 위함이다.

### (3) 보증설정금액

개업공인중개사는 법 제30조 제3항에 따라 다음 각 호의 구분에 따른 금액을 보장하는 보증보험 또는 공제에 가입하거나 공탁을 해야 한다(시행령 제24조 제1항).

① 법인인 개업공인중개사 : 4억원 이상
② 분사무소 : 분사무소를 두는 경우에는 분사무소마다 2억원 이상을 추가로 설정해야 한다. 따라서 법인인 개업공인중개사 4개의 분사무소를 설치한 경우에는 최소 12억원의 보증을 설정하여야 한다.
③ 법인이 아닌 개업공인중개사 : 2억원 이상
④ 다른 법률에 따라 부동산중개업을 할 수 있는 자 : 2천만원 이상

### (4) 보증기간

보증설정 방법 중 보증보험이나 공제의 경우에는 보증기간을 정한다. 보통은 1년의 보증기간을 설정하는 경우가 많다. 보증보험이나 공제의 경우에 1년간 보증기간을 정하고 보험료나 공제료를 납부하면 보증기관은 보증기간 1년 중 발생한 중개사고에 대해서 보험금이나 공제금을 지급하게 된다. 그러나 보증설정 방법 중 공탁은 법원의 공탁기관에 법이 정한 일정금액을 공탁하는 방법으로 설정하는 것이어서 보증기간이 별도로 존재하지는 않는다.

### (5) 보증의 변경(보증의 효력이 있는 기간 중)

제24조의 규정에 따라 보증을 설정한 개업공인중개사는 그 보증을 다른 보증으로 변경하고자 하는 경우에는 이미 설정한 보증의 효력이 있는 기간 중에 다른 보증을 설정하고 그 증명서류를 갖추어 등록관청에 신고하여야 한다(시행령 제25조 제1항). 영 제25조의 규정에 따른 보증의 변경신고는 별지 제25호서식에 따른다. 협회의 공제에 가입한 개업공인중개사가 도중에 보증보험으로 변경할 때 공제를 해지하고 보증보험에 가입하는 방법으로 변경하면 보증설정이 안 된 공백기가 발생하므로 인정될 수 없다.

### (6) 보증의 재설정

① 기간만료로 인한 재설정

보증보험 또는 공제에 가입한 개업공인중개사로서 보증기간이 만료되어 다시 보증을 설정하고자 하는 자는 그 보증기간 만료일까지 다시 보증을 설정하고 그 증명서류를 갖추어 등록관청에 신고하여야 한다(시행령 제25조 제2항).

② 손해배상금 지급에 따른 재설정

개업공인중개사는 보증보험금·공제금 또는 공탁금으로 손해배상을 한 때에는 15일 이내에 보증보험 또는 공제에 다시 가입하거나 공탁금 중 부족하게 된 금액을 보전하여야 한다(시행령 제26조 제2항).

### (7) 보증설정사항 설명 의무 등

① 중개완성된 때

개업공인중개사는 중개가 완성된 때에는 거래당사자에게 손해배상책임의 보장에 관한 다음 각 호의 사항을 설명하고 관계 증서의 사본을 교부하거나 관계 증서에 관한 전자문서를 제공하여야 한다(법 제30조 제5항).

> 1. 보장금액
> 2. 보증보험회사, 공제사업을 행하는 자, 공탁기관 및 그 소재지
> 3. 보장기간

② 중개대상물에 대한 확인·설명과 차이점

중개대상물에 대한 확인·설명은 중개완성되기 전에 하는 것이지만 보증내용을 고객에서 설명하는 시점은 중개 완성된 때이다. 개업공인중개사가 중개대상물에 대한 확인·설명을 잘못하면 500만원 이하의 과태료 사유이지만 보증내용을 설명하지 않으면 100만원 이하의 과태료 사유에 해당한다.

## 3 보증금 지급

### (1) 손해발생

거래당사자가 보증기관에 보증금 지급청구하려면 개업공인중개사가 중개행위함에 있어 고의 또는 과실로 거래당사자에게 재산상 손해를 발생하게하거나, 중개사무소를 다른 사람의 중개행위 장소로 제공함으로써 거래당사자에게 재산상 손해를 발생하게 하여야 한다.

### (2) 손해배상청구

개업공인중개사의 중개행위 또는 중개사무소 제공행위로 재산상 손해를 입은 거래당사자는 개업공인중개사를 상대로 손해 및 가해자를 안 날로부터 3년, 불법행위를 한 날로부터 10년 이내에 손해배상 청구를하여야 한다.

### (3) 보증금 지급청구

① 첨부서류

중개의뢰인이 손해배상금으로 보증보험금·공제금 또는 공탁금을 지급받고자 하는 경우에는 그 중개의뢰인과 개업공인중개사간의 손해배상합의서·화해조서 또는 확정된 법원의 판결문 사본 그 밖에 이에 준하는 효력이 있는 서류를 첨부하여 보증기관에 손해배상금의 지급을 청구하여야 한다(시행령 제26조 제1항). 보증기관에 손해배상금으로 보증금의 지급청구를 할 때에 등록관청의 확인을 받을 필요없이 손해배상을 받을 수 있는 근거서류만 첨부하여 보증기관에 청구할 수 있다.

> ㉠ 개업공인중개사와 중개의뢰인간의 손해배상합의서
> ㉡ 화해조서
> ㉢ 확정된 법원의 판결문 사본
> ㉣이에 준하는 효력이 있는 청구 인락 조서, 조정 조서 등

② 보증금 지급청구 소멸시효

상법에 의하여 보험금 지급청구권은 보험사고가 발생한 날로부터 3년 이내 행사하지 않으면 소멸시효가 완성된다(상법 제622조). 협회의 공제약관에 따르면 공제금지급청구권도 공제사고발생일로부터 3년간 행사하지 않으면 소멸한다고 규정하고 있다.

**참고학습 | 상법**

**제662조 【소멸시효】** 보험금청구권은 3년간, 보험료 또는 적립금의 반환청구권은 3년간, 보험료청구권은 2년간 행사하지 아니하면 시효의 완성으로 소멸한다.

**판례보기**

**공제사고 발생을 알았거나 알 수 있었던 때부터 공제금청구권의 소멸시효가 진행한다.**

구 부동산중개업법(2005. 7. 29. 법률 제7638호 '공인중개사의 업무 및 부동산 거래신고에 관한 법률'로 전부 개정되기 전의 것) 제35조의2 및 공인중개사의 업무 및 부동산 거래신고에 관한 법률 제42조에 의하여 부동산중개업협회 또는 공인중개사협회가 운영하는 공제사업은, 중개업자의 불법행위 또는 채무불이행으로 인하여 거래당사자에게 부담하게 되는 손해배상책임을 보증하는 보증보험적 성격을 가진 제도이므로, 공제사고가 발생한 것인지가 객관적으로 분명하지 아니한 등의 이유로 공제금청구권자가 공제사고의 발생 사실을 확인할 수 없는 사정이 있는 경우에는 보험금청구권의 경우와 마찬가지로, 공제금청구권자가 공제사고 발생을 알았거나 알 수 있었던 때부터 공제금청구권의 소멸시효가 진행한다고 해석하여야 한다(대법원 2012. 2. 23. 선고 2011다77870).

### (4) 보증금 지급

① 설정금액 한도

보증기관은 보증금으로 거래당사자의 손해배상금을 지급한다. 보증기관이 지급하는 손해배상금은 보증기관이 책임 지겠다고 설정한 보증설정금액 한도내에서 지급한다. 그러나 개업공인중개사의 손해배상책임은 거래당사자가 입은 전 손해에 대해서 배상책임을 지게 되고 보증설정금액 범위내로 제한되는 것은 아니다. 따라서 재산상 손해를 입은 거래당사자는 보증기관에서 지급받지 못한 손해에 대해서는 개업공인중개사에게 지급청구할 수 있다. 공인중개사인 개업공인중개사가 2억원의 공제에 가입하였으나 거래당사자가 손해배상청구소송을 제기하여 3억원을 손해배상하라는 판결을 얻었다면 공제기관은 2억원만 지급한다. 거래당사자의 나머지 손해배상금

1억원은 개업공인중개사에게 지급청구할 수 밖에 없다.

② 분사무소 사고

법인의 분사무소에 발생한 사고의 경우에 중개법인이 6억원을 설정하였고 확정된 손해배상금액이 3억원이라면 분사무소 몫으로 추가설정한 2억원 범위내에서만 보증금을 지급받은 것이 아니라 3억원에 대해서 손해배상금을 지급 받을 수 있다.

③ 개업공인중개사의 고의로 인한 사고

개업공인중개사가 고의로 거래당사자에게 재산상손해를 발생하게 한 경우에도 보증기관은 거래당사자의 재산상 손해에 대해서 보증금을 지급할 책임이 있다. 보증제도는 거래당사자를 두텁게 보호하기 위해서 만든 제도이므로 개업공인중개사의 고의로 인한 사고의 경우에도 지급하여야 한다.

**판례보기**

**고의로 인한 사고**

그 공제약관에 공제 가입자인 중개업자의 고의로 인한 사고의 경우까지 공제금을 지급하도록 규정되었다고 하여 이것이 공제제도의 본질에 어긋난다거나 고의, 중과실로 인한 보험사고의 경우 보험자의 면책을 규정한 상법 제659조의 취지에 어긋난다고 볼 수 없다(대법원 1995. 9. 29. 선고 94다47261 판결).

### (5) 보증기관의 구상권 행사

보증기관에서 개업공인중개사를 대신해 손해배상금을 중개의뢰인에게 지급한 경우에는 개업공인중개사에게 구상권을 행사할 수 있다. 다만, 공탁기관은 공탁한 공탁금이 개업공인중개사의 재산이므로 공탁금에서 손해배상금을 지급한 후 구상권은 행사할 수 없다.

### (6) 재설정

개업공인중개사는 보증보험금·공제금 또는 공탁금으로 손해배상을 한 때에는 15일 이내에 보증보험 또는 공제에 다시 가입하거나 공탁금 중 부족하게 된 금액을 보전하여야 한다(시행령 제26조 제2항).

## 4 위반시 제재

### (1) 임의적 등록취소 사유

개업공인중개사가 손해배상책임을 보장하기 위한 조치 없이 업무를 개시한 경우에는 등록관청은 개업공인중개사의 중개사무소의 개설등록을 취소할 수 있다.

### (2) 100만원 이하의 과태료

① 개업공인중개사가 중개사무소 안의 보기 쉬운 곳에 "증설정증명서류" 게시하지 않은 경우
② 개업공인중개사가 중개완성 된 때 손해배상책임 보장에 관한 사항을 설명하지 않거나 보증관계증서사본을 교부하지 아니한 경우

## 제7절 계약금 등 반환채무의 이행보장제도 제23회 제24회 제30회 제34회 제35회

## 1 예치제도

제31조【계약금등의 반환채무이행의 보장】①개업공인중개사는 거래의 안전을 보장하기 위하여 필요하다고 인정하는 경우에는 거래계약의 이행이 완료될 때까지 계약금·중도금 또는 잔금(이하 이 조에서 "계약금등"이라 한다)을 개업공인중개사 또는 대통령령으로 정하는 자의 명의로 금융기관, 제42조에 따라 공제사업을 하는 자 또는 「자본시장과 금융투자업에 관한 법률」에 따른 신탁업자 등에 예치하도록 거래당사자에게 권고할 수 있다.

### (1) 제도의 성격

① 거래사고 사전예방
매수인 임차인 등이 부동산의 하자 때문에 지급한 계약금 등을 반환받지 못하는 사고가 발생할 염려가 있을 때 계약을 이행할 때까지 계약금 등을 매도인 임대인에게 직접 지급하지 않고 중립적인 기관에 예치하도록 하여 거래사고를 사전에 예방하는 제도적 장치이다.

② 권고사항
개업공인중개사는 거래의 안전을 보장하기 위하여 필요하다고 인정하는 경우에는 거래계약의 이행이 완료될 때까지 계약금·중도금 또는 잔금을 예치하도록 거래당사자에게 권고할 수 있다. 개업공인중개사가 계약금 등을 거래당사자에게 예치하도록 권고한 경우에 거래당사자가 이를 받아 들인다면 예치제도를 활용할 수 있다.

③ 제도의 성격
개업공인중개사는 거래의 안전을 보장하기 위하여 필요하다고 인정하는 경우에는 예치명의자 명의로 금융기관 등에 예치하도록 거래당사자에게 권고할 수 있다. 개업공인중개사는 예치제도를 이용하도록 권고할 의무는 없다.

### (2) 예치명의자

개업공인중개사는 거래계약의 이행이 완료될 때까지 계약금·중도금 또는 잔금을 개업공인중개사

또는 대통령령으로 정하는 자의 명의로 예치하도록 권고할 수 있다. 법 제31조 제1항에서 "대통령령이 정하는 자"라 함은 다음 각 호의 자를 말한다(시행령 제27조 제1항).

1. 「은행법」에 따른 은행
2. 「보험업법」에 따른 보험회사
3. 「자본시장과 금융투자업에 관한 법률」에 따른 신탁업자
4. 「우체국예금·보험에 관한 법률」에 따른 체신관서
5. 법 제42조의 규정에 따라 공제사업을 하는 자
6. 부동산 거래계약의 이행을 보장하기 위하여 계약금·중도금 또는 잔금(이하 이 조에서 "계약금등"이라 한다) 및 계약 관련서류를 관리하는 업무를 수행하는 전문회사

• **예치명의자가 될 수 없는 자** : 제3자, 소속공인중개사, 공탁기관, 변호사, 거래당사자, 매도인

### (3) 예치기관

계약금 등을 금융기관, 공제사업자, 신탁업자 등에게 예치명의자로 명의로 예치하도록 권고할 수 있다. "신탁업자 등"이라고 하고 있기 때문에 예치기관은 예치업무를 수행하는 모든 기관이 될 수 있다는 의미이다. 따라서 예치업무를 수행하는 체신관서, 보험회사도 예치기관이 될 수 있다.

① 금융기관 ② 공제사업자(협회) ③ 신탁업자 등

### (4) 예치기한

개업공인중개사는 계약금 등을 계약의 이행이 완료될 때까지 예치명의자의 명의로 예치하도록 하고 있다. "계약의 이행이 완료될 때"까지는 매매계약인 경우에 잔금을 치르고 이전등기가 완료될 때까지 의미한다. 임대차계약인 경우에는 잔금을 치르고 임차인이 이사들어 가서 점유를 이전 받을 때까지를 의미한다.

### (5) 예치대상

개업공인중개사의 권고로 예치명의자 명의로 예치할 수 있는 것은 계약금, 중도금, 잔금 모두가 포함된다. 일반적으로 잔금은 이전등기 서류와 동시이행관계에 있어서 사고 가능성이 낮지만 잔금을 선 지급하는 계약조건일 경우에는 예치제도를 이용할 수 있다.

### (6) 예치명의자인 개업공인중개사의 의무

① 분리관리 및 임의인출 금지

개업공인중개사는 제2항의 규정에 따라 거래계약과 관련된 계약금등을 자기 명의로 금융기관

등에 예치하는 경우에는 자기 소유의 예치금과 분리하여 관리될 수 있도록 하여야 하며, 예치된 계약금등은 거래당사자의 동의 없이 인출하여서는 아니 된다(시행령 제27조 제3항).

② 필요한 사항 약정

개업공인중개사는 거래당사자가 법 제31조 제1항의 규정에 따라 계약금 등을 개업공인중개사의 명의로 금융기관 등에 예치할 것을 의뢰하는 경우에는 계약이행의 완료 또는 계약해제 등의 사유로 인한 계약금등의 인출에 대한 거래당사자의 동의 방법, 법 제32조 제3항의 규정에 따른 반환채무이행 보장에 소요되는 실비 그 밖에 거래안전을 위하여 필요한 사항을 약정하여야 한다(시행령 제27조 제2항).

③ 보증설정

개업공인중개사는 계약금등을 자기 명의로 금융기관 등에 예치하는 경우에는 그 계약금 등을 거래당사자에게 지급할 것을 보장하기 위하여 예치대상이 되는 계약금 등에 해당하는 금액을 보장하는 보증보험 또는 법 제42조의 규정에 따른 공제에 가입하거나 공탁을 하여야 하며, 거래당사자에게 관계증서의 사본을 교부하거나 관계증서에 관한 전자문서를 제공하여야 한다(시행령 제27조 제4항).

④ 위반시 제재(업무정지)

개업공인중개사가 예치명의자인 경우에 위의 세가지 의무를 위반하면 등록관청은 예치명의자인 개업공인중개사에게 업무정지를 명할 수 있다.

## 2 사전수령제도

**제31조** ② 제1항에 따라 계약금등을 예치한 경우 매도인·임대인 등 계약금등을 수령할 수 있는 권리가 있는 자는 해당 계약을 해제한 때에 계약금등의 반환을 보장하는 내용의 금융기관 또는 보증보험회사가 발행하는 보증서를 계약금등의 예치명의자에게 교부하고 계약금등을 미리 수령할 수 있다.
③ 제1항에 따라 예치한 계약금등의 관리·인출 및 반환절차 등에 관하여 필요한 사항은 대통령령으로 정한다.

### (1) 예치금 사전수령시 보증서 교부

계약금등을 예치한 경우 매도인·임대인 등 계약금등을 수령할 수 있는 권리가 있는 자는 해당 계약을 해제한 때에 계약금등의 반환을 보장하는 내용의 금융기관 또는 보증보험회사가 발행하는 보증서를 계약금등의 예치명의자에게 교부하고 계약금등을 미리 수령할 수 있다.

### (2) 예치명의자에 교부

계약금등을 예치한 경우 매도인·임대인 등 계약금등을 수령할 수 있는 권리가 있는 자는 반환보증서를 계약금등의 예치명의자에게 교부하고 계약금등을 미리 수령할 수 있다. 반환보증서를 중립적 기관인 "예치명의자"에게 교부하여야 "예치명의자"가 보관 중인 계약금 등을 미리 수령할 수 있다.

## 제8절 금지행위 제26회 제27회 제28회 제29회 제30회 제31회 제34회 제35회

### 1 제3조에 따른 중개대상물의 매매를 업으로 하는 행위

#### (1) 중개대상물 매매업

개업공인중개사가 중개대상물에 대하여 중개하는 것을 직업으로 하는 자이므로 중개대상물에 대한 매매업을 허용하면 개업공인중개사가 중개보다는 매매업에 집중해서 부동산 시장 질서를 어지럽게 할 가능성이 높아서 금지행위로 규정하고 있다. 중개대상물인 건축물, 입목의 매매업은 금지행위에 해당한다. 아파트분양권도 장래의 건축물도 중개대상물에 해당하므로 아파트분양권의 매매업도 금지행위에 해당한다.

#### (2) 중개대상물

법정 중개대상물 이외의 물건에 대한 매매업은 금지행위에 해당하지 않는다. 예를 들어 건축자재에 대한 매매업, 중고자동차 매매업은 금지행위에 해당하지 않는다.

#### (3) 매매업

주택이나 상가는 중개대상물에 해당하지만 임대업은 금지된 행위는 아니다. 공인중개사법은 중개대상물에 대한 "매매업"을 금지하고 있지 "임대업"을 금지하고 있는 것은 아니다. 나아가 주택이나 상가의 "분양대행"도 금지행위에 해당하지 않는다.

### 2 제9조에 따른 중개사무소의 개설등록을 하지 아니하고 중개업을 영위하는 자인 사실을 알면서 그를 통하여 중개를 의뢰받거나 그에게 자기의 명의를 이용하게 하는 행위

#### (1) 중개의뢰 받는 것

제9조에 따른 중개사무소의 개설등록을 하지 아니하고 중개업을 영위하는 자인 사실을 알면서 그 무등록중개업자를 통하여 중개의뢰 받은 개업공인중개사는 무등록중개업자와 협조하는 활동이므로 금지행위로 규정하고 있다.

#### (2) 자기 명의 이용하게 하는 것

제9조에 따른 중개사무소의 개설등록을 하지 아니하고 중개업을 영위하는 자인 사실을 알면서 그에게 개업공인중개사의 명의를 이용하게 하는 행위도 무등록중개업자와 협조하는 행위로 금지행위로 규정하고 있다.

## 3 사례·증여 그 밖의 어떠한 명목으로도 제32조에 따른 보수 또는 실비를 초과하여 금품을 받는 행위

### (1) 중개업에 관련된 보수에만 적용

① 분양대행

분양대행은 중개와 구별되는 것이어서 피고인이 분양대행과 관련하여 교부 받은 금원이 공인중개사법 제33조 제3호에 의하여 초과 수수가 금지되는 금원이 아니다(대판 98다1914판결).

② 영업권 알선

영업용 건물의 영업시설·비품 등 유형물이나 거래처, 신용, 영업상의 노하우 또는 점포위치에 따른 영업상의 이점 등 무형의 재산적 가치는 같은 법 제3조, 같은 법 시행령 제2조에서 정한 중개대상물이라고 할 수 없으므로, 그러한 유·무형의 재산적 가치의 양도에 대하여 이른바 "권리금" 등을 수수하도록 중개한 것은 구 부동산중개업법이 규율하고 있는 중개행위에 해당하지 아니하고, 따라서 같은 법이 규정하고 있는 중개보수의 한도액 역시 이러한 거래대상의 중개행위에는 적용되지 아니한다(대판2006.9.22. 선고2005도6054).

### (2) 다른 명목으로 받은 것도 합산

① 중개보수 이외의 사례 증여 광고비 등 다른 명목으로 중개보수를 받은 경우에는 이를 합산하여 법정한도 초과여부를 판단한다. 따라서 법정 한도에 해당하는 중개보수 이외에 동양화 1점을 받은 경우에는 금지행위에 해당한다.

② 개업공인중개사 등이 부동산의 거래를 중개한 후 사례비나 수고비 등의 명목으로 금품을 받은 경우 그 금품의 가액이 소정의 수수료를 초과하는 때에는 위 규정을 위반한 행위에 해당한다(대판 1999. 2. 9선고98도3116 판결).

③ 법정중개보수 이외에 실비(법정한도내)를 받은 것은 금지행위에 해당하지 않는다.

④ 일반과세자인 개업공인중개사가 법정중개보수 이외에 부가가치세 10%를 더 받은 것은 금지행위에 해당하지 않는다.

### (3) 법정한도를 초과하여 받은 경우에 적용

① 개업공인중개사가 법정한도를 초과한 금액을 중개보수로 요구하거나 약속한 경우에도 실제로 받지 않았다면 금지행위에 해당하지 않는다.

② 순가중개계약을 체결한 것 그 자체만으로는 금지행위가 아니지만 이를 통해 중개보수를 법정한도를 초과하여 현실적으로 받았다면 금지행위가 된다.

③ 개업공인중개사가 중개의뢰인으로부터 수수료 등의 명목으로 소정의 한도를 초과하는 액면금액의 당좌수표를 받았다가 그 것이 사후에 부도처리 된 경우에도 금지행위에 해당한다(대판 2004. 11. 12, 선고 2004도 4136 판결).

## 4 해당 중개대상물의 거래상의 중요사항에 관하여 거짓된 언행 그 밖의 방법으로 중개의뢰인의 판단을 그르치게 하는 행위

### (1) 판단을 그르치게 하는 행위

① 거래상 중요사항에 대하여 기망, 가격 조작, 과장광고 등 거짓된 언행을 하여서는 안 된다.

② 개업공인중개사가 당연히 알려주어야 할 사항을 알려 주지 않고 숨긴 경우도 금지행위에 포함된다. 개업공인중개사가 중개대상물이 소송에 계류 중인 사실을 숨긴 경우가 대표적인 사례에 해당한다.

### (2) 거래상 중요사항

① 중개대상물 거래상의 중요사항이란 거래계약의 내용을 결정하기 위한 표준이 되는 사항으로서, 중개의뢰인이 그 사실을 안다면 중개대상물의 거래를 하지 않았거나 적어도 동일한 조건으로는 계약을 체결하지 않았으리라고 생각되는 사항을 의미한다(대법원 2000.5.12 2000다12259 판결).

② '당해 중개대상물의 거래상의 중요사항'에는 당해 중개대상물 자체에 관한 사항뿐만 아니라 그 중개대상물의 가격 등에 관한 사항들도 그것이 당해 거래상의 중요사항으로 볼 수 있는 이상 포함된다(대판 2007도9149 판결).

### (3) 관련 판례

① 중개인 등이 서로 짜고 매도의뢰 가액을 숨긴 채 이에 비하여 무척 높은 가액으로 중개의뢰인에게 부동산을 매도하고 그 차액을 취득한 행위가 민사상의 불법행위를 구성한다(대법원 1991.12.24. 선고 91다25963 판결).

② 중개대상물인 임야가 개발제한구역으로 결정되어 가격이 떨어지고 매수하려는 사람도 없어 상당한 가격으로 현금화하기 어려운데도 그러한 사정을 모르는 매수중개의뢰인에게 바로 비싼 값에 전매할 수 있다고 기망하여 매매계약을 체결하였다면 이는 불법행위가 된다(대판 79다1746).

## 5 관계 법령에서 양도·알선 등이 금지된 부동산의 분양·임대 등과 관련 있는 증서 등의 매매·교환 등을 중개하거나 그 매매를 업으로 하는 행위

### (1) 양도금지 증서

관계 법령에서 양도 알선 등이 금지된 부동산의 분양 임대 등과 관련 있는 증서는 철거민 입주권증명서, 주택청약저축증서, 주택청약부금증서, 주택상환사채, 건물철거예정증명서, 무허가건물확인서, 이주대책대상자확인서 등이 이에 해당한다.

### (2) 중개 매매업 금지

철거민 입주권증명서 주택청약저축증서, 등은 양도가 금지되어 있으므로 이러한 양도 금지 증서를 중개 또는 매매업은 금지행위에 해당한다.

**참조조문**

**제65조【공급질서 교란 금지】** ① 누구든지 이 법에 따라 건설·공급되는 주택을 공급받거나 공급받게 하기 위하여 다음 각 호의 어느 하나에 해당하는 증서 또는 지위를 양도·양수(매매·증여나 그 밖에 권리 변동을 수반하는 모든 행위를 포함하되, 상속·저당의 경우는 제외한다. 이하 이 조에서 같다) 또는 이를 알선하거나, 양도·양수 또는 이를 알선할 목적으로 하는 광고(각종 간행물·인쇄물·전화·인터넷, 그 밖의 매체를 통한 행위를 포함한다)를 하여서는 아니 되며, 누구든지 거짓이나 그 밖의 부정한 방법으로 이 법에 따라 건설·공급되는 증서나 지위 또는 주택을 공급받거나 공급받게 하여서는 아니 된다. 〈개정 2020. 6. 9.〉
1. 제11조에 따라 주택을 공급받을 수 있는 지위
2. 제56조에 따른 입주자저축 증서
3. 제80조에 따른 주택상환사채
4. 그 밖에 주택을 공급받을 수 있는 증서 또는 지위로서 대통령령으로 정하는 것

**판례보기**

**상가분양계약서는 금지증서가 아니다.**

상가 전부를 매도할 때 사용하려고 매각조건 등을 기재하여 인쇄해 놓은 양식에 매매대금과 지급기일 등 해당사항을 기재한 분양계약서는 상가의 매매계약서일 뿐 부동산중개업법 제15조 제4호 소정의 부동산 임대, 분양 등과 관련이 있는 증서라고 볼 수 없다(대법원 1993. 5. 25. 선고 93도773 판결).

## 6 중개의뢰인과 직접 거래를 하거나 거래당사자 쌍방을 대리하는 행위

### (1) 직접거래에 해당하는 것

① '직접 거래'란 중개인이 중개의뢰인으로부터 의뢰 받은 매매·교환·임대차 등과 같은 권리의 득실변경에 관한 행위의 직접 상대방이 되는 경우를 의미한다(대판 2005도 4494). 중개의뢰인과 거래하면 중개의뢰인의 승락이 있거나 시세보다 비싸게 사거나, 중개보수를 받지 않은 경우에도 금지 행위에 해당된다.

② 직접거래에 해당하는 상대방은 중개대상물의 소유자 뿐 만아니라 그로부터 거래에 대한 대리권을 수여 받은 대리인이나 거래에 관한 사무처리를 위탁받은 수임인 등도 포함된다(대판 90도 1872).

③ 개업공인중개사 등의 중개의뢰인과의 직접거래는 금지행위에 해당하여 처벌대상이 되지만 중개의뢰인간의 계약의 효력은 무효로 되는 것은 아니다(단속규정).

④ 배우자 명의로 전세계약을 체결한 경우 직접거래에 해당할 수 있다(대판 2021도6910판결).

**판례보기**

**직접거래 금지규정은 단속규정**

위 규정을 효력규정으로 보아 이에 위반한 거래행위를 일률적으로 무효라고 할 경우 중개의뢰인이 직접 거래임을 알면서도 자신의 이익을 위해 한 거래도 단지 직접 거래라는 이유로 효력이 부인되어 거래의 안전을 해칠 우려가 있으므로, 위 규정은 단속규정이다(대법원 2017. 2. 3. 선고 2016다259677 판결).



### (2) 직접거래에 해당하지 않는 것

① 개업공인중개사가 매도인으로부터 매도중개의뢰를 받은 다른 개업공인중개사의 중개로 부동산을 매수하여 매수 중개의뢰를 받은 또 다른 개업공인중개사의 중개로 매도한 경우에는 직접거래에 해당하지 않는다(대판 90도2958).

② 중개의뢰받은 개업공인중개사가 다른 개업공인중개사와 공동으로 거래계약을 체결한 경우에 중개의뢰를 받지 않은 다른 개업공인중개사는 직접거래에 해당하지 않는다.

③ 중개인이 토지소유자와 사이에 중개인 자신의 비용으로 토지를 택지로 조성하고 분할한 다음 토지 중 일부를 중개인이 임의로 정한 매매대금으로 타에 매도하되, 토지 소유자에게는 그 매매대금의 액수에 관계없이 확정적인 금원을 지급하고 그로 인한 손익은 중개인에게 귀속시키기로 하는 약정을 한 경우는 직접거래에 해당하지 않는다(대판 2005도4494 판결).

### (3) 쌍방대리

① 쌍방대리 금지

개업공인중개사가 중개의뢰인 쌍방으로부터 거래계약체결의 대리권을 수여받아 당사자 모두를 대리하여 혼자 계약을 체결하는 것을 말한다. 만약 개업공인중개사 등이 쌍방대리를 할 수 있다면 거래당사자는 손해를 입을 가능성이 높다. 거래당사자의 승낙이 있어도 쌍방대리는 여전히 금지행위로 처벌된다.

② 일방대리 허용

개업공인중개사가 매도의뢰인의 위임을 받아 매수의뢰인과 매매계약을 체결하는 것은 일방대리에 해당하여 금지행위(직접거래)가 아니다. 즉 개업공인중개사가 매수의뢰인과 매매계약을 체결하면 직접거래에 해당하지만, 개업공인중개사가 매도의뢰인의 위임을 받아 매수의뢰인과 매매계약을 체결하면 직접거래에 해당하지 않는다.

## 7 탈세 등 관계 법령을 위반할 목적으로 소유권보존등기 또는 이전등기를 하지 아니한 부동산이나 관계 법령의 규정에 의하여 전매 등 권리의 변동이 제한된 부동산의 매매를 중개하는 등 부동산투기를 조장하는 행위

### (1) 탈세 등의 목적으로 미등기부동산 전매 알선행위

탈세 등 관계 법령을 위반할 목적으로 소유권 보존등기 또는 이전등기를 하지 아니한 부동산의 매매를 중개하는 행위가 금지행위에 해당한다. 개업공인중개사가 부동산 전매차익을 노린 의뢰인의 미등기 전매를 중개하는 경우에 비록 전매차익이 발생하지 않았다 하더라도 부동산 투기를 조장하는 행위에 해당한다(대판 90누4464).

### (2) 관계 법령의 규정에 의하여 전매 등 권리의 변동이 제한된 부동산의 매매를 중개

탈세 등 관계 법령을 위반할 목적으로 관계 법령의 규정에 의하여 전매 등 권리의 변동이 제한된 부동산의 매매를 중개하는 행위가 금지행위에 해당한다. 투기과열지구내 전매 제한된 아파트분양권의 매매를 알선하면 투기조장행위로 처벌된다.

## 8 부당한 이익을 얻거나 제3자에게 부당한 이익을 얻게 할 목적으로 거짓으로 거래가 완료된 것처럼 꾸미는 등 중개대상물의 시세에 부당한 영향을 주거나 줄 우려가 있는 행위

개업공인중개사 등이 부당한 이익을 얻거나 제3자에게 부당한 이익을 얻게 할 목적으로 거짓으로 거래가 완료된 것처럼 꾸며서 부동산실거래가 신고를 허위(높은)금액으로 신고하도록 해서 이후의 거래에서 신고된 높은 실거래가로 거래하도록 유도하록 하는 행위가 이에 해당한다.

## 9 단체를 구성하여 특정 중개대상물에 대하여 중개를 제한하거나 단체 구성원 이외의 자와 공동중개를 제한하는 행위

개업공인중개사가 단체를 구성해서 특정 중개대상물에 대하여 중개를 제한하는 담합행위를 하거나 단체 구성원 이외의 자인 비회원 중개사무소와 공동중개를 제한하는 담합하는 행위를 하면 금지행위에 해당한다.

## 10 개업공인중개사 등의 업무방해 행위

누구든지 시세에 부당한 영향을 줄 목적으로 다음 각 호의 어느 하나의 방법으로 개업공인중개사등의 업무를 방해해서는 아니 된다(법 33조 제2항).

1. 안내문, 온라인 커뮤니티 등을 이용하여 특정 개업공인중개사등에 대한 중개의뢰를 제한하거나 제한을 유도하는 행위
2. 안내문, 온라인 커뮤니티 등을 이용하여 중개대상물에 대하여 시세보다 현저하게 높게 표시·광고 또는 중개하는 특정 개업공인중개사등에게만 중개의뢰를 하도록 유도함으로써 다른 개업공인중개사등을 부당하게 차별하는 행위
3. 안내문, 온라인 커뮤니티 등을 이용하여 특정 가격 이하로 중개를 의뢰하지 아니하도록 유도하는 행위
4. 정당한 사유 없이 개업공인중개사등의 중개대상물에 대한 정당한 표시·광고 행위를 방해하는 행위
5. 개업공인중개사등에게 중개대상물을 시세보다 현저하게 높게 표시·광고하도록 강요하거나 대가를 약속하고 시세보다 현저하게 높게 표시·광고하도록 유도하는 행위

## 11 제재

### (1) 행정처분

개업공인중개사 가 금지행위를 한 경우에는 등록관청은 개업공인중개사의 등록을 취소할 수 있다. 소속공인중개사 가 금지행위를 한 경우에는 시·도지사는 소속공인중개사의 자격정지를 명할 수 있다.

### (2) 행정형벌

| 3/3 | 1/1 |
|---|---|
| ① 직접거래, 쌍방대리<br>② 미등기전매 알선 등 부동산 투기조장 행위<br>③ 양도 알선이 금지된 증서의 중개·매매업<br>④ 시세에 부당한 영향<br>⑤ 단체 구성하여 담합<br>⑥ 특정 개업공인중개사 등에게 중개의뢰 제한<br>⑦ 특정 개업공인중개사 등에게만 중개의뢰<br>⑧ 특정 가격이하중개의뢰 ×<br>⑨ 높게 표시 광고<br>⑩ 표시 광고 방해 행위 | ① 보수 및 실비를 초과 하여 금품을 받는 행위<br>② 무등록중개업자와 협조행위<br>③ 중개의뢰인의 판단을 그르치게 하는 행위<br>④ 중개대상물의 매매를 업으로 하는 행위 |

### (3) 민사책임

개업공인중개사가 등이 금지행위를 한 경우에 거래당사자에게 재산상 손해를 발생하게 한 경우에는 공인중개사법 제30조에 따른 손해배상책임을 진다. 개업공인중개사 등이 중개보수를 법정한도를 초과하여 받은 경우에는 초과부분은 무효이므로 초과부분은 거래당사자에게 반환하여야 한다(대판 2007. 12. 20,2005다 32159).

## 제9절 교육 제27회 제28회 제29회 제31회 제34회

### 1 실무교육

#### (1) 대상자

① 중개사무소의 개설등록을 신청하려는 자

제9조에 따라 중개사무소의 개설등록을 신청하려는 자는 시·도지사가 실시하는 실무교육(실무수습을 포함한다)을 받아야 한다. 법인의 경우에는 대표자를 포함한 사원·임원이 실무교육을 받아야 한다. 따라서 법인의 공인중개사가 아닌 사원 임원도 실무교육을 받아야 한다. 제13조 제3항에 따라 분사무소의 설치신고를 하려는 경우에는 분사무소의 책임자가 실무교육을 받아야 한다(법 제34조 제1항). 다만 다른법률의 규정에 의하여 중개업을 할 수 있는 법인은 법인인 개업공인중개사의 등록기준이 적용되지 않기 때문에 실무교육을 받을 의무는 없다.

② 소속공인중개사로 고용신고하려는 자

소속공인중개사는 시·도지사가 실시하는 실무교육(실무수습을 포함한다)을 받아야 한다. 법 제34조 제2항 분사무소의 책임자가 아닌 공인중개사로 고용되는 자도 실무교육을 받아야 한다. 다만, 분사무소 설치신고할 때 제출하는 서류는 분사무소 책임자의 실무교육 수료증만 제출한다.

#### (2) 시기

① 등록신청하려는 자

제9조에 따라 중개사무소의 개설등록을 신청하려는 자는 등록신청일(분사무소 설치신고의 경우에는 신고일을 말한다)전 1년 이내에 시·도지사가 실시하는 실무교육(실무수습을 포함한다)을 받아야 한다(법 제34조 제1항).

② 소속공인중개사로 고용신고 하려는 자

소속공인중개사는 제15조 제1항에 따른 고용 신고일 전 1년 이내에 시·도지사가 실시하는 실무교육을 받아야 한다(법 제34조 제2항).

#### (3) 실시권자

실무교육은 시·도지사이다.

#### (4) 내용

법 제34조 제1항 및 제2항에 따른 실무교육의 내용 및 시간은 다음 각 호와 같다(시행령 제28조 제1항).

1. **교육내용**: 법 제34조 제1항 및 제2항에 따른 실무교육은 개업공인중개사 및 소속공인중개사의 직무수행에 필요한 법률지식, 부동산 중개 및 경영 실무, 직업윤리 등을 내용으로 한다.
2. **교육시간**: 28시간 이상 32시간 이하



### (5) 실무교육 면제

① 신규등록

다음 각 호의 어느 하나에 해당하는 자는 실무교육을 면제 받는다(법 제34조 제1항 단서).

1. 폐업신고 후 1년 이내에 중개사무소의 개설등록을 다시 신청 하려는 자
2. 소속공인중개사로서 고용관계 종료 신고 후 1년 이내에 중개사무소의 개설등록을 신청하려는 자

② 소속공인중개사

다음 각 호의 어느 하나에 해당하는 자는 실무교육을 면제 받는다(법 제34조 제2항 단서).

1. 고용관계 종료 신고 후 1년 이내에 고용 신고를 다시 하려는 자
2. 개업공인중개사로서 폐업신고를 한 후 1년 이내에 소속공인중개사로 고용 신고를 하려는 자

## 2 직무교육

### (1) 대상자

중개보조원으로 고용신고하려는 자는 직무교육을 받아야 한다. 즉 소속공인중개사로 고용신고 하려는 자는 실무교육을 받지만 중개보조원으로 고용신고하려는 자는 직무교육을 받아야 한다.

### (2) 시기

중개보조원은 제15조 제1항에 따른 고용 신고일 전 1년 이내에 시·도지사 또는 등록관청이 실시하는 직무교육을 받아야 한다(법 제34조 제3항).

### (3) 실시권자

직무교육의 실지권자는 시·도지사 또는 등록관청이다.

### (4) 내용

법 제34조 제3항에 따른 직무교육의 내용 및 시간은 다음 각 호와 같다(시행령 제28조 ②).

> 1. 교육내용: 중개보조원의 직무수행에 필요한 직업윤리 등
> 2. 교육시간: 3시간 이상 4시간 이하

#### (5) 면제

고용관계 종료 신고 후 1년 이내에 고용 신고를 다시 하려는 자는 직무교육을 면제 받는다.

### 3 연수교육

#### (1) 대상자

연수교육의 대상자는 실무교육을 받은 개업공인중개사 및 소속공인중개사이다. 따라서 중개보조원은 연수교육 대상자가 아니다.

#### (2) 시기

① 2년마다

실무교육을 받은 개업공인중개사 및 소속공인중개사는 실무교육을 받은 후 2년마다 시·도지사가 실시하는 연수교육을 받아야 한다(법 제34조 제4항).

② 사전 통지

시·도지사는 법 제34조 제4항에 따른 연수교육을 실시하려는 경우 실무교육 또는 연수교육을 받은 후 2년이 되기 2개월 전까지 연수교육의 일시·장소·내용 등을 대상자에게 통지하여야 한다(시행령 28조 제4항).

#### (3) 실시권자

개업공인중개사 및 소속공인중개사는 실무교육을 받은 후 2년마다 "시·도지사"가 실시하는 연수교육을 받아야 한다.

#### (4) 내용

법 제34조 제4항에 따른 연수교육의 내용 및 시간은 다음 각 호와 같다(시행령 28조 제3항).

> 1. 교육내용: 부동산중개 관련 법·제도의 변경사항, 부동산 중개 및 경영 실무, 직업윤리 등
> 2. 교육시간: 12시간 이상 16시간 이하

### (5) 위반시 제재

개업공인중개사 및 소속공인중개사가 연수교육을 정당한 사유없이 받지 아니한 경우에는 500만원 이하의 과태료 사유에 해당한다.

교육의 지침

**법 제34조** ⑤ 국토교통부장관은 제1항부터 제4항까지의 규정에 따라 시·도지사가 실시하는 실무교육, 직무교육 및 연수교육의 전국적인 균형유지를 위하여 필요하다고 인정하면 해당 교육의 지침을 마련하여 시행할 수 있다. 〈개정 2013. 6. 4.〉

**시행령 28조** ⑤ 법 제34조 제5항에 따른 교육지침에는 다음 각 호의 사항이 포함되어야 한다.

1. 교육의 목적
2. 교육대상
3. 교육과목 및 교육시간
4. 강사의 자격
5. 수강료
6. 수강신청, 출결(出缺) 확인, 교육평가, 교육수료증 발급 등 학사 운영 및 관리
7. 그 밖에 균형있는 교육의 실시에 필요한 기준과 절차

## 4 사고예방교육

### (1) 실시권자

국토교통부장관, 시·도지사 및 등록관청은 필요하다고 인정하면 대통령령으로 정하는 바에 따라 개업공인중개사등의 부동산거래사고 예방을 위한 교육을 실시할 수 있다(법 제34조의2 제2항). 국토교통부장관, 시·도지사 및 등록관청이 부동산거래사고 예방을 위한 교육을 실시하지 않아도 된다.

### (2) 비용지원

① 국토교통부장관, 시·도지사 및 등록관청은 개업공인중개사등이 부동산거래사고 예방 등을 위하여 교육을 받는 경우에는 대통령령으로 정하는 바에 따라 필요한 비용을 지원할 수 있다(법 제34조의2).

② 법 제34조의2 제1항에 따라 개업공인중개사 등에 대한 부동산거래사고 예방 등의 교육을 위하여 지원할 수 있는 비용은 다음 각 호와 같다(시행령 제28조의2 제1항).

1. 교육시설 및 장비의 설치에 필요한 비용
2. 교육자료의 개발 및 보급에 필요한 비용
3. 교육 관련 조사 및 연구에 필요한 비용
4. 교육 실시에 따른 강사비

### (3) 사전 공고 또는 통지

국토교통부장관, 시·도지사 및 등록관청은 부동산 거래질서를 확립하고, 부동산거래사고로 인한 피해를 방지하기 위하여 법 제34조의2 제2항에 따른 부동산거래사고 예방을 위한 교육을 실시하려는 경우에는 교육일 10일 전까지 교육일시·교육장소 및 교육내용, 그 밖에 교육에 필요한 사항을 공고하거나 교육대상자에게 통지하여야 한다(시행령 28조 제2항).

**교육의 비교 정리**

| | 실무교육 | 연수교육 | 직무교육 |
|---|---|---|---|
| (1) 실시권자 | 시·도지사 | 시·도지사 | 시·도지사 또는 등록관청 |
| (2) 대상자 | 등록하려는 자<br>소공이 되려는 자 | 개업공인중개사<br>소속공인중개사 | 중개보조원 |
| (3) 내용 | 법률지식<br>중개 및 경영실무<br>직업윤리 등 | 법 제도의 변경사항<br>중개 및 경영실무<br>직업윤리 등 | 직업윤리 등 |
| (4) 시간 | 28시간~32시간 | 12시간~16시간 | 3시간~4시간 |
| (5) 사전 통지 | | 2년되기 2개월전 | |

# 06 CHAPTER 기출 및 예상문제



**01 공인중개사법령상 개업공인중개사 甲의 중개대상물확인·설명에 관한 설명으로 <u>틀린</u> 것은? (다툼이 있으면 판례에 따름)** (제34회)

① 甲은 중개가 완성되어 거래계약서를 작성하는 때에 중개대상물 확인·설명서를 작성하여 거래당사자에게 교부해야 한다.

② 甲은 중개대상물에 근저당권이 설정된 경우, 실제의 피담보채무액을 조사·확인하여 설명할 의무가 있다.

③ 甲은 중개대상물의 범위 외의 물건이나 권리 또는 지위를 중개하는 경우에도 선량한 관리자의 주의로 권리관계 등을 조사·확인하여 설명할 의무가 있다.

④ 甲은 자기가 조사·확인하여 설명할 의무가 없는 사항이라도 중개의뢰인이 계약을 맺을지를 결정하는 데 중요한것이라면 그에 관해 그릇된 정보를 제공해서는 안 된다.

⑤ 甲이 성실. 정확하게 중개대상물의 확인·설명을 하지않거나 설명의 근거자료를 제시하지 않은 경우 500만원이하의 과태료 부과사유에 해당한다.

해설 ② 甲은 중개대상물에 근저당권이 설정된 경우, 채권최고액을 조사·확인하여 설명할 의무가 있다.

정답 ②

**02 공인중개사법령상 '중개대상물의 확인·설명사항'과 '전속중개계약에 따라 부동산거래정보망에 공개해야 할 중개대상물에 관한 정보'에 공통으로 규정된 것을 모두 고른 것은?** (제32회)

> ㉠ 공법상의 거래규제에 관한 사항
> ㉡ 벽면 및 도배의 상태
> ㉢ 일조·소음의 환경조건
> ㉣ 취득시 부담해야 할 조세의 종류와 세율

① ㉠, ㉡ ② ㉢, ㉣ ③ ㉠, ㉡, ㉢ ④ ㉡, ㉢, ㉣ ⑤ ㉠, ㉡, ㉢, ㉣

해설 취득시 부담할 조세의 종류와 세율은 확인설명사항에 해당하지만 정보공개할 내용에는 해당하지 않는다.

정답 ③

**03 공인중개사법령상 개업공인중개사가 거래계약서를 작성하는 경우에 관한 설명으로 틀린 것은? (다툼이 있으면 판례에 따름)** (제31회)

① 개업공인중개사는 중개가 완성된 때에만 거래계약서를 작성·교부하여야 한다.
② 개업공인중개사는 거래계약서에 서명 및 날인하여야 한다.
③ 중개대상물 확인·설명서 교부일자는 거래계약서의 필수 기재사항에 해당한다.
④ 개업공인중개사의 거래계약서 보존기간(공인전자문서센터에 보관된 경우는 제외함)은 5년이다.
⑤ 개업공인중개사가 하나의 거래계약에 대하여 서로 다른 둘 이상의 거래계약서를 작성한 경우, 등록관청은 중개사무소의 개설등록을 취소하여야 한다.

**해설** 개업공인중개사가 하나의 거래계약에 대하여 서로 다른 둘 이상의 거래계약서를 작성한 경우, 등록관청은 중개사무소의 개설등록을 취소할 수 있다.

정답 ⑤

**04 공인중개사법령상 개업공인중개사의 거래계약서 작성 등에 관한 설명으로 옳은 것은?** (제33회)

① 개업공인중개사가 국토교통부장관이 정하는 거래계약서 표준서식을 사용하지 아니한 경우, 시·도지사는 그 자격을 취소해야 한다.
② 중개대상물확인·설명서 교부일자는 거래계약서에 기재해야 하는 사항이다.
③ 하나의 거래계약에 대하여 서로 다른 둘 이상의 거래계약서를 작성한 경우, 시·도지사는 3개월의 범위 안에서 그 업무를 정지해야 한다.
④ 중개행위를 한 소속공인중개사가 거래계약서를 작성하는 경우, 그 소속공인중개사가 거래계약서에 서명 및 날인하여야 하며 개업공인중개사는 서명 및 날인의무가 없다.
⑤ 거래계약서가 「전자문서 및 전자거래 기본법」에 따른 공인전자문서센터에 보관된 경우 3년간 그 사본을 보존해야 한다.

**해설**
① 현재 거래계약서 표준서식을 정하고 있지 않다.
③ 개업공인중개사의 위반행위이므로 등록관청은 개업공인중개사에 대하여 등록취소 또는 업무정지를 명할 수 있다.
④ 중개행위를 한 소속공인중개사가 거래계약서를 작성하는 경우, 개업공인중개사와 그 소속공인중개사가 함께 거래계약서에 서명 및 날인하여야 한다.
⑤ 개업공인중개사는 중개대상물에 관하여 중개가 완성된 때에는 거래계약서를 작성하여 거래당사자에게 교부하고 5년 동안 그 원본, 사본 또는 전자문서를 보존하여야 한다. 다만, 거래계약서가 공인전자문서센터에 보관된 경우에는 그러하지 아니하다(법 제26조 제1항).

정답 ②

**05 공인중개사법령상 개업공인중개사 甲의 손해배상책임의 보장에 관한 설명으로 틀린 것은?** (제31회)

① 甲은 업무를 개시하기 전에 손해배상책임을 보장하기 위하여 보증보험 또는 공제에 가입하거나 공탁을 해야 한다.
② 甲이 설정한 보증을 다른 보증으로 변경하려는 경우 이미 설정한 보증의 효력이 있는 기간 중에 다른 보증을 설정하여야 한다.
③ 甲이 보증보험 또는 공제에 가입한 경우 보증기간의 만료로 다시 보증을 설정하려면, 그 보증기간 만료일까지 다시 보증을 설정하여야 한다.
④ 甲이 손해배상책임을 보장하기 위한 조치를 이행하지 아니하고 업무를 개시한 경우 등록관청은 개설등록을 취소할 수 있다.
⑤ 甲은 중개완성시 거래당사자에게 손해배상책임의 보장에 관한 주요사항을 설명하면 되고, 관계증서의 사본 등을 교부할 의무는 없다.



해설 ⑤ 甲이 중개완성시 거래당사자에게 손해배상책임의 보장에 관한 주요사항을 설명하고 관계증서의 사본 등을 교부하여야 한다.

정답 ⑤

**06 공인중개사법령상 개업공인중개사의 보증설정 등에 관한 설명으로 옳은 것은?** (제32회)

① 개업공인중개사가 보증설정신고를 할 때 등록관청에 제출해야 할 증명서류는 전자문서로 제출할 수 없다.
② 보증기관이 보증사실을 등록관청에 직접 통보한 경우라도 개업공인중개사는 등록관청에 보증설정신고를 해야 한다.
③ 보증을 다른 보증으로 변경하려면 이미 설정된 보증의 효력이 있는 기간이 지난 후에 다른 보증을 설정해야 한다.
④ 보증변경신고를 할 때 손해배상책임보증 변경신고서 서식의 "보증"란에 "변경 후 보증내용"을 기재한다.
⑤ 개업공인중개사가 보증보험금으로 손해배상을 한 때에는 그 보증보험의 금액을 보전해야 하며 다른 공제에 가입할 수 없다.

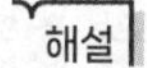
해설 ① 개업공인중개사가 보증설정신고를 할 때 등록관청에 제출해야 할 증명서류는 전자문서로 제출할 수 있다.
② 보증기관이 보증사실을 등록관청에 직접 통보한 경우에는 개업공인중개사는 등록관청에 보증설정신고를 생략할 수 있다.
③ 보증을 다른 보증으로 변경하려면 이미 설정된 보증의 효력이 있는 기간 중에 다른 보증을 설정해야 한다.
⑤ 개업공인중개사가 보증보험금으로 손해배상을 한 때에는 다시 중개업을 하고자 하는 경우에는 보증보험에 다시 가입해도 되고 공제가입 또는 공탁의 방법으로 재설정을 할 수 있다.

정답 ④

**07 공인중개사법령상 중개행위 등에 관한 설명으로 옳은 것은?** (다툼이 있으면 판례에 따름) (제32회)

① 중개행위에 해당하는지 여부는 개업공인중개사의 행위를 객관적으로 보아 판단할 것이 아니라 개업공인중개사의 주관적 의사를 기준으로 판단해야 한다.
② 임대차계약을 알선한 개업공인중개사가 계약 체결 후에도 목적물의 인도 등 거래당사자의 계약상 의무의 실현에 관여함으로써 계약상 의무가 원만하게 이행되도록 주선할 것이 예정되어 있는 경우, 그러한 개업공인중개사의 행위는 사회통념상 중개행위의 범주에 포함된다.
③ 소속공인중개사는 자신의 중개사무소 개설등록을 신청할 수 있다.
④ 개업공인중개사는 거래계약서를 작성하는 경우 거래계약서에 서명하거나 날인하면 된다.
⑤ 개업공인중개사가 국토교통부장관이 정한 거래계약서 표준서식을 사용하지 않는 경우 과태료 부과처분을 받게 된다.

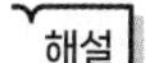
해설 ① 중개행위에 해당하는지 여부는 개업공인중개사의 행위를 사회통념에 따라 객관적으로 보아 판단한다.
③ 소속공인중개사는 이중소속금지 때문에 자신의 중개사무소 개설등록을 신청할 수 없다.
④ 개업공인중개사는 거래계약서를 작성하는 경우 거래계약서에 서명 및 날인하여야 한다.
⑤ 국토교통부장관은 거래계약서 표준서식을 정하고 있지 않다.

정답 ②

**08 공인중개사법령상 계약금등을 예치하는 경우 예치명의자가 될 수 있는 자를 모두 고른 것은?**

ㄱ. 「보험업법」에 따른 보험회사
ㄴ. 「자본시장과 금융투자업에 관한 법률에 따른 투자중개업자
ㄷ. 「자본시장과 금융투자업에 관한 법률」에 따른 신탁업자
ㄹ. 「한국지방재정공제회법」에 따른 한국지방재정 공제회

① ㄱ　② ㄱ, ㄷ　③ ㄱ, ㄴ, ㄷ
④ ㄴ, ㄷ, ㄹ　⑤ ㄱ, ㄴ, ㄷ, ㄹ

**해설** 제27조(계약금등의 예치·관리 등) ①법 제31조제1항에서 "대통령령이 정하는 자"라 함은 다음 각 호의 자를 말한다.

1. 「은행법」에 따른 은행
2. 「보험업법」에 따른 보험회사
3. 「자본시장과 금융투자업에 관한 법률」에 따른 신탁업자
4. 「우체국예금·보험에 관한 법률」에 따른 체신관서
5. 법 제42조의 규정에 따라 공제사업을 하는 자
6. 부동산 거래계약의 이행을 보장하기 위하여 계약금·중도금 또는 잔금(이하 이 조에서 "계약금등"이라 한다) 및 계약 관련서류를 관리하는 업무를 수행하는 전문회사

정답 ②

**09 공인중개사법령상 누구든지 시세에 부당한 영향을 줄 목적으로 개업공인중개사등의 업무를 방해해서는 아니 되는 행위를 모두 고른 것은?** (제35회)

ㄱ. 중개의뢰인과 직접 거래를 하는 행위
ㄴ. 안내문, 온라인 커뮤니티 등을 이용하여 특정 가격 이하로 중개를 의뢰하지 아니하도록 유도하는 행위
ㄷ. 정당한 사유 없이 개업공인중개사등의 중개대상물에 대한 정당한 표시 · 광고 행위를 방해 하는 행위
ㄹ. 단체를 구성하여 특정 중개대상물에 대하여 중개를 제한하거나 단체 구성원 이외의 자와 공동중개를 제한하는 행위

① ㄱ, ㄷ　② ㄱ, ㄹ　③ ㄴ, ㄷ
④ ㄱ, ㄴ, ㄹ　⑤ ㄴ, ㄷ, ㄹ

해설 누구든지 시세에 부당한 영향을 줄 목적으로 개업공인중개사등의 업무를 방해하는 행위를 하여서는 안 된다. 이에 해당하는 행위는 ㄴ. ㄷ.이다.

정답 ②

**10 공인중개사법령상 중개대상물 확인·설명서[I]** (주거용 건축물)**의 작성방법으로 옳은 것을 모두 고른 것은?** (제34회)

> ㄱ. 임대차의 경우 '취득 시 부담할 조세의 종류 및 세율'은 적지 않아도 된다.
> ㄴ. '환경조건'은 중개대상물에 대해 개업공인중개사가 매도(임대)의뢰인에게 자료를 요구하여 확인한 사항을 적는다.
> ㄷ. 중개대상물에 법정지상권이 있는지 여부는 '실제 권 리관계 또는 공시되지 않은 물건의 권리 사항'란에 개업공인중개사가 직접 확인한 사항을 적는다.

① ㄱ ② ㄱ, ㄴ ③ ㄱ, ㄷ ④ ㄴ, ㄷ ⑤ ㄱ, ㄴ, ㄷ

해설
ㄱ. 임대차의 경우 '취득 시 부담할 조세의 종류 및 세율'은 기재하지 않는다.
ㄴ. '환경조건'은 중개대상물에 대해 개업공인중개사가 매도(임대)의뢰인에게 자료를 요구하여 확인한 사항을 적는다.
ㄷ. 중개대상물에 법정지상권이 있는지 여부는 '실제 권리관계 또는 공시되지 않은 물건의 권리 사항'란에 매도 또는 임대 의뢰인이 고지한 사항을 적는다.

정답 ②

# 중개보수 및 실비

단원별 학습포인트

- 이 장은 중개보수 이론 1문제, 중개보수 계산 문제 1문제 출제된다. 이 장에서는 보수지급시기, 해약한 경우의 보수, 주택외 부동산에 대한 중개보수의 법정한도, 복합건축물, 오피스텔 보수계산, 매매계약과 동시에 전세계약일 때 중개보수계산방법이 중요하다.



## 제1절 중개보수 청구권의 행사 및 소멸 제25회 제26회 제27회 제28회 제29회 제31회 제33회 제35회

### 1 중개보수청구권 행사

개업공인중개사가 중개의뢰인에게 보수를 청구할 수 있으려면 다음의 요건을 갖추어여 한다.

#### (1) 중개계약체결

개업공인중개사는 거래당사자로부터 중개의뢰를 받아 중개활동을 하여야 한다. 거래당사자로부터 중개의뢰받지 않은 경우에는 중개를 하였다고 하더라도 중개보수를 청구할 수 없다. 개업공인중개사는 상인의 자격을 갖는 것으로 개업공인중개사의 중개보수는 상인의 자격으로 당연히 인정되므로 중개계약에서 유상임을 명시하지 않더라도 중개보수 청구권이 인정된다(대판 1995. 4. 21.).

#### (2) 개업공인중개사의 중개활동

개업공인중개사의 중개활동이 없다면 중개보수를 청구할 수 없다.

#### (3) 거래당사자간의 거래계약 체결

개업공인중개사의 중개활동이 있었다고 하더라도 거래당사자간의 거래계약이 체결되지 않았다면 중개보수를 받을 수 없다. 개업공인중개사가 계약서 작성에 관여하지 못했다고 하더라도 계약체결에 결정적 기여를 한 경우에는 중개보수를 청구할 수 있다.

**판례보기**

**결정적 기여를 한 경우**

중개인의 부동산중개활동이 쌍방의 제시가격차이로 일시 중단된 상태에서 중계의뢰자들이 직접 만나 절충끝에 매매계약을 채결하였더라도 중개인은 민법 제686조, 제673조의 취지 및 거래상의 신의칙에 비추어 그 중계활동에 상응한 보수를 청구할 수 있고, 나아가 그 보수액은 당초 약정액(그 정함이 없는 경우에는 조례상이 중계료 한도액)과 중개인이 중계에 소요한 시간 및 그 노력의 정도, 계약의 성립으로 중계의뢰자가 얻게 된 이익 등의 제반사정을 참작하여 정할 것이다(부산지방법원 1987. 9. 24. 선고 87나516 제2민사부판결).

### (4) 개업공인중개사의 중개활동으로 거래계약체결(인과관계)

개업공인중개사의 중개활동 때문에 거래계약이 체결되었어야 한다. 매매계약 체결에 결정적 기여를 한 개업공인중개사가 그의 귀책사유 없이 매매계약서 작성에 관여하지 못하였다 하더라도 상당한 보수를 청구할 수 있다(서울동부지원 86가282).

## 2 중개보수의 지급시기

보수의 지급시기는 대통령령으로 정한다(법 제32조 3항). 법 제32조 제3항에 따른 중개보수의 지급시기는 개업공인중개사와 중개의뢰인간의 약정에 따르되, 약정이 없을 때에는 중개대상물의 거래대금 지급이 완료된 날로 한다(시행령 제27조의2). 주의할 것은 중개보수의 지급시기에 대한 약정이 없는 경우에는 거래계약 체결이 완료된 날이 아니라는 점이다.

## 3 중개보수청구권의 소멸

### (1) 개업공인중개사의 책임 있는 경우

개업공인중개사는 중개업무에 관하여 중개의뢰인으로부터 소정의 보수를 받는다. 다만, 개업공인중개사의 고의 또는 과실로 인하여 거래행위가 무효·취소 또는 해제된 경우에는 중개보수청구권이 소멸한다. 즉 개업공인중개사의 확인·설명의무 위반으로 계약이 해제된 경우에는 중개보수를 받을 수 없다.

**판례보기**

**확인설명의무 소홀**

매매계약이 중개업자의 중개물건의 확인·설명의무를 게을리한 과실로 인하여 성립되었다가 그후 해제된 경우, 중개업자는 매수인으로부터 매매중개행위에 대한 수수료를 받을 수 없으므로 매수인으로부터 이미 수령한 수수료를 반환하여야 하고, 또 매수인에게 재산상의 손해를 발생하게 한 때에는 그 손해를 배상할 책임이 있다. 대구지방법원 1987. 10. 30. 선고 86가합1663 제8민사부판결)

### (2) 개업공인중개사의 책임 없는 경우

개업공인중개사의 고의·과실 없이 거래계약이 무효·취소 또는 해제된 경우에는 중개보수 청구권은 소멸하지 않는다. 즉 계약당사자의 일방의 이행지체로 계약이 해제된 경우에는 개업공인중개사는 중개보수를 받을 수 있다.

## 제 2 절 중개보수의 법정한도 제25회 제26회 제27회 제28회 제29회 제30회 제31회 제32회 제33회 제35회

## 1 주택의 중개보수의 법정한도

**제32조 【중개보수 등】**

④ 주택(부속토지를 포함한다. 이하 이 항에서 같다)의 중개에 대한 보수와 제2항에 따른 실비의 한도 등에 관하여 필요한 사항은 국토교통부령으로 정하는 범위 안에서 특별시·광역시·도 또는 특별자치도(이하 "시·도"라 한다)의 조례로 정하고, 주택 외의 중개대상물의 중개에 대한 보수는 국토교통부령으로 정한다. 〈개정 2008. 2. 29., 2008. 6. 13., 2013. 3. 23., 2014. 1. 28., 2020. 6. 9.〉

### (1) 법률

주택(부속토지를 포함한다.)의 중개에 대한 보수의 한도 등에 관하여 필요한 사항은 국토교통부령으로 정하는 범위 안에서 특별시·광역시·도 또는 특별자치도의 조례로 정한다(법 제32조 제4항).

### (2) 국토교통부령

법 제32조 제4항에 따른 주택의 중개에 대한 보수는 중개의뢰인 쌍방으로부터 각각 받되, 그 일방으로부터 받을 수 있는 한도는 별표 1과 같다(시행규칙 제20조 제1항).

■ 공인중개사법 시행규칙 [별표 1] <신설 2021. 10. 19.>

## 주택 중개보수 상한요율(제20조 제1항 관련)

| 거래내용 | 거래금액 | 상한요율 | 한도액 |
|---|---|---|---|
| 1. 매매·교환 | 5천만원 미만 | 1천분의 6 | 25만원 |
| | 5천만원 이상 2억원 미만 | 1천분의 5 | 80만원 |
| | 2억원 이상 9억원 미만 | 1천분의 4 | |
| | 9억원 이상 12억원 미만 | 1천분의 5 | |
| | 12억원 이상 15억원 미만 | 1천분의 6 | |
| | 15억원 이상 | 1천분의 7 | |
| 2. 임대차 등 | 5천만원 미만 | 1천분의 5 | 20만원 |
| | 5천만원 이상 1억원 미만 | 1천분의 4 | 30만원 |
| | 1억원 이상 6억원 미만 | 1천분의 3 | |
| | 6억원 이상 12억원 미만 | 1천분의 4 | |
| | 12억원 이상 15억원 미만 | 1천분의 5 | |
| | 15억원 이상 | 1천분의 6 | |

### (3) 시·도조례

중개보수 금액은 법 제32조 제4항에 따라 시·도의 조례로 정하는 요율한도 이내에서 중개의뢰인과 개업공인중개사가 서로 협의하여 결정한다(시행규칙 제20조 제1항).

서울특별시 중개보수 조례

| 거래내용 | 거래금액 | 상한요율 | 한도액 |
|---|---|---|---|
| 1. 매매교환 | 5천만원 미만 | 1천분의 6 | 25만원 |
| | 5천만원 이상 2억원 미만 | 1천분의 5 | 80만원 |
| | 2억원 이상 9억원 미만 | 1천분의 4 | |
| | 9억원 이상 12억원 미만 | 1천분의 5 | |
| | 12억원 이상 15억원 미만 | 1천분의 6 | |
| | 15억원 이상 | 1천분의 7 | |
| 2. 임대차 등 | 5천만원 미만 | 1천분의 5 | 20만원 |
| | 5천만원 이상 1억원 미만 | 1천분의 4 | 30만원 |
| | 1억원 이상 6억원 미만 | 1천분의 3 | |
| | 6억원 이상 12억원 미만 | 1천분의 4 | |
| | 12억원 이상 15억원 미만 | 1천분의 5 | |
| | 15억원 이상 | 1천분의 6 | |

① **사무소 소재지 시·도조례**

주택에 대한 중개보수 계산할 때 중개대상물의 소재지와 중개사무소의 소재지가 다른 경우에는 개업공인중개사는 중개사무소의 소재지를 관할하는 시·도의 조례에서 정한 기준에 따라 중개보수를 받아야 한다(시행규칙 제20조 제3항).

② **조례의 잘못 해석한 경우**

개업공인중개사가 아파트 분양권의 매매를 중개하면서 중개보수 산정에 관한 지방자치단체의 조례를 잘못 해석하여 법에서 허용하는 금액을 초과한 중개보수를 수수한 경우에도 처벌된다(대판 2004도62 판결).

③ **한도 초과 약정**

법정한도를 초과한 중개보수에 대한 약정은 그 한도를 초과하는 범위 내에서 무효이다(대판 2005다 32159).

**판례보기**

**한도초과 약정**

관련 법령에 정한 한도를 초과한 중개보수 약정에 의한 경제적 이익이 귀속되는 것을 방지하여야 할 필요가 있으므로, 부동산 중개보수에 관한 위와 같은 규정들은 중개보수약정 중 소정의 한도를 초과하는 부분에 대한 사법상의 효력을 제한하는 이른바 강행법규에 해당하고, 따라서 구 부동산중개업법 등 관련 법령에서 정한 한도를 초과하는 부동산 중개보수 약정은 그 한도를 초과하는 범위 내에서 무효이다(대법원 2007. 12. 20. 선고 2005다32159 전원합의체 판결).

④ **주택의 부속토지**

주택의 부속토지는 일반적으로 주택과 함께 거래하므로 주택에 대한 중개보수를 적용한다(법 제32조 제4항).

## 2 주택외 중개대상물의 중개보수의 법정한도

### (1) 법률

주택 외의 중개대상물의 중개에 대한 보수는 국토교통부령으로 정한다(법 제32조 제4항). 여기서 주택외 중개대상물은 토지, 상가, 공장, 창고, 입목, 토지 등 주택을 제외한 나머지 부동산을 말한다.

### (2) 국토교통부령

법 제32조 제4항에 따라 주택 외의 중개대상물에 대한 중개보수는 다음 각 호의 구분에 따른다(시행규칙 제20조 제4항).

① **주거용 오피스텔의 중개보수의 법정한도**(아래의 가. 나. 요건을 갖춘 오피스텔)

㉠ 주거용 오피스텔

1. 「건축법 시행령」 별표 1 제14호나목2)에 따른 오피스텔(다음 각 목의 요건을 모두 갖춘 경우에 한정한다):
   가. 전용면적이 85제곱미터 이하일 것
   나. 상·하수도 시설이 갖추어진 전용입식 부엌, 전용수세식 화장실 및 목욕시설(전용수세식 화장실에 목욕시설을 갖춘 경우를 포함한다)을 갖출 것

㉡ 법정한도

중개의뢰인 쌍방으로부터 각각 받되, 별표 2의 요율 범위에서 중개보수를 결정한다.

■ 공인중개사법 시행규칙 [별표 2] <개정 2021. 10. 19.>

## 오피스텔 중개보수 요율(제20조 제4항 관련)

| 구 분 | 상 한 요 율 |
|---|---|
| 1. 매매·교환 | 1천분의 5 |
| 2. 임대차 등 | 1천분의 4 |

② 주거용 오피스텔 이외의 경우

전용면적 85제곱미터 이하의 주거용 오피스텔 외의 경우에 해당하는 것은 상가, 공장, 토지, 업무용 오피스텔, 입목 등이 있다. 이 경우에 중개보수는 중개의뢰인 쌍방으로부터 각각 받되, 거래금액의 1천분의 9 이내에서 중개의뢰인과 개업공인중개사가 서로 협의하여 결정한다. 예를 들어 상가매매를 알선한 경우에는 0.9%까지 중개보수를 받을수 있다. 상가 임대차계약을 알선한 경우에도 0.9%까지 중개보수를 받을 수 있다.

③ 개업공인중개사는 주택 외의 중개대상물에 대하여 제4항의 규정에 따른 중개보수 요율의 범위 안에서 실제 자기가 받고자 하는 중개보수의 상한요율을 제10조 제2호의 규정에 따른 중개보수·실비의 요율 및 한도액표에 명시하여야 하며, 이를 초과하여 중개보수를 받아서는 아니 된다(시행규칙 제20조 제7항).

### 3 복합건축물

중개대상물인 건축물이 주택 부분과 주택 외 부분이 혼합된 복합건축물의 경우에는 중개대상물인 건축물 중 주택의 면적이 2분의 1이상인 경우에는 주택의 법정한도의 규정을 적용하고, 주택의 면적이 2분의 1미만인 경우에는 주택외 중개대상물의 법정한도 규정을 적용한다(시행규칙 제20조 제6항).

# 제3절 중개보수 계산 제25회 제26회 제27회 제28회 제29회 제30회 제31회 제32회 제33회 제34회

## 1 계산 공식

거래금액 × 요율 = 산출액 VS 한도액(한도액의 범위 내에서 산출액)

## 2 거래별 거래가액

### (1) 매매

매매계약은 매매대금을 거래금액으로 하여 중개보수를 산정한다.

### (2) 분양권

아파트 분양권 매매를 중개한 경우에 거래가액이라함은 당사자가 거래당시 수수하게 되는 총 대금(즉 통상적으로 계약금, 기 납부한 중도금, 프리미엄을 합한 금액일 것이다)을 거래가액으로 보아야 할 것이다(대판 2005. 5. 27, 2004도 62). 이와 달리 장차 건물이 완성되었을 경우를 상정하여 총 분양대금과 프리미엄을 합산한 금액으로 거래가액을 산정하면 안 된다. 상가 분양권 매매를 알선한 경우의 중개보수는 주택외 부동산에 대한 중개보수의 법정한도가 적용된다.

### (3) 교환

교환계약의 경우에는 교환대상 중개대상물 중 거래금액이 큰 중개대상물의 가액을 거래금액으로 한다. 즉 10억원의 아파트와 8억원의 빌라를 교환하는 계약 체결을 알선한 경우에 빌라 소유자가 2억원의 현금을 추가로 아파트 소유자에게 지급하게 되는 데 그 2억원을 보충금이라고 한다. 이러한 보충금은 중개보수 산정하는 거래금액에 합산하지 않는다. 교환 대상 중개대상물건 중 거래금액 큰 10억원을 거래가액으로 보고 중개보수를 산정한다.

### (4) 전세

월세가 없는 전세계약은 전세보증금을 거래가액으로 한다.

### (5) 임대차

임대차 중 보증금 외에 차임이 있는 경우에는 월 단위의 차임액에 100을 곱한 금액을 보증금에 합산한 금액을 거래금액으로 한다. 다만, 본문의 규정에 따라 합산한 금액이 5천만원 미만인 경우에는 본문의 규정에 불구하고 월 단위의 차임액에 70을 곱한 금액과 보증금을 합산한 금액을 거래금액으로 한다. 주택이든 상가이든 위의 계산방법은 동일하다.

상가 임대차계약의 중개보수를 산정할 때 권리금은 거래가액에 합산하여 계산하지 않는다.

### (6) 매매계약과 동시에 임대차계약

동일한 중개대상물에 대하여 동일 당사자간에 매매를 포함한 둘 이상의 거래가 동일 기회에 이루어지는 경우에는 매매계약에 관한 거래금액만을 적용한다. 예를 들어 A로부터 B가 주택을 3억원에 매수하고 B가 A에게 동일 부동산을 2억원에 전세 놓은 경우에는 매매계약과 전세계약의 두건의 거래를 중개한 것이지만 동일한 중개대상물에 대하여 매매계약의 당사자와 전세계약의 당사자가 동일하고 동일한 기회에 매매계약과 전세계약이 체결된 경우에 매매계약 한 건에 대한 중개보수만 받도록 규정한 것이다.



중개보수의 계산시 주의사항

1. 조례표에서 '이상' '미만'을 혼동하지 말 것 !!!
2. 한도액이 있는가 확인하라 !!!(한도액의 함정)
3. 정답을 고르기 전에 일방인가? 총액인가?를 반드시 확인하라 !!!

## 제4절 실비 제28회 제29회 제33회

### 1 실비의 종류

#### (1) 제25조 제1항에 따른 권리관계 등 확인에 소요된 실비

개업공인중개사가 권리 관계 등을 조사 확인하면서 지출한 비용으로 등기부열람비용, 현장출장비 등이 이에 해당한다.

#### (2) 제31조에 따른 계약금등의 반환채무이행 보장에 소요되는 실비

개업공인중개사가 예치명의자로 활동하면서 지출한 예치비용, 보험료 등이 이에 해당한다.

### 2 실비의 성격

#### (1) 이중수수 가능

중개보수를 받은 경우에도 실비를 지출한 것이 있는 경우에는 실비를 별도로 받을 수 있다.

### (2) 거래계약 체결과 무관

실비는 개업공인중개사가 중개활동을 하면서 지출한 비용이 있을 때에는 혹시 거래계약이 체결되지 않았다고 해도 개업공인중개사는 중개의뢰인에게 청구할 수 있다.

## 3 법정한도

① 국토교통부령

법 제32조 제2항에 따른 실비의 한도 등에 관하여 필요한 사항은 국토교통부령으로 정하는 범위 안에서 특별시·광역시·도 또는 특별자치도의 조례로 정한다(법 제32조 제4항).

② 시도조례

중개대상물의 소재지와 중개사무소의 소재지가 다른 경우에는 개업공인중개사는 중개사무소의 소재지를 관할하는 시·도의 조례에서 정한 기준에 따라 중개보수 및 실비를 받아야 한다(시행령 제20조 제4항). 주의할 것은 중개대상물이 공장, 상가의 경우에도 실비의 법정한도는 시 도조례로 정한다.

## 4 실비 부담자

① 권리관계 등 확인에 소요된 실비

중개대상물의 권리관계 등의 확인에 드는 비용으로 하되, 개업공인중개사가 영수증 등을 첨부하여 매도·임대 그 밖의 권리를 이전하고자 하는 중개의뢰인에게 청구할 수 있다(시행령 제20조 제2항).

② 반환채무이행 보장에 소요된 실비

계약금 등의 반환채무이행 보장에 드는 비용으로 하되, 개업공인중개사가 영수증 등을 첨부하여 매수·임차 그 밖의 권리를 취득하고자 하는 중개의뢰인에게 청구할 수 있다(시행령 제20조의 제2항).

## 5 영수증 교부 의무 없음

개업공인중개사는 중개보수 및 실비를 받은 경우에는 중개의뢰인에게 별도로 영수증을 작성하여 교부할 의무가 없다. 개업공인중개사는 중개보수 및 실비를 받은 경우에는 확인설명서에 금액이나 지급시기를 기재하여 중개의뢰인에게 서명 및 날인하여 교부하여야 하므로 확인설명서가 영수증 역할을 하게 된다. 따라서 중개보수 및 실비를 받은 경우에 영수증을 별도로 작성 교부할 의무는 없다.

# 기출 및 예상문제



**01 乙이 개업공인중개사 甲에게 중개를 의뢰하여 거래계약이 체결된 경우 공인중개사법령상 중개보수에 관한 설명으로 틀린 것은?** (다툼이 있으면 판례에 따름) (제31회)

① 甲의 고의와 과실 없이 乙의 사정으로 거래계약이 해제된 경우라도 甲은 중개보수를 받을 수 있다.
② 주택의 중개보수는 국토교통부령으로 정하는 범위 안에서 시·도의 조례로 정하고, 주택 외의 중개대상물의 중개보수는 국토교통부령으로 정한다.
③ 甲이 중개보수 산정에 관한 지방자치단체의 조례를 잘못 해석하여 법정 한도를 초과한 중개보수를 받은 경우 공인중개사법 제33조의 금지행위에 해당하지 않는다.
④ 법정한도를 초과하는 甲과 乙의 중개보수 약정은 그 한도를 초과하는 범위 내에서 무효이다.
⑤ 중개보수의 지급시기는 甲과 乙의 약정이 없을 때에는 중개대상물의 거래대금 지급이 완료된 날이다.

**해설** ③ 甲이 중개보수 산정에 관한 지방자치단체의 조례를 잘못 해석하여 법정 한도를 초과한 중개보수를 받은 경우 공인중개사법 제33조의 금지행위에 해당한다.

정답 ③

**02 A시에 중개사무소를 둔 개업공인중개사 甲은 B시에 소재하는 乙 소유의 오피스텔**(건축법령상 업무시설로 전용면적 80제곱미터이고, 상·하수도 시설이 갖추어진 전용입식 부엌, 전용수세식 화장실 및 목욕시설을 갖춤)**에 대하여, 이를 매도하려는 乙과 매수하려는 丙의 의뢰를 받아 매매계약을 중개하였다. 이 경우 공인중개사법령상 甲이 받을 수 있는 중개보수 및 실비에 관한 설명으로 옳은 것을 모두 고른 것은?** (제33회)

> ㉠ 甲이 乙로부터 받을 수 있는 실비는 A시가 속한 시·도의 조례에서 정한 기준에 따른다.
> ㉡ 甲이 丙으로부터 받을 수 있는 중개보수의 상한요율은 거래금액의 1천분의 5이다.
> ㉢ 甲은 乙과 丙으로부터 각각 중개보수를 받을 수 있다.
> ㉣ 주택(부속토지 포함)의 중개에 대한 보수 및 실비 규정을 적용한다.

① ㉣　② ㉠, ㉢　③ ㉡, ㉣　④ ㉠, ㉡, ㉢　⑤ ㉠, ㉡, ㉢, ㉣

해설 ㉣ 오피스텔은 건축법령상 업무시설에 해당하므로 주택 외의 보수 및 실비 규정을 적용한다. 다만, 이 법상에 전용면적 85제곱미터 이하의 주거용 오피스텔의 경우의 경우 매매·교환 또는 임대차 등에 대한 상한요율이 별도로 규정하고 있다.

정답 ④

**03 공인중개사법령상 중개보수의 제한에 관한 설명으로 옳은 것을 모두 고른 것은?** (다툼이 있으면 판례에 따름) (제33회)

> ㉠ 공인중개사법령상 중개보수 제한 규정들은 공매대상 부동산 취득의 알선에 대해서는 적용되지 않는다.
> ㉡ 공인중개사법령에서 정한 한도를 초과하는 부동산 중개보수 약정은 한도를 초과하는 범위 내에서 무효이다.
> ㉢ 개업공인중개사는 중개대상물에 대한 거래계약이 완료되지 않을 경우에도 중개의뢰인과 중개행위에 상응하는 보수를 지급하기로 약정할 수 있고, 이 경우 공인중개사법령상 중개보수 제한 규정들이 적용된다.

① ㉠ ② ㉢ ③ ㉠, ㉡ ④ ㉡, ㉢ ⑤ ㉠, ㉡, ㉢

해설 ㉠ 부동산 중개보수 제한에 관한 공인중개사법 제32조 제4항과 같은 법 시행규칙 제20조 제1항, 제4항의 규정들은 공매 대상 부동산 취득의 알선에 대해서도 적용된다. 공매는 목적물의 강제환가라는 특징이 있기는 하나 본질적으로 매매의 성격을 지니고 있으므로 실질적인 내용과 효과에서 공매 대상 부동산의 취득을 알선하는 것은 목적물만 차이가 있을 뿐 공인중개사법 제2조 제1항에서 정하는 매매를 알선하는 것과 차이가 없다(대판 2021.7.29., 2017다243723).

정답 ④

**04 공인중개사법령상 중개보수 등에 관한 설명으로 옳은 것은?** (제33회)

① 개업공인중개사의 과실로 인하여 중개의뢰인 간의 거래행위가 취소된 경우에도 개업공인중개사는 중개업무에 관하여 중개의뢰인으로부터 소정의 보수를 받는다.
② 개업공인중개사는 권리를 이전하고자 하는 중개의뢰인으로부터 중개대상물의 권리관계 등의 확인에 소요되는 실비를 받을 수 없다.
③ 개업공인중개사는 권리를 취득하고자 하는 중개의뢰인으로부터 계약금 등의 반환채무이행 보장에 소요되는 실비를 받을 수 없다.
④ 개업공인중개사의 중개보수의 지급시기는 개업공인중개사와 중개의뢰인 간의 약정에 따르되, 약정이 없을 때에는 중개대상물의 거래대금 지급이 완료된 날로 한다.
⑤ 주택 외의 중개대상물의 중개에 대한 보수는 시·도의 조례로 정한다.

**해설**
① 개업공인중개사의 과실이 개입되었으므로 보수를 받을 수 없다.
② 권리관계 등의 확인에 소요되는 실비를 받을 수 있다.
③ 권리를 취득하고자 하는 중개의뢰인으로부터 계약금 등의 반환채무이행 보장에 소요되는 실비를 받을 수 있다.
⑤ 주택(부속토지를 포함한다. 이하 이 항에서는 같다)의 중개에 대한 보수와 실비의 한도 등에 관하여 필요한 사항은 국토교통부령으로 정하는 범위 안에서 특별시·광역시·도 또는 특별자치도의 조례로 정하고, 주택 외의 중개대상물의 중개에 대한 보수는 국토교통부령으로 정한다(법 제32조 제4항).

정답 ④

**05 甲은 개업공인중개사 丙에게 중개를 의뢰하여 乙 소유의 전용면적 70제곱미터 오피스텔을 보증금 2천만 원, 월차임 25만원에 임대차계약을 체결하였다. 이 경우 丙이 甲으로부터 받을 수 있는 중개보수의 최고한도액은?** (임차한 오피스텔은 건축법령상 업무시설로 상·하수도 시설이 갖추어진 전용입식 부엌, 전용수세식 화장실 및 목욕시설을 갖춤) (제26회)

① 150,000원 ② 180,000원 ③ 187,500원 ④ 225,000원 ⑤ 337,500원

**해설** 전용면적이 85제곱미터 이하이고 상·하수도 시설이 갖추어진 전용입식 부엌과 전용수세식 화장실 및 목욕시설을 갖춘 오피스텔은 임대차의 경우 4/1000 범위안에서 협의로 보수를 정한다. 거래가액은 보증금 2천만원 + (월차임 25만원 x 100) = 4500만원이다. 합산금액이 5천만원 미만이므로 다시 계산한다. 보증금 2천만원 + (월차임 25만원 x 70) = 3750만원이다. 이 금액이 중개보수 산정을 위한 기준금액이 된다. 최고요율인 0.4%를 적용하면 15만원까지 받을 수 있다.

정답 ①

**06** **A시에 중개사무소를 둔 개업공인중개사가 A시에 소재하는 주택(부속토지 포함)에 대하여 아래와 같이 매매와 임대차계약을 동시에 중개하였다. 공인중개사법령상 개업공인중개사가 甲으로부터 받을 수 있는중개보수의 최고한도액은?** (제34회)

**【계약에 관한 사항】**

1. 계약당사자: 甲(매도인, 임차인)과 乙(매수인, 임대인)
2. 매매계약
   1) 매매대금: 2억 5천만원
   2) 매매계약에 대하여 합의된 중개보수: 160만원
3. 임대차계약
   1) 임대보증금: 1천만원
   2) 월차임: 30만원
   3) 임대기간: 2년

**【A시 중개보수 조례 기준】**

1. 거래금액 2억원 이상 9억원 미만(매매·교환): 상한요율 0.4%
2. 거래금액 5천만원 미만(임대차 등): 상한요율 0.5% (한도액 20만원)

① 100만원 ② 115만 5천원 ③ 120만원
④ 160만원 ⑤ 175만 5천원

**해설** 동일한 중개대상물에 대하여 동일 당사자간에 매매를 포함한 둘 이상의 거래가 동일 기회에 이루어지는 경우에는 매매계약에 관한 거래금액만을 적용한다. (시행규칙 제20조 제5항) 따라서 매매계약인 2억 5천만원을 거래금액으로 한 매매 1건에 대한 중개보수만 받을 수 있다.
2억 5천만원 × 0.4% = 100만원 (일방)

정답 ①

# 08 CHAPTER 협회



**단원별 학습포인트**

- 공인중개사협회는 조문은 꽤 많은 데 1문제 출제된다. 이 장은 협회설립절차, 협회조직, 협회업무, 공제사업, 운영위원회가 중요한 공부내용이다. 운영위원회와 공인중개사정책심의위원회를 비교 정리한다.

## 제1절 설립 제24회 제25회 제27회 제30회 제32회 제34회 제35회

### 1 설립

#### (1) 설립목적

개업공인중개사인 공인중개사(부칙 제6조 제2항에 따라 이 법에 의한 중개사무소의 개설등록을 한 것으로 보는 자를 포함한다)는 그 자질향상 및 품위유지와 중개업에 관한 제도의 개선 및 운용에 관한 업무를 효율적으로 수행하기 위하여 공인중개사협회(이하 "협회"라 한다)를 설립할 수 있다(법 제41조 제1항).

#### (2) 협회성격

협회는 법인으로 한다. 협회는 비영리 사단법인에 해당하므로 협회에 관하여 이 법에 규정된 것 외에는 「민법」중 사단법인에 관한 규정을 적용한다(법 제43조).

### 2 설립절차

#### (1) 정관작성

법 제41조 제1항의 규정에 따른 공인중개사협회를 설립하고자 하는 때에는 회원 300인 이상이 발기인이 되어 작성하여 서명·날인한 정관을 만든다.

#### (2) 창립총회

발기인이 작성하여 서명·날인한 정관에 대하여 회원 600인 이상이 출석한 창립총회에서 출석한 회원 과반수의 동의를 얻는다. 창립총회에는 서울특별시에서는 100인 이상, 광역시·도 및 특별자치도에서는 각각 20인 이상의 회원이 참여하여야 한다.

### (3) 설립인가

협회는 정관을 작성하여 창립총회의 의결을 거친 후 국토교통부장관의 인가를 받아야 된다. 협회의 설립인가신청에 필요한 서류는 국토교통부령으로 정한다(법 제26조). 영 제30조 제1항의 규정에 따라 공인중개사협회의 설립인가를 신청할 때에 제출하여야 하는 서류는 「국토교통부장관 소관 비영리법인의 설립 및 감독에 관한 규칙」 제3조의 규정에 따른 서류로 한다. 이 경우 "설립허가신청서"는 이를 "설립인가신청서"로 본다.

### (4) 설립등기

협회를 설립하고자 하는 때에는 그 주된 사무소의 소재지에서 설립등기를 함으로써 성립한다(법 제41조 제3항).

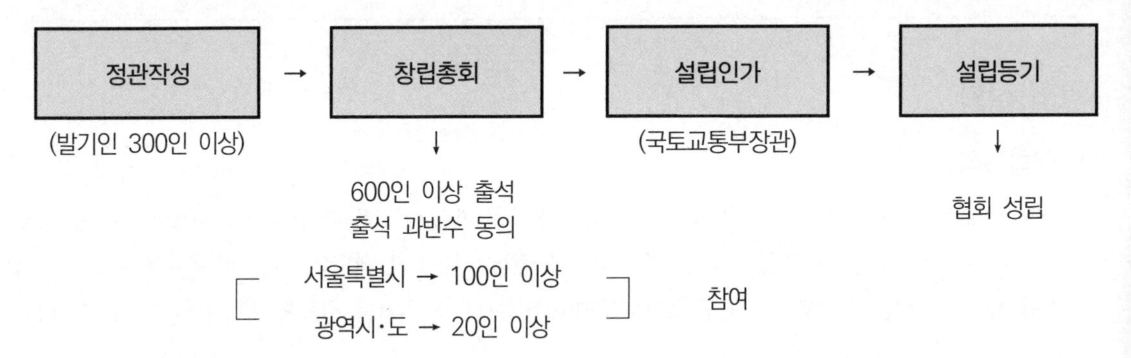


## 3 협회 조직

### (1) 협회 가입(임의가입주의)

협회의 가입과 탈퇴는 개업공인중개사의 자율에 따른다(임의가입). 개업공인중개사는 당연히 협회 회원이 되는 것도 아니고 가입해야 할 법적의무가 있는 것도 아니다.

### (2) 협회 조직

협회는 정관으로 정하는 바에 따라 시·도에 지부를, 시(구가 설치되지 아니한 시와 특별자치도의 행정시를 말한다)·군·구에 지회를 둘 수 있다. 협회의 조직 중 주된 사무소는 반드시 서울특별시에 두어야 하는 것은 아니다. 주된 사무소는 장소 제한이 없으므로 전국 어디에 설치하든 상관없다.

### (3) 설치신고

협회가 그 지부를 설치한 때에는 시·도지사에게 신고하여야 하고, 지회를 설치한 때에는 등록관청에 신고하여야 한다(시행령 제32조 제2항).

## 제2절 협회 업무 제23회 제25회 제27회 제29회 제30회 제32회 제33회



### 1 고유업무

협회는 법 제41조 제1항의 규정에 따른 목적을 달성하기 위하여 다음 각 호의 업무를 수행할 수 있다(시행령 제31조).

1. 회원의 품위유지를 위한 업무
2. 부동산중개제도의 연구·개선에 관한 업무
3. 회원의 자질향상을 위한 지도 및 교육·연수에 관한 업무
4. 회원의 윤리헌장 제정 및 그 실천에 관한 업무
5. 부동산 정보제공에 관한 업무
6. 법 제42조의 규정에 따른 공제사업. 이 경우 공제사업은 비영리사업으로서 회원간의 상호부조를 목적으로 한다.
7. 그 밖에 협회의 설립목적 달성을 위하여 필요한 업무

### 2 수탁업무

협회의 고유업무가 아니라 국토교통부장관, 시·도지사, 등록관청으로부터 업무위탁을 받아 수행하는 업무를 말한다. 대표적인 것이 실무교육, 연수교육, 직무교육 등이 이에 해당한다. 공인중개사 자격시험에 관한 업무도 법적으로는 공인중개사협회에 위탁할 수 있다.

# 제 3 절 공제사업 제34회 제35회

## 1 공제사업

### (1) 공제사업

협회는 제30조에 따른 개업공인중개사의 손해배상책임을 보장하기 위하여 공제사업을 할 수 있다(법 제42조 제1항).

### (2) 공제사업의 범위

법 제42조 제1항의 규정에 따라 협회가 할 수 있는 공제사업의 범위는 다음 각 호와 같다.
(시행령 제33조)

> 1. 법 제30조의 규정에 따른 손해배상책임을 보장하기 위한 공제기금의 조성 및 공제금의 지급에 관한 사업
> 2. 공제사업의 부대업무로서 공제규정으로 정하는 사업

### (3) 공제규정

① 국토교통부장광 승인

협회는 제1항에 따른 공제사업을 하고자 하는 때에는 공제규정을 제정하여 국토교통부장관의 승인을 얻어야 한다. 공제규정을 변경하고자 하는 때에도 또한 같다(법 제42조 제2항).

② 공제규정 필수 규정 사항

공제규정에는 대통령령으로 정하는 바에 따라 공제사업의 범위, 공제계약의 내용, 공제금, 공제료, 회계기준 및 책임준비금의 적립비율 등 공제사업의 운용에 관하여 필요한 사항을 정하여야 한다(법 제42조 제3항). 법 제42조 제3항의 규정에 따라 공제규정에는 다음 각 호의 사항을 정하여야 한다.

> 1. **공제계약의 내용** : 협회의 공제책임, 공제금, 공제료, 공제기간, 공제금의 청구와 지급절차, 구상 및 대위권, 공제계약의 실효 그 밖에 공제계약에 필요한 사항을 정한다. 이 경우 공제료는 공제사고 발생률, 보증보험료 등을 종합적으로 고려하여 결정한 금액으로 한다.
> 2. **회계기준** : 공제사업을 손해배상기금과 복지기금으로 구분하여 각 기금별 목적 및 회계원칙에 부합되는 세부기준을 정한다.
> 3. **책임준비금의 적립비율** : 공제사고 발생률 및 공제금 지급액 등을 종합적으로 고려하여 정하되, 공제료 수입액의 100분의 10이상으로 정한다.

## 2 공제사업에 대한 감독 및 규제

### (1) 별도 회계관리

협회는 공제사업을 다른 회계와 구분하여 별도의 회계로 관리하여야 한다(법 제42조 제4항).

### (2) 책임준비금 전용 승인

책임준비금을 다른 용도로 사용하고자 하는 경우에는 국토교통부장관의 승인을 얻어야 한다(법 제42조 제4항).

### (3) 운용실적 공시

① 협회는 대통령령으로 정하는 바에 따라 매년도의 공제사업 운용실적을 일간신문·협회보 등을 통하여 공제계약자에게 공시하여야 한다(법 제42조 제5항).

② 협회는 법 제42조 제5항에 따라 다음 각 호의 사항을 매 회계연도 종료 후 3개월 이내에 일간신문 또는 협회보에 공시하고 협회의 인터넷 홈페이지에 게시해야 한다(시행령 제35조).

> 1. 결산서인 요약 재무상태표, 손익계산서 및 감사보고서
> 2. 공제료 수입액, 공제금 지급액, 책임준비금 적립액
> 3. 그 밖에 공제사업의 운용과 관련된 참고사항

### (4) 운영위원회

① 업무

제42조 제1항에 따른 공제사업에 관한 사항을 심의하고 그 업무집행을 감독하기 위하여 협회에 운영위원회를 둔다(법 제42조의2). 법 제42조의2에 따른 운영위원회는 공제사업에 관하여 다음 각 호의 사항을 심의하며 그 업무집행을 감독한다(시행령 제35조의2 제1항).

> 1. 사업계획·운영 및 관리에 관한 기본 방침
> 2. 예산 및 결산에 관한 사항
> 3. 차입금에 관한 사항
> 4. 주요 예산집행에 관한 사항
> 5. 공제약관·공제규정의 변경과 공제와 관련된 내부규정의 제정·개정 및 폐지에 관한 사항
> 6. 공제금, 공제가입금, 공제료 및 그 요율에 관한 사항
> 7. 정관으로 정하는 사항
> 8. 그 밖에 위원장이 필요하다고 인정하여 회의에 부치는 사항

② 운영위원회 구성

㉠ 19명이내

운영위원회의 위원은 협회의 임원, 중개업·법률·회계·금융·보험·부동산 분야 전문가, 관계 공무원 및 그 밖에 중개업 관련 이해관계자로 구성하되, 그 수는 19명 이내로 한다(제42조 제2항). 운영위원회의 구성과 운영에 필요한 세부 사항은 대통령령으로 정한다(제42조 제3항).

㉡ 위원자격 있는 자

운영위원회는 성별을 고려하여 다음 각 호의 사람으로 구성한다. 이 경우 제2호 및 제3호에 해당하는 위원의 수는 전체 위원 수의 3분의 1 미만으로 한다(시행령 제35조의 2 제2항).

> 1. 국토교통부장관이 소속 공무원 중에서 지명하는 사람 1명
> 2. 협회의 회장
> 3. 협회 이사회가 협회의 임원 중에서 선임하는 사람
> 4. 다음 각 목의 어느 하나에 해당하는 사람으로서 협회의 회장이 추천하여 국토교통부장관의 승인을 받아 위촉하는 사람
>    가. 대학 또는 정부출연연구기관에서 부교수 또는 책임연구원 이상으로 재직하고 있거나 재직하였던 사람으로서 부동산 분야 또는 법률·회계·금융·보험 분야를 전공한 사람
>    나. 변호사·공인회계사 또는 공인중개사의 자격이 있는 사람
>    다. 금융감독원 또는 금융기관에서 임원 이상의 직에 있거나 있었던 사람
>    라. 공제조합 관련 업무에 관한 학식과 경험이 풍부한 사람으로서 해당 업무에 5년 이상 종사한 사람
>    마. 「소비자기본법」 제29조에 따라 등록한 소비자단체 및 같은 법 제33조에 따른 한국소비자원의 임원으로 재직 중인 사람

③ 운영위원회 운영(시행령 제35조의 2)

㉠ 운영위원회에는 위원장과 부위원장 각각 1명을 두되, 위원장 및 부위원장은 위원 중에서 각각 호선(互選)한다.

㉡ 제2항 제3호 및 제4호에 따른 위원의 임기는 2년으로 하되 1회에 한하여 연임할 수 있으며, 보궐위원의 임기는 전임자 임기의 남은 기간으로 한다.

㉢ 운영위원회의 위원장은 운영위원회의 회의를 소집하며 그 의장이 된다.

㉣ 운영위원회의 부위원장은 위원장을 보좌하며, 위원장이 부득이한 사유로 그 직무를 수행할 수 없을 때에는 그 직무를 대행한다.

㉤ 운영위원회의 회의는 재적위원 과반수의 출석으로 개의(開議)하고, 출석위원 과반수의 찬성으로 심의사항을 의결한다.

ⓑ 운영위원회의 사무를 처리하기 위하여 간사 및 서기를 두되, 간사 및 서기는 공제업무를 담당하는 협회의 직원 중에서 위원장이 임명한다. 간사는 회의 때마다 회의록을 작성하여 다음 회의에 보고하고 이를 보관하여야 한다.

ⓢ 시행령 제35조의2 제1항부터 제9항까지에 규정된 사항 외에 운영위원회의 운영에 필요한 사항은 운영위원회의 심의를 거쳐 위원장이 정한다.



### (5) 공제사업에 대한 조사 또는 검사

「금융위원회의 설치 등에 관한 법률」에 따른 금융감독원의 원장은 국토교통부장관의 요청이 있는 경우에는 공제사업에 관하여 조사 또는 검사를 할 수 있다(법 제42조의3).

주의할 것은 금융감독원의 원장이 자체적으로 판단하여 조사 또는 검사를 하는 것이 아니라 국토교통부장관의 요청이 있는 경우에 한하여 공제사업에 관하여 조사 또는 검사할 수 있다는 점이다.

### (6) 개선명령

국토교통부장관은 협회의 공제사업 운영이 적정하지 아니하거나 자산상황이 불량하여 중개사고 피해자 및 공제 가입자 등의 권익을 해칠 우려가 있다고 인정하면 다음 각 호의 조치를 명할 수 있다(법 제42조의4).

1. 업무집행방법의 변경
2. 자산예탁기관의 변경
3. 자산의 장부가격의 변경
4. 불건전한 자산에 대한 적립금의 보유
5. 가치가 없다고 인정되는 자산의 손실 처리
6. 그 밖에 이 법 및 공제규정을 준수하지 아니하여 공제사업의 건전성을 해할 우려가 있는 경우 이에 대한 개선명령

### (7) 임원에 대한 제재 등

국토교통부장관은 협회의 임원이 다음 각 호의 어느 하나에 해당하여 공제사업을 건전하게 운영하지 못할 우려가 있는 경우 그 임원에 대한 징계·해임을 요구하거나 해당 위반행위를 시정하도록 명할 수 있다(법 제42조의5).

1. 제42조 제2항에 따른 공제규정을 위반하여 업무를 처리한 경우
2. 제42조의4에 따른 개선명령을 이행하지 아니한 경우
3. 제42조의6에 따른 재무건전성 기준을 지키지 아니한 경우

### (8) 재무건전성 유지

① 재무건전성 기준 준수

협회는 공제금 지급능력과 경영의 건전성을 확보하기 위하여 다음 각 호의 사항에 관하여 대통령령으로 정하는 재무건전성 기준을 지켜야 한다(법 제42조의6).

> 1. 자본의 적정성에 관한 사항
> 2. 자산의 건전성에 관한 사항
> 3. 유동성의 확보에 관한 사항

② 재무건전성 기준 준수

법 제42조의6에 따라 협회는 다음 각 호의 재무건전성기준을 모두 준수하여야 한다(제35조의3 제1항).

> 1. 지급여력비율은 100분의 100이상을 유지할 것
> 2. 구상채권 등 보유자산의 건전성을 정기적으로 분류하고 대손충당금을 적립할 것

③ 지급여력비율과 지급여력금액

지급여력비율은 제1호에 따른 지급여력금액을 제2호에 따른 지급여력기준금액으로 나눈 비율로 하며, 지급여력금액과 지급여력기준금액은 다음 각 호와 같다(제35조의3 2항).

> 1. **지급여력금액**: 자본금, 대손충당금, 이익잉여금, 그 밖에 이에 준하는 것으로서 국토교통부장관이 정하는 금액을 합산한 금액에서 영업권, 선급비용 등 국토교통부장관이 정하는 금액을 뺀 금액
> 2. **지급여력기준금액**: 공제사업을 운영함에 따라 발생하게 되는 위험을 국토교통부장관이 정하는 방법에 따라 금액으로 환산한 것

# 제4절 지도 감독 등

## 1 협회 지부 지회에 대한 감독

### (1) 국토교통부장관

국토교통부장관은 협회와 그 지부 및 지회를 지도·감독하기 위하여 필요한 때에는 그 업무에 관한 사항을 보고하게 하거나 자료의 제출 그 밖에 필요한 명령을 할 수 있으며, 소속 공무원으로 하여금 그 사무소에 출입하여 장부·서류 등을 조사 또는 검사하게 할 수 있다(법 제44조).

### (2) 증표 제시

출입·검사 등을 하는 공무원은 국토교통부령으로 정하는 증표를 지니고 상대방에게 이를 내보여야 한다(법 제44조).

## 2 협회 보고의무

협회는 총회의 의결내용을 지체 없이 국토교통부장관에게 보고하여야 한다(시행령 제32조 제1항). 국토교통부장관의 지도 감독 권한을 효과적으로 수행하기 위해서 협회의 총회의결 내용을 국토교통부장관에세 보고하도록 하고 있다.

협회관련사항

| | 주요 내용 | 비 고 |
|---|---|---|
| 인가사항 | 협회 설립 | 국토교통부장관 |
| 승인사항 | 공제규정 제정·변경<br>책임준비금의 전용 | 국토교통부장관 |
| 보고사항 | 총회의 의결내용 | 국토교통부장관 |
| 신고사항 | 지부·지회 설치 | 시·도지사 또는 등록관청 |

위원회 비교

| 공인중개사 정책심의위원회 | 운영위원회 |
|---|---|
| 국토부에 ~ 둘 수 있다. | 협회에 ~ 둔다. |
| 위원장 포함 7 ~ 11 | 19명 이내 |
| 위원장 : 국토부 제1차관 **※ 부위원장×** | 위원장 부위원장 : 호선 |
| 4가지 심의사항 | 공제사업에 관한 심의 감독 |
| 2년 임기 | 2년 임기 단, 1회에 한하여 연임 가능 |
| 재적과반수 출석 - 개의<br>출석과반수 찬성 - 의결 | 재적과반수 출석 - 개의<br>출석과반수 찬성 - 의결 |

## 08 CHAPTER 기출 및 예상문제

**01 공인중개사법 시행령 제30조**(협회의 설립)**의 내용이다. (    )에 들어갈 숫자를 올바르게 나열한 것은?** (제30회)

> • 공인중개사협회를 설립하고자 하는 때에는 발기인이 작성하여 서명·날인한 정관에 대하여 회원 ( ㉠ )인 이상이 출석한 창립총회에서 출석한 회원 과반수의 동의를 얻어 국토교통부장관의 설립인가를 받아야 한다.
> • 창립총회에는 서울특별시에서는 ( ㉡ )인 이상, 광역시·도 및 특별자치도에서는 각각 ( ㉢ )인 이상의 회원이 참여하여야 한다.

① ㉠: 300, ㉡: 50, ㉢: 20
② ㉠: 300, ㉡: 100, ㉢: 50
③ ㉠: 600, ㉡: 50, ㉢: 20
④ ㉠: 600, ㉡: 100, ㉢: 20
⑤ ㉠: 800, ㉡: 50, ㉢: 50

**해설** 창립총회에는 600인이상 출석하여야 하고 서울특별시에서는 100인 이상, 광역시·도 및 특별자치도에서는 각각 20인 이상의 회원이 참여하여야 한다.

정답 ④

**02 공인중개사법령상 공인중개사협회**(이하 '협회'라 함) **및 공제사업에 관한 설명으로 옳은 것은?** (제34회)

① 협회는 총회의 의결내용을 10일 이내에 시·도지사에게 보고하여야 한다.
② 협회는 매 회계연도 종료 후 3개월 이내에 공제사업 운용실적을 일간신문에 공시하거나 협회의 인터넷 홈페이지에 게시해야 한다.
③ 협회의 창립총회를 개최할 경우 특별자치도에서는 10인 이상의 회원이 참여하여야 한다.
④ 공제규정에는 책임준비금의 적립비율을 공제료 수입액의 100분의 5 이상으로 정한다.
⑤ 협회는 공제사업을 다른 회계와 구분하여 별도의 회계로 관리하여야 한다.

**해설**
① 협회는 총회의 의결내용을 지체없이 국토교통부장관에게 보고하여야 한다.
② 협회는 매 회계연도 종료 후 3개월 이내에 공제사업 운용실적을 일간신문 또는 협회보에 공시하고 협회의 인터넷 홈페이지에 게시해야 한다.

③ 창립총회에는 서울특별시에서는 100인 이상, 광역시·도 및 특별자치도에서는 각각 20인 이상의 회원이 참여하여야 한다.
④ 공제규정에는 책임준비금의 적립비율을 공제료 수입액의 100분의 10 이상으로 정한다.

정답 ⑤



## 03 공인중개사법령상 공인중개사협회(이하 '협회'라 함)의 공제사업에 관한 설명으로 틀린 것은? (제33회)

① 협회는 공제사업을 다른 회계와 구분하여 별도의 회계로 관리해야 한다.
② 공제규정에서 정하는 책임준비금의 적립비율은 공제료 수입액의 100분의 20 이상으로 한다.
③ 국토교통부장관은 협회의 자산상황이 불량하여 공제 가입자의 권익을 해칠 우려가 있다고 인정하면 자산예탁기관의 변경을 명할 수 있다.
④ 국토교통부장관은 협회의 자산상황이 불량하여 중개사고 피해자의 권익을 해칠 우려가 있다고 인정하면 불건전한 자산에 대한 적립금의 보유를 명할 수 있다.
⑤ 협회는 대통령령으로 정하는 바에 따라 매년도의 공제사업 운용실적을 일간신문·협회보 등을 통하여 공제계약자에게 공시해야 한다.

해설 ② 책임준비금의 적립비율은 공제사고 발생률 및 공제금 지급액 등을 종합적으로 고려하여 정하되, 공제료 수입액의 100분의 10 이상으로 정한다(영 제34조 제3호).

정답 ②

## 04 공인중개사법령상 공인중개개사협회의 업무에 해당하는 것을 모두 고른 것은? (제35회)

ㄱ. 회원의 윤리헌장 제정 및 그 실천에 관한 업무
ㄴ. 부동산 정보제공에 관한 업무
ㄷ. 인터넷을 이용한 중개대상물에 대한 표시·광고 모니터링 업무
ㄹ. 회원의 품위유지를 위한 업무

① ㄱ, ㄹ
② ㄴ, ㄷ
③ ㄱ, ㄴ, ㄷ
④ ㄱ, ㄴ, ㄹ
⑤ ㄱ, ㄴ, ㄷ, ㄹ

해설 인터넷을 이용한 중개대상물에 대한 표시·광고 모니터링 업무는 협회의 업무에 해당하지 않는다.

정답 ④

# 09 CHAPTER 보칙

**단원별 학습포인트**

- 이 장은 출제비중은 1문제정도이다. 포상금제도가 가장 출제 비중이 높다. 수수료는 간혹 출제되는 정도이다. 부동산거래질서교란행위 신고센터는 새로 생긴 제도이지만 비중은 낮다.

## 제1절 업무위탁

국토교통부장관, 시·도지사 또는 등록관청은 대통령령으로 정하는 바에 따라 그 업무의 일부를 협회 또는 대통령령으로 정하는 기관에 위탁할 수 있다(법 제45조).

### 1 실무교육, 직무교육 및 연수교육에 관한 업무 위탁

① 시·도지사는 법 제45조에 따라 법 제34조 제1항부터 제4항까지의 규정에 따른 실무교육, 직무교육 및 연수교육에 관한 업무를 위탁하는 때에는 다음 각 호의 기관 또는 단체 중 국토교통부령으로 정하는 인력 및 시설을 갖춘 기관 또는 단체를 지정하여 위탁하여야 한다(시행령 제36조 제1항).

> 1. 부동산 관련 학과가 개설된 「고등교육법」 제2조에 따른 학교
> 2. 협회
> 3. 「공공기관의 운영에 관한 법률」 제5조 제4항에 따른 공기업 또는 준정부기관

### 2 시험 시행 업무 위탁

시험시행기관장은 법 제45조에 따라 법 제4조에 따른 시험의 시행에 관한 업무를 「공공기관의 운영에 관한 법률」 제5조 제4항에 따른 공기업, 준정부기관 또는 협회에 위탁할 수 있다(시행령 제36조 제2항).

### 3 관보 고시

시·도지사 또는 시험시행기관장은 업무를 위탁한 때에는 위탁받은 기관의 명칭·대표자 및 소재지와 위탁업무의 내용 등을 관보에 고시하여야 한다(시행령 제36조 제3항).

## 제2절 포상금 제25회 제26회 제27회 제30회 제32회 제33회

### 1 포상금 지급 사유자

등록관청은 다음의 어느 하나에 해당하는 자를 등록관청, 수사기관이나 제47조의2에 따른 부동산거래 질서교란행위 신고센터에 신고 또는 고발한 자에 대하여 대통령령으로 정하는 바에 따라 포상금을 지급할 수 있다(법 제46조 제1항).

1. 제9조에 따른 중개사무소의 개설등록을 하지 아니하고 중개업을 한 자
2. 거짓이나 그 밖의 부정한 방법으로 중개사무소의 개설등록을 한 자
3. 중개사무소등록증 또는 공인중개사자격증을 다른 사람에게 양도·대여하거나 다른 사람으로부터 양수·대여받은 자
4. 제18조의2 제3항을 위반하여 표시·광고를 한 자(개업공인중개사 아닌 자가 표시·광고한 자)
5. 제33조 제1항 제8호 또는 제9호에 따른 행위를 한 자(시세조작, 단체담합)
6. 제33조 제2항을 위반하여 개업공인중개사등의 업무를 방해한 자

### 2 포상금 지급조건

#### (1) 행정기관에 의하여 발각되기 전 신고 또는 고발

포상금은 법 제46조 제1항 각 호의 어느 하나에 해당하는 자가 행정기관에 의하여 발각되기 전에 등록관청이나 수사기관에 신고 또는 고발한 자에게 포상금을 지급한다(시행령 제36조의2 제2항).

#### (2) 공소제기 또는 기소유예

포상금은 법 제46조 제1항 각 호의 어느 하나에 해당하는 자를 등록관청이나 수사기관에 신고 또는 고발한 자에게 그 신고 또는 고발사건에 대하여 검사가 공소제기 또는 기소유예의 결정을 한 경우에 한하여 지급한다(시행령 제36조의2 제2항). 신고 또는 고발사건에 대하여 기소유예 결정이 있을 때에도 포상금 지급한다. 신고 또는 고발 사건에 대하여 공소제기되어 무죄판결을 받은 경우에도 공소제가 된 것이 사실이기 때문에 등록관청은 포상금을 지급한다. 그러나 신고 또는 고발 사건에 대하여 검사가 수사결과를 무혐의처분한 경우에는 포상금을 지급하지 않는다.

## 3 포상금 지급

### (1) 1건당 50만원

법 제46조 제1항의 규정에 따른 포상금은 1건당 50만원으로 한다(시행령 제36조의2 제1항). 포상금의 지급에 소요되는 비용은 대통령령으로 정하는 바에 따라 그 일부를 국고에서 보조할 수 있다.(법 제46조 제2항) 법 제46조 제2항의 규정에 따라 포상금의 지급에 소요되는 비용 중 국고에서 보조할 수 있는 비율은 100분의 50이내로 한다(시행령 제36조의2 제3항).

### (2) 등록관청의 포상금 지급

영 제36조의2에 따른 포상금을 지급받으려는 자는 별지 제28호서식의 포상금지급신청서를 등록관청에 제출해야 한다(시행규칙 제28조 제1항). 포상금지급신청서를 제출받은 등록관청은 그 사건에 관한 수사기관의 처분내용을 조회한 후 포상금의 지급을 결정하고, 그 결정일부터 1월 이내에 포상금을 지급하여야 한다(시행규칙 제28조 제2항).

### (3) 여러 명이 신고 또는 고발

① 공동신고

등록관청은 하나의 사건에 대하여 2인 이상이 공동으로 신고 또는 고발한 경우에는 영 제36조의2제1항에 따른 포상금을 균등하게 배분하여 지급한다. 다만, 포상금을 지급받을 자가 배분방법에 관하여 미리 합의하여 포상금의 지급을 신청한 경우에는 그 합의된 방법에 따라 지급한다(시행규칙 제28조 제1항).

② 각각 신고

등록관청은 하나의 사건에 대하여 2건 이상의 신고 또는 고발이 접수된 경우에는 최초로 신고 또는 고발한 자에게 포상금을 지급한다(시행규칙 제28조 제1항).

## 제3절 행정수수료 제25회 제27회 제30회



### 1 수수료 납부 사유

다음 각 호의 어느 하나에 해당하는 자는 해당 지방자치단체의 조례로 정하는 바에 따라 수수료를 납부하여야 한다(법 제47조 제1항).

1. 제4조에 따른 공인중개사자격시험에 응시하는 자
2. 제5조 제3항에 따라 공인중개사자격증의 재교부를 신청하는 자
3. 제9조 제1항에 따라 중개사무소의 개설등록을 신청하는 자
4. 제11조 제2항에 따라 중개사무소등록증의 재교부를 신청하는 자
5. 제13조 제3항에 따라 분사무소설치의 신고를 하는 자
6. 제13조 제5항에 따라 분사무소설치신고확인서의 재교부를 신청하는 자

※ 수수료 납부 사유 아닌 것 : 자격증 교부, 지정신청시, 휴업신고

### 2 시험응시 수수료

**(1) 지방자치단체의 조례가 정한 수수료**

제4조에 따른 공인중개사자격시험에 응시하는 자는 해당 지방자치단체의 조례로 정하는 바에 따라 수수료를 납부하여야 한다.

**(2) 국토교통부장관이 결정 공고하는 수수료**

다만, 공인중개사자격시험을 제4조 제2항의 규정에 따라 국토교통부장관이 시행하는 경우 제1호에 해당하는 자는 국토교통부장관이 결정·공고하는 수수료를 납부하여야 한다.

**(3) 위탁 받은 자가 결정 공고하는 수수료**

제4조에 따른 공인중개사자격시험 업무를 제45조의 규정에 따라 위탁한 경우에는 해당 업무를 위탁받은 자가 위탁한 자의 승인을 얻어 결정·공고하는 수수료를 각각 납부하여야 한다(법 제47조 제2항).

# 제4절 부동산거래질서 교란행위 제35회

## 1 부동산거래질서교란행위

1. 제7조부터 제9조까지, 제18조의4 또는 제33조 제2항을 위반하는 행위
2. 제48조 제2호에 해당하는 행위
3. 개업공인중개사가 제12조 제1항, 제13조 제1항·제2항, 제14조 제1항, 제15조 제3항, 제17조, 제18조, 제19조, 제25조 제1항, 제25조의3 또는 제26조 제3항을 위반하는 행위
4. 개업공인중개사등이 제12조 제2항, 제29조 제2항 또는 제33조 제1항을 위반하는 행위
5. 「부동산 거래신고 등에 관한 법률」 제3조, 제3조의2 또는 제4조를 위반하는 행위

## 2 부동산거래질서교란행위 신고센터의 설치·운영

### (1) 국토교통부장관

국토교통부장관은 부동산 시장의 건전한 거래질서를 조성하기 위하여 부동산거래질서교란행위 신고센터를 설치·운영할 수 있다(법 제47조의2 제1항). 누구든지 부동산중개업 및 부동산 시장의 건전한 거래질서를 해치는 "부동산거래질서교란행위"를 발견하는 경우 그 사실을 신고센터에 신고할 수 있다(법 제47조의2 제2항).

### (2) 신고센터 업무

신고센터는 다음 각 호의 업무를 수행한다(법 제47조의2 제3항).

1. 부동산거래질서교란행위 신고의 접수 및 상담
2. 신고사항에 대한 확인 또는 시·도지사 및 등록관청 등에 신고사항에 대한 조사 및 조치 요구
3. 신고인에 대한 신고사항 처리 결과 통보

### (3) 신고센터 업무 위탁

① 한국부동산원

국토교통부장관은 제2항에 따른 신고센터의 업무를 대통령령으로 정하는 기관에 위탁할 수 있다(법 제47조의2 제4항). 국토교통부장관은 법 제47조의2 제3항에 따라 같은 조 제2항에 따른 신고센터의 업무를 「한국부동산원법」에 따른 한국부동산원에 위탁한다(시행령 제37조 제7항).

② 운영규정 승인

한국부동산원은 신고센터의 업무 처리 방법, 절차 등에 관한 운영규정을 정하여 국토교통부장관의 승인을 받아야 한다. 이를 변경하려는 경우에도 또한 같다(시행령 제37조 제8항).

### (4) 신고

① 신고서 제출

법 제47조의2 제1항에 따른 부동산거래질서교란행위 신고센터에 같은 항에 따른 부동산거래질서교란행위를 신고하려는 자는 다음 각 호의 사항을 서면(전자문서를 포함한다)으로 제출해야 한다(시행령 제37조 제1항).

> 1. 신고인 및 피신고인의 인적사항
> 2. 부동산거래질서교란행위의 발생일시·장소 및 그 내용
> 3. 신고 내용을 증명할 수 있는 증거자료 또는 참고인의 인적사항
> 4. 그 밖에 신고 처리에 필요한 사항

② 보완요청

신고센터는 신고받은 사항에 대해 보완이 필요한 경우 기간을 정하여 신고인에게 보완을 요청할 수 있다(시행령 제37조 제2항).

### (5) 조사 및 조치 요구

① 신고센터는 제출받은 신고사항에 대해 시·도지사 및 등록관청 등에 조사 및 조치를 요구해야 한다(시행령 제37조 제2항).

② 조사 및 조치 요구를 받은 시·도지사 및 등록관청 등은 신속하게 조사 및 조치를 완료하고, 완료한 날부터 10일 이내에 그 결과를 신고센터에 통보해야 한다(시행령 제37조 제4항).

③ 신고센터는 제4항에 따라 시·도지사 및 등록관청 등으로부터 처리 결과를 통보받은 경우 신고인에게 신고사항 처리 결과를 통보해야 한다(시행령 제37조 제5항).

④ 신고센터는 매월 10일까지 직전 달의 신고사항 접수 및 처리 결과 등을 국토교통부장관에게 제출해야 한다(시행령 제37조 제6항).

### (6) 종결처리

다만, 다음 각 호의 어느 하나에 해당하는 경우에는 국토교통부장관의 승인을 받아 접수된 신고사항의 처리를 종결할 수 있다(시행령 제37조 제2항).

> 1. 신고내용이 명백히 거짓인 경우
> 2. 신고인이 제2항에 따른 보완을 하지 않은 경우
> 3. 제5항에 따라 신고사항의 처리결과를 통보받은 사항에 대하여 정당한 사유 없이 다시 신고한 경우로서 새로운 사실이나 증거자료가 없는 경우
> 4. 신고내용이 이미 수사기관에서 수사 중이거나 재판이 계속 중이거나 법원의 판결에 의해 확정된 경우

## 제 5 절 고유식별정보의 처리

국토교통부장관, 시·도지사 또는 등록관청(법 제45조 및 제47조의2제3항에 따라 국토교통부장관, 시·도지사 또는 등록관청의 업무를 위탁받은 자를 포함한다)은 다음 각 호의 사무를 수행하기 위하여 불가피한 경우 「개인정보 보호법 시행령」 제19조 제1호 또는 제4호에 따른 주민등록번호 또는 외국인등록번호가 포함된 자료를 처리할 수 있다(법 제37조의2).

1. 법 제4조 및 이 영 제8조에 따른 공인중개사 응시원서 접수에 관한 사무
2. 법 제5조에 따른 자격증의 교부에 관한 사무
3. 법 제9조에 따른 중개사무소의 개설등록에 관한 사무
4. 법 제10조에 따른 등록의 결격사유에 관한 사무
5. 법 제11조에 따른 등록증의 교부에 관한 사무
6. 법 제13조에 따른 분사무소의 설치신고에 관한 사무
7. 법 제15조에 따른 개업공인중개사의 고용인의 신고에 관한 사무
8. 법 제16조에 따른 인장의 등록에 관한 사무
9. 법 제24조에 따른 부동산거래정보망의 설치·운영자 지정 및 부동산거래정보망의 이용 등에 관한 운영규정의 승인에 관한 사무
10. 삭제 〈2014. 7. 28.〉
11. 다음 각 호의 사항과 관련된 법 제37조에 따른 감독상의 명령 등에 관한 사무
    가. 법 제22조에 따른 일반중개계약
    나. 법 제23조에 따른 전속중개계약
    다. 법 제25조에 따른 중개대상물 확인·설명
    라. 법 제26조에 따른 거래계약서의 작성
    마. 법 제30조에 따른 손해배상책임의 보장
12. 법 제46조에 따른 포상금에 관한 사무
13. 법 제47조의2에 따른 부동산거래질서교란행위 신고센터의 업무에 관한 사무

# 기출 및 예상문제



**01 공인중개사법령상 포상금을 지급받을 수 있는 신고 또는 고발의 대상을 모두 고른 것은?** (제33회)

> ㉠ 중개대상물의 매매를 업으로 하는 행위를 한 자
> ㉡ 공인중개사자격증을 다른 사람으로부터 대여 받은 자
> ㉢ 해당 중개대상물의 거래상의 중요사항에 관하여 거짓된 언행으로 중개의뢰인의 판단을 그르치게 하는 행위를 한 자

① ㉠　　② ㉡　　③ ㉠, ㉢　　④ ㉡, ㉢　　⑤ ㉠, ㉡, ㉢

해설 ㉠과 ㉢은 포상금 지급 사유가 아니다.

**포상금 지급 사유**

등록관청은 다음 각 호의 어느 하나에 해당하는 자를 등록관청, 수사기관이나 부동산거래질서교란행위 신고센터에 신고 또는 고발한 자에 대하여 대통령령으로 정하는 바에 따라 포상금을 지급할 수 있다(법 제46조 제1항).

> 1. 제9조에 따른 중개사무소의 개설등록을 하지 아니하고 중개업을 한 자
> 2. 거짓이나 그 밖의 부정한 방법으로 중개사무소의 개설등록을 한 자
> 3. 중개사무소등록증 또는 공인중개사자격증을 다른 사람에게 양도·대여하거나 다른 사람으로부터 양수·대여받은 자
> 4. 제18조의2 제3항을 위반하여 표시·광고를 한 자
> 5. 제33조 제1항 제8호 또는 제9호에 따른 행위를 한 자
> 6. 제33조 제2항을 위반하여 개업공인중개사등의 업무를 방해한 자

정답 ②

**02 공인중개사법령상 甲과 乙이 받을 수 있는 포상금의 최대 금액은?** (제25회)

- 甲은 개설등록을 하지 아니하고 중개업을 한 A를 고발하여 A는 기소유예의 처분을 받았다.
- 거짓의 부정한 방법으로 중개사무소 개설등록을 한 B에 대해 甲이 먼저 신고하고, 뒤이어 乙이 신고하였는데, 검사가 B를 공소제기 하였다.
- 甲과 乙은 포상금 배분에 관한 합의 없이 공동으로 공인중개사자격증을 다른 사람에게 대여한 C를 신고하였는데, 검사가 공소제기 하였지만, C는 무죄판결을 받았다.
- 乙은 중개사무소등록증을 대여 받은 D와 E를 신고하였는데, 검사는 D를 무혐의처분, E를 공소제기 하였으나 무죄판결을 받았다.
- A, B, C, D, E는 甲 또는 乙의 위 신고·고발 전에 행정기관에 의해 발각되지 않았다.

① 甲: 75만원, 乙: 25만원
② 甲: 75만원, 乙: 50만원
③ 甲: 100만원, 乙: 50만원
④ 甲: 125만원, 乙: 75만원
⑤ 甲: 125만원, 乙: 100만원

**해설**
- 甲은 50만원을 받을 수 있다.
- 최초 신고자인 甲만 50만원을 받을 수 있다.
- 甲과 乙은 50만원을 균분하여 받으므로 甲과 乙은 각각 25만원을 받을 수 있다.
- D는 무혐의처분을 받았으므로 乙은 D에 대한 신고에 관하여는 포상금을 받을 수 없고, 乙은 E를 신고한 것에 관하여만 50만원을 받을 수 있다.

정답 ④

**03 공인중개사법령상 조례가 정하는 바에 따라 수수료를 납부해야 하는 경우를 모두 고른 것은?** (제30회)

㉠ 분사무소설치신고확인서의 재교부 신청
㉡ 국토교통부장관이 시행하는 공인중개사 자격시험 응시
㉢ 중개사무소의 개설등록 신청
㉣ 분사무소설치의 신고

① ㉠, ㉡
② ㉠, ㉡, ㉣
③ ㉠, ㉢, ㉣
④ ㉡, ㉢, ㉣
⑤ ㉠, ㉡, ㉢, ㉣

**해설** 공인중개사자격시험을 국토교통부장관이 시행하는 경우에는 국토교통부장관이 결정공고하는 수수료를 납부하여야 한다.

정답 ③

# 10 CHAPTER 행정처분

단원별 학습포인트

- 이 장은 3문제 정도 출제되는 데 암기사항이 많다. 자격취소 및 자격정지사유, 등록취소사유는 반드시 암기하여야 한다. 재등록 개업공인중개사에 대한 행정제재처분효과의 승계제도는 이해하는 것이 어렵다.

## 제1절 지도 감독 등

### 1 감독관청

#### (1) 국토교통부장관, 시·도지사 및 등록관청

국토교통부장관, 시·도지사 및 등록관청은 개업공인중개사 또는 거래정보사업자에 대하여 그 업무에 관한 사항을 보고하게 하거나 자료의 제출 그 밖에 필요한 명령을 할 수 있다. 서울특별시 강남구에 중개사무소 설치한 개업공인중개사에 대한 감독관청은 국토교통부장관, 서울특별시장, 강남구청장이다.

#### (2) 분사무소 소재지의 시장 군수 구청장

법인인 개업공인중개사의 분사무소에 대한 감독관청은 분사무소 소재지의 시장·군수 또는 구청장을 포함한다. 서울특별시 강남구에 주된 중개사무소가 있고 서초구에 설치한 분사무소의 감독관청은 국토교통부장관, 서울특별시장, 강남구청장, 서초구청장이다.

#### (3) 협회 및 관계기관에 대한 협조 요청

국토교통부장관, 시·도지사 및 등록관청은 불법 중개행위 등에 대한 단속을 하는 경우 필요한 때에는 제41조에 따른 공인중개사협회 및 관계 기관에 협조를 요청할 수 있다. 이 경우 공인중개사협회는 특별한 사정이 없으면 이에 따라야 한다(법 제37조 제3항).

## 2 감독대상자

### (1) 개업공인중개사 또는 거래정보사업자

국토교통부장관, 시·도지사 및 등록관청은 개업공인중개사 또는 거래정보사업자에 대하여 그 업무에 관한 사항을 보고하게 하거나 자료의 제출 그 밖에 필요한 명령을 할 수 있다.

### (2) 무등록중개업자

제9조에 따른 중개사무소의 개설등록을 하지 아니하고 중개업을 하는 자의 사무소도 감독대상에 포함한다.

## 3 감독사유

국토교통부장관, 시·도지사 및 등록관청은 다음 각 호의 어느 하나의 경우에는 개업공인중개사 또는 거래정보사업자에 대하여 감독상 명령 등을 할 수 있다.

1. 삭제 〈2009. 4. 1.〉
2. 삭제 〈2009. 4. 1.〉
3. 부동산투기 등 거래동향의 파악을 위하여 필요한 경우
4. 이 법 위반행위의 확인, 공인중개사의 자격취소·정지 및 개업공인중개사에 대한 등록취소·업무정지 등 행정처분을 위하여 필요한 경우

## 4 감독방법

### (1) 명령

국토교통부장관, 시·도지사 및 등록관청은 개업공인중개사 또는 거래정보사업자에 대하여 그 업무에 관한 사항을 보고하게 하거나 자료의 제출 그 밖에 필요한 명령을 할 수 있다.

### (2) 조사 또는 검사

국토교통부장관, 시·도지사 및 등록관청은 개업공인중개사 또는 거래정보사업자에 대하여 소속 공무원으로 하여금 중개사무소에 출입하여 장부·서류 등을 조사 또는 검사하게 할 수 있다. 제1항에 따라 출입·검사 등을 하는 공무원은 국토교통부령으로 정하는 증표를 지니고 상대방에게 이를 내보여야 한다(제37조 제2항).

## 5 제재

### (1) 개업공인중개사

제37조 제1항에 따른 보고, 자료의 제출, 조사 또는 검사를 거부·방해 또는 기피하거나 그 밖의 명령을 이행하지 아니하거나 거짓으로 보고 또는 자료제출을 한 경우(법 제39조 제1항 제10호)

### (2) 거래정보사업자

제37조 제1항에 따른 보고, 자료의 제출, 조사 또는 검사를 거부·방해 또는 기피하거나 그 밖의 명령을 이행하지 아니하거나 거짓으로 보고 또는 자료제출을 한 거래정보사업자는 500만원 이하의 과태료 사유에 해당한다(법 제51조 제2항 6호).

# 제2절 자격취소 및 자격정지 제25회 제26회 제27회 제28회 제29회 제30회 제31회 제32회 제33회 제34회

## 1 자격취소

### (1) 자격취소 사유

시·도지사는 공인중개사가 다음 각 호의 어느 하나에 해당하는 경우에는 그 자격을 취소하여야 한다(법 제35조).

1. 부정한 방법으로 공인중개사의 자격을 취득한 경우
2. 제7조 제1항의 규정을 위반하여 다른 사람에게 자기의 성명을 사용하여 중개업무를 하게 하거나 공인중개사자격증을 양도 또는 대여한 경우
3. 제36조에 따른 자격정지처분을 받고 그 자격정지기간 중에 중개업무를 행한 경우(다른 개업공인중개사의 소속공인중개사·중개보조원 또는 법인인 개업공인중개사의 사원·임원이 되는 경우를 포함한다)
4. 이 법 또는 공인중개사의 직무와 관련하여 「형법」 제114조, 제231조, 제234조, 제347조, 제355조 또는 제356조를 위반하여 금고 이상의 형(집행유예를 포함한다)을 선고받은 경우

### (2) 자격취소 권한

#### ① 자격증을 교부한 시·도지사

법 제35조의 규정에 따른 공인중개사의 자격취소처분 은 그 공인중개사자격증을 교부한 시·도지사가 행한다(시행령 제29조 제1항). 국토교통부장관이나 등록관청은 자격취소 권한이 없다. 또한 서울특별시에서 자격증를 취득한 자가 경기도 구리시에 중개사무소의 개설등록한 경우에 자격취소 사유에 해당하게 되었을 때 서울특별시장이 자격취소 권한이 있다.

② 필요한 절차

자격증을 교부한 시·도지사와 공인중개사 사무소의 소재지를 관할하는 시·도지사가 서로 다른 경우에는 공인중개사 사무소의 소재지를 관할하는 시·도지사가 자격취소처분에 필요한 절차를 모두 이행한 후 자격증을 교부한 시·도지사에게 통보하여야 한다(시행령 제29조 제2항). 서울특별시에서 자격증를 취득한 자가 경기도 구리시에 중개사무소의 개설등록한 경우에 자격취소 사유에 해당하게 되었을 때 경기도지사는 자격취소 권한은 없지만 자격취소 필요한 조사절차나 청문절차는 경기도지사가 행한다.

### (3) 자격취소 절차

① 청문절차

시·도지사는 제1항에 따라 공인중개사의 자격을 취소하고자 하는 경우에는 청문을 실시하여야 한다(법 제35조 제2항).

② 통보

시·도지사는 공인중개사의 자격취소처분을 한 때에는 5일 이내에 이를 국토교통부장관과 다른 시·도지사에게 통보하여야 한다(시행령 제29조 제3항).

③ 반납

공인중개사의 자격이 취소된 자는 국토교통부령으로 정하는 바에 따라 공인중개사자격증을 시·도지사에게 반납하여야 한다(법 제35조 제3항). 법 제35조 제3항의 규정에 따라 공인중개사자격증을 반납하고자 하는 자는 자격취소처분을 받은 날부터 7일 이내에 그 공인중개사자격증을 교부한 시·도지사에게 공인중개사자격증을 반납하여야 한다(시행규칙 제21조). 분실 등의 사유로 인하여 제3항에 따라 공인중개사자격증을 반납할 수 없는 자는 제3항에도 불구하고 자격증 반납을 대신하여 그 이유를 기재한 사유서를 시·도지사에게 제출하여야 한다(법 제35조 제4항).

### (4) 자격취소 처분의 효과

① 3년간 결격자

공인중개사가 자격취소처분을 받은 자는 처분을 받을 날로부터 3년 동안 결격사유에 해당하여 중개업 시장에서 일할 수 없다. 즉 공인중개사 자격취소처분을 받은 자는 3년간 중개보조원으로 근무할 수 없다.

② 3년간 시험응시 자격 없음

제35조 제1항에 따라 공인중개사의 자격이 취소된 후 3년이 지나지 아니한 자는 공인중개사가 될 수 없다(법 제6조).

## 2 자격정지

### (1) 자격정지 대상(소속공인중개사)

소속공인중개사는 개업공인중개사와 유사하게 중개업무를 수행할 수 있는 자인데 그 활동 과정에서 법 위반행위가 있을 때 제재가 필요해서 자격정지라는 행정처분이 존재하게 된다. 따라서 개업공인중개사에 소속되어 일하지 않은 공인중개사는 자격정지 대상이 아니다.



### (2) 자격정지 사유

시·도지사는 공인중개사가 소속공인중개사로서 업무를 수행하는 기간 중에 다음 각 호의 어느 하나에 해당하는 경우에는 6개월의 범위 안에서 기간을 정하여 그 자격을 정지할 수 있다(제36조 제1항).

1. 제12조 제2항의 규정을 위반하여 둘 이상의 중개사무소에 소속된 경우
2. 제16조의 규정을 위반하여 인장등록을 하지 아니하거나 등록하지 아니한 인장을 사용한 경우
3. 제25조 제1항의 규정을 위반하여 성실·정확하게 중개대상물의 확인·설명을 하지 아니하거나 설명의 근거자료를 제시하지 아니한 경우
4. 제25조 제4항의 규정을 위반하여 중개대상물확인·설명서에 서명 및 날인을 하지 아니한 경우
5. 제26조 제2항의 규정을 위반하여 거래계약서에 서명 및 날인을 하지 아니한 경우
6. 제26조 제3항의 규정을 위반하여 거래계약서에 거래금액 등 거래내용을 거짓으로 기재하거나 서로 다른 둘 이상의 거래계약서를 작성한 경우
7. 제33조 제1항 각 호에 규정된 금지행위를 한 경우

### (3) 자격정지 기준

① 자격정지의 기준은 국토교통부령으로 정한다(법 제36조 제3항).

② 법 제36조 제3항의 규정에 따른 자격정지의 기준은 별표 3과 같다(시행규칙 제22조 제1항).

③ 시·도지사는 위반행위의 동기·결과 및 횟수 등을 참작하여 제1항의 규정에 따른 자격정지기간의 2분의 1의 범위 안에서 가중 또는 감경할 수 있다. 이 경우 가중하여 처분하는 때에도 자격정지기간은 6월을 초과할 수 없다(시행규칙 제22조 제2항).

■ 공인중개사법 시행규칙 [별표 3] <개정 2021. 10. 19.>

# 공인중개사 자격정지의 기준(제22조 관련)

| 위 반 행 위 | 해 당 법 조 문 | 자 격 정 지 기 준 |
|---|---|---|
| 1. 법 제12조 제2항의 규정을 위반하여 2 이상의 중개사무소에 소속된 경우 | 법 제36조 제1항 제1호 | 자격정지 6월 |
| 2. 법 제16조의 규정을 위반하여 인장등록을 하지 아니하거나 등록하지 아니한 인장을 사용한 경우 | 법 제36조 제1항 제2호 | 자격정지 3월 |
| 3. 법 제25조 제1항의 규정을 위반하여 성실·정확하게 중개대상물의 확인·설명을 하지 아니하거나 설명의 근거자료를 제시하지 아니한 경우 | 법 제36조 제1항 제3호 | 자격정지 3월 |
| 4. 법 제25조 제4항의 규정을 위반하여 중개대상물확인·설명서에 서명·날인을 하지 아니한 경우 | 법 제36조 제1항 제4호 | 자격정지 3월 |
| 5. 법 제26조 제2항의 규정을 위반하여 거래계약서에 서명·날인을 하지 아니한 경우 | 법 제36조 제1항 제5호 | 자격정지 3월 |
| 6. 법 제26조 제3항의 규정을 위반하여 거래계약서에 거래금액 등 거래내용을 거짓으로 기재하거나 서로 다른 2 이상의 거래계약서를 작성한 경우 | 법 제36조 제1항 제6호 | 자격정지 6월 |
| 7. 법 제33조 제1항 각 호에 규정된 금지행위를 한 경우 | 법 제36조 제1항 제7호 | 자격정지 6월 |

### (4) 자격정지 권한

① 자격증을 교부한 시·도지사

법 제36조의 규정에 따른 자격정지처분은 그 공인중개사자격증을 교부한 시·도지사가 행한다(시행령 제29조 제1항). 중개사사무소의 소재지 관할 시·도지사와 공인중개사자격증을 교부한 시·도지사가 다른 경우에는 중개사무소 소재지 관할 시·도지사는 자격정지처분권한은 없다. 서울특별시에서 공인중개사 자격을 취득한 후 경기도에 중개사무소에 소속공인중개사로 근무하던 중 공인중개사 자격정지 사유가 발생한 경우에는 경기도지사는 자격정지 권한이 없고 서울특별시장만 공인중개사 자격정지 권한이 있다.

② 필요한 절차

자격증을 교부한 시·도지사와 공인중개사 사무소의 소재지를 관할하는 시·도지사가 서로 다른 경우에는 공인중개사 사무소의 소재지를 관할하는 시·도지사가 자격정지처분에 필요한 절차를 모두 이행한 후 자격증을 교부한 시·도지사에게 통보하여야 한다(시행령 제29조 제2항).

③ 등록관청의 통보

등록관청은 공인중개사가 자격정지 사유 중 어느 하나에 해당하는 사실을 알게 된 때에는 지체없이 그 사실을 시·도지사에게 통보하여야 한다. 서울특별시에서 공인중개사 자격을 취득한 공인중개사가 경기도 하남시의 중개사무소에 소속공인중개사로 근무하던 중 자격정지 사유가 발생한 경우에 하남시장은 자격정지 권한이 없지만 경기도지사에게 지체없이 그 사실을 경기도지사에게 통보하여야 한다. 자격정지 사유에 대해서 통보를 받은 경기도지사는 서울특별시장에게 다시 통보하여야 한다.

### (5) 자격정지 절차

자격취소처분보다는 경미한 행정처분에 해당하므로 자격정지 처분을 하고자 할 때 청문사유에 해당하지 않고 자격정지 처분을 한 후 국토교통부장관이나 다른 시도지사에게 통보하는 절차는 없다. 나아가 자격정지처분을 받았다고 해서 자격증을 시·도지사에게 반납할 의무가 발생하지도 않는다.

### (6) 자격정지처분의 효과

소속공인중개사가 자격정지를 받은 경우에는 자격정지 기간 동안 결격사유에 해당되어서 중개업무에 종사할 수 없다.

# 제3절 등록취소 및 업무정지 제25회 제26회 제27회 제28회 제29회 제30회 제31회 제32회 제33회 제35회

## 1 등록취소

### (1) 절대적 등록취소 사유

등록관청은 개업공인중개사가 다음 각 호의 어느 하나에 해당하는 경우에는 중개사무소의 개설등록을 취소하여야 한다(제38조 제1항).

1. 개인인 개업공인중개사가 사망하거나 개업공인중개사인 법인이 해산한 경우
2. 거짓이나 그 밖의 부정한 방법으로 중개사무소의 개설등록을 한 경우
3. 제10조 제1항 제2호부터 제6호까지 또는 같은 항 제11호·제12호에 따른 결격사유에 해당하게 된 경우. 다만, 같은 항 제12호에 따른 결격사유에 해당하는 경우로서 그 사유가 발생한 날부터 2개월 이내에 그 사유를 해소한 경우에는 그러하지 아니하다.
4. 제12조 제1항의 규정을 위반하여 이중으로 중개사무소의 개설등록을 한 경우
5. 제12조 제2항의 규정을 위반하여 다른 개업공인중개사의 소속공인중개사·중개보조원 또는 개업공인중개사인 법인의 사원·임원이 된 경우

5의2. 제15조 제3항을 위반하여 중개보조원을 고용한 경우

6. 제19조 제1항의 규정을 위반하여 다른 사람에게 자기의 성명 또는 상호를 사용하여 중개업무를 하게 하거나 중개사무소등록증을 양도 또는 대여한 경우
7. 업무정지기간 중에 중개업무를 하거나 자격정지처분을 받은 소속공인중개사로 하여금 자격정지기간 중에 중개업무를 하게 한 경우
8. 최근 1년 이내에 이 법에 의하여 2회 이상 업무정지처분을 받고 다시 업무정지처분에 해당하는 행위를 한 경우

**심화학습**

**사망 해산**

개인인 개업공인중개사가 사망한 경우에는 중개사무소의 개설등록을 취소하여야 한다. 다만, 법인인 개업공인중개사의 대표자가 사망한 경우에는 등록취소 사유가 아니다. 개업공인중개사인 법인이 해산한 경우에는 중개사무소의 개설등록을 취소하여야 한다. 법인의 해산으로 등록취소된 경우에 3년간 결격사유에 해당하는 불이익을 당하지 않는다. 그러므로 법인의 해산으로 등록취소된 경우에도 법인의 대표자는 결격자가 아니므로 즉시 자신의 중개사무소를 개설등록하거나 소속공인중개사로 일할 수 있다.

### (2) 임의적 등록취소 사유

등록관청은 개업공인중개사가 다음 각 호의 어느 하나에 해당하는 경우에는 중개사무소의 개설등록을 취소할 수 있다(법 제38조 제2항).

1. 제9조 제3항에 따른 등록기준에 미달하게 된 경우
2. 제13조 제1항의 규정을 위반하여 둘 이상의 중개사무소를 둔 경우
3. 제13조 제2항의 규정을 위반하여 임시 중개시설물을 설치한 경우
4. 제14조 제1항의 규정을 위반하여 겸업을 한 경우
5. 제21조 제2항의 규정을 위반하여 계속하여 6개월을 초과하여 휴업한 경우
6. 제23조 제3항의 규정을 위반하여 중개대상물에 관한 정보를 공개하지 아니하거나 중개의뢰인의 비공개요청에도 불구하고 정보를 공개한 경우
7. 제26조 제3항의 규정을 위반하여 거래계약서에 거래금액 등 거래내용을 거짓으로 기재하거나 서로 다른 둘 이상의 거래계약서를 작성한 경우
8. 제30조 제3항에 따른 손해배상책임을 보장하기 위한 조치를 이행하지 아니하고 업무를 개시한 경우
9. 제33조 제1항 각 호에 규정된 금지행위를 한 경우
10. 최근 1년 이내에 이 법에 의하여 3회 이상 업무정지 또는 과태료의 처분을 받고 다시 업무정지 또는 과태료의 처분에 해당하는 행위를 한 경우(제1항 제8호에 해당하는 경우는 제외한다)
11. 개업공인중개사가 조직한 사업자단체(「독점규제 및 공정거래에 관한 법률」 제2조 제2호의 사업자단체를 말한다. 이하 같다) 또는 그 구성원인 개업공인중개사가 「독점규제 및 공정거래에 관한 법률」 제51조를 위반하여 같은 법 제52조 또는 제53조에 따른 처분을 최근 2년 이내에 2회 이상 받은 경우

### (3) 등록취소 절차

등록관청은 제1항 제2호부터 제8호까지 및 제2항 각 호의 사유로 중개사무소의 개설등록을 취소하고자 하는 경우에는 청문을 실시하여야 한다(법 제38조 제3항).

### (4) 등록취소 효과(등록증 반납)

① 공인중개사법에 따라 중개사무소의 개설등록이 취소된 자는 국토교통부령으로 정하는 바에 따라 중개사무소등록증을 등록관청에 반납하여야 한다(법 제38조 제4항). 법 제38조 제4항의 규정에 따라 중개사무소등록증을 반납하고자 하는 자는 등록취소처분을 받은 날부터 7일 이내에 등록관청에 그 중개사무소등록증을 반납하여야 한다(시행규칙 제24조 제1항).

② 제38조 제1항 제1호의 규정에 따라 중개사무소의 개설등록이 취소된 경우로서 법인인 개업공인중개사가 해산한 경우에는 그 법인의 대표자이었던 자가 등록취소처분을 받은 날부터 7일 이내에 등록관청에 중개사무소등록증을 반납하여야 한다.

## 2 업무정지 제25회 제26회 제28회 제29회 제32회 제35회

### (1) 업무정지 사유

등록관청은 개업공인중개사가 다음 각 호의 어느 하나에 해당하는 경우에는 6개월의 범위 안에서 기간을 정하여 업무의 정지를 명할 수 있다. 이 경우 법인인 개업공인중개사에 대하여는 법인 또는 분사무소별로 업무의 정지를 명할 수 있다(법 제39조 제1항).

1. 제10조 제2항의 규정을 위반하여 같은 조 제1항 제1호부터 제11호까지의 어느 하나에 해당하는 자를 소속공인중개사 또는 중개보조원으로 둔 경우. 다만, 그 사유가 발생한 날부터 2개월 이내에 그 사유를 해소한 경우에는 그러하지 아니하다.
2. 제16조의 규정을 위반하여 인장등록을 하지 아니하거나 등록하지 아니한 인장을 사용한 경우
3. 제23조 제2항의 규정을 위반하여 국토교통부령으로 정하는 전속중개계약서에 의하지 아니하고 전속중개계약을 체결하거나 계약서를 보존하지 아니한 경우
4. 제24조 제7항의 규정을 위반하여 중개대상물에 관한 정보를 거짓으로 공개하거나 거래정보사업자에게 공개를 의뢰한 중개대상물의 거래가 완성된 사실을 해당 거래정보사업자에게 통보하지 아니한 경우
5. 삭제 〈2014. 1. 28.〉
6. 제25조 제3항의 규정을 위반하여 중개대상물확인·설명서를 교부하지 아니하거나 보존하지 아니한 경우
7. 제25조 제4항의 규정을 위반하여 중개대상물확인·설명서에 서명 및 날인을 하지 아니한 경우
8. 제26조 제1항의 규정을 위반하여 적정하게 거래계약서를 작성·교부하지 아니하거나 보존하지 아니한 경우
9. 제26조 제2항의 규정을 위반하여 거래계약서에 서명 및 날인을 하지 아니한 경우
10. 제37조 제1항에 따른 보고, 자료의 제출, 조사 또는 검사를 거부·방해 또는 기피하거나 그 밖의 명령을 이행하지 아니하거나 거짓으로 보고 또는 자료제출을 한 경우
11. 제38조 제2항 각 호의 어느 하나에 해당하는 경우
12. 최근 1년 이내에 이 법에 의하여 2회 이상 업무정지 또는 과태료의 처분을 받고 다시 과태료의 처분에 해당하는 행위를 한 경우
13. 개업공인중개사가 조직한 사업자단체 또는 그 구성원인 개업공인중개사가 「독점규제 및 공정거래에 관한 법률」 제51조를 위반하여 같은 법 제52조 또는 제53조에 따른 처분을 받은 경우
14. 그 밖에 이 법 또는 이 법에 의한 명령이나 처분을 위반한 경우

**※ 업무정지 사유 아닌 것 - 절대적등록취소 사유, 과태료 사유**

### (2) 업무정지의 기준

① 업무의 정지에 관한 기준은 국토교통부령으로 정한다.

# 제4절 시효제도 등

## 1 시효제도

### (1) 업무정지

업무정지처분은 업무정지 사유의 어느 하나에 해당하는 사유가 발생한 날부터 3년이 지난 때에는 이를 할 수 없다.

### (2) 자격정지, 등록취소, 자격취소, 지정취소

자격정지, 등록취소, 자격취소, 지정취소는 시효제도가 없다. 따라서 등록취소 사유가 발생하고 3년이 경과한 경우에도 등록관청은 등록취소할 수 있다. 또한 자격정지 사유가 발생하고 3년이 경과한 경우에도 시·도지사는 자격정지를 명할 수 있다.

## 2 청문

### (1) 청문이 필요한 경우

행정관청이 무거운 행정처분을 할 때에는 상대방에게 행정처분 사유에 대해서 변명할 기회를 보장해주는 것이 필요하다. 따라서 행정관청은 무거운 행정처분인 등록취소, 자격취소, 지정취소 처분을 하기전에 행정절차법에 따라서 청문을 거쳐야 한다.

### (2) 청문이 필요 없는 경우

행정관청의 행정처분 중 상대적으로 가벼운 업무정지, 자격정지처분은 청문사유에 해당하지 않는다. 그리고 과태료처분은 행정처분에 해당하지 않아서 청문절차를 거칠 필요가 없다. 나아가 등록취소 및 지정취소 사유 중 사망이나 해산은 성격상 청문하기에 적합하지 않기 때문에 청문이 필요 없다.

청문사유 정리

| 청문사유 ○ | 청문사유 × |
| --- | --- |
| • 지정취소<br>• 자격취소<br>• 등록취소 | • 자격정지<br>• 과태료<br>• 사망 해산<br>• 업무정지<br>• 행정형벌 |

행정처분 정리

<table>
<tr><th></th><th>권한</th><th>대상</th><th colspan="2">성격</th><th>사전절차</th><th colspan="3">사후절차</th></tr>
<tr><td>업무정지</td><td>등록관청</td><td>개업공인중개사</td><td colspan="2">할 수 있다.</td><td>의견제출</td><td>×</td><td>×</td><td>×</td></tr>
<tr><td rowspan="2">등록취소</td><td rowspan="2">등록관청</td><td rowspan="2">개업공인중개사</td><td>절 등</td><td>해야</td><td rowspan="2">청문</td><td rowspan="2">×</td><td rowspan="2">간판<br>철거</td><td rowspan="2">등록증<br>반납</td></tr>
<tr><td>임 등</td><td>할 수</td></tr>
<tr><td>자격정지</td><td>시·도지사</td><td>소속공인중개사</td><td colspan="2">할 수 있다.</td><td>의견제출</td><td>×</td><td>×</td><td>×</td></tr>
<tr><td>자격취소</td><td>시·도지사</td><td>공인중개사</td><td colspan="2">해야 한다.</td><td>청문</td><td>보고</td><td>×</td><td>자격증<br>반납</td></tr>
<tr><td>지정취소</td><td>국토부장관</td><td>거래정보사업자</td><td colspan="2">할 수 있다.</td><td>청문</td><td>×</td><td>×</td><td>×</td></tr>
</table>

행정처분 내용 정리

① 개업공인중개사에 대한 행정처분 권한은 등록관청만 갖고 있다.
② 자격정지 대상은 소속공인중개사만 그 대상이 된다.
③ 자격취소처분만 국토교통부장관과 다른 시·도지사에게 통보할 사항이다.
④ 행정처분 중 간판을 철거하여야 할 경우는 등록취소 뿐이다.
⑤ 행정처분 중 반납의무가 발생하는 경우는 등록취소처분과 자격취소처분 뿐이다.
⑥ 공인중개사협회에 통보할 행정처분사항은 등록취소와 업무정지뿐이다.

## 제5절 행정제재처분효과의 승계 등 제26회 제29회 제31회 제32회 제33회 제34회

### 1 원칙

개업공인중개사가 제21조에 따른 폐업신고후 제9조에 따라 다시 중개사무소의 개설등록을 한 때에는 폐업신고 전의 개업공인중개사의 지위를 승계한다(제40조 제1항). 개업공인중개사가 폐업 후 동일한 등록관청 관할 내에서 재등록하든, 다른 등록관청에 재등록하든, 폐업신고 전 개업공인중개사의 지위를 승계한다. 이러한 승계를 인정하지 않으면 폐업함으로써 폐업전 위반행위에 따른 불이익이나 받은 행정처분이 누적되는 불이익을 회피할 수 있어서 공정하지 않기 때문이다.

### 2 행정처분 효과 승계

#### (1) 처분일

폐업신고 전의 개업공인중개사에 대하여 업무정지처분사유나 과태료처분사유로 행한 행정처분의 효과는 그 처분일부터 1년간 다시 중개사무소의 개설등록을 한 자에게 승계된다(법 제40조 제2항). 폐업 전 업무정지나 과태료처분을 받은 자를 중간에 폐업함에도 불구하고 그 불이익의 효과를 재등록개업공인중개사에게 승계되도록 하여 재등록 이후에 더 무겁게 가중처벌하기 위하여 만든 규정이다. 폐업신고 전의 개업공인중개사에 대하여 업무정지처분사유나 과태료처분사유로 행한 행정처분의 효과는 그 "처분일"부터 1년간 재등록한 한 자에게 승계되는 것이지 "폐업일"이나 "재등록일"로부터 1년간 승계되는 것은 아니다.

#### (2) 1년간 승계

폐업신고 전의 개업공인중개사에 대하여 업무정지처분사유나 과태료처분사유로 행한 행정처분의 효과는 그 처분일부터 "1년"간 다시 중개사무소의 개설등록을 한 자에게 승계된다(법 제40조 제2항). 개업공인중개사가 2020. 11. 16. 「공인중개사법」에 따른 과태료부과처분을 받았으나, 2021. 12. 16. 폐업신고를 하였다가 2021. 10. 15. 다시 중개사무소의 개설등록을 하였다면, 재등록 한 일자가 과태료부과처분을 받은 날부터 1년이 경과하였기 때문에 위 과태료부과처분의 효과는 승계되지 않는다.

### 3 위반행위 승계

#### (1) 행정처분 가능

재등록 개업공인중개사에 대하여 폐업신고 전의 등록취소사유 및 업무정지 사유의 위반행위에 대한 행정처분을 할 수 있다(법 제40조 제3항). 행정처분을 하는 경우에는 폐업기간과 폐업의 사유

등을 고려하여야 한다(법 제40조 제4항). 폐업 전의 위반행위로 재등록개업공인중개사가 등록취소처분을 받은 경우에는 3년에서 폐업기간을 공제한 기간 동안 재등록개업공인중개사가 결격사유에 해당하게 된다.

예를 들어 개업공인중개사가 2018. 8. 5. 다른 사람에게 자기의 상호를 사용하여 중개업무를 하게 한 후, 2018. 9. 5. 폐업신고를 하였다가 2021. 3. 5. 다시 중개사무소의 개설등록을 하였다면, 등록관청은 개설등록을 취소해야 한다. 이 경우에 등록취소처분을 받으면 3년간 결격사유에 해당하게 되는 것이 아니고 3년에서 폐업기간을 공제한 기간 동안 결격사유에 해당한다.

### (2) 행정처분 불가능

다만, 다음 각 호의 어느 하나에 해당하는 경우는 제외한다(법 제40조 제3항).

1. 폐업신고를 한 날부터 다시 중개사무소의 개설등록을 한 날까지의 기간("폐업기간")이 3년을 초과한 경우
2. 폐업신고 전의 위반행위에 대한 행정처분이 업무정지에 해당하는 경우로서 폐업기간이 1년을 초과한 경우

예를 들어 개업공인중개사가 2020. 8. 1. 국토교통부령으로 정하는 전속중개계약서에 의하지 않고 전속중개계약을 체결한 후, 2020. 9. 1. 폐업신고를 하였다가 2021. 10. 1. 다시 중개사무소의 개설등록을 하였다면, 등록관청은 업무정지처분을 할 수 없다.

## 4 법인 대표자

개업공인중개사인 법인의 대표자에 관하여는 제1항부터 제4항까지를 준용한다. 이 경우 "개업공인중개사"는 "법인의 대표자"로 본다(법 제40조 제5항).

10
CHAPTER

# 기출 및 예상문제



**01 공인중개사법령상 공인중개사 자격취소에 관한 설명으로 틀린 것은?** (제33회)

① 시·도지사는 공인중개사가 이 법을 위반하여 300만원 이상 벌금형의 선고를 받은 경우에는 그 자격을 취소해야 한다.
② 공인중개사의 자격이 취소된 자는 공인중개사자격증을 교부한 시·도지사에게 반납해야 한다.
③ 시·도지사는 공인중개사의 자격취소처분을 한 때에는 5일 이내에 이를 국토교통부장관과 다른 시·도지사에게 통보해야 한다.
④ 시·도지사는 공인중개사의 자격을 취소하고자 하는 경우에는 청문을 실시해야 한다.
⑤ 시·도지사는 공인중개사가 부정한 방법으로 공인중개사의 자격을 취득한 경우에는 그 자격을 취소해야 한다.

해설 ① 이 법을 위반하여 300만원 이상 벌금형의 선고를 받은 경우는 결격사유가 되어 등록은 취소되어도 자격취소 사유는 아니다.

정답 ①

**02 공인중개사법령상 소속공인중개사로서 업무를 수행하는 기간 동안 발생한 사유 중 자격정지사유로 규정되어 있지 않은 것은?** (제32회)

① 둘 이상의 중개사무소에 소속된 경우
② 성실·정확하게 중개대상물의 확인·설명을 하지 않은 경우
③ 등록관청에 등록하지 않은 인장을 사용하여 중개행위를 한 경우
④ 「공인중개사법」을 위반하여 징역형의 선고를 받은 경우
⑤ 중개대상물의 매매를 업으로 하는 행위를 한 경우

해설 ④ 「공인중개사법」을 위반하여 징역형의 선고를 받은 경우에는 자격취소 사유에 해당한다.

정답 ④

**03 공인중개사법령상 중개사무소 개설등록을 취소하여야 하는 사유에 해당하는 것을 모두 고른 것은?** (제32회)

> ㉠ 개업공인중개사인 법인이 해산한 경우
> ㉡ 개업공인중개사가 거짓으로 중개사무소 개설등록을 한 경우
> ㉢ 개업공인중개사가 이중으로 중개사무소 개설등록을 한 경우
> ㉣ 개업공인중개사가 개설등록 후 금고 이상의 형의 집행유예를 받고 그 유예기간 중에 있게 된 경우

① ㉠, ㉡, ㉢ ② ㉠, ㉡, ㉣ ③ ㉠, ㉢, ㉣ ④ ㉡, ㉢, ㉣ ⑤ ㉠, ㉡, ㉢, ㉣

해설
㉠ 법인 해산
㉡ 거짓 등록
㉢ 이중 개설등록
㉣ 개업공인중개사가 개설등록 후 금고 이상의 형의 집행유예를 받고 그 유예기간 중에 있게 된 경우 (결격사유에 해당함) 모두 절대적 등록취소 사유에 해당한다.

정답 ⑤

**04 공인중개사법령상 등록관청이 중개사무소의 개설등록을 취소하여야 하는 사유로 명시되지 않은 것은?** (제33회)

① 개업공인중개사가 업무정지기간 중에 중개업무를 한 경우
② 개인인 개업공인중개사가 사망한 경우
③ 개업공인중개사가 이중으로 중개사무소의 개설등록을 한 경우
④ 개업공인중개사가 천막 그 밖에 이동이 용이한 임시 중개시설물을 설치한 경우
⑤ 개업공인중개사가 최근 1년 이내에 이 법에 의하여 2회 이상 업무정지처분을 받고 다시 업무정지처분에 해당하는 행위를 한 경우

해설
④ 임의적 등록취소 사유에 행당된다.

정답 ④

**05 공인중개사법령상 행정제재처분효과의 승계 등에 관한 설명으로 옳은 것은?** (제34회)

① 폐업신고한 개업공인중개사의 중개사무소에 다른 개업공인중개사가 중개사무소를 개설등록한 경우 그 지위를 승계한다.

② 중개대상물에 관한 정보를 거짓으로 공개한 사유로 행한 업무정지처분의 효과는 그 처분에 대한 불복기간이 지난 날부터 1년간 다시 중개사무소의 개설등록을 한 자에게 승계된다.

③ 폐업신고 전의 위반행위에 대한 행정처분이 업무정지에 해당하는 경우로서 폐업기간이 6개월인 경우 재등록 개업공인중개사에게 그 위반행위에 대해서 행정처분을 할 수 없다.

④ 재등록 개업공인중개사에 대하여 폐업신고 전의 업무정지에 해당하는 위반행위를 이유로 행정처분을 할 때 폐업기간과 폐업의 사유는 고려하지 않는다.

⑤ 개업공인중개사가 2022. 4. 1. 과태료 부과 처분을 받은후 폐업신고를 하고 2023. 3. 2. 다시 중개사무소의 개설등록을 한 경우 그 처분의 효과는 승계된다.

**해설**

① 폐업신고한 개업공인중개사의 중개사무소에 다른 개업공인중개사가 중개사무소를 개설등록한 경우 그 지위를 승계하지 않는다.

② 중개대상물에 관한 정보를 거짓으로 공개한 사유로 행한 업무정지처분의 효과는 그 처분일로부터 1년간 다시 중개사무소의 개설등록을 한 자에게 승계된다.

③ 폐업신고 전의 위반행위에 대한 행정처분이 업무정지에 해당하는 경우로서 폐업기간이 1년을 초과한 경우 재등록 개업공인중개사에게 그 위반행위에 대해서 행정처분을 할 수 없다.

④ 재등록 개업공인중개사에 대하여 폐업신고 전의 업무정지에 해당하는 위반행위를 이유로 행정처분을 할 때 폐업기간과 폐업의 사유는 고려하여야 한다.

⑤ 개업공인중개사가 2022. 4. 1. 과태료 부과 처분을 받은후 1년간 처분의 효과는 승계된다.

정답 ⑤

**06 공인중개사법령상 행정제재처분효과의 승계 등에 관한 설명으로 옳은 것을 모두 고른 것은?** (제33회)

> ㉠ 폐업신고 전에 개업공인중개사에게 한 업무정지처분의 효과는 그 처분일부터 2년간 재등록 개업공인중개사에게 승계된다.
> ㉡ 폐업기간이 2년을 초과한 재등록 개업공인중개사에 대해 폐업신고 전의 중개사무소 업무정지사유에 해당하는 위반행위를 이유로 행정처분을 할 수 없다.
> ㉢ 폐업신고 전에 개업공인중개사에게 한 과태료부과처분의 효과는 그 처분일부터 10개월된 때에 재등록을 한 개업공인중개사에게 승계된다.
> ㉣ 폐업기간이 3년 6개월이 지난 재등록 개업공인중개사에게 폐업신고 전의 중개사무소 개설등록 취소사유에 해당하는 위반행위를 이유로 개설등록취소처분을 할 수 없다.

① ㉠　② ㉠, ㉣　③ ㉡, ㉢　④ ㉡, ㉢, ㉣　⑤ ㉠, ㉡, ㉢, ㉣

**해설** ㉠ 폐업신고 전에 개업공인중개사에게 한 업무정지처분의 효과는 그 처분일부터 1년간 재등록 개업공인중개사에게 승계된다.
나머지 ㉡㉢㉣은 모두 타당하다.

**정답** ④

11
CHAPTER

# 벌칙

단원별 학습포인트

□ 이 장은 형벌 1문제, 과태료 1문제가 출제된다. 형벌사유와 과태료 사유를 반드시 암기하여야 한다. 특히 과태료처분은 과태료 처분권자와 대상자를 잘 파악하여야 한다.



## 제1절 형벌 제25회 제26회 제27회 제28회 제29회 제30회 제31회 제32회 제33회 제35회

### 1 3년 이하의 징역이나 3천만원 이하의 벌금

다음 각 호의 어느 하나에 해당하는 자는 3년 이하의 징역 또는 3천만원 이하의 벌금에 처한다(법 제48조).

1. 제9조에 따른 중개사무소의 개설등록을 하지 아니하고 중개업을 한 자
2. 거짓이나 그 밖의 부정한 방법으로 중개사무소의 개설등록을 한 자
3. 제33조 제1항 제5호부터 제9호까지의 규정을 위반한 자

**법 제33조 제1항 제5호부터 제9호**

**제33조 【금지행위】** ① 개업공인중개사등은 다음 각 호의 행위를 하여서는 아니된다.

5. 관계 법령에서 양도·알선 등이 금지된 부동산의 분양·임대 등과 관련 있는 증서 등의 매매·교환 등을 중개하거나 그 매매를 업으로 하는 행위
6. 중개의뢰인과 직접 거래를 하거나 거래당사자 쌍방을 대리하는 행위
7. 탈세 등 관계 법령을 위반할 목적으로 소유권보존등기 또는 이전등기를 하지 아니한 부동산이나 관계 법령의 규정에 의하여 전매 등 권리의 변동이 제한된 부동산의 매매를 중개하는 등 부동산 투기를 조장하는 행위
8. 부당한 이익을 얻거나 제3자에게 부당한 이익을 얻게 할 목적으로 거짓으로 거래가 완료된 것처럼 꾸미는 등 중개대상물의 시세에 부당한 영향을 주거나 줄 우려가 있는 행위
9. 단체를 구성하여 특정 중개대상물에 대하여 중개를 제한하거나 단체 구성원 이외의 자와 공동중개를 제한하는 행위

4. 제33조 제2항 각 호의 규정을 위반한 자

**법 제33조 제2항 각호규정**

② 누구든지 시세에 부당한 영향을 줄 목적으로 다음 각 호의 어느 하나의 방법으로 개업공인중개사등의 업무를 방해해서는 아니 된다. 〈신설 2019. 8. 20.〉

1. 안내문, 온라인 커뮤니티 등을 이용하여 특정 개업공인중개사등에 대한 중개의뢰를 제한하거나 제한을 유도하는 행위
2. 안내문, 온라인 커뮤니티 등을 이용하여 중개대상물에 대하여 시세보다 현저하게 높게 표시·광고 또는 중개하는 특정 개업공인중개사등에게만 중개의뢰를 하도록 유도함으로써 다른 개업공인중개사등을 부당하게 차별하는 행위
3. 안내문, 온라인 커뮤니티 등을 이용하여 특정 가격 이하로 중개를 의뢰하지 아니하도록 유도하는 행위
4. 정당한 사유 없이 개업공인중개사등의 중개대상물에 대한 정당한 표시·광고 행위를 방해하는 행위
5. 개업공인중개사등에게 중개대상물을 시세보다 현저하게 높게 표시·광고하도록 강요하거나 대가를 약속하고 시세보다 현저하게 높게 표시·광고하도록 유도하는 행위

## 2 1년 이하의 징역이나 1천만원 이하의 벌금

다음 각 호의 어느 하나에 해당하는 자는 1년 이하의 징역 또는 1천만원 이하의 벌금에 처한다(법 제49조).

1. 제7조 제1항 또는 제2항을 위반하여 다른 사람에게 자기의 성명을 사용하여 중개업무를 하게 하거나 공인중개사자격증을 양도·대여한 자 또는 다른 사람의 공인중개사자격증을 양수·대여받은 자

1의2. 제7조 제3항을 위반하여 같은 조 제1항 및 제2항에서 금지한 행위를 알선한 자

2. 제8조의 규정을 위반하여 공인중개사가 아닌 자로서 공인중개사 또는 이와 유사한 명칭을 사용한 자
3. 제12조의 규정을 위반하여 이중으로 중개사무소의 개설등록을 하거나 둘 이상의 중개사무소에 소속된 자
4. 제13조 제1항의 규정을 위반하여 둘 이상의 중개사무소를 둔 자
5. 제13조 제2항의 규정을 위반하여 임시 중개시설물을 설치한 자

5의2. 제15조 제3항을 위반하여 중개보조원을 고용한 자

**법 제15조 제3항**

개업공인중개사가 고용할 수 있는 중개보조원의 수는 개업공인중개사와 소속공인중개사를 합한 수의 5배를 초과하여서는 아니 된다

6. 제18조 제2항의 규정을 위반하여 개업공인중개사가 아닌 자로서 "공인중개사사무소", "부동산중개" 또는 이와 유사한 명칭을 사용한 자

6의2. 제18조의2 제3항을 위반하여 개업공인중개사가 아닌 자로서 중개업을 하기 위하여 중개대상물에 대한 표시·광고를 한 자

7. 제19조 제1항 또는 제2항을 위반하여 다른 사람에게 자기의 성명 또는 상호를 사용하여 중개업무를 하게 하거나 중개사무소등록증을 다른 사람에게 양도·대여한 자 또는 다른 사람의 성명·상호를 사용하여 중개업무를 하거나 중개사무소등록증을 양수·대여받은 자

7의2. 제19조 제3항을 위반하여 같은 조 제1항 및 제2항에서 금지한 행위를 알선한 자

8. 제24조 제4항의 규정을 위반하여 정보를 공개한 자

9. 제29조 제2항의 규정을 위반하여 업무상 비밀을 누설한 자
(피해자의 명시한 의사에 반하여 벌하지 아니한다. =반의사불벌죄)

10. 제33조 제1항 제1호부터 제4호까지의 규정을 위반한 자

**제33조 제1항 1호부터 4호**

**제33조 【금지행위】** ① 개업공인중개사등은 다음 각 호의 행위를 하여서는 아니된다.

1. 제3조에 따른 중개대상물의 매매를 업으로 하는 행위
2. 제9조에 따른 중개사무소의 개설등록을 하지 아니하고 중개업을 영위하는 자인 사실을 알면서 그를 통하여 중개를 의뢰받거나 그에게 자기의 명의를 이용하게 하는 행위
3. 사례·증여 그 밖의 어떠한 명목으로도 제32조에 따른 보수 또는 실비를 초과하여 금품을 받는 행위
4. 해당 중개대상물의 거래상의 중요사항에 관하여 거짓된 언행 그 밖의 방법으로 중개의뢰인의 판단을 그르치게 하는 행위

## 3 양벌 규정(과실책임)

### (1) 벌금형

소속공인중개사·중개보조원 또는 개업공인중개사인 법인의 사원·임원이 중개업무에 관하여 제48조 또는 제49조의 규정에 해당하는 위반행위를 한 때에는 그 행위자를 벌하는 외에 그 개업공인중개사에 대하여도 해당 조에 규정된 벌금형을 과한다(제50조).

### (2) 면책

다만, 그 개업공인중개사가 그 위반행위를 방지하기 위하여 해당 업무에 관하여 상당한 주의와 감독을 게을리하지 아니한 경우에는 벌금형으로 처벌할 수 없다.

## 제2절 과태료 제25회 제26회 제27회 제28회 제29회 제30회 제31회 제32회 제33회 제34회

### 1 500만원 이하의 과태료 사유

다음 각 호의 어느 하나에 해당하는 자에게는 500만원 이하의 과태료를 부과한다.

1. 제18조의2제4항 각 호를 위반하여 부당한 표시·광고를 한 자
1의2. 정당한 사유 없이 제18조의3 제2항의 요구에 따르지 아니하여 관련 자료를 제출하지 아니한 자
1의3. 정당한 사유 없이 제18조의3제3항의 요구에 따르지 아니하여 필요한 조치를 하지 아니한 자
1의4. 제18조의4를 위반하여 중개의뢰인에게 본인이 중개보조원이라는 사실을 미리 알리지 아니한 사람 및 그가 소속된 개업공인중개사. 다만, 개업공인중개사가 그 위반행위를 방지하기 위하여 해당 업무에 관하여 상당한 주의와 감독을 게을리하지 아니한 경우는 제외한다.
1의5. 제24조 제3항을 위반하여 운영규정의 승인 또는 변경승인을 얻지 아니하거나 운영규정의 내용을 위반하여 부동산거래정보망을 운영한 자
1의6. 제25조 제1항을 위반하여 성실·정확하게 중개대상물의 확인·설명을 하지 아니하거나 설명의 근거자료를 제시하지 아니한 자
2. 삭제 〈2014. 1. 28.〉
3. 삭제 〈2014. 1. 28.〉
4. 삭제 〈2014. 1. 28.〉
5. 삭제 〈2014. 1. 28.〉
5의2. 제34조 제4항에 따른 연수교육을 정당한 사유 없이 받지 아니한 자
6. 제37조 제1항에 따른 보고, 자료의 제출, 조사 또는 검사를 거부·방해 또는 기피하거나 그 밖의 명령을 이행하지 아니하거나 거짓으로 보고 또는 자료제출을 한 거래정보사업자
7. 제42조 제5항을 위반하여 공제사업 운용실적을 공시하지 아니한 자
8. 제42조의4에 따른 공제업무의 개선명령을 이행하지 아니한 자
8의2. 제42조의5에 따른 임원에 대한 징계·해임의 요구를 이행하지 아니하거나 시정명령을 이행하지 아니한 자
9. 제42조의3 또는 제44조 제1항에 따른 보고, 자료의 제출, 조사 또는 검사를 거부·방해 또는 기피하거나 그 밖의 명령을 이행하지 아니하거나 거짓으로 보고 또는 자료제출을 한 자
10. 삭제 〈2014. 1. 28.〉

## 2 100만원 이하의 과태료

다음 각 호의 어느 하나에 해당하는 자에게는 100만원 이하의 과태료를 부과한다(법 제51조 제3항).

1. 제17조를 위반하여 중개사무소등록증 등을 게시하지 아니한 자
2. 제18조 제1항 또는 제3항을 위반하여 사무소의 명칭에 "공인중개사사무소", "부동산중개"라는 문자를 사용하지 아니한 자 또는 옥외 광고물에 성명을 표기하지 아니하거나 거짓으로 표기한 자

2의2. 제18조의2 제1항 또는 제2항을 위반하여 중개대상물의 중개에 관한 표시·광고를 한 자

3. 제20조 제1항을 위반하여 중개사무소의 이전신고를 하지 아니한 자
4. 제21조 제1항을 위반하여 휴업, 폐업, 휴업한 중개업의 재개 또는 휴업기간의 변경 신고를 하지 아니한 자
5. 제30조 제5항을 위반하여 손해배상책임에 관한 사항을 설명하지 아니하거나 관계 증서의 사본 또는 관계 증서에 관한 전자문서를 교부하지 아니한 자
6. 제35조 제3항 또는 제4항을 위반하여 공인중개사자격증을 반납하지 아니하거나 공인중개사자격증을 반납할 수 없는 사유서를 제출하지 아니한 자 또는 거짓으로 공인중개사자격증을 반납할 수 없는 사유서를 제출한 자
7. 제38조 제4항을 위반하여 중개사무소등록증을 반납하지 아니한 자

## 3 과태료 처분권한

제2항 및 제3항에 따른 과태료는 대통령령으로 정하는 바에 따라 다음 각 호의 자가 각각 부과·징수한다(법 제51조 제5항).

1. 제2항 제1호의2·제1호의3·제1호의5, 제6호부터 제8호까지, 제8호의2 및 제9호의 경우: 국토교통부장관
2. 제2항 제5호의2 및 제3항 제6호의 경우: 시·도지사
3. 삭제 〈2014. 1. 28.〉
4. 제2항 제1호·제1호의4·제1호의6, 제3항 제1호·제2호·제2호의2, 제3호부터 제5호까지 및 제7호의 경우: 등록관청

과태료 처분 권한

| 부과징수권자 | 대상자 | 제재 |
|---|---|---|
| 국토교통부장관 | 500만원 이하 과태료 | 공인중개사협회 |
| | | 거래정보사업자 |
| | | 정보통신서비스제공자 |
| 시·도지사 | 500만원 이하 과태료 | 개업공인중개사 / 소속공인중개사 (연수교육×) |
| | 100만원 이하 과태료 | 공인중개사 (자격증반납×) |
| 등록관청 | 500만원 이하 과태료 | 중개보조원/ 개업공인중개사 (중개보조원 고지의무 위반) |
| | 500만원 이하 과태료 | 개업공인중개사(설명 잘못) |
| | 500만원 이하의 과태료 | 개업공인중개사(부당표시 광고) |
| | 100만원 이하 과태료 | 개업공인중개사(등록증반납×) |

## 4 과태료부과기준

법 제51조 제2항·제3항 및 법 제7638호 부칙 제6조 제5항에 따른 과태료의 부과기준은 별표 2와 같다(시행령 제38조 제1항).

과태료 부과 기준 및 징수절차

| | |
|---|---|
| ① 가중 감경 기준 | 위반행위의 동기·결과 및 횟수 등을 고려하여 과태료부과기준금액의 2분의 1의 범위에서 늘리거나 줄일 수 있다. |
| ② 과태료 부과기준 | 대통령령 |
| ③ 과태료 부과 징수절차 | 질서위반행위규제법 |

CHAPTER 11

# 기출 및 예상문제



**01 공인중개사법령상 벌금부과기준에 해당하는 자를 모두 고른 것은?** (제31회)

㉠ 중개사무소 개설등록을 하지 아니하고 중개업을 한 공인중개사
㉡ 거짓으로 중개사무소의 개설등록을 한 자
㉢ 등록관청의 관할 구역 안에 두 개의 중개사무소를 개설등록한 개업공인중개사
㉣ 임시 중개시설물을 설치한 개업공인중개사
㉤ 중개대상물이 존재하지 않아서 거래할 수 없는 중개대상물을 광고한 개업공인중개사

① ㉠
② ㉠, ㉡
③ ㉡, ㉢, ㉤
④ ㉠, ㉡, ㉢, ㉣
⑤ ㉠, ㉡, ㉢, ㉣, ㉤

해설
㉠ 중개사무소 개설등록을 하지 아니하고 중개업을 한 공인중개사- 3년 이하의 징역이나 3천만원 이하의 벌금형
㉡ 거짓으로 중개사무소의 개설등록을 한 자 - 3년 이하의 징역이나 3천만원 이하의 벌금형
㉢ 등록관청의 관할 구역 안에 두 개의 중개사무소를 개설등록한 개업공인중개사 - 1년 이하의 징역이나 1천만원 이하의 벌금
㉣ 임시 중개시설물을 설치한 개업공인중개사 - 1년 이하의 징역이나 1천만원 이하의 벌금
㉤ 중개대상물이 존재하지 않아서 거래할 수 없는 중개대상물을 광고한 개업공인중개사 - 500만원 이하의 과태료

정답 ④

**02 공인중개사법령상 3년 이하의 징역 또는 3천만원 이하의 벌금에 처해지는 개업공인중개사 등의 행위가 <u>아닌</u> 것은?** (제33회)

① 관계 법령에서 양도가 금지된 부동산의 분양과 관련 있는 증서의 매매를 중개하는 행위
② 법정 중개보수를 초과하여 수수하는 행위
③ 중개의뢰인과 직접 거래를 하는 행위
④ 거래당사자 쌍방을 대리하는 행위
⑤ 단체를 구성하여 특정 중개대상물에 대하여 중개를 제한하는 행위

해설 ② 1년 이하의 징역 또는 1천만원 이하의 벌금형에 해당된다. 나머지 ①③④⑤는 3년 이하의 징역 또는 3천만원 이하의 벌금형에 해당된다.

정답 ②

**03 공인중개사법령상 개업공인중개사의 행위 중 과태료부과대상이 <u>아닌</u> 것은?** (제32회)

① 중개대상물의 거래상의 중요사항에 관해 거짓된 언행으로 중개의뢰인의 판단을 그르치게 한 경우
② 휴업신고에 따라 휴업한 중개업을 재개하면서 등록관청에 그 사실을 신고하지 않은 경우
③ 중개대상물에 과한 권리를 취득하려는 중개의뢰인에게 해당 중개대상물의 권리관계를 성실·정확하게 확인·설명하지 않은 경우
④ 인터넷을 이용하여 중개대상물에 대한 표시·광고를 하면서 중개대상물의 종류별로 가격 및 거래형태를 명시하지 않은 경우
⑤ 연수교육을 정당한 사유 없이 받지 않은 경우

해설 ① 중개대상물의 거래상의 중요사항에 관해 거짓된 언행으로 중개의뢰인의 판단을 그르치게 한 경우
- 1년 이하의 징역 또는 1천만원 이하의 벌금, 임의적 등록취소사유
② 100만원 이하의 과태료
③ 500만원 이하의 과태료
④ 100만원 이하의 과태료
⑤ 500만원 이하의 과태료

정답 ①

# PART 2
# 부동산거래신고등에 관한 법률

# 01 CHAPTER 부동산거래신고제도

**단원별 학습포인트**

- 매회 2문제에서 3문제 정도 출제되는 단원이다. 부동산거래신고대상, 거래신고절차, 부동산거래신고사항, 부동산거래계약신고서의 내용이 주로 출제 된다. 최근 개정된 내용으로 토지 매매계약을 체결한 경우에 부동산거래신고사항에 추가되는 사항을 잘 알고 있어야 한다. 부동산거래계약신고서의 작성 방법과 기재사항도 중요한 학습대상이 된다.

이 법은 부동산 거래 등의 신고 및 허가에 관한 사항을 정하여 건전하고 투명한 부동산 거래질서를 확립하고 국민경제에 이바지함을 목적으로 한다(부동산거래신고등에관한법률 제1조).

## 제1절 부동산거래 신고대상 제28회 제29회 제30회 제31회 제35회

거래당사자 또는 개업공인중개사는 부동산 등에 대한 매매계약을 체결한 경우에 부동산거래신고를 신고관청에 법이 정한 신고사항을 신고하여야 한다. "부동산등"이란 부동산 또는 부동산을 취득할 수 있는 권리를 말한다. "부동산"이란 토지 또는 건축물을 말한다.

### 1 부동산 매매계약

아파트, 빌라, 오피스텔, 상가, 단독주택, 농지, 임야 등의 매매계약을 체결한 경우에는 부동산실거래가 등을 신고관청에 신고하여야 한다. 주의할 것은 중개대상물에 해당하는 입목, 광업재단, 공장재단은 부동산거래신고 대상이 아니라는 점이다.

#### (1) 토지 매매계약

#### (2) 건축물 매매계약

**참고학습** 거래신고 대상이 아닌 경우

교환계약, 증여계약, 지상권설정계약, 저당권설정계약, 경매, 상속, 판결

### 2 공급계약

「택지개발촉진법」, 주택법 등 대통령령으로 정하는 법률은 다음 각 호의 법률을 말한다.

1. 「건축물의 분양에 관한 법률」
2. 「공공주택 특별법」
3. 「도시개발법」
4. 「도시 및 주거환경정비법」
4의2. 「빈집 및 소규모주택 정비에 관한 특례법」
5. 「산업입지 및 개발에 관한 법률」
6. 「주택법」
7. 「택지개발촉진법」



### 3 지위 매매계약

다음 어느 하나에 해당하는 지위의 매매계약을 한 경우에 거래당사자 또는 개업공인중개사는 부동산거래신고를 하여야 한다.

가. 제2호에 따른 계약을 통하여 부동산을 공급받는 자로 선정된 지위
나. 「도시 및 주거환경정비법」 제74조에 따른 관리처분계획의 인가 및 「빈집 및 소규모주택 정비에 관한 특례법」 제29조에 따른 사업시행계획인가로 취득한 입주자로 선정된 지위

## 제 2 절 부동산거래신고의무자 제28회 제29회 제30회 제31회 제32회 제35회

### 1 거래당사자

(1) **원칙**(공동신고)

「부동산 거래신고 등에 관한 법률」 제3조 제1항 각 호의 어느 하나에 해당하는 계약을 체결하고 같은 항 본문에 따라 해당 거래계약을 신고하려는 거래당사자는 별지 제1호서식의 부동산거래계약 신고서에 공동으로 서명 또는 날인하여 법 제3조 제1항에 따른 신고관청에 제출하여야 한다. "거래당사자"란 부동산등의 매수인과 매도인을 말하며, 제4호에 따른 외국인등을 포함한다(법 제2조).

### (2) 예외(단독신고)

① **일방이 국가 등인 경우** : 거래당사자 중 일방이 국가, 지방자치단체, 대통령령으로 정하는 자의 경우에는 국가등이 신고를 하여야 한다. 법 제3조 제1항 단서에 따라 단독으로 부동산 거래계약을 신고하려는 국가, 지방자치단체 또는 「부동산 거래신고 등에 관한 법률 시행령」 제3조 제2항 각 호의 기관은 부동산거래계약 신고서에 단독으로 서명 또는 날인하여 신고관청에 제출해야 한다.

② **일방의 거부** : 거래당사자 중 일방이 신고를 거부하는 경우에는 국토교통부령으로 정하는 바에 따라 단독으로 신고할 수 있다. 법 제3조 제2항 또는 제4항에 따라 단독으로 부동산 거래계약을 신고하려는 자는 부동산거래계약 신고서에 단독으로 서명 또는 날인한 후 다음 각 호의 서류를 첨부하여 신고관청에 제출해야 한다. 이 경우 신고관청은 단독신고 사유에 해당하는지 여부를 확인해야 한다.

> 1. 부동산 거래계약서 사본
> 2. 단독신고사유서

**정리 서명 및 날인 VS 서명 또는 날인**

| (1) 서명 및 날인 | (2) 서명 또는 날인 |
|---|---|
| ① 거래계약서(개업공인중개사,소속공인중개사)<br>② 확인설명서(개업공인중개사,소속공인중개사) | ③ 일반중개계약서<br>④ 전속중개계약서<br>⑤ 부동산거래계약신고서<br>⑥ 확인·설명서(거래당사자) |

## 2 개업공인중개사

### (1) 단독중개

「공인중개사법」 제2조 제4호에 따른 개업공인중개사가 같은 법 제26조 제1항에 따라 거래계약서를 작성·교부한 경우에는 거래당사자가 있음에도 불구하고 해당 개업공인중개사가 같은 항에 따른 신고를 하여야 한다. 법 제3조 제3항에 따라 부동산 거래계약을 신고하려는 개업공인중개사는 부동산거래계약 신고서에 서명 또는 날인하여 신고관청에 제출하여야 한다. 이 경우에 부동산거래계약 신고서에 거래당사자는 서명 또는 날인할 의무가 없다.

### (2) 공동중개

만약 공동으로 중개를 한 경우에는 해당 개업공인중개사가 공동으로 신고하여야 한다. 공동중개한 개업공인중개사가 부동산거래계약신고서에 공동으로 서명 또는 날인하여야 한다. 다만, 공동중개한 경우에 개업공인중개사 중 일방이 신고를 거부한 경우에는 다른 일방이 단독으로 신고할 수 있다.

## 제3절 부동산거래신고방법 제28회 제29회 제30회 제31회 제32회 제35회

### 1 직접제출과 제출대행

부동산거래신고하는 방법으로 신고의무자가 스스로 부동산거래신고사항을 기재하여 직접 제출하는 방법과 다른 사람에게 맡겨 제출하는 방법 두가지가 있다.

#### (1) 직접제출

신고의무자가 종이 또는 전자문서로 된 부동산거래계약신고서를 방문하거나 인터넷을 이용하여 전자문서로 신고관청에 제출하는 방법이다.

#### (2) 제출대행

① 거래당사자가 신고의무자인 경우

거래당사자 또는 제2조 제9항 및 제10항의 법인 또는 매수인의 위임을 받은 사람은 부동산거래계약 신고서 등의 제출을 대행할 수 있다. 이 경우 부동산거래계약 신고서 등의 제출을 대행하는 사람은 신분증명서를 신고관청에 보여주고, 다음 각 호의 서류를 함께 제출해야 한다.

> 1. 신고서 등의 제출을 위임한 거래당사자가 서명 또는 날인한 위임장(거래당사자가 법인인 경우에는 법인인감을 날인한 위임장)
> 2. 신고서 등의 제출을 위임한 거래당사자의 신분증명서 사본

② 개업공인중개사가 신고의무자인 경우

개업공인중개사가 부동산거래신고의무가 있는 경우에 개업공인중개사의 위임을 받은 소속공인중개사는 부동산거래계약 신고서 등의 제출을 대행할 수 있다. 이 경우 소속공인중개사는 신분증명서를 신고관청에 보여줘야 한다. 중개보조원은 부동산거래신고의무가 있는 개업공인중개사의 위임을 받아 제출대행할 수 없다. 소속공인중개사가 개업공인중개사를 대신하여 부동산거래계약신고서의 제출을 대행하는 경우에 개업공인중개사의 위임장은 필요없다. 소속공인중개사에 대해서는 개업공인중개사가 관청에 고용신고를 해 놓은 상태이므로 신고관청이 이를 자체적으로 파악할 수 있기 때문이다.

### 2 방문신고와 전자문서

부동산거래신고 방법은 신고의무자가 신고관청에 직접 방문해서 부동산거래계약신고서를 제출하는 방법과 인터넷을 이용하여 전자문서로 신고하는 방법 두가지가 있다. 현실적으로는 신고의무자가 부동산거래관리시스템에 접속하여 전자문서로 신고하는 것이 일반적이다.

전자문서로 신고하는 경우에는 신고의무자가 직접신고하는 것만 인정되고 제출대행 방식으로 신고하는 방법은 인정되지 않는다. 따라서 소속공인중개사가 개업공인중개사를 대신하여 부동산거래계약신고서의 제출을 대행하는 경우에는 전자문서로 할 수 없다.

## 제 4 절 신고기한 및 신고관청

### 1 신고기한

#### (1) 계약일로부터 30일 이내

거래당사자는 부동산거래계약을 체결한 경우 그 실제 거래가격 등 대통령령으로 정하는 사항을 거래계약의 체결일부터 30일 이내에 공동으로 신고하여야 한다. 「공인중개사법」 제2조 제4호에 따른 개업공인중개사가 같은 법 제26조 제1항에 따라 거래계약서를 작성·교부한 경우에는 거래계약의 체결일로부터 30일 이내에 해당 개업공인중개사가 부동산거래신고를 하여야 한다.

#### (2) 계약체결일

"거래계약의 체결일"이란 거래당사자가 구체적으로 특정되고, 거래목적물 및 거래대금 등 거래계약의 중요 부분에 대하여 거래당사자가 합의한 날을 말합니다. 이 경우 합의와 더불어 계약금의 전부 또는 일부를 지급한 경우에는 그 지급일을 거래계약의 체결일로 보되, 합의한 날이 계약금의 전부 또는 일부를 지급한 날보다 앞서는 것이 서면 등을 통해 인정되는 경우에는 합의한 날을 거래계약의 체결일로 본다.

### 2 신고관청

신고의무자는 권리의 대상인 부동산 등의 소재지를 관할하는 시장(구가 설치되지 아니한 시의 시장 및 특별자치시장과 특별자치도 행정시의 시장을 말한다)·군수 또는 구청장에게 공동으로 신고하여야 한다. 주의할 것은 개업공인중개사가 부동산거래신고의무가 있는 경우라도 중개사무소 소재지 관할 시장 군수 또는 구청장(등록관청)에게 실거래가 신고를 하는 것이 아니라는 점이다. 신고의무자의 부동산거래신고등에관한법률 위반으로 과태료를 부과도 신고관청이 한다.

## 제5절 부동산거래신고사항 제28회 제29회 제30회 제31회 제32회 제35회

### 1 주택

"주택"이란 「건축법 시행령」 별표 1 제1호 또는 제2호의 단독주택 또는 공동주택(공관 및 기숙사는 제외한다)을 말하며, 단독주택 또는 공동주택을 취득할 수 있는 권리에 관한 계약의 경우에는 그 권리를 포함한다. 따라서 오피스텔은 건축법상 주택에 해당하지 않으므로 위의 신고사항은 적용이 없다.

#### (1) 공동신고사항

가. 거래당사자의 인적사항
나. 계약 체결일, 중도금 지급일 및 잔금 지급일
다. 거래대상 부동산등(부동산을 취득할 수 있는 권리에 관한 계약의 경우에는 그 권리의 대상인 부동산을 말한다)의 소재지·지번·지목 및 면적
라. 거래대상 부동산등의 종류(부동산을 취득할 수 있는 권리에 관한 계약의 경우에는 그 권리의 종류를 말한다)
마. 실제 거래가격
바. 계약의 조건이나 기한이 있는 경우에는 그 조건 또는 기한
사. 매수인이 국내에 주소 또는 거소(잔금 지급일부터 60일을 초과하여 거주하는 장소를 말한다)를 두지 않을 경우(매수인이 외국인인 경우로서 「출입국관리법」 제31조에 따른 외국인등록을 하거나 「재외동포의 출입국과 법적 지위에 관한 법률」 제6조에 따른 국내거소신고를 한 경우에는 그 체류기간 만료일이 잔금 지급일부터 60일 이내인 경우를 포함한다)에는 위탁관리인의 인적사항
※ "위탁관리인"이란 법 제6조에 따른 신고내용의 조사와 관련하여 국토교통부장관 또는 신고관청이 발송하는 서류의 수령을 매수인으로부터 위탁받은 사람을 말한다.
아. 개업공인중개사가 거래계약서를 작성·교부한 경우에는 다음의 사항
1) 개업공인중개사의 인적사항
2) 개업공인중개사가 「공인중개사법」 제9조에 따라 개설등록한 중개사무소의 상호·전화번호 및 소재지

주의 개업공인중개사가 거래계약서를 작성 교부한 경우가 아니고 거래당사자가 직거래한 경우에는 위의 "아"는 부동산거래신고사항이 아니다.

### (2) 추가신고사항

① 자금조달 및 주택이용계획

법인 외의 자가 실제 거래가격이 6억원 이상인 주택을 매수하거나 투기과열지구 또는 조정대상지역에 소재하는 주택을 매수하는 경우에는 다음의 사항을 추가로 신고하여야 한다. 다만, 매수인 중 국가등이 포함되어 있는 경우는 위의 추가신고사항은 신고사항이 아니다.

| 가. 거래대상 주택의 취득에 필요한 자금의 조달계획 및 지급방식.<br>나. 거래대상 주택에 매수자 본인이 입주할지 여부, 입주 예정 시기 등 거래대상 주택의 이용계획 |
|---|

② 자금조달계획증명 서류

투기과열지구에 소재하는 주택의 거래계약을 체결한 경우 매수자는 자금의 조달계획을 증명하는 서류로서 국토교통부령으로 정하는 서류를 첨부해야 한다. 다만, 매수인 중 국가등이 포함되어 있는 경우는 위의 추가신고사항은 신고사항이 아니다.

### (3) 법인이 주택의 거래계약을 체결하는 경우

"법인"이란 「부동산등기법」 제49조 제1항 제2호의 부동산등기용등록번호를 부여 받은 법인으로 「상법」에 따른 법인을 말한다.

① 공통신고사항

가. 거래당사자의 인적사항
나. 계약 체결일, 중도금 지급일 및 잔금 지급일
다. 거래대상 부동산등(부동산을 취득할 수 있는 권리에 관한 계약의 경우에는 그 권리의 대상인 부동산을 말한다)의 소재지·지번·지목 및 면적
라. 거래대상 부동산등의 종류(부동산을 취득할 수 있는 권리에 관한 계약의 경우에는 그 권리의 종류를 말한다)
마. 실제 거래가격
바. 계약의 조건이나 기한이 있는 경우에는 그 조건 또는 기한
사. 매수인이 국내에 주소 또는 거소(잔금 지급일부터 60일을 초과하여 거주하는 장소를 말한다)를 두지 않을 경우(매수인이 외국인인 경우로서 「출입국관리법」 제31조에 따른 외국인등록을 하거나 「재외동포의 출입국과 법적 지위에 관한 법률」 제6조에 따른 국내거소신고를 한 경우에는 그 체류기간 만료일이 잔금 지급일부터 60일 이내인 경우를 포함한다)에는 위탁관리인의 인적사항
아. 개업공인중개사가 거래계약서를 작성·교부한 경우에는 다음의 사항
  1) 개업공인중개사의 인적사항
  2) 개업공인중개사가 「공인중개사법」 제9조에 따라 개설등록한 중개사무소의 상호·전화번호 및 소재지

② 법인 추가신고사항

㉠ 자금의 조달계획 및 주택의 이용계획

> 나. 주택 취득 목적 및 취득 자금 등에 관한 다음의 사항(법인이 주택의 매수자인 경우만 해당한다)
> 1) 거래대상인 주택의 취득목적
> 2) 거래대상 주택의 취득에 필요한 자금의 조달계획 및 지급방식.
> 3) 임대 등 거래대상 주택의 이용계획

㉡ 자금의 조달계획을 증명하는 서류

이 경우 투기과열지구에 소재하는 주택의 거래계약을 체결한 경우에는 자금의 조달계획을 증명하는 서류로서 국토교통부령으로 정하는 서류를 첨부해야 한다.

㉢ 법인의 등기 현황 등

> 가. 법인의 현황에 관한 다음의 사항(거래당사자 중 국가등이 포함되어 있거나 거래계약이 법 제3조 제1항 제2호 또는 같은 항 제3호 가목에 해당하는 경우는 제외한다)
> 1) 법인의 등기 현황
> 2) 법인과 거래상대방 간의 관계가 다음의 어느 하나에 해당하는지 여부
> 가) 거래상대방이 개인인 경우: 그 개인이 해당 법인의 임원이거나 법인의 임원과 친족관계가 있는 경우
> 나) 거래상대방이 법인인 경우: 거래당사자인 매도법인과 매수법인의 임원 중 같은 사람이 있거나 거래당사자인 매도법인과 매수법인의 임원 간 친족관계가 있는 경우

## 2 상가 오피스텔 등

주택이나 토지가 아닌 부동산의 경우에는 다음의 공통신고 사항을 신고하여야 한다. 상가 오피스텔 등의 매매계약을 체결한 경우에는 추가 신고사항은 없다.

> 가. 거래당사자의 인적사항
> 나. 계약 체결일, 중도금 지급일 및 잔금 지급일
> 다. 거래대상 부동산등(부동산을 취득할 수 있는 권리에 관한 계약의 경우에는 그 권리의 대상인 부동산을 말한다)의 소재지·지번·지목 및 면적
> 라. 거래대상 부동산등의 종류(부동산을 취득할 수 있는 권리에 관한 계약의 경우에는 그 권리의 종류를 말한다)
> 마. 실제 거래가격
> 바. 계약의 조건이나 기한이 있는 경우에는 그 조건 또는 기한

사. 매수인이 국내에 주소 또는 거소(잔금 지급일부터 60일을 초과하여 거주하는 장소를 말한다)를 두지 않을 경우(매수인이 외국인인 경우로서 「출입국관리법」 제31조에 따른 외국인등록을 하거나 「재외동포의 출입국과 법적 지위에 관한 법률」 제6조에 따른 국내거소신고를 한 경우에는 그 체류기간 만료일이 잔금 지급일부터 60일 이내인 경우를 포함한다)에는 위탁관리인의 인적사항
아. 개업공인중개사가 거래계약서를 작성·교부한 경우에는 다음의 사항
  1) 개업공인중개사의 인적사항
  2) 개업공인중개사가 「공인중개사법」 제9조에 따라 개설등록한 중개사무소의 상호·전화번호 및 소재지

## 3 토지

### (1) 공통신고사항

가. 거래당사자의 인적사항
나. 계약 체결일, 중도금 지급일 및 잔금 지급일
다. 거래대상 부동산등(부동산을 취득할 수 있는 권리에 관한 계약의 경우에는 그 권리의 대상인 부동산을 말한다)의 소재지·지번·지목 및 면적
라. 거래대상 부동산등의 종류(부동산을 취득할 수 있는 권리에 관한 계약의 경우에는 그 권리의 종류를 말한다)
마. 실제 거래가격
바. 계약의 조건이나 기한이 있는 경우에는 그 조건 또는 기한
사. 매수인이 국내에 주소 또는 거소(잔금 지급일부터 60일을 초과하여 거주하는 장소를 말한다)를 두지 않을 경우(매수인이 외국인인 경우로서 「출입국관리법」 제31조에 따른 외국인등록을 하거나 「재외동포의 출입국과 법적 지위에 관한 법률」 제6조에 따른 국내거소신고를 한 경우에는 그 체류기간 만료일이 잔금 지급일부터 60일 이내인 경우를 포함한다)에는 위탁관리인의 인적사항
아. 개업공인중개사가 거래계약서를 작성·교부한 경우에는 다음의 사항
  1) 개업공인중개사의 인적사항
  2) 개업공인중개사가 「공인중개사법」 제9조에 따라 개설등록한 중개사무소의 상호·전화번호 및 소재지

### (2) 토지 매매계약의 경우 추가신고사항

가. 거래대상 토지의 취득에 필요한 자금의 조달계획
나. 거래대상 토지의 이용계획

① **수도권 등 토지 매매**

수도권 등 토지 매매의 경우에 실제 거래가격이 다음 금액 이상인 토지를 매수하는 경우에 위의 2가지가 추가신고사항이 된다. "수도권등"이란 「수도권정비계획법」에 따른 수도권, 광역시(인천광역시는 제외한다) 및 세종특별자치시를 말한다.

㉠ 토지의 경우 : 1억원

㉡ 토지 지분의 경우 : 금액불문

② **수도권 등 외의 지역의 토지 매매**

수도권등 외의 지역에 소재하는 토지 매매의 경우에 실제 거래가격이 다음 금액 이상인 토지를 매수하는 경우에는 위의 2가지가 추가신고사항이 된다.

㉠ 토지의 경우 : 6억원

㉡ 토지 지분의 경우 : 6억원

③ 다음 각 목의 토지거래는 위 2가지 추가신고사항을 신고할 의무가 없다.

가. 매수인이 국가등이거나 매수인에 국가등이 포함되어 있는 토지거래
나. 법 제11조 제1항에 따라 허가를 받아야 하는 토지거래

**토지의 2가지 추가신고사항이 필요한 경우**

| | 토지 | 토지 지분 |
|---|---|---|
| 수도권 등 | 1억원 이상 | 금액불문 |
| 수도권 등 외 지역 | 6억원 이상 | 6억원 이상 |

## 4 서류 제출

### (1) 제출 서류

① 주택

1. 부동산거래신고계약서 2. 자금조달 및 입주계획서 3. 자금조달계획증명서류

**참고학습** 자금조달·입주계획서 제출

영 별표 1 제2호나목 또는 같은 표 제3호가목 전단·같은 호 나목에 따른 사항을 신고해야 하는 경우에는 제1항부터 제4항까지의 규정에 따라 신고서를 제출할 때 매수인이 단독으로 서명 또는 날인한 별지 제1호의3서식의 주택취득자금 조달 및 입주계획서를 신고관청에 함께 제출해야 한다.

② 상가 오피스텔 등

| 부동산거래계약신고서 |
|---|

③ 토지

| 1. 부동산거래계약신고서<br>2. 토지취득자금 조달 및 토지이용계획서 제출 |
|---|

**참고학습** | **토지취득자금 조달 및 토지이용계획서 제출**

영 별표 1 제4호 및 제5호에 따른 자금의 조달계획 및 토지의 이용계획을 신고해야 하는 경우에는 제1항부터 제4항까지의 규정에 따라 신고서를 제출할 때 매수인이 단독으로 서명 또는 날인한 별지 제1호의4서식의 토지취득자금 조달 및 토지이용계획서를 신고관청에 함께 제출해야 한다.

④ 법인(주택)

| 1. 부동산거래계약신고서<br>2. 법인 주택거래계약신고서<br>3. 자금조달 및 입주계획서<br>4. 자금조달계획증명자료 |
|---|

**참고학습** | **법인 주택거래계약신고서 제출**

법인이 영 별표 1 제2호가목에 따른 사항을 신고해야 하는 경우에는 제1항부터 제4항까지의 규정에 따라 신고서를 제출할 때 별지 제1호의2서식의 법인 주택 거래계약 신고서를 신고관청에 함께 제출해야 한다.

### (2) 서류제출 방법

① 별도제출

제5항부터 제8항까지의 규정에도 불구하고 법인 또는 매수인이 법인 신고서, 자금조달·입주계획서, 제7항 각 호의 구분에 따른 서류, 같은 항 후단에 따른 사유서 및 자금조달·토지이용계획서(이하 "법인신고서등"이라 한다)를 부동산거래계약 신고서와 분리하여 제출하기를 희망하는 경우 법인 또는 매수인은 법인신고서등을 거래계약의 체결일부터 30일 이내에 별도로 제출할 수 있다.

② 함께 제출

제1항부터 제4항까지의 규정에 따라 부동산거래계약을 신고하려는 자 중 법인 또는 매수인 외의 자가 법인신고서등을 제출하는 경우 법인 또는 매수인은 부동산거래계약을 신고하려는 자에

게 거래계약의 체결일부터 25일 이내에 법인신고서등을 제공해야 하며, 이 기간 내에 제공하지 않은 경우에는 법인 또는 매수인이 별도로 법인 신고서 또는 자금조달·입주계획서를 제출해야 한다.

### (3) 신분증 제시

제1항부터 제10항까지의 규정에 따라 신고 또는 제출을 하려는 사람은 주민등록증, 운전면허증, 여권 등 본인의 신분을 증명할 수 있는 증명서를 신고관청에 보여줘야 한다.

## 제6절 부동산거래계약신고서 작성방법 제34회

### 1 거래당사자

**부동산거래계약 신고서**

※ 뒤쪽의 유의사항·작성방법을 읽고 작성하시기 바라며, [ ]에는 해당하는 곳에 √표를 합니다. (앞쪽)

<table>
<tr><td colspan="2">접수번호</td><td colspan="2">접수일시</td><td colspan="2">처리기간 지체없이</td></tr>
<tr><td rowspan="3">① 매도인</td><td colspan="2">성명(법인명)</td><td colspan="2">주민등록번호(법인·외국인등록번호)</td><td>국적</td></tr>
<tr><td colspan="4">주소(법인소재지)</td><td>거래지분 비율<br>( 분의 )</td></tr>
<tr><td colspan="2">전화번호</td><td colspan="3">휴대전화번호</td></tr>
<tr><td rowspan="8">② 매수인</td><td colspan="2">성명(법인명)</td><td colspan="2">주민등록번호(법인·외국인등록번호)</td><td>국적</td></tr>
<tr><td colspan="4">주소(법인소재지)</td><td>거래지분 비율<br>( 분의 )</td></tr>
<tr><td colspan="2">전화번호</td><td colspan="3">휴대전화번호</td></tr>
<tr><td>③ 법인신고서등</td><td colspan="4">[ ]제출 [ ]별도 제출 [ ]해당 없음</td></tr>
<tr><td>외국인의 부동산등 매수용도</td><td colspan="4">[ ]주거용(아파트) [ ]주거용(단독주택) [ ]주거용(그 밖의 주택)<br>[ ]레저용 [ ]상업용 [ ]공업용 [ ]그 밖의 용도</td></tr>
<tr><td rowspan="3">위탁관리인<br>(국내에 주소 또는 거소가 없는 경우)</td><td colspan="2">성명</td><td colspan="2">주민등록번호</td></tr>
<tr><td colspan="4">주소</td></tr>
<tr><td colspan="2">전화번호</td><td colspan="2">휴대전화번호</td></tr>
</table>

①·② 거래당사자가 다수인 경우 매도인 또는 매수인의 주소란에 ⑥의 거래대상별 거래지분을 기준으로 각자의 거래 지분 비율(매도인과 매수인의 거래지분 비율은 일치해야 합니다)을 표시하고, 거래당사자가 외국인인 경우 거래당사자의 국적을 반드시 적어야 하며, 외국인이 부동산등을 매수하는 경우 매수용도란의 주거용(아파트), 주거용(단독주택), 주거용(그 밖의 주택), 레저용, 상업용, 공장용, 그 밖의 용도 중 하나에 √표시를 합니다.

③ "법인신고서등"란은 별지 제1호의2서식의 법인 주택 거래계약 신고서, 별지 제1호의3서식의 주택취득자금 조달 및 입주계획서, 제2조 제7항 각 호의 구분에 따른 서류, 같은 항 후단에 따른 사유서 및 별지 제1호의4서식의 토지취득자금 조달 및 토지이용계획서를 이 신고서와 함께 제출하는지 또는 별도로 제출하는지를 √표시하고, 그 밖의 경우에는 해당 없음에 √표시를 합니다.

## 2 개업공인중개사

| 개업 공인중개사 | 성명(법인명) | 주민등록번호(법인·외국인등록번호) |
|---|---|---|
| | 전화번호 | 휴대전화번호 |
| | 상호 | 등록번호 |
| | 사무소 소재지 | |



## 3 거래대상

| 거래대상 | | | | |
|---|---|---|---|---|
| 거래대상 | 종류 | ④ [ ]토지 [ ]건축물 ( ) [ ]토지 및 건축물 ( ) | | |
| | | ⑤ [ ]공급계약 [ ]전매 | [ ]분양권 [ ]입주권 | [ ]준공 전 [ ]준공 후<br>[ ]임대주택 분양전환 |
| | ⑥ 소재지/지목/면적 | 소재지 | | |
| | | 지목 | 토지면적 ㎡ | 토지 거래지분<br>( 분의 ) |
| | | 대지권비율<br>( 분의 ) | 건축물면적 ㎡ | 건축물 거래지분<br>( 분의 ) |
| | ⑦ 계약대상 면적 | 토지 ㎡ | 건축물 ㎡ | |

④ 부동산 매매의 경우 "종류"란에는 토지, 건축물 또는 토지 및 건축물(복합부동산의 경우)에 √표시를 하고, 해당 부동산이 "건축물" 또는 "토지 및 건축물"인 경우에는 ( )에 건축물의 종류를 "아파트, 연립, 다세대, 단독, 다가구, 오피스텔, 근린생활시설, 사무소, 공장" 등 「건축법 시행령」 별표 1에 따른 용도별 건축물의 종류를 적습니다.

⑤ 공급계약은 시행사 또는 건축주 등이 최초로 부동산을 공급(분양)하는 계약을 말하며, 준공 전과 준공 후 계약 여부에 따라 √표시하고, "임대주택 분양전환"은 임대주택사업자 (법인으로 한정)가 임대기한이 완료되어 분양전환하는 주택인 경우에 √표시합니다. 전매는 부동산을 취득할 수 있는 권리의 매매로서, "분양권" 또는 "입주권"에 √표시를 합니다.

⑥ 소재지는 지번(아파트 등 집합건축물의 경우에는 동·호수)까지, 지목/면적은 토지대장상의 지목·면적, 건축물대장상의 건축물 면적(집합건축물의 경우 호수별 전용면적, 그 밖의 건축물의 경우 연면적), 등기사항증명서상의 대지권 비율, 각 거래대상의 토지와 건축물에 대한 거래 지분을 정확하게 적습니다.

⑦ “계약대상 면적”란에는 실제 거래면적을 계산하여 적되, 건축물 면적은 집합건축물의 경우 전용면적을 적고, 그 밖의 건축물의 경우 연면적을 적습니다.

## 4 물건별 거래금액

| | ⑧ 물건별 거래가격 | 원 | | | |
|---|---|---|---|---|---|
| | | 공급계약 또는 전매 | 분양가격 원 | 발코니 확장 등 선택비용 원 | 추가 지급액 등 원 |

⑧ “물건별 거래가격”란에는 각각의 부동산별 거래가격을 적습니다. 최초 공급계약(분양) 또는 전매계약(분양권, 입주권)의 경우 분양가격, 발코니 확장 등 선택비용 및 추가 지급액 등(프리미엄 등 분양가격을 초과 또는 미달하는 금액)을 각각 적습니다. 이 경우 각각의 비용에 부가가치세가 있는 경우 부가가치세를 포함한 금액으로 적습니다.

## 5 총실제거래가격

| ⑨ 총 실제 거래가격(전체) | 합계 원 | 계약금 | 원 | 계약 체결일 | |
|---|---|---|---|---|---|
| | | 중도금 | 원 | 중도금 지급일 | |
| | | 잔금 | 원 | 잔금 지급일 | |

⑨ “총 실제 거래가격”란에는 전체 거래가격(둘 이상의 부동산을 함께 거래하는 경우 각각의 부동산별 거래가격의 합계 금액)을 적고, 계약금/중도금/잔금 및 그 지급일을 적습니다.

거래대상의 종류가 공급계약(분양) 또는 전매계약(분양권, 입주권)인 경우 ⑧ 물건별 거래가격 및 ⑨ 총 실제거래가격에 부가가치세를 포함한 금액을 적고, 그 외의 거래대상의 경우 부가가치세를 제외한 금액을 적습니다.

“거래계약의 체결일”이란 거래당사자가 구체적으로 특정되고, 거래목적물 및 거래대금 등 거래계약의 중요 부분에 대하여 거래당사자가 합의한 날을 말합니다. 이 경우 합의와 더불어 계약금의 전부 또는 일부를 지급한 경우에는 그 지급일을 거래계약의 체결일로 보되, 합의한 날이 계약금의 전부 또는 일부를 지급한 날보다 앞서는 것이 서면 등을 통해 인정되는 경우에는 합의한 날을 거래계약의 체결일로 봅니다.

## 6 종전부동산

| ⑩ 종전 부동산 | 소재지/지목/면적 | 소재지 | | |
|---|---|---|---|---|
| | | 지목 | 토지면적 $m^2$ | 토지 거래지분 ( 분의 ) |
| | | 대지권비율 ( 분의 ) | 건축물면적 $m^2$ | 건축물 거래지분 ( 분의 ) |
| | 계약대상 면적 | 토지 $m^2$ | 건축물 $m^2$ | 건축물 유형( ) |
| | 거래금액 | 합계 원 | 추가 지급액 등 원 | 권리가격 원 |
| | | 계약금 원 | 중도금 원 | 잔금 원 |

⑩ "종전 부동산"란은 입주권 매매의 경우에만 작성하고, 거래금액란에는 추가 지급액 등(프리미엄 등 분양가격을 초과 또는 미달하는 금액) 및 권리가격, 합계 금액, 계약금, 중도금, 잔금을 적습니다.

## 7 계약의 조건 및 참고사항

| ⑪ 계약의 조건 및 참고사항 | |
|---|---|

⑪ "계약의 조건 및 참고사항"란은 부동산 거래계약 내용에 계약조건이나 기한을 붙인 경우, 거래와 관련한 참고내용이 있을 경우에 적습니다.

---

「부동산 거래신고 등에 관한 법률」 제3조 제1항부터 제4항까지 및 같은 법 시행규칙 제2조 제1항부터 제4항까지의 규정에 따라 위와 같이 부동산거래계약 내용을 신고합니다.

년 월 일

신고인

매도인 : (서명 또는 인)
매수인 : (서명 또는 인)
개업공인중개사 : (서명 또는 인)
(개업공인중개사 중개 시)

**시장·군수·구청장** 귀하

---

다수의 부동산, 관련 필지, 매도·매수인, 개업공인중개사 등 기재사항이 복잡한 경우에는 다른 용지에 작성하여 간인 처리한 후 첨부합니다.

■ 부동산 거래신고 등에 관한 법률 시행규칙 [별지 제1호의2서식] <신설 2020. 10. 27.>

부동산거래관리시스템(rtms.molit.go.kr)에서도 신청할 수 있습니다.

# 법인 주택 거래계약 신고서

※ 색상이 어두운 난은 신청인이 적지 않으며, [ ]에는 해당되는 곳에 √표시를 합니다.

| 접수번호 | 접수일시 | 처리기간 |
|---|---|---|

| 구 분 | [ ] 매도인 [ ] 매수인 | | |
|---|---|---|---|
| 제출인<br>(법인) | 법인명(등기사항전부증명서상 상호) | 법인등록번호 | |
| | | 사업자등록번호 | |
| | 주소(법인소재지) | (휴대)전화번호 | |

| | | |
|---|---|---|
| ① 법인 등기현황 | 자본금<br>원 | ② 등기임원(총 인원)<br>명 |
| | 회사성립연월일 | 법인등기기록 개설 사유(최종) |
| | ③ 목적상 부동산 매매업(임대업) 포함 여부<br>[ ] 포함 [ ] 미포함 | ④ 사업의 종류<br>업태 ( ) 종목 ( ) |
| ⑤ 거래상대방 간 특수관계 여부 | 법인 임원과의 거래 여부<br>[ ] 해당 [ ] 미해당 | 관계(해당하는 경우만 기재) |
| | 매도·매수법인 임원 중 동일인 포함 여부<br>[ ] 해당 [ ] 미해당 | 관계(해당하는 경우만 기재) |
| | 친족관계 여부<br>[ ] 해당 [ ] 미해당 | 관계(해당하는 경우만 기재) |
| ⑥ 주택 취득목적 | | |

「부동산 거래신고 등에 관한 법률 시행령」 별표 1 제2호가목 및 같은 법 시행규칙 제2조 제5항에 따라 위와 같이 법인 주택 거래계약 신고서를 제출합니다.

년 월 일

제출인 (서명 또는 인)

**시장·군수·구청장** 귀하

| 유의사항 |
|---|
| 이 서식은 부동산거래계약 신고서 접수 전에는 제출할 수 없으니 별도 제출하는 경우에는 미리 부동산거래계약 신고서의 제출여부를 신고서 제출자 또는 신고관청에 확인하시기 바랍니다. |

| 작성방법 |
|---|

1. ① "법인 등기현황"에는 법인등기사항전부증명서(이하 "등기부"라 합니다)상 각 해당 항목을 작성해야 하며, 해당되는 거래당사자가 다수인 경우 각 법인별로 작성해야 합니다.
2. ② "등기임원"에는 등기부 "임원에 관한 사항"란에 등재되어 있는 대표이사 등 임원의 총 인원을 적습니다.
3. ③ "목적상 부동산 매매업(임대업) 포함 여부"에는 등기부 "목적" 란에 현재 부동산 매매업(임대업) 등재 여부를 확인하여 해당 난에 √표시를 합니다.
4. ④ "사업의 종류"에는 사업자등록증이 있는 경우 사업의 종류에 해당하는 내용을 적고, 사업자 미등록 또는 사업의 종류가 없는 비영리법인인 경우 인허가 목적 등을 적습니다.
5. ⑤ "거래상대방 간 특수관계 여부"에는 법인과 거래상대방 간의 관계가 다음 각 목의 어느 하나에 해당하는 지 여부를 확인하여 해당 난에 √표시를 하고, "해당"에 √표시를 한 경우 그 구체적 관계를 적습니다. 이 경우 특수관계가 여러 개인 경우 해당되는 관계를 모두 적습니다.
   가. 거래상대방이 개인인 경우: 그 개인이 해당 법인의 임원이거나 법인의 임원과 「국세기본법」 제2조 제20호가목의 친족관계가 있는 경우
   나. 거래상대방이 법인인 경우: 거래당사자인 매도법인과 매수법인의 임원 중 같은 사람이 있거나 거래당사자인 매도법인과 매수법인의 임원 간 「국세기본법」 제2조 제20호가목의 친족관계에 있는 경우
6. ⑥ "주택 취득 목적"은 주택을 취득하는 법인이 그 목적을 간략하게 적습니다.

210mm×297mm[백상지(80g/㎡) 또는 중질지(80g/㎡)]

■ 부동산 거래신고 등에 관한 법률 시행규칙 [별지 제1호의3서식] <개정 2022. 2. 28.>　　부동산거래관리시스템(rtms.molit.go.kr)에서도 신청할 수 있습니다.

# 주택취득자금 조달 및 입주계획서

※ 색상이 어두운 난은 신청인이 적지 않으며, [ ]에는 해당되는 곳에 √표시를 합니다.　　(앞쪽)

| 접수번호 | 접수일시 | 처리기간 |
|---|---|---|

| 제출인 (매수인) | 성명(법인명) | 주민등록번호(법인·외국인등록번호) |
|---|---|---|
| | 주소(법인소재지) | (휴대)전화번호 |

| | | | |
|---|---|---|---|
| ① 자금 조달계획 | 자기 자금 | ② 금융기관 예금액　원 | ③ 주식·채권 매각대금　원 |
| | | ④ 증여·상속　원 | ⑤ 현금 등 그 밖의 자금　원 |
| | | [ ] 부부 [ ] 직계존비속(관계: ) [ ] 그 밖의 관계( ) | [ ] 보유 현금 [ ] 그 밖의 자산(종류: ) |
| | | ⑥ 부동산 처분대금 등　원 | ⑦ 소계　원 |
| | 차입금 등 | ⑧ 금융기관 대출액 합계　원 | 주택담보대출　원 |
| | | | 신용대출　원 |
| | | | 그 밖의 대출　원 (대출 종류: ) |
| | | 기존 주택 보유 여부 (주택담보대출이 있는 경우만 기재) [ ] 미보유 [ ] 보유 ( 건) | |
| | | ⑨ 임대보증금　원 | ⑩ 회사지원금·사채　원 |
| | | ⑪ 그 밖의 차입금　원 | ⑫ 소계　원 |
| | | [ ] 부부 [ ] 직계존비속(관계: ) [ ] 그 밖의 관계( ) | |
| | ⑬ 합계 | 원 | |

| | | |
|---|---|---|
| ⑭ 조달자금 지급방식 | 총 거래금액 | 원 |
| | ⑮ 계좌이체 금액 | 원 |
| | ⑯ 보증금·대출 승계 금액 | 원 |
| | ⑰ 현금 및 그 밖의 지급방식 금액 | 원 |
| | 지급 사유 ( ) | |

| | | | |
|---|---|---|---|
| ⑱ 입주 계획 | [ ] 본인입주 [ ] 본인 외 가족입주 (입주 예정 시기: 년 월) | [ ] 임대 (전·월세) | [ ] 그 밖의 경우 (재건축 등) |

「부동산 거래신고 등에 관한 법률 시행령」 별표 1 제2호나목, 같은 표 제3호가목 전단, 같은 호 나목 및 같은 법 시행규칙 제2조 제6항·제7항·제9항·제10항에 따라 위와 같이 주택취득자금 조달 및 입주계획서를 제출합니다.

년　월　일

제출인　(서명 또는 인)

**시장·군수·구청장** 귀하

| 유의사항 |
|---|

1. 제출하신 주택취득자금 조달 및 입주계획서는 국세청 등 관계기관에 통보되어, 신고내역 조사 및 관련 세법에 따른 조사 시 참고자료로 활용됩니다.
2. 주택취득자금 조달 및 입주계획서(첨부서류 제출대상인 경우 첨부서류를 포함합니다)를 계약체결일부터 30일 이내에 제출하지 않거나 거짓으로 작성하는 경우 「부동산 거래신고 등에 관한 법률」 제28조 제2항 또는 제3항에 따라 과태료가 부과되오니 유의하시기 바랍니다.
3. 이 서식은 부동산거래계약 신고서 접수 전에는 제출이 불가하오니 별도 제출하는 경우에는 미리 부동산거래계약 신고서의 제출여부를 신고서 제출자 또는 신고관청에 확인하시기 바랍니다.

210mm×297mm[백상지(80g/㎡) 또는 중질지(80g/㎡)]

■ 부동산 거래신고 등에 관한 법률 시행규칙 [별지 제1호의4서식] <개정 2023. 8. 22.> 부동산거래관리시스템(rtms.molit.go.kr)에서도 신고할 수 있습니다.

# 토지취득자금 조달 및 토지이용계획서

※ 색상이 어두운 난은 신청인이 적지 않으며, [ ]에는 해당되는 곳에 √표시를 합니다. (앞쪽)

| 접수번호 | 접수일시 | 처리기간 |
|---|---|---|

| 제출인 (매수인) | 성명(법인명) | 주민등록번호(법인·외국인등록번호) |
|---|---|---|
| | 주소(법인소재지) | (휴대)전화번호 |

| ① 대상 토지 | | 토지 소재지 | 면적 | 거래금액 |
|---|---|---|---|---|
| | 1 | 시/군 동/읍/면 리 번지 | ㎡ | 원 |
| | 2 | 시/군 동/읍/면 리 번지 | ㎡ | 원 |
| | 3 | 시/군 동/읍/면 리 번지 | ㎡ | 원 |

| ② 자금 조달계획 | | | |
|---|---|---|---|
| 자기자금 | ③ 금융기관 예금액 원 | ④ 주식·채권 매각대금 원 | |
| | ⑤ 증여·상속 원 | ⑥ 현금 등 그 밖의 자금 원 | |
| | [ ] 부부 [ ] 직계존비속(관계: )<br>[ ] 그 밖의 관계( ) | [ ] 보유 현금<br>[ ] 그 밖의 자산(종류: ) | |
| | ⑦ 부동산 처분대금 등 원 | ⑧ 토지보상금 원 | |
| | ⑨ 소계 원 | | |
| 차입금 등 | ⑩ 금융기관 대출액 합계 원 | 토지담보대출 | 원 |
| | | 신용대출 | 원 |
| | | 그 밖의 대출 | 원 (대출 종류: ) |
| | ⑪ 그 밖의 차입금 원<br>[ ] 부부 [ ] 직계존비속(관계: )<br>[ ] 그 밖의 관계( ) | ⑫ 소계 원 | |
| ⑬ 합계 | 원 | | |

| ⑭ 토지이용계획 | |
|---|---|

「부동산 거래신고 등에 관한 법률 시행령」 별표 1 제4호·제5호 및 같은 법 시행규칙 제2조 제8항부터 제10항까지의 규정에 따라 위와 같이 토지취득자금 조달 및 토지이용계획서를 제출합니다.

년 월 일

제출인 (서명 또는 인)

**시장·군수·구청장** 귀하

| 유의사항 |
|---|
| 1. 제출하신 토지취득자금 조달 및 토지이용계획서는 국세청 등 관계기관에 통보되어, 신고내역 조사 및 관련 세법에 따른 조사 시 참고자료로 활용됩니다.<br>2. 토지취득자금 조달 및 토지이용계획서를 계약체결일부터 30일 이내에 제출하지 않거나 거짓으로 작성하는 경우 「부동산 거래신고 등에 관한 법률」 제28조 제2항 또는 제3항에 따라 과태료가 부과되니 유의하시기 바랍니다.<br>3. 이 서식은 부동산거래계약 신고서 접수 전에는 제출할 수 없으니 별도 제출하는 경우에는 미리 부동산거래계약 신고서의 제출여부를 신고서 제출자 또는 신고관청에 확인하시기 바랍니다. |

210mm×297mm[백상지(80g/㎡) 또는 중질지(80g/㎡)]

# 제7절 신고내용의 조사 등

## 1 신고내용 조사

### (1) 자료 제출 요구

① 거래당사자 또는 개업공인중개사에게 자료 제출 요구

㉠ 신고관청은 제3조, 제3조의2 또는 제8조에 따라 신고 받은 내용이 누락되어 있거나 정확하지 아니하다고 판단하는 경우에는 국토교통부령으로 정하는 바에 따라 신고인에게 신고 내용을 보완하게 하거나 신고한 내용의 사실 여부를 확인하기 위하여 소속 공무원으로 하여금 거래당사자 또는 개업공인중개사에게 거래계약서, 거래대금 지급을 증명할 수 있는 자료 등 관련 자료의 제출을 요구하는 등 필요한 조치를 취할 수 있다(법 제6조 제1항).

㉡ 국토교통부장관 또는 신고관청은 법 제6조 제1항 또는 제3항에 따라 신고 내용을 조사하기 위하여 거래당사자 또는 개업공인중개사에게 다음 각 호의 자료를 제출하도록 요구할 수 있다(시행규칙 제6조 제1항).

> 1. 거래계약서 사본
> 2. 거래대금의 지급을 확인할 수 있는 입금표 또는 통장 사본
> 3. 매수인이 거래대급의 지급을 위하여 다음 각 목의 행위를 하였음을 증명할 수 있는 자료
>    가. 대출
>    나. 정기예금 등의 만기수령 또는 해약
>    다. 주식·채권 등의 처분
> 4. 매도인이 매수인으로부터 받은 거래대금을 예금 외의 다른 용도로 지출한 경우 이를 증명할 수 있는 자료
> 5. 그 밖에 신고 내용의 사실 여부를 확인하기 위하여 필요한 자료

② 관계기관의 장에게 자료요청

국토교통부장관 및 신고관청은 제1항 및 제3항에 따른 신고내용조사를 위하여 국세·지방세에 관한 자료, 소득·재산에 관한 자료 등 대통령령으로 정하는 자료를 관계 행정기관의 장에게 요청할 수 있다. 이 경우 요청을 받은 관계 행정기관의 장은 정당한 사유가 없으면 그 요청에 따라야 한다(시행규칙 제6조 제4항).

③ 국토교통부장관의 직접조사

국토교통부장관은 제3조, 제3조의2 또는 제8조에 따라 신고 받은 내용의 확인을 위하여 필요한 때에는 신고내용조사를 직접 또는 신고관청과 공동으로 실시할 수 있다(시행규칙 제6조 제3항).

④ 수사기관에 통보

국토교통부장관 및 신고관청은 신고내용조사 결과 그 내용이 이 법 또는 「주택법」, 「공인중개사법」, 「상속세 및 증여세법」 등 다른 법률을 위반하였다고 판단되는 때에는 이를 수사기관에 고발하거나 관계 행정기관에 통보하는 등 필요한 조치를 할 수 있다(시행규칙 제6조 제5항).

(2) **보고**

① 신고관청의 보고

신고 내용을 조사 한 경우 신고관청은 조사 결과를 특별시장, 광역시장, 특별자치시장, 도지사, 특별자치도지사(이하 "시·도지사"라 한다)에게 보고하여야 하며, 시·도지사는 이를 국토교통부령으로 정하는 바에 따라 국토교통부장관에게 보고하여야 한다(법 제6조 제2항).

② 시·도지사의 보고

특별시장, 광역시장, 특별자치시장, 도지사 또는 특별자치도지사는 법 제6조 제2항에 따라 신고관청이 보고한 내용을 취합하여 매월 1회 국토교통부장관에게 보고[「전자서명법」 제2조 제1호에 따른 전자문서에 의한 보고 또는 법 제25조에 따른 부동산정보체계에 입력하는 것을 포함한다]하여야 한다(시행규칙 제6조 제4항).

## 2 신고필증 발급

(1) **지체없이 발급**

법 제3조 제5항에 따라 신고관청은 부동산거래계약 신고서가 제출된 때에 별지 제2호서식의 부동산거래계약 신고필증을 발급한다. 신고를 받은 신고관청은 그 신고 내용을 확인한 후 신고인에게 신고필증을 지체 없이 발급하여야 한다(법 제3조 제5항).

(2) **부동산거래계약시스템**

법 제25조에 따라 구축된 부동산 거래계약 관련 정보시스템을 통하여 부동산 거래계약을 체결한 경우에는 부동산 거래계약이 체결된 때에 제1항, 제2항 또는 제4항의 부동산거래계약 신고서를 제출한 것으로 본다(시행규칙 제2조 제14항).

(3) **검인의제**

부동산 등의 매수인은 신고인이 신고필증을 발급 받은 때에는 부동산등기특별조치법 제3조 제1항에 따른 검인을 받은 것으로 본다.

## 3 등기신청

## 4 검증

### (1) 검증체계의 구축 운영

① 국토교통부장관은 제3조에 따라 신고받은 내용, 「부동산 가격공시에 관한 법률」에 따라 공시된 토지 및 주택의 가액, 그 밖의 부동산 가격정보를 활용하여 부동산거래가격 검증체계를 구축·운영하여야 한다(법 제5조 제1항).

② 국토교통부장관은 법 제5조 제1항에 따른 부동산거래가격 검증체계의 구축·운영을 위하여 다음 각 호의 사항에 관한 자료를 제출할 것을 신고관청에 요구할 수 있다(시행령 제4조).

> 1. 법 제5조 제2항(법 제6조의4 제2항에서 준용하는 경우를 포함한다)에 따른 신고가격의 적정성 검증결과
> 2. 법 제6조(법 제6조의4 제3항에서 준용하는 경우를 포함한다)에 따른 신고내용의 조사결과
> 3. 그 밖에 검증체계의 구축·운영을 위하여 필요한 사항

### (2) 검증

신고관청은 제3조에 따른 신고를 받은 경우 제1항에 따른 부동산거래가격 검증체계를 활용하여 그 적정성을 검증하여야 한다(법 제5조 제2항).

### (3) 세무서장 통보

신고관청은 제2항에 따른 검증 결과를 해당 부동산의 소재지를 관할하는 세무관서의 장에게 통보하여야 하며, 통보받은 세무관서의 장은 해당 신고 내용을 국세 또는 지방세 부과를 위한 과세자료로 활용할 수 있다(법 제5조 제3항).

## 제8절 정정신청, 변경신고 및 해제 등 신고 제22회 제24회 제30회 제34회 제35회

### 1 정정신청

#### (1) 정정신청 사항

거래당사자 또는 개업공인중개사는 부동산 거래계약 신고 내용 중 다음 각 호의 어느 하나에 해당하는 사항이 잘못 기재된 경우에는 신고관청에 신고 내용의 정정을 신청할 수 있다(시행규칙 제3조 제1항).

> 1. 거래당사자의 주소·전화번호 또는 휴대전화번호
> 2. 거래 지분 비율
> 3. 개업공인중개사의 전화번호·상호 또는 사무소 소재지
> 4. 거래대상 건축물의 종류
> 5. 거래대상 부동산등(부동산을 취득할 수 있는 권리에 관한 계약의 경우에는 그 권리의 대상인 부동산을 말한다. 이하 같다)의 지목, 면적, 거래 지분 및 대지권비율

#### (2) 신고필증에 정정

정정신청을 하려는 거래당사자 또는 개업공인중개사는 법 제3조 제5항에 따라 발급받은 부동산거래 신고필증에 정정 사항을 표시하고 해당 정정 부분에 서명 또는 날인을 하여 신고관청에 제출해야 한다. 다만, 제1항 제1호의 사항을 정정하는 경우에는 해당 거래당사자 일방이 단독으로 서명 또는 날인하여 정정을 신청할 수 있다(시행규칙 제3조 제2항).

#### (3) 신고필증 재발급

제2항에 따른 정정신청을 받은 신고관청은 정정사항을 확인한 후 지체 없이 해당 내용을 정정하고, 정정사항을 반영한 부동산거래 신고필증을 재발급해야 한다(시행규칙 제3조 제6항).

### 2 변경신고

#### (1) 변경신고사항

거래당사자 또는 개업공인중개사는 부동산 거래계약 신고 내용 중 다음 각 호의 어느 하나에 해당하는 사항이 변경된 경우에는 「부동산등기법」에 따른 부동산에 관한 등기신청 전에 신고관청에 신고 내용의 변경을 신고할 수 있다.

1. 거래 지분 비율
2. 거래 지분
3. 거래대상 부동산등의 면적
4. 계약의 조건 또는 기한
5. 거래가격
6. 중도금·잔금 및 지급일
7. 공동매수의 경우 일부 매수인의 변경(매수인 중 일부가 제외되는 경우만 해당한다)
8. 거래대상 부동산등이 다수인 경우 일부 부동산등의 변경(거래대상 부동산등 중 일부가 제외되는 경우만 해당한다)
9. 위탁관리인의 성명, 주민등록번호, 주소 및 전화번호(휴대전화번호를 포함한다)



### (2) 변경신고서 제출

① 거래당사자 또는 개업공인중개사

변경신고를 하는 거래당사자 또는 개업공인중개사는 별지 제3호서식의 부동산거래계약 변경신고서에 서명 또는 날인하여 신고관청에 제출해야 한다. 다만, 부동산등의 면적 변경이 없는 상태에서 거래가격이 변경된 경우에는 거래계약서 사본 등 그 사실을 증명할 수 있는 서류를 첨부해야 한다.

② 단독신고

제4항 본문에도 불구하고 법 제3조 제1항 제2호 또는 제3호에 해당하는 계약인 경우 제3항 제5호에 따른 거래가격 중 분양가격 및 선택품목은 거래당사자 일방이 단독으로 변경신고를 할 수 있다. 이 경우 거래계약서 사본 등 그 사실을 증명할 수 있는 서류를 첨부해야 한다.

### (3) 신고필증 재발급

제4항 또는 제5항에 따른 변경신고를 받은 신고관청은 변경사항을 확인한 후 지체 없이 해당 내용을 변경하고, 변경사항을 반영한 부동산거래 신고필증을 재발급해야 한다.

## 3 부동산거래계약해제 등 신고

### (1) 거래당사자

① 공동신고

법 제3조의2 제1항 본문 또는 같은 조 제2항 본문에 따라 부동산 거래계약의 해제, 무효 또는 취소를 신고하려는 거래당사자는 별지 제4호서식의 부동산거래계약 해제등 신고서에 공동으로 서명 또는 날인하여 신고관청에 제출해야 한다(시행규칙 제4조 제1항).

② 단독신고

㉠ 일방이 국가 등인 경우

거래당사자 중 일방이 국가등인 경우 국가등이 단독으로 서명 또는 날인하여 신고관청에 제출할 수 있다(시행규칙 제4조 제1항).

㉡ 첨부서류

법 제3조의2 제1항 단서 또는 같은 조 제2항 단서에 따라 단독으로 부동산 거래계약의 해제등을 신고하려는 자는 부동산거래계약 해제등 신고서에 단독으로 서명 또는 날인한 후 다음 각 호의 서류를 첨부하여 신고관청에 제출해야 한다. 이 경우 신고관청은 단독신고 사유에 해당하는지 여부를 확인해야 한다.

| 1. 확정된 법원의 판결문 등 해제등이 확정된 사실을 입증할 수 있는 서류<br>2. 단독신고사유서 |
|---|

### (2) 개업공인중개사

① 개업공인중개사가 제3조 제3항에 따라 신고를 한 경우에는 거래당사자가 있음에도 불구하고 개업공인중개사가 해제 등 신고를 할 수 있다. 개업공인중개사가 공동으로 중개한 경우에는 해당 개업공인중개사가 공동으로 신고하는 것을 말한다.

② 다만, 개업공인중개사 중 일방이 거부한 경우에는 국토교통부령이 정하는 바에 따라 단독으로 신고할 수 있다. 이 경우에 신고관청은 단독신고 사유에 해당하는 지 여부를 확인해야 한다.

| 1. 확정된 법원의 판결문 등 해제등이 확정된 사실을 입증할 수 있는 서류<br>2. 단독신고사유서 |
|---|

### (3) 지체없이 확인서 발급

제1항 및 제2항의 신고를 받은 신고관청은 그 내용을 확인한 후 별지 제5호서식의 부동산거래계약 해제등 확인서를 신고인에게 지체 없이 발급해야 한다(시행규칙 제4조 제3항).

### (4) 부동산거래계약시스템

부동산거래계약시스템을 통하여 부동산 거래계약 해제등을 한 경우에는 부동산 거래계약 해제등이 이루어진 때에 제1항의 부동산거래계약 해제등 신고서를 제출한 것으로 본다(시행규칙 제4조 제4항).

**참고학습** 다른 제도와의 관계

1. 토지거래허가제도
   토지거래허가구역 내의 토지를 매매로 취득한 경우에는 제도의 취지가 다르므로 토지거래허가를 받은 경우에도 별도로 부동산거래신고를 하여야 한다.
2. 농지취득자격증명
   농지취득에 관하여 농지취득자격증명을 받은 경우에도 부동산거래신고를 별도로 하여야 한다.
3. 외국인 등 특례에 따른 신고
   외국인 등이 부동산 등에 대한 매매계약을 체결한 경우 부동산거래신고를 하여야 하고 외국인특례에 따른 신고의무는 없다.
4. 검인 제도
   부동산등의 매수인은 신고인이 제5항에 따른 신고필증을 발급받은 때에 「부동산등기 특별조치법」 제3조 제1항에 따른 검인을 받은 것으로 본다(법 제3조 제6항).



## 제 9 절 부동산거래신고의무 위반에 대한 제재 제26회 제27회 제28회 제31회 제32회 제33회

### 1 금지행위

누구든지 제3조 또는 제3조의2에 따른 신고에 관하여 다음 각 호의 어느 하나에 해당하는 행위를 하여서는 아니 된다(법 제4조).

1. 개업공인중개사에게 제3조에 따른 신고를 하지 아니하게 하거나 거짓으로 신고하도록 요구하는 행위
2. 제3조 제1항 각 호의 어느 하나에 해당하는 계약을 체결한 후 같은 조에 따른 신고 의무자가 아닌 자가 거짓으로 같은 조에 따른 신고를 하는 행위
3. 거짓으로 제3조 또는 제3조의2에 따른 신고를 하는 행위를 조장하거나 방조하는 행위
4. 제3조 제1항 각 호의 어느 하나에 해당하는 계약을 체결하지 아니하였음에도 불구하고 거짓으로 같은 조에 따른 신고를 하는 행위
5. 제3조에 따른 신고 후 해당 계약이 해제등이 되지 아니하였음에도 불구하고 거짓으로 제3조의2에 따른 신고를 하는 행위

### 2 벌칙

#### (1) 3년 이하의 징역이나 3천만원이하의 벌금형

부당하게 재물이나 재산상 이득을 취득하거나 제3자로 하여금 이를 취득하게 할 목적으로 제4조

제4호 또는 제5호를 위반하여 거짓으로 제3조 또는 제3조의2에 따라 신고한 자는 3년 이하의 징역 또는 3천만원 이하의 벌금에 처한다(26조 제1항).

### (2) 취득가액의 100분의 10 이하에 상당하는 금액의 과태료

제3조 제1항부터 제4항까지 또는 제4조 제2호를 위반하여 그 신고를 거짓으로 한 자에게는 해당 부동산등의 취득가액의 100분의 10 이하에 상당하는 금액의 과태료를 부과한다. 부동산에 대하여 12억원에 매매계약을 체결하였지만 부동산 실거래가 신고는 10억원으로 한 경우에는 취득가액인 12억원의 10%인 1억 2천만원 이하의 과태료를 부과한다.

### (3) 3000만원 이하의 과태료

① 제4조 제4호를 위반하여 거짓으로 제3조에 따라 신고한 자(제26조 제1항에 따라 벌칙을 부과받은 경우는 제외한다)

② 제4조 제5호를 위반하여 거짓으로 제3조의2에 따라 신고한 자(제26조 제1항에 따라 벌칙을 부과받은 경우는 제외한다)

③ 제6조를 위반하여 거래대금 지급을 증명할 수 있는 자료를 제출하지 아니하거나 거짓으로 제출한 자 또는 그 밖의 필요한 조치를 이행하지 아니한 자

### (4) 500만원 이하의 과태료

① 제3조 제1항부터 제4항까지의 규정을 위반하여 같은 항에 따른 신고를 하지 아니한 자(공동신고를 거부한 자를 포함한다)

② 제3조의2 제1항을 위반하여 같은 항에 따른 신고를 하지 아니한 자(공동신고를 거부한 자를 포함한다)

③ 제4조 제1호를 위반하여 개업공인중개사에게 제3조에 따른 신고를 하지 아니하게 하거나 거짓으로 신고하도록 요구한 자

④ 제4조 제3호를 위반하여 거짓으로 제3조에 따른 신고를 하는 행위를 조장하거나 방조한 자

⑤ 제6조를 위반하여 거래대금 지급을 증명할 수 있는 자료 외의 자료를 제출하지 아니하거나 거짓으로 제출한 자

## 3 과태료 부과기준

시행령 제20조(과태료의 부과기준) 법 제28조 제1항부터 제5항까지의 규정에 따른 과태료의 부과기준은 별표 3과 같다. 〈개정 2020. 2. 18., 2020. 10. 27.〉

## 4 자진신고자의 감경 면제

### (1) 감경 면제

신고관청은 제28조 제2항 제1호부터 제3호까지 및 제3항부터 제5항까지의 어느 하나에 따른 위반사실을 자진 신고한 자에 대하여 대통령령으로 정하는 바에 따라 같은 규정에 따른 과태료를 감경 또는 면제할 수 있다(법 제29조).

### (2) 신고서 및 입증서류 제출

법 제29조에 따라 자진 신고를 하려는 자는 국토교통부령으로 정하는 신고서 및 위반행위를 입증할 수 있는 서류를 조사기관에 제출해야 한다.

### (3) 자진 신고자에 대한 감경 또는 면제의 기준

법 제29조에 따른 과태료의 감경 또는 면제 기준은 다음 각 호와 같다.

① 과태료 면제

법 제6조 제1항 또는 제3항(각각 법 제6조의4 제3항에서 준용하는 경우를 포함한다)에 따른 국토교통부장관 또는 신고관청의 조사가 시작되기 전에 자진 신고한 자로서 다음 각 목의 요건을 모두 충족한 경우에는 과태료를 면제한다.

| |
|---|
| 가. 자진 신고한 위반행위가 법 제28조 제2항 제2호·제3호 또는 같은 조 제3항부터 제5항까지의 어느 하나에 해당할 것<br>나. 신고관청에 단독(거래당사자 일방이 여러 명인 경우 그 일부 또는 전부가 공동으로 신고한 경우를 포함한다. 이하 이 조에서 같다)으로 신고한 최초의 자일 것<br>다. 위반사실 입증에 필요한 자료 등을 제공하는 등 조사가 끝날 때까지 성실하게 협조하였을 것 |

② 과태료 감경

조사기관의 조사가 시작된 후 자진 신고한 자로서 다음 각 목의 요건을 모두 충족한 경우에는 과태료의 100분의 50 감경한다.

| |
|---|
| 가. 제1호가목 및 다목에 해당할 것<br>나. 조사기관이 허위신고 사실 입증에 필요한 증거를 충분히 확보하지 못한 상태에서 조사에 협조했을 것<br>다. 조사기관에 단독으로 신고한 최초의 자일 것 |

### (4) 과태료 감경 면제 되지 않는 경우

다음 각 호의 어느 하나에 해당하는 경우에는 과태료를 감경·면제하지 않는다.

1. 자진 신고하려는 부동산등의 거래계약과 관련하여 「국세기본법」 또는 「지방세법」 등 관련 법령을 위반한 사실 등이 관계기관으로부터 조사기관에 통보된 경우
2. 자진 신고한 날부터 과거 1년 이내에 제1항 제1호 및 제2호에 따른 자진 신고를 하여 3회 이상 해당 신고관청에서 과태료의 감경 또는 면제를 받은 경우
3. 제4조 제4호를 위반하여 거짓으로 제3조에 따라 신고한 자(제26조 제1항에 따라 벌칙을 부과받은 경우는 제외한다)
4. 제4조 제5호를 위반하여 거짓으로 제3조의2에 따라 신고한 자(제26조 제1항에 따라 벌칙을 부과받은 경우는 제외한다)
5. 제6조를 위반하여 거래대금 지급을 증명할 수 있는 자료 외의 자료를 제출하지 아니하거나 거짓으로 제출한 자
6. 제6조를 위반하여 거래대금 지급을 증명할 수 있는 자료를 제출하지 아니하거나 거짓으로 제출한 자 또는 그 밖의 필요한 조치를 이행하지 아니한 자

## 5 등록관청에 통보

과태료는 대통령령으로 정하는 바에 따라 신고관청이 부과·징수한다. 이 경우 개업공인중개사에게 과태료를 부과한 신고관청은 부과일부터 10일 이내에 해당 개업공인중개사의 중개사무소(법인의 경우에는 주된 중개사무소를 말한다)를 관할하는 시장·군수 또는 구청장에 과태료 부과 사실을 통보하여야 한다.

## 6 양벌규정

법인의 대표자나 법인 또는 개인의 대리인, 사용인, 그 밖의 종업원이 그 법인 또는 개인의 업무에 관하여 제26조의 위반행위를 하면 그 행위자를 벌하는 외에 그 법인 또는 개인에게도 해당 조문의 벌금형을 과(科)한다. 다만, 법인 또는 개인이 그 위반행위를 방지하기 위하여 해당 업무에 관하여 상당한 주의와 감독을 게을리하지 아니한 경우에는 그러하지 아니하다(법 제27조).

# 01 CHAPTER 기출 및 예상문제



**01 부동산 거래신고 등에 관한 법령상 부동산거래신고의 대상이 아닌 것은?** (제35회)

① 「주택법」에 따른 조정대상지역에 소재하는 주택의 증여계약
② 「공공주택 특별법」에 따른 부동산의 공급계약
③ 토지거래허가를 받은 토지의 매매계약
④ 「택지개발촉진법」에 따른 부동산 공급계약을 통하여 부동산을 공급받는 자로 선정된 지위의 매매계약
⑤ 「빈집 및 소규모주택 정비에 관한 특례법」에 따른 사업시행계획인가로 취득한 입주자로 선정된 지위의 매매계약

**해설** 주택에 대한 매매계약을 체결한 경우에 부동산거래신고의무가 있으므로 '증여계약'은 부동산거래신고의무가 없다.

정답 ①

**02 부동산 거래신고 등에 관한 법령상 부동산 거래신고에 관한 설명으로 틀린 것은?** (제29회)

① 지방자치단체가 개업공인중개사의 중개 없이 토지를 매수하는 경우 부동산거래계약 신고서에 단독으로 서명 또는 날인하여 신고관청에 제출해야 한다.
② 개업공인중개사가 공동으로 토지의 매매를 중개하여 거래계약서를 작성·교부한 경우 해당 개업공인중개사가 공동으로 신고해야 한다.
③ 매수인은 신고인이 거래신고를 하고 신고필증을 발급받은 때에 부동산등기특별조치법에 따른 검인을 받은 것으로 본다.
④ 공공주택 특별법에 따른 공급계약에 의해 부동산을 공급받는 자로 선정된 지위를 매매하는 계약은 부동산 거래신고의 대상이 아니다.
⑤ 매매계약에 조건이나 기한이 있는 경우 그 조건 또는 기한도 신고해야 한다.

**해설** 공공주택 특별법에 따른 공급계약에 의해 부동산을 공급받는 자로 선정된 지위를 매매하는 계약도 부동산 거래신고의 대상이다.

정답 ④

**03 甲이 「건축법 시행령」에 따른 단독주택을 매수하는 계약을 체결하였을 때, 부동산 거래신고 등에 관한 법령에 따라 甲 본인이 그 주택에 입주할지 여부를 신고해야 하는 경우를 모두 고른 것은?** (甲, 乙, 丙은 자연인이고 丁은 「지방공기업법」상 지방공단임) (제32회)

> ㉠ 甲이 「주택법」상 투기과열지구에 소재하는 乙 소유의 주택을 실제 거래가격 3억원으로 매수하는 경우
> ㉡ 甲이 「주택법」상 '투기과열지구 또는 조정대상지역' 외의 장소에 소재하는 丙 소유의 주택을 실제 거래가격 5억원으로 매수하는 경우
> ㉢ 甲이 「주택법」상 투기과열지구에 소재하는 丁 소유의 주택을 실제 거래가격 10억원으로 매수하는 경우

① ㉠ ② ㉡ ③ ㉠, ㉡ ④ ㉠, ㉢ ⑤ ㉡, ㉢

**해설** ㉠ 甲이 「주택법」상 투기과열지구에 소재하는 乙 소유의 주택을 매수하는 경우에는 금액에 관계없이 입주계획을 신고하여야 한다.
㉡ 甲이 「주택법」상 '투기과열지구 또는 조정대상지역' 외의 장소에 소재하는 丙 소유의 주택을 실제 거래가격 6억원 이상인 경우에 한하여 입주계획을 신고하여야 한다.
㉢ 甲이 「주택법」상 투기과열지구에 소재하는 지방공단 丁 소유의 주택을 甲이 매수하는 경우 입주계획을 신고해야 한다.

정답 ④

**04 부동산 거래신고 등에 관한 법령상 부동산거래계약신고서의 작성방법으로 틀린 것은?** (제34회)

① 관련 필지 등 기재사항이 복잡한 경우에는 다른 용지에 작성하여 간인 처리한 후 첨부한다.
② '거래대상'의 '종류' 중 '공급계약'은 시행사 또는 건축주 등이 최초로 부동산을 공급(분양)하는 계약을 말한다.
③ '계약대상 면적'란에는 실제 거래면적을 계산하여 적되, 집합 건축물이 아닌 건축물의 경우 건축물 면적은 연면적을 적는다.
④ '거래대상'의 '종류' 중 '임대주택 분양전환'은 법인이 아닌 임대주택사업자가 임대기한이 완료되어 분양전환하는 주택인 경우에 √ 표시를 한다.
⑤ 진매계약(분양권, 입주권)의 경우 '물건별 거래가격'란에는 분양가격, 발코니 확장 등 선택비용 및 추가 지급액등을 각각 적되, 각각의 비용에 대한 부가가치세가 있는 경우 이를 포함한 금액으로 적는다.

**해설** ④ '거래대상'의 '종류' 중 '임대주택 분양전환'은 임대주택사업자(법인에 한함)가 임대기한이 완료되어 분양전환하는 주택인 경우에 √ 표시를 한다.

정답 ④

# 02 CHAPTER 주택임대차 계약의 신고

단원별 학습포인트

- 주택임대차계약신고제도는 최근에 신설된 제도로서 내용이 많지 않으나 본 제도가 시행되는 시점이고 실무에서 많이 사용되는 제도이므로 출제 가능성도 있다. 특히 주택임대차신고대상, 주택임대차신고사항이 핵심적으로 공부할 내용이다.



## 제1절 주택임대차 계약의 신고 대상 제32회 제34회 제35회

### 1 주택

주택임대차 계약의 신고 대상인 "주택"은 주택임대차보호법」 제2조에 따른 주택을 말하며, 주택을 취득할 수 있는 권리를 포함한다. 따라서 오피스텔은 업무시설에 해당하지만 실질적으로 주거용으로 임대차계약을 체결한 경우에도 주택임대차계약신고 대상이 된다.

### 2 대상 지역

주택 임대차 계약의 신고는 임차가구 현황 등을 고려하여 대통령령으로 정하는 지역에 적용한다. 법 제6조의2 제2항에서 "대통령령으로 정하는 지역"이란 특별자치시·특별자치도·시·군(광역시 및 경기도의 관할구역에 있는 군으로 한정한다)·구(자치구를 말한다)를 말한다(시행령 제4조의3).

### 3 대상 임대차계약

#### (1) 초과 보증금 또는 월세

주택임대차 계약이 대통령령으로 정하는 금액을 초과하는 경우에 주택임대차계약의 신고 대상이다. 법 제6조의2제1항 본문에서 "대통령령으로 정하는 금액을 초과하는 임대차 계약"이란 보증금이 6천만원을 초과하거나 월 차임이 30만원을 초과하는 주택 임대차 계약을 말한다(시행령 제4조의3). 따라서 대상지역에서 보증금 1억원에 월세 20만원의 임대차계약의 경우에도 주택임대차계약 신고 의무가 발생한다. 대상지역에서 보증금 1천만원에 월세 70만원인 주택임대차계약의 경우에도 주택임대차신고의무가 발생한다. 그러나 보증금 6천만원에 월세 30만원인 경우에는 적용보증금 이하에 해당하므로 주택임대차계약의 신고의무는 없다.

### (2) 기간만 연장 하는 경우

주택임대차 계약을 갱신하는 경우로서 보증금 및 차임의 증감 없이 임대차 기간만 연장하는 계약은 주택임대차계약의 변경신고 대상이 아니다.

## 제2절 신고관청 및 신고기한

### 1 신고관청

① 주택임대차계약 신고는 주택 소재지를 관할하는 신고관청에 공동으로 신고하여야 한다.
② 신고관청은 제1항부터 제4항까지의 규정에 따른 사무에 대한 해당 권한의 일부를 그 지방자치단체의 조례로 정하는 바에 따라 읍·면·동장 또는 출장소장에게 위임할 수 있다.

### 2 신고기한

주택임대차계약의 신고는 임대차 계약의 체결일부터 30일 이내에 주택 소재지를 관할하는 신고관청에 공동으로 신고하여야 한다.

## 제3절 신고의무자

### 1 임대차계약 당사자

#### (1) 공동신고

① 공동신고 원칙

임대차계약당사자는 주택에 대하여 임대차 계약의 체결일부터 30일 이내에 주택 소재지를 관할하는 신고관청에 공동으로 신고하여야 한다. "임대차계약당사자"란 부동산등의 임대인과 임차인을 말하며, 외국인등을 포함한다. 법 제6조의2 제1항에 따라 주택 임대차 계약을 신고하려는 임대차계약당사자는 별지 제5호의2서식의 주택 임대차 계약 신고서에 공동으로 서명 또는 날인해 신고관청에 제출해야 한다. 주택임대차 계약의 신고를 하려는 자는 자는 신분증명서를 신고관청에 보여줘야 한다.

② 공동신고 간주

임대차계약당사자 일방이 임대차 신고서에 단독으로 서명 또는 날인한 후 다음 각 호의 서류 등을 첨부해 신고관청에 제출한 경우에는 임대차계약당사자가 공동으로 임대차 신고서를 제출한 것으로 본다. 주택임대차 계약의 신고를 하려는 자는 신분증명서를 신고관청에 보여줘야 한다.

1. 주택 임대차 계약서(계약서를 작성한 경우만 해당한다)
2. 입금증, 주택 임대차 계약과 관련된 금전거래내역이 적힌 통장사본 등 주택 임대차 계약 체결 사실을 입증할 수 있는 서류 등(주택 임대차 계약서를 작성하지 않은 경우만 해당한다)
3. 「주택임대차보호법」 제6조의3에 따른 계약갱신요구권을 행사한 경우 이를 확인할 수 있는 서류 등

③ 공동신고 간주 II

임대차계약당사자 일방 또는 제6조의5에 따른 임대차계약당사자의 위임을 받은 사람이 주택임대차신고사항이 모두 적혀 있고 임대차계약당사자의 서명이나 날인이 되어 있는 주택 임대차 계약서를 신고관청에 제출하면 임대차계약당사자가 공동으로 임대차 신고서를 제출한 것으로 본다. 주택임대차 계약의 신고를 하려는 자는 자는 신분증명서를 신고관청에 보여줘야 한다.

### (2) 단독신고

① 일방 거부

임대차계약당사자 중 일방이 신고를 거부하는 경우에는 국토교통부령으로 정하는 바에 따라 단독으로 신고할 수 있다. 임대차계약당사자 중 일방이 신고를 거부해 법 제6조의2 제3항에 따라 단독으로 주택 임대차 계약을 신고하려는 임대차계약당사자는 임대차 신고서에 서명 또는 날인한 후 제3항 각 호에 따른 서류 등과 단독신고사유서를 첨부해 신고관청에 제출해야 한다. 이 경우 신고관청은 단독신고 사유에 해당하는지를 확인해야 한다. 주택임대차 계약의 신고를 하려는 자는 자는 신분증명서를 신고관청에 보여줘야 한다.

② 일방이 국가 등

임대차계약당사자 중 일방이 국가등인 경우에는 국가등이 신고하여야 한다. 즉 LH공사와 임대차계약을 체결한 임차인은 주택임대차계약의 신고의무가 없고 LH공사가 주택임대차 계약의 신고를 하여야 한다. 법 제6조의2 제1항 단서에 따라 국가등이 주택 임대차 계약을 신고하려는 경우에는 임대차 신고서에 단독으로 서명 또는 날인해 신고관청에 제출해야 한다.

### 2 개업공인중개사는 신고의무 없음

개업공인중개사가 주택임대차계약을 중개하여 주택임대차계약서를 작성 교부한 경우에 개업공인중개사는 주택임대차계약 신고의무가 없다. 개업공인중개사가가 주택임대차계약서를 작성 교부한 경우에도 주택임대인과 주택임차인이 주택임대차계약의 신고를 하여야 한다.

## 제 4 절 신고방법

### 1 방문신고 또는 전자문서

주택임대차계약의 신고 방법은 방문신고하는 방법과 전자문서로 주택임대차계약신고를 하는 방법 두 가지가 있다.

### 2 직접제출 또는 제출대행

주택임대차계약의 계약당사자가 직접 주택임대차계약의 신고를 하는 경우와 임대차계약당사자의 위임을 받은 사람은 임대차 신고서 의 작성·제출을 대행할 수 있다. 이 경우 임대차신고서등의 작성·제출을 대행하는 사람은 신분증명서를 신고관청에 보여줘야 하며, 임대차신고서등의 작성·제출을 위임한 임대차계약당사자가 서명 또는 날인한 위임장(임대차계약당사자가 법인인 경우에는 법인인감을 날인한 위임장)과 신분증명서 사본을 함께 제출해야 한다.

■ 부동산 거래신고 등에 관한 법률 시행규칙 [별지 제5호의2서식] <개정 2023. 12. 29.>

부동산거래관리시스템(rtms.molit.go.kr)에서도 신청할 수 있습니다.

# 주택 임대차 계약 신고서

※ 뒤쪽의 유의사항 · 작성방법을 읽고 작성하시기 바라며, [ ]에는 해당하는 곳에 √표를 합니다. (앞쪽)

| 접수번호 | 접수일시 | 처리기간 지체 없이 |
|---|---|---|

|  |  | | | |
|---|---|---|---|---|
| ①임대인 | 성명(법인·단체명) | | 주민등록번호(법인·외국인등록·고유번호) | |
| | 주소(법인·단체 소재지) | | | |
| | 전화번호 | | 휴대전화번호 | |
| ②임차인 | 성명(법인·단체명) | | 주민등록번호(법인·외국인등록·고유번호) | |
| | 주소(법인·단체 소재지) | | | |
| | 전화번호 | | 휴대전화번호 | |
| ③임대 목적물 현황 | 종류 | 아파트[ ] 연립[ ] 다세대[ ] 단독[ ] 다가구[ ] 오피스텔[ ] 고시원[ ] 그 밖의 주거용[ ] | | |
| | ④소재지(주소) | | | |
| | 건물명( ) | 동 | 층 | 호 |
| | ⑤임대 면적(㎡) | ㎡ | 방의 수(칸) | 칸 |

|  | | | | |
|---|---|---|---|---|
| 임대 계약내용 | ⑥신규 계약 [ ] | 임대료 | 보증금 | 원 |
| | | | 월 차임 | 원 |
| | | 계약 기간 | | 년 월 일 ~ 년 월 일 |
| | | 체결일 | | 년 월 일 |
| | ⑦갱신 계약 [ ] | 종전 임대료 | 보증금 | 원 |
| | | | 월 차임 | 원 |
| | | 갱신 임대료 | 보증금 | 원 |
| | | | 월 차임 | 원 |
| | | 계약 기간 | | 년 월 일 ~ 년 월 일 |
| | | 체결일 | | 년 월 일 |
| | | ⑧「주택임대차보호법」 제6조의3에 따른 계약갱신요구권 행사 여부 | | [ ] 행사 [ ] 미행사 |

|  | | | | |
|---|---|---|---|---|
| 개업공인중개사 | 사무소 명칭 | | 사무소 명칭 | |
| | 사무소 소재지 | | 사무소 소재지 | |
| | 대표자 성명 | | 대표자 성명 | |
| | 등록번호 | | 등록번호 | |
| | 전화번호 | | 전화번호 | |
| | 소속공인중개사 성명 | | 소속공인중개사 성명 | |

「부동산 거래신고 등에 관한 법률」 제6조의2 및 같은 법 시행규칙 제6조의2에 따라 위와 같이 주택 임대차 계약 내용을 신고합니다.

년 월 일

신고인
임대인: (서명 또는 인)
임차인: (서명 또는 인)
제출인: (서명 또는 인)
(제출 대행시)

**시장·군수·구청장** (읍 · 면 · 동장 · 출장소장) 귀하

(뒤쪽)

| 첨부서류 | 1. 주택 임대차 계약서(「부동산 거래신고 등에 관한 법률」 제6조의5제3항에 따른 확정일자를 부여받으려는 경우 및 「부동산 거래신고 등에 관한 법률 시행규칙」 제6조의2제3항·제5항·제9항에 따른 경우만 해당합니다)<br>2. 입금표·통장사본 등 주택 임대차 계약 체결 사실을 입증할 수 있는 서류 등(주택 임대차 계약서를 작성하지 않은 경우만 해당합니다) 및 계약갱신요구권 행사 여부를 확인할 수 있는 서류 등<br>3. 단독신고사유서(「부동산 거래신고 등에 관한 법률」 제6조의2제3항 및 같은 법 시행규칙 제6조의2제5항에 따라 단독으로 주택 임대차 신고서를 제출하는 경우만 해당합니다) |
|---|---|

## 유의사항

1. 「부동산 거래신고 등에 관한 법률」 제6조의2제1항 및 같은 법 시행규칙 제6조의2제1항에 따라 주택 임대차 계약 당사자는 이 신고서에 공동으로 서명 또는 날인해 계약 당사자 중 일방이 신고서를 제출해야 하고, 계약 당사자 중 일방이 국가, 지방자치단체, 공공기관, 지방직영기업, 지방공사 또는 지방공단인 경우(국가등)에는 국가등이 신고해야 합니다.
2. 주택 임대차 계약의 당사자가 다수의 임대인 또는 임차인인 경우 계약서에 서명 또는 날인한 임대인 및 임차인 1명의 인적사항을 적어 제출할 수 있습니다.
3. 「부동산 거래신고 등에 관한 법률 시행규칙」 제6조의2제3항에 따라 주택 임대차 계약 당사자 일방이 이 신고서에 주택 임대차 계약서 또는 입금증, 주택 임대차 계약과 관련된 금전거래내역이 적힌 통장사본 등 주택 임대차 계약 체결 사실을 입증할 수 있는 서류 등(주택 임대차 계약서를 작성하지 않은 경우만 해당합니다), 「주택임대차보호법」 제6조의3에 따른 계약갱신요구권 행사 여부를 확인할 수 있는 서류 등을 제출하는 경우에는 계약 당사자가 공동으로 신고한 것으로 봅니다.
4. 「부동산 거래신고 등에 관한 법률 시행규칙」 제6조의2제9항에 따라 신고인이 같은 조 제1항 각 호의 사항이 모두 적힌 주택 임대차 계약서를 신고관청에 제출하면 주택 임대차 계약 신고서를 제출하지 않아도 됩니다. 이 경우 신고관청에서 주택 임대차 계약서로 주택 임대차 신고서 작성 항목 모두를 확인할 수 없으면 주택 임대차 계약 신고서의 제출을 요구할 수 있습니다.
5. 「부동산 거래신고 등에 관한 법률 시행규칙」 제6조의5에 따라 주택 임대차 계약 당사자로부터 신고서의 작성 및 제출을 위임받은 자는 제출인란에 서명 또는 날인해 제출해야 합니다.
6. 주택 임대차 계약의 내용을 계약 체결일부터 30일 이내에 신고하지 않거나, 거짓으로 신고하는 경우 「부동산 거래신고 등에 관한 법률」 제28조제5항제3호에 따라 100만원 이하의 과태료가 부과됩니다.
7. 신고한 주택 임대차 계약의 보증금, 차임 등 임대차 가격이 변경되거나 임대차 계약이 해제된 경우에도 변경 또는 해제가 확정된 날부터 30일 이내에 「부동산 거래신고 등에 관한 법률」 제6조의3에 따라 신고해야 합니다.

## 작성방법

①·② 임대인 및 임차인의 성명·주민등록번호 등 인적사항을 적으며, 주택 임대차 계약의 당사자가 다수의 임대인 또는 임차인인 경우 계약서에 서명 또는 날인한 임대인 및 임차인 1명의 인적사항을 적어 제출할 수 있습니다.
③ 임대 목적물 현황의 종류란에는 임대차 대상인 주택의 종류에 √표시를 하고, 주택의 종류를 모를 경우 건축물대장(인터넷 건축행정시스템 세움터에서 무료 열람 가능)에 적힌 해당 주택의 용도를 참고합니다.
④ 소재지(주소)란에는 임대차 대상 주택의 소재지(주소)를 적고, 건물명이 있는 경우 건물명(예: OO아파트, OO빌라, 다가구건물명 등)을 적으며, 동·층·호가 있는 경우 이를 적고, 구분 등기가 되어 있지 않은 다가구주택 및 고시원 등의 일부를 임대한 경우에도 동·층·호를 적습니다.
⑤ 임대 면적란에는 해당 주택의 건축물 전체에 대해 임대차 계약을 체결한 경우 집합건축물은 전용면적을 적고, 그 밖의 건축물은 연면적을 적습니다. 건축물 전체가 아닌 일부를 임대한 경우에는 임대차 계약 대상 면적만 적고 해당 면적을 모르는 경우에는 방의 수(칸)를 적습니다.
⑥·⑦ 신고하는 주택 임대차 계약이 신규 계약 또는 갱신 계약 중 해당하는 하나에 √표시를 하고, 보증금 또는 월 차임(월세) 금액을 각각의 란에 적으며, 임대차 계약 기간과 계약 체결일도 각각의 란에 적습니다.
⑧ 갱신 계약란에 √표시를 한 경우 임차인이 「주택임대차보호법」 제6조의3에 따른 계약갱신요구권을 행사했는지를 "행사" 또는 "미행사"에 √표시를 합니다.
※ 같은 임대인과 임차인이 소재지(주소)가 다른 다수의 주택에 대한 임대차 계약을 일괄하여 체결한 경우에도 임대 목적물별로 각각 주택 임대차 신고서를 작성해 제출해야 합니다.

## 처리절차

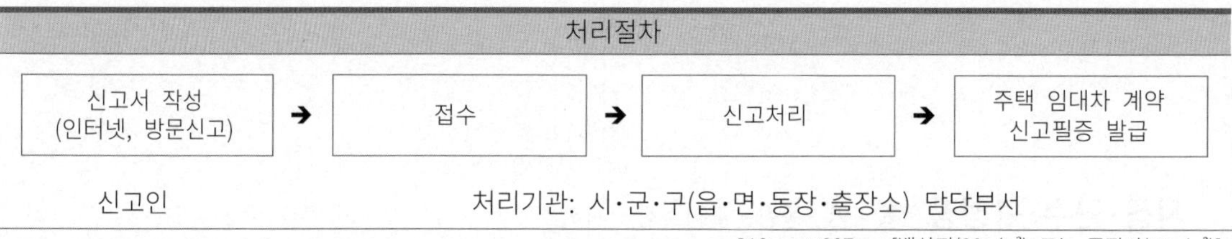


210mm×297mm[백상지(80g/㎡) 또는 중질지(80g/㎡)]

## 제5절 신고사항

법 제6조의2 제1항 본문에서 "그 보증금 또는 차임 등 국토교통부령으로 정하는 사항"이란 다음 각 호의 사항을 말한다.

1. 임대차계약당사자의 인적사항
   가. 자연인인 경우: 성명, 주소, 주민등록번호(외국인인 경우에는 외국인등록번호를 말한다) 및 연락처
   나. 법인인 경우: 법인명, 사무소 소재지, 법인등록번호 및 연락처
   다. 법인 아닌 단체인 경우: 단체명, 소재지, 고유번호 및 연락처
2. 해당 주택 임대차 계약을 중개한 개업공인중개사의 사무소 명칭, 사무소 소재지, 대표자 성명, 등록번호, 전화번호 및 소속공인중개사 성명
3. 임대차 목적물(주택을 취득할 수 있는 권리에 관한 계약인 경우에는 그 권리의 대상인 주택을 말한다)의 소재지, 종류, 임대 면적 등 임대차 목적물 현황
4. 보증금 또는 월 차임
5. 계약 체결일 및 계약 기간
6. 주택임대차보호법」 제6조의3에 따른 계약갱신요구권의 행사 여부(계약을 갱신한 경우만 해당한다)



## 제6절 검증 및 내용 조사

### 1 검증

### 2 신고필증 발급

#### (1) 지체없이 발급

주택임대차신고를 받은 신고관청은 그 신고 내용을 확인한 후 신고인에게 신고필증을 지체 없이 발급하여야 한다. 제2항부터 제5항까지의 규정에 따라 신고를 받은 신고관청은 신고 사항의 누락 여부 등을 확인한 후 지체 없이 별지 제5호의3서식의 주택 임대차 계약 신고필증을 내줘야 한다. 제1항, 제3항 또는 제4항에 따른 신고 및 신고필증 발급의 절차와 그 밖에 필요한 사항은 국토교통부령으로 정한다.

#### (2) 전자계약(=부동산거래계약시스템)

부동산거래계약시스템을 통해 주택 임대차 계약을 체결한 경우에는 임대차계약당사자가 공동으로 임대차 신고서를 제출한 것으로 본다.

## 제7절 주택임대차계약의 변경 및 해제신고 제34회

### (1) 정정신청

① 잘못 적힌 경우

임대차계약당사자는 제6조의2 제1항 각 호의 신고 사항 또는 제6조의3에 따른 주택 임대차 계약 변경 신고의 내용이 잘못 적힌 경우에는 신고관청에 신고 내용의 정정을 신청할 수 있다(시행규칙 제6조의4).

② 공동신청

정정신청을 하려는 임대차계약당사자는 임대차 신고필증에 정정 사항을 표시하고 해당 정정 부분에 공동으로 서명 또는 날인한 후 주택 임대차 계약서 또는 주택 임대차 변경 계약서를 첨부해 신고관청에 제출해야 한다.

③ 신고필증 정정 발급

정정신청을 받은 신고관청은 정정할 사항을 확인한 후 지체 없이 해당 내용을 정정하고, 정정 사항을 반영한 임대차 신고필증을 신청인에게 다시 내줘야 한다.

### (2) 변경신고

① 30일이내

임대차계약당사자는 제6조의2에 따라 신고한 후 해당 주택 임대차 계약의 보증금, 차임 등 임대차 가격이 변경된 때에는 변경 된 날부터 30일 이내에 해당 신고관청에 공동으로 신고하여야 한다.

② 공동신고

법 제6조의3 제1항 본문에 따라 주택 임대차 가격의 변경 신고하려는 임대차계약당사자는 별지 제5호의4서식의 주택 임대차 계약 변경 신고서에 공동으로 서명 또는 날인해 신고관청에 제출해야 한다(시행령 제6조의3).

③ 단독신고

임대차계약당사자 중 일방이 신고를 거부해 법 제6조의3 제2항에 따라 단독으로 주택임대차 변경신고를 하려는 자는 임대차 변경 신고서에 단독으로 서명 또는 날인한 후 단독신고사유서와 주택 임대차 변경 계약서 또는 임대차 가격이 변경된 사실을 입증할 수 있는 서류 등을 첨부해 신고관청에 제출해야 한다. 이 경우 신고관청은 단독신고 사유에 해당하는지를 확인해야 한다.

④ 신고필증 발급

주택임대차 변경 신고를 받은 신고관청은 신고 사항의 누락 여부 등을 확인한 후 지체 없이 변경 사항을 반영한 임대차 신고필증을 내줘야 한다.

### (3) 해제 등 신고

① 30일이내

임대차계약당사자는 제6조의2에 따라 신고한 후 해당 주택의 임대차 계약이 해제된 때에는 해제가 확정된 날부터 30일 이내에 해당 신고관청에 공동으로 신고하여야 한다.

② 공동신고

법 제6조의3 제1항 본문에 따라 주택 임대차 계약의 해제를 신고하려는 임대차계약당사자는 별지 제5호의5서식의 주택 임대차 계약 해제 신고서에 공동으로 서명 또는 날인해 신고관청에 제출해야 한다.

③ 단독신고

임대차계약당사자 중 일방이 신고를 거부해 법 제6조의3 제2항에 따라 단독으로 제1항에 따른 신고를 하려는 자는 임대차 해제 신고서에 단독으로 서명 또는 날인한 후 단독신고사유서와 주택 임대차 계약 해제 합의서 또는 주택 임대차 계약이 해제된 사실을 입증할 수 있는 서류 등을 첨부해 신고관청에 제출해야 한다. 이 경우 신고관청은 단독신고 사유에 해당하는지를 확인해야 한다.

④ 해제 확인서 발급

주택임대차 해제신고를 받은 신고관청은 신고 사항의 누락 여부 등을 확인한 후 지체 없이 별지 제5호의6서식의 주택 임대차 계약 해제 확인서를 내줘야 한다.



## 제8절 다른제도와의 관계 제34회

### 1 전입신고

(1) 제6조의2에도 불구하고 임차인이 「주민등록법」에 따라 전입신고를 하는 경우 이 법에 따른 주택 임대차 계약의 신고를 한 것으로 본다(법 제6조의5).

(2) 주택 임대차 계약의 임차인은 「주민등록법」에 따른 전입신고를 하는 경우로서 법 제6조의5제1항에 따라 주택 임대차 계약의 신고를 한 것으로 보는 경우 주택 임대차 계약서 또는 제6조의2에 따른 임대차 신고서(주택 임대차 계약서를 작성하지 않은 경우로 한정한다)를 제출해야 한다(시행규칙 제6조의6).

(3) 제6조의2, 제6조의3에 따른 신고의 접수를 완료한 때에는 「주택임대차보호법」 제3조의6 제1항에 따른 확정일자를 부여한 것으로 본다(임대차계약서가 제출된 경우로 한정한다). 이 경우 신고관청은 「주택임대차보호법」 제3조의6 제2항에 따라 확정일자부를 작성하거나 「주택임대차보호법」 제3조의6의 확정일자부여기관에 신고 사실을 통보하여야 한다.

## 2 공공주택특별법 민간임대주택에 관한 특별법

제6조의2 또는 제6조의3에도 불구하고 「공공주택 특별법」에 따른 공공주택사업자 및 「민간임대주택에 관한 특별법」에 따른 임대사업자는 관련 법령에 따른 주택 임대차 계약의 신고 또는 변경신고를 하는 경우 이 법에 따른 주택 임대차 계약의 신고 또는 변경신고를 한 것으로 본다.

# 제 9 절 제재

## 1 100만원 이하의 과태료

제6조의2 또는 제6조의3에 따른 신고를 하지 아니하거나(공동신고를 거부한 자를 포함한다) 그 신고를 거짓으로 한 자는 100만원 이하의 과태료 처한다.

① 주택임대차신고를 30일이내에 하지 아니한 자
② 주택임대차 변경신고를 하지 아니한 자
③ 주택임대차 해제신고를 하지 아니한 자
④ 주택임대차신고를 거짓으로 한 자

## 2 과태료 부과기준

시행령 제20조(과태료의 부과기준) 법 제28조 제1항부터 제5항까지의 규정에 따른 과태료의 부과기준은 별표 3과 같다.

## 3 과태료 감경 면제

### (1) 자진신고자의 감경 면제

신고관청은 제28조 제2항 제1호부터 제3호까지 및 제3항부터 제5항까지의 어느 하나에 따른 위반사실을 자진 신고한 자에 대하여 대통령령으로 정하는 바에 따라 같은 규정에 따른 과태료를 감경 또는 면제할 수 있다(법 제29조).

### (2) 입증서류 제출

법 제29조에 따라 자진 신고를 하려는 자는 국토교통부령으로 정하는 신고서 및 위반행위를 입증할 수 있는 서류를 조사기관에 제출해야 한다.

### (3) 자진 신고자에 대한 감경 또는 면제의 기준 등

법 제29조에 따른 과태료의 감경 또는 면제 기준은 다음 각 호와 같다(시행령 제21조).

① 과태료 면제

법 제6조 제1항 또는 제3항(각각 법 제6조의4 제3항에서 준용하는 경우를 포함한다)에 따른 국토교통부장관 또는 신고관청의 조사가 시작되기 전에 자진 신고한 자로서 다음 각 목의 요건을 모두 충족한 경우에는 과태료를 면제한다.

가. 자진 신고한 위반행위가 법 제28조 제2항 제2호·제3호 또는 같은 조 제3항부터 제5항까지의 어느 하나에 해당할 것
나. 신고관청에 단독(거래당사자 일방이 여러 명인 경우 그 일부 또는 전부가 공동으로 신고한 경우를 포함한다. 이하 이 조에서 같다)으로 신고한 최초의 자일 것
다. 위반사실 입증에 필요한 자료 등을 제공하는 등 조사가 끝날 때까지 성실하게 협조하였을 것

② 과태료 감경

조사기관의 조사가 시작된 후 자진 신고한 자로서 다음 각 목의 요건을 모두 충족한 경우에는 과태료의 100분의 50 감경한다.

가. 제1호가목 및 다목에 해당할 것
나. 조사기관이 허위신고 사실 입증에 필요한 증거를 충분히 확보하지 못한 상태에서 조사에 협조했을 것
다. 조사기관에 단독으로 신고한 최초의 자일 것

## 02 CHAPTER 기출 및 예상문제

**01 甲이 서울특별시에 있는 자기 소유의 주택에 대해 임차인 乙과 보증금 3억원의 임대차계약을 체결하는 경우, 「부동산 거래신고 등에 관한 법률」에 따른 신고에 관한 설명으로 옳은 것을 모두 고른 것은?** (단, 甲과 乙은 자연인임) (제34회)

> ㄱ. 보증금이 증액되면 乙이 단독으로 신고해야 한다.
> ㄴ. 乙이 「주민등록법」에 따라 전입신고를 하는 경우 주택 임대차 계약의 신고를 한 것으로 본다.
> ㄷ. 임대차계약서를 제출하면서 신고를 하고 접수가 완료되면 「주택임대차보호법」에 따른 확정 일자가 부여된 것으로 본다.

① ㄱ
② ㄴ
③ ㄱ, ㄴ
④ ㄴ, ㄷ
⑤ ㄱ, ㄴ, ㄷ

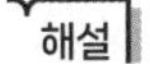


ㄱ. 보증금이 6천만원 초과 또는 월세 30만원 초과의 경우에는 주택임대차신고의무가 발생하므로 보증금이 3억원인 위의 사례는 주택임대차신고의무가 있다. 이 후에 보증금을 증액한 경우에도 주택임대차 변경신고의무가 있다. 주택임대차의 변경신고는 임대인과 임차인이 공동으로 신고하여야 하는 것이 원칙이다.

정답 ④

**02 부동산 거래신고 등에 관한 법령상 주택 임대차계약의 신고에 관한 설명으로 옳은 것은? (단, 다른 법률에 따른 신고의 의제는 고려하지 않음)** 제35회

① A특별자치시 소재 주택으로서 보증금이 6천만원이고 월 차임이 30만원으로 임대차계약을 체결한 경우 신고 대상이다.
② B시 소재 주택으로서 보증금이 5천만원이고 월 차임이 40만원으로 임대차계약을 신규 체결한 경우 신고 대상이 아니다.
③ 자연인 甲과 「지방공기업법」에 따른 지방공사 乙이 신고 대상인 주택 임대차계약을 체결한 경우 甲과 乙은 관할 신고관청에 공동으로 신고하여야 한다.
④ C광역시 D군 소재 주택으로서 보증금이 1억원이고 월차임이 100만원으로 신고된 임대차계약에서 보증금 및 차임의 증감 없이 임대차 기간만 연장하는 갱신계약은 신고 대상이 아니다.
⑤ 개업공인중개사가 신고 대상인 주택 임대차계약을 중개한 경우 해당 개업공인중개사가 신고하여야 한다.

**해설**
① 보증금 6천만원을 초과하거나 월 차임이 30만원을 초과하는 경우에 주택임대차계약신고의무가 있다.
② 월세가 30만원을 초과하는 경우에 해당하므로 주택임대차계약신고의무가 있다.
③ 거래의 일방당사자가 국가 등인 경우에는 국가 등이 주택임대차신고를 하여야 한다. 지방공기업법에 따른 지방공단은 국가 등에 해당한다.
⑤ 개업공인중개사가 신고 대상인 주택 임대차계약을 중개한 경우에 임대인과 임차인이 주택임대차계약신고를 하여야 한다.

정답 ④

# 03 CHAPTER 외국인 등의 부동산 등 취득에 관한 특례

**단원별 학습포인트**

- 매년 1문제씩 출제되는 단원이다. 외국인 등의 개념, 신고의무기간 및 과태료, 허가대상지역, 사후절차가 중요한 학습사항이다. 특히 허가대상지역과 허가심사기간이 개정된 점을 유의하여 공부하여야 한다.

## 제1절 적용범위 제27회 제28회 제29회 제30회 제31회 제32회 제33회

### 1 외국인 등

"외국인등"이란 다음 각 목의 어느 하나에 해당하는 개인·법인 또는 단체를 말한다(법 제2조).

> 가. 대한민국의 국적을 보유하고 있지 아니한 개인
> 나. 외국의 법령에 따라 설립된 법인 또는 단체
> 다. 사원 또는 구성원의 2분의 1 이상이 가목에 해당하는 자인 법인 또는 단체
> 라. 업무를 집행하는 사원이나 이사 등 임원의 2분의 1 이상이 가목에 해당하는 자인 법인 또는 단체
> 마. 가목에 해당하는 사람이나 나목에 해당하는 법인 또는 단체가 자본금의 2분의 1 이상이나 의결권의 2분의 1 이상을 가지고 있는 법인 또는 단체
> 바. 외국 정부
> 사. 대통령령으로 정하는 국제기구
> 1. 국제연합과 그 산하기구·전문기구
> 2. 정부간 기구
> 3. 준정부간 기구
> 4. 비정부간 국제기구

### 2 부동산 등

"부동산등"이란 부동산 또는 부동산을 취득할 수 있는 권리를 말한다.

### 3 소유권 취득

외국인 등 부동산 등의 취득 특례는 외국인 등이 부동산 등의 소유권 취득할 때 적용되는 법 규정이다.

따라서 외국인 등이 부동산 등의 지상권, 전세권, 저당권, 임차권 등을 취득할 때에는 적용되지 않는다. 또한 외국인 등이 부동산 등의 소유권을 양도하는 경우에도 적용되지 않는다.

### 4 상호주의

국토교통부장관은 대한민국국민, 대한민국의 법령에 따라 설립된 법인 또는 단체나 대한민국정부에 대하여 자국(自國) 안의 토지의 취득 또는 양도를 금지하거나 제한하는 국가의 개인·법인·단체 또는 정부에 대하여 대통령령으로 정하는 바에 따라 대한민국 안의 토지의 취득 또는 양도를 금지하거나 제한할 수 있다. 다만, 헌법과 법률에 따라 체결된 조약의 이행에 필요한 경우에는 그러하지 아니하다(법 제7조).

## 제2절 토지취득허가 제27회 제28회 제29회 제30회 제31회 제32회 제33회

### 1 허가대상토지

제3조 및 제8조에도 불구하고 외국인등이 취득하려는 토지가 다음 각 호의 어느 하나에 해당하는 구역·지역 등에 있으면 토지를 취득하는 계약을 체결하기 전에 대통령령으로 정하는 바에 따라 신고관청으로부터 토지취득의 허가를 받아야 한다(법 제9조).

1. 「군사기지 및 군사시설 보호법」 제2조 제6호에 따른 군사기지 및 군사시설 보호구역, 그 밖에 국방목적을 위하여 외국인등의 토지취득을 특별히 제한할 필요가 있는 지역으로서 대통령령으로 정하는 지역

   "대통령령으로 정하는 지역"이란 국방목적상 필요한 다음 각 호의 어느 하나에 해당하는 지역으로서 국방부장관 또는 국가정보원장의 요청이 있는 경우에 국토교통부장관이 관계 중앙행정기관의 장과 협의한 후 「국토의 계획 및 이용에 관한 법률」 제106조에 따른 중앙도시계획위원회의 심의를 거쳐 고시하는 지역을 말한다.
   1. 섬 지역
   2. 「국방·군사시설 사업에 관한 법률」에 따른 군부대주둔지와 그 인근지역
   3. 「통합방위법」에 따른 국가중요시설과 그 인근지역

2. 「문화유산의 보존 및 활용에 관한 법률」 제2조 제3항에 따른 지정문화유산과 이를 위한 보호물 또는 보호구역

2의2. 「자연유산의 보존 및 활용에 관한 법률」에 따라 지정된 천연기념물등과 이를 위한 보호물 또는 보호구역

3. 「자연환경보전법」 제2조 제12호에 따른 생태·경관보전지역
4. 「야생생물 보호 및 관리에 관한 법률」 제27조에 따른 야생생물 특별보호구역

## 2 허가신청

### (1) 허가신청서와 첨부서류

법 제9조 제1항에 따른 토지 취득 허가 신청을 하려는 외국인등은 별지 제7호의2서식의 외국인 토지 취득 허가신청서에 서명 또는 날인한 후 토지 거래계약 당사자 간의 합의서를 첨부하여 신고관청에 제출하여야 한다(시행규칙 제7조의 2 제1항).

### (2) 제출대행

외국인등의 위임을 받은 사람은 외국인 토지 취득 허가신청서의 작성 및 제출을 대행할 수 있다. 이 경우 다음 각 호의 서류를 함께 제출하여야 한다(시행규칙 제7조의 2 제3항).

1. 신청서 제출을 위임한 외국인등의 서명 또는 날인이 있는 위임장
2. 신청서 제출을 위임한 외국인등의 신분증명서 사본

### (3) 신분증명서 제시

토지취득허가신청을 하려는 사람 또는 신청을 대행하려는 사람은 본인의 신분증명서를 신고관청에 보여주어야 한다(시행규칙 제7조의 2 제5항).

### (4) 허가심사

① 허가신청서를 받은 신고관청은 신청서를 받은 날부터 다음 각 호의 구분에 따른 기간 안에 허가 또는 불허가 처분을 해야 한다(시행령 제6조 제3항).

1. 법 제9조 제1항 제1호에 따른 구역·지역의 경우 : 30일
2. 제1호 외의 구역·지역의 경우 : 15일

② 다만, 부득이한 사유로 제1호에 따른 기간 안에 허가 또는 불허가 처분을 할 수 없는 경우에는 30일의 범위에서 그 기간을 연장할 수 있으며, 기간을 연장하는 경우에는 연장 사유와 처리예정일을 지체 없이 신청인에게 알려야 한다(시행령 제6조 제3항).

③ 신고관청은 법 제9조 제1항 제1호에 따른 구역·지역에 대한 토지취득의 허가 여부를 결정하기 위해 같은 조 제2항에 따라 국방부장관 또는 국가정보원장 등 관계 행정기관의 장과 협의하려는 경우에는 제1항에 따른 신청서 등 국토교통부령으로 정하는 서류를 해당 관계 행정기관의 장에게 보내야 한다(시행령 제6조 제4항). 영 제6조 제4항에서 "제1항에 따른 신청서 등 국토교통부령으로 정하는 서류"란 제1항에 따라 신청인이 제출한 다음 각 호의 서류를 말한다(시행규칙 제7조의 2 제6항).

1. 외국인 토지취득 허가신청서
2. 토지거래계약 당사자 간의 합의서

④ 신고관청은 관계 행정기관의 장과 협의를 거쳐 외국인등이 허가대상지역의 어느 하나에 해당하는 구역·지역 등의 토지를 취득하는 것이 해당 구역·지역 등의 지정목적 달성에 지장을 주지 아니한다고 인정하는 경우에는 제1항에 따른 허가를 하여야 한다(법 제9조의 제2항).



### (5) 토지등기사항증명서 확인

허가신청을 받은 신고관청은 「전자정부법」 제36조 제1항에 따라 행정정보의 공동이용을 통해 토지등기사항증명서를 확인해야 한다(시행규칙 제7조의 2 제2항).

### (6) 허가증발급

허가신청을 받은 신고관청은 제출된 첨부서류를 확인한 후 별지 제7호의3서식의 외국인 토지취득 허가증을 발급해야 한다(시행규칙 제7조의 2 제3항).

## 3 토지거래계약 허가를 받은 경우

제11조에 따라 토지거래계약에 관한 허가를 받은 경우에는 외국인 등의 부동산 등의 취득 특례에 따른 허가대상 토지에 대한 허가를 받지 않아도 된다(법 제9조 제1항).

## 4 무허가 계약의 효력

### (1) 무효

외국인 등이 허가대상 토지에 대해서 허가를 받지 않고 체결한 토지취득계약은 그 효력이 발생하지 아니한다.

### (2) 형사처벌

제9조 제1항에 따른 허가를 받지 아니하고 토지취득계약을 체결하거나 부정한 방법으로 허가를 받아 토지취득계약을 체결한 외국인등은 2년 이하의 징역 또는 2천만원 이하의 벌금에 처한다(법 제26조 1항).

## 5 사후절차

### (1) 신고관청

신고관청은 법 제9조에 따른 허가내용을 매 분기 종료일부터 1개월 이내에 특별시장·광역시장·도지사 또는 특별자치도지사에게 제출(「전자서명법」 제2조 제1호에 따른 전자문서에 의한 제출을 포함한다)하여야 한다. 다만, 특별자치시장은 직접 국토교통부장관에게 제출하여야 한다(시행령 제6조 제5항).

#### (2) 시·도지사

제4항 본문에 따라 허가내용을 제출받은 특별시장·광역시장·도지사 또는 특별자치도지사는 제출받은 날부터 1개월 이내에 그 내용을 국토교통부장관에게 제출하여야 한다(시행령 제6조 제6항).

## 제3절 토지취득신고 제27회 제28회 제29회 제30회 제31회 제32회 제33회 제34회 제35회

### 1 취득신고

#### (1) 계약

외국인등이 대한민국 안의 부동산등을 취득하는 계약을 체결하였을 때에는 계약체결일부터 60일 이내에 대통령령으로 정하는 바에 따라 신고관청에 신고하여야 한다(법 제8조 ①항). 따라서 외국인 등이 부동산 등의 교환계약, 증여계약을 체결한 경우에는 외국인 등의 부동산 등 취득특례에 따라 계약일로부터 60일 이내에 취득신고를 하여야 한다.
다만, 외국인 등이 부동산 등의 매매계약을 체결한 경우에는 부동산거래신고 의무가 적용되고 외국인 등의 취득 특례에 따른 신고의무 규정은 적용되지 않는다. 즉 외국인 등이 부동산 등의 매매계약을 체결한 경우에는 계약일로부터 30일이내에 부동산거래신고를 하여야 한다.

#### (2) 계약외

① 상속 경매
외국인등이 상속·경매, 그 밖에 대통령령으로 정하는 계약 외의 원인으로 대한민국 안의 부동산등을 취득한 때에는 부동산등을 취득한 날부터 6개월 이내에 대통령령으로 정하는 바에 따라 신고관청에 신고하여야 한다(법 제8조 제2항).

② 법 제8조 제2항에서 "대통령령으로 정하는 계약 외의 원인"이란 다음 각 호의 어느 하나에 해당하는 사유를 말한다. 〈개정 2020. 2. 18.〉

> 1. 「공익사업을 위한 토지 등의 취득 및 보상에 관한 법률」 및 그 밖의 법률에 따른 환매권의 행사
> 2. 법원의 확정판결
> 3. 법인의 합병
> 4. 건축물의 신축·증축·개축·재축

### (3) 국적변경

대한민국 안의 부동산등을 가지고 있는 대한민국국민이나 대한민국의 법령에 따라 설립된 법인 또는 단체가 외국인등으로 변경된 경우 그 외국인등이 해당 부동산등을 계속보유하려는 경우에는 외국인등으로 변경된 날부터 6개월 이내에 대통령령으로 정하는 바에 따라 신고관청에 신고하여야 한다(법 제8조 제3항).



## 2 신고절차

### (1) 신고서와 첨부서류 제출

법 제8조에 따라 부동산등의 취득 또는 계속보유에 관한 신고를 하려는 외국인등은 신고서에 국토교통부령으로 정하는 서류를 첨부하여 신고관청에 제출하여야 한다(시행령 제5조). 법 제8조에 따른 부동산등 취득·계속보유 신고 하려는 외국인등은 별지 제6호서식의 외국인 부동산등 취득·계속보유 신고서에 서명 또는 날인한 후 다음 각 호의 구분에 따른 서류를 첨부하여 신고관청에 제출하여야 한다.

1. **부동산등 취득 신고를 하는 경우** : 취득 원인에 따른 다음 각 목의 서류
   가. 증여의 경우: 증여계약서
   나. 상속의 경우: 상속인임을 증명할 수 있는 서류
   다. 경매의 경우: 경락결정서
   라. 환매권 행사의 경우: 환매임을 증명할 수 있는 서류
   마. 법원의 확정판결의 경우: 확정판결문
   바. 법인의 합병의 경우: 합병사실을 증명할 수 있는 서류
2. **부동산등 계속보유 신고를 하는 경우** : 대한민국국민이나 대한민국의 법령에 따라 설립된 법인 또는 단체가 외국인등으로 변경되었음을 증명할 수 있는 서류

### (2) 제출대행

제1항의 외국인등의 위임을 받은 사람은 외국인 부동산등 취득·계속보유 신고서의 작성 및 제출을 대행할 수 있다. 이 경우 다음 각 호의 서류를 함께 제출하여야 한다.

1. 신고서제출을 위임한 외국인등의 서명 또는 날인이 있는 위임장
2. 신고서제출을 위임한 외국인등의 신분증명서 사본

### (3) 신분증명서 제시

제1항에 따른 신고를 하려는 사람 또는 제4항에 따라 신고를 대행하려는 사람은 본인의 신분증명서를 신고관청에 보여주어야 한다.

### (4) 건축물대장 등 확인

1항에 따른 신고를 받은 신고관청은 「전자정부법」 제36조 제1항에 따라 행정정보의 공동이용을 통해 건축물대장, 토지등기사항증명서 및 건물등기사항증명서를 확인해야 한다.

### (5) 신고확인증 발급

제1항에 따른 신고를 받은 신고관청은 제출된 첨부서류를 확인한 후 별지 제7호서식의 외국인 부동산등 취득·계속보유 신고확인증을 발급하여야 한다.

## 3 부동산거래신고제도와의 관계

외국인 등이 부동산 매매계약을 체결한 경우에는 계약일로부터 30일이내에 신고관청에 부동산거래신고해야 하고 외국인 등 취득특례에 따른 신고의무 규정은 적용이 없다.

## 4 사후절차

### (1) 신고관청

신고관청은 법 제8조에 따른 신고내용을 매 분기 종료일부터 1개월 이내에 특별시장·광역시장·도지사 또는 특별자치도지사에게 제출(「전자서명법」 제2조 제1호에 따른 전자문서에 의한 제출을 포함한다)하여야 한다. 다만, 특별자치시장은 직접 국토교통부장관에게 제출하여야 한다.

### (2) 시·도지사

제3항 본문에 따라 신고내용을 제출받은 특별시장·광역시장·도지사 또는 특별자치도지사는 제출받은 날부터 1개월 이내에 그 내용을 국토교통부장관에게 제출하여야 한다.

## 5 제재

### (1) 300만원 이하의 과태료

외국인등이 대한민국 안의 부동산등을 취득하는 계약을 체결하였을 때에는 계약체결일부터 60일 이내에 신고를 하지 아니하거나 거짓으로 신고한 자에게는 300만원 이하의 과태료를 부과한다.

### (2) 100만원 이하의 과태료

① 외국인등이 상속·경매, 그 밖에 대통령령으로 정하는 계약 외의 원인으로 대한민국 안의 부동산등을 취득한 때에 부동산등을 취득한 날부터 6개월 이내에 취득의 신고를 하지 아니하거나 거짓으로 신고한 자에게는 100만원 이하의 과태료를 부과한다.

② 대한민국 안의 부동산등을 가지고 있는 대한민국국민이나 대한민국의 법령에 따라 설립된 법인 또는 단체가 외국인등으로 변경된 경우 그 외국인등이 해당 부동산등을 계속보유하려는 경우에 외국인등으로 변경된 날부터 6개월 이내에 토지의 계속보유 신고를 하지 아니하거나 거짓으로 신고한 자에게는 100만원 이하의 과태료를 부과한다.

### (3) 신고관청

제1항부터 제5항까지에 따른 과태료는 대통령령으로 정하는 바에 따라 신고관청이 부과·징수한다.

### (4) 자진신고자에 대한 감면

신고관청은 위의 과태료 사유에 해당하는 위반행위를 한 자가 위반사실을 자진 신고한 자에 대하여 대통령령으로 정하는 바에 따라 같은 규정에 따른 과태료를 감경 또는 면제할 수 있다(법 제29조).

① 과태료 면제

신고관청의 조사가 시작되기 전에 자진 신고한 자로서 다음 각 목의 요건을 모두 충족한 경우에는 과태료를 면제한다.

| 가. 자진 신고한 위반행위가 법 제28조 제2항 제2호·제3호 또는 같은 조 제3항부터 제5항까지의 어느 하나에 해당할 것<br>나. 신고관청에 단독(거래당사자 일방이 여러 명인 경우 그 일부 또는 전부가 공동으로 신고한 경우를 포함한다.)으로 신고한 최초의 자일 것<br>다. 위반사실 입증에 필요한 자료 등을 제공하는 등 조사가 끝날 때까지 성실하게 협조하였을 것 |
|---|

② 과태료 100분의 50 감경

조사기관의 조사가 시작된 후 자진 신고한 자로서 다음 각 목의 요건을 모두 충족한 경우: 과태료의 100분의 50을 감경한다.

| 가. 제1호 가목 및 다목에 해당할 것<br>나. 조사기관이 허위신고 사실 입증에 필요한 증거를 충분히 확보하지 못한 상태에서 조사에 협조했을 것<br>다. 조사기관에 단독으로 신고한 최초의 자일 것 |
|---|

③ 신고서 및 입증자료 제출

제29조에 따라 자진 신고를 하려는 자는 국토교통부령으로 정하는 신고서 및 위반행위를 입증할 수 있는 서류를 조사기관에 제출해야 한다.

신고기한 정리

| | 예 | 신고기한 | 제재 |
|---|---|---|---|
| ① 계약 | 교환계약, 증여계약 | 계약일로부터 60일이내 신고 | 300만원이하 과태료 |
| ② 계약외 | 상속, 경매, 합병, 판결, 환매권행사, 신축, 증축, 개축, 재축 | 취득일로부터 6월이내 신고 | 100만원이하 과태료 |
| ③ 계속 보유 | 국적변경 | 변경일로부터 6월이내 신고 | 100만원이하 과태료 |

# 03 CHAPTER 기출 및 예상문제

**01 부동산 거래신고 등에 관한 법령상 국내 토지를 외국인이 취득하는 것에 관한 설명이다. ( )에 들어갈 숫자로 옳은 것은?** (단, 상호주의에 따른 제한은 고려하지 않음) (제34회)

- 외국인이 토지를 매수하는 계약을 체결하면 계약체결일부터 ( ㄱ )일 이내에 신고해야 한다.
- 외국인이 토지를 증여받는 계약을 체결하면 계약체결일부터 ( ㄴ )일 이내에 신고해야 한다.
- 외국인이 토지를 상속받으면 취득일부터 ( ㄷ )개월 이내에 신고해야 한다.

① ㄱ: 30, ㄴ: 30, ㄷ: 3
② ㄱ: 30, ㄴ: 30, ㄷ: 6
③ ㄱ: 30, ㄴ: 60, ㄷ: 6
④ ㄱ: 60, ㄴ: 30, ㄷ: 3
⑤ ㄱ: 60, ㄴ: 60, ㄷ: 6

**해설**
- 외국인이 토지를 매매하는 경우에는 외국인이지만 부동산거래신고의무가 발생하고 계약체결일부터 30일 이내에 신고해야 한다.
- 외국인이 토지를 증여받는 계약을 체결하면 계약체결일부터 60일이내에 신고해야 한다.
- 외국인이 토지를 상속받으면 계약외 원인으로 취득하는 것이므로 취득일부터 6개월 이내에 신고해야 한다.

정답 ③

**02 부동산 거래신고 등에 관한 법령상 외국인 등의 부동산 취득 등에 관한 특례에 대한 설명으로 옳은 것은?** (단, 헌법과 법률에 따라 체결된 조약의 이행에 필요한 경우는 고려하지 않음) (제30회)

① 국제연합의 전문기구가 경매로 대한민국 안의 부동산 등을 취득한 때에는 부동산 등을 취득한 날부터 3개월 이내에 신고관청에 신고하여야 한다.

② 외국인 등이 부동산 임대차계약을 체결하는 경우 계약체결일로부터 6개월 이내에 신고관청에 신고하여야 한다.

③ 특별자치시장은 외국인 등이 신고한 부동산 등의 취득·계속보유 신고내용을 매 분기 종료일부터 1개월 이내에 직접 국토교통부장관에게 제출하여야 한다.

④ 「자연환경보전법」 제2조 제12호에 따른 생태·경관보전지역의 토지에 대한 외국인 등의 토지거래 허가신청서를 받은 신고관청은 신청서를 받은 날부터 30일 이내에 허가 또는 불허가 처분을 하여야 한다.

⑤ 외국인 등이 법원의 확정판결로 대한민국 안의 부동산 등을 취득한 때에는 신고하지 않아도 된다.

**해설**
① 3개월 → 6개월
② 임대차는 외국인특례에 따른 신고의무가 없음
④ 15일이내
⑤ 6개월이내 취득신고를 하여야 한다.

정답 ③

**03 부동산 거래신고 등에 관한 법령상 외국인등의 부동산 취득에 관한 설명으로 옳은 것을 모두 고른 것은?** (단, 법 제7조에 따른 상호주의는 고려하지 않음) (제32회)

㉠ 대한민국의 국적을 보유하고 있지 않은 개인이 이사 등 임원의 2분의 1 이상인 법인은 외국인등에 해당한다.
㉡ 외국인등이 건축물의 개축을 원인으로 대한민국 안의 부동산을 취득한 때에도 부동산 취득신고를 해야 한다.
㉢ 「군사기지 및 군사시설 보호법」에 따른 군사기지 및 군사시설 보호구역 안의 토지는 외국인등이 취득할 수 없다.
㉣ 외국인등이 허가 없이 「자연환경보전법」에 따른 생태·경관보전지역 안의 토지를 취득하는 계약을 체결한 경우 그 계약은 효력이 발생하지 않는다.

① ㉠, ㉢　② ㉠, ㉣　③ ㉠, ㉡, ㉣　④ ㉡, ㉢, ㉣　⑤ ㉠, ㉡, ㉢, ㉣

해설 ⓒ 「군사기지 및 군사시설 보호법」에 따른 군사기지 및 군사시설 보호구역 안의 토지를 취득하고자 하는 경우에는 신고관청의 허가를 받아야 한다.

정답 ③

**04 부동산 거래신고 등에 관한 법령상 외국인의 부동산 취득 등에 관한 설명으로 옳은 것은? (단, 상호주의에 따른 제한은 고려하지 않음)** (제33회)

① 「자연환경보전법」에 따른 생태·경관보전지역에서 외국인이 토지취득의 허가를 받지 아니하고 체결한 토지취득계약은 유효하다.
② 외국인이 건축물의 신축을 원인으로 대한민국 안의 부동산을 취득한 때에는 신고관청으로부터 부동산 취득의 허가를 받아야 한다.
③ 외국인이 취득하려는 토지가 토지거래허가구역과 「문화재보호법」에 따른 지정문화재와 이를 위한 보호물 또는 보호구역에 있으면 토지거래계약허가와 토지취득허가를 모두 받아야 한다.
④ 대한민국 안의 부동산을 가지고 있는 대한민국 국민이 외국인으로 변경된 경우 그 외국인이 해당 부동산을 계속 보유하려는 경우에는 부동산 보유의 허가를 받아야 한다.
⑤ 외국인으로부터 「자연환경보전법」 제2조 제12호에 따른 생태·경관보전지역의 토지에 대한 토지취득의 허가 신청서를 받은 신고관청은 신청서를 받은 날부터 15일 이내에 허가 또는 불허가 처분을 해야 한다.

해설 ① 무효이다.
② 6개월 이내에 신고할 사항이다.
③ 토지거래계약허가를 받았으면 「문화재보호법」에 따른 지정문화재와 이를 위한 보호물 또는 보호구역의 토지에 대한 허가를 다시 받을 필요는 없다(법 제9조 제1항 단서).
④ 외국인 등으로 변경된 경우 그 외국인 등이 해당 부동산 등을 계속보유하려는 경우에는 외국인 등으로 변경된 날부터 6개월 이내에 신고관청에 신고하여야 한다.

정답 ⑤

# 04 CHAPTER 토지거래허가제도

단원별 학습포인트

□ 토지거래허가제도는 공부량이 많은 단원으로서 매년 2문제정도가 출제된다. 이 단원은 토지거래허가구역지정 절차, 기준면적, 이용의무기간, 선매제도, 이행강제금이 중요사항이다.

## 제1절 토지거래계약허가구역의 지정 제25회 제27회 제28회 제31회 제32회 제33회 제34회 제35회

### 1 지정사유

**(1) 투기적인 거래가 성행하거나 지가(地價)가 급격히 상승하는 지역과 그러한 우려가 있는 지역**

토지의 투기적인 거래가 성행하거나 지가(地價)가 급격히 상승하는 지역과 그러한 우려가 있는 지역으로 국토교통부장관 또는 시·도지사는 국토의 이용 및 관리에 관한 계획의 원활한 수립과 집행, 합리적인 토지 이용 등을 위하여 토지의 투기적인 거래가 성행하거나 지가(地價)가 급격히 상승하는 지역과 그러한 우려가 있는 지역으로서 대통령령으로 정하는 지역에 대해서는 5년 이내의 기간을 정하여 제11조 제1항에 따른 토지거래계약에 관한 허가구역 으로 지정할 수 있다(법 제10조).

**(2) 대통령령으로 정하는 지역**

법 제10조 제1항 각 호 외의 부분에서 "대통령령으로 정하는 지역"이란 다음 각 호의 어느 하나에 해당하는 지역을 말한다(시행령 제7조 제1항).

1. 「국토의 계획 및 이용에 관한 법률」에 따른 광역도시계획, 도시·군기본계획, 도시·군관리계획 등 토지이용계획이 새로 수립되거나 변경되는 지역
2. 법령의 제정·개정 또는 폐지나 그에 따른 고시·공고로 인하여 토지이용에 대한 행위제한이 완화되거나 해제되는 지역
3. 법령에 따른 개발사업이 진행 중이거나 예정되어 있는 지역과 그 인근지역
4. 그 밖에 국토교통부장관 또는 특별시장·광역시장·특별자치시장·도지사·특별자치도지사가 투기 우려가 있다고 인정하는 지역 또는 관계 행정기관의 장이 특별히 투기가 성행할 우려가 있다고 인정하여 국토교통부장관 또는 시·도지사에게 요청하는 지역

## 2 지정권자

### (1) 국토교통부장관

허가구역이 둘 이상의 시·도의 관할 구역에 걸쳐 있는 경우에는 국토교통부장관이 지정한다.

### (2) 시·도지사

허가구역이 동일한 시·도 안의 일부지역인 경우에는 시·도지사가 지정한다. 다만, 국가가 시행하는 개발사업 등에 따라 투기적인 거래가 성행하거나 지가가 급격히 상승하는 지역과 그러한 우려가 있는 지역 등 대통령령으로 정하는 경우에는 국토교통부장관이 지정할 수 있다. 법 제10조 제1항 제2호 단서에서 "투기적인 거래가 성행하거나 지가가 급격히 상승하는 지역과 그러한 우려가 있는 지역 등 대통령령으로 정하는 경우"란 다음 각 호의 요건을 모두 충족하는 경우를 말한다.

1. 국가 또는 「공공기관의 운영에 관한 법률」에 따른 공공기관이 관련 법령에 따른 개발사업을 시행하는 경우일 것
2. 해당 지역의 지가변동률 등이 인근지역 또는 전국 평균에 비하여 급격히 상승하거나 상승할 우려가 있는 경우일 것

## 3 지정방법

국토교통부장관 또는 시·도지사는 대통령령으로 정하는 바에 따라 허가대상자(외국인등을 포함한다.), 허가대상 용도와 지목 등을 특정하여 허가구역을 지정할 수 있다. 국토교통부장관 또는 시·도지사는 법 제10조 제1항 각 호 외의 부분 후단에 따라 허가대상자, 허가대상 용도와 지목을 다음 각 호의 구분에 따라 각각 특정하여 허가구역을 지정할 수 있다.

1. **허가대상자** : 제1항 제4호에 따른 지역에서 지가변동률 및 거래량 등을 고려할 때 투기우려가 있다고 인정되는 자
2. **허가대상 용도** : 다음 각 목의 어느 하나에 해당하는 토지 중 제1항 제4호에 따른 지역에서 투기우려가 있다고 인정되는 토지의 용도
   가. 나대지
   나. 「건축법」 제2조 제2항 각 호의 어느 하나에 해당하는 건축물의 용도로 사용되는 부지
3. **허가대상 지목** : 제1항 제4호에 따른 지역에서 투기우려가 있다고 인정되는 「공간정보의 구축 및 관리 등에 관한 법률」에 따른 지목

## 4 지정절차

### (1) 도시계획위원회 심의

국토교통부장관 또는 시·도지사는 제1항에 따라 허가구역을 지정하려면 「국토의 계획 및 이용에 관한 법률」 제106조에 따른 중앙도시계획위원회(이하 "중앙도시계획위원회"라 한다) 또는 같은 법 제113조 제1항에 따른 시·도도시계획위원회의 심의를 거쳐야 한다.

### (2) 지정공고

국토교통부장관 또는 시·도지사는 제1항에 따라 허가구역으로 지정한 때에는 지체 없이 허가대상자, 허가대상 용도와 지목 등 대통령령으로 정하는 사항을 공고한다. 법 제10조 제3항에서 "대통령령으로 정하는 사항"이란 다음 각 호의 사항을 말한다. 허가구역의 지정은 허가구역의 지정을 공고한 날부터 5일 후에 그 효력이 발생한다(시행령 제7조 제4항).

1. 법 제10조 제1항에 따른 토지거래계약에 관한 허가구역(이하 "허가구역"이라 한다)의 지정기간
2. 허가구역 내 토지의 소재지·지번·지목·면적 및 용도지역(「국토의 계획 및 이용에 관한 법률」 제36조에 따른 용도지역을 말한다. 이하 같다)
3. 허가구역에 대한 축척 5만분의 1 또는 2만5천분의 1의 지형도
4. 제9조 제1항에 따른 허가 면제 대상 토지면적

### (3) 통지

국토교통부장관은 공고 내용을 시·도지사를 거쳐 시장·군수 또는 구청장에게 통지하고, 시·도지사는 국토교통부장관, 시장·군수 또는 구청장에게 통지하여야 한다. 시·도지사로부터 지정 통지를 받은 시장·군수 또는 구청장은 지체 없이 그 공고 내용을 그 허가구역을 관할하는 등기소의 장에게 통지하여야 하며,

### (4) 열람

시장·군수 또는 구청장은 통지 받은 공고 내용을 지체 없이 그 사실을 7일 이상 공고하고, 그 공고 내용을 15일간 일반이 열람할 수 있도록 하여야 한다.

## 5 재지정 절차

지정기간이 끝나는 허가구역을 계속하여 다시 허가구역으로 지정하려면 중앙도시계획위원회 또는 시·도도시계획위원회의 심의 전에 미리 시·도지사(국토교통부장관이 허가구역을 지정하는 경우만 해당한다) 및 시장·군수 또는 구청장의 의견을 들어야 한다.

## 6 지정해제 또는 일부 축소

국토교통부장관 또는 시·도지사는 허가구역의 지정 사유가 없어졌다고 인정되거나 관계 시·도지사, 시장·군수 또는 구청장으로부터 받은 허가구역의 지정 해제 또는 축소 요청이 이유 있다고 인정되면 지체 없이 허가구역의 지정을 해제하거나 지정된 허가구역의 일부를 축소하여야 한다.



# 제2절 허가대상(기준면적, 거래) 제26회 제27회 제28회 제31회 제32회 제32회 제33회

## 1 허가대상 거래

허가구역에 있는 토지에 관한 소유권·지상권(소유권·지상권의 취득을 목적으로 하는 권리를 포함한다)을 대가를 받고 이전하거나 설정하는 계약(예약을 포함한다.)을 체결하려는 당사자는 공동으로 대통령령으로 정하는 바에 따라 시장·군수 또는 구청장의 허가를 받아야 한다. 허가받은 사항을 변경하려는 경우에도 또한 같다. 법 제11조(허가구역 내 토지거래에 대한 허가) 따라서 토지거래허가 구역 내 토지이지만 전세권, 임차권 저당권 등을 취득하는 계약은 토지거래허가를 받을 필요가 없다. 또한 토지거래허가 구역 내 토지를 증여계약처럼 무상으로 취득하는 계약은 토지거래허가를 받을 필요가 없다.

## 2 허가대상 기준면적

### (1) 용도별 면적

법 제11조 제2항에서 "대통령령으로 정하는 용도별 면적"이란 다음 각 호의 구분에 따른 면적을 말한다. 다만, 국토교통부장관 또는 시·도지사가 허가구역을 지정할 당시 해당 지역에서의 거래실태 등을 고려하여 다음 각 호의 면적으로 하는 것이 타당하지 않다고 인정하여 해당 기준면적의 10퍼센트 이상 300퍼센트 이하의 범위에서 따로 정하여 공고한 경우에는 그에 따른다(시행령 제9조).

1. 「국토의 계획 및 이용에 관한 법률」 제36조 제1항 제1호에 따른 도시지역 : 다음 각 목의 세부 용도지역별 구분에 따른 면적
   가. 주거지역: 60제곱미터
   나. 상업지역: 150제곱미터
   다. 공업지역: 150제곱미터
   라. 녹지지역: 200제곱미터
   마. 가목부터 라목까지의 구분에 따른 용도지역의 지정이 없는 구역: 60제곱미터
2. 도시지역 외의 지역: 250제곱미터. 다만, 농지(「농지법」 제2조 제1호에 따른 농지를 말한다. )의 경우에는 500제곱미터로 하고, 임야의 경우에는 1천제곱미터로 한다.

### (2) 일단의 토지 일부 거래

일단(一團)의 토지이용을 위하여 토지거래계약을 체결한 날부터 1년 이내에 일단의 토지 일부에 대하여 토지거래계약을 체결한 경우에는 그 일단의 토지 전체에 대한 거래로 본다.

### (3) 지정 후 지분거래 또는 분할

허가구역 지정 당시 제1항에 따른 면적을 초과하는 토지가 허가구역 지정 후에 분할(「국토의 계획 및 이용에 관한 법률」에 따른 도시·군계획사업의 시행 등 공공목적으로 인한 분할은 제외한다)로 허가기준 면적 이하가 된 경우 분할된 해당 토지에 대한 분할 후 최초의 토지거래계약은 허가기준 면적을 초과하는 토지거래계약으로 본다. 허가구역 지정 후 해당 토지가 공유지분으로 거래되는 경우에도 또한 같다.

## 3 허가 불필요

다음 각 호의 어느 하나에 해당하는 경우에는 제1항에 따른 허가가 필요하지 아니하다(법 제11조 제2항).

1. 경제 및 지가의 동향과 거래단위면적 등을 종합적으로 고려하여 대통령령으로 정하는 용도별 면적 이하의 토지에 대한 토지거래계약을 체결하려는 경우
2. 토지거래계약을 체결하려는 당사자 또는 그 계약의 대상이 되는 토지가 제10조 제3항에 따라 공고된 사항에 해당하지 아니하는 경우

## 제3절 허가신청 및 허가절차(선매협의) 제26회 제29회 제33회

### 1 허가신청서

#### (1) 허가신청서 기재사항

법 제11조 제1항 전단에 따른 토지거래계약의 허가를 받으려는 자는 공동으로 다음 각 호의 사항을 기재한 신청서에 국토교통부령으로 정하는 서류를 첨부하여 허가관청에 제출하여야 한다(시행령 제8조).

1. 당사자의 성명 및 주소(법인인 경우에는 법인의 명칭 및 소재지와 대표자의 성명 및 주소)
2. 토지의 지번·지목·면적·이용현황 및 권리설정현황
3. 토지의 정착물인 건축물·공작물 및 입목 등에 관한 사항
4. 이전 또는 설정하려는 권리의 종류
5. 계약예정금액
6. 토지의 이용에 관한 계획
7. 토지를 취득(토지에 관한 소유권·지상권 또는 소유권·지상권의 취득을 목적으로 하는 권리를 이전하거나 설정하는 것을 말한다. 이하 같다)하는 데 필요한 자금조달계획

#### (2) 국토교통부령으로 정하는 서류

영 제8조 제1항 각 호 외의 부분에서 "국토교통부령으로 정하는 서류"란 다음 각 호의 서류를 말한다(시행규칙 제9조).

1. 제11조 제1항 각 호의 사항이 기재된 토지이용계획서(「농지법」 제8조에 따라 농지취득자격증명을 발급받아야 하는 농지의 경우에는 같은 조 제2항에 따른 농업경영계획서를 말한다)
2. 별지 제10호서식의 토지취득자금 조달계획서

### 2 변경허가신청서

① 법 제11조 제1항 후단에 따른 토지거래계약 변경허가를 받으려는 자는 공동으로 다음 각 호의 사항을 기재한 신청서에 국토교통부령으로 정하는 서류를 첨부하여 허가관청에 제출하여야 한다.

1. 제1항 제1호부터 제3호까지의 사항
2. 토지거래계약 허가번호
3. 변경내용
4. 변경사유

② 영 제8조 제2항 각 호 외의 부분에서 "국토교통부령으로 정하는 서류"란 다음 각 호의 어느 하나에 해당하는 서류를 말한다. 〈개정 2020. 10. 27.〉

> 1. 제2항 제1호의 서류(토지의 이용에 관한 계획을 변경하려는 경우만 해당한다)
> 2. 제2항 제2호의 서류(계약예정금액을 변경하려는 경우만 해당한다)

## 3 심사기간

### (1) 15일

허가신청서를 받은 허가관청은 지체 없이 필요한 조사를 하고 신청서를 받은 날부터 15일 이내에 허가·변경허가 또는 불허가 처분을 하여야 한다.

### (2) 토지등기사항증명서 확인

허가신청을 받은 허가관청은 「전자정부법」 제36조 제1항에 따른 행정정보의 공동이용을 통하여 토지등기사항증명서를 확인하여야 한다.

### (3) 토지현황 사진 보관

허가관청은 영 제8조 제3항에 따라 토지거래계약에 관하여 필요한 조사를 하는 경우에는 허가를 신청한 토지에 대한 현황을 파악할 수 있는 사진을 촬영·보관하여야 한다(시행규칙 제10조).

## 4 허가 또는 불허가처분

### (1) 허가 또는 불허가처분

시장·군수 또는 구청장은 제3항에 따른 허가신청서를 받으면 「민원 처리에 관한 법률」에 따른 처리기간(15일)에 허가 또는 불허가의 처분을 하고, 그 신청인에게 허가증을 발급하거나 불허가처분 사유를 서면으로 알려야 한다. 다만, 제15조에 따라 선매협의(先買協議) 절차가 진행 중인 경우에는 위의 기간 내에 그 사실을 신청인에게 알려야 한다(법 제11조 제4항).

### (2) 기간내 처리하지 않은 경우

민원처리기간에 허가증의 발급 또는 불허가처분 사유의 통지가 없거나 선매협의 사실의 통지가 없는 경우에는 그 기간이 끝난 날의 다음날에 토지거래허가가 있는 것으로 본다. 이 경우 시장·군수 또는 구청장은 지체 없이 신청인에게 허가증을 발급하여야 한다(법 제11조 제5항).

### (3) 인터넷 홈페이지 게재

허가관청은 토지거래허가증을 발급한 경우에는 해당 토지의 소재지·지번·지목 및 이용목적을 해당 기관의 인터넷 홈페이지에 게재하여야 한다.

## 제4절 선매제도 제23회 제32회 제33회



### 1 선매대상 토지

시장·군수 또는 구청장은 제11조 제1항에 따른 토지거래계약에 관한 허가신청이 있는 경우 다음 각 호의 어느 하나에 해당하는 토지에 대하여 국가, 지방자치단체, 한국토지주택공사, 그 밖에 대통령령으로 정하는 공공기관 또는 공공단체가 그 매수를 원하는 경우에는 이들 중에서 해당 토지를 매수할 자를 지정하여 그 토지를 협의 매수하게 할 수 있다(법 제15조).

1. 공익사업용 토지
2. 제11조 제1항에 따른 토지거래계약허가를 받아 취득한 토지를 그 이용목적대로 이용하고 있지 아니한 토지

### 2 선매자지정

#### (1) 1개월 이내

시장·군수 또는 구청장은 선매협의 대상에 해당하는 토지에 대하여 토지거래계약 허가신청이 있는 경우에는 그 신청이 있는 날부터 1개월 이내에 선매자를 지정하여 토지 소유자에게 알려야 한다.

#### (2) 선매자

국가, 지방자치단체, 한국토지주택공사, 그 밖에 대통령령으로 정하는 공공기관 또는 공공단체가 선매자로 지정될 수 있다. 법 제15조 제1항 각 호 외의 부분에서 "대통령령으로 정하는 공공기관 또는 공공단체"란 제11조 제1항 제1호부터 제10호까지의 기관 또는 단체를 말한다(시행령 제12조).

1. 「한국농수산식품유통공사법」에 따른 한국농수산식품유통공사
2. 「대한석탄공사법」에 따른 대한석탄공사
3. 「한국토지주택공사법」에 따른 한국토지주택공사
4. 「한국관광공사법」에 따른 한국관광공사

5. 「한국농어촌공사 및 농지관리기금법」에 따른 한국농어촌공사
6. 「한국도로공사법」에 따른 한국도로공사
7. 「한국석유공사법」에 따른 한국석유공사
8. 「한국수자원공사법」에 따른 한국수자원공사
9. 「한국전력공사법」에 따른 한국전력공사
10. 「한국철도공사법」에 따른 한국철도공사

## 3 선매협의

### (1) 협의개시

법 제15조 제1항에 따라 선매자(先買者)로 지정된 자는 같은 조 제2항에 따른 지정 통지를 받은 날부터 15일 이내에 매수가격 등 선매조건을 기재한 서면을 토지소유자에게 통지하여 선매협의를 하여야 한다.

### (2) 협의완료

선매자는 지정 통지를 받은 날부터 1개월 이내에 국토교통부령으로 정하는 바에 따라 선매협의조서를 허가관청에 제출하여야 한다(시행령 12조 ②항). 영 제12조 제2항에 따라 제1항의 선매협의조서를 제출하는 자는 거래계약서 사본을 첨부(선매협의가 이루어진 경우로 한정한다)하여야 한다.

### (3) 선매가격

선매자가 토지를 매수할 때의 가격은 「감정평가 및 감정평가사에 관한 법률」에 따라 감정평가법인 등이 감정평가한 감정가격을 기준으로 하되, 토지거래계약 허가신청서에 적힌 가격이 감정가격보다 낮은 경우에는 허가신청서에 적힌 가격으로 할 수 있다.

## 4 협의불성립

시장·군수 또는 구청장은 선매협의가 이루어지지 아니한 경우에는 지체 없이 허가 또는 불허가의 여부를 결정하여 통보하여야 한다.

## 제 5 절 토지거래계약허가기준 제35회

시장·군수 또는 구청장은 제11조에 따른 허가신청이 다음 각 호의 어느 하나에 해당하는 경우를 제외하고는 허가하여야 한다(법 제12조).

### 1 실수요성

#### (1) 인정 사례

가. 자기의 거주용 주택용지로 이용하려는 경우
나. 허가구역을 포함한 지역의 주민을 위한 복지시설 또는 편익시설로서 관할 시장·군수 또는 구청장이 확인한 시설의 설치에 이용하려는 경우
다. 허가구역에 거주하는 농업인·임업인·어업인 또는 대통령령으로 정하는 자가 그 허가구역에서 농업·축산업·임업 또는 어업을 경영하기 위하여 필요한 경우
라. 「공익사업을 위한 토지 등의 취득 및 보상에 관한 법률」이나 그 밖의 법률에 따라 토지를 수용하거나 사용할 수 있는 사업을 시행하는 자가 그 사업을 시행하기 위하여 필요한 경우
마. 허가구역을 포함한 지역의 건전한 발전을 위하여 필요하고 관계 법률에 따라 지정된 지역·지구·구역 등의 지정목적에 적합하다고 인정되는 사업을 시행하는 자나 시행하려는 자가 그 사업에 이용하려는 경우
바. 허가구역의 지정 당시 그 구역이 속한 특별시·광역시·특별자치시·시(「제주특별자치도 설치 및 국제자유도시 조성을 위한 특별법」 제10조 제2항에 따른 행정시를 포함한다. 이하 이 조에서 같다)·군 또는 인접한 특별시·광역시·특별자치시·시·군에서 사업을 시행하고 있는 자가 그 사업에 이용하려는 경우나 그 자의 사업과 밀접한 관련이 있는 사업을 하는 자가 그 사업에 이용하려는 경우
사. 허가구역이 속한 특별시·광역시·특별자치시·시 또는 군에 거주하고 있는 자의 일상생활과 통상적인 경제활동에 필요한 것 등으로서 대통령령으로 정하는 용도에 이용하려는 경우

#### (2) 대통령령으로 정하는 자

**시행령 제10조 【허가기준】** ① 법 제12조 제1호다목에서 "대통령령으로 정하는 자"란 다음 각 호의 어느 하나에 해당하는 자를 말한다.
1. 다음 각 목의 어느 하나에 해당하는 사람(이하 "농업인등"이라 한다)으로서 본인이 거주하는 특별시·광역시(광역시의 관할구역에 있는 군은 제외한다)·특별자치시·특별자치도·시 또는 군(광역시의 관할구역에 있는 군을 포함한다)에 소재하는 토지를 취득하려는 사람
가. 「농업·농촌 및 식품산업 기본법」 제3조 제2호에 따른 농업인
나. 「수산업·어촌 발전 기본법」 제3조 제3호에 따른 어업인

다. 「임업 및 산촌 진흥촉진에 관한 법률」 제2조 제2호에 따른 임업인
2. 농업인등으로서 본인이 거주하는 주소지로부터 30킬로미터 이내에 소재하는 토지를 취득하려는 사람
3. 다음 각 목의 어느 하나에 해당하는 농업인등으로서 협의양도하거나 수용된 날부터 3년 이내에 협의양도하거나 수용된 농지를 대체하기 위하여 본인이 거주하는 주소지로부터 80킬로미터 안에 소재하는 농지[행정기관의 장이 관계 법령에서 정하는 바에 따라 구체적인 대상을 정하여 대체농지의 취득을 알선하는 경우를 제외하고는 종전의 토지가액(「부동산 가격공시에 관한 법률」에 따른 개별공시지가를 기준으로 하는 가액을 말한다. 이하 같다) 이하인 농지로 한정한다]를 취득하려는 사람
가. 「공익사업을 위한 토지 등의 취득 및 보상에 관한 법률」 또는 그 밖의 법령에 따라 공익사업용으로 농지를 협의양도하거나 농지가 수용된 사람(실제 경작자로 한정한다)
나. 가목에 해당하는 농지를 임차하거나 사용차(使用借)하여 경작하던 사람으로서 「공익사업을 위한 토지 등의 취득 및 보상에 관한 법률」에 따른 농업의 손실에 대한 보상을 받은 사람
4. 제1호부터 제3호까지에 해당하지 아니하는 자로서 그 밖에 거주지·거주기간 등에 관하여 국토교통부령으로 정하는 요건을 갖춘 자

### (3) "대통령령으로 정하는 용도에 이용하려는 경우"

법 제12조 제1호사목에서 "대통령령으로 정하는 용도에 이용하려는 경우"란 허가구역이 속한 특별시·광역시·특별자치시·시 또는 군에 거주하고 있는 자가 다음 각 호의 어느 하나에 해당하는 경우를 말한다. 〈개정 2020. 2. 18.〉
1. 「공익사업을 위한 토지 등의 취득 및 보상에 관한 법률」 또는 그 밖의 법령에 따라 농지 외의 토지를 공익사업용으로 협의양도하거나 수용된 사람이 그 협의양도하거나 수용된 날부터 3년 이내에 그 허가구역에서 협의양도하거나 수용된 토지에 대체되는 토지(종전의 토지가액 이하인 토지로 한정한다)를 취득하려는 경우
2. 관계 법령에 따라 개발·이용행위가 제한되거나 금지된 토지로서 국토교통부령으로 정하는 토지에 대하여 현상 보존의 목적으로 토지를 취득하려는 경우
3. 「민간임대주택에 관한 특별법」 제2조 제7호에 따른 임대사업자 등 관계 법령에 따라 임대사업을 할 수 있는 자가 임대사업을 위하여 건축물과 그에 딸린 토지를 취득하려는 경우

## 2 이용목적의 적합성

토지거래계약을 체결하려는 자의 토지이용목적이 다음 각 목의 어느 하나에 해당되는 경우에는 토지이용목적이 적합하지 않아 토지거래허가를 받을 수 없다.

가. 「국토의 계획 및 이용에 관한 법률」 제2조 제2호에 따른 도시·군계획이나 그 밖에 토지의 이용 및 관리에 관한 계획에 맞지 아니한 경우
나. 생태계의 보전과 주민의 건전한 생활환경 보호에 중대한 위해(危害)를 끼칠 우려가 있는 경우

## 3 면적 적합성

그 면적이 그 토지의 이용목적에 적합하하다고 인정되는 경우에는 토지거래허가를 받을 수 있다.

# 제6절 토지이용의무와 이행강제금 제28회 제30회 제31회 제32회 제33회 제34회



## 1 토지이용의무

### (1) 5년 범위내

제11조에 따라 토지거래계약을 허가받은 자는 대통령령으로 정하는 사유가 있는 경우 외에는 5년의 범위에서 대통령령으로 정하는 기간에 그 토지를 허가받은 목적대로 이용하여야 한다(법 제17조 제1항).

### (2) 실태조사

시장·군수 또는 구청장은 토지거래계약을 허가받은 자가 허가받은 목적대로 이용하고 있는지를 국토교통부령으로 정하는 바에 따라 조사하여야 한다(법 제17조 제2항). 허가관청은 법 제17조 제2항에 따라 매년 1회 이상 토지의 개발 및 이용 등의 실태를 조사하여야 한다. (시행규칙 제18조 제1항). 제1항에서 규정한 사항 외에 토지의 개발 및 이용 등의 실태조사에 필요한 사항은 국토교통부장관이 정한다.

### (3) 이용의무가 없는 경우(시행령 제14조)

**시행령 제14조 【토지 이용에 관한 의무 등】** ① 법 제17조 제1항에서 "대통령령으로 정하는 사유가 있는 경우"란 다음 각 호의 어느 하나에 해당하는 경우를 말한다. 〈개정 2020.6.30., 2021.1.19.〉

1. 토지를 취득한 후 「국토의 계획 및 이용에 관한 법률」 또는 관계 법령에 따라 용도지역 등 토지의 이용 및 관리에 관한 계획이 변경됨으로써 「국토의 계획 및 이용에 관한 법률」 또는 관계 법령에 따른 행위제한으로 인하여 당초의 목적대로 이용할 수 없게 된 경우
2. 토지를 이용하기 위하여 관계 법령에 따른 허가·인가 등을 신청하였으나 국가 또는 지방자치단체가 국토교통부령으로 정하는 사유로 일정 기간 허가·인가 등을 제한하는 경우로서 그 제한기간 내에 있는 경우
3. 법 제12조에 따른 허가기준에 맞게 당초의 이용목적을 변경하는 경우로서 허가관청의 승인을 받은 경우
4. 다른 법률에 따른 행위허가를 받아 법 제12조에 따른 허가기준에 맞게 당초의 이용목적을 변경하는 경우로서 해당 행위의 허가권자가 이용목적 변경에 관하여 허가관청과 협의를 한 경우

5. 「해외이주법」 제6조에 따라 이주하는 경우
6. 「병역법」 제18조 또는 「대체역의 편입 및 복무 등에 관한 법률」 제17조에 따라 복무하는 경우
7. 「자연재해대책법」 제2조 제1호에 따른 재해로 인하여 허가받은 목적대로 이행하는 것이 불가능한 경우
8. 공익사업의 시행 등 토지거래계약허가를 받은 자에게 책임 없는 사유로 허가받은 목적대로 이용하는 것이 불가능한 경우
9. 다음 각 목의 건축물을 취득하여 실제로 이용하는 자가 해당 건축물의 일부를 임대하는 경우
   가. 「건축법 시행령」 별표 1 제1호의 단독주택[다중주택 및 공관(公館)은 제외한다]
   나. 「건축법 시행령」 별표 1 제2호의 공동주택(기숙사는 제외한다)
   다. 「건축법 시행령」 별표 1 제3호의 제1종 근린생활시설
   라. 「건축법 시행령」 별표 1 제4호의 제2종 근린생활시설
10. 「산업집적활성화 및 공장설립에 관한 법률」 제2조 제1호에 따른 공장을 취득하여 실제로 이용하는 자가 해당 공장의 일부를 임대하는 경우
10의2. 토지거래계약허가를 받은 자가 다음 각 목의 요건을 모두 갖춘 경우
   가. 토지거래계약허가를 받은 목적이 「주택법」 제2조 제1호의 주택(주택과 주택 외의 시설을 동일 건축물로 건축하는 경우를 포함한다) 또는 같은 조 제4호의 준주택을 건축·분양하는 것일 것
   나. 토지거래계약허가를 받은 자가 「자본시장과 금융투자업에 관한 법률」 제8조 제7항에 따른 신탁업자에게 해당 토지의 개발, 담보 또는 분양관리를 하게 하는 내용으로 신탁계약을 체결할 것
   다. 토지거래계약허가를 받은 자와 나목의 신탁업자가 가목의 목적으로 토지를 이용할 것
11. 그 밖에 토지거래계약허가를 받은 자가 불가피한 사유로 허가받은 목적대로 이용하는 것이 불가능하다고 「국토의 계획 및 이용에 관한 법률」 제113조 제2항에 따른 시·군·구도시계획위원회에서 인정한 경우

### (3) 이용의무기간

① **법 제12조 제1호가목부터 다목까지의 목적으로 허가를 받은 경우** : 토지 취득일부터 2년

가. 자기의 거주용 주택용지로 이용하려는 경우
나. 허가구역을 포함한 지역의 주민을 위한 복지시설 또는 편익시설로서 관할 시장·군수 또는 구청장이 확인한 시설의 설치에 이용하려는 경우
다. 허가구역에 거주하는 농업인·임업인·어업인 또는 대통령령으로 정하는 자가 그 허가구역에서 농업·축산업·임업 또는 어업을 경영하기 위하여 필요한 경우

② **법 제12조 제1호 라목부터 바목까지의 목적으로 허가를 받은 경우** : 토지 취득일부터 4년. 다만, 분양을 목적으로 허가를 받은 토지로서 개발에 착수한 후 토지 취득일부터 4년 이내에 분양을 완료한 경우에는 분양을 완료한 때에 4년이 지난 것으로 본다.

> 라. 「공익사업을 위한 토지 등의 취득 및 보상에 관한 법률」이나 그 밖의 법률에 따라 토지를 수용하거나 사용할 수 있는 사업을 시행하는 자가 그 사업을 시행하기 위하여 필요한 경우
> 마. 허가구역을 포함한 지역의 건전한 발전을 위하여 필요하고 관계 법률에 따라 지정된 지역·지구·구역 등의 지정목적에 적합하다고 인정되는 사업을 시행하는 자나 시행하려는 자가 그 사업에 이용하려는 경우
> 바. 허가구역의 지정 당시 그 구역이 속한 특별시·광역시·특별자치시·시(「제주특별자치도 설치 및 국제자유도시 조성을 위한 특별법」 제10조 제2항에 따른 행정시를 포함한다. 이하 이 조에서 같다)·군 또는 인접한 특별시·광역시·특별자치시·시·군에서 사업을 시행하고 있는 자가 그 사업에 이용하려는 경우나 그 자의 사업과 밀접한 관련이 있는 사업을 하는 자가 그 사업에 이용하려는 경우

③ 제10조 제2항 제1호에 따라 대체토지를 취득하기 위하여 허가를 받은 경우 : 토지 취득일부터 2년
④ 제10조 제2항 제2호에 따라 현상보존의 목적으로 토지를 취득하기 위하여 허가를 받은 경우 : 토지 취득일부터 5년
⑤ ①부터 ④까지의 경우 외의 경우 : 토지 취득일부터 5년

## 2 이행명령

### (1) 시장·군수 또는 구청장

시장·군수 또는 구청장은 제17조 제1항에 따른 토지의 이용 의무를 이행하지 아니한 자에 대하여는 상당한 기간(3개월)을 정하여 토지의 이용 의무를 이행하도록 명할 수 있다. 다만, 대통령령으로 정하는 사유가 있는 경우에는 이용 의무의 이행을 명하지 아니할 수 있다(법 제18조 ①항).

### (2) 문서

제18조 제1항 본문에 따른 이행명령은 문서로 하여야 하며, 이행기간은 3개월 이내로 정하여야 한다(시행령 제16조 제1항). 허가관청은 법 제18조 제2항에 따른 이행강제금을 부과하기 전에 이행기간 내에 이행명령을 이행하지 아니하면 이행강제금을 부과·징수한다는 뜻을 미리 문서로 계고(戒告)하여야 한다.

### (3) 농지법상 이행강제금 부과된 경우

「농지법」 제10조 제1항 제1호부터 제4호까지 어느 하나를 위반하여 같은 법 제62조에 따른 이행강제금을 부과한 경우에는 이용 의무의 이행을 명하지 아니할 수 있다.

## 3 이행강제금

### (1) 부과금액

① 토지 취득가액의 100분의 10의 범위

시장·군수 또는 구청장은 제1항에 따른 이행명령이 정하여진 기간에 이행되지 아니한 경우에는 토지 취득가액의 100분의 10의 범위에서 대통령령으로 정하는 금액의 이행강제금을 부과한다. 법 제18조 제2항에서 "대통령령으로 정하는 금액"이란 다음 각 호의 구분에 따른 금액을 말한다.

1. 토지거래계약허가를 받아 토지를 취득한 자가 당초의 목적대로 이용하지 아니하고 방치한 경우 : 토지 취득가액의 100분의 10에 상당하는 금액
2. 토지거래계약허가를 받아 토지를 취득한 자가 직접 이용하지 아니하고 임대한 경우 : 토지 취득가액의 100분의 7에 상당하는 금액
3. 토지거래계약허가를 받아 토지를 취득한 자가 제14조 제1항 제3호에 따른 허가관청의 승인 없이 당초의 이용목적을 변경하여 이용하는 경우 : 토지 취득가액의 100분의 5에 상당하는 금액
4. 제1호부터 제3호까지에 해당하지 아니하는 경우 : 토지 취득가액의 100분의 7에 상당하는 금액

② 토지취득가액

제3항 각 호에 따른 토지 취득가액은 실제 거래가격으로 한다. 다만, 실제 거래가격이 확인되지 아니하는 경우에는 취득 당시를 기준으로 가장 최근에 발표된 개별공시지가(「부동산 가격공시에 관한 법률」에 따른 개별공시지가를 말한다)를 기준으로 산정한다(시행령 제16조 제4항).

### (2) 문서

법 제18조 제2항에 따른 이행강제금을 부과하는 경우에는 이행강제금의 금액·부과사유·납부기한 및 수납기관, 이의제기방법 및 이의제기기관 등을 명시한 문서로 하여야 한다.

### (3) 부과 징수

① 시장·군수 또는 구청장은 최초의 이행명령이 있었던 날을 기준으로 1년에 한 번씩 그 이행명령이 이행될 때까지 반복하여 제2항에 따른 이행강제금을 부과·징수할 수 있다(법 제18조 제3항).

② 시장·군수 또는 구청장은 제17조 제1항에 따른 이용 의무기간이 지난 후에는 이행강제금을 부과할 수 없다(법 제18조 제4항).

③ 시장·군수 또는 구청장은 제1항에 따른 이행명령을 받은 자가 그 명령을 이행하는 경우에는 새로운 이행강제금의 부과를 즉시 중지하되, 명령을 이행하기 전에 이미 부과된 이행강제금은 징수하여야 한다(법 제18조 제5항).

④ 이행강제금의 부과처분에 불복하는 자는 시장·군수 또는 구청장에게 이의를 제기할 수 있다(법 제18조 제6항). 제6항에 따른 이행강제금 부과처분을 받은 자는 법 제18조 제6항에 따라 이의를 제기하려는 경우에는 부과처분을 고지받은 날부터 30일 이내에 하여야 한다.

⑤ 제2항 및 제3항에 따라 이행강제금 부과처분을 받은 자가 이행강제금을 납부기한까지 납부하지 아니한 경우에는 국세 체납처분의 예 또는 「지방행정제재·부과금의 징수 등에 관한 법률」에 따라 징수한다.

⑥ 이행강제금의 부과, 납부, 징수 및 이의제기 방법 등에 필요한 사항은 대통령령으로 정한다.



## 제7절 불허가 처분 제26회 제27회 제30회 제32회 제33회

### 1 이의신청

#### (1) 이의신청서

제11조에 따른 처분에 이의가 있는 자는 그 처분을 받은 날부터 1개월 이내에 시장·군수 또는 구청장에게 이의를 신청할 수 있다(법 제13조). 법 제13조 제1항에 따른 이의신청은 별지 제14호서식에 따른다(시행규칙 제14조).

#### (2) 이의신청에 대한 심의

제1항에 따른 이의신청을 받은 시장·군수 또는 구청장은 「국토의 계획 및 이용에 관한 법률」 제113조 제2항에 따른 시·군·구도시계획위원회의 심의를 거쳐 그 결과를 이의신청인에게 알려야 한다.

### 2 매수청구

(1) 제11조 제1항에 따른 허가신청에 대하여 불허가처분을 받은 자는 그 통지를 받은 날부터 1개월 이내에 시장·군수 또는 구청장에게 해당 토지에 관한 권리의 매수를 청구할 수 있다(법 제16조).

#### (2) 매수자 지정

제1항에 따른 매수 청구를 받은 시장·군수 또는 구청장은 국가, 지방자치단체, 한국토지주택공사, 그 밖에 대통령령으로 정하는 공공기관 또는 공공단체 중에서 매수할 자를 지정한다. 법 제16조 제2항에서 "대통령령으로 정하는 공공기관 또는 공공단체"란 제11조 제1항 제1호부터 제10호까지의 기관 또는 단체를 말한다.

1. 「한국농수산식품유통공사법」에 따른 한국농수산식품유통공사
2. 「대한석탄공사법」에 따른 대한석탄공사
3. 「한국토지주택공사법」에 따른 한국토지주택공사
4. 「한국관광공사법」에 따른 한국관광공사
5. 「한국농어촌공사 및 농지관리기금법」에 따른 한국농어촌공사
6. 「한국도로공사법」에 따른 한국도로공사
7. 「한국석유공사법」에 따른 한국석유공사
8. 「한국수자원공사법」에 따른 한국수자원공사
9. 「한국전력공사법」에 따른 한국전력공사
10. 「한국철도공사법」에 따른 한국철도공사

### (3) 매수금액(공시지가)

매수할 자로 하여금 예산의 범위에서 공시지가를 기준으로 하여 해당 토지를 매수하게 하여야 한다. 다만, 토지거래계약 허가신청서에 적힌 가격이 공시지가보다 낮은 경우에는 허가신청서에 적힌 가격으로 매수할 수 있다.

### (4) 매수신청서

법 제16조 제1항에 따라 토지의 매수청구를 하려는 자는 다음 각 호의 사항을 기재한 청구서를 허가관청에 제출하여야 한다(시행령 제13조).

1. 토지에 관한 권리의 종류 및 내용
2. 토지의 면적
3. 토지 소유자의 성명 및 주소
4. 토지의 소재지·지번·지목·면적·용도지역 및 이용현황
5. 토지에 있는 공작물의 종류·내용 및 매수청구에 관계되는 권리
6. 토지에 소유자 외의 권리가 있는 경우에는 그 권리의 종류 및 내용, 권리자의 성명 및 주소

# 제8절 국가 등의 토지거래계약에 관한 특례 제35회



## 1 허가의제

### (1) 시장·군수 또는 구청장과 협의

제11조 제1항을 적용할 때에 그 당사자의 한쪽 또는 양쪽이 국가, 지방자치단체, 「한국토지주택공사법」에 따른 한국토지주택공사(이하 "한국토지주택공사"라 한다), 그 밖에 대통령령으로 정하는 공공기관 또는 공공단체인 경우에는 그 기관의 장이 시장·군수 또는 구청장과 협의할 수 있고, 그 협의가 성립된 때에는 그 토지거래계약에 관한 허가를 받은 것으로 본다(법 제14조 제1항).

### (2) 국유재산을 취득하거나 처분하는 경우

「국유재산법」 제2조 제10호에 따른 총괄청 또는 같은 조 제11호에 따른 중앙관서의 장등이 같은 법 제9조에 따른 국유재산종합계획에 따라 국유재산을 취득하거나 처분하는 경우로서 법 제12조에 따른 허가기준에 적합하게 취득하거나 처분한 후 허가관청에 그 내용을 통보한 때에는 법 제14조 제1항에 따른 협의가 성립된 것으로 본다(법 제14조 제2항).

## 2 허가 배제

### (1) 다음 각 호의 경우에는 제11조를 적용하지 아니한다.

1. 「공익사업을 위한 토지 등의 취득 및 보상에 관한 법률」에 따른 토지의 수용
2. 「민사집행법」에 따른 경매
3. 그 밖에 대통령령으로 정하는 경우

### (2) 대통령령으로 정하는 경우

1. 「공익사업을 위한 토지 등의 취득 및 보상에 관한 법률」에 따라 토지를 협의취득·사용하거나 환매하는 경우
2. 「국유재산법」 제9조에 따른 국유재산종합계획에 따라 국유재산을 일반경쟁입찰로 처분하는 경우
3. 「공유재산 및 물품 관리법」 제10조에 따른 공유재산의 관리계획에 따라 공유재산을 일반경쟁입찰로 처분하는 경우
4. 「도시 및 주거환경정비법」 제74조에 따른 관리처분계획 또는 「빈집 및 소규모주택 정비에 관한 특례법」 제29조에 따른 사업시행계획에 따라 분양하거나 보류지 등을 매각하는 경우

5. 「도시개발법」 제26조에 따른 조성토지등의 공급계획에 따라 토지를 공급하는 경우, 같은 법 제35조에 따라 환지 예정지로 지정된 종전 토지를 처분하는 경우, 같은 법 제40조에 따른 환지처분을 하는 경우 또는 같은 법 제44조에 따라 체비지 등을 매각하는 경우
6. 「주택법」 제15조에 따른 사업계획의 승인을 받아 조성한 대지를 공급하는 경우 또는 같은 법 제54조에 따라 주택(부대시설 및 복리시설을 포함하며, 주택과 주택 외의 시설을 동일 건축물로 건축하여 공급하는 경우에는 그 주택 외의 시설을 포함한다)을 공급하는 경우
7. 「택지개발촉진법」 제18조에 따라 택지를 공급하는 경우
8. 「산업입지 및 개발에 관한 법률」 제2조 제9호에 따른 산업단지개발사업 또는 같은 조 제12호에 따른 준산업단지를 개발하기 위한 사업으로 조성된 토지를 같은 법 제16조에 따른 사업시행자(같은 법 제38조에 따라 사업시행자로부터 분양에 관한 업무를 위탁받은 산업단지관리공단을 포함한다)가 분양하는 경우
9. 「농어촌정비법」 제25조 또는 제26조에 따른 환지계획에 따라 환지처분을 하는 경우 또는 같은 법 제43조에 따라 농지 등의 교환·분할·합병을 하는 경우
10. 「농어촌정비법」에 따른 사업시행자가 농어촌정비사업을 시행하기 위하여 농지를 매입하는 경우
11. 「상법」 제3편 제4장 제10절·제11절, 「채무자 회생 및 파산에 관한 법률」의 절차에 따라 법원의 허가를 받아 권리를 이전하거나 설정하는 경우
12. 국세 및 지방세의 체납처분 또는 강제집행을 하는 경우
13. 국가 또는 지방자치단체가 법령에 따라 비상재해시 필요한 응급조치를 위하여 권리를 이전하거나 설정하는 경우
14. 「한국농어촌공사 및 농지관리기금법」에 따라 한국농어촌공사가 농지의 매매·교환 및 분할을 하는 경우
15. 법 제9조에 따라 외국인등이 토지취득의 허가를 받은 경우
16. 한국자산관리공사가 「한국자산관리공사 설립 등에 관한 법률」 제4조 또는 제5조에 따라 토지를 취득하거나 경쟁입찰을 거쳐서 매각하는 경우 또는 한국자산관리공사에 매각이 의뢰되어 3회 이상 공매하였으나 유찰된 토지를 매각하는 경우
17. 「국토의 계획 및 이용에 관한 법률」 제47조 또는 「개발제한구역의 지정 및 관리에 관한 특별조치법」 제17조에 따라 매수청구된 토지를 취득하는 경우
18. 「신행정수도 후속대책을 위한 연기·공주지역 행정중심복합도시 건설을 위한 특별법」, 「혁신도시 조성 및 발전에 관한 특별법」 또는 「기업도시개발 특별법」에 따라 조성된 택지 또는 주택을 공급하는 경우
19. 「건축물의 분양에 관한 법률」에 따라 건축물을 분양하는 경우
20. 「산업집적활성화 및 공장설립에 관한 법률」 제28조의4에 따라 지식산업센터를 분양하는 경우
21. 법령에 따라 조세·부담금 등을 토지로 물납하는 경우

## 제9절 다른 법률에 따른 인허가 등의 의제

### 1 농지취득자격증명발급의제

농지에 대하여 제11조에 따라 토지거래계약 허가를 받은 경우에는 「농지법」 제8조에 따른 농지취득자격증명을 받은 것으로 본다. 이 경우 시장·군수 또는 구청장은 「농업·농촌 및 식품산업 기본법」 제3조 제5호에 따른 농촌(「국토의 계획 및 이용에 관한 법률」에 따른 도시지역의 경우에는 같은 법에 따른 녹지지역만 해당한다)의 농지에 대하여 토지거래계약을 허가하는 경우에는 농지취득자격증명의 발급 요건에 적합한지를 확인하여야 하며, 허가한 내용을 농림축산식품부장관에게 통보하여야 한다(법 제20조 제1항).

### 2 검인의제

제11조 제4항 및 제5항에 따라 토지거래허가증을 발급받은 경우에는 「부동산등기 특별조치법」 제3조에 따른 검인을 받은 것으로 본다.

## 제10절 지가동향 및 토지거래상황 조사

#### (1) 지가동향

① 국토교통부장관이나 시·도지사는 토지거래허가 제도를 실시하거나 그 밖에 토지정책을 수행하기 위한 자료를 수집하기 위하여 대통령령으로 정하는 바에 따라 지가의 동향과 토지거래의 상황을 조사하여야 하며, 관계 행정기관이나 그 밖의 필요한 기관에 이에 필요한 자료를 제출하도록 요청할 수 있다. 이 경우 자료 제출을 요청받은 기관은 특별한 사유가 없으면 요청에 따라야 한다(법 제19조).

② 시·도지사는 영 제17조 제3항에 따라 다음 각 호의 순서대로 지가동향 및 토지거래상황을 조사하여야 한다(시행규칙 제20조).

1. **개황조사** : 관할구역 안의 토지거래상황을 파악하기 위하여 분기별로 1회 이상 개괄적으로 실시하는 조사
2. **지역별조사** : 제1호의 개황조사를 실시한 결과 등에 따라 법 제10조 제1항에 따른 토지거래계약에 관한 허가구역(이하 "허가구역"이라 한다)의 지정요건을 충족시킬 수 있는 개연성이 높다고 인정되는 지역에 대하여 지가동향 및 토지거래상황을 파악하기 위하여 매월 1회 이상 실시하는 조사

> 3. 특별집중조사 : 제2호의 지역별조사를 실시한 결과 허가구역의 지정요건을 충족시킬 수 있는 개연성이 특히 높다고 인정되는 지역에 대하여 지가동향 및 토지거래상황을 파악하기 위하여 실시하는 조사

### (2) 지가변동률

국토교통부장관은 법 제19조에 따라 연 1회 이상 전국의 지가변동률을 조사하여야 한다(시행령 제17조).

### (3) 한국부동산원의 자료 제출

국토교통부장관은 필요한 경우에는 「한국부동산원법」에 따른 한국부동산원의 원장으로 하여금 매월 1회 이상 지가동향, 토지거래상황 및 그 밖에 필요한 자료를 제출하게 할 수 있다. 이 경우 실비의 범위에서 그 소요 비용을 지원하여야 한다(시행령 제17조).

### (4) 시·도지사의 지정 축소 해제 요청

시·도지사는 관할구역의 지가동향 및 토지거래상황을 국토교통부령으로 정하는 바에 따라 조사하여야 하며, 그 결과 허가구역을 지정·축소하거나 해제할 필요가 있다고 인정하는 경우에는 국토교통부장관에게 그 구역의 지정·축소 또는 해제를 요청할 수 있다(시행령 제17조).

## 제11절 제재 제33회

### 1 허가 취소 등

(1) 국토교통부장관, 시·도지사, 시장·군수 또는 구청장은 다음 각 호의 어느 하나에 해당하는 자에게 제11조에 따른 허가 취소 또는 그 밖에 필요한 처분을 하거나 조치를 명할 수 있다. 법 제21조(제재처분 등)

> 1. 제11조에 따른 토지거래계약에 관한 허가 또는 변경허가를 받지 아니하고 토지거래계약 또는 그 변경계약을 체결한 자
> 2. 제11조에 따른 토지거래계약에 관한 허가를 받은 자가 그 토지를 허가받은 목적대로 이용하지 아니한 자
> 3. 부정한 방법으로 제11조에 따른 토지거래계약에 관한 허가를 받은 자

### (2) 청문

국토교통부장관, 시·도지사, 시장·군수 또는 구청장은 제21조에 따라 토지거래계약 허가의 취소 처분을 하려면 청문을 하여야 한다. 법 제23조(청문)

## 2 벌칙

### (1) 2년이하의 징역이나 토지가격의 30%이하의 벌금

토지거래 허가 또는 변경허가를 받지 아니하고 토지거래계약을 체결하거나, 속임수나 그 밖의 부정한 방법으로 토지거래계약 허가를 받은 자는 2년 이하의 징역 또는 계약 체결 당시의 개별공시지가에 따른 해당 토지가격의 100분의 30에 해당하는 금액 이하의 벌금에 처한다.

### (2) 1년 이하의 징역이나 1천만원 이하의 벌금

제21조에 따른 허가 취소, 처분 또는 조치명령을 위반한 자는 1년 이하의 징역 또는 1천만원 이하의 벌금에 처한다(법 제26조).

### (3) 양벌규정

법인의 대표자나 법인 또는 개인의 대리인, 사용인, 그 밖의 종업원이 그 법인 또는 개인의 업무에 관하여 제26조의 위반행위를 하면 그 행위자를 벌하는 외에 그 법인 또는 개인에게도 해당 조문의 벌금형을 과(科)한다. 다만, 법인 또는 개인이 그 위반행위를 방지하기 위하여 해당 업무에 관하여 상당한 주의와 감독을 게을리하지 아니한 경우에는 그러하지 아니하다(법 제27조).

## 3 지위 승계

### (1) 권리의무승계

제10조부터 제20조까지에 따라 토지의 소유권자, 지상권자 등에게 발생되거나 부과된 권리·의무는 그 토지 또는 건축물에 관한 소유권이나 그 밖의 권리의 변동과 동시에 그 승계인에게 이전한다(법 제22조 제1항).

### (2) 처분 등의 승계

이 법 또는 이 법에 따른 명령에 의한 처분, 그 절차 및 그 밖의 행위는 그 행위와 관련된 토지 또는 건축물에 대하여 소유권이나 그 밖의 권리를 가진 자의 승계인에 대하여 효력을 가진다(법 제22조 제2항).

04 CHAPTER

# 기출 및 예상문제

**01 부동산 거래신고 등에 관한 법령상 '허가구역 내 토지거래에 대한 허가'의 규정이 적용되지 않는 경우를 모두 고른 것은?** (제35회)

| ㄱ. 「부동산 거래신고 등에 관한 법률」에 따라 외국인이 토지취득의 허가를 받은 경우<br>ㄴ. 「공익사업을 위한 토지 등의 취득 및 보상에 관한 법률」에 따라 토지를 환매하는 경우<br>ㄷ. 「한국농어촌공사 및 농지관리기금법」에 따라 한국농어촌공사가 농지의 매매를 하는 경우 |
|---|

① ㄱ ② ㄴ ③ ㄱ, ㄷ ④ ㄴ, ㄷ ⑤ ㄱ, ㄴ, ㄷ

해설 ㉠㉡㉢ 모두 토지거래허가구역 내의 토지에 해당하지만 토지거래허가를 면제 받는다.

정답 ⑤

**02 부동산 거래신고 등에 관한 법령에 대한 설명이다. (   )에 들어갈 숫자는?** (단, 국토교통부장관 또는 시·도지사가 따로 정하여 공고한 경우와 종전 규정에 따라 공고된 면제대상 토지면적 기준은 고려하지 않음) (제34회)

| 경제 및 지가의 동향과 거래단위면적 등을 종합적으로 고려하여 「국토의 계획 및 이용에 관한 법률」에 따른 도시지역 중 아래의 세부 용도지역별 면적 이하의 토지에 대한 토지거래계약허가는 필요하지 아니하다.<br>• 주거지역 : ( ㉠ )제곱미터 • 상업지역 : ( ㉡ )제곱미터<br>• 공업지역 : ( ㉢ )제곱미터 • 녹지지역 : ( ㉣ )제곱미터 |
|---|

① ㉠: 60, ㉡: 100, ㉢: 100, ㉣: 200
② ㉠: 60, ㉡: 150, ㉢: 150, ㉣: 200
③ ㉠: 180, ㉡: 180, ㉢: 660, ㉣: 500
④ ㉠: 180, ㉡: 200, ㉢: 660, ㉣: 200
⑤ ㉠: 180, ㉡: 250, ㉢: 500, ㉣: 1천

해설 ② 주거지역: 60제곱미터, 상업지역: 150제곱미터, 공업지역: 150제곱미터, 녹색지역: 200제곱미터

정답 ②

**03 부동산 거래신고 등에 관한 법령상 토지거래허가구역에 관한 설명으로 옳은 것은?** (제31회)

① 국토교통부장관은 토지의 투기적인 거래가 성행하는 지역에 대해서는 7년의 기간을 정하여 토지거래계약에 관한 허가구역을 지정할 수 있다.
② 시·도지사가 토지거래허가구역을 지정하려면 시·도도시계획위원회의 심의를 거쳐 인접 시·도지사의 의견을 들어야 한다.
③ 시·도지사가 토지거래허가구역을 지정한 때에는 이를 공고하고 그 공고내용을 국토교통부장관, 시장·군수 또는 구청장에게 통지하여야 한다.
④ 허가구역의 지정은 허가구역의 지정을 공고한 날부터 3일 후에 효력이 발생한다.
⑤ 「국토의 계획 및 이용에 관한 법률」에 따른 도시지역 중 주거지역의 경우 600제곱미터 이하의 토지에 대해서는 토지거래계약허가가 면제된다.

해설
① 국토교통부장관은 토지의 투기적인 거래가 성행하는 지역에 대해서는 5년 이내의 기간을 정하여 토지거래계약에 관한 허가구역을 지정할 수 있다.
② 시·도지사가 토지거래허가구역을 지정하려면 시·도도시계획위원회의 심의를 거쳐야 하지만 인접 시·도지사의 의견을 듣는 절차는 없다.
④ 허가구역의 지정은 허가구역의 지정을 공고한 날부터 5일 후에 효력이 발생한다.
⑤ 「국토의 계획 및 이용에 관한 법률」에 따른 도시지역 중 주거지역의 경우 180제곱미터 이하의 토지에 대해서는 토지거래계약허가가 면제된다.

정답 ③

**04 부동산 거래신고 등에 관한 법령상 토지거래허가구역 등에 관한 설명으로 틀린 것은?** (제33회)

① 시장·군수 또는 구청장은 공익사업용 토지에 대해 토지거래계약에 관한 허가신청이 있는 경우, 한국토지주택공사가 그 매수를 원하는 경우에는 한국토지주택공사를 선매자(先買者)로 지정하여 그 토지를 협의 매수하게 할 수 있다.
② 국토교통부장관 또는 시·도지사는 허가구역의 지정 사유가 없어졌다고 인정되면 지체 없이 허가구역의 지정을 해제해야 한다.
③ 토지거래허가신청에 대해 불허가처분을 받은 자는 그 통지를 받은 날부터 1개월 이내에 시장·군수 또는 구청장에게 해당 토지에 관한 권리의 매수를 청구할 수 있다.
④ 허가구역의 지정은 허가구역의 지정을 공고한 날의 다음 날부터 그 효력이 발생한다.
⑤ 토지거래허가를 받으려는 자는 그 허가신청서에 계약내용과 그 토지의 이용계획, 취득자금 조달계획 등을 적어 시장·군수 또는 구청장에게 제출해야 한다.

해설 ④ 허가구역의 지정은 허가구역의 지정을 공고한 날부터 5일 후에 그 효력이 발생한다(법 제10조 제3항).

 ④

**05 부동산 거래신고 등에 관한 법령상 이행강제금에 관한 설명으로 옳은 것은?**

① 이행명령을 구두 또는 문서로 하며 이행기간은 3개월 이내로 정하여야 한다.
② 토지거래계약허가를 받아 토지를 취득한 자가 당초의 목적대로 이용하지 아니하고 방치하여 이행명령을 받고도 정하여진 기간에 이를 이행하지 아니한 경우, 시장·군수 또는 구청장은 토지 취득가액의 100분의 10에 상당하는 금액의 이행강제금을 부과한다.
③ 이행강제금 부과처분에 불복하는 경우 이의를 제기할 수 있으나, 그에 관한 명문의 규정을 두고 있지 않다.
④ 이행명령을 받은 자가 그 명령을 이행하는 경우 새로운 이행강제금의 부과를 즉시 중지하며, 명령을 이행하기 전에 부과된 이행강제금도 징수할 수 없다.
⑤ 최초의 이행명령이 있었던 날을 기준으로 1년에 두 번씩 그 이행명령이 이행될 때까지 반복하여 이행강제금을 부과·징수할 수 있다.

해설 ① 이행명령을 문서로 하며 이행기간은 3개월 이내로 정하여야 한다.
③ 이행강제금 부과처분에 불복하는 경우 30일이내에 이의를 제기할 수 있다는 명문의 규정을 두고 있다.
④ 이행명령을 받은 자가 그 명령을 이행하는 경우 새로운 이행강제금의 부과를 즉시 중지하며, 명령을 이행하기 전에 부과된 이행강제금은 징수하여야 한다.
⑤ 최초의 이행명령이 있었던 날을 기준으로 1년에 한 번씩 그 이행명령이 이행될 때까지 반복하여 이행강제금을 부과·징수할 수 있다.

 ②

**06 부동산 거래신고 등에 관한 법령상 이행강제금에 관한 설명이다. (  )에 들어갈 숫자로 옳은 것은?** (제33회)

> 시장·군수는 토지거래계약허가를 받아 토지를 취득한 자가 당초의 목적대로 이용하지 아니하고 방치한 경우 그에 대하여 상당한 기간을 정하여 토지의 이용 의무를 이행하도록 명할 수 있다. 그 의무의 이행기간은 ( ㉠ )개월 이내로 정하여야 하며, 그 정해진 기간 내에 이행되지 않은 경우, 그 정해진 기간 내에 이행되지 않은 경우, 토지 취득가액의 100분의 ( ㉡ )에 상당하는 금액의 이행강제금을 부과한다.

① ㉠: 3, ㉡: 7　② ㉠: 3, ㉡: 10　③ ㉠: 6, ㉡: 7
④ ㉠: 6, ㉡: 10　⑤ ㉠: 12, ㉡: 15

해설 ② 시장·군수는 토지거래계약허가를 받아 토지를 취득한 자가 당초의 목적대로 이용하지 아니하고 방치한 경우 그에 대하여 상당한 기간을 정하여 토지의 이용 의무를 이행하도록 명할 수 있다. 그 의무의 이행기간은 3개월 이내로 정하여야 하며, 그 정해진 기간 내에 이행되지 않은 경우, 토지 취득가액의 100분의 10에 상당하는 금액의 이행강제금을 부과한다.

정답 ②

**07 부동산 거래신고 등에 관한 법령상 토지거래허가 등에 관한 설명으로 옳은 것은 모두 몇 개인가?** (제33회)

> • 농지에 대하여 토지거래계약 허가를 받은 경우에는 「농지법」에 따른 농지전용 허가를 받은 것으로 본다.
> • 국세의 체납처분을 하는 경우에는 '허가구역 내 토지거래에 대한 허가'의 규정을 적용한다.
> • 시장·군수는 토지 이용 의무기간이 지난 후에도 이행강제금을 부과할 수 있다.
> • 토지의 소유권자에게 부과된 토지 이용에 관한 의무는 그 토지에 관한 소유권의 변동과 동시에 그 승계인에게 이전한다.

① 0개　② 1개　③ 2개　④ 3개　⑤ 4개

해설
• 농지에 대하여 토지거래계약 허가를 받은 경우에는 「농지법」에 따른 농지취득자격증명을 받은 것으로 본다. 농지를 전용하려는 자는 농림축산식품부장관의 허가를 받아야 한다. 허가받은 농지의 면적 또는 경계 등 중요 사항을 변경하려는 경우에도 또한 같다(법 제34조 제1항).
• 국세의 체납처분을 하는 경우에는 허가구역 내 토지거래에 대한 허가의 규정을 적용하지 않는다.
• 시장·군수는 토지 이용 의무기간이 지난 후에도 이행강제금을 부과할 수 없다(법 제18조 제4항).

정답 ②

05 CHAPTER

# 부동산정보관리 및 포상금 제30회 제32회

단원별 학습포인트

- 포상금제도가 이 단원에서는 제일 비중이 높다. 제1편 공인중개사법령상의 포상금 제도와 비교하여 정리하는 것이 필요하다.

## 제1절 부동산정보관리

### 1 부동산정책 관련 자료 관리

#### (1) 부동산정보 관리

국토교통부장관 또는 시장·군수·구청장은 적절한 부동산정책의 수립 및 시행을 위하여 부동산 거래상황, 주택 임대차 계약상황, 외국인 부동산 취득현황, 부동산 가격 동향 등 이 법에 규정된 사항에 관한 정보를 종합적으로 관리하고, 이를 관련 기관·단체 등에 제공할 수 있다(법 제24조 제1항).

#### (2) 자료 제공 요청

국토교통부장관 또는 시장·군수·구청장은 정보의 관리를 위하여 관계 행정기관이나 그 밖에 필요한 기관에 필요한 자료를 요청할 수 있다. 이 경우 관계 행정기관 등은 특별한 사유가 없으면 요청에 따라야 한다(법 제24조 제2항). 법 제24조 제1항 및 제2항에 따른 정보의 관리·제공 및 자료요청은 「개인정보 보호법」에 따라야 한다(법 제24조 제3항).

#### (3) 부동산정보체계의 구축·운영

① 국토교통부장관

국토교통부장관은 효율적인 정보의 관리 및 국민편의 증진을 위하여 대통령령으로 정하는 바에 따라 부동산거래 및 주택 임대차의 계약·신고·허가·관리 등의 업무와 관련된 정보체계를 구축·운영할 수 있다(법 제25조). 국토교통부장관은 법 제25조에 따라 효율적인 정보의 관리 및 국민편의 증진을 위하여 다음 각 호의 정보를 관리할 수 있는 정보체계를 구축·운영할 수 있다(시행령 제19조 제1항).

1. 법 제3조에 따른 부동산거래 신고 정보
2. 검증체계 관련 정보
2의2. 법 제6조의2에 따른 주택 임대차 계약 신고 정보
2의3. 법 제6조의3에 따른 주택 임대차 계약의 변경 및 해제 신고 정보
3. 법 제8조에 따른 외국인등의 부동산 취득·보유 신고 자료 및 관련 정보
4. 토지거래계약의 허가 관련 정보
5. 「부동산등기 특별조치법」 제3조에 따른 검인 관련 정보
6. 부동산 거래계약 등 부동산거래 관련 정보

② 국토교통부장관은 정보체계에 구축되어 있는 정보를 수요자에게 제공할 수 있다. 이 경우 정보체계 운영을 위하여 불가피한 사유가 있거나 개인정보의 보호를 위하여 필요하다고 인정할 때에는 제공하는 정보의 종류와 내용을 제한할 수 있다(시행령 제19조 제2항). 시행령 제19조 제1항과 제2항에서 규정한 사항 외에 정보체계의 구축·운영 및 이용에 필요한 사항은 국토교통부장관이 정한다(시행령 제19조 제3항).



## 제2절 업무의 전자적처리

### 1 전자문서 제출

법 및 이 영에 따른 신고 또는 신청 중 국토교통부령으로 정하는 사항은 전자문서를 제출하는 방법으로 할 수 있다(시행령 제19조의5 제1항). 제1항에 따라 전자문서로 제출하는 경우에는 「전자서명법」 제2조 제6호에 따른 인증서(서명자의 실지명의를 확인할 수 있는 것으로 한정한다)를 통한 본인확인의 방법으로 서명 또는 날인할 수 있다(시행령 제19조의5 제2항).

### 2 전자문서 제출서류(1)

영 제19조의5 제1항에서 "국토교통부령으로 정하는 사항"이란 다음 각 호의 사항을 말한다(시행규칙 제20조의3 제1항).

1. 제2조 제1항·제2항 및 제4항부터 제10항까지의 규정에 따른 부동산거래계약 신고서 및 법인신고서등
2. 제3조 제2항 본문에 따른 부동산거래 신고필증(같은 항 단서에 따른 경우는 제외한다)
3. 제3조 제4항 본문에 따른 부동산거래계약 변경 신고서(같은 항 단서에 따라 신고서를 제출하는 경우는 제외한다)

4. 제4조 제1항에 따른 부동산거래계약의 해제등 신고서
5. 제6조의2 제2항부터 제5항까지 및 제9항에 따른 임대차 신고서(같은 조 제3항 및 제5항에 따라 첨부해야 하는 서류 등을 포함한다) 및 주택 임대차 계약서
6. 제6조의3 제1항 및 제2항에 따른 임대차 변경 신고서 및 임대차 해제 신고서(같은 조 제2항에 따라 첨부해야 하는 서류 등을 포함한다)
7. 제6조의4 제2항에 따른 정정 사항을 표시한 임대차 신고필증(첨부해야 하는 주택 임대차 계약서 등을 포함한다)
8. 제6조의5에 따라 임대차신고서등의 작성·제출 및 정정신청을 대행하는 사람이 신고관청에 제출하는 제5호부터 제7호까지의 사항(제6조의5에 따라 함께 제출해야 하는 위임장 등을 포함한다)
9. 제7조 제1항에 따른 외국인등의 부동산등 취득·계속보유 신고서 또는 외국인 토지 취득 허가신청서(같은 항 각 호의 구분에 따라 첨부해야 하는 서류를 포함한다)

## 3 전자문서 제출 서류(2)

다음 각 호의 어느 하나에 해당하는 신고서 또는 신청서는 신고관청 또는 허가관청에 전자문서를 접수하는 방법으로 제출할 수 있다(시행규칙 제20조의3 제3항).

1. 제9조 제1항에 따른 토지거래계약 허가 신청서(같은 조 제2항에 따른 서류를 포함한다) 또는 같은 조 제3항에 따른 토지거래계약 변경 허가 신청서(같은 조 제4항에 따른 서류를 포함한다)
2. 제14조에 따른 이의신청서
3. 제16조 제1항에 따른 토지매수청구서
4. 제17조 제2항에 따른 취득토지의 이용목적변경 승인신청서

## 4 우편 또는 팩스

외국인 등의 부동산등 취득·계속보유 신고서 또는 외국인 토지 취득 허가신청서에 따른 첨부 서류를 전자문서로 제출하기 곤란한 경우에는 신고일 또는 신청일부터 14일 이내에 우편 또는 팩스로 제출할 수 있다. 이 경우 신고관청 또는 허가관청은 별지 제7호서식의 신고확인증 또는 허가증을 신고인에게 송부해야 한다(시행규칙 제20조의3 제2항).

## 제3절 포상금 제30회 제32회 제34회

### 1 포상금지급사유

시장·군수 또는 구청장은 다음 각 호의 어느 하나에 해당하는 자를 관계 행정기관이나 수사기관에 신고하거나 고발한 자에게 예산의 범위에서 포상금을 지급할 수 있다(법 제25조의2). 신고관청 또는 허가관청은 자체조사 등에 따라 법 제25조의2 제1항 각 호의 위반행위를 알게 된 때에는 지체 없이 그 내용을 법 제25조에 따른 부동산정보체계에 기록하여야 한다.

1. 제3조 제1항부터 제4항까지 또는 제4조 제2호를 위반하여 부동산등의 실제 거래가격을 거짓으로 신고한 자
1의2. 제4조 제4호를 위반하여 거짓으로 제3조에 따른 신고를 한 자
1의3. 제4조 제5호를 위반하여 거짓으로 제3조의2에 따른 신고를 한 자
1의4. 제6조의2 또는 제6조의3을 위반하여 주택 임대차 계약의 보증금·차임 등 계약금액을 거짓으로 신고한 자
2. 제11조 제1항에 따른 허가 또는 변경허가를 받지 아니하고 토지거래계약을 체결한 자 또는 거짓이나 그 밖의 부정한 방법으로 토지거래계약허가를 받은 자
3. 토지거래계약허가를 받아 취득한 토지에 대하여 제17조 제1항을 위반하여 허가받은 목적대로 이용하지 아니한 자



### 2 포상금 지급조건

신고관청 또는 허가관청은 다음 각 호의 어느 하나에 해당하는 경우에는 법 제25조의2 제1항에 따른 포상금을 지급해야 한다(시행령 제19조의 2).

#### (1) 증거자료 제출 및 과태료 부과

신고관청이 적발하기 전에 법 제25조의2 제1항 제1호, 제1호의2부터 제1호의4까지의 규정에 해당하는 자를 신고하고 이를 입증할 수 있는 증거자료를 제출한 경우로서 그 신고사건에 대하여 법 제28조 제1항 제1호·제2호, 같은 조 제3항 또는 제5항 제3호에 따른 과태료가 부과된 경우에 포상금을 지급한다. 법 제25조의2 제1항 각 호의 어느 하나에 해당하는 자를 신고하려는 자는 국토교통부령으로 정하는 신고서 및 증거자료(같은 항 제1호, 제1호의2부터 제1호의4까지의 규정에 해당하는 자를 신고하는 경우로 한정한다)를 신고관청 또는 허가관청에 제출해야 한다(법 제19조의3).

#### (2) 공소제기 또는 기소유예

허가관청 또는 수사기관이 적발하기 전에 법 제25조의2 제1항 제2호에 해당하는 자를 신고하거나 고발한 경우로서 그 신고 또는 고발사건에 대한 공소제기 또는 기소유예 결정이 있는 경우에 한하여

지급한다. 수사기관은 법 제25조의2 제1항 제2호에 해당하는 자에 대한 신고 또는 고발 사건을 접수하여 수사를 종료하거나 공소제기 또는 기소유예의 결정을 하였을 때에는 지체 없이 허가관청에 통보하여야 한다.

### (3) 이행명령

허가관청이 적발하기 전에 법 제25조의2 제1항 제3호에 해당하는 자를 신고한 경우로서 그 신고사건에 대한 허가관청의 이행명령이 있는 경우에 포상금을 지급한다.

## 3 포상금액

### (1) 부동산거래의 거짓신고

법 제25조의2 제1항 제1호, 제1호의2부터 제1호의4까지의 규정에 따른 포상금의 경우 : 법 제28조 제1항·제3항 또는 제5항에 따라 부과되는 과태료의 100분의 20에 해당하는 금액. 이 경우 법 제25조의2 제1항 제1호(부동산등의 실제 거래가격을 거짓으로 신고한 자)에 따른 포상금의 지급한도액은 1천만원으로 한다.

### (2) 토지거래허가를 받지 않거나 부정하게 토지거래허가를 받은 경우

법 제25조의2 제1항 제2호에 따른 포상금의 경우 : 50만원. 이 경우 같은 목적을 위하여 취득한 일단의 토지에 대한 신고 또는 고발은 1건으로 본다.

### (3) 토지거래허가 받은 목적 외로 이용한 경우

법 제25조의2 제1항 제3호에 따른 포상금의 경우 : 50만원. 이 경우 같은 목적을 위하여 취득한 일단의 토지에 대한 신고 또는 고발은 1건으로 본다.

## 4 포상금 지급결정 및 포상금 지급

### (1) 포상금지급결정

제1항에 따라 신고서를 제출받거나 제2항에 따라 수사기관의 통보를 받은 신고관청 또는 허가관청은 제19조의2에 따라 포상금 지급 여부를 결정하고 이를 신고인 또는 고발인에게 알려야 한다.

### (2) 포상금지급신청 및 지급

제3항에 따라 포상금 지급 결정을 통보받은 신고인 또는 고발인은 국토교통부령으로 정하는 포상금 지급신청서를 작성하여 신고관청 또는 허가관청에 제출하여야 한다. 신고관청 또는 허가관청은 포상금지급신청서가 접수된 날부터 2개월 이내에 포상금을 지급하여야 한다.

### (3) 둘 이상이 신고 고발한 경우

하나의 사건에 대하여 신고 또는 고발한 사람이 2명 이상인 경우에는 국토교통부령으로 정하는 바에 따라 포상금을 배분하여 지급한다.

① **공동신고**

신고관청 또는 허가관청은 하나의 위반행위에 대하여 2명 이상이 공동으로 신고 또는 고발한 경우에는 영 제19조의2제1항에 따른 포상금을 균등하게 배분하여 지급한다. 다만, 포상금을 지급받을 사람이 배분방법에 관하여 미리 합의하여 포상금의 지급을 신청한 경우에는 그 합의된 방법에 따라 지급한다(시행규칙 제20조의2).

② **각각신고**

신고관청 또는 허가관청은 하나의 위반행위에 대하여 2명 이상이 각각 신고 또는 고발한 경우에는 최초로 신고 또는 고발한 사람에게 포상금을 지급한다.

### (4) 포상금지급 재원

신고관청 또는 허가관청의 포상금의 지급에 드는 비용은 시·군이나 구의 재원으로 충당한다. 부동산거래신고등에관한법률사의 포상금은 국고에서 보조하는 제도는 없다.

## 5 포상금을 지급하지 아니할 수 있는 사유

다음의 어느 하나에 해당하는 경우에는 포상금을 지급하지 아니할 수 있다.

(1) 공무원이 직무와 관련하여 발견한 사실을 신고하거나 고발한 경우

(2) 해당 위반행위를 하거나 위반행위에 관여한 자가 신고하거나 고발한 경우

(3) 익명이나 가명으로 신고 또는 고발하여 신고인 또는 고발인를 확인할 수 없는 경우

포상금 정리

| 사유 | 거짓신고자 | 토지거래허가 ×<br>변경허가 ×<br>속임수 허가 | 허가 받은 목적대로<br>사용하지 않은 경우 |
|---|---|---|---|
| (1) 제재 | • 취득가액의 10%이하과태료(거짓신고)<br>• 3000만원 이하 과태료(불구하고 거짓신고)<br>• 100만원 이하 과태료(임대차거짓신고) | 2년이하 징역/<br>30%이하의 벌금 | 취득가액 10%<br>이하<br>이행강제금 |
| (2) 지급 조건 | 과태료+입증자료 제출 | 공소제기 또는<br>기소유예 | 이행명령 |
| (3) 포상 금액 | 부과과태료의 20%<br>단, 거짓신고의 경우 1000만원 한도 | 50만 | 50만 |

# 05 CHAPTER 기출 및 예상문제

**01 부동산 거래신고 등에 관한 법령상 신고포상금 지급대상에 해당하는 위반행위를 모두 고른 것은?** (제32회)

> ㉠ 부동산 매매계약의 거래당사자가 부동산의 실제 거래가격을 거짓으로 신고하는 행위
> ㉡ 부동산 매매계약에 관하여 개업공인중개사에게 신고를 하지 않도록 요구하는 행위
> ㉢ 토지거래계약허가를 받아 취득한 토지를 허가받은 목적대로 이용하지 않는 행위
> ㉣ 부동산 매매계약에 관하여 부동산의 실제 거래가격을 거짓으로 신고하도록 조장하는 행위

① ㉠, ㉢　② ㉠, ㉣　③ ㉡, ㉣　④ ㉠, ㉡, ㉢　⑤ ㉡, ㉢, ㉣

해설 신고포상금 지급대상에 해당하는 위반행위
㉠ 부동산 매매계약의 거래당사자가 부동산의 실제 거래가격을 거짓으로 신고하는 행위 ㉢ 토지거래계약허가를 받아 취득한 토지를 허가받은 목적대로 이용하지 않는 행위

정답 ①

**02 부동산 거래신고 등에 관한 법령상 포상금의 지급에 관한 설명으로 <u>틀린</u> 것을 모두 고른 것은?** (제34회)

> ㄱ. 가명으로 신고하여 신고인을 확인할 수 없는 경우에는 포상금을 지급하지 아니할 수 있다.
> ㄴ. 신고관청에 포상금지급신청서가 접수된 날부터 1개월 이내에 포상금을 지급하여야 한다.
> ㄷ. 신고관청은 하나의 위반행위에 대하여 2명 이상이 각각 신고한 경우에는 포상금을 균등하게 배분하여 지급한다.

① ㄱ　② ㄱ, ㄴ　③ ㄱ, ㄷ　④ ㄴ, ㄷ　⑤ ㄱ, ㄴ, ㄷ

해설 ㄴ. 신고관청에 포상금지급신청서가 접수된 날부터 2개월 이내에 포상금을 지급하여야 한다.
ㄷ. 신고관청은 하나의 위반행위에 대하여 2명 이상이 각각 신고한 경우에는 포상금을 최초로 신고 고발한 자에게 지급한다.

정답 ④

# PART 3
# 중개실무

01 CHAPTER

# 중개실무과정

단원별 학습포인트

- 이장은 출제비중이 높지 않는다. 중개계약의 종류나 거래계약체결 부분을 공부하여야 한다.

## 제1절 중개실무과정

### 1 의의

개업공인중개사가 중개의뢰인으로부터 중개의뢰를 받아 중개계약을 체결하고 중개목적인 거래계약의 체결을 위한 활동으로 거래계약체결시까지의 개업공인중개사의 활동 일체를 중개실무라고 한다.

### 2 중개실무 범위

(1) 중개실무과정은 거래계약체결을 위한 활동을 의미하므로 중개업 등록이나 보증설정, 인장등록, 등록증 게시 등은 중개실무는 아니다.

(2) 거래계약체결시까지의 활동을 의미하므로 거래계약 체결후 중도금, 잔금지불, 중개대상물의 인도, 등기신청에 관한 행위는 (협의)중개실무 아니다.

### 3 중개실무과정

(1) 중개계약

(2) 중개대상물의 조사 확인

(3) 중개활동

(4) 거래계약의 체결

# 제2절 중개계약 제13회 제15회 추가 제17회

## 1 중개계약의 의의

### (1) 중개계약 개념

개업공인중개사가 중개의뢰를 받고 거래당사자간의 거래계약체결에 대한 중개서비스를 제공하고 그 대가로 보수를 지급하기로 약정하는 개업공인중개사와 중개의뢰인간의 계약을 중개계약이라고 한다. 중개계약은 중개실무의 출발점이다.

### (2) 중개계약과 중개활동

중개계약은 중개의뢰인과 개업공인중개사간에 체결된 중개서비스를 제공 받고 제공하기로 하는 약속으로 법률행위에 해당한다. 반면에 중개계약을 기초로 하는 개업공인중개사의 실무적 활동은 사실행위에 해당한다.

## 2 법적성질

(1) 낙성계약·불요식계약

(2) 유상·쌍무계약(조건부 쌍무)

**판례보기**

**중개계약은 편무계약에 가까운 특수한 쌍무계약**
중개계약체결에 의하여 급부와 반대급부에 대하여 강제적 이행청구권이 발생하지 않는다는 점에서 편무계약에 가까운 특수한 쌍무계약이다(서울고판 994. 12. 15).

(3) 민사중개계약

(4) 위임유사의 계약(선량한관리자의 주의의무)

(5) 비전형계약(무명계약)

(6) 혼합계약(위임+고용+도급+현상광고+··)

## 3 서면화의 필요성

(1) 분쟁의 예방과 해결 기능

(2) 자주통제의 기능

(3) 과다한 중개보수 받는 행위 예방

(4) 부동산 정보유통기구의 발전 등 유통시장의 근대화

## 4 중개계약의 종류 및 특징

### (1) 일반중개계약

중개의뢰인이 불특정다수의 개업공인중개사에게 경쟁적으로 중개의뢰 하고 가장 먼저 계약을 하게 만든 개업공인중개사가 중개보수를 받는 중개계약이다. 다수의 개업공인중개사에게 중개의뢰하다 보니 법률관계 복잡하고 분쟁가능성이 높은 점은 단점이다. 나아가 중개의뢰 받은 개업공인중개사 관점에서 보면 보수확보가 확실하지 않음으로써 책임중개실현이 어렵다.

### (2) 전속중개계약

중개의뢰인이 중개를 의뢰함에 있어 특정한 개업공인중개사를 정하여 그 개업공인중개사에 한하여 중개대상물을 중개하도록 하는 계약 형태이다. 개업공인중개사는 보수확보가 확실하므로 적극적인 활동으로 책임 중개 실현이 가능하다. 그렇지만 전속중개의뢰인은 스스로 찾아 낸 사람과 거래조건을 교섭하여 계약체결하는 것은 가능하다.

### (3) 독점중개계약

중개의뢰인이 특정한 개업공인중개사에게 중개를 의뢰하고 계약기간 동안 계약을 누가 성립시켰냐를 묻지 않고 독점중개계약을 체결한 개업공인중개사는 보수가 확보되는 계약 형태이다. 개업공인중개사에게 가장 유리한 계약형태이다. 다만, 독점중개의뢰인은 스스로 찾아 낸 사람과 거래조건을 교섭하여 계약체결 할 수 없다.

### (4) 공동중개계약

개업공인중개사 단체 또는 2인 이상의 개업공인중개사의 공동활동에 의해 중개업무가 이루어지는 것을 인정하는 중개계약 형태이다. 공동중개계약은 신속 정확한 중개활동이 가능하므로 가장 이상적인 형태로서 부동산 중개업의 조직화, 능률화에 기여한다. 정보통신시대에 가장 적합한 중개계약 형태이다. 반면에 1인의 개업공인중개사만이 중개활동하는 것을 허용하는 중개계약은 단독중개계약이다.

### (5) 순가중개계약

중개의뢰인이 개업공인중개사에게 가격을 사전에 제시하고 초과하거나 미달하는 금액으로 거래가 된 경우에 그 차액을 보수로 취득하는 것을 인정하는 중개계약 형태이다. 중개의뢰인과 개업공인중개사의 담합에 의한 가격 조작의 우려가 크다. 순가중개계약 체결 자체는 위법행위가 아니지만 법정 한도를 초과해서 수수했다면 금지행위에 해당된다. 바람직한 중개계약 형태는 중개의뢰인과 개업공인중개사간에 중개보수 요율 또는 중개보수 금액에 대하여 합의한 정액중개계약, 정률중개계약이다.



## 제3절 중개대상물의 조사 확인 제18회 제27회

### 1 기본적 사항

### (1) 토지

① 소재

지적공부에 의하되 지번 까지 정확하게 조사한다. 토지의 소재는 지적도, 임야도, 토지대장 또는 임야대장으로 조사 확인 한다.

② 면적

토지대장 및 임야대장에 의해 각 필지별로 확인하여야 한다. 대장상의 면적과 등기부상의 면적이 불일치하는 경우에 대장상의 면적이 우선한다.

| | | |
|---|---|---|
| ㎡ | = | 0.3025 평 |
| 1평 | = | 3.3058 ㎡ |

③ 지목

지적도상의 지목 보다는 토지대장상의 지목이 더 정확하다. 공부상의 지목과 실제의 지목이 불일치할 수 있으므로 현장답사를 통하여 그 내용을 조사 확인한다.

④ 경계

지적도, 임야도를 통하여 조사 확인한다. 개업공인중개사가 중개대상물의 현황을 측량까지 하여 중개의뢰인에게 확인 설명할 의무는 없다(서울고법 1996. 4. 12, 95나 46199). 도면상의 경계와 실제의 경계가 불일치한 경우에 지적도 임야도상의 경계에 의하여 특정된다. 단 기점 선택의 잘못 등 기술적인 착오로 인한 경우는 실제 경계에 의하여 확정된다. 매수인은 경계에 대하여 측량할 의무도 없고 지적도 임야도를 통하여 미리 확인하여야 할 주의의무도 없다.

⑤ 지세

지적공부를 통하여 조사할 수 없고 현장답사로 조사 확인하여야 한다.

⑥ 지형

지적도 임야도의 공부를 통해 확인할 수 도 있고 현장답사로 조사확인이 가능하다.

### (2) 건물

① 소재지

건축물대장에 의하되, 건물의 명칭과 번호가 있을 때에는 명칭과 번호도 확인하여야 한다. 집합건축물의 경우에는 동 호수까지 정확하게 조사확인 하여야 한다.

② 면적

건물의 면적은 건축물대장에 의하여 건물번호별 또는 층별로 확인하여야 한다. 구분소유건물은 전유부분과 공용부분 면적을 모두 확인하여야 한다. 단독건축물의 면적은 건축물대장상의 연면적을 기재한다.

③ 방향

건축물의 방향은 현장답사가 필요한 사항이다.

④ 구조

건축물대장으로 확인할 수 있고 12가지로 분류되어 있다. 건물의 외관상의 구조와 기능상의 장·단점은 현장답사로 조사 확인하는 것이 바람직하다.

⑤ 용도

건축법상 28개 용도로 분류되어 있으며, 건축물대장으로 확인한다. 단, 실제용도가 다를 수 있으므로 현장답사를 통해 조사 확인한다.

⑥ 건축년도

내용년수를 알기 위한 것으로 건축물대장으로 조사 확인하는 것이 원칙이다. 건축물 대장상의 사용승인 년월일을 기준으로 조사한다. 건물의 사용승인을 받은 후에 등기부에 기재될 때까지 상당한 시간이 소요되는 경우도 있으므로 건물등기부상의 보존등기연월일을 기준으로 판단하면 안 된다. 건축물의 노후정도는 건축물의 관리 상태에 따라 달라지므로 현장답사를 통해 확인할 필요가 있다.

## 2 권리관계

### (1) 등기사항증명서

① 동일 지번이라도 건물등기부와 토지등기부를 각각 조사 확인하여야 한다. 부동산의 표시에 관한 사항은 표제부, 소유권에 관한 사항은 갑구, 소유권이외의 권리에 관한 사항은 을구를 통해 조사 확인한다.

② 소유권에 대한 가압류, 가처분 등기는 등기부 갑구를 통하여 조사하지만 제한물권에 대한 가압류, 가처분 등은 등기부 을구를 통하여 조사한다. 등기부상의 권리의 순위는 동구인 경우에는 순위번호에 따르고, 별구에서 한 등기는 접수번호에 따른다. 따라서 갑구에 나오는 소유권에 대한 가압류등기와 을구에 나오는 근저당권의 순위는 접수번호로 확인한다.

③ 개업공인중개사는 중개대상 물건에 근저당이 설정된 경우에는 그 채권최고액을 조사·확인하여 의뢰인에게 설명하면 족하고, 실제의 피담보채무액까지 조사·확인하여 설명할 의무까지 있다고 할 수는 없으나, 개업공인중개사가 이에 그치지 않고 실제의 피담보채무액에 관한 그릇된 정보를 제대로 확인하지도 않은 채 마치 그것이 진실인 것처럼 의뢰인에게 그대로 전달하여 의뢰인이 그 정보를 믿고 상대방과 계약에 이르게 되었다면, 개업공인중개사의 그러한 행위는 선량한 관리자의 주의로 신의를 지켜 성실하게 중개행위를 하여야 할 개업공인중개사의 의무에 위반된다(대법원 1999. 5. 14. 선고 98다30667 판결).



### (2) 현장답사

① 권리관계의 진정성 확인

② 등기능력이 없는 권리(점유권, 유치권, 분묘기지권, 상린관계, 특수지역권)

③ 등기 없어도 우선적 지위를 보장해 주는 권리(주택임차권)

④ 법률의 규정에 의한 물권 변동의 효력이 발생하는 경우
(상속, 경매, 공매, 공용징수, 판결, 신축건물의 소유권 취득, 법정지상권)

⑤ 공시되지 아니한 물건의 권리에 관한 사항(수목의 집단, 고가의 정원수, 정원석, 조형미술품, 고가의 조명시설, 고급주방기구, 붙박이장, 커튼)

## 3 공법상 규제

### (1) 조사방법

① 공부

공법상 규제사항은 토지이용계획확인서를 통하여 조사확인하여야한다. 토지이용계획확인서로 『국토계획 및 이용에 관한 법률』에 따른 지역 지구 등과 다른 법령에 따른 지역 지구 등을 확인할 수 있고 토지거래허가구역 해당 여부도 확인할 수 있다. 나아가 관계법령에 의한 행위제한 내용도 확인할 수 있다. 그러나 토지이용계획확인서로 지역·지구·구역 등의 명칭을 쓰는 모든 것을 확인할 수 있는 것은 아니다.

② 현장답사

관계법령 및 조례를 조사하여 구체적인 행위제한 사항 등을 확인하는 것도 필요하다. 예를 들어 건폐율 상한 및 용적률 상한은 시·군조례로 확인한다. 지구단위계획, 도시관리계획등은 관할청에 계획의 내용을 열람하거나 문의하는 등 조사가 필요할 수도 있다. 나아가 투기지역, 투기과열지구 등은 토지이용계획확인서에 나타나지 않으므로 부동산종합정보망을 통하여 조사한다.

## 제 4 절 중개활동

### 1 AIDA원리

(1) 주목
(2) 흥미(구입욕망도출)
(3) 욕망(욕망심화)
(4) 행동

### 2 셀링포인트

(1) **기술적 측면의 셀링포인트**

건축물의 설비, 구조, 건축공법, 기초공사 등 부동산의 기능적 측면의 장점에 해당하는 것을 의미한다. 이러한 기술적측면의 셀링포인트는 시간이 흐름에 따라 소멸하는 경향이 있다.

(2) **경제적 측면의 셀링포인트**

당해부동산의 가격이나 임료의 적정성 저렴성, 경기변동에 따른 가격 변동이나 투자가치 등의 셀링포인트를 말한다.

(3) **법률적 측면의 셀링포인트**

권리의 진정성, 토지이용의 공법상 제한 및 규제 내용 등이 이에 해당한다.

(4) **사회 문화적 셀링포인트**

편리한 교통, 쾌적한 환경, 다양한 문화공간, 생활편의 시설, 공공기관 등이 이에 해당한다.

### 3 클로우징기법

(1) **점진적확인법** : 고객이 안심하고 동의할 수 있는 질문부터 하면서 계약 유도
(2) **계약전제법** : 부동산구매의 의사를 결정했다고 전제하고 클로우징 시도
(3) **세부선결법** : 큰 결단보다는 작은 결단을 먼저 하도록 유도
(4) **장단비교법** : 복수의 부동산을 비교 제시하며 그 장점을 강조함으로써 클로우징 시도
(5) **결과강조법** : 지금 부동산 구입의 결단을 주저하면 얼마나 손해인가를 설명하여 클로우징을 시도
(6) **만족강조법** : 지금 결단을 내려 부동산을 구입하면 장래에 얼마나 만족할 수 있는 지를 구체적으로 묘사하여 클로우징 시도

## 제 5 절 계약체결 제14회 제15회 제16회 제19회 제21회 제24회

### 1 진정한 권리자 확인

진정한 권리자 여부는 등기부 등본과 주민등록증으로 본인과 동일인 여부를 확인하여야 한다. 특히 매도의뢰인에 대하여 잘 알지 못하는 경우에는 계약체결단계에서 등기권리증의 소지여부, 내용을 확인하여야 한다. 등기명의인과 실제권리자가 다른 경우에는 실제권리자와 거래하도록 알선하여야 한다.

### 2 대리권 확인

#### (1) 임의대리인의 확인

거래당사자가 본인으로부터 대리권을 수여 받은 자인 경우에는 대리권 유무를 본인의 인감증명서가 첨부된 위임장으로 확인하고 계약체결을 하여야 한다.

#### (2) 법정대리인의 확인

미성년자의 경우에 친권자 또는 후견인 여부는 가족관계등록부와 주민등록증으로 확인한다. 피한정후견인과 피성년후견인의 경우에 제한능력자 여부와 그 후견인 여부는 후견등기사항증명서를 통하여 확인한다. 나아가 후견인은 부동산 또는 중요한 재산에 관한 권리의 득실변경을 목적으로 하는 행위에 대하여 대리행위나 동의를 할 때에 후견감독인이 있으면 후견감독인의 동의가 있는지 확인하여야 한다.

#### (3) 배우자

부부지간에는 일상가사대리권이 있지만 부동산처분에 대리권은 없다. 따라서 부동산처분행위에 대해서 부부지간에 대리행위를 할 때에 인감증명서가 첨부된 위임장으로 대리권한 보유여부를 확인하여야 한다.

| | 확인 방법 | 계약체결 방법 |
|---|---|---|
| 미성년자 | 주민등록증, 가족관계등록부 | 동의 받아서 / 대리인과 |
| 피한정후견인 | 후견등기사항증명서 | 동의 받아서 / 대리인과 |
| 피성년후견인 | 후견등기사항증명서 | 대리인과 |

## 3 공동소유 제35회

### (1) 총유

교회 재산이나 종중재산의 경우에는 규약으로 정한 바에 따라 법률행위를 하는 것인지 확인해야 한다. 규약으로 정한 것이 없다면 사원총회에서 처분에 대한 결의가 있는 지 확인하여야 한다.

### (2) 합유

합유 지분 및 합유물 전체에 대한 처분시 다른 합유자 전원의 동의가 필요하다.

### (3) 공유

공유지분의 처분은 지분권자만의 의사를 확인하면 된다. 그러나 공유물 전체에 대한 처분행위를 할 때에는 공유자 전원의 동의가 필요하다. 다만, 공유물에 대한 임대행위를 할 때에는 지분 과반수의 찬성이 있으면 유효하다. 공동상속재산 처분시에는 상속인 여부는 가족관계등록부를 통해서 확인하고 공동상속인 전원의 동의를 확인하여야 한다.

| 공동소유 | 예 | 지분 처분 | 전체물 처분 |
|---|---|---|---|
| 공유 | 공동상속재산 | 자유 | 전원의 동의 |
| 합유 | 동업조합재산 | 전원의 동의 | 전원의 동의 |
| 총유 | 교회, 종중 재산 | | 규약 / 사원총회 결의 |

## 4 법인

법인의 대표자와 계약을 체결할 때에는 법인격의 유무, 대표자 여부, 대표자의 처분권한 유무 등을 법인의 법인등기사항증명서를 통해 조사한다.

**참고학습**

**계약과 관련된 주의사항**

① 인지첨부는 계약의 효력 발생과 무관하다.
② 토지의 실제경계와 지적공부상의 경계와 상이한 것을 모르는 상태에서 당시 실제의 경계를 대지의 경계로 알고 매매하였다고 해서 매매 당사자들이 지적공부상의 경계를 떠나 현실의 경계에 따라 매매목적물을 특정하여 매매한 것이라고 볼 수 없다(대판 1997. 2. 28 선고 96다49346판결).
③ 특약이 없는 한 24시간 이내에 해약하는 경우에도 매수인은 계약금를 반환 받을 수 없다.
④ 중도금을 주고 받은 이후에는 계약금에 의한 일방적 해약은 안 되지만 법정해제, 약정해제, 합의해제 하는 것은 가능하다.

⑤ 계약서에 담보책임에 관한 약정이 없어도 민법의 담보책임에 관한 규정이 적용되어 담보책임을 물을 수 있다.
⑥ 매매비용은 당사자간에 다른 약정이 없다면 당사자 쌍방이 균분하여 부담한다.
⑦ 법무사 수수료, 등록세 등 소유권이전등기 비용은 매매 비용에 포함되지 않는다.
⑧ 건물 임차인이 임대차 관계 종료시에는 건물을 원상으로 복구하여 임대인에게 명도하기로 약정한 것은 건물에 지출한 각종 유익비 또는 필요비의 상환청구권을 미리 포기하기로 한 취지의 특약이라고 볼 수 있어 임차인은 유치권을 주장할 수 없다.
⑨ 임대차계약서에 권리금액의 기재 없이 단지 '모든 권리금을 인정함'이라고 기재되어 있는 경우, 임대인이 임대차 종료시 임차인에게 권리금을 반환하겠다고 약정한 것으로 볼 수 없다
⑩ 임대인과 임차인 사이에 건물 명도시 권리금을 반환하기로 하는 약정이 있었다하더라도 그러한 권리금반환청구권은 건물에 관하여 생긴 채권이라 할 수 없으므로 그와 같은 채권을 가지고 건물에 대한 유치권을 행사할 수 없다(1994.9.9 94다28598).
⑪ 계약서에 목적물 표시를 할 때에는 도로명 주소가 아닌 지번 주소를 기재하여야 한다(그러나 계약서의 거래당사자의 인적사항은 도로명 주소를 기재한다.).

CHAPTER 01

# 기출 및 예상문제

**01 개업공인중개사가 X토지를 공유로 취득하고자 하는 甲,乙에게 설명한 내용으로 옳은 것을 모두 고른 것은?** (다툼이 있으면 판례에 따름) (제35회)

ㄱ. 甲의 지분이 1/2, 乙의 지분이 1/2인 경우, 乙과 협의 없이 X토지 전체를 사용·수익하는 甲에 대하여 乙은 X토지의 인도를 청구할 수 있다.
ㄴ. 甲의 지분이 2/3, 乙의 지분이 1/3인 경우, 甲이 X토지를 임대하였다면 乙은 그 임대차의 무효를 주장할 수 없다.
ㄷ. 甲의 지분이 1/3, 乙의 지분이 2/3인 경우, 乙은 甲의 동의 없이 X토지를 타인에게 매도할 수 없다.

① ㄱ ② ㄴ ③ ㄱ, ㄷ ④ ㄴ, ㄷ ⑤ ㄱ, ㄴ, ㄷ

**해설** ㄱ. 甲의 지분이 1/2, 乙의 지분이 1/2인 경우, 乙과 협의 없이 X토지 전체를 사용·수익하는 甲에 대하여 乙은 X토지의 인도를 청구할 수 없다.
ㄴ. 토지임대행위는 관리행위에 해당하므로 甲의 지분이 2/3이므로 甲은 적법하게 임대할 수 있다.
ㄷ. 공유물 전체에 대한 매도행위는 처분행위이므로 전원의 동의가 필요하므로 乙은 甲의 동의 없이 X토지를 타인에게 매도할 수 없다.

정답 ④

**02 개업공인중개사가 중개의뢰인에게 중개대상물에 대하여 설명한 내용으로 옳은 것을 모두 고른 것은?** (다툼이 있으면 판례에 따름) (제27회)

㉠ 토지의 소재지, 지목, 지형 및 경계는 토지대장을 통해 확인할 수 있다.
㉡ 분묘기지권은 등기사항증명서를 통해 확인할 수 없다.
㉢ 지적도상의 경계와 실제경계가 일치하지 않는 경우 특별한 사정이 없는 한 실제경계를 기준으로 한다.
㉣ 동일한 건물에 대하여 등기부상의 면적과 건축물대장의 면적이 다른 경우 건축물대장을 기준으로 한다.

① ㉠, ㉢ ② ㉡, ㉣ ③ ㉠, ㉡, ㉢ ④ ㉠, ㉢, ㉣ ⑤ ㉡, ㉢, ㉣

**해설** ㉠ 경계는 지적도 임야도로 파악할 수 있다.
㉢ 지적도상의 경계와 실제경계가 일치하지 않는 경우 특별한 사정이 없는 한 지적도상의 경계를 기준으로 한다.

정답 ②

# 분묘기지권 및 장사등에관한법률 제25회 제29회 제30회 제32회 제33회 제35회

단원별 학습포인트

- 분묘기지권은 최근 판례 내용을 잘 파악해 두어야 한다. 최근에 출제되는 내용을 보면 장사등에관한법률의 내용의 비중이 올라가고 있다. 묘지의 설치기간, 묘지의 설치절차, 자연장지의 조성절차를 열심히 공부하여야 한다.



## 제1절 분묘기지권 제34회 제35회

### 1 의의

(1) 타인의 토지에 분묘를 설치한 자가 그 분묘를 소유하기 위하여 분묘기지 부분인 타인의 토지 부분을 사용할 수 있는 권리를 말한다. 분묘기지권은 관습법상의 권리로 지상권과 유사한 물권으로 판례가 인정한 권리이다.

**판례보기**

**지상권 유사 물권**

임야에 대한 분묘설치행위는 단순한 사용 수익에 불과한 것이 아니고 관습에 의한 지상권 유사의 물권을 취득하게 되는 처분행위에 해당된다 할 것이므로 사원총회의 결의가 필요하다(대판 2007. 6. 28 2005다44114).

(2) 분묘기지권이 인정되면 토지의 소유권은 제한을 받게 되어 토지소유자와 분묘기지권자는 이해관계가 충돌하게 된다.

### 2 성립

(1) 토지 소유자의 승낙을 얻어서 분묘를 설치한 경우에는 분묘기지권이 성립한다.

(2) 토지 소유자의 승낙 없었지만 분묘를 설치한 후 20년간 평온, 공연하게 분묘를 점유한 자는 분묘기지권을 시효 취득하게 된다.

**판례보기**

**분묘기지권의 시효취득**

타인 소유의 토지에 분묘를 설치한 경우에 20년간 평온, 공연하게 분묘의 기지를 점유하면 지상권과 유사한 관습상의 물권인 분묘기지권을 시효로 취득한다는 법적 규범이 2000. 1. 12. 법률 제6158호로 전부 개정된 '장사 등에 관한 법률'의 시행일인 2001. 1. 13. 이전에 설치된 분묘에 관하여 현재까지 유지된다(대법원 2017. 1. 19. 선고 2013다17292 전원합의체 판결).

(3) 자기 토지에 분묘를 설치한 자가 후에 분묘기지에 대한 소유권을 유보하거나 분묘 이전한다는 특약 없이 토지를 처분한 경우에 분묘를 설치했던 종전 토지의 소유자는 분묘기지권을 취득한다.

## 3 공시방법

(1) 분묘기지권은 지상권 유사의 물권으로서 제3자에게도 분묘기지권을 주장할 수 있게 된다. 따라서 제3자의 권리를 보호하는 측면에서 제3자가 알아 볼 수 있는 공시방법으로서 봉분의 형태를 갖추어야 한다. 따라서 평장이나 암장 되어 있는 경우에는 분묘기지권을 인정 받을 수 없다.

(2) 분묘가 봉분의 형태를 갖추고 있다고 해도 분묘 내부에 시신이 매장되어 있지 않은 '가묘'의 경우에는 분묘기지권을 인정할 실익이 없으므로 분묘기지권이 인정 될 수 없다.

## 4 분묘기지권자

(1) **분묘의 수호 관리자**

(2) **종중묘지**

분묘의 수호 관리나 봉제사에 대하여 현실적으로 또는 관습상 호주상속인인 종손이 그 권리를 가지고 있다면 그 권리는 종손에게 전속하는 것이고 종손이 아닌 다른 후손이나 종중에서 관여할 수는 없다고 할 것이나, 공동선조의 후손들로 구성된 종중이 선조 분묘를 수호 관리하여 왔다면 분묘의 수호 관리권 내지 분묘기지권은 종중에 귀속한다(대법원 2007.6.28. 선고 2005다44114 판결).

## 5 분묘기지권의 범위

(1) **장소적 범위**

① **사성 부분**

분묘가 설치된 기지에 국한된 것이 아니고 수호 제사 위해 필요한 범위내 주위의 빈땅에도 미친다. 분묘기지권은 분묘의 기지 자체 뿐만 아니라 그 분묘의 수호 및 제사에 필요한 범위 내에서 분묘의 기지 주위의 공지를 포함한 지역에까지 미치는 것이고, 그 확실한 범위는 각 구체적인 경우에 개별적으로 정하여야 할 것인 바, 사성(무덤뒤를 반달형으로 둘러쌓은 둔덕)이 조성되어 있다 하여 반드시 그 사성부분을 포함한 지역에까지 분묘기지권이 미치는 것은 아니다(대판선고95다 29086 판결).

② 신설권능

분묘기지권이 분묘 주위의 공지에 미친다고 하더라도 기존의 분묘 외에 새로운 분묘(쌍분, 단분형 태포함)를 신설할 권능은 포함되지 아니한다(대판 2001. 8. 21).

③ 이장권능

분묘기지권에는 그 효력이 미치는 범위 안에서 원래의 분묘를 다른 곳으로 이장할 권능은 포함되지 않는다. 다만, 집단분묘의 경우 분묘기지권은 포괄적으로 정할 것이며 그 분묘기지권에 기하여 보전되어 오던 분묘들 가운데 일부가 그 분묘기지권이 미치는 범위 내에서 이장되었다면, 그 이장된 분묘를 위하여서도 그 분묘기지권의 효력이 그대로 유지된다고 보아야 할 것이고, 다만 그 이장으로 인하여 더 이상 분묘수호와 봉제사에 필요 없게 된 부분이 생겨났다면 그 부분에 대한 만큼은 분묘기지권이 소멸한다고 할 것이다(대판 94다15530 판결).

④ 침해배제 청구권

비석등 시설물의 규모나 범위가 분묘기기지권의 허용범위를 넘지 아니하는 한 분묘가 위치한 토지의 소유권자가 토지소유권에 기한 방해배제청구로서 그 철거를 구할 수 없다(대판 2000. 9. 26, 99다 14006).

### (2) 시간적 범위

① 분묘기지권의 존속기간에 대한 약정이 있으면 그 기간이 존속기간이 된다. 그러나 분묘의 존속기간에 대한 약정이 없다면 분묘가 존속하고 분묘에 대한 수호 봉제사를 계속하는 한 분묘기지권은 존속한다.

② 분묘가 멸실된 경우라고 하더라도 유골이 존재하여 분묘의 원상회복이 가능하여 일시적인 멸실에 불과하다면 분묘기지권은 소멸하지 않고 존속하고 있다고 해석함이 상당하다(대판 2005다 44114 판결).

③ 분묘기지권의 포기는 의사표시로 충분하고 점유까지 포기해야 소멸하는 것은 아니다.

## 6 지료

### (1) 지료 약정 승계

분묘의 기지인 토지가 분묘의 수호·관리권자 아닌 다른 사람의 소유인 경우에 그 토지 소유자가 분묘 수호·관리권자에 대하여 분묘의 설치를 승낙한 때에는 그 분묘의 기지에 관하여 분묘기지권을 설정한 것으로 보아야 한다. 이와 같이 승낙에 의하여 성립하는 분묘기지권의 경우 성립 당시 토지 소유자와 분묘의 수호·관리자가 지료 지급의무의 존부나 범위 등에 관하여 약정을 하였다면 그 약정의 효력은 분묘 기지의 승계인에 대하여도 미친다(대법원 2021. 9. 16. 선고 2017다271834, 271841 판결).

### (2) 시효취득

2000. 1. 12. 법률 제6158호로 전부 개정된 구 장사 등에 관한 법률(이하 '장사법'이라 한다)의 시행일인 2001. 1. 13. 이전에 타인의 토지에 분묘를 설치한 다음 20년간 평온·공연하게 분묘의 기지(기지)를 점유함으로써 분묘기지권을 시효로 취득하였더라도, 분묘기지권자는 토지소유자가 분묘기지에 관한 지료를 청구하면 그 청구한 날부터의 지료를 지급할 의무가 있다고 보아야 한다(대법원 2021. 4. 29. 선고 2017다228007 전원합의체 판결).

### (3) 이장 특약 없이 토지를 처분한 경우

자기 소유 토지에 분묘를 설치한 사람이 그 토지를 양도하면서 분묘를 이장하겠다는 특약을 하지 않음으로써 분묘기지권을 취득한 경우, 특별한 사정이 없는 한 분묘기지권자는 분묘기지권이 성립한 때부터 토지 소유자에게 그 분묘의 기지에 대한 토지사용의 대가로서 지료를 지급할 의무가 있다(대법원 2021. 9. 16. 선고 2017다271834, 271841 판결).

## 제2절 장사 등에 관한법률(분묘의 확산 억제) 2001. 1. 13

제24회 제27회 제29회 제30회 제34회 제35회

## 1 제정목적 및 종합계획

### (1) 제정목적

이 법은 장사(葬事)의 방법과 장사시설의 설치·조성 및 관리 등에 관한 사항을 정하여 보건위생상의 위해(危害)를 방지하고, 국토의 효율적 이용과 공공복리 증진에 이바지하는 것을 목적으로 한다.

### (2) 시책 강구

국가와 지방자치단체는 묘지 증가에 따른 국토 훼손을 방지하기 위하여 화장·봉안 및 자연장의 장려와 위법한 분묘설치의 방지를 위한 시책을 강구·시행하여야 한다.

### (3) 종합계획 수립

보건복지부장관은 묘지·화장시설·봉안시설 및 자연장지의 수급에 관한 종합계획을 5년마다 수립하여야 한다.

## 2 용어

이 법에서 사용하는 용어의 뜻은 다음과 같다.

1. "매장"이란 시신(임신 4개월 이후에 죽은 태아를 포함한다. 이하 같다)이나 유골을 땅에 묻어 장사(葬事)하는 것을 말한다.
2. "화장"이란 시신이나 유골을 불에 태워 장사하는 것을 말한다.
3. "자연장(自然葬)"이란 화장한 유골의 골분(骨粉)을 수목·화초·잔디 등의 밑이나 주변에 묻어 장사하는 것을 말한다.
4. "개장"이란 매장한 시신이나 유골을 다른 분묘 또는 봉안시설에 옮기거나 화장 또는 자연장하는 것을 말한다.
5. "봉안"이란 유골을 봉안시설에 안치하는 것을 말한다.
6. "분묘"란 시신이나 유골을 매장하는 시설을 말한다.
7. "묘지"란 분묘를 설치하는 구역을 말한다.
8. "화장시설"이란 시신이나 유골을 화장하기 위한 화장로 시설(대통령령으로 정하는 부대시설을 포함한다)을 말한다.
9. "봉안시설"이란 유골을 안치(매장은 제외한다)하는 다음 각 목의 시설을 말한다.
   가. 분묘의 형태로 된 봉안묘
   나. 「건축법」 제2조 제1항 제2호의 건축물인 봉안당
   다. 탑의 형태로 된 봉안탑
   라. 벽과 담의 형태로 된 봉안담
13. "자연장지(自然葬地)"란 자연장으로 장사할 수 있는 구역을 말한다.
14. "수목장림"이란 「산림자원의 조성 및 관리에 관한 법률」 제2조 제1호에 따른 산림에 조성하는 자연장지를 말한다.
15. "장사시설"이란 묘지·화장시설·봉안시설·자연장지 및 제28조의2·제29조에 따른 장례식장을 말한다.
16. "연고자"란 사망한 자와 다음 각 목의 관계에 있는 자를 말하며, 연고자의 권리·의무는 다음 각 목의 순서로 행사한다. 다만, 순위가 같은 자녀 또는 직계비속이 2명 이상이면 최근친(最近親)의 연장자가 우선 순위를 갖는다.
   가. 배우자
   나. 자녀
   다. 부모
   라. 자녀 외의 직계비속
   마. 부모 외의 직계존속
   바. 형제·자매
   사. 사망하기 전에 치료·보호 또는 관리하고 있었던 행정기관 또는 치료·보호기관의 장으로서 대통령령으로 정하는 사람
   아. 가목부터 사목까지에 해당하지 아니하는 자로서 시신이나 유골을 사실상 관리하는 자

## 3 매장 화장 개장

### (1) 매장

매장을 한 자는 매장 후 30일 이내에 매장지를 관할하는 특별자치시장·특별자치도지사·시장·군수·구청장(이하 "시장등"이라 한다)에게 신고하여야 한다.

### (2) 화장

화장을 하려는 자는 화장시설(제7조 제2항 단서의 경우에는 화장을 하는 시설 또는 장소를 말한다)을 관할하는 시장등에게 신고하여야 한다.

### (3) 개장

개장을 하려는 자는 다음 각 호의 구분에 따라 시신 또는 유골의 현존지(現存地) 또는 개장지를 관할하는 시장등에게 각각 신고하여야 한다.

1. 매장한 시신 또는 유골을 다른 분묘로 옮기거나 화장하는 경우 : 시신 또는 유골의 현존지와 개장지
2. 매장한 시신 또는 유골을 봉안하거나 자연장하는 경우 : 시신 또는 유골의 현존지
3. 봉안한 유골을 다른 분묘로 옮기는 경우 : 개장지

## 4 묘지의 설치

### (1) 사설묘지의 종류

국가, 시·도지사 또는 시장·군수·구청장이 아닌 자는 다음 각 호의 구분에 따른 묘지(이하 "사설묘지"라 한다)를 설치·관리할 수 있다(장사법 제14조 제5항).

1. **개인묘지** : 1기의 분묘 또는 해당 분묘에 매장된 자와 배우자 관계였던 자의 분묘를 같은 구역 안에 설치하는 묘지
2. **가족묘지** : 「민법」에 따라 친족관계였던 자의 분묘를 같은 구역 안에 설치하는 묘지
3. **종중·문중묘지** : 종중이나 문중 구성원의 분묘를 같은 구역 안에 설치하는 묘지
4. **법인묘지** : 법인이 불특정 다수인의 분묘를 같은 구역 안에 설치하는 묘지

시장 등은 묘지의 설치·관리를 목적으로 「민법」에 따라 설립된 재단법인에 한정하여 법인묘지의 설치·관리를 허가할 수 있다.

### (2) 사설묘지 설치 절차

① 개인묘지

개인묘지를 설치한 자는 보건복지부령으로 정하는 바에 따라 묘지를 설치한 후 30일 이내에 해당 묘지를 관할하는 시장등에게 신고하여야 한다. 신고한 사항 중 대통령령으로 정하는 사항을 변경한 경우에도 또한 같다. 시장등은 제2항에 따른 신고 또는 변경신고를 받은 경우 그 내용을 검토하여 이 법에 적합하면 신고를 수리하여야 한다.

② 집단묘지

가족묘지, 종중·문중묘지 또는 법인묘지를 설치·관리하려는 자는 보건복지부령으로 정하는 바에 따라 해당 묘지를 관할하는 시장등의 허가를 받아야 한다. 허가받은 사항 중 대통령령으로 정하는 사항을 변경하려는 경우에도 또한 같다.



### (3) 묘지 설치제한 지역

다음 각 호의 어느 하나에 해당하는 지역에는 묘지·화장시설·봉안시설 또는 자연장지를 설치·조성할 수 없다(법 제17조).

1. 「국토의 계획 및 이용에 관한 법률」 제36조 제1항 제1호 라목에 따른 녹지지역 중 대통령령으로 정하는 지역
2. 「수도법」 제7조 제1항에 따른 상수원보호구역. 다만, 기존의 사원 경내에 설치하는 봉안시설 또는 대통령령으로 정하는 지역주민이 설치하거나 조성하는 일정규모 미만의 개인, 가족 및 종중·문중의 봉안시설 또는 자연장지인 경우에는 그러하지 아니하다.
3. 「문화재보호법」 제27조·제70조 제3항 및 「자연유산의 보존 및 활용에 관한 법률」 제13조·제41조 제1항에 따른 보호구역. 다만, 대통령령으로 정하는 규모 미만의 자연장지로서 문화재청장의 허가를 받은 경우에는 그러하지 아니하다.
4. 그 밖에 대통령령으로 정하는 지역

### (4) 분묘의 점유면적

① 공설묘지, 가족묘지, 종중·문중묘지 또는 법인묘지 안의 분묘 1기 및 그 분묘의 상석(床石)·비석 등 시설물을 설치하는 구역의 면적은 10제곱미터(합장하는 경우에는 15제곱미터)를 초과하여서는 아니 된다.

② 개인묘지는 30제곱미터를 초과하여서는 아니 된다.

### (5) 분묘의 설치기간

① 설치기간

제13조에 따른 공설묘지 및 제14조에 따른 사설묘지에 설치된 분묘의 설치기간은 30년으로 한다(법 제19조 제1항). 장사등에관한법률이 시행된 2001년 1월 13일 이후에 설치된 분묘부터 적용된다. 따라서 장사등에관한법률 시행되기 전에 설치된 분묘의 경우에는 설치기간의 제한이 없다.

② 연장기간

설치기간이 지난 분묘의 연고자가 시·도지사, 시장·군수·구청장 또는 제14조 제4항에 따라 법인묘지의 설치·관리를 허가받은 자에게 그 설치기간의 연장을 신청하는 경우에는 1회에 한하여 그 설치기간을 30년으로 하여 연장하여야 한다(법 제19조 제2항).

③ 연장기간 단축

시·도지사 또는 시장·군수·구청장은 관할 구역 안의 묘지 수급을 위하여 필요하다고 인정되면 조례로 정하는 바에 따라 5년 이상 30년 미만의 기간 안에서 제2항에 따른 분묘 설치기간의 연장 기간을 단축할 수 있다(법 제19조 제4항).

④ 합장분묘

설치기간을 계산할 때 합장 분묘인 경우에는 합장된 날을 기준으로 계산한다(법 제19조 제3항).

⑤ 설치기간 끝난 분묘의 처리

제19조에 따른 설치기간이 끝난 분묘의 연고자는 설치기간이 끝난 날부터 1년 이내에 해당 분묘에 설치된 시설물을 철거하고 매장된 유골을 화장하거나 봉안하여야 한다(법 제20조 제1항).

### (6) 무단설치 분묘의 처리

① 개장 허가

토지 소유자(점유자나 그 밖의 관리인을 포함한다. 이하 이 조에서 같다), 묘지 설치자 또는 연고자는 다음 각 호의 어느 하나에 해당하는 분묘에 대하여 보건복지부령으로 정하는 바에 따라 그 분묘를 관할하는 시장등의 허가를 받아 분묘에 매장된 시신 또는 유골을 개장할 수 있다(법 제27조 제1항).

| 1. 토지 소유자의 승낙 없이 해당 토지에 설치한 분묘<br>2. 묘지 설치자 또는 연고자의 승낙 없이 해당 묘지에 설치한 분묘 |
|---|

② 통보 또는 공고

토지 소유자, 묘지 설치자 또는 연고자는 제1항에 따른 개장을 하려면 미리 3개월 이상의 기간을 정하여 그 뜻을 해당 분묘의 설치자 또는 연고자에게 알려야 한다. 다만, 해당 분묘의 연고자를 알 수 없으면 그 뜻을 공고하여야 하며, 공고기간 종료 후에도 분묘의 연고자를 알 수 없는 경우에는 화장한 후에 유골을 일정 기간 봉안하였다가 처리하여야 하고, 이 사실을 관할 시장등에게 신고하여야 한다(법 제27조 제2항).

③ 무단분묘의 시효취득 제한

무단으로 설치한 분묘의 연고자는 해당 토지 소유자, 묘지 설치자 또는 연고자에게 토지 사용권이나 그 밖에 분묘의 보존을 위한 권리를 주장할 수 없다(법 제27조 제3항). 따라서 장사등에관한법률이 시행된 이후에 설치된 분묘에 대해서는 시효취득을 인정되지 않는다. 반면에 장사등에관한법률이 시행되기 전에 설치된 분묘에 대해서는 여전히 분묘기지권의 시효취득이 인정된다.

**판례보기**

**분묘기지권의 시효취득**

타인 소유의 토지에 분묘를 설치한 경우에 20년간 평온, 공연하게 분묘의 기지를 점유하면 지상권과 유사한 관습상의 물권인 분묘기지권을 시효로 취득한다는 법적 규범이 2000. 1. 12. 법률 제6158호로 전부 개정된 '장사 등에 관한 법률'의 시행일인 2001. 1. 13. 이전에 설치된 분묘에 관하여 시효취득을 인정한다(대법원 2017. 1. 19. 선고 2013다17292 전원합의체 판결).

**묘지의 종류 정리**

| | 개인묘지(+배우자) | 가족묘지, 종중묘지, 법인묘지 |
|---|---|---|
| ① 절차 | 30일 이내에 시장 등에신고 | 관할 시장 등의 허가 |
| ② 1기당 면적 | 30㎡ 이하 | 10㎡ 이하(합장의 경우 15㎡이하) |
| ③ 전체 면적 | 30㎡ 이하 | 가족묘지(100㎡이하)<br>종중묘지(1000㎡이하)<br>법인묘지(10만㎡이상) |

## 5 자연장지

### (1) 자연장지의 종류

국가, 시·도지사 또는 시장·군수·구청장이 아닌 자는 다음 각 호의 구분에 따라 수목장림이나 그 밖의 자연장지를 조성할 수 있다(법 제16조 제1항).

1. 개인·가족자연장지 : 면적이 100제곱미터 미만인 것으로서 1구의 유골을 자연장하거나 「민법」에 따라 친족관계였던 자의 유골을 같은 구역 안에 자연장할 수 있는 구역
2. 종중·문중자연장지 : 종중이나 문중 구성원의 유골을 같은 구역 안에 자연장할 수 있는 구역
3. 법인등자연장지 : 법인이나 종교단체가 불특정 다수인의 유골을 같은 구역 안에 자연장할 수 있는 구역

### (2) 자연장지 조성절차

① 개인자연장지

개인자연장지를 조성한 자는 자연장지의 조성을 마친 후 30일 이내에 보건복지부령으로 정하는 바에 따라 관할 시장등에게 신고하여야 한다. 신고한 사항 중 대통령령으로 정하는 사항을 변경하는 경우에도 또한 같다(법 제16조 제2항).

② 가족자연장지 또는 종중·문중자연장지

가족자연장지 또는 종중·문중자연장지를 조성하려는 자는 보건복지부령으로 정하는 바에 따라 관할 시장등에게 신고하여야 한다. 신고한 사항 중 대통령령으로 정하는 사항을 변경하는 경우에도 또한 같다(법 제16조 제3항).

③ 법인 등 자연장지

㉠ 법인등자연장지를 조성하려는 자는 대통령령으로 정하는 바에 따라 시장등의 허가를 받아야 한다. 허가받은 사항을 변경하고자 하는 경우에도 또한 같다(법 제16조 제5항).

㉡ 시장등은 다음 각 호의 어느 하나에 해당하는 자에 한하여 법인등자연장지의 조성을 허가할 수 있다(법 제16조 제6항).

> 1. 자연장지의 조성·관리를 목적으로 「민법」에 따라 설립된 재단법인
> 2. 대통령령으로 정하는 공공법인 또는 종교단체

### (3) 무단 자연장지

토지 소유자 또는 자연장지 조성자의 승낙 없이 다른 사람 소유의 토지 또는 자연장지에 자연장을 한 자 또는 그 연고자는 당해 토지 소유자 또는 자연장지 조성자에 대하여 토지사용권이나 그 밖에 자연장의 보존을 위한 권리를 주장할 수 없다(법 제27조 제4항).

**자연장지의 종류 정리**

| 자연장지 | 개인 | 가족 | 종중 | 법인 |
|---|---|---|---|---|
| ① 절차 | 30일이내 신고 | 사전신고 | 사전신고 | 사전허가 |
| ② 면적 | 30㎡미만 | 100㎡미만 | 2000㎡이하 | 종교(4만㎡이하)<br>법인(5만㎡이상) |

## 6 사설화장시설

### (1) 사전 신고

시·도지사 또는 시장·군수·구청장이 아닌 자가 화장시설 또는 봉안시설을 설치·관리하려는 경우에는 보건복지부령으로 정하는 바에 따라 그 사설화장시설 또는 사설봉안시설을 관할하는 시장등에게 신고하여야 한다. 신고한 사항 중 대통령령으로 정하는 사항을 변경하려는 경우에도 또한 같다(법 제15조 제1항).

### (2) 재단법인

유골 500구 이상을 안치할 수 있는 사설봉안시설을 설치·관리하려는 자는 「민법」에 따라 봉안시설의 설치·관리를 목적으로 하는 재단법인을 설립하여야 한다. 다만, 대통령령으로 정하는 공공법인 또는 종교단체에서 설치·관리하는 경우이거나 「민법」에 따라 친족관계였던 자 또는 종중·문중의 구성원 관계였던 자의 유골만을 안치하는 시설을 설치·관리하는 경우에는 그러하지 아니하다(법 제15조 제4항).

CHAPTER 02

# 기출 및 예상문제

**01 토지를 매수하여 사설묘지를 설치하려는 중개의뢰인에게 개업공인중개사가 장사 등에 관한 법령에 관하여 설명한 내용으로 옳은 것은?** (제35회)

① 개인묘지를 설치하려면 그 묘지를 설치하기 전에 해당 묘지를 관할하는 시장등에게 신고해야 한다.

② 가족묘지를 설치하려면 해당 묘지를 관할하는 시장등의 허가를 받아야 한다.

③ 개인묘지나 가족묘지의 면적은 제한을 받지만, 분묘의 형태나 봉분의 높이는 제한을 받지 않는다.

④ 분묘의 설치기간은 원칙적으로 30년이지만, 개인묘지의 경우에는 3회에 한하여 그 기간을 연장할 수 있다.

⑤ 설치기간이 끝난 분묘의 연고자는 그 끝난 날부터 1개월 이내에 해당 분묘에 설치된 시설물을 철거하고 매장된 유골을 화장하거나 봉안해야 한다.

**해설**

① 개인묘지를 설치한 자는 30일이내에 해당 묘지를 관할하는 시장등에게 신고해야 한다.

③ 봉분의 높이는 1미터를 넘을 수 없다.

④ 분묘의 설치기간은 원칙적으로 30년이지만, 연장신청을 한 경우에는 1회에 한하여 그 기간을 연장할 수 있다.

⑤ 설치기간이 끝난 분묘의 연고자는 그 끝난 날부터 1년 이내에 해당 분묘에 설치된 시설물을 철거하고 매장된 유골을 화장하거나 봉안해야 한다.

정답 ②

**02 분묘가 있는 토지에 관하여 개업공인중개사가 중개의뢰인에게 설명한 내용으로 <u>틀린</u> 것은? (다툼이 있으면 판례에 따름)** (제32회)

① 분묘기지권은 등기사항증명서를 통해 확인할 수 없다.

② 분묘기지권은 분묘의 설치 목적인 분묘의 수호와 제사에 필요한 범위 내에서 분묘 기지 주위의 공지를 포함한 지역에까지 미친다.

③ 분묘기지권이 인정되는 경우 분묘가 멸실되었더라도 유골이 존재하여 분묘의 원상회복이 가능하고 일시적인 멸실에 불과하다면 분묘기지권은 소멸하지 않는다.

④ 분묘기지권에는 그 효력이 미치는 범위 안에서 새로운 분묘를 설치할 권능은 포함되지 않는다.

⑤ 甲이 자기 소유 토지에 분묘를 설치한 후 그 토지를 乙에게 양도하면서 분묘를 이장하겠다는 특약을 하지 않음으로써 甲이 분묘기지권을 취득한 경우, 특별한 사정이 없는 한 甲은 분묘의 기지에 대한 토지사용의 대가로서 지료를 지급할 의무가 없다.

**해설** 甲이 자기 소유 토지에 분묘를 설치한 후 그 토지를 乙에게 양도하면서 분묘를 이장하겠다는 특약을 하지 않음으로써 甲이 분묘기지권을 취득한 경우, 특별한 사정이 없는 한 甲은 분묘의 기지에 대한 토지사용의 대가로서 지료를 지급할 의무가 있다.

정답 ⑤



**03 개업공인중개사가 묘지를 설치하고자 토지를 매수하려는 중개의뢰인에게 장사 등에 관한 법령에 관하여 설명한 내용으로 틀린 것은?** (제34회)

① 가족묘지는 가족당 1개소로 제한하되, 그 면적은 100제곱미터 이하여야 한다.
② 개인묘지란 1기의 분묘 또는 해당 분묘에 매장된 자와 배우자 관계였던 자의 분묘를 같은 구역 안에 설치하는 묘지를 말한다.
③ 법인묘지에는 폭 4미터 이상의 도로와 그 도로로부터 각 분묘로 통하는 충분한 진출입로를 설치하여야 한다.
④ 화장한 유골을 매장하는 경우 매장 깊이는 지면으로부터 30센티미터 이상이어야 한다.
⑤「민법」에 따라 설립된 사단법인은 법인묘지의 설치 허가를 받을 수 없다.

**해설** ③ 법인묘지에는 폭 5미터 이상의 도로와 그 도로로부터 각 분묘로 통하는 충분한 진출입로를 설치하여야 한다.

**참조조문 시행령 제7조**

> 시행령 제7조【매장·화장 및 개장의 방법 등】법 제9조 제2항에 따른 매장·화장 및 개장의 방법과 기준은 다음 각 호와 같다. 〈개정 2015. 7. 20.〉
> 1. 매장
> 가. 시신 또는 화장하지 아니한 유골은 위생적으로 처리하여야 하며, 매장 깊이는 지면으로부터 1미터 이상이어야 한다.
> 나. 화장한 유골을 매장하는 경우 매장 깊이는 지면으로부터 30센티미터 이상이어야 한다.

정답 ③

# 03 CHAPTER 농지법(농지취득자격증명제도) 제26회 제27회 제29회

**단원별 학습포인트**

- 농지법이 매년 출제되는 부분은 아니지만 공법에도 출제되는 내용이므로 열심히 공부할 필요가 있다. 농지의 개념, 농지취득자격증명, 농지임대차계약, 농지처분의무 위주로 공부한다.

## 1 농지(농지법 제2조)

**(1) "농지"란 다음 어느 하나에 해당하는 토지를 말한다.**

① 전·답, 과수원, 그 밖에 법적 지목(지목)을 불문하고 실제로 농작물 경작지 또는 대통령령으로 정하는 다년생식물 재배지로 이용되는 토지.

② ①의 토지의 개량시설과 가목의 토지에 설치하는 농축산물 생산시설로서 대통령령으로 정하는 시설의 부지

**(2) 농지법상 농지가 아닌 경우(농지법 시행령 제2조)**

① 「공간정보의 구축 및 관리 등에 관한 법률」에 따른 지목이 전·답, 과수원이 아닌 토지(지목이 임야인 토지는 제외한다)로서 농작물 경작지 또는 제1항 각 호에 따른 다년생식물 재배지로 계속하여 이용되는 기간이 3년 미만인 토지

② 「공간정보의 구축 및 관리 등에 관한 법률」에 따른 지목이 임야인 토지로서 「산지관리법」에 따른 산지전용허가(다른 법률에 따라 산지전용허가가 의제되는 인가·허가·승인 등을 포함한다)를 거치지 아니하고 농작물의 경작 또는 다년생식물의 재배에 이용되는 토지

③ 「초지법」에 따라 조성된 초지

## 2 농업인(농지법 제2조)

"농업인"이란 농업에 종사하는 개인으로서 대통령령으로 정하는 자(다음의 어느 하나에 해당하는 자)를 말한다.

(1) 1천제곱미터 이상의 농지에서 농작물 또는 다년생식물을 경작 또는 재배하거나 1년 중 90일 이상 농업에 종사하는 자

(2) 농지에 330제곱미터 이상의 고정식온실·버섯재배사·비닐하우스, 그 밖의 농림축산식품부령으로 정하는 농업생산에 필요한 시설을 설치하여 농작물 또는 다년생식물을 경작 또는 재배하는 자

(3) 대가축 2두, 중가축 10두, 소가축 100두, 가금(家禽: 집에서 기르는 날짐승) 1천수 또는 꿀벌 10군

이상을 사육하거나 1년 중 120일 이상 축산업에 종사하는 자
(4) 농업경영을 통한 농산물의 연간 판매액이 120만원 이상인 자

## 3 농지 소유상한(농지법 제7조)

### (1) 1만제곱미터이하

① 상속으로 농지를 취득한 사람으로서 농업경영을 하지 아니하는 사람은 그 상속 농지 중에서 총 1만제곱미터까지만 소유할 수 있다.
② 대통령령으로 정하는 기간 이상 농업경영을 한 후 이농한 사람은 이농 당시 소유 농지 중에서 총 1만제곱미터까지만 소유할 수 있다.

### (2) 1천제곱미터이하

주말·체험영농을 하려는 사람은 총 1천제곱미터 미만의 농지를 소유할 수 있다. 이 경우 면적 계산은 그 세대원 전부가 소유하는 총 면적으로 한다.

## 4 농지취득자격증명

### (1) 의미

농지취득자격증명을 발급받아 농지를 취득하는 자가 그 소유권에 관한 등기를 신청할 때에는 농지취득자격증명을 첨부하여야 한다(법 제8조 제6항). 농지취득자격증명은 농지를 취득하는 자가 그 소유권에 관한 등기를 신청할 때에 첨부하여야 서류로서 농지를 취득하려는 자에게 농지취득자격이 있다는 것을 증명하는 것일 뿐 농지취득의 원인이 되는 법률행위의 효력발생요건은 아니다(대판 1998.2.27. 97다49251).

**판례보기**

**농지취득자격증명(대법원 2018. 7. 11. 선고 2014두36518 판결)**

[1] 농지취득자격증명은 농지를 취득하는 자에게 농지취득의 자격이 있다는 것을 증명하는 것으로, 농지를 취득하려는 자는 농지 소재지를 관할하는 시장, 구청장, 읍장 또는 면장으로부터 농지취득자격증명을 발급받아 농지의 소유권에 관한 등기를 신청할 때에 이를 첨부하여야 한다(농지법 제8조 제1항, 제4항). 농지를 취득하려는 자가 농지에 관하여 소유권이전등기를 마쳤다고 하더라도 농지취득자격증명을 발급받지 못한 이상 그 소유권을 취득하지 못하고, 농지에 관한 경매절차에서 농지취득자격증명의 발급은 매각허가요건에 해당한다.
[2] 농지를 취득하려는 자가 농지에 대한 매매계약을 체결하는 등으로 농지에 관한 소유권이전등기청구권을 취득하였다면, 농지취득자격증명 발급신청권을 보유하게 된다. 이러한 농지취득자격증명 발급신청권은 채권자대위권의 행사대상이 될 수 있다.

### (2) 농지취득자격증명이 필요한 경우

① 농지취득의 원인이 매매, 증여, 경매, 공매, 판결, 조서로 농지를 취득하는 경우
② 주말 체험 영농을 위해 농지를 취득하는 경우
③ 농지전용허가를 받거나 농지전용신고를 한 자가 그 농지를 소유하는 경우
④ 도시지역 중 녹지지역 내의 농지를 취득하는 경우

**참고학습 | 경매와 농지**

농지를 경매로 취득하려는 자도 농지취득자격증명이 필요하므로 농지에 관한 경매절차에서 매각결정기일까지 제출되어야 한다. 경매절차에서 농지취득자격증명의 발급은 매각허가요건에 해당한다.

### (3) 농지취득증명이 필요없는 경우

① 국가 또는 지방자치단체가 농지를 소유하는 경우
② 상속[상속인에게 한 유증(遺贈)을 포함한다. 이하 같다]으로 농지를 취득하여 소유하는 경우
③ 농업법인의 합병으로 농지를 취득하는 경우
④ 제34조 제2항에 따른 농지전용협의를 마친 농지를 소유하는 경우
⑤ 공유 농지의 분할
⑥ 시효의 완성으로 농지를 취득하는 경우
⑦ 제13조 제1항에 따라 담보농지를 취득하여 소유하는 경우(「자산유동화에 관한 법률」 제3조에 따른 유동화전문회사등이 제13조 제1항 제1호부터 제4호까지에 규정된 저당권자로부터 농지를 취득하는 경우를 포함한다)
⑧ 토지거래허가를 받은 경우
⑨ 주거지역, 상업지역, 공업지역 내의 농지

### (3) 발급절차

① 농지를 취득하려는 자는 농지 소재지를 관할하는 시장(구를 두지 아니한 시의 시장을 말하며, 도농복합 형태의 시는 농지 소재지가 동지역인 경우만을 말한다), 구청장(도농 복합 형태의 시의 구에서는 농지 소재지가 동지역인 경우만을 말한다), 읍장 또는 면장에게서 농지취득자격증명을 발급받아야 한다(법 제8조 제1항).

② 농업경영계획서 또는 주말·체험영농계획서 필요

농지취득자격증명을 발급받으려는 자는 다음 각 호의 사항이 모두 포함된 농업경영계획서 또는 주말·체험영농계획서를 작성하고 농림축산식품부령으로 정하는 서류를 첨부하여 농지 소재지를 관할하는 시·구·읍·면의 장에게 발급신청을 하여야 한다(법 제8조 제2항).

> 1. 취득 대상 농지의 면적(공유로 취득하려는 경우 공유 지분의 비율 및 각자가 취득하려는 농지의 위치도 함께 표시한다)
> 2. 취득 대상 농지에서 농업경영을 하는 데에 필요한 노동력 및 농업 기계·장비·시설의 확보 방안
> 3. 소유 농지의 이용 실태(농지 소유자에게만 해당한다)
> 4. 농지취득자격증명을 발급받으려는 자의 직업·영농경력·영농거리

③ 농업경영계획서 또는 주말·체험영농계획서 면제

다만, 제6조 제2항 제2호·제7호·제9호·제9호의2 또는 제10호 바목에 따라 농지를 취득하는 자는 농업경영계획서 또는 주말·체험영농계획서를 작성하지 아니하고 농림축산식품부령으로 정하는 서류를 첨부하지 아니하여도 발급신청을 할 수 있다(법 제8조 제2항).



> 2. 「초·중등교육법」 및 「고등교육법」에 따른 학교, 농림축산식품부령으로 정하는 공공단체·농업연구기관·농업생산자단체 또는 종묘나 그 밖의 농업 기자재 생산자가 그 목적사업을 수행하기 위하여 필요한 시험지·연구지·실습지·종묘생산지 또는 과수 인공수분용 꽃가루 생산지로 쓰기 위하여 농림축산식품부령으로 정하는 바에 따라 농지를 취득하여 소유하는 경우
> 7. 제34조 제1항에 따른 농지전용허가[다른 법률에 따라 농지전용허가가 의제(擬制)되는 인가·허가·승인 등을 포함한다]를 받거나 제35조 또는 제43조에 따른 농지전용신고를 한 자가 그 농지를 소유하는 경우
> 9. 「한국농어촌공사 및 농지관리기금법」 제24조 제2항에 따른 농지의 개발사업지구에 있는 농지로서 대통령령으로 정하는 1천500제곱미터 미만의 농지나 「농어촌정비법」 제98조 제3항에 따른 농지를 취득하여 소유하는 경우
>
> 9의2. 제28조에 따른 농업진흥지역 밖의 농지 중 최상단부부터 최하단부까지의 평균경사율이 15퍼센트 이상인 농지로서 대통령령으로 정하는 농지를 소유하는 경우

④ 농지위원회의 심의

시·구·읍·면의 장은 농지 투기가 성행하거나 성행할 우려가 있는 지역의 농지를 취득하려는 자 등 농림축산식품부령으로 정하는 자가 농지취득자격증명 발급을 신청한 경우 제44조에 따른 농지위원회의 심의를 거쳐야 한다(법 제8조 제3항).

### (4) 발급기한

① 농업경영계획서 또는 말·체험영농계획서 제출 농지

시·구·읍·면의 장은 제1항에 따른 농지취득자격증명의 발급 신청을 받은 때에는 그 신청을 받은 날부터 7일 이내에 신청인에게 농지취득자격증명을 발급하여야 한다(법 제8조 제4항).

② **농업경영계획서 또는 말·체험영농계획서 제출 면제 농지**
농업경영계획서 또는 주말·체험영농계획서를 작성하지 아니하고 농지취득자격증명의 발급신청을 할 수 있는 경우에는 4일이내에 신청인에게 농지취득자격증명을 발급하여야 한다(법 제8조 제4항).

③ **농지위원회 심의대상인 농지**
농지위원회의 심의 대상의 경우에는 14일 이내에 신청인에게 농지취득자격증명을 발급하여야 한다(법 제8조 제4항).

### (5) 발급 제한

① 시·구·읍·면의 장은 농지취득자격증명을 발급받으려는 자가 제8조 제2항에 따라 농업경영계획서 또는 주말·체험영농계획서에 포함하여야 할 사항을 기재하지 아니하거나 첨부하여야 할 서류를 제출하지 아니한 경우 농지취득자격증명을 발급하여서는 아니 된다(제8조의3 제1항).
② 시·구·읍·면의 장은 1필지를 공유로 취득하려는 자가 제22조 제3항에 따른 시·군·구의 조례로 정한 수를 초과한 경우에는 농지취득자격증명을 발급하지 아니할 수 있다(제8조의3 제2항).
③ 시·구·읍·면의 장은 「농어업경영체 육성 및 지원에 관한 법률」 제20조의2에 따른 실태조사 등에 따라 영농조합법인 또는 농업회사법인이 같은 법 제20조의3 제2항에 따른 해산명령 청구 요건에 해당하는 것으로 인정하는 경우에는 농지취득자격증명을 발급하지 아니할 수 있다(제8조의3 제3항).

## 5 농지의 위탁경영

농지 소유자는 다음 각 호의 어느 하나에 해당하는 경우 외에는 소유 농지를 위탁경영할 수 없다. 법 제9조

1. 「병역법」에 따라 징집 또는 소집된 경우
2. 3개월 이상 국외 여행 중인 경우
3. 농업법인이 청산 중인 경우
4. 질병, 취학, 선거에 따른 공직 취임, 그 밖에 대통령령으로 정하는 사유로 자경할 수 없는 경우
5. 제17조에 따른 농지이용증진사업 시행계획에 따라 위탁경영하는 경우
6. 농업인이 자기 노동력이 부족하여 농작업의 일부를 위탁하는 경우

## 6 농지임대차계약

### (1) 서면계약원칙

임대차계약(농업경영을 하려는 자에게 임대하는 경우만 해당한다. 이하 이 절에서 같다)과 사용대차계약(농업경영을 하려는 자에게 무상사용하게 하는 경우만 해당한다)은 서면계약을 원칙으로 한다(법 제24조 제1항).

### (2) 임대차기간

① 3년이상

제23조 제1항 각 호(제8호는 제외한다)의 임대차 기간은 3년 이상으로 하여야 한다. 다만, 다년생식물 재배지 등 대통령령으로 정하는 농지의 경우에는 5년 이상으로 하여야 한다(제24조의2 제1항).

② 최단기간 보장

임대차 기간을 정하지 아니하거나 제1항에 따른 기간 미만으로 정한 경우에는 제1항에 따른 기간으로 약정된 것으로 본다(제24조의2 제2항).

③ 3년미만의 기간 유효

임차인은 제1항에 따른 기간 미만으로 정한 임대차 기간이 유효함을 주장할 수 있다(제24조의2 제2항). 임대인은 제1항 및 제2항에도 불구하고 질병, 징집 등 대통령령으로 정하는 불가피한 사유가 있는 경우에는 임대차 기간을 제1항에 따른 기간 미만으로 정할 수 있다(제24조의2 제3항).

④ 연장계약 또는 갱신

제1항부터 제3항까지의 규정에 따른 임대차 기간은 임대차계약을 연장 또는 갱신하거나 재계약을 체결하는 경우에도 동일하게 적용한다(제24조의2 제4항).

⑤ 묵시적갱신

임대인이 임대차 기간이 끝나기 3개월 전까지 임차인에게 임대차계약을 갱신하지 아니한다는 뜻이나 임대차계약 조건을 변경한다는 뜻을 통지하지 아니하면 그 임대차 기간이 끝난 때에 이전의 임대차계약과 같은 조건으로 다시 임대차계약을 한 것으로 본다(법 제25조).

### (3) 대항력

① 임대차계약확인 및 농지인도

제1항에 따른 임대차계약은 그 등기가 없는 경우에도 임차인이 농지소재지를 관할하는 시·구·읍·면의 장의 확인을 받고, 해당 농지를 인도(引渡)받은 경우에는 그 다음 날부터 제삼자에 대하여 효력이 생긴다(법 제24조 제2항).

② 임대차계약 확인

시·구·읍·면의 장은 농지임대차계약 확인대장을 갖추어 두고, 임대차계약증서를 소지한 임대인 또는 임차인의 확인 신청이 있는 때에는 농림축산식품부령으로 정하는 바에 따라 임대차계약을 확인한 후 대장에 그 내용을 기록하여야 한다(법 제24조 제3항).

③ 임대인의 지위승계

임대 농지의 양수인(讓受人)은 이 법에 따른 임대인의 지위를 승계한 것으로 본다(법 제26조).

### (4) 농지임대차 분쟁조정

① 시장·군수 또는 자치구구청장

임대차계약의 당사자는 임대차 기간, 임차료 등 임대차계약에 관하여 서로 협의가 이루어지지 아니한 경우에는 농지소재지를 관할하는 시장·군수 또는 자치구구청장에게 조정을 신청할 수 있다(제24조의3 제1항).

② 농지임대차조정위원회

시장·군수 또는 자치구구청장은 제1항에 따라 조정의 신청이 있으면 지체 없이 농지임대차조정위원회를 구성하여 조정절차를 개시하여야 한다(제24조의3 제2항). 제2항에 따른 농지임대차조정위원회에서 작성한 조정안을 임대차계약 당사자가 수락한 때에는 이를 해당 임대차의 당사자 간에 체결된 계약의 내용으로 본다(제24조의3 제3항).

③ 농지임대차조정위원회 구성

제2항에 따른 농지임대차조정위원회는 위원장 1명을 포함한 3명의 위원으로 구성하며, 위원장은 부시장·부군수 또는 자치구의 부구청장이 되고, 위원은 「농업·농촌 및 식품산업 기본법」 제15조에 따른 시·군·구 농업·농촌및식품산업정책심의회의 위원으로서 조정의 이해당사자와 관련이 없는 사람 중에서 시장·군수 또는 자치구구청장이 위촉한다(제24조의3 제4항).

### (5) 편면적 강행규정

이 법에 위반된 약정으로서 임차인에게 불리한 것은 그 효력이 없다(법 제26조의2).

## 7 농지처분의무 등

### (1) 농지처분 의무

① 1년 이내 처분의무

농지 소유자는 다음 각 호의 어느 하나에 해당하게 되면 그 사유가 발생한 날부터 1년 이내에 해당 농지(제6호의 경우에는 농지 소유 상한을 초과하는 면적에 해당하는 농지를 말한다)를 그 사유가 발생한 날 당시 세대를 같이 하는 세대원이 아닌 자, 그 밖에 농림축산식품부령으로 정하는 자에게 처분하여야 한다(농지법 제10조 제1항).

1. 소유 농지를 자연재해·농지개량·질병 등 대통령령으로 정하는 정당한 사유 없이 자기의 농업경영에 이용하지 아니하거나 이용하지 아니하게 되었다고 시장(구를 두지 아니한 시의 시장을 말한다. 이하 이 조에서 같다)·군수 또는 구청장이 인정한 경우
2. 농지를 소유하고 있는 농업회사법인이 제2조 제3호의 요건에 맞지 아니하게 된 후 3개월이 지난 경우
3. 제6조 제2항 제2호에 따라 농지를 취득한 자가 그 농지를 해당 목적사업에 이용하지 아니하게 되었다고 시장·군수 또는 구청장이 인정한 경우
4. 제6조 제2항 제3호에 따라 농지를 취득한 자가 자연재해·농지개량·질병 등 대통령령으로 정하는 정당한 사유 없이 그 농지를 주말·체험영농에 이용하지 아니하게 되었다고 시장·군수 또는 구청장이 인정한 경우

4의2. 제6조 제2항 제4호에 따라 농지를 취득하여 소유한 자가 농지를 제23조 제1항 제1호에 따라 임대하거나 제23조 제1항 제6호에 따라 한국농어촌공사에 위탁하여 임대하는 등 대통령령으로 정하는 정당한 사유 없이 자기의 농업경영에 이용하지 아니하거나 이용하지 아니하게 되었다고 시장·군수 또는 구청장이 인정한 경우

4의3. 제6조 제2항 제5호에 따라 농지를 소유한 자가 농지를 제23조 제1항 제1호에 따라 임대하거나 제23조 제1항 제6호에 따라 한국농어촌공사에 위탁하여 임대하는 등 대통령령으로 정하는 정당한 사유 없이 자기의 농업경영에 이용하지 아니하거나, 이용하지 아니하게 되었다고 시장·군수 또는 구청장이 인정한 경우

5. 제6조 제2항 제7호에 따라 농지를 취득한 자가 취득한 날부터 2년 이내에 그 목적사업에 착수하지 아니한 경우

5의2. 제6조 제2항 제10호마목에 따른 농림축산식품부장관과의 협의를 마치지 아니하고 농지를 소유한 경우

5의3. 제6조 제2항 제10호 바목에 따라 소유한 농지를 한국농어촌공사에 지체 없이 위탁하지 아니한 경우

6. 제7조에 따른 농지 소유 상한을 초과하여 농지를 소유한 것이 판명된 경우
7. 자연재해·농지개량·질병 등 대통령령으로 정하는 정당한 사유 없이 제8조 제2항에 따른 농업경영계획서 또는 주말·체험영농계획서 내용을 이행하지 아니하였다고 시장·군수 또는 구청장이 인정한 경우

② 농지처분의무 통지

시장·군수 또는 구청장은 제1항에 따라 농지의 처분의무가 생긴 농지의 소유자에게 농림축산식품부령으로 정하는 바에 따라 처분 대상 농지, 처분의무 기간 등을 구체적으로 밝혀 그 농지를 처분하여야 함을 알려야 한다(농지법 제10조 제2항).

### (2) 농지처분명령

① 6개월이내

시장(구를 두지 아니한 시의 시장을 말한다)·군수 또는 구청장은 다음 각 호의 어느 하나에 해당하는 농지소유자에게 6개월 이내에 그 농지를 처분할 것을 명할 수 있다(농지법 제11조 제1항).

> 1. 거짓이나 그 밖의 부정한 방법으로 제8조 제1항에 따른 농지취득자격증명을 발급받아 농지를 소유한 것으로 시장·군수 또는 구청장이 인정한 경우
> 2. 제10조에 따른 처분의무 기간에 처분 대상 농지를 처분하지 아니한 경우
> 3. 농업법인이 「농어업경영체 육성 및 지원에 관한 법률」 제19조의5를 위반하여 부동산업을 영위한 것으로 시장·군수 또는 구청장이 인정한 경우

② 농지매수청구

㉠ 농지 소유자는 제1항에 따른 처분명령을 받으면 「한국농어촌공사 및 농지관리기금법」에 따른 한국농어촌공사에 그 농지의 매수를 청구할 수 있다(법 제11조 제2항).

㉡ 한국농어촌공사는 제2항에 따른 매수 청구를 받으면 「부동산 가격공시에 관한 법률」에 따른 공시지가(해당 토지의 공시지가가 없으면 같은 법 제8조에 따라 산정한 개별 토지 가격을 말한다. 이하 같다)를 기준으로 해당 농지를 매수할 수 있다. 이 경우 인근 지역의 실제 거래 가격이 공시지가보다 낮으면 실제 거래 가격을 기준으로 매수할 수 있다(법 제11조 제3항).

③ 처분명령 유예

㉠ 시장(구를 두지 아니한 시의 시장을 말한다. 이하 이 조에서 같다)·군수 또는 구청장은 제10조 제1항에 따른 처분의무 기간에 처분 대상 농지를 처분하지 아니한 농지 소유자가 다음 각 호의 어느 하나에 해당하면 처분의무 기간이 지난 날부터 3년간 제11조 제1항에 따른 처분명령을 직권으로 유예할 수 있다(법 12조 제1항).

> 1. 해당 농지를 자기의 농업경영에 이용하는 경우
> 2. 한국농어촌공사나 그 밖에 대통령령으로 정하는 자와 해당 농지의 매도위탁계약을 체결한 경우

㉡ 시장·군수 또는 구청장은 제1항에 따라 처분명령을 유예 받은 농지 소유자가 처분명령 유예 기간에 제1항 각 호의 어느 하나에도 해당하지 아니하게 되면 지체 없이 그 유예한 처분명령을 하여야 한다(법 12조 제1항).

㉢ 농지 소유자가 처분명령을 유예 받은 후 제2항에 따른 처분명령을 받지 아니하고 그 유예 기간이 지난 경우에는 제10조 제1항에 따른 처분의무에 대하여 처분명령이 유예된 농지의 그 처분의무만 없어진 것으로 본다(법 12조 제3항).

### (3) 이행강제금

① 100분의 25

시장(구를 두지 아니한 시의 시장을 말한다. 이하 이 조에서 같다)·군수 또는 구청장은 다음 각 호의 어느 하나에 해당하는 자에게 해당 농지의 「감정평가 및 감정평가사에 관한 법률」에 따른 감정평가법인등이 감정평가한 감정가격 또는 「부동산 가격공시에 관한 법률」 제10조에 따른 개별공시지가(해당 토지의 개별공시지가가 없는 경우에는 같은 법 제8조에 따른 표준지공시지가를 기준으로 산정한 금액을 말한다) 중 더 높은 가액의 100분의 25에 해당하는 이행강제금을 부과한다(법 제63조 제1항).

> 1. 제11조 제1항(제12조 제2항에 따른 경우를 포함한다)에 따라 처분명령을 받은 후 제11조 제2항에 따라 매수를 청구하여 협의 중인 경우 등 대통령령으로 정하는 정당한 사유 없이 지정기간까지 그 처분명령을 이행하지 아니한 자
> 2. 제42조에 따른 원상회복 명령을 받은 후 그 기간 내에 원상회복 명령을 이행하지 아니하여 시장·군수·구청장이 그 원상회복 명령의 이행에 필요한 상당한 기간을 정하였음에도 그 기한까지 원상회복을 아니한 자

② 문서로 고지

시장·군수 또는 구청장은 제1항에 따른 이행강제금을 부과하기 전에 이행강제금을 부과·징수한다는 뜻을 미리 문서로 알려야 한다(법 제63조 제2항). 시장·군수 또는 구청장은 제1항에 따른 이행강제금을 부과하는 경우 이행강제금의 금액, 부과사유, 납부기한, 수납기관, 이의제기 방법, 이의제기 기관 등을 명시한 문서로 하여야 한다(법 제63조 제3항).

③ 매년 1회 부과 징수

시장·군수 또는 구청장은 처분명령 또는 원상회복 명령 이행기간이 만료한 다음 날을 기준으로 하여 그 처분명령 또는 원상회복 명령이 이행될 때까지 제1항에 따른 이행강제금을 매년 1회 부과·징수할 수 있다(법 제63조 제4항).

④ 이행한 경우

시장·군수 또는 구청장은 제11조 제1항(제12조 제2항에 따른 경우를 포함한다)에 따른 처분명령 또는 제42조에 따른 원상회복 명령을 받은 자가 처분명령 또는 원상회복 명령을 이행하면 새로운 이행강제금의 부과는 즉시 중지하되, 이미 부과된 이행강제금은 징수하여야 한다(법 제63조 제5항).

⑤ 이의제기

이행강제금 부과처분에 불복하는 자는 그 처분을 고지받은 날부터 30일 이내에 시장·군수 또는 구청장에게 이의를 제기할 수 있다(법 제63조 제6항).

**참고학습** 주말체험영농목적

① 도시민 등 비농업인도 취득할 수 있다.
② 단, 세대원 전부가 소유하는 총면적이 1000㎡ 미만의 농지만 소유할 수 있다.
③ 소유권이전등기 신청시 농지취득자격증명이 필요하다.
④ 주말체험영농계획서를 제출하여야 한다.
⑤ 농지취득자격증명의 발급기한은 7일이내이다.
⑥ 소유하고 있는 농지를 주말·체험영농을 하려는 자에게 임대하거나 사용대 할 수 있다.
⑦ 분산취득도 가능하고 거주지 제한이나 통작거리 제한도 없다.
⑧ 법인의 경우에는 주말·체험영농 목적의 농지취득이 제한된다.
⑨ 농업진흥지역내 농지는 주말체험영농목적으로 취득할 수 없다.

# 기출 및 예상문제



**01 개업공인중개사가 농지법에 대하여 중개의뢰인에게 설명한 내용으로 <u>틀린</u> 것은?** (다툼이 있으면 판례에 따름) (제29회)

① 경매로 농지를 매수하려면 매수신청시에 농지자격취득증명서를 제출해야 한다.
② 개인이 소유하는 임대 농지의 양수인은 농지법에 따른 임대인의 지위를 승계한 것으로 본다.
③ 농지전용협의를 마친 농지를 취득하려는 자는 농지취득자격증명을 발급받을 필요가 없다.
④ 농지를 취득하려는 자가 농지에 대한 매매계약을 체결하는 등으로 농지에 관한 소유권이전등기청구권을 취득하였다면, 농지취득자격증명 발급신청권을 보유하게 된다.
⑤ 주말·체험영농을 목적으로 농지를 소유하려면 세대원 전부가 소유하는 총 면적이1000제곱미터 미만이어야 한다.

**해설** 경매로 농지를 매수하려면 매각결정기일에 농지자격취득증명서를 제출해야 한다.

정답 ①

**02 개업공인중개사가 중개의뢰인에게 농지법상 농지의 임대차에 대해 설명한 내용으로 <u>틀린</u> 것은?** (제26회)

① 선거에 따른 공직취임으로 인하여 일시적으로 농업경영에 종사하지 아니하게 된 자가 소유하고 있는 농지는 임대할 수 있다.
② 농업경영을 하려는 자에게 농지를 임대하는 임대차계약은 서면계약을 원칙으로 한다.
③ 농지이용증진사업 시행계획에 따라 농지를 임대하는 경우 임대차기간은 5년 이상으로 해야 한다.
④ 농지 임대차계약의 당사자는 임차료에 관하여 협의가 이루어지지 아니한 경우 농지소재지를 관할하는 시장·군수 또는 자치구구청장에게 조정을 신청할 수 있다.
⑤ 임대 농지의 양수인은 농지법에 따른 임대인의 지위를 승계한 것으로 본다.

**해설** 원칙상 농지 임대차 기간은 3년 이상으로 하여야 한다. 임대차 기간을 정하지 아니하거나 3년보다 짧은 경우에는 3년으로 약정된 것으로 본다.

정답 ③

**03 개업공인중개사가 농지를 취득하려는 중개의뢰인에게 설명한 내용으로 틀린 것은?** (제27회)

① 주말·체험영농을 위해 농지를 소유하는 경우 한 세대의 부부가 각각 1천㎡ 미만으로 소유할 수 있다.
② 농업경영을 하려는 자에게 농지를 임대하는 임대차계약은 서면계약을 원칙으로 한다.
③ 농업법인의 합병으로 농지를 취득하는 경우 농지취득자격증명을 발급받지 않고 농지를 취득할 수 있다.
④ 징집으로 인하여 농지를 임대하면서 임대차기간을 정하지 않은 경우 3년으로 약정된 것으로 본다.
⑤ 농지전용허가를 받아 농지를 소유하는 자가 취득한 날부터 2년 이내에 그 목적사업에 착수하지 않으면 해당농지를 처분할 의무가 있다.

**해설** 세대별 합산 1천㎡ 미만으로 소유할 수 있다

**정답** ①

**04 농지를 매수하고자 하는 의뢰인(법인 제외)에게 개업공인중개사가 설명한 내용으로 틀린 것은?** (제22회)

① 주말·체험영농의 목적으로 농지를 소유하는 경우, 세대원 전부가 소유하는 총면적이 1천제곱미터 미만이어야 한다.
② 주말·체험영농의 목적인 경우에도 농지취득자격증명을 발급받아야 한다.
③ 농지임대가 예외적으로 허용되어 농업경영을 하려는 자에게 임대하는 경우 그임대차계약은 서면계약을 원칙으로 한다.
④ 임대농지를 양수하는 자는 「농지법」에 따른 임대인의 지위를 승계한 것으로 본다.
⑤ 경매로 농지를 매수하려면 매수신청시 농지취득자격증명을 함께 제출해야 한다.

**해설** 경매로 농지를 매수하려면 매각결정기일에 농지취득자격증명을 제출해야 한다.

**정답** ⑤

# 부동산등기특별조치법 제18회 제24회

**단원별 학습포인트**

- 이 장은 실무에서 중요부분이 아니어서 출제비중이 높지 않다. 검인제도도 부동산거래신고제도 때문에 거의 실무에서 이용되지 않기 때문에 비중이 낮다.



이 법은 부동산거래에 대한 실체적권리관계에 부합하는 등기를 신청하도록 하기 위하여 부동산등기에 관한 특례등에 관한 사항을 정함으로써 건전한 부동산 거래질서를 확립함을 목적으로 한다(법 제1조).

## 제1절 등기신청의무

### 1 이전등기신청의무

부동산의 소유권이전을 내용으로 하는 계약을 체결한 자는 다음 각호의 1에 정하여진 날부터 60일 이내에 소유권이전등기를 신청하여야 한다. 다만, 그 계약이 취소·해제되거나 무효인 경우에는 그러하지 아니하다(법 제2조 제1항).

1. 계약의 당사자가 서로 대가적인 채무를 부담하는 경우에는 반대급부의 이행이 완료된 날
2. 계약당사자의 일방만이 채무를 부담하는 경우에는 그 계약의 효력이 발생한 날

### 2 중간생략등기금지

(1) 부동산의 소유권을 이전받을 것을 내용으로 하는 계약을 체결한 자가 제1항 각호에 정하여진 날 이후 그 부동산에 대하여 다시 제3자와 소유권이전을 내용으로 하는 계약이나 제3자에게 계약당사자의 지위를 이전하는 계약을 체결하고자 할 때에는 그 제3자와 계약을 체결하기 전에 먼저 체결된 계약에 따라 소유권이전등기를 신청하여야 한다(법 제2조 제2항).

(2) 제1항의 경우에 부동산의 소유권을 이전받을 것을 내용으로 하는 계약을 체결한 자가 제1항 각호에 정하여진 날 전에 그 부동산에 대하여 다시 제3자와 소유권이전을 내용으로 하는 계약을 체결한 때에는 먼저 체결된 계약의 반대급부의 이행이 완료되거나 계약의 효력이 발생한 날부터 60일 이내에 먼저 체결된 계약에 따라 소유권이전등기를 신청하여야 한다(법 제2조 제3항).

## 3 보존등기신청의무

소유권보존등기가 되어 있지 아니한 부동산에 대하여 소유권이전을 내용으로 하는 계약을 체결한 자는 다음 각호의 1에 정하여진 날부터 60일 이내에 소유권보존등기를 신청하여야 한다(법 제2조 제5항).

1. 「부동산등기법」 제65조에 따라 소유권보존등기를 신청할 수 있음에도 이를 하지 아니한 채 계약을 체결한 경우에는 그 계약을 체결한 날
2. 계약을 체결한 후에 「부동산등기법」 제65조에 따라 소유권보존등기를 신청할 수 있게 된 경우에는 소유권보존등기를 신청할 수 있게 된 날

# 제 2 절 검인신청의무

## 1 검인대상

### (1) 계약서

계약을 원인으로 소유권이전등기를 신청할 때에는 다음 각호의 사항이 기재된 계약서에 검인신청인을 표시하여 부동산의 소재지를 관할하는 시장(區가 設置되어 있는 市에 있어서는 區廳長)·군수(이하 "市長등" 이라 한다) 또는 그 권한의 위임을 받은 자의 검인을 받아 관할등기소에 이를 제출하여야 한다(법 제3조 제1항).

1. 당사자
2. 목적부동산
3. 계약연월일
4. 대금 및 그 지급일자등 지급에 관한 사항 또는 평가액 및 그 차액의 정산에 관한 사항
5. 부동산중개업자가 있을 때에는 부동산중개업자
6. 계약의 조건이나 기한이 있을 때에는 그 조건 또는 기한

### (2) 판결서 등

법 제3조 제1항의 경우에 등기원인을 증명하는 서면이 집행력 있는 판결서 또는 판결과 같은 효력을 갖는 조서인 때에는 판결서등에 제1항의 검인을 받아 제출하여야 한다(법 제3조 제2항).

검인대상

| | 검인대상 ○ | 검인대상 × |
|---|---|---|
| (1) 부동산 | 토지, 건축물, 분양권 | 입목, 광업재단, 공장재단 |
| (2) 소유권이전 | | • 임대차, 지상권, 저당권설정계약서<br>• 소유권이전 청구권 보전의 가등기를 신청하는 경우 |
| (3) 계약 | ① 계약서<br>매매계약, 교환계약, 증여계약, 명의신탁해지약정서, 공유물 분할계약<br>② 판결서 조서 등<br>집행력 있는 판결서 등 | 경매, 공매, 공용수용, 상속, 취득시효 등 계약 외 원인 |
| | | • 토지거래허가를 받은 경우<br>• 부동산거래신고를 한 경우 |

## (2) 검인신청자

부동산등기특별조치법(이하 "법"이라 한다) 제3조의 규정에 의한 검인은 계약을 체결한 당사자중 1인이나 그 위임을 받은 자, 계약서를 작성한 변호사와 법무사 및 개업공인중개사가 신청할 수 있다(부동산등기특별조치법에따른대법원규칙 제1조 제1항).

## (3) 제출서류

검인신청을 할 때에는 계약서의 원본 또는 판결서 등의 정본을 제출하여야 한다(부동산등기특별조치법에따른대법원규칙 제1조 제2항).

## (4) 검인기관

① 시장·군수·구청장

검인기관은 부동산 소재지 시장·군수·구청장이다(부동산등기특별조치법에따른대법원규칙 제1조 제3항). 2개이상의 시·군·구에 있는 수개의 부동산의 소유권이전을 내용으로 하는 계약서 또는 판결서등을 검인받고자 하는 경우에는 그중 1개의 시·군·구를 관할하는 시장등에게 검인을 신청할 수 있다(부동산등기특별조치법에따른대법원규칙 제1조 제5항).

② 읍·면·동장

법 제3조 제1항의 규정에 의하여 시장등으로부터 검인의 권한을 위임받을 수 있는 자는 읍·면·동장으로 한다(부동산등기특별조치법에따른대법원규칙 제1조 제6항). 시장등이 읍·면·동장에게 검인의 권한을 위임한 때에는 지체없이 관할등기소장에게 그 뜻을 통지하여야 한다(부동산등기특별조치법에따른대법원규칙 제1조 제6항).

### (4) 형식적 심사

검인신청을 받은 경우 시장·군수·구청장(이하 "시장등"이라 한다)은 계약서 또는 판결서등의 형식적 요건의 구비 여부만을 확인하고 그 기재에 흠결이 없다고 인정한 때에는 지체없이 검인을 하여 검인신청인에게 교부하여야 한다(부동산등기특별조치법에따른대법원규칙 제1조 제3항). 계약서 또는 판결서등의 검인에는 법 제3조의 규정에 의한 검인인 취지, 검인의 번호, 연월일의 기재와 시장등의 표시가 있어야 한다(부동산등기특별조치법에따른대법원규칙 제1조 제4항).

### (5) 보관 및 세무서장에게 송부

시장 등 또는 그 권한의 위임을 받은 자가 제1항, 제2항 또는 제4조의 규정에 의한 검인을 한 때에는 그 계약서 또는 판결서등의 사본 2통을 작성하여 1통은 보관하고 1통은 부동산의 소재지를 관할하는 세무서장에게 송부하여야 한다(법 제3조 제3항). 이 경우 검인을 한 시장등은 그 각 부동산의 소재지를 관할하는 세무서장에게 그 계약서 또는 판결서등의 사본 1통을 각각 송부하여야 한다(부동산등기특별조치법에따른대법원규칙 제1조 제5항).

## 2 전매시 검인

부동산의 소유권을 이전받을 것을 내용으로 제2조 제1항 각호의 계약을 체결한 자는 그 부동산에 대하여 다시 제3자와 소유권이전을 내용으로 하는 계약이나 제3자에게 계약당사자의 지위를 이전하는 계약을 체결하고자 할 때에는 먼저 체결된 계약의 계약서에 제3조의 규정에 의한 검인을 받아야 한다(법 제4조).

# 기출 및 예상문제



**01 개업공인중개사가 중개한 계약 중 부동산등기특별조치법에 따른 검인을 받아야 하는 것은?** (제18회)

① 지상권설정계약서
② 증여계약서
③ 임대차계약서
④ 전세권설정계약서
⑤ 저당권설정계약서

**해설** 교환 계약, 증여계약, 양도담보설정계약 등 계약을 통한 소유권의 이전이 검인대상이다. 입목, 광업재단, 공장재단은 대상이 아니며 토지거래허가증, 부동산거래신고필증을 받은 경우 역시 검인을 받은 것으로 간주하므로 검인이 필요하지 않다.

정답 ②

**02 甲이 乙소유의 X토지를 매수하려는 丙의 의뢰를 받아 중개하는 경우의 설명으로 옳은 것은?** (제24회)

① 계약서를 작성한 甲이 자신의 이름으로는 그 계약서의 검인을 신청할 수 없다.
② X토지의 소유권을 이전받은 丙이 매수대금의 지급을 위하여 X토지에 저당권을 설정하는 경우, 저당권설정 계약서도 검인의 대상이 된다.
③ 丙이 X토지에 대하여 매매를 원인으로 소유권이전청구권보전을 위한 가등기에 기하여 본등기를 하는 경우, 매매계약서는 검인의 대상이 된다.
④ 甲이 부동산거래신고필증을 교부받아도 계약서에 검인을 받지 않는 한 소유권이전등기를 신청할 수 없다.
⑤ 丙으로부터 검인신청을 받은 X토지 소재지 관할청이 검인할 때에는 계약서 내용의 진정성을 확인해야 한다.

**해설**
① 개업공인중개사가 계약서의 검인을 신청할 수 있다.
② 저당권설정계약서는 검인의 대상이 아니다.
④ 부동산거래 신고필증을 교부받은 경우 검인받은 것으로 본다.
⑤ 검인은 형식적 심사이다.

정답 ③

# 부동산실명법 제27회 제28회 제30회 제31회 제32회 제33회 제35회

**단원별 학습포인트**

- 명의신탁은 매년 1문제 출제된다. 명의신탁은 민법에서도 출제되기 때문에 비중있게 공부하여야 한다. 특히 사례 문제로 출제되는 경우가 많기 때문에 제3자간 명의신탁, 계약명의신탁의 유형에 따라 내용을 잘 익혀 두어야 한다.

이 법은 부동산에 관한 소유권과 그 밖의 물권을 실체적 권리관계와 일치하도록 실권리자 명의(名義)로 등기하게 함으로써 부동산등기제도를 악용한 투기·탈세·탈법행위 등 반사회적 행위를 방지하고 부동산 거래의 정상화와 부동산 가격의 안정을 도모하여 국민경제의 건전한 발전에 이바지함을 목적으로 한다(법 제1조).

## 제1절 명의신탁 개념

### 1 명의신탁약정

"명의신탁약정"(名義信託約定)이란 부동산에 관한 소유권이나 그 밖의 물권(이하 "부동산에 관한 물권"이라 한다)을 보유한 자 또는 사실상 취득하거나 취득하려고 하는 자[이하 "실권리자"(實權利者)라 한다]가 타인과의 사이에서 대내적으로는 실권리자가 부동산에 관한 물권을 보유하거나 보유하기로 하고 그에 관한 등기(가등기를 포함한다. 이하 같다)는 그 타인의 명의로 하기로 하는 약정[위임·위탁매매의 형식에 의하거나 추인(追認)에 의한 경우를 포함한다]을 말한다. 따라서 부동산임차권자나 부동산환매권자가 부동산 등기를 타인 명의로 하는 것은 채권에 대한 등기명의를 한 것이므로 부동산실명법에서 정의하는 명의신탁약정에 해당하지 않는다.

### 2 명의신탁에 해당하지 않는 것

가. 채무의 변제를 담보하기 위하여 채권자가 부동산에 관한 물권을 이전(移轉)받거나 가등기하는 경우(채무의 변제를 담보하기 위하여 채권자가 부동산에 관한 물권을 이전받는 경우에는 채무자, 채권금액 및 채무변제를 위한 담보라는 뜻이 적힌 서면을 등기신청서와 함께 등기관에게 제출하여야 한다.)

나. 부동산의 위치와 면적을 특정하여 2인 이상이 구분소유하기로 하는 약정을 하고 그 구분소유자의 공유로 등기하는 경우

다.「신탁법」 또는 「자본시장과 금융투자업에 관한 법률」에 따른 신탁재산인 사실을 등기한 경우

## 3 명의신탁자

"명의신탁자"(名義信託者)란 명의신탁약정에 따라 자신의 부동산에 관한 물권을 타인의 명의로 등기하게 하는 실권리자를 말한다.



## 4 명의수탁자

"명의수탁자"(名義受託者)란 명의신탁약정에 따라 실권리자의 부동산에 관한 물권을 자신의 명의로 등기하는 자를 말한다.

## 5 실명등기

"실명등기"(實名登記)란 법률 제4944호 부동산실권리자명의등기에관한법률 시행 전에 명의신탁약정에 따라 명의수탁자의 명의로 등기된 부동산에 관한 물권을 법률 제4944호 부동산실권리자명의등기에관한법률 시행일 이후 명의신탁자의 명의로 등기하는 것을 말한다.

# 제 2 절 금지된 명의신탁의 법적 효과 제34회 제35회

## 1 사법상 효력

### (1) 원칙

누구든지 부동산에 관한 물권을 명의신탁약정에 따라 명의수탁자의 명의로 등기하여서는 아니 된다(부동산실명법 제3조 제1항). 명의신탁약정은 무효로 한다. 나아가 명의신탁약정에 따른 등기로 이루어진 부동산에 관한 물권변동은 무효로 한다(부동산실명법 제4조 제1항).

### (2) 예외

① 계약명의신탁

부동산에 관한 물권을 취득하기 위한 계약에서 명의수탁자가 어느 한쪽 당사자가 되고 상대방 당사자는 명의신탁약정이 있다는 사실을 알지 못한 경우에는 명의신탁 약정은 무효이지만 등기는 유효로 한다(부동산실명법 제4조 제2항).

② 제3자

명의신탁 약정에 따른 물권변동의 무효는 제3자에게 대항하지 못한다(부동산실명법 제4조 제3항). 거래안전을 도모하기 위해서 제3자가 명의신탁 약정 사실을 알든 모르든 제3자에의 등기는 유효하다.

## 2 금지된 명의신탁의 공법상 제재

### (1) 벌칙

① 5년 이하의 징역 또는 2억원 이하의 벌금

다음 각 호의 어느 하나에 해당하는 자는 5년 이하의 징역 또는 2억원 이하의 벌금에 처한다(법 제7조 제1항).

> 1. 제3조 제1항을 위반한 명의신탁자
> 2. 제3조 제2항을 위반한 채권자 및 같은 항에 따른 서면에 채무자를 거짓으로 적어 제출하게 한 실채무자

② 3년 이하의 징역 또는 1억원 이하의 벌금

제3조 제1항을 위반한 명의수탁자는 3년 이하의 징역 또는 1억원 이하의 벌금에 처한다. 〈개정 2016. 1. 6.〉

### (2) 과징금

① 부동산 가액(價額)의 100분의 30에 해당하는 금액의 범위내

다음 각 호의 어느 하나에 해당하는 자에게는 해당 부동산 가액(價額)의 100분의 30에 해당하는 금액의 범위에서 과징금을 부과한다(부동산실명법 제5조 제1항).

> 1. 제3조 제1항을 위반한 명의신탁자
> 2. 제3조 제2항을 위반한 채권자 및 같은 항에 따른 서면에 채무자를 거짓으로 적어 제출하게 한 실채무자(實債務者)

② 부동산가액

부동산실명법 제5조 제1항의 부동산 가액은 과징금을 부과하는 날 현재의 다음 각 호의 가액에 따른다. 다만, 제3조 제1항 또는 제11조 제1항을 위반한 자가 과징금을 부과받은 날 이미 명의신탁관계를 종료하였거나 실명등기를 하였을 때에는 명의신탁관계 종료 시점 또는 실명등기 시점의 부동산 가액으로 한다(부동산실명법 제5조 제2항).

| |
|---|
| 1. 소유권의 경우에는 「소득세법」 제99조에 따른 기준시가<br>2. 소유권 외의 물권의 경우에는 「상속세 및 증여세법」 제61조 제5항 및 제66조에 따라 대통령령으로 정하는 방법으로 평가한 금액 |

③ 과징금 부과기준

제1항에 따른 과징금의 부과기준은 제2항에 따른 부동산 가액(이하 "부동산평가액"이라 한다), 제3조를 위반한 기간, 조세를 포탈하거나 법령에 따른 제한을 회피할 목적으로 위반하였는지 여부 등을 고려하여 대통령령으로 정한다(부동산실명법 제5조 제3항).

④ 부과징수권자

과징금은 해당 부동산의 소재지를 관할하는 특별자치도지사·특별자치시장·시장·군수 또는 구청장이 부과·징수한다. 이 경우 과징금은 위반사실이 확인된 후 지체 없이 부과하여야 한다(부동산실명법 제5조 제5항).



### (3) 이행강제금

① 실명등기의무

제5조 제1항 제1호에 따른 과징금을 부과받은 자는 지체 없이 해당 부동산에 관한 물권을 자신의 명의로 등기하여야 한다. 다만, 제4조 제2항 단서(계약명의신탁에서 매도인이 선의인 경우 수탁자 명의의 등기는 유효)에 해당하는 경우에는 그러하지 아니하며, 자신의 명의로 등기할 수 없는 정당한 사유가 있는 경우에는 그 사유가 소멸된 후 지체 없이 자신의 명의로 등기하여야 한다(제6조 제1항).

② 이행강제금 부과

실명등기 의무를 위반한 자에 대하여는 과징금 부과일(제1항 단서 후단의 경우에는 등기할 수 없는 사유가 소멸한 때를 말한다)부터 1년이 지난 때에 부동산평가액의 100분의 10에 해당하는 금액을, 다시 1년이 지난 때에 부동산평가액의 100분의 20에 해당하는 금액을 각각 이행강제금으로 부과한다(제6조 제2항).

**[정리] 명의신탁위반자에 대한 제재**

| | |
|---|---|
| (1) 벌칙 | ① 5년 이하의 징역이나 2억원 이하의 벌금 (신탁자)<br>② 3년 이하의 징역이나 1억원 이하의 벌금 (수탁자) |
| (2) 과징금 | 부동산 가액의 100분의 30에 해당하는 금액의 범위 안에서 |
| (3) 이행강제금 | ① 1년 이내에 실명등기 안 하면 부동산평가액의 10 %<br>② 다시 1년 이내에 실명등기를 안 하면 부동산평가액의 20% |

# 제3절 금지된 명의신탁의 유형 제34회

## 1 2자간 명의 신탁

명의신탁자와 명의수탁자간의 명의신탁 약정에 따라 부동산 물권에 대한 등기를 명의수탁자 앞으로 등기 한 경우를 말한다.

| 甲(신탁자) → 乙(수탁자) → 丙(제3자) |
|---|

### (1) 명의신탁 약정 및 등기 무효

① 신탁자가 소유자

명의신탁자 甲과 명의수탁자 乙간의 명의신탁 약정은 무효이고 명의 수탁자 乙 명의의 등기도 무효이다. 따라서 내부적인 법률관계에서도 명의신탁한 부동산은 신탁자의 소유로 취급한다.

② 진정명의회복을 원인으로 한 이전등기 가능

명의신탁 대상 부동산에 관하여 자기명의로 소유권이전등기를 경료한 적이 있었던 명의신탁자(甲)로서는 명의수탁자(乙)를 상대로 진정명의회복을 원인으로 한 이전등기를 구할 수 도 있다.

③ 명의신탁 해지 불가능

명의신탁 약정이 무효이므로 명의신탁자 甲이 乙과의 명의신탁약정을 해지하여 신탁자 명의로 등기 이전할 수는 없다. 무효인 명의신탁의 경우에 명의신탁자는 명의신탁해지를 원인으로 하는 소유권이전등기를 청구할 수 없다(대판 1999.1.26 98다1027).

### (2) 제3자에의 등기

① 선악불문 제3자 소유권 취득

명의수탁자가 제3자에게 매도한 경우에 제3자는 선악을 불문하고 명의신탁자와 명의수탁자가 그 약정과 등기의 무효를 가지고 대항할 수 없기 때문에 원칙적으로 제3자로의 등기가 유효하여 제3자가 소유권 취득한다.

② 진정한 등기명의 회복 ×

따라서 명의신탁사실이 인정된다고 할지라도 제3자(丙)에 대한 진정한 등기 명의의 회복을 원인으로 한 소유권이전등기청구를 할 수 있는 진정한 소유자의 지위에 있다고 볼 수 없다(대판 2001.8.21 2000다36484).

③ 부당이득반환청구 가능

명의신탁자는 명의수탁자에게 부당이득반환청구가 가능하다.

④ 횡령죄 성립 안 함

수탁자 乙의 제3자의 처분행위에 대해서는 판례는 횡령죄로 처벌하지 않지만 수탁자로서 부동산실명법 위반으로 3년 이하의 징역 또는 1억원 이하의 벌금형으로 처벌된다. 다만, 제 3자가 명의수탁자의 배임행위에 적극 가담하였다면 명의수탁자와 제3자 사이의 계약은 반사회적 법률행위로서 무효이다.

## 2 중간생략형 명의 신탁



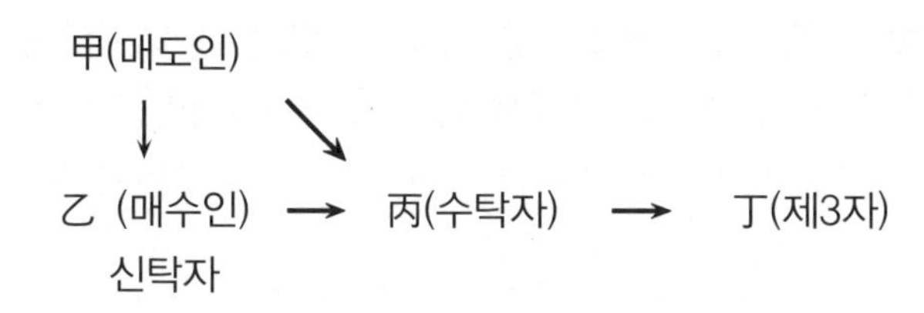


### (1) 매매계약 유효

을 매수인이 매도인 갑과 매매계약을 체결하고 을은 명의수탁자 병과 명의신탁약정에 따라 부동산에 대한 소유권이전등기를 수탁자 병 명의로 한 경우에 매매계약 자체는 사법상 유효하다.

### (2) 명의신탁 약정 및 등기

매수인인 乙과 丙 사이의 명의신탁하기로 하는 약정은 금지된 명의신탁에 해당하기 때문에 무효이다. 丙이 명의신탁 약정사실을 알든 모르든 乙과 丙사이의 명의신탁은 무효이다. 나아가 수탁자 丙 명의의 소유권이전등기의 효력도 무효이다.

### (3) 매매계약에 따른 이전등기청구권

매수인 乙과 매도인 甲 사이의 매매계약은 유효하므로 乙은 甲을 상대로 소유권이전등기청구권을 행사할 수 있다. 이 때 매도인 甲은 丙 명의 등기가 무효이므로 丙명의 등기를 말소해서 매수인 乙에게 이전등기할 의무가 있다. 만약 매도인 甲이 이전등기의무를 이행하지 아니하면 명의신탁자 乙이 매도인 甲에 대한 매매계약에 기한 소유권이전등기청구권을 보전하기 위하여 매도인 甲을 대위하여 명의수탁자 丙에게 무효인 명의수탁자 명의 등기의 말소를 구할 수도 있다(대판 2001다61654판결).

### (4) 제3자에의 이전등기

① 선악불문 제3자 소유권 취득

명의수탁자인 丙은 자기 명의로 된 부동산에 대한 매매계약을 체결하고 소유권이전등기를 한 경우에 제3자 丁은 乙과 丙사이의 명의신탁 약정 사실을 알든 모르든 부동산에 대한 소유권을 취득한다. 명의신탁자 乙과 명의수탁자 丙은 자신들의 명의신탁약정의 무효를 가지고 제3자 丁에게 대항하지 못한다고 규정되어 있다.

② 횡령죄 불성립

이 경우에 수탁자 丙이 자신의 명의로 된 것을 기회로 제3자 丁에게 처분한 행위는 횡령죄가 되지 않지만 부동산실명법 위반으로 3년이하의 징역이나 1억원 이하의 벌금형에 처한다.

## 3 계약 명의 신탁

명의신탁자 甲이 乙과 명의신탁약정을 맺고 乙을 내세워 매도인 丙과 매매계약을 체결하고 乙명의로 이전등기한 경우로서 명의수탁자 乙이 등기명의를 빌려 줄 뿐만아니라 앞장서서 매도인 丙과 매매계약을 체결해주는 사례이다. 명의수탁자 乙이 매매계약까지 앞장 서 주는 경우로서 계약명의신탁이라고 부른다.

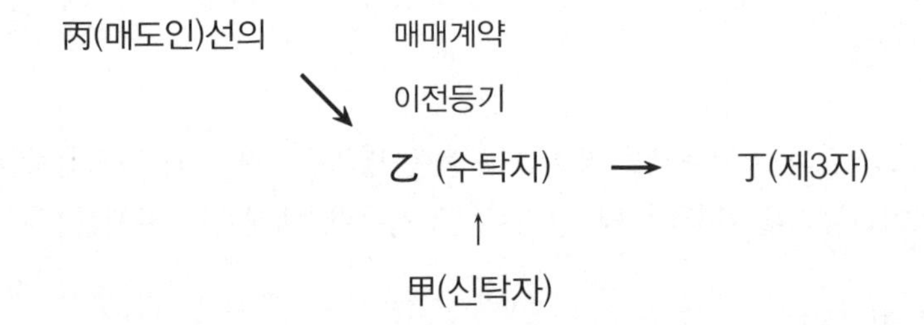


### (1) 명의신탁 약정

위의 사례가 금지된 명의신탁에 해당하면 신탁자와 甲과 명의수탁자 乙 사이의 명의신탁 약정은 매도인 丙이 그 사실을 알든 모르든 무효이다.

### (2) 수탁자 앞으로의 등기(매도인 선의)

① 명의신탁 약정 무효

계약명의신탁의 경우에 매도인 丙이 甲과 乙사이의 명의신탁 약정 사실을 알든 모르든 甲과 乙사이의 명의신탁약정은 무효이다.

② 명의수탁자 명의 등기 유효

명의신탁 약정에 따라 수탁자 乙이 매매계약을 체결하고 이전등기도 한 경우에 매도인 丙이 甲과 乙사이의 명의신탁약정 사실을 모르는 경우에는 매매계약도 유효하고 乙명의로의 이전등기도 유효하다. 부동산에 관한 물권을 취득하기 위한 계약에서 명의수탁자가 어느 한쪽 당사자가 되고 상대방 당사자는 명의신탁약정이 있다는 사실을 알지 못한 경우에는 명의신탁 약정은 무효이지만 등기는 유효로 한다. 만약 이 경우에 수탁자 명의의 등기를 무효로 한다면 선의인 매도인 丙에게 피해를 줄 수 있기 때문에 매도인 丙을 보호하기 위해서 매매계약과 이전등기의 효력을 유효로 하고 있다.

③ 소유권에 근거한 반환청구권 행사 못함

따라서 부동산에 대한 소유권은 명의수탁자 乙에게 귀속되고 명의신탁자 甲은 乙을 상대로 해서 소유권에 근거한 이전등기청구권을 행사할 수 없다. 명의신탁자 甲과 명의수탁자 乙간의 명의신탁 약정이 무효이므로 신탁자 甲은 수탁자 乙을 상대로한 명의신탁 해지를 원인으로 이전등기청구권을 행사할 수도 없다.

④ 부당이득반환청구 가능

실명법 시행 이후의 명의수탁자는 당해 부동산 자체가 아니라 명의신탁자로부터 제공받은 매수자금을 부당이득하였다고 할 것이고 명의신탁자가 부동산 자체를 반환청구할 수는 없다(대판 2005. 1. 28. 2002다66922). 다만, 신탁자 甲은 수탁자 乙에게 매수자금에 대한 부당이득반환청구할 수 있다.



### (2) 수탁자 앞으로의 등기(매도인 악의)

① 명의신탁 약정 무효

계약명의신탁의 경우에 매도인 丙이 甲과 乙사이의 명의신탁 약정 사실을 알든 모르든 甲과 乙사이의 명의신탁약정은 무효이다.

② 수탁자 앞으로의 등기 무효

명의신탁 약정에 따라 수탁자 乙이 매매계약을 체결하고 이전등기도 한 경우에 매도인 丙이 甲과 乙사이의 명의신탁약정 사실을 안 경우에는 매매계약도 무효하고 乙명의로의 이전등기도 무효이다. 금지된 명의신탁의 경우 부동산에 관한 물권을 취득하기 위한 계약에서 명의수탁자가 어느 한쪽 당사자가 되고 상대방 당사자는 명의신탁약정이 안 경우에는 명의신탁 약정은 무효이고 등기도 무효이다. 따라서 부동산에 대한 등기명의는 명의수탁자 앞으로 되어 있으나 매도인과 수탁자간의 매매계약과 이전등기가 무효이므로 소유권은 매도인에게 귀속된다.

### (3) 제3자로의 이전등기

① 선악불문 소유권취득

명의수탁자인 乙은 자기 명의로 된 부동산에 대한 매매계약을 체결하고 소유권이전등기를 한 경우에 제3자 丁은 甲과 乙사이의 명의신탁 약정 사실을 알든 모르든 부동산에 대한 소유권을 취득한다. 명의신탁자 甲과 명의수탁자 乙은 자신들의 명의신탁약정의 무효를 가지고 제3자 丁에게 대항하지 못한다고 규정되어 있다.

② 횡령죄 불성립

이 경우에 수탁자 乙이 자신의 명의로 된 것을 기회로 제3자 丁에게 처분한 행위는 횡령죄가 되지 않지만 부동산실명법 위반으로 3년이하의 징역이나 1억원 이하의 벌금형에 처한다.

# 제4절 허용되는 명의신탁(특례)

## 1 허용되는 명의신탁

다음의 어느 하나에 해당하는 경우로서 조세 포탈, 강제집행의 면탈(免脫) 또는 법령상 제한의 회피를 목적으로 하지 아니하는 경우에는 제4조부터 제7조까지 및 제12조 제1항부터 제3항까지를 적용하지 아니한다(부동산실명법 제8조). 따라서 유효한 명의신탁의 경우에 명의신탁 약정도 유효이고, 이에 따른 물권변동도 유효하다. 나아가 부동산실명법에 따른 형사처벌, 과징금, 이행강제금의 부과 대상이 아니다.

1. 종중(宗中)이 보유한 부동산에 관한 물권을 종중(종중과 그 대표자를 같이 표시하여 등기한 경우를 포함한다) 외의 자의 명의로 등기한 경우
2. 배우자 명의(법률상 배우자)로 부동산에 관한 물권을 등기한 경우
3. 종교단체의 명의로 그 산하 조직이 보유한 부동산에 관한 물권을 등기한 경우

**판례보기**

**사후에 혼인한 경우**

어떠한 명의신탁등기가 위 법률에 따라 무효가 되었다고 할지라도 그 후 신탁자와 수탁자가 혼인하여 그 등기의 명의자가 배우자로 된 경우에는 조세포탈, 강제집행의 면탈 또는 법령상 제한의 회피를 목적으로 하지 아니하는 한 이 경우에도 위 법률 제8조 제2호의 특례를 적용하여 그 명의신탁등기는 당사자가 혼인한 때로부터 유효하게 된다고 보아야 한다(대법원 2002. 10. 25. 선고 2002다23840 판결).

## 2 유효한 명의신탁의 법률관계

### (1) 신탁자와 수탁자간의 내부관계

① 신탁자가 소유자

신탁자와 수탁자간의 명의신탁은 유효하고 내부적으로는 신탁자가 소유권자이고 수탁자의 점유는 타주점유에 해당한다. 명의수탁자가 수인인 경우에는 공유가 된다. 다만, 공유물분할 청구대상은 아니다.

② 신탁자의 명의신탁 약정 해지

신탁자가 수탁자에 대한 명의신탁 약정 해지를 원인으로한 이전등기청구권을 행사할 수 있다. 이러한 이전등기청구권은 소멸시효에 적용이 없다. 다만, 명의신탁약정 해지로 신탁자명의로 등기명의가 회복될 때까지 대외적으로 수탁자에게 소유권이 있다고 본다.

### (2) 대외적 관계

① 제3자 소유권 취득

유효한 명의신탁에서 제3자와의 관계에서는 수탁자만 소유자로 취급된다. 따라서 명의수탁자가 제3자에게 처분한 행위는 제3자의 선악을 불문하고 제3자가 소유권을 취득한다. 다만, 수탁자의 배임행위에 제3자가 적극 가담한 경우에는 제103조 위반으로 소유권을 취득하지 못한다.

② 방해배제청구권 등

명의수탁된 부동산에 대한 제3자의 침해행위에 대해서 수탁자만 제3자에 대한 방해배제청구나 말소등기청구권을 행사할 수 있다. 다만, 명의신탁자는 명의수탁자를 대위에서 방해배제청구권 등을 행사할 수 있을 뿐이다.



### (3) 관습법상 법정지상권 불성립

명의신탁 된 토지상에 수탁자가 건물을 신축한 후 명의신탁이 해지되어 토지소유권이 신탁자에게 환원된 경우에는 수탁자는 관습법상의 법정지상권을 취득할 수 없다.

**판례보기**

**경매와 명의신탁**

부동산 경매절차에서 대금을 부담하는 자가 타인의 명의로 경락허가결정을 받기로 약정하여 그에 따라 경락이 이루어진 경우, 그 경매절차에서 경락인의 지위에 서게 되는 사람은 어디까지나 그 명의인이므로, 경매 목적 부동산의 소유권은 경락대금을 실질적으로 부담한 자가 누구인가와 상관없이 대외적으로는 물론 대내적으로도 그 명의인이 취득한다(대법원 2002. 3. 15. 선고 2000다7011, 7028).

**이축권과 명의신탁**

도시계획법령에 의하여 개발제한구역 안에 있는 기존 건물의 철거에 따른 이축허가의 신청은 철거 당시의 건물소유자에 한하여 허용되는 것이므로, 다른 사람이 이축권자로부터 이축권을 양수하여 그 명의로 건축허가를 받고, 신축 건물에 관하여 그 명의로 소유권보존등기를 경료한 것은 부동산실권리자명의등기에관한법률 제2조 제1호에서 말하는 명의신탁 약정에 기한 것으로서 위 법률 제3조 제1항에 저촉되는 범죄행위임에 틀림없다(대법원 2002. 11. 26. 선고 2002도5197).

05 CHAPTER

# 기출 및 예상문제

**01 2023. 10. 7. 甲은 친구 乙과 X 부동산에 대하여 乙을 명의수탁자로 하는 명의신탁약정을 체결하였다. 개업공인중개사가 이에 관하여 설명한 내용으로 옳은 것을 모두 고른 것은?** (다툼이 있으면 판례에 따름) (제34회)

ㄱ. 甲과 乙 사이의 명의신탁약정은 무효이다.
ㄴ. X 부동산의 소유자가 甲이라면, 명의신탁약정에 기하여 甲에서 乙로 소유권이전등기가 마쳐졌다는 이유만으로 당연히 불법원인급여에 해당한다고 볼 수 없다.
ㄷ. X부동산의 소유자가 丙이고 계약명의신탁이라면, 丙이 그 약정을 알았더라도 丙으로부터 소유권이전등기를 마친 乙은 유효하게 소유권을 취득한다.

① ㄱ　② ㄴ　③ ㄷ　④ ㄱ, ㄴ　⑤ ㄱ, ㄴ, ㄷ

해설 ㄷ. X부동산의 소유자가 丙이고 계약명의신탁이라면, 丙이 그 약정을 알았더라도 丙으로부터 소유권이전등기를 마친 乙은 유효하게 소유권을 취득할 수 없다.

정답 ④

**02 甲은 乙과 乙 소유의 X부동산의 매매계약을 체결하고, 친구 丙과의 명의신탁약정에 따라 乙로부터 바로 丙 명의로 소유권이전등기를 하였다. 이와 관련하여 개업공인중개사가 甲과 丙에게 설명한 내용으로 옳은 것을 모두 고른 것은?** (다툼이 있으면 판례에 따름) (제30회)

㉠ 甲과 丙 간의 약정이 조세포탈, 강제집행의 면탈 또는 법령상 제한의 회피를 목적으로 하지 않은 경우 명의신탁약정 및 그 등기는 유효하다.
㉡ 丙이 X부동산을 제3자에게 처분한 경우 丙은 甲과의 관계에서 횡령죄가 성립하지 않는다.
㉢ 甲과 乙 사이의 매매계약은 유효하므로 甲은 乙을 상대로 소유권이전등기를 청구할 수 있다.
㉣ 丙이 소유권을 취득하고 甲은 丙에게 대금 상당의 부당이득반환청구권을 행사할 수 있다.

① ㉠, ㉢　② ㉠, ㉣　③ ㉡, ㉢　④ ㉠, ㉡, ㉣　⑤ ㉡, ㉢, ㉣

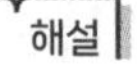

㉠ 친구간에는 부동산실명법상 특례에 해당하지 않으므로 甲과 丙 간의 약정은 무효이다.
㉡ 제3자간의 명의신탁에서는 수탁자의 처분행위는 횡령죄가 성립되지 않는다.
㉣ 丙 명의로 등기가 되어 있어도 명의신탁약정과 이에 따른 이전등기가 무효이므로 소유권은 乙에게 귀속된다. 이 경우에 신탁자는 메도인과의 매매계약은 유효하여 소유권이전등기를 받을 수 있으므로 수탁자에게 부당이득반환청구권을 행사할 수 없다.

정답 ③



**03 甲이 乙로부터 乙소유의 X주택을 2020. 1. 매수하면서 그 소유권이전등기는 자신의 친구인 丙에게로 해 줄 것을 요구하였다**(이에 대한 丙의 동의가 있었음). **乙로부터 X주택의 소유권이전등기를 받은 丙은 甲의 허락을 얻지 않고 X주택을 丁에게 임대하였고, 丁은 X주택을 인도받은 후 주민등록을 이전하였다. 그런데 丁은 임대차계약 체결 당시에 甲의 허락이 없었음을 알고 있었다. 이에 대하여 개업공인중개사가 丁에게 설명한 내용으로 틀린 것은?** (다툼이 있으면 판례에 따름) 제35회

① 丙은 X주택의 소유권을 취득할 수 없다.
② 乙은 丙을 상대로 진정명의 회복을 위한 소유권이전등기를 청구할 수 있다.
③ 甲은 乙과의 매매계약을 기초로 乙에게 X주택의 소유권이전등기를 청구할 수 있다.
④ 丁은 甲 또는 乙에 대하여 임차권을 주장할 수 있다.
⑤ 丙은 丁을 상대로 임대차계약의 무효를 주장할 수 없지만, 甲은 그 계약의 무효를 주장할 수 있다.

해설 丙과 甲은 丁을 상대로 임대차계약의 무효를 주장할 수 없다.

정답 ⑤

# 주택임대차보호법 제27회 제28회 제29회 제30회 제31회 제32회 제33회 제35회

**단원별 학습포인트**

- 매년 1문제가 출제되고 민법에서도 1문제 출제된다. 중개실무 현장에서도 많이 쓰이는 내용으로 열심히 공부해서 합격후에도 유용한 부분이다. 이 장은 최단존속기간, 계약갱신요구권, 대항력, 우선변제권, 금융기관의 우선변제권 승계, 임차권등기명령신청제도를 중점으로 공부하여야 한다.

이 법은 주거용 건물의 임대차(賃貸借)에 관하여 「민법」에 대한 특례를 규정함으로써 국민 주거생활의 안정을 보장함을 목적으로 한다(법 제1조).

## 제1절 적용범위 제34회

이 법은 주거용 건물(이하 "주택"이라 한다)의 전부 또는 일부의 임대차에 관하여 적용한다. 그 임차주택(賃借住宅)의 일부가 주거 외의 목적으로 사용되는 경우에도 적용된다(법 제2조).

### 1 법인

#### (1) 원칙

이 법은 국민 주거생활의 안정을 보장함을 목적으로 하기 때문에 법인은 원칙적으로 주택임대차보호법이 적용되지 않는다.

#### (2) 예외

① 전세임대주택 지원 법인

주택도시기금을 재원으로 하여 저소득층 무주택자에게 주거생활 안정을 목적으로 전세임대주택을 지원하는 법인이 주택을 임차한 후 지방자치단체의 장 또는 그 법인이 선정한 입주자가 그 주택을 인도받고 주민등록을 마쳤을 때에는 대항력을 인정 받을 수 있다. 이 경우 대항력이 인정되는 법인은 대통령령으로 정한다(법 제3조 제2항).

> **시행령 제2조【대항력이 인정되는 법인】**「주택임대차보호법」(이하 "법"이라 한다) 제3조 제2항 후단에서 "대항력이 인정되는 법인"이란 다음 각 호의 법인을 말한다. 〈개정 2009. 9. 21., 2020. 9. 29.〉

1. 「한국토지주택공사법」에 따른 한국토지주택공사(이하 "공사"라 한다)
2. 「지방공기업법」 제49조에 따라 주택사업을 목적으로 설립된 지방공사

② 중소기업

「중소기업기본법」 제2조에 따른 중소기업에 해당하는 법인이 소속 직원의 주거용으로 주택을 임차한 후 그 법인이 선정한 직원이 해당 주택을 인도받고 주민등록을 마쳤을 때에는 제1항을 준용한다. 임대차가 끝나기 전에 그 직원이 변경된 경우에는 그 법인이 선정한 새로운 직원이 주택을 인도받고 주민등록을 마친 다음 날부터 제삼자에 대하여 효력이 생긴다(법 제3조 제3항).



## 2 일시사용을 위한 임대차

이 법은 일시사용하기 위한 임대차임이 명백한 경우에는 적용하지 아니한다(주임법 제11조). 즉 고시원이나 여관방을 일시적으로 사용하기 위해서 빌린 경우에는 주택임대차보호법의 보호를 받지 못한다.

## 3 미등기 전세

주택의 등기를 하지 아니한 전세계약에 관하여는 이 법을 준용한다. 이 경우 "전세금"은 "임대차의 보증금"으로 본다(주임법 제12조). 임차인이 주택을 빌리면서 임차권등기를 하거나 전세권등기를 하지 않는 경우에는 주택임대차보호법의 적용을 받을 수 있다.

## 4 담보목적

(1) 임대차는 임차인으로 하여금 목적물을 사용·수익하게 하는 것이 계약의 기본 내용이므로, 채권자가 주택임대차보호법상의 대항력을 취득하는 방법으로 기존 채권을 우선변제 받을 목적으로 주택임대차계약의 형식을 빌려 기존 채권을 임대차보증금으로 하기로 하고 주택의 인도와 주민등록을 마침으로써 주택임대차로서의 대항력을 취득한 것처럼 외관을 만들었을 뿐 실제 주택을 주거용으로 사용·수익할 목적을 갖지 아니 한 계약은 주택임대차계약으로서는 통정허위표시에 해당되어 무효라고 할 것이므로 이에 주택임대차보호법이 정하고 있는 대항력을 부여할 수는 없다(대법원 2002. 3. 12. 선고 2000다24184, 24191 판결).

(2) 임대차계약 당사자가 기존 채권을 임대차보증금으로 전환하여 임대차계약을 체결하였다는 사정만으로 임차인이 대항력을 갖지 못한다고 볼 수 없다(대판 2002. 1. 8 2001다47535).

### 5 외국인

외국인도 주거생활이 존재하므로 외국인의 주거생활의 안정을 위해서 주택임대차보호법은 적용된다 다만, 외국인은 주민등록이 없어 전입신고를 하지 못하지만 외국인등록이 되어 있는 경우에 외국인이 체류지변경신고를 하게 되면 대항력을 인정 받을 수 있다.

## 제 2 절 존속기간

### 1 최단기간 보장

기간을 정하지 아니하거나 2년 미만으로 정한 임대차는 그 기간을 2년으로 본다. 다만, 임차인은 2년 미만으로 정한 기간이 유효함을 주장할 수 있다(주임법 제4조). 그런데 임대차기간을 2년으로 정한 경우에는 임차인은 1년을 주장할 수는 없다.

### 2 묵시적 갱신

#### (1) 임대인

임대인이 임대차기간이 끝나기 6개월 전부터 2개월 전까지의 기간에 임차인에게 갱신거절(更新拒絶)의 통지를 하지 아니하거나 계약조건을 변경하지 아니하면 갱신하지 아니한다는 뜻의 통지를 하지 아니한 경우에는 그 기간이 끝난 때에 전 임대차와 동일한 조건으로 다시 임대차한 것으로 본다(주임법 제6조).

#### (2) 임차인

임차인이 임대차기간이 끝나기 2개월 전까지 갱신거절(更新拒絶)의 통지를 하지 아니하거나 계약조건을 변경하지 아니하면 갱신하지 아니한다는 뜻의 통지를 하지 아니한 경우에는 그 기간이 끝난 때에 전 임대차와 동일한 조건으로 다시 임대차한 것으로 본다(주임법 제6조). 다만, 2기(期)의 차임액(借賃額)에 달하도록 연체하거나 그 밖에 임차인으로서의 의무를 현저히 위반한 임차인에 대하여는 묵시적 갱신은 인정되지 않는다.

#### (3) 갱신기간

묵시적 갱신이 된 경우에는 임대차의 존속기간은 2년으로 본다. 다만, 묵시적으로 갱신된 2년 연장기간 동안 차임과 보증금은 제7조의 범위에서 증감할 수 있다. 단, 증액청구는 약정한 차임이나 보증금의 20분의 1의 금액을 초과하지 못하고 임대차계약 또는 약정한 차임이나 보증금의 증액이 있은 후 1년 이내에는 하지 못한다. 반대로 감액청구는 약정한 차임이나 보증금의 20분의 1의 금액을 초과할 수 있고 약정한 차임이나 보증금의 감액이 있은 후 1년 이내에도 다시 감액청구할 수 있다.

### (4) 해지통지

계약이 묵시적으로 갱신된 경우 임차인은 언제든지 임대인에게 계약해지(契約解止)를 통지할 수 있다. 이러한 임차인의 해지는 임대인이 그 통지를 받은 날부터 3개월이 지나면 그 효력이 발생한다.



## 3 재계약

임대차기간이 만료된 때 임대인과 임차인이 합의하여 다시 임대차 조건을 정하고 재계약할 수 있다. 이 경우에 정한 임대차기간을 준수하여야 하므로 다시 정한 임대차기간이 2년이라면 그 기간 중에 임차인이 임의로 해지할 수 없다. 또한 재계약시 차임이나 보증금의 20분의 1의 금액을 초과하여 증액할 수 있다. 따라서 묵시적갱신이 되는 것보다 재계약을 체결하는 것이 임대인에게 훨씬 유리하다.

## 4 임대차관계 존속

임대차기간이 끝난 경우에도 임차인이 보증금을 반환받을 때까지는 임대차관계가 존속되는 것으로 본다.

# 제 3 절 계약갱신요구권 제35회

## 1 임차인의 갱신요구

### (1) 6개월 전부터 2개월 전

임대인은 임차인이 임대차기간이 끝나기 6개월 전부터 2개월 전까지의 기간에 계약갱신을 요구할 경우 정당한 사유 없이 거절하지 못한다(법 제6조의3). 임차인은 계약갱신요구권을 1회에 한하여 행사할 수 있다.

### (2) 갱신기간 2년

갱신되는 임대차는 전 임대차와 동일한 조건으로 다시 계약된 것으로 본다. 이 경우 갱신되는 임대차의 존속기간은 2년으로 본다(법 제6조 제2항). 다만, 차임과 보증금은 제7조의 범위에서 증감할 수 있다. 단, 증액청구는 약정한 차임이나 보증금의 20분의 1의 금액을 초과하지 못하고 임대차계약 또는 약정한 차임이나 보증금의 증액이 있은 후 1년 이내에는 하지 못한다.

### (3) 해지통지 자유

임차인의 계약갱신 요구에 따라 갱신된 경우 임차인은 언제든지 임대인에게 계약해지(契約解止)를 통지할 수 있다. 이러한 임차인의 해지는 임대인이 그 통지를 받은 날부터 3개월이 지나면 그 효력이 발생한다(제6조의2 제1항 제2항).

## 2 정당한 갱신거절사유

다음의 어느 하나에 해당하는 경우에는 임차인의 갱신요구를 임대인이 정당하게 거절할 수 있다.

1. 임차인이 2기의 차임액에 해당하는 금액에 이르도록 차임을 연체한 사실이 있는 경우
2. 임차인이 거짓이나 그 밖의 부정한 방법으로 임차한 경우
3. 서로 합의하여 임대인이 임차인에게 상당한 보상을 제공한 경우
4. 임차인이 임대인의 동의 없이 목적 주택의 전부 또는 일부를 전대(轉貸)한 경우
5. 임차인이 임차한 주택의 전부 또는 일부를 고의나 중대한 과실로 파손한 경우
6. 임차한 주택의 전부 또는 일부가 멸실되어 임대차의 목적을 달성하지 못할 경우
7. 임대인이 다음 각 목의 어느 하나에 해당하는 사유로 목적 주택의 전부 또는 대부분을 철거하거나 재건축하기 위하여 목적 주택의 점유를 회복할 필요가 있는 경우
   가. 임대차계약 체결 당시 공사시기 및 소요기간 등을 포함한 철거 또는 재건축 계획을 임차인에게 구체적으로 고지하고 그 계획에 따르는 경우

나. 건물이 노후·훼손 또는 일부 멸실되는 등 안전사고의 우려가 있는 경우
다. 다른 법령에 따라 철거 또는 재건축이 이루어지는 경우
8. 임대인(임대인의 직계존속·직계비속을 포함한다)이 목적 주택에 실제 거주하려는 경우
9. 그 밖에 임차인이 임차인으로서의 의무를 현저히 위반하거나 임대차를 계속하기 어려운 중대한 사유가 있는 경우

## 3 임대인의 실거주 목적의 갱신 거절



### (1) 손해배상책임

임대인이 제1항 제8호의 사유로 갱신을 거절하였음에도 불구하고 갱신요구가 거절되지 아니하였더라면 갱신되었을 기간이 만료되기 전에 정당한 사유 없이 제3자에게 목적 주택을 임대한 경우 임대인은 갱신거절로 인하여 임차인이 입은 손해를 배상하여야 한다(법 제6조의 3 제5항).

### (2) 손해배상액

손해배상액은 거절 당시 당사자 간에 손해배상액의 예정에 관한 합의가 이루어지지 않는 한 다음 각 호의 금액 중 큰 금액으로 한다(법 제6조의3 제6항).

1. 갱신거절 당시 월차임(차임 외에 보증금이 있는 경우에는 그 보증금을 제7조의2 각 호 중 낮은 비율에 따라 월 단위의 차임으로 전환한 금액을 포함한다. 이하 "환산월차임"이라 한다)의 3개월분에 해당하는 금액
2. 임대인이 제3자에게 임대하여 얻은 환산월차임과 갱신거절 당시 환산월차임 간 차액의 2년분에 해당하는 금액
3. 제1항 제8호의 사유로 인한 갱신거절로 인하여 임차인이 입은 손해액

# 제4절 대항력 제35회

## 1 대항력의 개념

### (1) 대항력 내용

임대차는 그 등기(登記)가 없는 경우에도 임차인(賃借人)이 주택의 인도(引渡)와 주민등록을 마친 때에는 그 다음 날부터 제삼자에 대하여 효력이 생긴다(주임법 제3조). 임차인이 대항력을 주장할 수 있다면 임차주택이 다른 사람에게 양도되거나 경락되어 소유자가 변경되어도 계약기간 중 계속 거주할 수 있고 계약기간 만료시 임차주택의 양수인에게 보증금 반환청구 할 수 있다. 만약 매수인이 보증금을 반환하지 않는다면 보증금의 반환을 받을 때까지 임차주택을 인도하지 않아도 된다.

### (2) 지위 승계

임차주택의 양수인(讓受人)(그 밖에 임대할 권리를 승계한 자를 포함한다)은 임대인(賃貸人)의 지위를 승계한 것으로 본다.

### (3) 법인

주택도시기금을 재원으로 하여 저소득층 무주택자에게 주거생활 안정을 목적으로 전세임대주택을 지원하는 법인이 주택을 임차한 후 지방자치단체의 장 또는 그 법인이 선정한 입주자가 그 주택을 인도받고 주민등록을 마쳤을 때에는 제1항을 준용한다. 이 경우 대항력이 인정되는 법인은 대통령령으로 정한다.

> **제2조【대항력이 인정되는 법인】**「주택임대차보호법」(이하 "법"이라 한다) 제3조 제2항 후단에서 "대항력이 인정되는 법인"이란 다음 각 호의 법인을 말한다.
> 1.「한국토지주택공사법」에 따른 한국토지주택공사(이하 "공사"라 한다)
> 2.「지방공기업법」 제49조에 따라 주택사업을 목적으로 설립된 지방공사

### (4) 중소기업

「중소기업기본법」 제2조에 따른 중소기업에 해당하는 법인이 소속 직원의 주거용으로 주택을 임차한 후 그 법인이 선정한 직원이 해당 주택을 인도받고 주민등록을 마쳤을 때에는 제1항을 준용한다. 임대차가 끝나기 전에 그 직원이 변경된 경우에는 그 법인이 선정한 새로운 직원이 주택을 인도받고 주민등록을 마친 다음 날부터 제삼자에 대하여 효력이 생긴다.

## 2 대항요건

### (1) 주택의 인도 및 주민등록

임차인(賃借人)이 주택의 인도(引渡)와 주민등록을 마치면 대항요건을 갖춘 것이다 이 경우 전입신고를 한 때에 주민등록이 된 것으로 본다.

### (2) 경매의 경우 선순위 저당권등이 없는 경우

경매로 임차목적물의 소유자가 달라지는 경우에 경매의 매수인에게 임차인이 대항력을 주장할려면 주택의 인도와 주민등록의 대항요건을 갖추고 선순위로 저당권 같은 담보물권 등이 없을 때에만 매수인에게 대항 할 수 있다. 만약 선순위로 저당권 등 담보물권이 설정된 이 후에 대항요건을 갖춘 임차인은 매수인에게 대항 할 수 없다. 따라서 임차인의 전입신고 한 날과 저당권 설정일이 같으면 임차인은 경매절차의 매수인에게 대항력을 주장할 수 없다.

### (3) 존속요건

임차주택의 양수인에게 대항력을 주장하기 위해서는 주택의 인도와 주민등록의 요건을 대항력을 행사할 때까지 유지하고 있어야 한다. 만약 중간에 임차인이 전출을 하였다가 다시 재전입신고를 한 경우에는 재전입한 때 다시 대항요건을 갖춘 것으로 본다.

## 3 유효한 전입신고

(1) 주민등록이라는 대항요건은 임차인 본인 뿐만 아니라 그 배우자나 자녀 등 가족의 주민등록을 포함한다(대판 1996. 1. 26. 95다30338).

(2) 다가구용 단독주택은 지번까지, 다세대주택은 지번과 동 호수까지 정확하게 전입신고 되어야 한다.

### (3) 관련 판례

① 담당공무원의 착오로 수정을 요구하여 신고인이 잘못된 지번으로 수정하여 주민등록된 사안에서 대항력을 인정하고 있지 않다(대판 2006다17850).

② 간접점유자 임차인 자신의 주민등록으로는 대항력의 요건을 적법하게 갖추었다고 할 수 없다(2001.1.19 2000다55645).

③ 건물을 매수하여 소유권이전등기를 한 매수인과 임대차계약을 체결하여 대항요건을 갖춘 임차인은 매매계약의 해제에도 불구하고 매도인에게 대항할 수 있다(대판1996. 8. 20 96다17653).

④ 직권말소가 주민등록법 소정의 이의절차에 의하여 회복된 것이 아닌 경우에는 새로운 이해관계를 맺은 선의의 제3자에 대하여는 임차인은 대항력의 유지를 주장할 수 없다(대판 2002. 10. 11).

⑤ 갑이 주택에 관하여 소유권이전등기를 경료하고 주민등록 전입신고까지 마친 다음 처와 함께 거주하다가 을에게 매도함과 동시에 그로부터 이를 다시 임차하여 계속 거주하기로 약정하고 임차인을 갑의 처로 하는 임대차계약을 체결한 후에야 을 명의의 소유권이전등기가 경료된 경우, 을 명의의 소유권이전등기일 익일부터 임차인으로서 대항력을 갖는다(대법원 2000. 2. 11. 선고 99다59306 판결).

⑥ 대항력 있는 주택임대차에 있어 기간만료나 당사자의 합의 등으로 임대차가 종료된 상태에서 임차주택이 양도되었으나 임차인이 임대인의 지위승계를 원하지 않는 경우, 임차인이 임차주택의 양도사실을 안 때로부터 상당한 기간 내에 이의를 제기하면 양도인의 임차인에 대한 보증금 반환채무는 소멸하지 않는다(대법원 2002. 9. 4. 선고 2001다64615 판결).

# 제5절 우선변제권

## 1 개념

제3조 제1항·제2항 또는 제3항의 대항요건(對抗要件)과 임대차계약증서(제3조 제2항 및 제3항의 경우에는 법인과 임대인 사이의 임대차계약증서를 말한다)상의 확정일자(確定日字)를 갖춘 임차인은 「민사집행법」에 따른 경매 또는 「국세징수법」에 따른 공매(公賣)를 할 때에 임차주택(대지를 포함한다)의 환가대금(換價代金)에서 후순위권리자(後順位權利者)나 그 밖의 채권자보다 우선하여 보증금을 변제(辨濟)받을 권리가 있다.

## 2 요건

### (1) 주택의 인도 및 주민등록

임차인이 임차주택의 환가대금에서 후순위 권리자보다 우선변제 받기 위해서는 주택의 인도를 받고 주민등록 전입신고를 하여야 한다.

### (2) 확정일자

① 확정일자 부여기관

제3조의2 제2항의 확정일자는 주택 소재지의 읍·면사무소, 동 주민센터 또는 시(특별시·광역시·특별자치시는 제외하고, 특별자치도는 포함한다)·군·구(자치구를 말한다)의 출장소, 지방법원 및 그 지원과 등기소 또는 「공증인법」에 따른 공증인이 부여한다(법 제3조의6 제1항). 확정일자부여기관은 해당 주택의 소재지, 확정일자 부여일, 차임 및 보증금 등을 기재한 확정일자부를 작성하여야 한다. 이 경우 전산처리정보조직을 이용할 수 있다(법 제3조의6 제2항). 확정일자는 확정일자번호,

확정일자 부여일 및 확정일자부여기관을 주택임대차계약증서에 표시하는 방법으로 부여한다(시행령 제4조 제2항).

② **확정일자부 기재사항**

법 제3조의6 제1항에 따른 확정일자부여기관(지방법원 및 그 지원과 등기소는 제외하며, 이하 "확정일자부여기관"이라 한다)이 같은 조 제2항에 따라 작성하는 확정일자부에 기재하여야 할 사항은 다음 각 호와 같다(시행령 제4조 제1항).

1. 확정일자번호
2. 확정일자 부여일
3. 임대인·임차인의 인적사항
   가. 자연인인 경우
      성명, 주소, 주민등록번호(외국인은 외국인등록번호)
   나. 법인이거나 법인 아닌 단체인 경우
      법인명·단체명, 법인등록번호·부동산등기용등록번호, 본점·주사무소 소재지
4. 주택 소재지
5. 임대차 목적물
6. 임대차 기간
7. 차임·보증금
8. 신청인의 성명과 주민등록번호 앞 6자리(외국인은 외국인등록번호 앞 6자리)

③ **담보목적인 경우**

주택임대차로서의 우선변제권을 취득한 것처럼 외관을 만들었을 뿐 실제 주택을 주거용으로 사용·수익할 목적을 갖지 아니한 계약에 주택임대차보호법이 정하고 있는 우선변제권은 인정할 수 없다(대판 2003다21445).

④ **동 호수가 누락된 임대차계약서 받은 확정일자도 유효**

확정일자의 요건을 규정한 것은 임대인과 임차인 사이의 담합으로 임차보증금의 액수를 사후에 변경하는 것을 방지하고자 하는 취지일 뿐, 대항요건으로 규정된 주민등록과 같이 당해 임대차의 존재 사실을 제3자에게 공시하고자 하는 것은 아니므로, 확정일자를 받은 임대차계약서가 당사자 사이에 체결된 당해 임대차계약에 관한 것으로서 진정하게 작성된 이상, 위와 같이 임대차계약서에 임대차 목적물을 표시하면서 아파트의 명칭과 그 전유 부분의 동·호수의 기재를 누락하였다는 사유만으로 주택임대차보호법 제3조의2 제2항에 규정된 확정일자의 요건을 갖추지 못하였다고 볼 수는 없다(대법원 1999. 6. 11. 선고 99다7992 판결).

### (3) 배당요구

임차인이 경매 공매시 배당금에서 보증금을 우선변제 받기 위해서는 법원이 정한 배당요구의 종기까지 배당요구하여야 한다.

## 3 순위

### (1) 대항요건(1.7) + 확정일자(1.8)

대항요건을 갖추고 확정일자를 받은 임차인은 배당에서 우선변제권을 순위를 결정하는 기준 점은 대항요건도 효력발생하고 확정일자도 효력을 발생한 가장 늦은 시점이다.

따라서 주민등록 전입신고를 1.7일에 하고 확정일자는 1.8일 받은 경우에는 우선변제권의 기준싯점은 1.8이다. 확정일자는 당일 효력이 발생한다.

### (2) 확정일자(1.7) + 대항요건(1.8)

반면에 확정일자를 1.7 받고 주민등록 전입신고는 1.8일 인 경우에 임차인의 우선변제권은 1.9일 0시에 발생한다. 주민등록의 전입신고는 당일 발생하지 않고 전입신고한 다음 날 발생한다.

| ① 대항요건 ( 1.7) + 확정일자 (1.8 ) ⇨ 1.8 우선변제권<br>② 확정일자 (1.7) + 대항요건 (1.8) ⇨ 1.9 0시 우선변제권 |
|---|

### (3) 확정일자를 받은 날과 저당권 등기일이 같은 경우

입주와 전입신고를 한 며칠 후 확정일자를 받은 경우에 확정일자를 받은 날과 저당권 설정등기일이 같은 경우에는 임차인은 배당에서 저당권자와 동순위로 배당받게 된다.

### (4) 확정일자를 먼저 받은 경우

확정일자를 입주 및 주민등록일과 같은 날 또는 그 이전에 갖춘 경우에는 우선변제적 효력은 대항력과 마찬가지로 인도와 주민등록을 마친 다음날을 기준으로 발생한다(대판 97다22393).

## 4 강제경매신청권

임차인은 임대차가 종료한 경우에 임대인이 보증금을 반환하지 아니한 경우에 임대인을 상대로한 보증금반환청구소송에 따른 확정 판결 등 집행권원을 근거로 강제경매신청 할 수 있다. 확정일자를 받은 임차인은 우선변제권이 인정된다고는 하지만 집행권원이 없이 즉시 경매신청할 권한은 없다.

## 5 반대의무의 이행

### (1) 집행개시의 요건은 아니다.

임차인(제3조 제2항 및 제3항의 법인을 포함한다. 이하 같다)이 임차주택에 대하여 보증금반환청구소송의 확정판결이나 그 밖에 이에 준하는 집행권원에 따라서 경매를 신청하는 경우에는 집행개시 요건에 관한 「민사집행법」 제41조에도 불구하고 반대의무의 이행이나 이행의 제공을 집행개시의 요건으로 하지 아니한다(법 제3조의2).

### (2) 보증금반환요건이다.

임차인은 임차주택을 양수인에게 인도하지 아니하면 제2항에 따른 보증금을 받을 수 없다.

## 6 금융기관의 우선변제권 승계 등

### (1) 우선변제권 승계

다음 각 호의 금융기관 등이 제2항, 제3조의3 제5항, 제3조의4 제1항에 따른 우선변제권을 취득한 임차인의 보증금반환채권을 계약으로 양수한 경우에는 양수한 금액의 범위에서 우선변제권을 승계한다(법 제3조의2 제7항).

1. 「은행법」에 따른 은행
2. 「중소기업은행법」에 따른 중소기업은행
3. 「한국산업은행법」에 따른 한국산업은행
4. 「농업협동조합법」에 따른 농협은행
5. 「수산업협동조합법」에 따른 수협은행
6. 「우체국예금·보험에 관한 법률」에 따른 체신관서
7. 「한국주택금융공사법」에 따른 한국주택금융공사
8. 「보험업법」 제4조 제1항 제2호라목의 보증보험을 보험종목으로 허가받은 보험회사
9. 「주택도시기금법」에 따른 주택도시보증공사
10. 그 밖에 제1호부터 제9호까지에 준하는 것으로서 대통령령으로 정하는 기관

### (2) 우선변제권 상실

제7항에 따라 우선변제권을 승계한 금융기관 등은 다음 각 호의 어느 하나에 해당하는 경우에는 우선변제권을 행사할 수 없다(법 제3조의2 제8항).

1. 임차인이 제3조 제1항·제2항 또는 제3항의 대항요건을 상실한 경우
2. 제3조의3제5항에 따른 임차권등기가 말소된 경우
3. 「민법」 제621조에 따른 임대차등기가 말소된 경우

### (3) 임대차계약해지 금지

금융기관등은 우선변제권을 행사하기 위하여 임차인을 대리하거나 대위하여 임대차를 해지할 수 없다(법 제3조의2 제9항).

### (4) 임차권등기명령신청의 대위행사

금융기관등은 임차인을 대위하여 제1항의 임차권등기명령을 신청할 수 있다. 이 경우 제3항·제4항 및 제8항의 "임차인"은 "금융기관등"으로 본다(법 제3조의3 제9항).

## 7 대항력과 우선변제권의 행사

임차권은 임차주택에 대하여 「민사집행법」에 따른 경매가 행하여진 경우에는 그 임차주택의 경락(競落)에 따라 소멸한다. 다만, 보증금이 모두 변제되지 아니한, 대항력이 있는 임차권은 그러하지 아니하다(법 제3조의5).

## 8 주택임대차보호법상 임차권과 민법상 전세권

주택에 관하여 최선순위로 전세권설정등기를 마치고 등기부상 새로운 이해관계인이 없는 상태에서 전세권설정계약과 계약당사자, 계약목적물 및 보증금(전세금액) 등에 있어서 동일성이 인정되는 임대차계약을 체결하여 주택임대차보호법상 대항요건을 갖추었다면, 전세권자로서의 지위와 주택임대차보호법상 대항력을 갖춘 임차인으로서의 지위를 함께 가지게 된다. 최선순위 전세권자로서 배당요구를 하여 전세권이 매각으로 소멸되었다 하더라도 변제받지 못한 나머지 보증금에 기하여 대항력을 행사할 수 있고, 그 범위 내에서 임차주택의 매수인은 임대인의 지위를 승계한 것으로 보아야 한다(대법원 2010. 7. 26.자 2010마900). 만약 임차인이 민법상 전세권등기까지 한 경우에 대항요건을 상실하면 주택임대차보호법상의 대항력과 우선변제권은 상실한다.

# 제6절 최우선변제권 제34회

## 1 개념

최우선변제권은 임차인이 「민사집행법」에 따른 경매 또는 「국세징수법」에 따른 공매를 할 때에 임차주택(대지를 포함한다)의 환가대금에서 보증금 중 일정액을 다른 담보물권자보다 우선하여 변제받을 권리를 말한다.

## 2 요건

임차인이 최우선변제권을 행사하기 위해서는 주택에 대한 경매신청의 등기 전에 제3조 제1항의 대항요건을 갖추고 소액보증금에 해당하면 법원에 배당요구하여야 한다. 최우선변제권은 선순위권리자보다도 먼저 보증금 중 일정액을 배당요구하여 배당을 받아가는 것이므로 순위대로 배당 받아가게 하는 확정일자는 받을 필요가 없다.

## 3 소액보증금

(1) 우선변제를 받을 임차인의 범위와 기준은 제8조의2에 따른 주택임대차위원회의 심의를 거쳐 대통령령으로 정한다.

(2) 법 제8조에 따라 우선변제를 받을 임차인은 보증금이 다음 각 호의 구분에 의한 금액 이하인 임차인으로 한다.

1. 서울특별시 : 1억6천500만원
2. 「수도권정비계획법」에 따른 과밀억제권역(서울특별시는 제외한다), 세종특별자치시, 용인시, 화성시 및 김포시 : 1억4천500만원
3. 광역시(「수도권정비계획법」에 따른 과밀억제권역에 포함된 지역과 군지역은 제외한다), 안산시, 광주시, 파주시, 이천시 및 평택시 : 8천500만원
4. 그 밖의 지역 : 7천500만원

## 4 보증금 중 일정액

(1) 우선변제를 받을 보증금 중 일정액의 범위와 기준은 제8조의2에 따른 주택임대차위원회의 심의를 거쳐 대통령령으로 정한다.

(2) 법 제8조에 따라 우선변제를 받을 보증금 중 일정액의 범위는 다음 각 호의 구분에 의한 금액 이하로 한다(시행령 제10조 제1항).

> 1. 서울특별시 : 5천500만원
> 2. 「수도권정비계획법」에 따른 과밀억제권역(서울특별시는 제외한다), 세종특별자치시, 용인시, 화성시 및 김포시 : 4천800만원
> 3. 광역시(「수도권정비계획법」에 따른 과밀억제권역에 포함된 지역과 군지역은 제외한다), 안산시, 광주시, 파주시, 이천시 및 평택시 : 2천800만원
> 4. 그 밖의 지역 : 2천500만원

## 5 최우선변제권의 한계

① 보증금 중 일정액의 범위와 기준은 주택가액(대지의 가액을 포함한다)의 2분의 1을 넘지 못한다(법 제8조 제3항). 임차인의 보증금 중 일정액이 주택가액의 2분의 1을 초과하는 경우에는 주택가액의 2분의 1에 해당하는 금액까지만 우선변제권이 있다(시행령 제10조 제2항).

② 하나의 주택에 임차인이 2명 이상이고, 그 각 보증금 중 일정액을 모두 합한 금액이 주택가액의 2분의 1을 초과하는 경우에는 그 각 보증금 중 일정액을 모두 합한 금액에 대한 각 임차인의 보증금 중 일정액의 비율로 그 주택가액의 2분의 1에 해당하는 금액을 분할한 금액을 각 임차인의 보증금 중 일정액으로 본다(시행령 제10조 제3항).

③ 하나의 주택에 임차인이 2명 이상이고 이들이 그 주택에서 가정공동생활을 하는 경우에는 이들을 1명의 임차인으로 보아 이들의 각 보증금을 합산한다(시행령 제10조 제4항).

**소액보증금 및 보증금 중 일정액**

| 지역 구분 | 소액임차인의 범위 | 최우선 변제액 |
|---|---|---|
| 서울특별시 | 1억원 6500만원이하 | 5500만원까지 |
| 과밀, 세종 용인 화성, 김포 | 1억원 4500만원이하 | 4800만원까지 |
| 광역시,파주,안산,광주,이천 평택<br>(과밀억제권역과군지역제외) | 8500만원 이하 | 2800만원까지 |
| 그 밖의 지역 | 7500만원 이하 | 2500만원까지 |

## 6 소액임차인 및 보증금 중 일정액의 적용기준

소액임차인 소액임차인의 범위와 보장받는 금액은 선순위 담보물권설정일을 기준으로 한다. 저당권 설정일이 2016년 7월 28일 인 경우에 서울특별시의 주택임차인이 보증금 1억 2천만원이라면 저당권 설정일인 2016년 7월 28일을 기준으로 판단하여야 하므로 소액임차인에 해당하지 않는다.

| | | | |
|---|---|---|---|
| 2016.3.31.<br>~2018.09.17 | 서울특별시 | 1억원 이하 | 3,400만원 까지 |
| | 수도권정비계획법에 따른 과밀억제권역<br>(서울특별시는 제외한다) | 8,000만원 이하 | 2,700만원 까지 |
| | 광역시(수도권정비계획법에 따른 과밀억제권역에 포함된 지역과 군지역은 제외한다.), 세종특별자치시, 안산시, 용인시, 김포시, 광주시 | 6,000만원 이하 | 2,000만원 까지 |
| | 그 밖의 지역 | 5,000만원 이하 | 1,700만원 까지 |
| 2018.09.18.<br>~2021.05.10 | 서울특별시 | 1억1천만원 이하 | 3,700만원 까지 |
| | 수도권정비계획법에 따른 과밀억제권역(서울특별시는 제외한다), 세종특별자치시, 용인시, 화성시 | 1억원 이하 | 3,400만원 까지 |
| | 광역시(수도권정비계획법에 따른 과밀억제권역에 포함된 지역과 군지역은 제외한다), 안산시, 김포시, 광주시, 파주시 | 6,000만원 이하 | 2,000만원 까지 |
| | 그 밖의 지역 | 5,000만원 이하 | 1,700만원 까지 |
| 2021.05.11.<br>~2023.02.20 | 서울특별시 | 1억5천만원 이하 | 5,000만원 까지 |
| | 수도권정비계획법에 따른 과밀억제권역(서울특별시는 제외한다), 세종특별자치시, 용인시, 화성시, 김포시 | 1억3천만원 이하 | 4,300만원 까지 |
| | 광역시(수도권정비계획법에 따른 과밀억제권역에 포함된 지역과 군지역은 제외한다), 안산시, 광주시, 파주시, 이천시, 평택시 | 7,000만원 이하 | 2,300만원 까지 |
| | 그 밖의 지역 | 6,000만원 이하 | 2,000만원 까지 |

# 제7절 임차권등기명령신청 제35회

## 1 의의

임대차가 끝난 후 보증금이 반환되지 아니한 경우 임차인은 임차주택의 소재지를 관할하는 지방법원·지방법원지원 또는 시·군 법원에 임차권등기명령을 신청할 수 있다(법 제3조의3 제1항). 우선변제권을 승계한 금융기관등은 임차인을 대위하여 임차권등기명령을 신청할 수 있다(법 제3조의3 제9항).

## 2 임차권등기명령신청서

### (1) 신청서 기재사항

임차권등기명령의 신청서에는 다음 각 호의 사항을 적어야 하며, 신청의 이유와 임차권등기의 원인이 된 사실을 소명(疎明)하여야 한다(법 제3조의3 제2항).

> 1. 신청의 취지 및 이유
> 2. 임대차의 목적인 주택(임대차의 목적이 주택의 일부분인 경우에는 해당 부분의 도면을 첨부한다)
> 3. 임차권등기의 원인이 된 사실(임차인이 제3조 제1항·제2항 또는 제3항에 따른 대항력을 취득하였거나 제3조의2제2항에 따른 우선변제권을 취득한 경우에는 그 사실)
> 4. 그 밖에 대법원규칙으로 정하는 사항

### (2) 비용부담

임차인은 임차권등기명령의 신청과 그에 따른 임차권등기와 관련하여 든 비용을 임대인에게 청구할 수 있다(법 제3조의3 제8항).

### (3) 기각에 대한 항고

임차권등기명령의 신청을 기각(棄却)하는 결정에 대하여 임차인은 항고(抗告)할 수 있다(법 제3조의3 제4항).

## 3 임차권등기명령신청의 효력

### (1) 대항력 및 우선변제권 취득

임차인은 임차권등기명령의 집행에 따른 임차권등기를 마치면 제3조 제1항·제2항 또는 제3항에 따른 대항력과 제3조의2 제2항에 따른 우선변제권을 취득한다. 주의할 것은 임차인이 임차권등기명령신청을 하였으나 임차권등기 전에 전출 또는 이사를 한 경우에는 일단 대항력과 우선변제권을 상실하고 이 후에 임차권등기가 된 경우에는 그 시점에 다시 대항력과 우선변제권을 취득한다는 점이다(법 제3조의3 제5항).

### (2) 대항력 및 우선변제권 유지

다만, 임차인이 임차권등기 이전에 이미 대항력이나 우선변제권을 취득한 경우에는 그 대항력이나 우선변제권은 그대로 유지되며, 임차권등기 이후에는 제3조 제1항·제2항 또는 제3항의 대항요건을 상실하더라도 이미 취득한 대항력이나 우선변제권을 상실하지 아니한다(법 제3조의3 제5항).

### (3) 새 임차인은 최우선변제권이 없음

임차권등기명령의 집행에 따른 임차권등기가 끝난 주택(임대차의 목적이 주택의 일부분인 경우에는 해당 부분으로 한정한다)을 그 이후에 임차한 임차인은 제8조에 따른 우선변제(=최우선변제권)를 받을 권리가 없다(법 제3조의3 제6항). 이는 선순위의 임차권등기를 하고 전출 또는 이사를 한 임차인을 보호하기 위한 것이다. 그러나 새로운 임차인이 확정일자를 갖추었다면 우선변제권을 행사할 수 있다.

### (4) 보증금의 반환이 선 이행의무

임차권등기명령신청을 한 임차인게에 임대인의 임대차보증금 반환의무가 임차인의 임차권등기말소의무 보다 먼저 이행되어야 할 의무이다(대판2005. 6. 9, 2005다4529).

### (5) 배당요구 필요 없음

경매등기 전에 임차권등기명령에 의하여 임차권등기를 한 임차인은 별도로 배당요구하지 않아도 당연히 배당을 받을 채권자에 속한다(대판 2005. 9. 15. 2005다33039).

# 제8절 확정일자 부여일 등 정보제공요청

## 1 이해관계인

### (1) 임대인 동의 불필요

주택의 임대차에 이해관계가 있는 자는 확정일자부여기관에 해당 주택의 확정일자 부여일, 차임 및 보증금 등 정보의 제공을 요청할 수 있다. 이 경우 요청을 받은 확정일자부여기관은 정당한 사유 없이 이를 거부할 수 없다.

### (2) 이해관계인의 범위

법 제3조의6 제3항에 따라 정보제공을 요청할 수 있는 주택의 임대차에 이해관계가 있는 자 는 다음 각 호의 어느 하나에 해당하는 자로 한다(제6조 제1항).

> 1. 해당 주택의 임대인·임차인
> 2. 해당 주택의 소유자
> 3. 해당 주택 또는 그 대지의 등기기록에 기록된 권리자 중 법무부령으로 정하는 자
> 4. 법 제3조의2 제7항에 따라 우선변제권을 승계한 금융기관
> 5. 법 제6조의3 제1항 제8호의 사유로 계약의 갱신이 거절된 임대차계약의 임차인이었던 자
> 6. 제1호부터 제5호까지의 규정에 준하는 지위 또는 권리를 가지는 자로서 법무부령으로 정하는 자

### (3) 제5조 제1호 또는 제5호에 해당하는 자의 요청할 수 있는 정보의 범위

제5조 제1호 또는 제5호에 해당하는 자는 법 제3조의6 제3항에 따라 확정일자부여기관에 해당 임대차계약(제5조 제5호에 해당하는 자의 경우에는 갱신요구가 거절되지 않았더라면 갱신되었을 기간 중에 존속하는 임대차계약을 말한다)에 관한 다음 각 호의 사항의 열람 또는 그 내용을 기록한 서면의 교부를 요청할 수 있다(제6조 제1항).

> 1. 임대차목적물
> 2. 임대인·임차인의 인적사항(제5조 제5호에 해당하는 자는 임대인·임차인의 성명, 법인명 또는 단체명으로 한정한다)
> 3. 확정일자 부여일
> 4. 차임·보증금
> 5. 임대차기간

### (4) 제5조 제2호부터 제4호까지 또는 제6호의 어느 하나에 해당하는 자의 요청할 수 있는 정보 범위

제5조 제2호부터 제4호까지 또는 제6호의 어느 하나에 해당하는 자는 법 제3조의6 제3항 또는 제4항에 따라 확정일자부여기관에 다음 각 호의 사항의 열람 또는 그 내용을 기록한 서면의 교부를 요청할 수 있다(시행령 제6조 제2항).

| 1. 임대차목적물　2. 확정일자 부여일　3. 차임·보증금　4. 임대차기간 |
|---|



## 2 임대차계약을 체결하려는 자

### (1) 임대인 동의 필요

임대차계약을 체결하려는 자는 임대인의 동의를 받아 확정일자부여기관에 제3항에 따른 정보제공을 요청할 수 있다.

### (2) 수수료 납부

확정일자를 부여받거나 정보를 제공받으려는 자는 수수료를 내야 한다.

### (3) 요청할 수 있는 정보의 범위

임대차계약을 체결하려는 자는 법 제3조의6 제3항 또는 제4항에 따라 확정일자부여기관에 다음 각 호의 사항의 열람 또는 그 내용을 기록한 서면의 교부를 요청할 수 있다. 〈개정 (시행령 제6조 제2항)

| 1. 임대차목적물　2. 확정일자 부여일　3. 차임·보증금　4. 임대차기간 |
|---|

### (4) 임대인의 정보 제시 의무

임대차계약을 체결할 때 임대인은 다음 각 호의 사항을 임차인에게 제시하여야 한다(법 제3조의7).

> 1. 제3조의6 제3항에 따른 해당 주택의 확정일자 부여일, 차임 및 보증금 등 정보. 다만, 임대인이 임대차계약을 체결하기 전에 제3조의6 제4항에 따라 동의함으로써 이를 갈음할 수 있다.
> 2. 「국세징수법」 제108조에 따른 납세증명서 및 「지방세징수법」 제5조 제2항에 따른 납세증명서. 다만, 임대인이 임대차계약을 체결하기 전에 「국세징수법」 제109조 제1항에 따른 미납국세와 체납액의 열람 및 「지방세징수법」 제6조 제1항에 따른 미납지방세의 열람에 각각 동의함으로써 이를 갈음할 수 있다.

# 제9절 차임증감 청구 등

## 1 차임 등의 증감청구권

### (1) 증감청구권

당사자는 약정한 차임이나 보증금이 임차주택에 관한 조세, 공과금, 그 밖의 부담의 증감이나 경제 사정의 변동으로 인하여 적절하지 아니하게 된 때에는 장래에 대하여 그 증감을 청구할 수 있다(시행령 제7조 제1항).

### (2) 1년 이내 증액제한

증액청구는 임대차계약 또는 약정한 차임이나 보증금의 증액이 있은 후 1년 이내에는 하지 못한다(시행령 제7조 제1항).

### (3) 20분의 1 초과 증액제한

증액청구는 약정한 차임이나 보증금의 20분의 1의 금액을 초과하지 못한다. 다만, 특별시·광역시·특별자치시·도 및 특별자치도는 관할 구역 내의 지역별 임대차 시장 여건 등을 고려하여 본문의 범위에서 증액청구의 상한을 조례로 달리 정할 수 있다(시행령 제7조 제2항).

### (4) 초과 차임 등의 반환청구

임차인이 제7조에 따른 증액비율을 초과하여 차임 또는 보증금을 지급하거나 제7조의2에 따른 월차임 산정률을 초과하여 차임을 지급한 경우에는 초과 지급된 차임 또는 보증금 상당금액의 반환을 청구할 수 있다(법 제10조의2).

### (5) 감액청구 제한 없음

당사자의 증액청구는 제한이 있지만 관련 제한 규정이 없으므로 임차인의 감액청구는 20분의 1을 초과하여 감액할 수 있고, 감액한 후 1년 이내에도 감액청구할 수 있다.

## 2 월차임 전환 시 산정률의 제한

### (1) 산정률

보증금의 전부 또는 일부를 월 단위의 차임으로 전환하는 경우에는 그 전환되는 금액에 다음 각 호 중 낮은 비율을 곱한 월차임(月借賃)의 범위를 초과할 수 없다(시행령 제7조의2).

> 1. 「은행법」에 따른 은행에서 적용하는 대출금리와 해당 지역의 경제 여건 등을 고려하여 대통령령으로 정하는 비율
> 2. 한국은행에서 공시한 기준금리에 대통령령으로 정하는 이율을 더한 비율

### (2) 대통령령으로 정하는 비율

법 제7조의2 제1호에서 "대통령령으로 정하는 비율"이란 연 1할을 말한다(시행령 제9조 제1항).

### (3) 대통령령으로 정하는 이율

법 제7조의2 제2호에서 "대통령령으로 정하는 이율"이란 연 2퍼센트를 말한다(시행령 제9조 제2항).

### (4) 초과 차임 등의 반환청구

제7조의2에 따른 월차임 산정률을 초과하여 차임을 지급한 경우에는 초과 지급된 차임 또는 보증금 상당금액의 반환을 청구할 수 있다(법 제10조의2).

## 3 주택임차권의 승계

### (1) 상속인 없이 사망한 경우

임차인이 상속인 없이 사망한 경우에는 그 주택에서 가정공동생활을 하던 사실상의 혼인 관계에 있는 자가 임차인의 권리와 의무를 승계한다(법 제9조 제1항).

### (2) 상속인이 가정공동생활 하고 있지 아니한 자

임차인이 사망한 때에 사망 당시 상속인이 그 주택에서 가정공동생활을 하고 있지 아니한 경우에는 그 주택에서 가정공동생활을 하던 사실상의 혼인 관계에 있는 자와 2촌 이내의 친족이 공동으로 임차인의 권리와 의무를 승계한다(법 제9조 제2항).

### (3) 승계자의 반대의사 표시한 경우

제1항과 제2항의 경우에 임차인이 사망한 후 1개월 이내에 임대인에게 제1항과 제2항에 따른 승계 대상자가 반대의사를 표시한 경우에는 승계되지 않는다(법 제9조 제3항).

# 제10절 주택임대차위원회

## 1 주택임대차위원회 설치

제8조에 따라 우선변제를 받을 임차인 및 보증금 중 일정액의 범위와 기준을 심의하기 위하여 법무부에 주택임대차위원회를 둔다(법 제8조의2 제1항).

## 2 구성

### (1) 구성인원

위원회는 위원장 1명을 포함한 9명 이상 15명 이하의 위원으로 성별을 고려하여 구성한다(법 제8조의2 제2항).

### (2) 위원장

위원회의 위원장은 법무부차관이 된다(법 제8조의2 제3항). 위원장은 위원회를 대표하고, 위원회의 업무를 총괄한다(시행령 제14조 제1항). 위원장이 부득이한 사유로 인하여 직무를 수행할 수 없을 때에는 위원장이 미리 지명한 위원이 그 직무를 대행한다(시행령 제14조 제2항).

### (3) 위원

① 위원 자격

위원회의 위원은 다음 각 호의 어느 하나에 해당하는 사람 중에서 위원장이 임명하거나 위촉하되, 제1호부터 제5호까지에 해당하는 위원을 각각 1명 이상 임명하거나 위촉하여야 하고, 위원 중 2분의 1 이상은 제1호·제2호 또는 제6호에 해당하는 사람을 위촉하여야 한다(법 제8조의2 제4항).

1. 법학·경제학 또는 부동산학 등을 전공하고 주택임대차 관련 전문지식을 갖춘 사람으로서 공인된 연구기관에서 조교수 이상 또는 이에 상당하는 직에 5년 이상 재직한 사람
2. 변호사·감정평가사·공인회계사·세무사 또는 공인중개사로서 5년 이상 해당 분야에서 종사하고 주택임대차 관련 업무경험이 풍부한 사람
3. 기획재정부에서 물가 관련 업무를 담당하는 고위공무원단에 속하는 공무원
4. 법무부에서 주택임대차 관련 업무를 담당하는 고위공무원단에 속하는 공무원(이에 상당하는 특정직 공무원을 포함한다)
5. 국토교통부에서 주택사업 또는 주거복지 관련 업무를 담당하는 고위공무원단에 속하는 공무원
6. 그 밖에 주택임대차 관련 학식과 경험이 풍부한 사람으로서 대통령령으로 정하는 사람

② 위원의 임기 등

법 제8조의2에 따른 주택임대차위원회(이하 "위원회"라 한다)의 위원의 임기는 2년으로 하되, 한 차례만 연임할 수 있다. 다만, 공무원인 위원의 임기는 그 직위에 재직하는 기간으로 한다(시행령 제13조 제1항).

## 제11절 주택임대차분쟁조정위원회



### 1 주택임대차분쟁조정위원회 설치

#### (1) "공단" "공사" "감정원"

이 법의 적용을 받는 주택임대차와 관련된 분쟁을 심의·조정하기 위하여 대통령령으로 정하는 바에 따라 「법률구조법」 제8조에 따른 대한법률구조공단(이하 "공단"이라 한다)의 지부, 「한국토지주택공사법」에 따른 한국토지주택공사(이하 "공사"라 한다)의 지사 또는 사무소 및 한국부동산원법에 따른 한국부동산원(이하 "한국부동산원")의 지사 또는 사무소에 주택임대차분쟁조정위원회(이하 "조정위원회"라 한다)를 둔다(법 제14조 제1항).

#### (2) 시·도

특별시·광역시·특별자치시·도 및 특별자치도(이하 "시·도"라 한다)는 그 지방자치단체의 실정을 고려하여 조정위원회를 둘 수 있다(법 제14조 제1항).

### 2 조정위원회 심의 조정사항

조정위원회는 다음 각 호의 사항을 심의·조정한다(법 제14조 제2항).

1. 차임 또는 보증금의 증감에 관한 분쟁
2. 임대차 기간에 관한 분쟁
3. 보증금 또는 임차주택의 반환에 관한 분쟁
4. 임차주택의 유지·수선 의무에 관한 분쟁
5. 그 밖에 대통령령으로 정하는 주택임대차에 관한 분쟁

**시행령 제22조 【조정위원회의 심의·조정 사항】** 법 제14조 제2항 제5호에서 "대통령령으로 정하는 주택임대차에 관한 분쟁"이란 다음 각 호의 분쟁을 말한다.

1. 임대차계약의 이행 및 임대차계약 내용의 해석에 관한 분쟁

2. 임대차계약 갱신 및 종료에 관한 분쟁
3. 임대차계약의 불이행 등에 따른 손해배상청구에 관한 분쟁
4. 공인중개사 보수 등 비용부담에 관한 분쟁
5. 주택임대차표준계약서 사용에 관한 분쟁
6. 그 밖에 제1호부터 제5호까지의 규정에 준하는 분쟁으로서 조정위원회의 위원장(이하 "위원장"이라 한다)이 조정이 필요하다고 인정하는 분쟁

## 3 조정위원회 구성 및 운영

### (1) 구성

조정위원회는 위원장 1명을 포함하여 5명 이상 30명 이하의 위원으로 성별을 고려하여 구성한다(제16조 제1항).

### (2) 위원

① 위원 임명

조정위원회의 위원은 조정위원회를 두는 기관에 따라 공단 이사장, 공사 사장, 감정원 원장 또는 조정위원회를 둔 지방자치단체의 장이 각각 임명하거나 위촉한다(제16조 제2항).

② 위원 자격

조정위원회의 위원은 주택임대차에 관한 학식과 경험이 풍부한 사람으로서 다음 각 호의 어느 하나에 해당하는 사람으로 한다. 이 경우 제1호부터 제4호까지에 해당하는 위원을 각 1명 이상 위촉하여야 하고, 위원 중 5분의 2 이상은 제2호에 해당하는 사람이어야 한다(제16조 제3항).

1. 법학·경제학 또는 부동산학 등을 전공하고 대학이나 공인된 연구기관에서 부교수 이상 또는 이에 상당하는 직에 재직한 사람
2. 판사·검사 또는 변호사로 6년 이상 재직한 사람
3. 감정평가사·공인회계사·법무사 또는 공인중개사로서 주택임대차 관계 업무에 6년 이상 종사한 사람
4. 「사회복지사업법」에 따른 사회복지법인과 그 밖의 비영리법인에서 주택임대차분쟁에 관한 상담에 6년 이상 종사한 경력이 있는 사람
5. 해당 지방자치단체에서 주택임대차 관련 업무를 담당하는 4급 이상의 공무원
6. 그 밖에 주택임대차 관련 학식과 경험이 풍부한 사람으로서 대통령령으로 정하는 사람

③ 위원장

조정위원회의 위원장은 제3항 제2호에 해당하는 위원 중에서 위원들이 호선한다(제16조 제5항). 조정위원회위원장은 조정위원회를 대표하여 그 직무를 총괄한다(제16조 제5항). 조정위원회위원장이 부득이한 사유로 직무를 수행할 수 없는 경우에는 조정위원회위원장이 미리 지명한 조정위원이 그 직무를 대행한다(제16조 제6항).

④ 위원 임기

조정위원의 임기는 3년으로 하되 연임할 수 있으며, 보궐위원의 임기는 전임자의 남은 임기로 한다(제16조 제6항).

⑤ 의결정족수

조정위원회는 조정위원회위원장 또는 제3항 제2호에 해당하는 조정위원 1명 이상을 포함한 재적위원 과반수의 출석과 출석위원 과반수의 찬성으로 의결한다(제16조 제8항).

# 06 CHAPTER 기출 및 예상문제

**01 개업공인중개사가 보증금 1억 2천만원으로 주택임대차를 중개하면서 임차인에게 설명한 내용으로 옳은 것은?** (다툼이 있으면 판례에 따름) (제27회)

① 주택을 인도받고 주민등록을 마친 때에는 확정일자를 받지 않더라도 주택의 경매시 후순위저당권자보다 우선하여 보증금을 변제받는다.
② 주택 소재지가 대구광역시인 경우 보증금 중 2천만원에 대해서는 최우선변제권이 인정된다.
③ 다세대 주택인 경우 전입신고시 지번만 기재하고 동·호수는 기재하지 않더라도 대항력을 인정받는다.
④ 대항력을 갖춘 임차인이라도 저당권설정등기 이후 증액된 임차보증금에 관하여는 저당권에 기해 주택을 경락받은 소유자에게 대항할 수 없다.
⑤ 확정일자는 먼저 받은 후 주택의 인도와 전입신고를 하면 그 신고일이 저당권설정등기일과 같아도 임차인이 저당권자에 우선한다.

해설
① 우선변제권을 행사하기 위해서 확정일자를 받아야 한다.
② 주택 소재지가 대구광역시인 경우 보증금이 1억 2천만원이므로 소액보증금에 해당하지 않는다.
③ 다세대 주택인 경우 동 호수에 정확하게 전입신고가 되어 있어야 한다.

정답 ④

**02 개업공인중개사가 「주택임대차보호법」의 적용에 관하여 설명한 내용으로 틀린 것을 모두 고른 것은?** (다툼이 있으면 판례에 따름) (제34회)

ㄱ. 주택의 미등기 전세계약에 관하여는 「주택임대차보호법」을 준용한다.
ㄴ. 주거용 건물에 해당 하는지 여부는 임대차목적물의 공부상의 표시만을 기준으로 정하여야 한다.
ㄷ. 임차권등기 없이 우선변제청구권이 인정되는 소액임차인의 소액보증금반환채권은 배당요구가 필요한 배당요구채권에 해당하지 않는다.

① ㄱ ② ㄴ ③ ㄱ, ㄷ ④ ㄴ, ㄷ ⑤ ㄱ, ㄴ, ㄷ

해설 ㄴ. 주거용 건물에 해당 하는지 여부는 임대차목적물의 공부상의 표시만을 기준으로 정하여야 하는 것이 아니라 실질적으로 주거용으로 사용하고 있는지에 따라 결정한다.
ㄷ. 임차권등기 없이 우선변제청구권이 인정되는 소액임차인의 소액보증금반환채권은 배당요구의 종기까지 배당요구하여야 배당 받을 수 있다.

정답 ④

**03 개업공인중개사가 소유자 甲으로부터 X주택을 임차한 「주택임대차보호법」상 임차인 乙에게 임차권등기명령과 그에 따른 임차권등기에 대하여 설명한 내용으로 옳은 것을 모두 고른 것은?**
(다툼이 있으면 판례에 따름) (제35회)

ㄱ. 법원의 임차권등기명령이 甲에게 송달되어야 임차권등기명령을 집행할 수 있다.
ㄴ. 乙이 임차권등기를 한 이후에 甲으로부터 X주택을 임차한 임차인은 최우선변제권을 가지지 못한다.
ㄷ. 乙이 임차권등기를 한 이후 대항요건을 상실하더라도, 乙은 이미 취득한 대항력이나 우선변제권을 잃지 않는다.
ㄹ. 乙이 임차권등기를 한 이후에는 이행지체에 빠진 甲의 보증금반환의무가 乙의 임차권등기 말소의무보다 먼저 이행되어야한다.

① ㄴ, ㄷ
② ㄱ, ㄴ, ㄹ
③ ㄱ, ㄷ, ㄹ
④ ㄴ, ㄷ, ㄹ
⑤ ㄱ, ㄴ, ㄷ, ㄹ

해설 법원의 임차권등기명령이 甲에게 송달되기 전에도 임차권등기명령을 집행할 수 있다.

정답 ④

**04 개업공인중개사 甲의 중개로 乙과 丙은 丙 소유의 주택에 관하여 임대차계약**(이하 '계약'이라 함)**을 체결하려 한다. 「주택임대차보호법」의 적용에 관한 甲의 설명으로 틀린 것은?** (임차인 乙은 자연인임) (제32회)

① 乙과 丙이 임대차기간을 2년 미만으로 정한다면 乙은 그 임대차기간이 유효함을 주장할 수 없다.
② 계약이 묵시적으로 갱신되면 임대차의 존속기간은 2년으로 본다.
③ 계약이 묵시적으로 갱신되면 乙은 丙에게 계약해지를 통지할 수 있고, 丙이 그 통지를 받은 날부터 3개월이 지나면 해지의 효력이 발생한다.
④ 乙이 丙에게 계약갱신요구권을 행사하여 계약이 갱신되면, 갱신되는 임대차의 존속기간은 2년으로 본다.
⑤ 乙이 丙에게 계약갱신요구권을 행사하여 계약이 갱신된 경우 乙은 언제든지 丙에게 계약해지를 통지할 수 있다.

**해설** ① 乙과 丙이 임대차기간을 2년 미만으로 정한다면 임차인 乙은 그 임대차기간이 유효함을 주장할 수 있다.

정답 ①

**05 개업공인중개사가 중개의뢰인에게 「주택임대차보호법」의 내용에 관하여 설명한 것으로 틀린 것은?** (단, 임차인은 자연인임) (제33회)

① 「주택임대차보호법」은 주거용 건물의 임대차에 적용되며, 그 임차주택의 일부가 주거 외의 목적으로 사용되는 경우에도 적용된다.
② 임차인의 계약갱신요구권의 행사를 통해 갱신되는 임대차의 존속기간은 2년으로 본다.
③ 임차인은 임차주택에 대한 경매신청의 등기 전에 대항요건을 갖추지 않은 경우에도 보증금 중 일정액에 대해서는 다른 담보물권자보다 우선하여 변제받을 권리가 있다.
④ 임차인이 대항력을 갖춘 경우 임차주택의 양수인은 임대인의 지위를 승계한 것으로 본다.
⑤ 임차권등기명령의 집행에 따른 임차권등기를 마친 임차인은 이후 대항요건을 상실하더라도 이미 취득한 대항력 또는 우선변제권을 상실하지 아니한다.

**해설** ③ 임차인은 임차주택에 대한 경매신청의 등기 전에 대항요건을 갖추어야 보증금 중 일정액에 대해서는 다른 담보물권자보다 우선하여 변제받을 권리가 있다.

정답 ③

# 상가건물임대차보호법 제27회 제28회 제29회 제30회 제31회 제33회 제35회

**단원별 학습포인트**

- 매년 1문제 출제된다. 상가는 적용보증금 규모가 있고 이를 초과한 보증금의 규모의 상가임차인도 누릴 수 있는 권리를 잘 학습하여야 한다. 이 장은 계약갱신요구권, 대항력, 우선변제권, 권리금보장규정을 열심히 공부한다.



이 법은 상가건물 임대차에 관하여 「민법」에 대한 특례를 규정하여 국민 경제생활의 안정을 보장함을 목적으로 한다(제1조).

## 제1절 적용범위 제32회 제33회

### 1 사업자등록 대상 상가건물

이 법은 제3조 제1항에 따른 사업자등록의 대상이 되는 상가건물의 임대차에 대하여 적용한다(상가임대차법 제2조). 상가 임대차 목적물의 주된 부분을 영업용으로 사용하는 경우에도 상가임대차이 적용된다. 따라서 사업자등록 대상이 되는 건물의 임차인이 아닌 종친회, 동창회, 향우회사무실의 경우에는 상가임대차법이 적용되지 않는다.

### 2 적용보증금 이하

(1) 제14조의2에 따른 상가건물임대차위원회의 심의를 거쳐 대통령령으로 정하는 보증금액을 초과하는 임대차에 대하여는 그러하지 아니하다. 보증금액을 정할 때에는 해당 지역의 경제 여건 및 임대차 목적물의 규모 등을 고려하여 지역별로 구분하여 규정하되, 보증금 외에 차임이 있는 경우에는 그 차임액에 「은행법」에 따른 은행의 대출금리 등을 고려하여 대통령령으로 정하는 비율 (1분의 100)을 곱하여 환산한 금액을 포함하여야 한다.

(2) 「상가건물 임대차보호법」 제2조 제1항 단서에서 "대통령령으로 정하는 보증금액"이란 다음 각 호의 구분에 의한 금액을 말한다. 법 제2조 제2항의 규정에 의하여 보증금외에 차임이 있는 경우의 차임액은 월 단위의 차임액으로 한다.

1. 서울특별시 : 9억원
2. 「수도권정비계획법」에 따른 과밀억제권역(서울특별시는 제외한다) 및 부산광역시 : 6억9천만원
3. 광역시(「수도권정비계획법」에 따른 과밀억제권역에 포함된 지역과 군지역, 부산광역시는 제외한다), 세종특별자치시, 파주시, 화성시, 안산시, 용인시, 김포시 및 광주시 : 5억4천만원
4. 그 밖의 지역 : 3억7천만원

## 3 초과 보증금

제1항 단서에도 불구하고 제3조, 제10조 제1항, 제2항, 제3항 본문, 제10조의2부터 제10조의9까지의 규정, 제11조의2 및 제19조는 제1항 단서에 따른 보증금액을 초과하는 임대차에 대하여도 적용한다.

(1) 제3조(대항력)

(2) 제10조 제1항, 제2항, 제3항 본문(계약갱신요구권)

(3) 제10조의2부터 제10조의9까지의 규정(권리금보장규정)

(4) 제10조의 8(3기 연체시 임대차계약 해지)

(5) 제19조는 제1항 단서(표준계약서의 작성 등)

(6) 제11조의2(폐업으로 인한 임차인의 해지권)

## 4 기타

(1) 일시사용을 위한 임대차가 명백한 경우에는 적용되지 않는다.

(2) 임대차 목적물의 주된 부분을 영업용으로 사용하는 경우에 적용된다.

(3) **공장 창고**

단순히 상품의 보관·제조·가공 등 사실행위만이 이루어지는 공장·창고 등은 영업용으로 사용하는 경우라고 할 수 없으나 그곳에서 그러한 사실행위와 더불어 영리를 목적으로 하는 활동이 함께 이루어진다면 상가건물 임대차보호법 적용대상인 상가건물에 해당한다(대판 2009다40967 판결).

(4) **법인**

법인도 경제활동의 주체로 사업자등록대상이 되므로 상가건물임대차보호법의 적용을 받는다.

# 제2절 임대차기간

## 1 최단기간 보장

(1) 기간을 정하지 아니하거나 기간을 1년 미만으로 정한 임대차는 그 기간을 1년으로 본다. 다만, 임차인은 1년 미만으로 정한 기간이 유효함을 주장할 수 있다(법 제9조 제1항).

(2) 임대차가 종료한 경우에도 임차인이 보증금을 돌려받을 때까지는 임대차 관계는 존속하는 것으로 본다(법 제9조 제2항).



## 2 묵시적갱신

### (1) 갱신거절 등을 하지 아니한 경우

임대인이 임대차기간이 만료되기 6개월 전부터 1개월 전까지 임차인에게 갱신 거절의 통지 또는 조건 변경의 통지를 하지 아니한 경우에는 그 기간이 만료된 때에 전 임대차와 동일한 조건으로 다시 임대차한 것으로 본다.

**판례보기**

**갱신거절은 관리행위**

공유자인 임대인이 같은 법 제10조 제4항에 의하여 임차인에게 갱신 거절의 통지를 하는 행위는 공유물의 관리행위에 해당하여 공유자의 지분의 과반수로써 결정하여야 한다(대법원 2010.9.9. 선고 2010다37905 판결).

### (2) 존속기간

이 경우에 임대차의 존속기간은 1년으로 본다. 임차인의 계약갱신요구권에 관하여 전체 임대차기간을 10년으로 제한하는 것은 법정갱신에 대하여는 적용되지 않는다(대법원 2010.6.10. 선고 2009다64307 판결).

### (3) 해지통지의 자유

묵시직으로 갱신된 경우 임차인은 언제든지 임대인에게 계약해지의 통고를 할 수 있고, 임대인이 통고를 받은 날부터 3개월이 지나면 효력이 발생한다.

## 제 3 절

### 1 갱신요구

#### (1) 6개월 전부터 1개월 전

임대인은 임차인이 임대차기간이 만료되기 6개월 전부터 1개월 전까지 사이에 계약갱신을 요구할 경우 정당한 사유 없이 거절하지 못한다(상가임대차법 제10조).

#### (2) 최장 10년

임차인의 계약갱신요구권은 최초의 임대차기간을 포함한 전체 임대차기간이 10년을 초과하지 아니하는 범위에서만 행사할 수 있다.

#### (3) 갱신기간

갱신되는 임대차는 전 임대차와 동일한 조건으로 다시 계약된 것으로 본다. 따라서 종전의 상가임대차계약의 계약기간이 3년 이었다면 임차인의 계약갱신요구권 행사로 연장되는 기간은 3년이다.

#### (4) 차임과 보증금 증감청구

차임과 보증금은 제11조에 따른 범위에서 증감할 수 있다. 즉 법 제11조 제1항의 규정에 의한 차임 또는 보증금의 증액청구는 청구당시의 차임 또는 보증금의 100분의 5의 금액을 초과하지 못한다. 법 제11조 제1항의 규정에 의한 차임 또는 보증금의 증액청구는 임대차계약 또는 약정한 차임 등의 증액이 있은 후 1년 이내에는 하지 못한다.

### 2 갱신거절사유

다음 각 호의 어느 하나의 경우에는 임차인의 계약갱신요구를 임대인은 정당하게 거절할 수 있다(법 제10조 제1항).

1. 임차인이 3기의 차임액에 해당하는 금액에 이르도록 차임을 연체한 사실이 있는 경우
2. 임차인이 거짓이나 그 밖의 부정한 방법으로 임차한 경우
3. 서로 합의하여 임대인이 임차인에게 상당한 보상을 제공한 경우
4. 임차인이 임대인의 동의 없이 목적 건물의 전부 또는 일부를 전대(轉貸)한 경우
5. 임차인이 임차한 건물의 전부 또는 일부를 고의나 중대한 과실로 파손한 경우
6. 임차한 건물의 전부 또는 일부가 멸실되어 임대차의 목적을 달성하지 못할 경우

7. 임대인이 다음 각 목의 어느 하나에 해당하는 사유로 목적 건물의 전부 또는 대부분을 철거하거나 재건축하기 위하여 목적 건물의 점유를 회복할 필요가 있는 경우
   가. 임대차계약 체결 당시 공사시기 및 소요기간 등을 포함한 철거 또는 재건축 계획을 임차인에게 구체적으로 고지하고 그 계획에 따르는 경우
   나. 건물이 노후·훼손 또는 일부 멸실되는 등 안전사고의 우려가 있는 경우
   다. 다른 법령에 따라 철거 또는 재건축이 이루어지는 경우
8. 그 밖에 임차인이 임차인으로서의 의무를 현저히 위반하거나 임대차를 계속하기 어려운 중대한 사유가 있는 경우



## 3 초과보증금의 상가임대차의 경우에도 적용

상가임차인의 보증금이 상가임대차보호법의 적용보증금을 초과하더라도 상가임차인은 임대인에게 계약의 갱신을 요구할 수 있다,

## 4 전차인

계약갱신요구권은 임차인의 권한에 해당하므로 전차인은 계약갱신요구권을 행사할 수 없다. 다만, 임대인의 동의를 받고 전대차계약을 체결한 전차인은 임차인의 계약갱신요구권 행사기간 이내에 임차인을 대위(代位)하여 임대인에게 계약갱신요구권을 행사할 수 있다(법 제13조 제2항).

# 제 4 절 대항력

## 1 대항력의 의미

(1) 임대차는 그 등기가 없는 경우에도 임차인이 건물의 인도와 「부가가치세법」 제8조, 「소득세법」 제168조 또는 「법인세법」 제111조에 따른 사업자등록을 신청하면 그 다음 날부터 제3자에 대하여 효력이 생긴다(법 제3조).

(2) 임차건물의 양수인(그 밖에 임대할 권리를 승계한 자를 포함한다)은 임대인의 지위를 승계한 것으로 본다. 따라서 상가임차인이 사업자등록의 요건을 갖추었다면 임차건물의 양수인에게 대항력을 주장할 수 있다.

(3) 상가임차인이 사업자등록의 대항요건을 갖춘 경우에 경매 실행으로 매각되면 선순위로 저당권이나 가압류등기, 압류등기, 가등기 등이 없어야 매수인이 대항력을 주장할 수 있다.

### 2 관련 판례

(1) 건물의 일부분을 임차한 경우 사업자등록신청시 그 임차 부분을 표시한 도면을 첨부하여야 한다(대판 2008다 44238판결).

(2) 사업자가 폐업 신고 하였다가 다시 같은 상호 및 등록번호로 사업자등록을 하였다고 하더라도 상가건물임대차보호법상의 대항력 및 우선변제권이 그대로 존속한다고 할 수 없다(대판 2005다64002 판결).

(3) 상가건물임대차보호법상의 대항력 및 우선변제권을 유지하기 위해서는 건물을 직접 점유하면서 사업을 운영하는 전차인이 그 명의로 사업자등록을 하여야 한다(대판 2006. 1. 13 2005다64002).

## 제5절 우선변제권

### 1 우선변제권의 개념

제3조 제1항의 대항요건을 갖추고 관할 세무서장으로부터 임대차계약서상의 확정일자를 받은 임차인은 「민사집행법」에 따른 경매 또는 「국세징수법」에 따른 공매 시 임차건물(임대인 소유의 대지를 포함한다)의 환가대금에서 후순위권리자나 그 밖의 채권자보다 우선하여 보증금을 변제받을 권리가 있다(법 제5조 제2항). 제5조 제2항의 확정일자는 상가건물의 소재지 관할 세무서장이 부여한다.

### 2 보증금의 회수

임차인이 임차건물에 대하여 보증금반환청구소송의 확정판결, 그 밖에 이에 준하는 집행권원에 의하여 경매를 신청하는 경우에는 「민사집행법」 제41조에도 불구하고 반대의무의 이행이나 이행의 제공을 집행개시의 요건으로 하지 아니한다. 그러나 임차인은 임차건물을 양수인에게 인도하지 아니하면 보증금을 받을 수 없다.

### 3 금융기관의 우선변제권 승계

#### (1) 우선변제권 승계

다음 각 호의 금융기관 등이 제2항, 제6조 제5항 또는 제7조 제1항에 따른 우선변제권을 취득한 임차인의 보증금반환채권을 계약으로 양수한 경우에는 양수한 금액의 범위에서 우선변제권을 승계한다(법 제5조 제7항).

1. 「은행법」에 따른 은행
2. 「중소기업은행법」에 따른 중소기업은행
3. 「한국산업은행법」에 따른 한국산업은행
4. 「농업협동조합법」에 따른 농협은행
5. 「수산업협동조합법」에 따른 수협은행
6. 「우체국예금·보험에 관한 법률」에 따른 체신관서
7. 「보험업법」 제4조 제1항 제2호 라목의 보증보험을 보험종목으로 허가받은 보험회사
8. 그 밖에 제1호부터 제7호까지에 준하는 것으로서 대통령령으로 정하는 기관



### (2) 우선변제권 행사 불가능

우선변제권을 승계한 금융기관 등은 다음 각 호의 어느 하나에 해당하는 경우에는 우선변제권을 행사할 수 없다(법 제5조 제8항).

1. 임차인이 제3조 제1항의 대항요건을 상실한 경우
2. 제6조 제5항에 따른 임차권등기가 말소된 경우
3. 「민법」 제621조에 따른 임대차등기가 말소된 경우

### (3) 임대차 해지 불가능

금융기관등은 우선변제권을 행사하기 위하여 임차인을 대리하거나 대위하여 임대차를 해지할 수 없다(법 제5조 제9항).

### (4) 금융기관의 임차권등기명령신청 대위신청

금융기관등은 임차인을 대위하여 제1항의 임차권등기명령을 신청할 수 있다. 이 경우 제3항·제4항 및 제8항의 "임차인"은 "금융기관등"으로 본다(법 제6조 제9항).

### (5) 대항력과 우선변제권

임차권은 임차건물에 대하여 「민사집행법」에 따른 경매가 실시된 경우에는 그 임차건물이 매각되면 소멸한다. 다만, 보증금이 전액 변제되지 아니한 대항력이 있는 임차권은 소멸하지 않는다(법 제8조).

# 제6절 최우선변제권

## 1 최우선변제권의 개념

소액보증금에 해당하는  임차인은 경매 절차의 환가대금에서 보증금 중 일정액을 다른 담보물권자보다 우선하여 변제받을 권리가 있다. 사회적 약자를 배려하기 위해서 만든 제도이다.

## 2 행사요건

임차인이 경매절차의 환가대금에서 최우선변제권을 행사하기 위해서는 다음 세가지 요건을 갖추어야 한다.

① 임차인의 보증금이 소액보증금에 해당하여야 한다.

② 임차인이 건물의 인도와 사업자등록이 되어 있어야 한다, 다만,건물에 대한 경매신청의 등기 전에 대항요건을 갖추어야 한다.

③ 법원이 정한 배당요구의 종기까지 배당요구하여야 한다.

## 3 소액보증금 및 최우선변제금액

### (1) 소액보증금

법 제14조의 규정에 의하여 우선변제를 받을 임차인은 보증금과 차임이 있는 경우 법 제2조 제2항의 규정에 의하여 환산한 금액의 합계가 다음 각호의 구분에 의한 금액 이하인 임차인으로 한다(시행령 제6조).

1. 서울특별시 : 6천500만원
2. 「수도권정비계획법」에 따른 과밀억제권역(서울특별시는 제외한다) : 5천500만원
3. 광역시(「수도권정비계획법」에 따른 과밀억제권역에 포함된 지역과 군지역은 제외한다), 안산시, 용인시, 김포시 및 광주시 : 3천8백만원
4. 그 밖의 지역 : 3천만원

### (2) 보증금 중 일정액

법 제14조의 규정에 의하여 우선변제를 받을 보증금중 일정액의 범위는 다음 각호의 구분에 의한 금액 이하로 한다(시행령 제7조 제1항).

> 1. 서울특별시 : 2천200만원
> 2. 「수도권정비계획법」에 따른 과밀억제권역(서울특별시는 제외한다) : 1천900만원
> 3. 광역시(「수도권정비계획법」에 따른 과밀억제권역에 포함된 지역과 군지역은 제외한다), 안산시, 용인시, 김포시 및 광주시 : 1천300만원
> 4. 그 밖의 지역 : 1천만원



### (3) 최우선변제권의 한계

① 임차인의 보증금중 일정액이 상가건물의 가액의 2분의 1을 초과하는 경우에는 상가건물의 가액의 2분의 1에 해당하는 금액에 한하여 우선변제권이 있다(시행령 제7조 제2항).

② 하나의 상가건물에 임차인이 2인 이상이고, 그 각 보증금중 일정액의 합산액이 상가건물의 가액의 2분의 1을 초과하는 경우에는 그 각 보증금중 일정액의 합산액에 대한 각 임차인의 보증금중 일정액의 비율로 그 상가건물의 가액의 2분의 1에 해당하는 금액을 분할한 금액을 각 임차인의 보증금중 일정액으로 본다(시행령 제7조 제3항).

### (4) 소액보증금 및 보증금 중 일정액의 기준일

저당권 설정일을 기준으로 소액보증금 해당여부를 판단하고 보증금 중 일정액도 판단한다.

**소액보증금과 보증금 중 일정액**

| 지역 구분 | 소액임차인의 범위 | 최우선 변제액 |
|---|---|---|
| 서울 특별시 | 6500만원 이하 | 2200만원까지 |
| 과밀억제권역(서울제외) | 5500만원 이하 | 1900만원까지 |
| 광역시, 용인, 안산, 광주, 김포 | 3800만원 이하 | 1300만원까지 |
| 그 밖의 지역 | 3000만원 이하 | 1000만원까지 |

※ 광역시 중「수도권정비계획법」에 따른 과밀억제권역에 포함된 지역과 군지역은 제외한다.

## 제7절 정보제공요청권

### (1) 이해관계인의 정보제공요청

① 관할 세무서장

상가건물의 임대차에 이해관계가 있는 자는 관할 세무서장에게 해당 상가건물의 확정일자 부여일, 차임 및 보증금 등 정보의 제공을 요청할 수 있다. 이 경우 요청을 받은 관할 세무서장은 정당한 사유 없이 이를 거부할 수 없다.

② 이해관계인의 범위

법 제4조 제3항에 따라 정보의 제공을 요청할 수 있는 상가건물의 임대차에 이해관계가 있는 자는 다음 각 호의 어느 하나에 해당하는 자로 한다(법 시행령 3조의 2).

> 1. 해당 상가건물 임대차계약의 임대인·임차인
> 2. 해당 상가건물의 소유자
> 3. 해당 상가건물 또는 그 대지의 등기부에 기록된 권리자 중 법무부령으로 정하는 자
> 4. 법 제5조 제7항에 따라 우선변제권을 승계한 금융기관 등
> 5. 제1호부터 제4호까지에서 규정한 자에 준하는 지위 또는 권리를 가지는 자로서 임대차 정보의 제공에 관하여 법원의 판결을 받은 자

③ 임대차계약 당사자가 요청할 수 있는 정보의 범위

제3조의2 제1호에 따른 임대차계약의 당사자는 관할 세무서장에게 다음 각 호의 사항이 기재된 서면의 열람 또는 교부를 요청할 수 있다. 법 시행령 제3조의3

> 1. 임대인·임차인의 인적사항(제3조 제4항 제3호에 따른 정보를 말한다. 다만, 주민등록번호 및 외국인등록번호의 경우에는 앞 6자리에 한정한다)
> 2. 상가건물의 소재지, 임대차 목적물 및 면적
> 3. 사업자등록 신청일
> 4. 보증금·차임 및 임대차기간
> 5. 확정일자 부여일
> 6. 임대차계약이 변경되거나 갱신된 경우에는 변경·갱신된 날짜, 새로운 확정일자 부여일, 변경된 보증금·차임 및 임대차기간
> 7. 그 밖에 법무부령으로 정하는 사항

④ 임대차계약의 당사자가 아닌 이해관계인이 요청할 수 있는 정보의 범위

임대차계약의 당사자가 아닌 이해관계인은 관할 세무서장에게 다음 각 호의 사항이 기재된 서면의 열람 또는 교부를 요청할 수 있다.

> 1. 상가건물의 소재지, 임대차 목적물 및 면적
> 2. 사업자등록 신청일
> 3. 보증금 및 차임, 임대차기간
> 4. 확정일자 부여일
> 5. 임대차계약이 변경되거나 갱신된 경우에는 변경·갱신된 날짜, 새로운 확정일자 부여일, 변경된 보증금·차임 및 임대차기간
> 6. 그 밖에 법무부령으로 정하는 사항

※ 임대차계약당사가 요청할 수 있는 정보의 범위와 비교하면 '임대인 임차인의 인적사항'이없다.

### (2) 임대차계약을 체결하려는 자

① 관할 세무서장

임대차계약을 체결하려는 자는 임대인의 동의를 받아 관할 세무서장에게 사업자등록사항 등에 관한 정보제공을 요청할 수 있다.

② 임대차계약을 체결하려는 자가 요청할 수 있는 정보의 범위

임대차계약을 체결하려는 자는 관할 세무서장에게 다음 각 호의 사항이 기재된 서면의 열람 또는 교부를 요청할 수 있다.

> 1. 상가건물의 소재지, 임대차 목적물 및 면적
> 2. 사업자등록 신청일
> 3. 보증금 및 차임, 임대차기간
> 4. 확정일자 부여일
> 5. 임대차계약이 변경되거나 갱신된 경우에는 변경·갱신된 날짜, 새로운 확정일자 부여일, 변경된 보증금·차임 및 임대차기간
> 6. 그 밖에 법무부령으로 정하는 사항

# 제8절 권리금 보장

## 1 권리금

권리금이란 임대차 목적물인 상가건물에서 영업을 하는 자 또는 영업을 하려는 자가 영업시설·비품, 거래처, 신용, 영업상의 노하우, 상가건물의 위치에 따른 영업상의 이점 등 유형·무형의 재산적 가치의 양도 또는 이용대가로서 임대인, 임차인에게 보증금과 차임 이외에 지급하는 금전 등의 대가를 말한다(법 제10조의3 제1항).

## 2 권리금계약

### (1) 임차인과 신규임차인

권리금 계약이란 신규임차인이 되려는 자가 임차인에게 권리금을 지급하기로 하는 계약을 말한다(법 제10조의3 제2항).

### (2) 표준권리금계약서

국토교통부장관은 법무부장관과 협의를 거쳐 임차인과 신규임차인이 되려는 자의 권리금 계약 체결을 위한 표준권리금계약서를 정하여 그 사용을 권장할 수 있다(법 제10조의6의 작성 등).

## 3 권리금회수기회 보장

### (1) 방해행위 금지

임대인은 임대차기간이 끝나기 6개월 전부터 임대차 종료 시까지 다음 각 호의 어느 하나에 해당하는 행위를 함으로써 권리금 계약에 따라 임차인이 주선한 신규임차인이 되려는 자로부터 권리금을 지급받는 것을 방해하여서는 아니 된다(제10조의4 제1항).

### (2) 방해행위 사례

① 임차인이 주선한 신규임차인이 되려는 자에게 권리금을 요구하거나 임차인이 주선한 신규임차인이 되려는 자로부터 권리금을 수수하는 행위

② 임차인이 주선한 신규임차인이 되려는 자로 하여금 임차인에게 권리금을 지급하지 못하게 하는 행위

③ 임차인이 주선한 신규임차인이 되려는 자에게 상가건물에 관한 조세, 공과금, 주변 상가건물의 차임 및 보증금, 그 밖의 부담에 따른 금액에 비추어 현저히 고액의 차임과 보증금을 요구하는 행위

④ 그 밖에 정당한 사유 없이 임대인이 임차인이 주선한 신규임차인이 되려는 자와 임대차계약의 체결을 거절하는 행위

### (3) 손해배상책임

① 임대인이 권리금회수기회 방해행위를 하여 임차인에게 손해를 발생하게 한 때에는 그 손해를 배상할 책임이 있다. 이 경우 그 손해배상액은 신규임차인이 임차인에게 지급하기로 한 권리금과 임대차 종료 당시의 권리금 중 낮은 금액을 넘지 못한다.
② 국토교통부장관은 권리금에 대한 감정평가의 절차와 방법 등에 관한 기준을 고시할 수 있다(법 제10조의7).
③ 임대인에게 손해배상을 청구할 권리는 임대차가 종료한 날부터 3년 이내에 행사하지 아니하면 시효의 완성으로 소멸한다.

### (4) 임차인의 정보제공 의무

임차인은 임대인에게 임차인이 주선한 신규임차인이 되려는 자의 보증금 및 차임을 지급할 자력 또는 그 밖에 임차인으로서의 의무를 이행할 의사 및 능력에 관하여 자신이 알고 있는 정보를 제공하여야 한다.

## 4 임대인이 정당하게 거절할 수 있는 사유

### (1) 법 제10조의 4 제2항

다음 어느 하나에 해당하는 경우에는 임차인이 주선한 신규임차인과의 임대차계약을 정당하게 거절할 수 있다.

① 임차인이 주선한 신규임차인이 되려는 자가 보증금 또는 차임을 지급할 자력이 없는 경우
② 임차인이 주선한 신규임차인이 되려는 자가 임차인으로서의 의무를 위반할 우려가 있거나 그 밖에 임대차를 유지하기 어려운 상당한 사유가 있는 경우
③ 임대차 목적물인 상가건물을 1년 6개월 이상 영리목적으로 사용하지 아니한 경우
④ 임대인이 선택한 신규임차인이 임차인과 권리금 계약을 체결하고 그 권리금을 지급한 경우

### (2) 제10조 제1항 각 호의 어느 하나에 해당하는 사유가 있는 경우

임차인의 계약갱신요구를 정당하게 거절 할 수 있는 사유(제10조 제1항 각 호)에 해당하는 경우에는 임대인은 임차인 주선한 신규임차인과의 임대차계약을 거절할 수 있다.

## 5 권리금 적용 제외

권리금회수기회보장은 다음어느 하나에 해당하는 상가건물 임대차의 경우에는 적용하지 아니한다(법 제10조의5).

(1) 임대차 목적물인 상가건물이 「유통산업발전법」 제2조에 따른 대규모점포 또는 준대규모점포의 일부인 경우(다만, 「전통시장 및 상점가 육성을 위한 특별법」 제2조 제1호에 따른 전통시장은 권리금회수기회보장 된다.)

(2) 임대차 목적물인 상가건물이 「국유재산법」에 따른 국유재산 또는 「공유재산 및 물품 관리법」에 따른 공유재산인 경우

## 6 적용보증금 초과한 임차인

상가건물임대차보호법상 적용 보증금을 초과하는 상가임차인도 권리금회수기회를 보장하는 상가건물 임대차보호법 제10조의 3, 제10조의4, 제10조의5, 제10조의6, 제10조의7 규정은 적용된다.

# 제9절 임대차계약 해지 등

## 1 임대차계약 해지

임차인의 차임연체액이 3기의 차임액에 달하는 때에는 임대인은 계약을 해지할 수 있다(제10조의8). 이러한 연체는 연속될 필요는 없고 연체된 차임액이 3기에 달한 때에 임대인은 임대차계약을 해지할 수 있다.

## 2 전대차관계

제10조, 제10조의2, 제10조의8, 제10조의9(제10조 및 제10조의8에 관한 부분으로 한정한다), 제11조 및 제12조는 전대인(轉貸人)과 전차인(轉借人)의 전대차관계에 적용한다(법 제13조 제1항).

① 법 제10조(계약갱신요구권, 묵시적갱신)
② 법 제10조의 2(계약갱신의 특례 ; 적용보증금 초과시 보증금 차임 증감청구권)
③ 법 제10조의 8(3기 연체시 해지)
④ 법 제10조의 9(계약갱신요구 등에 관한 임시 특례)
⑤ 법 제11조(차임 등의 증감 청구권)
⑥ 법 제12조(월 차임 전환시 산정률 제한)

## 3 소액사건심판법 준용

임차인이 임대인에게 제기하는 보증금반환청구소송에 관하여는 「소액사건심판법」 제6조·제7조·제10조 및 제11조의2를 준용한다(법 제18조).

## 4 표준계약서

### (1) 표준권리금계약서

국토교통부장관은 법무부장관과 협의를 거쳐 임차인과 신규임차인이 되려는 자의 권리금 계약 체결을 위한 표준권리금계약서를 정하여 그 사용을 권장할 수 있다(법 제10조의6).

### (2) 상가건물임대차표준계약서

법무부장관은 국토교통부장관과 협의를 거쳐 보증금, 차임액, 임대차기간, 수선비 분담 등의 내용이 기재된 상가건물임대차표준계약서를 정하여 그 사용을 권장할 수 있다(법 제19조).



## 5 월 차임 전환 시 산정률의 제한

### (1) 산정률

보증금의 전부 또는 일부를 월 단위의 차임으로 전환하는 경우에는 그 전환되는 금액에 다음 각 호 중 낮은 비율을 곱한 월 차임의 범위를 초과할 수 없다(법 제12조).

1. 「은행법」에 따른 은행의 대출금리 및 해당 지역의 경제 여건 등을 고려하여 대통령령으로 정하는 비율
2. 한국은행에서 공시한 기준금리에 대통령령으로 정하는 배수를 곱한 비율

### (2) 대통령령으로 정하는 비율

법 제12조 제1호에서 "대통령령으로 정하는 비율"이란 연 1할2푼을 말한다(시행령 제5조 제1항).

### (3) 대통령령으로 정하는 배수

법 제12조 제2호에서 "대통령령으로 정하는 배수"란 4.5배를 말한다(시행령 제5조 제2항).

## 6 상가건물임대차위원회

### (1) 설치

상가건물 임대차에 관한 다음 각 호의 사항을 심의하기 위하여 법무부에 상가건물임대차위원회(이하 "위원회"라 한다)를 둔다(제14조의2 제1항).

### (2) 심의사항

1. 제2조 제1항 단서에 따른 보증금액
2. 제14조에 따라 우선변제를 받을 임차인 및 보증금 중 일정액의 범위와 기준

### (3) 구성

① 위원회는 위원장 1명을 포함한 10명 이상 15명 이하의 위원으로 성별을 고려하여 구성한다(법 제14조의2 제2항).

② 위원회의 위원장은 법무부차관이 된다(법 제14조의2 제3항).

③ 위원회의 위원은 다음 각 호의 어느 하나에 해당하는 사람 중에서 위원장이 임명하거나 위촉하되, 제1호부터 제6호까지에 해당하는 위원을 각각 1명 이상 임명하거나 위촉하여야 하고, 위원 중 2분의 1 이상은 제1호·제2호 또는 제7호에 해당하는 사람을 위촉하여야 한다(법 제14조의2 제3항).

1. 법학·경제학 또는 부동산학 등을 전공하고 상가건물 임대차 관련 전문지식을 갖춘 사람으로서 공인된 연구기관에서 조교수 이상 또는 이에 상당하는 직에 5년 이상 재직한 사람
2. 변호사·감정평가사·공인회계사·세무사 또는 공인중개사로서 5년 이상 해당 분야에서 종사하고 상가건물 임대차 관련 업무경험이 풍부한 사람
3. 기획재정부에서 물가 관련 업무를 담당하는 고위공무원단에 속하는 공무원
4. 법무부에서 상가건물 임대차 관련 업무를 담당하는 고위공무원단에 속하는 공무원(이에 상당하는 특정직공무원을 포함한다)
5. 국토교통부에서 상가건물 임대차 관련 업무를 담당하는 고위공무원단에 속하는 공무원
6. 중소벤처기업부에서 소상공인 관련 업무를 담당하는 고위공무원단에 속하는 공무원
7. 그 밖에 상가건물 임대차 관련 학식과 경험이 풍부한 사람으로서 대통령령으로 정하는 사람

⑤ 그 밖에 위원회의 구성 및 운영 등에 필요한 사항은 대통령령으로 정한다.

## 7 상가건물임대차분쟁조정위원회

### (1) 설치

① 이 법의 적용을 받는 상가건물 임대차와 관련된 분쟁을 심의·조정하기 위하여 대통령령으로 정하는 바에 따라 「법률구조법」 제8조에 따른 대한법률구조공단의 지부, 「한국토지주택공사법」에 따른 한국토지주택공사의 지사 또는 사무소 및 「한국부동산원법」에 따른 한국부동산원의 지사 또는 사무소에 상가건물임대차분쟁조정위원회 를 둔다(법 제20조 제1항).

② 특별시·광역시·특별자치시·도 및 특별자치도는 그 지방자치단체의 실정을 고려하여 조정위원회를 둘 수 있다(법 제20조 제1항).



### (2) 조정위원회의 심의 조정 사항

조정위원회는 다음 각 호의 사항을 심의·조정한다(법 제20조 제2항).

1. 차임 또는 보증금의 증감에 관한 분쟁
2. 임대차 기간에 관한 분쟁
3. 보증금 또는 임차상가건물의 반환에 관한 분쟁
4. 임차상가건물의 유지·수선 의무에 관한 분쟁
5. 권리금에 관한 분쟁
6. 그 밖에 대통령령으로 정하는 상가건물 임대차에 관한 분쟁

### (3) 사무국

① 조정위원회의 사무를 처리하기 위하여 조정위원회에 사무국을 두고, 사무국의 조직 및 인력 등에 필요한 사항은 대통령령으로 정한다(법 제20조 제3항).

② 사무국의 조정위원회 업무담당자는 「주택임대차보호법」 제14조에 따른 주택임대차분쟁조정위원회 사무국의 업무를 제외하고 다른 직위의 업무를 겸직하여서는 아니 된다(법 제20조 제4항).

### (4) 주택임대차분쟁조정위원회 준용

조정위원회에 대하여는 이 법에 규정한 사항 외에는 주택임대차분쟁조정위원회에 관한 「주택임대차보호법」 제14조부터 제29조까지의 규정을 준용한다. 이 경우 "주택임대차분쟁조정위원회"는 "상가건물임대차분쟁조정위원회"로 본다(법 제21조).

주택임대차보호법 VS 상가건물임대차보호법

| 구 분 | 주택임대차보호법<br>1981. 3. 5 | 상가건물임대차보호법<br>2002. 11. 1 |
|---|---|---|
| 적용범위 | 주거용 건물<br>법인 × (단 예외있음) | 영업용 상가 건물(법인○)<br>대통령령으로 정하는 보증금<br>이하의 임대차에만 적용 |
| 최단존속기간의 보장 | 2년 | 1년 |
| | 법정갱신 ○ | 법정갱신 ○ |
| | 계약의 갱신요구권 ○<br>(1회행사만) | 계약의 갱신요구권○<br>(10년 범위내) |
| 차임등 증액범위제한 | 연 5%이내<br>1년 이내 증액× | 연 5%이내<br>1년 이내 증액× |
| 월차임 전환시<br>산정률 제한 | 연10%와 기준금리에 2%를 더한 비율 중<br>중 낮은 비율 | 연 12%와 기준금리의 4.5배수 곱한 비율<br>중 낮은 비율 |
| 대항력 | 대항요건<br>(건물의 인도 +전입신고) | 대항요건<br>(건물의 인도+사업자등록신청) |
| 우선변제권 | 대항요건+확정일자<br>(등기소 등) | 대항요건+확정일자<br>(세무서장) |
| 최우선변제권 | 주택가액의 1/2의 범위 안에서<br>대통령령으로 정함 | 임대건물가액의 1/2범위 안에서<br>대통령령으로 정함 |
| 임차권등기명령<br>소액사건심판법 준용 | ○ | ○ |
| 주택임차권의승계 | ○ | × |

# 07 CHAPTER 기출 및 예상문제



**01 甲과 乙은 2017. 1. 25. 서울특별시 소재 甲 소유 X상가건물에 대하여 보증금 6억원, 월차임 500만원으로 하는 임대차계약을 체결한 후, 乙은 X건물을 인도받고 사업자등록을 신청하였다. 이 사안에서 개업공인중개사가 「상가건물 임대차보호법」의 적용과 관련하여 설명한 내용으로 <u>틀린</u> 것을 모두 고른 것은?** (제28회)

> ㉠ 甲과 乙이 계약기간을 정하지 않은 경우 그 기간을 1년으로 본다.
> ㉡ 甲으로부터 X건물을 양수한 丙은 甲의 지위를 승계한 것으로 본다.
> ㉢ 乙의 차임연체액이 2기의 차임액에 달하는 경우 甲은 임대차계약을 해지할 수 있다.
> ㉣ 乙은 사업자등록 신청 후 X건물에 대하여 저당권을 취득한 丁보다 경매절차에서 우선하여 보증금을 변제받을 권리가 있다.

① ㉢　② ㉠, ㉣　③ ㉡, ㉢　④ ㉠, ㉢, ㉣　⑤ ㉡, ㉢, ㉣

해설 ㉠ 최단존속기간의 보장 ㉡ 대항력 ㉢ 2기 연체 → 3기 연체 ㉣ 우선변제권
초과 보증금의 경우에도 대항력, 계약갱신요구권, 권리금 보장규정, 3기연체시 해지, 표준계약서 권장에 관한 규정은 적용된다.

정답 ④

**02 개업공인중개사가 상가건물을 임차하려는 중개의뢰인 甲에게 「상가건물 임대차보호법」의 내용에 관하여 설명한 것으로 <u>틀린</u> 것은?** (제35회)

① 甲이 건물을 인도 받고 「부가가치세법」에 따른 사업자등록을 신청하던 그 다음 날부터 대항력이 생긴다.
② 확정일자는 건물의 소재지 관할 세무서장이 부여한다.
③ 임대차계약을 체결하려는 甲은 임대인의 동의를 받아 관할 세무서장에게 건물의 확정일자 부여일 등 관련 정보의 제공을 요청할 수 있다.
④ 甲이 거짓이나 그 밖에 부정한 방법으로 임차한 경우 임대인은 甲의 계약갱신요구를 거절할 수 있다.
⑤ 건물의 경매 시 甲은 환가대금에서 우선변제권에 따른 보증금을 지급받은 이후에 건물을 양수인에게 인도하면 된다.

해설 건물의 경매 시 임차인 甲은 건물을 양수인에게 인도하여야 환가대금에서 우선변제권에 따른 보증금을 지급받을 수 있다.

정답 ⑤

**03 개업공인중개사가 선순위 저당권이 설정되어 있는 서울시 소재 상가건물**(상가건물 임대차보호법이 적용됨)**에 대해 임대차기간 2018. 10. 1.부터 1년, 보증금 5천만원, 월차임 100만원으로 임대차를 중개하면서 임대인 甲과 임차인 乙에게 설명한 내용으로 옳은 것은?** (제30회)

① 乙의 연체차임액이 200만원에 이르는 경우 甲은 계약을 해지할 수 있다.
② 차임 또는 보증금의 감액이 있은 후 1년 이내에는 다시 감액을 하지 못한다.
③ 甲이 2019. 4. 1.부터 2019. 8. 31. 사이에 乙에게 갱신거절 또는 조건 변경의 통지를 하지 않은 경우, 2019. 10. 1. 임대차계약이 해지된 것으로 본다.
④ 상가건물에 대한 경매개시 결정등기 전에 乙이 건물의 인도와 부가가치세법에 따른 사업자등록을 신청한 때에는, 보증금 5천만원을 선순위 저당권자보다 우선변제 받을 수 있다.
⑤ 乙이 임대차의 등기 및 사업자등록을 마치지 못한 상태에서 2019. 1. 5. 甲이 상가건물을 丙에게 매도한 경우, 丙의 상가건물 인도청구에 대하여 乙은 대항할 수 없다.

해설 ① 300만원 연체시 해지 사유
② 증액은 5%초과하지 못하고 1년이내 증액하는 것도 제한을 받지만 감액은 제한이 없다.
③ 묵시적 갱신규정으로 임대차기간이 만료된 때에 전 임대차와 동일한 조건으로 다시 임대차한 것으로 본다.
④ 서울특별시의 경우 환산보증금액이 6천5백만원이하인 경우 선순위 저당권자보다 2천2백만원을 최우선하여 변제받을 수 있다.

정답 ⑤

# 08 CHAPTER 법원경매 제27회 제28회 제29회 제30회 제31회 제33회

**단원별 학습포인트**

- 경매절차는 매년 1문제 출제된다. 실제 경매절차는 수험생이 제일 어렵게 생각하는 내용이다. 모든 내용을 공부할려고 하지말고 기출지문에 해당하는 것만 반복해서 공부하면 합격에는 문제없다.



## 제1절 경매절차 제34회 제35회

### 1 경매신청

#### (1) 경매의 종류

① 강제경매

강제경매는 자신의 금전채권을 회수하기 위해서 집행권원에 근거하여 경매신청하는 경매를 말한다. 강제경매신청서에는 집행력 있는 정본 외에 다음 각호 가운데 어느 하나에 해당하는 서류를 붙여야 한다(민사집행법 제81조).

> 1. 채무자의 소유로 등기된 부동산에 대하여는 등기사항증명서
> 2. 채무자의 소유로 등기되지 아니한 부동산에 대하여는 즉시 채무자명의로 등기할 수 있다는 것을 증명할 서류. 다만, 그 부동산이 등기되지 아니한 건물인 경우에는 그 건물이 채무자의 소유임을 증명할 서류, 그 건물의 지번·구조·면적을 증명할 서류 및 그 건물에 관한 건축허가 또는 건축신고를 증명할 서류

② 임의경매(담보권실행 경매신청)

임의경매는 담보물권자가 자신의 금전채권을 회수하기 위해서 담보권자로서 집행권원 없이 경매신청하는 경매를 말한다. 부동산을 목적으로 하는 담보권을 실행하기 위한 경매신청을 함에는 담보권이 있다는 것을 증명하는 서류를 내야 한다(민사집행법 제264조).

#### (2) 경매개시 결정 및 경매등기

① 법원이 경매개시결정을 하면 법원사무관등은 즉시 그 사유를 등기부에 기입하도록 등기관(登記官)에게 촉탁하여야 한다(민사집행법 제94조).

② 압류는 채무자에게 그 결정이 송달된 때 또는 제94조의 규정에 따른 경매개시결정등기가 된 때에 효력이 생긴다.

### (3) 경매신청의 취하

① 경매신청이 취하되면 압류의 효력은 소멸된다(민사집행법 제93조).

② 매수신고가 있은 뒤 경매신청을 취하하는 경우에는 최고가매수신고인 또는 매수인과 제114조의 차순위매수신고인의 동의를 받아야 그 효력이 생긴다.

### (4) 이중경매 신청

① 강제경매절차 또는 담보권 실행을 위한 경매절차를 개시하는 결정을 한 부동산에 대하여 다른 강제경매의 신청이 있는 때에는 법원은 다시 경매개시결정을 하고, 먼저 경매개시결정을 한 집행절차에 따라 경매한다(민사집행법 제87).

② 먼저 경매개시결정을 한 경매신청이 취하되거나 그 절차가 취소된 때에는 법원은 제91조 제1항의 규정에 어긋나지 아니하는 한도 안에서 뒤의 경매개시결정에 따라 절차를 계속 진행하여야 한다.

## 2 배당요구의 종기 결정 공고

### (1) 배당요구

① 집행력 있는 정본을 가진 채권자, 경매개시결정이 등기된 뒤에 가압류를 한 채권자, 민법·상법, 그 밖의 법률에 의하여 우선변제청구권이 있는 채권자는 배당요구를 할 수 있다(법 제88조 제1항).

② 배당요구에 따라 매수인이 인수하여야 할 부담이 바뀌는 경우 배당요구를 한 채권자는 배당요구의 종기가 지난 뒤에 이를 철회하지 못한다(법 제88조 제2항).

### (2) 배당요구의 종기

① 경매개시결정에 따른 압류의 효력이 생긴 때(그 경매개시결정전에 다른 경매개시결정이 있은 경우를 제외한다)에는 집행법원은 절차에 필요한 기간을 고려하여 배당요구를 할 수 있는 종기(終期)를 첫 매각기일 이전으로 정한다(제84조 제1항).

② 제1항의 배당요구의 종기결정 및 제2항의 공고는 경매개시결정에 따른 압류의 효력이 생긴 때부터 1주 이내에 하여야 한다(제84조 제3항).

③ 법원사무관등은 제148조 제3호 및 제4호의 채권자 및 조세, 그 밖의 공과금을 주관하는 공공기관에 대하여 채권의 유무, 그 원인 및 액수(원금·이자·비용, 그 밖의 부대채권(附帶債權)을 포함한다)를 배당요구의 종기까지 법원에 신고하도록 최고하여야 한다(제84조 제4항).

④ 법원은 특별히 필요하다고 인정하는 경우에는 배당요구의 종기를 연기할 수 있다(제84조 제6항).

## 3 매각준비

### (1) 감정평가

법원은 감정인(鑑定人)에게 부동산을 평가하게 하고 그 평가액을 참작하여 최저매각가격을 정하여야 한다(민사집행법 제97조).

### (2) 현황조사

법원은 경매개시결정을 한 뒤에 바로 집행관에게 부동산의 현상, 점유관계, 차임(借賃) 또는 보증금의 액수, 그 밖의 현황에 관하여 조사하도록 명하여야 한다(민사집행법 제85조).



### (3) 매각물건명세서

법원은 다음 각호의 사항을 적은 매각물건명세서를 작성하여야 한다(민사집행법 제105조 제1항).

1. 부동산의 표시
2. 부동산의 점유자와 점유의 권원, 점유할 수 있는 기간, 차임 또는 보증금에 관한 관계인의 진술
3. 등기된 부동산에 대한 권리 또는 가처분으로서 매각으로 효력을 잃지 아니하는 것
4. 매각에 따라 설정된 것으로 보게 되는 지상권의 개요

### (4) 매각물건명세서 사본 등의 비치

매각물건명세서·현황조사보고서 및 평가서의 사본은 매각기일(기간입찰의 방법으로 진행하는 경우에는 입찰기간의 개시일)마다 그 1주 전까지 법원에 비치하여야 한다. 다만, 법원은 상당하다고 인정하는 때에는 매각물건명세서·현황조사보고서 및 평가서의 기재내용을 전자통신매체로 공시함으로써 그 사본의 비치에 갈음할 수 있다(규칙 제55조).

## 4 매각기일 및 매각결정기일의 결정 공고 및 통지

### (1) 2주전 공고

법원은 매각기일(기간입찰의 방법으로 진행하는 경우에는 입찰기간의 개시일)의 2주 전까지 법 제106조에 규정된 사항과 다음 각호의 사항을 공고하여야 한다(민사집행규칙 제56조).

1. 법 제98조의 규정에 따라 일괄매각결정을 한 때에는 그 취지
2. 제60조의 규정에 따라 매수신청인의 자격을 제한한 때에는 그 제한의 내용
3. 법 제113조의 규정에 따른 매수신청의 보증금액과 보증제공방법

### (2) 공고방법

민사집행절차에서 공고는 특별한 규정이 없으면 다음 각호 가운데 어느 하나의 방법으로 한다. 이 경우 필요하다고 인정하는 때에는 적당한 방법으로 공고사항의 요지를 공시할 수 있다(민사집행규칙 제11조 제1항).

> 1. 법원게시판 게시
> 2. 관보·공보 또는 신문 게재
> 3. 전자통신매체를 이용한 공고

## 5 매각실시

### (1) 매각장소 등

① **매각장소**

매각기일은 법원안에서 진행하여야 한다. 다만, 집행관은 법원의 허가를 얻어 다른 장소에서 매각기일을 진행할 수 있다(민사집행법 제107조).

② **매각장소의 질서유지**

집행관은 다음 각호 가운데 어느 하나에 해당한다고 인정되는 사람에 대하여 매각장소에 들어오지 못하도록 하거나 매각장소에서 내보내거나 매수의 신청을 하지 못하도록 할 수 있다(민사집행법 제108조).

> 1. 다른 사람의 매수신청을 방해한 사람
> 2. 부당하게 다른 사람과 담합하거나 그 밖에 매각의 적정한 실시를 방해한 사람
> 3. 제1호 또는 제2호의 행위를 교사(教唆)한 사람
> 4. 민사집행절차에서의 매각에 관하여 형법 제136조·제137조·제140조·제140조의2·제142조·제315조 및 제323조 내지 제327조에 규정된 죄로 유죄판결을 받고 그 판결확정일부터 2년이 지나지 아니한 사람

### (2) 매수신청을 제한 받은 자

다음에 해당하는 사람은 매수신청 할 수 없다.

① 집행관 및 그 친족

② 경매부동산을 평가한 감정인 및 그 친족

③ 집행법원을 구성하는 법관, 담임법원 사무관

④ 재매각에 있어서 전 매수인

⑤ 경매관련죄로 유죄의 판결을 받고 2년이 경과되지 아니한 자

⑥ 채무자

※ 채권자, 물상보증인, 채무자의 가족, 임차인, 저당권자는 입찰에 참여할 수 있다.

### (3) 매각실시 방법 3가지(민사집행법 제103조)

① 부동산의 매각은 집행법원이 정한 매각방법에 따른다.

② 부동산의 매각은 매각기일에 하는 호가경매(呼價競賣), 매각기일에 입찰 및 개찰하게 하는 기일입찰 또는 입찰기간 이내에 입찰하게 하여 매각기일에 개찰하는 기간입찰의 세가지 방법으로 한다.

③ 부동산의 매각절차에 관하여 필요한 사항은 대법원규칙으로 정한다.



### (4) 매각기일의 진행

집행관은 기일입찰 또는 호가경매의 방법에 의한 매각기일에는 매각물건명세서·현황조사보고서 및 평가서의 사본을 볼 수 있게 하고, 특별한 매각조건이 있는 때에는 이를 고지하며, 법원이 정한 매각방법에 따라 매수가격을 신고하도록 최고하여야 한다(민사집행법 제112조). 공동으로 입찰하는 때에는 입찰표에 각자의 지분을 분명하게 표시하여야 한다(민사집행규칙 제62조 제5항).

### (5) 매수신청보증의 제공

① 최저매각가격의 10분의 1

매수신청인은 대법원규칙이 정하는 바에 따라 집행법원이 정하는 금액과 방법에 맞는 보증을 집행관에게 제공하여야 한다(민사집행법 제113조). 기일입찰에서 매수신청의 보증금액은 최저매각가격의 10분의 1로 한다(규칙 제63조). 법원은 상당하다고 인정하는 때에는 보증금액을 민사집행법 제113조 제1항과 달리 정할 수 있다.

③ 보증의 제공방법 3가지

제63조의 매수신청보증은 다음 각호 가운데 어느 하나를 입찰표와 함께 집행관에게 제출하는 방법으로 제공하여야 한다. 다만, 법원은 상당하다고 인정하는 때에는 보증의 제공방법을 제한할 수 있다(민사집행규칙 제64조).

> 1. 금전
> 2. 「은행법」의 규정에 따른 금융기관이 발행한 자기앞수표로서 지급제시기간이 끝나는 날까지 5일 이상의 기간이 남아 있는 것
> 3. 은행등이 매수신청을 하려는 사람을 위하여 일정액의 금전을 법원의 최고에 따라 지급한다는 취지의 기한의 정함이 없는 지급보증위탁계약이 매수신청을 하려는 사람과 은행등 사이에 맺어진 사실을 증명하는 문서

### (6) 최고가매수신고

① 최고가매수신고를 한 사람이 둘 이상인 때에는 집행관은 그 사람들에게 다시 입찰하게 하여 최고가매수신고인을 정한다. 이 경우 입찰자는 전의 입찰가격에 못미치는 가격으로는 입찰할 수 없다(민사집행규칙 제66조 제1항).

② 제1항의 규정에 따라 다시 입찰하는 경우에 입찰자 모두가 입찰에 응하지 아니하거나(전의 입찰가격에 못미치는 가격으로 입찰한 경우에는 입찰에 응하지 아니한 것으로 본다) 두 사람 이상이 다시 최고의 가격으로 입찰한 때에는 추첨으로 최고가매수신고인을 정한다(민사집행규칙 제66조 제2항).

### (7) 차순위매수신고

① 최고가매수신고인 외의 매수신고인은 매각기일을 마칠 때까지 집행관에게 최고가매수신고인이 대금지급기한까지 그 의무를 이행하지 아니하면 자기의 매수신고에 대하여 매각을 허가하여 달라는 취지의 신고를 할 수 있다(민사집행법 제114조 제1항).

② 차순위매수신고는 그 신고액이 최고가매수신고액에서 그 보증액을 뺀 금액을 넘는 때에만 할 수 있다(민사집행법 제114조 제2항).

③ 차순위매수신고를 한 사람이 둘 이상인 때에는 신고한 매수가격이 높은 사람을 차순위매수신고인으로 정한다. 신고한 매수가격이 같은 때에는 추첨으로 차순위매수신고인을 정한다.

### (8) 우선매수신고제

① 법 제140조 제1항의 규정에 따른 우선매수의 신고는 집행관이 매각기일을 종결한다는 고지를 하기 전까지 할 수 있다(민사집행규칙 제76조 제1항).

② 공유자가 법 제140조 제1항의 규정에 따른 신고를 하였으나 다른 매수신고인이 없는 때에는 최저매각가격을 법 제140조 제1항의 최고가매수신고가격으로 본다(제76조 제2항).

③ 최고가매수신고인을 법 제140조 제4항의 규정에 따라 차순위매수신고인으로 보게 되는 경우 그 매수신고인은 집행관이 매각기일을 종결한다는 고지를 하기 전까지 차순위매수신고인의 지위를 포기할 수 있다(제76조 제3항).

### (9) 매각기일의 종결 등

① 매각기일의 종결

집행관은 최고가매수신고인의 성명과 그 가격을 부르고 차순위매수신고를 최고한 뒤, 적법한 차순위매수신고가 있으면 차순위매수신고인을 정하여 그 성명과 가격을 부른 다음 매각기일을 종결한다고 고지하여야 한다(민사집행법 제115조 제1항).

② 1기일 2회 입찰

기일입찰 또는 호가경매의 방법에 의한 매각기일에서 매각기일을 마감할 때까지 허가할 매수가격의 신고가 없는 때에는 집행관은 즉시 매각기일의 마감을 취소하고 같은 방법으로 매수가격을 신고하도록 최고할 수 있다(민사집행법 제115조 제4항).

③ 새매각기일

허가할 매수가격의 신고가 없이 매각기일이 최종적으로 마감된 때에는 제91조 제1항의 규정에 어긋나지 아니하는 한도에서 법원은 최저매각가격을 상당히 낮추고 새 매각기일을 정하여야 한다. 그 기일에 허가할 매수가격의 신고가 없는 때에도 또한 같다(민사집행법 제119조).



## 6 매각허부결정

### (1) 매각결정기일(민사집행법 제109조)

① 매각결정기일은 매각기일부터 1주 이내로 정하여야 한다.

② 매각결정절차는 법원안에서 진행하여야 한다.

### (2) 매각허가결정(민사집행법 제130조)

① 매각허가결정에 대한 항고는 이 법에 규정한 매각허가에 대한 이의신청사유가 있다거나, 그 결정절차에 중대한 잘못이 있다는 것을 이유로 드는 때에만 할 수 있다.

**제121조【매각허가에 대한 이의신청사유】** 매각허가에 관한 이의는 다음 각호 가운데 어느 하나에 해당하는 이유가 있어야 신청할 수 있다.

1. 강제집행을 허가할 수 없거나 집행을 계속 진행할 수 없을 때
2. 최고가매수신고인이 부동산을 매수할 능력이나 자격이 없는 때
3. 부동산을 매수할 자격이 없는 사람이 최고가매수신고인을 내세워 매수신고를 한 때
4. 최고가매수신고인, 그 대리인 또는 최고가매수신고인을 내세워 매수신고를 한 사람이 제108조 각호 가운데 어느 하나에 해당되는 때
5. 최저매각가격의 결정, 일괄매각의 결정 또는 매각물건명세서의 작성에 중대한 흠이 있는 때
6. 천재지변, 그 밖에 자기가 책임을 질 수 없는 사유로 부동산이 현저하게 훼손된 사실 또는 부동산에 관한 중대한 권리관계가 변동된 사실이 경매절차의 진행중에 밝혀진 때
7. 경매절차에 그 밖의 중대한 잘못이 있는 때

② 항고보증금 공탁

매각허가결정에 대하여 항고를 하고자 하는 사람은 보증으로 매각대금의 10분의 1에 해당하는 금전 또는 법원이 인정한 유가증권을 공탁하여야 한다.

③ 즉시항고

매각허가결정에 대하여는 즉시항고를 할 수 있다. 항고인(抗告人)은 재판을 고지받은 날부터 1주의 불변기간 이내에 항고장(抗告狀)을 원심법원에 제출하여야 한다.

④ 항고 기각

㉠ 채무자 및 소유자

채무자 및 소유자가 한 제3항의 항고가 기각된 때에는 항고인은 보증으로 제공한 금전이나 유가증권을 돌려 줄 것을 요구하지 못한다.

㉡ 채무자 및 소유자 외의 사람

채무자 및 소유자 외의 사람이 한 제3항의 항고가 기각된 때에는 항고인은 보증으로 제공한 금전이나, 유가증권을 현금화한 금액 가운데 항고를 한 날부터 항고기각결정이 확정된 날까지의 매각대금에 대한 대법원규칙이 정하는 이율에 의한 금액(보증으로 제공한 금전이나, 유가증권을 현금화한 금액을 한도로 한다)에 대하여는 돌려 줄 것을 요구할 수 없다.

### (3) 매각불허가결정(민사집행법 제123조)

① 법원은 이의신청이 정당하다고 인정한 때에는 매각을 허가하지 아니한다.

② 관청의 허가나 증명을 필요로 하는 경우에는 매각결정기일까지 제출하여야한다. 따라서 농지의 경우에 농지취득자격증명을 매각결정기일까지 제출하지 않으면 매각불허가결정을 받는다.

③ 매각불허가결정에 대해서는 1주일이내에 항고하여야 한다.

④ 제121조와 제123조의 규정에 따라 매각을 허가하지 아니하고 다시 매각을 명하는 때에는 직권으로 새 매각기일을 정하여야 한다(민사집행법 제125조). 이 때에는 최저매각가격의 저감 없이 새매각기일을 정하게 된다.

## 7 대금납부

### (1) 대금지급기한

매각허가결정이 확정되면 법원은 대금의 지급기한을 정하고, 이를 매수인과 차순위매수신고인에게 통지하여야 한다. 매수인은 대금지급기한까지 매각대금을 지급하여야 한다(민사집행법 제142조).

### (2) 소유권취득

매수인은 매각대금을 다 낸 때에 매각의 목적인 권리를 취득한다. 매수인이 대금지급기한 내 언제라도 대금을 납부하면 소유권을 취득한다(민사집행법 제135조).

### (3) 대금미납 및 재매각(민사집행법 제138조)

① 매수인이 대금지급기한 또는 제142조 제4항의 다시 정한 기한까지 그 의무를 완전히 이행하지 아니하였고, 차순위매수신고인이 없는 때에는 법원은 직권으로 부동산의 재매각을 명하여야 한다.

② 재매각절차에도 종전에 정한 최저매각가격, 그 밖의 매각조건을 적용한다.

③ 매수인이 재매각기일의 3일 이전까지 대금, 그 지급기한이 지난 뒤부터 지급일까지의 대금에 대한 대법원규칙이 정하는 이율에 따른 지연이자와 절차비용을 지급한 때에는 재매각절차를 취소하여야 한다.

④ 재매각절차에서는 전의 매수인은 매수신청을 할 수 없으며 매수신청의 보증을 돌려 줄 것을 요구하지 못한다.

## 8 배당(민사집행법 제145조)



### (1) 배당기일 통지 및 배당

① 매수인이 매각대금을 지급하면 법원은 배당에 관한 진술 및 배당을 실시할 기일을 정하고 이해관계인과 배당을 요구한 채권자에게 이를 통지하여야 한다. 다만, 채무자가 외국에 있거나 있는 곳이 분명하지 아니한 때에는 통지하지 아니한다.

② 매각대금이 지급되면 법원은 배당절차를 밟아야 한다.

### (2) 배당순위

매각대금으로 배당에 참가한 모든 채권자를 만족하게 할 수 없는 때에는 법원은 민법·상법, 그 밖의 법률에 의한 우선순위에 따라 배당하여야 한다.

| |
|---|
| ① 경매 비용, 제3취득자의 비용상환 청구(필요비,유익비)<br>② 최우선변제권(소액임차인, 최종 3년간 퇴직금, 최종 3월간 임금)<br>③ 우선변제권 (담보물권, 확정일자부 임차권, 등기된 임차권, 당해세 이외의 국세 지방세)<br>④ 일반임금채권<br>⑤ 각종공과금(건강보험료, 국민연금보험료, 산업재해보상보험료 등)<br>⑥ 일반채권 (확정일자 받지 않은 임차인) |

### (3) 배당요구해야 배당 받는 자

① 집행력 있는 정본을 가진 채권자

② 경매개시결정등기 된 후의 가압류 채권자

③ 민법, 상법, 기타 법률에 의하여 우선변제 청구권이 있는 채권자

### (4) 배당요구 없이도 배당 받는 자

첫 경매 개시결정등기 전에 경료 된 담보권자, 임차권등기권리자, 압류등기자, 가압류등기자는 배당요구 없어도 배당을 받는다.

## 9 이전등기

매각대금이 지급되면 법원사무관등은 매각허가결정의 등본을 붙여 다음 각호의 등기를 촉탁하여야 한다(법 제144조 제1항).

> 1. 매수인 앞으로 소유권을 이전하는 등기
> 2. 매수인이 인수하지 아니한 부동산의 부담에 관한 기입을 말소하는 등기
> 3. 제94조 및 제139조 제1항의 규정에 따른 경매개시결정등기를 말소하는 등기

## 10 인도

법원은 매수인이 대금을 낸 뒤 6월 이내에 신청하면 채무자·소유자 또는 부동산 점유자에 대하여 부동산을 매수인에게 인도하도록 명할 수 있다. 다만, 점유자가 매수인에게 대항할 수 있는 권원에 의하여 점유하고 있는 것으로 인정되는 경우에는 그러하지 아니하다(법 제136조 제1항).

# 제2절 권리분석 제34회

## 1 말소기준

### (1) 말소

금전을 목적으로 하는 경매신청등기, 담보가등기, 저당권(근저당), 압류(가압류)등기는 매각으로 배당금에서 배당 받고 소멸한다. 이러한 권리자는 배당에서 못 받는 경우에도 매각으로 소멸한다. 매각부동산 위의 모든 저당권은 매각으로 소멸된다(제91조 제2항).

### (2) 말소기준

금전을 목적으로 한 위의 등기 중 등기부상 순위가 제일 빠른 등기가 말소기준이 된다. 말소기준권리를 기준으로 앞서는 등기는 매수인이 원칙적으로 인수하고 후순위 권리는 소멸하는 것이 원칙이다.

## 2 원칙 : 소멸 또는 인수

(1) 지상권·지역권·전세권 및 등기된 임차권은 저당권·압류채권·가압류채권에 대항할 수 없는 경우에는 매각으로 소멸된다(제91조 제3항).

(2) 지상권·지역권·전세권 및 등기된 임차권은 저당권·압류채권·가압류채권에 대항할 수 있는 경우에는 지상권·지역권·전세권 및 등기된 임차권은 매수인이 인수한다(제91조 제4항).

## 3 예외

### (1) 선순위 전세권자의 배당요구

전세권의 경우에는 전세권자가 제88조에 따라 배당요구를 하면 매각으로 소멸된다(제91조 제4항).

### (2) 유치권

① 매수인은 유치권자(留置權者)에게 그 유치권(留置權)으로 담보하는 채권을 변제할 책임이 있다(제91조 제5항).

② 유치권자의 점유가 경매등기 전에 개시되어야 매수인에게 유치권으로 대항할 수 있다.

# CHAPTER 08 기출 및 예상문제

**01 개업공인중개사가 중개의뢰인에게 「민사집행법」에 따른 부동산의 경매에 관하여 설명한 내용으로 <u>틀린</u> 것은?** (제28회)

① 부동산의 매각은 호가경매, 기일입찰 또는 기간입찰의 세 가지 방법 중 집행법원이 정한 방법에 따른다.
② 강제경매신청을 기각하거나 각하하는 재판에 대하여는 즉시 항고를 할 수 있다.
③ 경매개시결정을 한 부동산에 대하여 다른 강제경매의 신청이 있는 때에는 법원은 뒤의 경매신청을 각하해야 한다.
④ 경매신청이 취하되면 압류의 효력은 소멸된다.
⑤ 매각허가결정에 대하여 항고를 하고자 하는 사람은 보증으로 매각대금의 10분의 1에 해당하는 금전 또는 법원이 인정한 유가증권을 공탁해야 한다.

해설 강제경매절차 또는 담보권 실행을 위한 경매절차를 개시하는 결정을 한 부동산에 대하여 다른 강제경매의 신청이 있는 때에는 법원은 다시 경매개시결정을 하고, 먼저 경매개시결정을 한 집행절차에 따라 경매한다.

정답 ③

**02 법원은 X부동산에 대하여 담보권 실행을 위한 경매절차를 개시하는 결정을 내렸고, 최저매각가격을 1억원으로 정하였다. 기일입찰로 진행되는 이 경매에서 매수신청을 하고자 하는 중개의뢰인 甲에게 개업공인중개사가 설명한 내용으로 옳은 것은?** (제30회)

① 甲이 1억 2천만원에 매수신청을 하려는 경우, 법원에서 달리 정함이 없으면 1천 2백만원을 보증금액으로 제공하여야 한다.
② 최고가매수신고를 한 사람이 2명인 때에는 법원은 그 2명뿐만 아니라 모든 사람에게 다시 입찰하게 하여야 한다.
③ 甲이 다른 사람과 동일한 금액으로 최고가매수신고를 하여 다시 입찰하는 경우, 전의 입찰가격에 못미치는 가격으로 입찰하여 매수할 수 있다.
④ 1억 5천만원의 최고가매수신고인이 있는 경우, 법원에서 보증금액을 달리 정하지 않았다면 甲이 차순위매수신고를 하기 위해서는 신고액이 1억 4천만원을 넘어야 한다.
⑤ 甲이 차순위매수신고인인 경우 매각기일이 종결되면 즉시 매수신청의 보증을 돌려줄 것을 신청할 수 있다.

해설 ① 최저매각가격의 10분의 1인 1000만원으로 보증금으로 제공하여야 한다.
② 2명을 상대로 해서 재입찰한다.
③ 전의 입찰가격 이상으로 매수신청하여야 한다.
⑤ 최고가매수신고인이 매각대금을 납부하면 차순위매수신고인은 즉시 매수신청보증금의 반환을 청구할 수 있다.

정답 ④



**03 개업공인중개사가 민사집행법에 따른 경매에 대해 의뢰인에게 설명한 내용으로 옳은 것은?** (제26회)

① 기일입찰에서 매수신청인은 보증으로 매수가격의 10분의 1에 해당하는 금액을 집행관에게 제공해야 한다.
② 매각허가결정이 확정되면 법원은 대금지급기일을 정하여 매수인에게 통지해야 하고 매수인은 그 대금지급기일에 매각대금을 지급해야 한다.
③ 민법·상법 그 밖의 법률에 의하여 우선변제청구권이 있는 채권자는 매각결정기일까지 배당요구를 할 수 있다.
④ 매수인은 매각부동산 위의 유치권자에게 그 유치권으로 담보하는 채권을 변제할 책임이 없다.
⑤ 매각부동산 위의 전세권은 저당권에 대항할 수 있는 경우라도 전세권자가 배당요구를 하면 매각으로 소멸된다.

해설 ① 매수신청보증금은 최저매각가격의 10분의 1이다.
② 법원은 대금지급기한을 정하여 통지해야 하고 매수인은 그 대금지급기한내에 언제든지 매각대금을 납부하면 된다.
③ 배당요구는 배당요구종기(첫 매각기일 이전)까지 하여야 한다.
④ 매수인은 매각부동산 위의 유치권자에게 그 유치권으로 담보하는 채권을 변제할 책임이 있다.

정답 ⑤

**04 매수신청대리인으로 등록한 개업공인중개사가 X부동산에 대한 「민사집행법」상 경매절차에서 매수신청대리의 위임인에게 설명한 내용으로 틀린 것은?** (다툼이 있으면 판례에 따름) (제34회)

① 최선순위의 전세권자는 배당요구 없이도 우선변제를 받을 수 있으며, 이 때 전세권은 매각으로 소멸한다.
② X부동산에 대한 경매개시결정의 기입등기 전에 유치권을 취득한 자는 경매절차의 매수인에게 자기의 유치권으로 대항할 수 있다.
③ 최선순위의 지상권은 경매절차의 매수인이 인수한다.
④ 후순위 저당권자의 신청에 의한 경매라 하여도 선순위저당권자의 저당권은 매각으로 소멸한다.
⑤ 집행법원은 배당요구의 종기를 첫 매각기일 이전으로 정한다.

**해설** ① 최선순위의 전세권자는 배당요구해야 우선변제를 받을 수 있으며, 이 때 전세권은 배당을 전부 받든 일부 받든 매각으로 소멸한다.

**정답** ①

**05 개업공인중개사가 「민사집행법」에 따른 강제경매에 관하여 중개의뢰인에게 설명한 내용으로 틀린 것은?** (제35회)

① 법원이 경매절차를 개시하는 결정을 할 때에는 동시에 그 부동산의 압류를 명하여야 한다.
② 압류는 부동산에 대한 채무자의 관리·이용에 영향을 미치지 아니한다.
③ 제3자는 권리를 취득할 때에 경매신청 또는 압류가 있다는 것을 알았을 경우에도 압류에 대항할 수 있다.
④ 경매개시결정이 등기된 뒤에 가압류를 한 채권자는 배당요구를 할 수 있다.
⑤ 이해관계인은 매각대금이 모두 지급될 때까지 법원에 경매개시결정에 대한 이의신청을 할 수 있다.

**해설** 제3자는 권리를 취득할 때에 경매신청 또는 압류가 있다는 것을 알았을 경우에는 압류에 대항할 수 없다.

**정답** ③

# 매수신청대리인 제27회 제28회 제29회 제30회 제31회 제32회 제33회 제35회

**단원별 학습포인트**

- 매수신청대리인 등록규칙 및 예규는 학습내용이 많지만 매년 1문제 출제된다. 특히 개업공인중개사와 비교하여 차이점을 잘 정리해 두어야 한다. 대리인등록요건, 대리권범위, 매수신청대리보수, 매수신청대리행위방식을 중점적으로 공부하여야 한다.



이 규칙은 「공인중개사법」(이하 "법"이라 한다)이 대법원규칙에 위임한 개업공인중개사의 매수신청대리인 등록 및 감독에 관한 사항과 그 시행에 관하여 필요한 사항을 규정함을 목적으로 한다(공인중개사의 매수신청대리인 등록 규칙 제1조).

## 제1절 매수신청대리인 등록요건 제34회

### 1 등록장소

매수신청대리인이 되고자 하는 개업공인중개사는 중개사무소(법인인 개업공인중개사의 경우에는 주된 중개사무소를 말한다)가 있는 곳을 관할하는 지방법원의 장(이하 "지방법원장"이라 한다)에게 매수신청대리인 등록을 하여야 한다(규칙 제4조).

### 2 등록요건

공인중개사가 매수신청대리인으로 등록하기 위한 요건은 다음과 같다(규칙 제5조).

#### (1) 개업공인중개사이거나 법인인 개업공인중개사일 것

① 개업공인중개사 또는 법인인 개업공인중개사만 매수신청대리인으로 등록신청할 수 있다. 따라서 부칙 제6조 제2항의 개업공인중개사는 매수신청대리인으로 등록할 수 없다.

② 공인중개사는 개업공인중개사로 개설등록하지 않은 상태에서는 매수신청대리인으로 등록할 수 없다. 마찬가지로 소속공인중개사는 매수신청대리인으로 등록신청 할 자격이 없다.

### (2) 제10조의 규정에 따라 부동산경매에 관한 실무교육을 이수하였을 것

① 매수신청대리인 등록을 하고자 하는 개업공인중개사(다만, 법인인 개업공인중개사의 경우에는 공인중개사인 대표자를 말한다)는 등록신청일 전 1년 이내에 법원행정처장이 지정하는 교육기관에서 부동산 경매에 관한 실무교육을 이수하여야 한다. 중개업에 대한 실무교육은 법인의 경우에 대표자를 포함한 임원 또는 사원 전원이 실무교육을 받아야 하지만 경매실무교육은 법인인 개업공인중개사의 대표자만 실무교육을 받으면 된다.

② 다만, 제13조의2 제1항 및 제18조 제4항 제2호의 규정에 따른 폐업신고 후 1년 이내에 다시 등록신청을 하고자 하는 자는 그러하지 아니하다.

③ 경매 실무교육시간은 32시간 이상 44시간 이내로 한다. 실무교육은 직업윤리, 민사소송법, 민사집행법, 경매실무 등 필수과목 및 교육기관이 자체적으로 정한 부동산경매 관련과목의 수강과 교육과목별 평가로 한다(예규 제6조 제1항 제2항).

④ 실무교육에 필요한 전문인력 및 교육시설을 갖추고 객관적 평가기준을 마련한 다음 각 호의 기관 또는 단체는 법원행정처장에게 그 지정승인을 요청할 수 있다(예규 제6조 제3항).

> 1. 「고등교육법」에 따라 설립된 대학 또는 전문대학으로서 부동산관련학과가 개설된 학교
> 2. 「공인중개사법 제41조의 규정에 따라 설립된 공인중개사협회

실무교육비교

| | 중개업 | 경매 |
|---|---|---|
| 1. 실시권자 | 시·도지사 | 법원행정처장이 지정하는 교육기관 |
| 2. 대상 | 임원 사원 전원 | 대표자 |
| 3. 교육 시간 | 28시간 ~ 32시간 | 32시간 ~ 44시간 |
| 4. 교육 내용 | 평가 × | 평가 ○ |

### (3) 제11조 제2항의 규정에 따라 보증보험 또는 공제에 가입하였거나 공탁을 하였을 것

① 매수신청대리인이 된 개업공인중개사는 매수신청대리를 함에 있어서 고의 또는 과실로 인하여 위임인에게 재산상 손해를 발생하게 한 때에는 그 손해를 배상할 책임이 있다.

② 매수신청대리인이 되고자 하는 개업공인중개사는 제1항의 규정에 따른 손해배상책임을 보장하기 위하여 보증보험 또는 협회의 공제에 가입하거나 공탁을 하여야 한다. 이러한 보증설정은 매수신청대리인으로 등록하기 위해서 미리 갖춰야 할 요건에 해당한다는 점에 유의하여야 한다.

③ 보증설정 방법은 보증보험 공제 또는 공탁의 세가지 방법이 있다.

④ 개업공인중개사가 제11조 제2항의 규정에 따른 손해배상책임을 보장하기 위한 보증을 설정하여야 하는 금액은 다음 각 호와 같다(규칙 제13조(보증금액) ①항).

> 1. **법인인 개업공인중개사** : 4억 원 이상. 다만, 분사무소를 두는 경우에는 분사무소마다 2억 원 이상을 추가로 설정하여야 한다.
> 2. **법인이 아닌 개업공인중개사** : 2억 원 이상보증설정

## 3 등록 결격사유

다음 각 호의 어느 하나에 해당하는 자는 매수신청대리인 등록을 할 수 없다(규칙 제6조).

> 1. 매수신청대리인 등록이 취소된 후 3년이 지나지 아니한 자. 단, 제21조 제1항 제2호(중개업의 폐업신고)에 의한 매수신청대리인 등록 취소는 3년이 지나기 전에도 매수신청대리인으로 재등록이 가능하다.
> 2. 민사집행절차에서의 매각에 관하여 형법 제136조·제137조·제140조·제140조의2·제142조·제315조 및 제323조 내지 제327조에 규정된 죄로 유죄판결을 받고 그 판결확정일부터 2년이 지나지 아니한 사람
> 3. 제22조의 규정에 의하여 매수신청대리업무정지처분을 받고 법 제21조의 규정에 의한 폐업신고를 한 자로서 업무정지기간(폐업에 불구하고 진행되는 것으로 본다)이 경과되지 아니한 자
> 4. 제22조의 규정에 의하여 매수신청대리업무정지처분을 받은 개업공인중개사인 법인의 업무정지의 사유가 발생한 당시의 사원 또는 임원이었던 자로서 당해 개업공인중개사에 대한 업무정지기간이 경과되지 아니한 자
> 5. 제1호부터 제4호까지 중 어느 하나에 해당하는 자가 사원 또는 임원으로 있는 법인인 개업공인중개사

## 제 2 절 등록절차 제34회

### (1) 등록신청 및 제출서류

① 규칙 제4조의 규정에 따라 매수신청대리인으로 등록하고자 하는 자는 매수신청대리인 등록신청서(별지 제1호 양식)에 다음 각 호의 서류를 첨부하여 중개사무소(법인의 경우에는 주된 중개사무소를 말한다)가 있는 곳을 관할하는 지방법원의 장에게 신청하여야 한다(예규 제2조).

1. 공인중개사 자격증 사본
2. 법인의 등기사항증명서(법인인 경우에 한한다) 다만, 「전자정부법」 제38조 제1항의 규정에 따른 행정정보의 공동이용을 통하여 그 서류에 대한 정보를 확인할 수 있는 경우에는 그 확인으로 갈음할 수 있다.
3. 중개사무소등록증 사본
4. 실무교육 이수증 사본
5. 여권용 사진(3.5cm×4.5cm) 2매
6. 규칙 제11조 제2항에 따라 보증을 제공하였음을 증명하는 보증보험증서 사본, 공제증서 사본 또는 공탁증서 사본

② 매수신청대리인 등록신청 수수료는 공인중개사의 경우 20,000원, 법인의 경우 30,000원이고, 정부수입인지로 납부하여야 한다.

### (2) 등록장소 및 등록처분

매수신청대리인 등록신청을 받은 지방법원장은 14일 이내에 다음 각 호의 개업공인중개사의 종별에 따라 구분하여 등록을 하여야 한다.

1. 개업공인중개사
2. 법인인 개업공인중개사

### (3) 등록증 교부(예규 제3조)

① 지방법원장은 매수신청대리인 등록을 한 자에게 규칙 제8조 제1항의 규정에 따라 매수신청대리인등록증을 교부하고, 매수신청대리인등록대장에 그 등록에 관한 사항을 기록·유지하여야 한다.

② 등록번호는 법원별 고유번호 두 자리 숫자, 서기 연도의 뒤 두 자리 숫자, 진행번호인 아라비아 숫자로 표시하고, 진행번호는 등록증을 발급한 시간순서에 따라 일련번호로써 부여한다.

# 제3절 매수신청대리행위 제34회

## 1 매수신청대리 대상물

**제3조 【매수신청대리의 대상물】** 이 규칙에 의한 매수신청대리의 대상물은 다음 각 호와 같다. 〈개정 2017. 5. 25.〉

1. 토지
2. 건물 그 밖의 토지의 정착물
3. 「입목에 관한 법률」에 따른 입목
4. 「공장 및 광업재단 저당법」에 따른 공장재단, 광업재단

매수신청대리 대상물이 규칙 제3조에서 규정되어 있다. 이러한 대상 물건을 입찰대리하기 위해서는 법원에 등록하여야 한다. 공인중개사법상의 중개대상물건과 동일하다. 법원에서 경매 진행되는 물건에는 자동차도 있지만 매수신청대리대상물에 해당하지는 않는다.

## 2 매수신청대리인 대리권 범위

### (1) 해당하는 것

법원에 매수신청대리인으로 등록된 개업공인중개사가 매수신청대리의 위임을 받은 경우 다음 각 호의 행위를 할 수 있다(규칙 제2조).

1. 「민사집행법」 제113조의 규정에 따른 매수신청 보증의 제공
2. 입찰표의 작성 및 제출
3. 「민사집행법」 제114조의 규정에 따른 차순위매수신고
4. [민사집행법」 제115조 제3항, 제142조 제6항의 규정에 따라 매수신청의 보증을 돌려 줄 것을 신청하는 행위
5. 「민사집행법」 제140조의 규정에 따른 공유자의 우선매수신고
6. 구 「임대주택법」(법률 제13499호로 전면 개정되기 전의 것) 제22조의 규정에 따른 임차인의 임대주택 우선매수신고
7. 공유자 또는 임대주택 임차인의 우선매수신고에 따라 차순위매수신고인으로 보게 되는 경우 그 차순위매수신고인의 지위를 포기하는 행위

### (2) 해당하지 않은 것

매수신청대리인인 개업공인중개사는 규칙 제2조에 규정되지 않은 업무에 대해서는 대리행위를 할 수 없다. 예를 들어 법원에 인도명령신청행위, 인도소송행위, 기일변경신청행위, 경매법원의 결정에 대해 항고하는 행위는 매수신청대리인이 대리할 수 있는 행위에 해당하지 않는다.

## 3 대리행위 방식

### (1) 대리권을 증명하는 문서 제출

① 개업공인중개사는 제2조 각 호에 규정된 대리행위를 하는 경우 각 대리행위마다 대리권을 증명하는 문서를 제출하여야 한다. 다만, 같은 날 같은 장소에서 제2조 각 호에 규정된 대리행위를 동시에 하는 경우에는 하나의 서면으로 갈음할 수 있다(규칙 제14조).

② 대리권을 증명하는 문서는 본인의 인감증명서가 첨부된 위임장과 대리인등록증 사본 등을 의미한다. 법인인 개업공인중개사의 경우에는 제1항에 규정된 문서 이외에 대표자의 자격을 증명하는 문서를 제출하여야 한다.

③ 규칙 제14조 제1항·제3항에 규정된 대리권을 증명하는 문서는 매 사건마다 제출하여야 한다. 다만, 개별매각의 경우에는 매 물건번호마다 제출하여야 한다(예규12조 제1항).

④ 위임장에는 사건번호, 개별매각의 경우 물건번호, 대리인의 성명과 주소, 위임내용, 위임인의 성명과 주소를 기재하고, 위임인의 인감도장을 날인하고 인감증명서를 첨부하거나 위임인이 위임장에 서명하고 본인서명사실확인서 또는 전자본인서명확인서의 발급증을 첨부하여야 한다(예규 제12조 제2항).

### (2) 직접출석

개업공인중개사는 제2조의 규정에 따른 대리행위를 함에 있어서 매각장소 또는 집행법원에 직접 출석하여야 한다. 따라서 매수신청대리인인 개업공인중개사가 소속공인중개사 또는 중개보조원으로 하여금 대리 출석하여 대리행위를 하게 할 수 없다.

# 제 4 절 매수신청대리인의 의무 제35회

## 1 확인·설명의무

### (1) 확인·설명 방법

개업공인중개사가 매수신청대리를 위임받은 경우 매수신청대리 대상물의 권리관계, 경제적 가치, 매수인이 부담하여야 할 사항 등에 대하여 위임인에게 성실·정확하게 설명하고 등기사항증명서 등 설명의 근거자료를 제시하여야 한다(규칙 제16조).

### (2) 확인·설명사항

규칙 제16조의 확인·설명사항은 다음과 같다.

> 1. 당해 매수신청대리 대상물의 표시 및 권리관계
> 2. 법령의 규정에 따른 제한사항
> 3. 당해 매수신청대리 대상물의 경제적 가치
> 4. 당해 매수신청대리 대상물에 관한 소유권을 취득함에 따라 부담·인수하여야 할 권리 등 사항

### (3) 확인·설명서 작성 교부 보존

① 확인·설명서 보존

개업공인중개사는 위임계약을 체결한 경우 확인·설명 사항을 서면으로 작성하여 서명날인한 후 위임인에게 교부하고, 그 사본을 사건카드에 철하여 5년간 보존하여야 한다.

② 서명 날인

확인·설명서의 서명날인에는 공인중개사법 제16조의 규정에 따라 등록한 인장을 사용하여야 한다. 규칙 제16조 제2항의 매수신청대상물 확인·설명서는 별지 제8호 양식과 같다.

## 2 사건카드 작성 보존 의무

### (1) 사건카드 비치 및 보존

개업공인중개사는 매수신청대리 사건카드를 비치하고, 사건을 위임받은 때에는 사건카드에 위임받은 순서에 따라 일련번호, 경매사건번호, 위임받은 연월일, 보수액과 위임인의 주소·성명 기타 필요한 사항을 기재하고, 서명날인 한 후 5년간 이를 보존하여야 한다(규칙 제15조).

### (2) 서명 날인

사건 카드의 서명날인에는 공인중개사법 제16조의 규정에 따라 등록한 인장을 사용하여야 한다.

## 3 손해배상책임 및 보증설정의무

### (1) 손해배상책임

매수신청대리인이 된 개업공인중개사는 매수신청대리를 함에 있어서 고의 또는 과실로 인하여 위임인에게 재산상 손해를 발생하게 한 때에는 그 손해를 배상할 책임이 있다(규칙 제11조 제1항).

### (2) 보증설정의무

① 보증설정 방법

매수신청대리인이 되고자 하는 개업공인중개사는 제1항의 규정에 따른 손해배상책임을 보장하기 위하여 보증보험 또는 협회의 공제에 가입하거나 공탁(이하 "보증"이라 한다)을 하여야 한다(제11조 제2항). 공탁한 공탁금은 매수신청대리인이 된 개업공인중개사가 폐업, 사망 또는 해산한 날부터 3년 이내에는 이를 회수할 수 없다(제11조 제3항).

② 보증설정금액

개업공인중개사가 제11조 제2항의 규정에 따른 손해배상책임을 보장하기 위한 보증을 설정하여야 하는 금액은 다음 각 호와 같다(제13조 제1항).

> 1. 법인인 개업공인중개사 : 4억 원 이상. 다만, 분사무소를 두는 경우에는 분사무소마다 2억 원 이상을 추가로 설정하여야 한다.
> 2. 법인이 아닌 개업공인중개사 : 2억 원 이상

③ 보증의 변경

규칙 제11조 제2항의 규정에 따라 보증을 설정한 개업공인중개사가 그 보증을 다른 보증으로 변경하고자 하는 경우에는 이미 설정한 보증의 효력이 있는 기간 중에 다른 보증을 설정하고, 그 증빙서를 갖추어 관할 지방법원장에게 제출하여야 한다(예규 제10조 제1항).

④ 기간만료로 인한 재설정

보증보험 또는 공제에 가입한 개업공인중개사로서 보증기간의 만료로 인하여 다시 보증을 설정하고자 하는 자는 당해 보증기간 만료일까지 다시 보증을 설정하고, 관할 지방법원장에게 제출하여야 한다(예규 제10조 제2항).

### (3) 보증설정사항 설명의무

매수신청의 위임을 받은 개업공인중개사는 매수신청인에게 손해배상책임의 보장에 관한 다음 각 호의 사항을 설명하고 관계증서의 사본을 교부하거나 관계증서에 관한 전자문서를 제공하여야 한다. 〈개정 2017. 5. 25.〉(제11조 제4항)

| 1. 보장금액<br>2. 보증보험회사, 공제사업을 행하는 자, 공탁기관 및 그 소재지<br>3. 보장기간 |
|---|

### (4) 손해배상금 지급 및 재설정

① 매수신청인이 손해배상금으로 보증보험금, 공제금 또는 공탁금을 지급받고자 하는 경우에는 당해 매수신청인과 매수신청대리인이 된 개업공인중개사와의 손해배상합의서, 화해조서, 확정된 법원의 판결서 사본 또는 기타 이에 준하는 효력이 있는 서류를 첨부하여 보증기관에 손해배상금의 지급을 청구하여야 한다(예규 제11조 제1항).

② 매수신청대리인이 된 개업공인중개사가 보증보험금, 공제금 또는 공탁금으로 손해배상을 한 때에는 15일 이내에 보증보험 또는 공제에 다시 가입하거나 공탁금 중 부족하게 된 금액을 보전하여야 한다(예규 제11조 제2항).



### (5) 협회 공제사업

① **공제사업의 범위**

법 제41조의 규정에 따라 설립된 협회는 제11조의 규정에 따른 개업공인중개사의 손해배상책임을 보장하기 위하여 공제사업을 할 수 있다(규칙 제12조 제1항).

규칙 제12조의 규정에 따라 협회가 할 수 있는 공제사업의 범위는 다음 각 호와 같다(예규 제7조).

| 1. 규칙 제11조의 규정에 따른 손해배상책임을 보장하기 위한 공제기금의 조성 및 공제금의 지급에 관한 사업<br>2. 공제사업의 부대업무로서 공제규정으로 정하는 사업 |
|---|

② **공제규정 승인**

협회는 공제사업을 하고자 하는 때에는 공제규정을 제정하여 법원행정처장의 승인을 얻어야 한다. 공제규정을 변경하고자 하는 때에도 또한 같다(규칙 제12조 제2항). 규칙 제12조 제3항의 규정에 따른 공제규정은 다음 각 호의 기준에 따라야 한다(예규 제8조).

| 1. **공제계약의 내용** : 협회의 공제책임, 공제금, 공제료, 공제기간, 공제금의 청구와 지급절차, 구상 및 대위권, 공제계약의 실효 그 밖에 공제계약에 필요한 사항<br>2. **공제금** : 규칙 제13조 제1항의 규정에 따른 손해배상책임 보장금액<br>3. **공제료** : 공제사고 발생률, 보증보험료 등을 종합적으로 고려하여 결정한 금액<br>4. **회계기준** : 공제사업을 손해배상기금과 복지기금으로 구분하여 각 기금별 목적 및 회계원칙에 부합되는 세부기준을 규정 |
|---|

5. 책임준비금의 적립비율 : 공제사고 발생률 및 공제금 지급액 등을 종합적으로 고려하여 결정하되, 공제료 수입액의 100분의 10 이상으로 규정

③ 구분회계관리 및 승인

협회는 공제사업을 다른 회계와 구분하여 별도의 회계로 관리하여야 하며, 책임준비금을 다른 용도로 사용하고자 하는 경우에는 법원행정처장의 승인을 얻어야 한다(규칙 제12조 제4항).

④ 운용실적 공시

협회는 예규에 정하는 바에 따라 매년도의 공제사업 운용실적을 일간신문 또는 협회보 등을 통하여 공제계약자에게 공시하여야 한다(규칙 제12조 제5항). 협회는 다음 각 호의 규정에 따른 공제사업 운용실적을 매회계년도 종료 후 3개월 이내에 일간신문 또는 협회보에 공시하고 협회 홈페이지에 게시하여야 한다(예규 제9조).

1. 결산서인 요약 대차대조표, 손익계산서 및 감사보고서
2. 공제료 수입액, 공제금 지급액, 책임준비금 적립액
3. 그 밖에 공제사업 운용과 관련된 참고사항

⑤ 시정명령

법원행정처장은 협회가 이 규칙 및 공제규정을 준수하지 아니하여 공제사업의 건전성을 해할 우려가 있다고 인정되는 경우에는 이에 대한 시정을 명할 수 있다(규칙 제12조 제6항).

⑥ 검사

「금융위원회의 설치 등에 관한 법률」에 따른 금융감독원의 원장은 법원행정처장으로부터 요청이 있는 경우에는 협회의 공제사업에 관하여 검사를 할 수 있다(규칙 제12조 제7항).

## 4 금지행위

개업공인중개사는 다음 각 호의 행위를 하여서는 아니된다(규칙 제18조 ⑤항).

1. 이중으로 매수신청대리인 등록신청을 하는 행위
2. 매수신청대리인이 된 사건에 있어서 매수신청인으로서 매수신청을 하는 행위
3. 동일 부동산에 대하여 이해관계가 다른 2인 이상의 대리인이 되는 행위
4. 명의대여를 하거나 등록증을 대여 또는 양도하는 행위
5. 다른 개업공인중개사의 명의를 사용하는 행위
6. 「형법」 제315조에 규정된 경매·입찰방해죄에 해당하는 행위
7. 사건카드 또는 확인·설명서에 허위기재하거나 필수적 기재사항을 누락하는 행위
8. 그 밖에 다른 법령에 따라 금지되는 행위

## 5 신의성실 의무 등

### (1) 신의성실의무

개업공인중개사는 신의와 성실로써 공정하게 매수신청대리업무를 수행하여야 한다(규칙 제18조 제1항).

### (2) 비밀준수의무

개업공인중개사는 다른 법률에서 특별한 규정이 있는 경우를 제외하고는 그 업무상 알게 된 비밀을 누설하여서는 아니된다. 개업공인중개사가 그 업무를 떠난 경우에도 같다(규칙 제18조 제2항).



### (3) 매각장소 질서유지

개업공인중개사는 매각절차의 적정과 매각장소의 질서유지를 위하여 「민사집행법」의 규정 및 집행관의 조치에 따라야 한다(규칙 제18조 제3항).

### (4) 법원의 명칭·휘장 표시 – 원칙 금지

매수신청대리인 등록을 한 개업공인중개사는 그 사무소의 명칭이나 간판에 고유한 지명 등 법원행정처장이 인정하는 특별한 경우를 제외하고는 "법원"의 명칭이나 휘장 등을 표시하여서는 아니된다(규칙 제23조). 따라서 법원행정처장이 인정하는 특별한 경우에는 "법원"의 명칭이나 휘장 등을 표시할 수 있다.

## 6 게시의무

개업공인중개사는 등록증·매수신청대리 등 보수표 그 밖에 예규가 정하는 사항을 당해 중개사무소 안의 보기 쉬운 곳에 게시하여야 한다(규칙 제9조).

## 7 각종 신고의무

### (1) 휴업 폐업신고

매수신청대리인은 매수신청대리업을 휴업(3월을 초과하는 경우), 폐업 또는 휴업한 매수신청대리업을 재개하고자 하는 때에는 감독법원에 그 사실을 미리 신고하여야 한다. 휴업기간을 변경하고자 하는 때에도 같다. 매수신청대리인의 대리 업무와 관련된 휴업은 6월을 초과할 수 없다(규칙 제13조의2).

### (2) 기타 신고사항

개업공인중개사는 다음 각 호의 어느 하나에 해당하는 경우에는 그 사유가 발생한 날로부터 10일 이내에 지방법원장에게 그 사실을 신고하여야 한다(규칙 제18조 ④항).

1. 중개사무소를 이전한 경우
2. 중개업을 휴업 또는 폐업한 경우
3. 법 제35조의 규정에 따라 공인중개사 자격이 취소된 경우
4. 법 제36조의 규정에 따라 공인중개사 자격이 정지된 경우
5. 법 제38조의 규정에 따라 중개사무소 개설등록이 취소된 경우
6. 법 제39조의 규정에 따라 중개업무가 정지된 경우
7. 법 제13조의 규정에 따라 분사무소를 설치한 경우

## 제7절 매수신청대리인의 보수

### 1 보수에 대한 규제(규칙 제17조)

#### (1) 법정한도 - 예규

개업공인중개사는 매수신청대리에 관하여 위임인으로부터 예규에서 정한 보수표의 범위 안에서 소정의 보수를 받는다. 이때 보수 이외의 명목으로 돈 또는 물건을 받거나 예규에서 정한 보수 이상을 받아서는 아니된다.

#### (2) 보수 설명

개업공인중개사는 제1항의 보수표와 보수에 대하여 이를 위임인에게 위임계약 전에 설명하여야 한다.

#### (3) 영수증 작성 교부

개업공인중개사는 제1항의 규정에 따라 보수를 받은 경우 예규에서 정한 양식에 의한 영수증을 작성하여 서명날인한 후 위임인에게 교부하여야 한다. 서명 날인할 때에는 공인중개사법 제16조에 규정에 따라 등록된 인장으로 날인하여야 한다.

#### (4) 보수 지급시기

보수의 지급시기는 매수신청인과 매수신청대리인의 약정에 따르며, 약정이 없을 때에는 매각대금의 지급기한일로 한다.

## 2 구체적 법정한도

### (1) 상담 및 권리분석 보수

상감 및 권리분석 보수는 50만원의 범위 안에서 당사자의 합의에 의하여 결정한다.

### (2) 매수신청대리 보수

① **매각허가결정이 확정되어 매수인으로 된 경우**
매수신청대리 보수는 감정가의 1% 이하 또는 최저매각가격의 1.5% 이하의 범위 안에서 당사자의 합의에 의하여 결정한다.

② **최고가매수신고인 또는 매수인으로 되지 못한 경우**
매수신청대리 보수는 50만원의 범위 안에서 당사자의 합의에 의하여 결정한다.

**※ 상담 및 권리분석 보수와 매수신청대리 보수는 동시에 받을 수 없다.**

### (3) 실비

① 실비는 30만원의 범위 안에서 당사자의 합의에 의하여 결정한다.

② 실비는 매수신청대리와 관련하여 발생하는 특별한 비용(원거리 출장비, 원거리 교통비 등)으로써 개업공인중개사는 이에 관한 영수증 등을 첨부하여 청구하여야 한다.

③ 매수신청대리와 관련하여 발생하는 통상의 비용(등기사항증명서 비용, 근거리 교통비 등)은 위 보수에 당연히 포함된 것으로 보고 별도로 청구하지 않는다.

**참고학습 | 매수신청대리 등 보수표**

(1) 상담 및 권리분석 보수
① 보수 : 50만원의 범위 안에서 당사자의 합의에 의하여 결정한다.
② 주의사항
- 4개 부동산 이상의 일괄매각의 경우에는 3개를 초과하는 것부터 1부동산 당 5만원의 범위 안에서 상한선을 증액할 수 있다(예를 들어, 5개 부동산의 일괄매각의 경우 3개를 초과하는 2개 때문에 60만원까지로 보수의 상한선 범위가 증액될 수 있음).
- 개별매각의 여러 물건을 함께 분석하는 경우에는 1부동산당 5만원의 범위 안에서 상한선을 증액할 수 있다.
- 위 보수에 대하여 위임계약 체결 전에 위임인에게 미리 설명하여야 하며, 이를 사건카드에 반드시 기록하여야 한다.

(2) 매수신청대리 보수
(가) 매각허가결정이 확정되어 매수인으로 된 경우
① 보수 : 감정가의 1% 이하 또는 최저매각가격의 1.5% 이하의 범위 안에서 당사자의 합의에 의하여 결정한다.

② 주의사항

- 위 보수에 대하여 위임계약 체결 전에 위임인에게 미리 설명하여야 하며, 이를 사건카드에 반드시 기록하여야 한다.

(나) 최고가매수신고인 또는 매수인으로 되지 못한 경우

① 보수 요율 : 50만원의 범위 안에서 당사자의 합의에 의하여 결정한다.

② 주의사항

- 위 보수에 대하여 위임계약 체결 전에 위임인에게 미리 설명하여야 하며, 이를 사건카드에 반드시 기록하여야 한다.

(3) 실비

① 보수 : 30만원의 범위 안에서 당사자의 합의에 의하여 결정한다.

② 주의사항

- 실비는 매수신청대리와 관련하여 발생하는 특별한 비용(원거리 출장비, 원거리 교통비 등)으로써 개업공인중개사는 이에 관한 영수증 등을 첨부하여 청구하여야 한다.
- 매수신청대리와 관련하여 발생하는 통상의 비용(등기사항증명서 비용, 근거리 교통비 등)은 위 보수에 당연히 포함된 것으로 보고 별도로 청구하지 않는다.
- 실비에 대하여 위임계약 체결 전에 위임인에게 미리 설명하여야 하며, 이를 사건카드에 반드시 기록하여야 한다.

## 제6절 지도 감독 등

### 1 지도 감독

#### (1) 행정정보의 제공요청

① 법원행정처장은 국토교통부장관, 시장·군수·구청장 또는 공인중개사협회(이하 "협회"라 한다)가 보유·관리하고 있는 개업공인중개사에 관한 행정정보가 필요한 경우에는 국토교통부장관, 시장·군수·구청장 또는 협회에게 이용목적을 밝혀 당해 행정정보의 제공, 정보통신망의 연계, 행정정보의 공동이용 등의 협조를 요청할 수 있다(규칙 제7조 제1항).

② 제1항의 규정에 따른 협조요청을 받은 국토교통부장관, 시장·군수·구청장 또는 협회는 정당한 사유가 없는 한 이에 응하여야 한다(규칙 제7조 제2항).

#### (2) 법원행정처장

① 법원행정처장은 매수신청대리업무에 관하여 협회를 감독한다(규칙 제19조).

② 협회는 등록관청으로부터 중개사무소의 개설등록, 휴업·폐업의 신고, 자격의 취소, 자격의 정지, 등록의 취소, 업무의 정지 등에 관한 사항을 통보받은 후 10일 이내에 법원행정처장에게 통지하

여야 한다.

### (3) 지방법원장

① 지방법원장은 매수신청대리업무에 관하여 관할 안에 있는 협회의 시·도지부와 매수신청대리인 등록을 한 개업공인중개사를 감독한다.

② 지방법원장은 매수신청대리업무에 대한 감독의 사무를 지원장과 협회의 시·도지부에 위탁할 수 있고, 이를 위탁받은 지원장과 협회의 시·도지부는 그 실시 결과를 지체 없이 지방법원장에게 보고하여야 한다.

③ 지방법원장은 법규를 위반하였다고 인정되는 개업공인중개사에 대하여 해당법규에 따른 상당한 처분을 하여야 한다.

④ 지방법원장 또는 제19조 제3항의 규정에 따라 감독의 사무를 행하는 지원장은 매수신청대리인 등록을 한 개업공인중개사에게 매수신청대리업무에 관한 사항에 대하여 보고하게 하거나 자료의 제출 그 밖에 필요한 명령을 할 수 있고, 소속공무원으로 하여금 중개사무소에 출입하여 장부·서류 등을 조사 또는 검사하게 할 수 있다(규칙 제20조).

⑤ 제19조 제3항의 규정에 따라 감독의 사무를 행하는 협회의 시·도지부는 제1항의 규정에 따른 중개사무소 출입·조사 또는 검사를 할 수 있다.

## 2 행정처분

### (1) 절대적 등록취소 사유

지방법원장은 다음 각 호의 어느 하나에 해당하는 경우에는 매수신청대리인 등록을 취소하여야 한다(규칙 제21조 제1항). 매수신청대리인 등록이 취소된 자는 등록증을 관할 지방법원장에게 반납하여야 한다. 개업공인중개사는 매수신청대리인 등록이 취소된 때에는 사무실 내·외부에 매수신청대리업무에 관한 표시 등을 제거하여야 한다.

1. 법 제10조 제1항 각 호의 어느 하나에 해당하는 경우
2. 법 제21조 또는 이 규칙 제13조의2제1항의 규정에 따라 폐업신고를 한 경우
3. 법 제35조의 규정에 따라 공인중개사 자격이 취소된 경우
4. 법 제38조의 규정에 따라 중개사무소 개설등록이 취소된 경우
5. 등록당시 제5조에 규정된 등록요건을 갖추지 않았던 경우
6. 등록당시 제6조에 규정된 결격사유가 있었던 경우

### (2) 임의적 등록취소 사유

지방법원장은 다음 각 호의 어느 하나에 해당하는 경우에는 매수신청대리인 등록을 취소할 수 있다(규칙 제21조 제2항). 매수신청대리인 등록이 취소된 자는 등록증을 관할 지방법원장에게 반납하여야 한다. 개업공인중개사는 매수신청대리인 등록이 취소된 때에는 사무실 내·외부에 매수신청대리업무에 관한 표시 등을 제거하여야 한다.

1. 등록 후 제5조에 규정된 등록요건을 갖추지 못하게 된 경우
2. 등록 후 제6조에 규정된 결격사유가 있게 된 경우
3. 제15조 제1항의 규정을 위반하여 사건카드를 작성하지 아니하거나 보존하지 아니한 경우
4. 제16조 제2항의 규정을 위반하여 확인·설명서를 교부하지 아니하거나 보존하지 아니한 경우
5. 제17조 제1항·제3항의 규정을 위반하여 보수 이외의 명목으로 돈 또는 물건을 받은 경우, 예규에서 정한 보수를 초과하여 받은 경우, 보수의 영수증을 교부하지 아니한 경우
6. 제18조 제2항·제3항·제5항의 규정을 위반한 경우
7. 제20조 제1항의 규정에 따른 감독상의 명령이나 중개사무소의 출입, 조사 또는 검사에 대하여 기피, 거부 또는 방해하거나 거짓으로 보고 또는 제출한 경우
8. 최근 1년 이내에 이 규칙에 따라 2회 이상 업무정지처분을 받고 다시 업무정지처분에 해당하는 행위를 한 경우

### (3) 절대적 업무정지 사유

지방법원장은 개업공인중개사(이 경우 분사무소를 포함한다)가 다음 각 호의 어느 하나에 해당하는 경우에는 기간을 정하여 매수신청대리업무를 정지하는 처분을 하여야 한다(규칙 제22조 제1항). 업무정지기간은 1월 이상 2년 이하로 한다. 매수신청대리인은 업무정지처분을 받은 때에는 업무정지사실을 당해 중개사사무소의 출입문에 표시하여야 한다.

1. 법 제21조 또는 이 규칙 제13조의2 제1항의 규정에 따라 휴업하였을 경우
2. 법 제36조의 규정에 위반하여 공인중개사 자격을 정지당한 경우
3. 법 제39조의 규정에 위반하여 업무의 정지를 당한 경우
4. 제21조 제2항 제1호 내지 제6호 또는 제8호 중 어느 하나에 해당하는 경우

### (4) 임의적업무정지 사유

지방법원장은 매수신청대리인 등록을 한 개업공인중개사(이 경우 분사무소를 포함한다)가 다음 각 호의 어느 하나에 해당하는 경우에는 기간을 정하여 매수신청대리업무의 정지를 명할 수 있다(규칙 제22조 제2항). 업무정지기간은 1월 이상 2년 이하로 한다. 매수신청대리인은 업무정지처분을 받은 때에는 업무정지사실을 당해 중개사사무소의 출입문에 표시하여야 한다.

1. 「민사집행법」 제108조 제1호 내지 제3호 중 어느 하나에 해당하는 경우
2. 제9조의 규정을 위반하여 등록증 등을 게시하지 아니한 경우
3. 제15조 제2항, 제16조 제3항 또는 제17조 제4항의 규정을 위반한 경우
4. 제18조 제4항의 규정을 위반하여 사무소 이전 등의 신고를 하지 아니한 경우
5. 제21조 제2항 제7호의 규정에 해당하는 경우
6. 제23조 제1항의 규정을 위반하여 "법원"의 명칭이나 휘장 등을 표시하였을 경우
7. 그 밖에 이 규칙에 따른 명령이나 처분에 위반한 경우



## 3 행정처분 절차 및 사후관리(예규 제18조)

### (1) 서면통지

지방법원장은 매수신청대리인 등록을 한 개업공인중개사에 대하여 등록취소, 업무정지의 처분을 할 경우에는 당해 위반행위를 조사·확인한 후 위반사실, 징계처분의 내용과 그 기간 등을 서면으로 명시하여 통지하여야 한다.

### (2) 의견진술의 기회 보장

지방법원장은 등록취소, 업무정지처분을 하고자 하는 때에는 10일 이상의 기간을 정하여 개업공인중개사에게 구술 또는 서면(전자문서를 포함한다)에 의한 의견진술의 기회를 주어야 한다. 이 경우 지정된 기일까지 의견진술이 없는 때에는 의견이 없는 것으로 본다.

### (3) 행정처분관리대장 기재 및 보존

지방법원장은 규칙 제21조 또는 제22조의 규정에 따라 등록취소 또는 업무정지처분을 한 때에는 등록취소·업무정지 관리대장(별지 제13호 양식)에 기재하여 5년간 보존하여야 한다.

### (4) 등록증 반납(등록취소)

매수신청대리인 등록취소처분을 받은 개업공인중개사는 처분을 받은 날로부터 7일 이내에 관할 지방법원장에게 등록증을 반납하여야 한다. 개인인 개업공인중개사가 사망한 경우에는 그 개업공인중개사와 세대를 같이 하고 있는 자, 법인인 개업공인중개사가 해산한 경우에는 당해 법인인 개업공인중개사의 대표자 또는 임원이었던 자가 등록취소처분을 받은 날로부터 7일 이내에 등록증을 관할 지방법원장에게 반납하여야 한다.

개업공인중개사와 매수신청대리인 비교

| 구분 | 공인중개사법<br>(개업공인중개사) | 매수신청대리인 등록규칙 및 예규<br>(매수신청대리인) |
| --- | --- | --- |
| 대상물건 | 법정중개대상물 5가지 | 매수신청대리 대상물 5가지 |
| 보증설정 | 등록 후 | 등록 전 |
| 보증설정 | 개인 : 2억원 이상<br>법인인 개업공인중개사 : 4억원 이상<br>지역농협 2천만원 이상 | 공인중개사인 개업공인중개사 : 2억원 이상<br>법인인 개업공인중개사 : 4억원 이상 |
| | 실무교육 | 시·도지사 |
| | 법인의 경우 임원 사원 전원 | 법인인 개업공인중개사의 경우 대표자만 |
| 교육과목별 평가 | 교육과목별 평가 × | 교육과목별 평가 ○ |
| 결격사유 | 12가지 사유 | 5가지 |
| 협회의<br>공제사업 | 공제규정 승인<br>책임준비금 전용승인<br>시정명령<br>(국토교통부장관) | 공제규정 승인<br>책임준비금 전용승인<br>시정명령<br>(법원행정처장) |
| 책임준비금적립비율 | 10/100 이상 | 10/100 이상 |
| 확인·설명서 보존기간 | 3년 | 5년 |
| 확인·설명 사항 | 9가지 | 4가지 |
| 수수료 영수증 | 작성·교부의무 × | 작성·교부의무 ○ |
| 감독관청 | 국장 / 시·도지사 / 등록관청 | 관할지방법원장 |
| 업무정지 | 6월 이하 임의적 | 1월이상~2년 이하<br>절대적 / 임의적 |
| 행정처분관리대장 | × | ○ |
| 표시제거 및 출입문표시 | × | ○ |

# 09 CHAPTER 기출 및 예상문제



**01 매수신청대리인으로 등록한 개업공인중개사 甲이 매수신청대리 위임인 乙에게 「공인중개사의 매수신청대리인 등록 등에 관한 규칙」에 관하여 설명한 내용으로 <u>틀린</u> 것은?** (단, 위임에 관하여 특별한 정함이 없음) (제32회)

① 甲의 매수신고액이 차순위이고 최고가매수신고액에서 그 보증액을 뺀 금액을 넘는 때에만 甲은 차순위매수신고를 할 수 있다.

② 甲은 乙을 대리하여 입찰표를 작성·제출할 수 있다.

③ 甲의 입찰로 乙이 최고가매수신고인이나 차순위매수신고인이 되지 않은 경우, 甲은 「민사집행법」에 따라 매수신청의 보증을 돌려 줄 것을 신청할 수 있다.

④ 乙의 甲에 대한 보수의 지급시기는 당사자 간 약정이 없으면 매각허가결정일로 한다.

⑤ 甲은 기일입찰의 방법에 의한 매각기일에 매수신청대리행위를 할 때 집행법원이 정한 매각장소 또는 집행법원에 직접 출석해야 한다.

해설 매수신청대리인 乙의 甲에 대한 보수의 지급시기는 당사자 간 약정이 없으면 대금지급기한일로 한다.

정답 ④

**02 「공인중개사의 매수신청대리인 등록 등에 관한 규칙」에 따른 개업공인중개사의 매수신청대리에 관한 설명으로 옳은 것은?** (다툼이 있으면 판례에 따름) (제34회)

① 미등기건물은 매수신청대리의 대상물이 될 수 없다.

② 공유자의 우선매수신고에 따라 차순위매수신고인으로 보게 되는 경우 그 차순위매수신고인의 지위를 포기하는 행위는 매수신청대리권의 범위에 속하지 않는다.

③ 소속공인중개사도 매수신청대리인으로 등록할 수 있다.

④ 매수신청대리인이 되려면 관할 지방자치단체의 장에게 매수신청대리인 등록을 하여야 한다.

⑤ 개업공인중개사는 매수신청대리행위를 함에 있어서 매각장소 또는 집행법원에 직접 출석하여야 한다.

해설 ① 미등기건물도 매각대상이 될 수 있는 경우도 있으므로 매수신청대리의 대상물인 건물에 해당할 수 있다.
② 공유자의 우선매수신고에 따라 차순위매수신고인으로 보게 되는 경우 그 차순위매수신고인의 지위를 포기하는 행위도 매수신청대리권의 범위에 속한다.
③ 소속공인중개사는 매수신청대리인으로 등록할 수 없다.
④ 매수신청대리인이 되려면 관할 지방법원장에게 매수신청대리인 등록을 하여야 한다.

정답 ⑤

**03 개업공인중개사 甲은 「공인중개사의 매수신청대리인 등록 등에 관한 규칙」에 따라 매수신청대리인으로 등록한 후 乙과 매수신청대리에 관한 위임계약을 체결하였다. 이에 관한 설명으로 옳은 것은?** (제35회)

① 甲이 법인이고 분사무소를 1개 둔 경우 매수신청대리에 따른 손해배상책임을 보장하기 위하여 설정해야 하는 보증의 금액은 6억원 이상이다.
② 甲은 매수신청대리 사건카드에 乙에게서 위임받은 사건에 관한 사항을 기재하고 서명날인 한 후 이를 3년간 보존해야 한다.
③ 甲은 매수신청대리 대상물에 대한 확인 확인·설명 사항을 서면으로 작성하여 사건카드에 철하여 3년간 보존해야 하며 乙에게 교부할 필요는 없다.
④ 등기사항증명서는 甲이 乙에게 제시할 수 있는 매수신청대리 대상물에 대한 설명의 근거자료에 해당하지 않는다.
⑤ 甲이 중개사무소를 이전한 경우 14일 이내에 乙에게 통지하고 지방법원장에게 그 사실을 신고해야 한다.

해설 ② 甲은 매수신청대리 사건카드에 乙에게서 위임받은 사건에 관한 사항을 기재하고 서명날인 한 후 이를 5년간 보존해야 한다.
③ 甲은 매수신청대리 대상물에 대한 확인 확인·설명 사항을 서면으로 작성하여 사건카드에 철하여 5년간 보존해야 하며 乙에게 교부하여야 한다.
④ 등기사항증명서는 甲이 乙에게 제시할 수 있는 매수신청대리 대상물에 대한 설명의 근거자료에 해당한다.
⑤ 甲이 중개사무소를 이전한 경우 10일 이내에 지방법원장에게 그 사실을 신고해야 한다.

정답 ①

**04 공인중개사의 매수신청대리인 등록 등에 관한 규칙에 따라 甲은 매수신청대리인으로 등록하였다. 이에 관한 설명으로 틀린 것은?** (제31회)

① 甲이 매수신청대리의 위임을 받은 경우 민사집행법의 규정에 따라 차순위매수신고를 할 수 있다.

② 甲은 매수신청대리권의 범위에 해당하는 대리행위를 할 때 매각장소 또는 집행법원에 직접 출석해야 한다.

③ 매수신청대리 보수의 지급시기는 甲과 매수신청인의 약정이 없을 때에는 매각대금의 지급기한일로 한다.

④ 甲이 중개사무소를 이전한 경우 그 날부터 10일 이내에 관할 지방법원장에게 그 사실을 신고하여야 한다.

⑤ 甲이 매수신청대리 업무의 정지처분을 받을 수 있는 기간은 1월 이상 6월 이하이다.

해설 甲이 매수신청대리 업무의 정지처분을 받을 수 있는 기간은 1월 이상 2년 이하이다.

정답 ⑤

# EBS 공인중개사

## 정오표·개정 법령 확인

랜드하나 홈페이지를 통해 정오표 및 개정 법령, 교재 내용 문의 등의
다양한 서비스를 제공하고 있습니다.

# EBS 편성표

| 강좌명 | 방송채널 | 방송 | 방영시간 | 방영일 |
|---|---|---|---|---|
| 2025년도<br>EBS공인중개사<br>기본이론강의 | EBS PLUS2 | 본방송 | 07:00~07:30 | 2025년 2월~5월<br>월~금 (주 5회) |
| | | 재방송 | 08:30~09:00 | 2025년 2월~10월<br>월~금 (주 5회) |

**본 프로그램 방송채널 및 방영일시는 EBS 편성에 따라 조정될 수 있습니다.**

기본이론 60편(12주, 주5회)